LANCELOT DO LAC

The non-cyclic
Old French Prose Romance

Lancelot do Lac

THE NON-CYCLIC
OLD FRENCH PROSE ROMANCE

EDITED BY

ELSPETH KENNEDY

VOLUME I

The Text

OXFORD
AT THE CLARENDON PRESS
1980

Oxford University Press, Walton Street, Oxford OX2 6DP

OXFORD LONDON GLASGOW
NEW YORK TORONTO MELBOURNE WELLINGTON
KUALA LUMPUR SINGAPORE HONG KONG TOKYO
DELHI BOMBAY CALCUTTA MADRAS KARACHI
NAIROBI DAR ES SALAAM CAPE TOWN

*Published in the United States by
Oxford University Press, New York*

© *Elspeth Kennedy 1980*

All rights reserved. No part of this publication may be reproduced, stored in a retrieval system, or transmitted, in any form or by any means, electronic, mechanical, photocopying, recording, or otherwise, without the prior permission of Oxford University Press

British Library Cataloguing in Publication Data
Lancelot do Lac
  I. Kennedy, Elspeth
  843'.1   PQ1489.L   79-40475
  ISBN 0-19-812064-8

*Printed in Great Britain
at the University Press, Oxford
by Eric Buckley
Printer to the University*

PREFACE

THE name Prose *Lancelot* is widely used to designate the whole of the great thirteenth-century prose romance otherwise known as the *Lancelot-Grail* cycle or the *Vulgate* cycle, but this edition is of the Prose *Lancelot* in its earlier non-cyclic form, which does not include a *Queste del Saint Graal* or a *Mort Artu* and brings the story to an end with the death of Lancelot's friend Galehot. This version existed as an independent romance early in the thirteenth century, but was later transformed into a branch of the larger cycle; though the greater part of the independent Prose *Lancelot* was taken over with little change, the last section (the Journey to Sorelois, the False Guinevere episode, and the Death of Galehot) was rewritten in a much longer form to prepare the way for additional Lancelot adventures (including the Adventure of the Cart) and for a Galahad Quest. This edition is the first to give the non-cyclic form in its entirety.

The only modern edition of the whole cycle is that of H. O. Sommer (7 vols., Washington 1909–13). Sommer's Vol. III corresponds to that part of the text which is common to both cyclic and non-cyclic versions, and Vol. IV, pp. 3–4 and 365–94 (Appendix I) to the part peculiar to the non-cyclic version. Valuable as it has been to scholars in the past, Sommer's edition has serious drawbacks: what it provides is almost a diplomatic transcription, without modernized conventions of typography and punctuation and with practically no emendations, very few variants, no explanatory notes, and no glossary; his base manuscript (B.L. Add. 10293) is in some respects defective, and for the Appendix, giving the non-cyclic version, he does not base his text throughout on what is generally accepted to be the best manuscript (B.N. *fr.* 768), nor was he able to give the end of the text, which was missing in all the manuscripts he used. Parts of the text covered by my edition were edited in a series of doctoral theses directed by E. Wechssler (*Marburger Beiträge zur romanischen Philologie*, 2, 6, 8 1911–12), but their coverage is incomplete, and several important manuscripts have since come to light.

An early example of the great thirteenth-century French prose romances, the *Lancelot* is one of the major literary works of medieval Europe, and its influence was enormous. There are borrowings from it in the works of moralists such as Philippe de Novare (*Les Quatre Âges de l'homme*), Ramon Lull (*Libre del orde de cavayleria*), and hence ultimately Caxton (*The Book of the Order of Chyvalry*), and even in a lawbook such as the *Coutumes de Beauvaisis*; Dante in the *Inferno* refers to the *Galeotto*, which would appear to correspond to the non-cyclic Prose *Lancelot*, and the cycle as a whole provided a model for the Prose *Tristan*. The *Lancelot* was read throughout Western Europe and medieval translations of it have survived; in particular, for the part common to the non-cyclic and cyclic romance, those into Dutch and German.

The way in which the love-story of Lancelot and Guinevere came to be linked with the Grail theme in the cyclic romance is one of the most fascinating questions of Arthurian literature; it was, in fact, the desire to explore this problem further which first prompted me to undertake the edition. In preparing it I have studied all the accessible manuscripts, while basing my text on B.N. *fr.* 768, and have included in the variants those readings which shed light on the development of the cycle, but the question is too complex to investigate in depth in the introduction or notes to the text. I have therefore written a literary study, to be published separately, which analyses the themes, structure, and narrative technique of the non-cyclic Prose *Lancelot* and its relationship with other Arthurian texts, and goes on to examine its transformation from an independent romance into part of a great *Lancelot–Grail* cycle.

The work on the edition has taken a long time and has brought me into contact with many of the great European and American libraries, as is shown by the list of manuscripts used in the preparation of the text, and I should like to thank all these libraries for their assistance, so freely given. I should also like to express my gratitude to the British Academy for a generous loan towards the publishing costs. I owe a great deal to the many people who have given me help and advice over the years. In particular, I am indebted to the late Professor Ewert who supervised the thesis which started me on this edition of the Prose *Lancelot*, and to Mrs Gweneth Whitteridge who introduced me to Arthurian studies and without whose encouragement I would never have embarked on such a mammoth task. I would never have been able to continue the task without the support of my Manchester colleagues who gave me the benefit of their great knowledge and experience on textual matters, especially Professor Vinaver, the late Dr Whitehead, and Professor Wagner (on his visits to Manchester). I was only able to finish the work through the help of my Oxford colleagues who have shown infinite patience and spent hours of their time advising me on the solution of the problems of the text, in particular Professor Reid and Mrs Sutherland, both of whose deep knowledge of Old French has been of inestimable value to me. Finally, in the last stages of my work, Professor Woledge has given unsparingly of his time and great scholarship. To all these and many others much thanks.

ELSPETH KENNEDY

CONTENTS

VOLUME I
TEXT

VOLUME II
INTRODUCTION

Chapter I. Manuscripts and early printed editions	1
Chapter II. Classification of manuscripts and discussion of cyclic and non-cyclic versions	9
General considerations	9
i. A study of collated passages and differences in incident in all manuscripts	12
ii. Relations between representative thirteenth- and fourteenth-century manuscripts throughout the text	31
iii. Conclusions on choice of manuscript and comparison of cyclic and non-cyclic versions	37
Chapter III. Date and sources	41
Chapter IV. Description of the base manuscript	45
Chapter V. Scribal characteristics	47
i. The *Ao* scribe's hand	47
ii. Scribal abbreviations in *Ao*	47
iii. The language of the scribes	47
The language of *Ao*, the base manuscript for *P.L.*	48
The language of *An*, 53.25–59.11	55
The language of *J*, 218.29–225	55
iv. Characteristic types of scribal error in *Ao*	56
Chapter VI. Treatment of the text	58
BIBLIOGRAPHY	60
ABBREVIATIONS USED IN THE NOTES	63
NOTES AND VARIANTS	65
GLOSSARY	393
INDEX OF PROPER NAMES	504

LANCELOT DU LAC

(*f. 1a*) En la marche de Gaule et de la Petite Bretaigne avoit deus rois encienement, qui estoient frere germain et avoient deus serors germaines a fames. Li uns des deus rois avoit non li rois Bans de Benoyc, et li autres rois avoit non li rois Bohorz de Gaunes. Li rois Bans estoit viauz hom; et sa fame estoit juesne et bele trop et mout par estoit boene dame et amee de totes genz; ne onques de li n'avoit eü anfant que un tot seul, qui vallez estoit et avoit non Lanceloz en sorenon, mais il avoit non an baptaisme Galaaz. Et ce par quoi il fu apelez Lanceloz ce devisera bien li contes ça avant, car li leus n'i est ores mies ne la raisons; ançois tient li contes sa droite voie et dit que li rois Bans avoit un sien veisin qui marchissoit a lui par devers Berri, qui lors estoit apelez Terre Deserte. Li suens veisins avoit non Claudas, si estoit sires de Bohorges et do païs tot environ.

Cil Claudas estoit rois, si estoit mout bons chevaliers et mout saiges et mout traîtres, et estoit hom lo roi de Gaule, qui or est apelee France. La terre do regne Cladas estoit apelé Deserte por ce que tote fu adesertie par Uter Pandragon et par Aramont, qui a cel tens estoit sires de Bretaigne la Menor, que les genz apeloient Hoel en sorenon. Cil Aramonz avoit desouz lui Gaunes[1] et Benoyc et tote la terre jusque a la marche d'Auverne (*f. 1b*) et de Gascoigne, et devoit avoir desouz [lui] lo regne de Bohorges, mais Claudas ne li conoissoit mie, ne servise ne li voloit rendre, ainz avoit fait seignor del roi de Gaule. Et a cel tens estoit Gaule sougiete a Rome et li rendoit treü, et estoient tuit li roi par election.

Qant Aramonz vit que Claudas li reneoit sa seignorie par force de Romains, si l'acoilli de guerre. Et cil ot en aide lo roi de Gaule et tot son poo[i]r, si perdi mout Aramonz en la guerre qui trop dura. Lors vint a Uter Pandragon, qui rois estoit de Grant Bretaigne, si devint ses hom par covant que il li menast sa guerre[2] a fin. Uter Pandragons passa mer atot son pooir, et oïrent noveles que li seignoraiges de Gaule s'estoit tornez devers Claudas por aler encontre Aramont, qui venoit entre lui et Uter Pandragon. Lors corrurent andui sor Claudas, si lo desconfistrent et li tolirent tote sa terre et ors lo chacierent. Et fu la terre de toz sens si

---
[1] gaules   [2] guerre . Ensi U.

outreement destruite que onques n'i remest en forterece pierre sor autre fors an la cité de Bohorges, qui fu gardee de destruire par lo comandement Uter Pandragon por ce que il se recorda que il i avoit estez nez. Aprés ce s'en retorna Uter Pandragons am
5 Bretaigne la Menor, et qant il i ot tant demoré come lui plot, si s'en passa en la Grant Bretaigne. Et des lors en avant fu la Menors Bretaigne desouz lo reiaume de Logres.

Quant li rois Aramonz fu morz, et Uter Pandragons, et la terre de Logres fu an la main lo roi Artur, si sordirent guerres an
10 Bretaigne (f. 1c) la Grant en pluseurs leus et guerroierent lo roi Artu li plus des barons. Et ce fu el comancement de son regnement, ne n'avoit encores la reigne Ganievre[1] gaires tenue, si ot mout a faire de totes parz. Lors reprist Claudas sa guerre qui tant avoit esté entrelaissie, car il avoit sa terre tote recovree si
15 tost comme li rois Aramonz fu morz. Lors recomança a guerroier lo roi Ban de Benoyc por ce que a lui marchissoit, et por ce que hom avoit esté Aramont par cui il avoit sa terre eüe perdue si longuement et que mout li avoit neü tant con il avoit esté au desouz.
20 A ce tans estoit venuz de Rome uns conses de grant renon, Poinces Anthoines, si aida a Claudas et li bailla tot lo pooir de Gaule et des contrees qui desouz estoient, si conreerent si lo roi Ban que il li tolirent sa cité de Benoic et tote s'autre terre fors un suen chastel, qui avoit non Trebe, si estoit el chief de sa terre et
25 estoit si forz que rien nule ne dotoit au tans de lors fors afamer o traïson. Mais un jor pristrent si anemi un suen chastel a force qui estoit a mains de trois liues pres de celui, et il l'aloit secorre et se voloit metre dedanz. Et qant il vit que cil defors estoient ja dedanz a force, si se feri en l'ost et il et si chevalier, dont il avoit
30 mout de preuz, et il meesmes avoit estez renomez de proesce merveilleuse. Illuec[2] ocistrent mout de ces de l'ost, et tant les firent a els antandre que toz li asauz remest et corrut tote l'oz por ancombrer lo roi Ban et ses genz totes. Et cil se[3] mistrent a la voie, mais trop (f. 1d) i orent demoré, car Poinces Anthoines
35 atotes ses genz, qui devers la forest s'estoient trait, lor vint au devant; si ot tel fais de genz que li rois Bans ne li sien ne lo porent soffrir, si furent tuit si compaignon que mort que pris fors seulement troi. Mais de tant se vancha li rois Bans qu'il lor ocist Poinçon Anthoine, lor seignor, et fist tant d'armes, puis qu'il ne

---

[1] G. encores gaires   [2] ill/luec   [3] et les m.

Siege of Trebe 3

fu que soi quarz, que toz les Romains mist en voie et les chaça assez, tant que Claudas i vint poignant tot a desroi devant les autres. Qant li rois Bans lo vit, si dist une parole qui bien apartint a home desherité. "Ha! Dex, dist il, ja[1] voi ge ci mon anemi mortel. Sire Dex, qui tante[s] honors m'avez donees, otroiez moi que ge l'ocie. Et ançois muire ge avoc lui, biax Sire Dex, qu'il en aut vis, car lors seroient totes mes dolors asoagiees."

Atant josterent ansenble, si l'abatié li rois Bans [si durement que totes les genz cuidierent bien que il fust morz. Et lors s'an parti li rois Bans,] et fu mout liez, car bien cuidoit que sa proiere fust aconplie; si ferri tant des esperons qu'il vint a Trebe. Dedanz lo quart jor fu pris li chastiax o Claudas seoit. Et lors vint aseoir lo roi Ban[2] dedanz Trebe. Et qant il sot que cil n'estoit mie morz, s'en ot si grant duel an son cuer qe onques puis fors n'en issi; et bien fu puis aparissant.

Claudas sist devant Trebe mout longuement. Et li rois Bans avoit pluseurs foiz envoié por secors au roi Artu, mais il avoit tant a faire de maintes parz qu'il ne se pooit pas legierement entremetre d'autrui besoigne. Et li rois Bohorz, ses freres, qui mout li avoit aidié, gisoit do mau (f. 2a) de la mort, et chascun jor corroie[nt] li forrier parmi sa terre, car ele marchissoit a la terre de Benoyc par devers Trebe. Qant Claudas vit que il ne panroit mie lo chastel legierement, si prist un parlement au roi Ban, et donerent seürté li uns et li autres de sauf aler et de sauf venir. Li rois Bans vint au parlement soi tierz sanz plus, si fu ses seneschaus li uns des deus et uns suens chevaliers avocques. Et autresins i vint Claudas soi tierz sanz plus. Et fu li parlemenz tres devant la porte do chastel. Li chastiaus seoit en haut, et l'oz[3] estoit desoz logiez; si estoit li tertres mout roistes et mout anieus a monter.

Qant Claudas vit lo roi Ban, si se plaint de Poinçon Anthoine premierement qu'il li avoit ocis. Et cil se plaint de sa terre que il li avoit tolue sanz raison.

"Ge ne la vos toli mie, fait Claudas, por chose que vos m'aiez faite, ne por haïne que j'aie a vos, mais por lo roi Artu que vos tenez a seignor, car ses peres, Uter Pandragon, me deserita. Mais se vos voliez, ge vos feroie biau plait. Saisisiez moi de cest chastel, et gel vos randrai maintenant par tel covant que tantost devandroiz mes hom et tanroiz de moi tote vostre terre."

[1] il ge voi   [2] vint au soir li rois bans   [3] et il sestoit

"Ce ne ferai ge mie, fait li rois Bans, car ge me parjureroie envers lo roi Artu cui huem ge sui liges."

"Or vos dirai donques, fait Claudas, que vos feroiz. Anvoiez au roi Artu que il vos secorre dedanz quarante jorz, et se dedanz
5 cel termine ne vos a secorreü, randez moi lo chastel et devenez mes hom de tote vostre terre, et ge la vos acroistra de riches fiez."

Li rois dit qu'il s'en conseillera, et lo matin li savra a (*f. 2b*) dire o mander lo quel il voudra faire, o lo randre, ou lo contretenir.

10 Atant s'an parti li rois Bans; et ses seneschax fu remés un po arieres, si parla Claudas a lui.

"Seneschax, fait il, ge sai bien que cist chaitis est malaureux, car ja del roi Artu secors n'avra, si perdra tot par fole atante. Et moi poise mout qant vos iestes antor tel home dont biens ne
15 vos puet venir, car trop ai oï dire biens de vos; et por ce vos loeroie ge que vos en venissiez a moi. Et savez que ge ferai de vos; ge vos afierai leiaument que ge vos donrai cest regne si tost com ge l'avrai conquis, et toz seroiz sires de mon pooir. Et se ge vos preign a force, ce pesera moi quant il covanra que ge vos face mal
20 assez, car ge ai juré sor sainz que ja nus n'iert a force pris de ceste guerre qu'il ne soit ocis o emprisonez sanz issir fors ja mais a nul jor."

Tant ont parlé ensemble que li seneschax li fiance a aidier de son pooir sanz lo cors son seignor traïr ne vendre. Et Claudas li
25 fiance maintenant que si tost com il avroit Trebe que il li randroit tote la terre, et [il] an devandroit ses hom.

Atant departent, si s'en retorne Claudas a ses genz, et li seneschax lo roi Ban revient a Trebe et dit au roi Ban que Claudas a mout parlé a lui, et que trop voldroit s'amor avoir.

30 "Et que m'an loez vos?" fait li rois Bans.

"Quoi, sire? fait il; lo miauz que ge voie, si est que vos meesmes ailliez crier merci au roi Artu, car bien sera gardé jusqu'a vostre revenue ce que vos avez a garder."

Lors vient li rois a la reine, si li conte coment Claudas li avoit
35 requis a rendre son chastel.

"Et me viaut, fait il, jurer que tantost com il l'avra me reves(*f. 2c*)tira et de cestui et de tote l'autre terre. Mais ge sai cestui a si desleial que se il avoit ores cest chastel, il ne me randroit ja mais ne cestui ne de l'autre terre point. Mais ge l'an doi respondre
40 pondre demain que g'en ferai, car il me requiert que ge envoi a

mon seignor lo roi Artu, et il me donra trives de cest chastel desi que a quarante jorz, et se jusq'a quarante jorz [me secort] mes sires li rois, a Dex! tant bien; et se il ne me secort, ge lo revestira de cest chastel."

La reine, qui mout crient lo deseritement, le loe que issi lo face: "Car quant li rois Artus vos sera failliz, qui vous aidera ja mais?"

"Dame, fait il, puis que vos vos i acordez, ge lo ferai. Et savez vos que ge ai enpensé a faire? Ge meesmes irai a mon seignor lo roi, et si li crierai merci de mon deseritement; et il en avra greignor pitié que se ge n'i estoie, car il me verra en presant, car se ge i enveoie autre message rien ne valdroit, car nus n'est si bien creüz de males noveles comme cil [qui porte] anseignes aparisanz. Or vos apareillez, car vos en venroiz avec moi, et ne manrons de nules genz que mon fil et un seul escuier, qui nos fera ce que il nos sera mestiers, car ge voil que granz pitiez praigne mon seignor lo roi de ma grant dolor, qant il la verra. Et sachiez que nos movrons encor annuit, et gardez que vos preigniez tot lo tresor que vos porroiz çaianz trover et savoir, et de joiax et de vaisselemente, et si metez tot an mes granz coffres; car ge ne sai quex chose est a avenir de mon chastel ainz que ge reveigne, que por nule rien ge ne vouroie que vos remansisiez en aventure, ne mie por ce que ge n'ai mie paor de cest chastel qu'il soit ja pris a force, mais (f. 2d) nus ne se puet garder de traïson."

Ensi comme li rois l'a devisé s'aparoille la reine, et qant ele a son oirre aparellié, ele li dist que tote est preste. Lors eslit li rois de toz ses vallez celui o il plus se fioit, et li dit que il gart que riens ne faille a son roncin, car chevauchier lo covendra encor anuit. Li vallez ama mout son seignor, si fist mout tost son comandement, et il avoit roncin grant et fort et tost alant et bien apareillié de totes choses. Et lors vient li rois a son seneschal, si li descuevre son corage: coment il viaut a la cort lo roi Artu aler:

"Et ge me fi plus en vos que an nul home, car mout vos ai tozjorz amé, si vos comant mon chastel a garder autresi come lo cuer de mon ventre. Et demain me diroiz au roi Claudas que ge ai anvoié a mon seignor lo roi Artu, et li feroiz tel seürté con il voudra, que se ge ne sui par mon seignor lo roi Artu secorruz dedanz quarante jorz, del chastel lo revestirai a son plaisir. Mais gardez que il ne sache ja que ge soie hors de çaianz meüz, car petit priseroit puis lo tenement del chastel que ge seroie hors."

"Sire, fait li traïtes, n'avez garde,[1] car ge an penserai mout bien."

Cele nuit se coucha li rois auques par tans, car les nuiz estoient cortes. Et ce fu, ce dit li contes, la nuit de la Miaoust, a un vendredi a soir. Li rois fu en effroi del veage que il avoit a faire, car mout li estoit sor lo col, si se lieve bien trois liues ainz lo jor. Et qant les seles furent mises et tot atorné, si commanda a Deu son seneschal et totes les autres genz. Et lors s'en ist li rois par un petit poncel de cloies (*f. 3a*) qui estoit sor la petite riviere qui desouz le chastel corroit. Ne li chastiax n'estoit asis que d'une part, et si estoit li sieges lo plus de trois archiees loign la o il estoit plus pres, car par devers lo tertre i avoit et monz et vax et mout males avenues, que par la riviere de l'autre part ne poïs[sen]t nules genz seoir, car li marelz i estoit granz et parfonz, ne il n'i avoit de totes voies que une petite chauciee estroite qui duroit de lonc plus de deus boenes liues.

Par cele chauciee s'an va li rois, s'an maine sa fame sor un palefroi grant et bel et anblant soef, et uns escuiers preuz et de grant servise, qui l'anfant en portoit devant lui sor un grant roncin en un breçuel. Li rois chevauchoit un palefroi que bien avoit esprové a bien portant, et fait mener a un suen garçon a pié un suen cheval qui mout estoit de grant bonté. Et si porte li escuiers son escu, et li garçons qui seoit sor lo cheval menoit devant lui un somier, et porte lo glaive lo roi. Li somiers estoit mout bien chargiez de joiaus et de vaisselemente et de deniers. Li rois chevauche en chauces de fer et an son auberc, et s'espee ceinte, sa chape a pluie afublee, et va en la rote toz derriens.

Et tant a chevachié qu'il vint hors des marois, et antre en une forest. Et qant il ot chevauchié de la forest entor demie loee, si antre en une mout bele lande o il avoit esté mainte foiee. Tant a alé li rois et sa conpanie que il vint sor un lac, qui el chief de [la] lande estoit, au chief d'un mout haut tertre dont l'an pooit sorveoir tot lo païs. Et lors estoit ajorné. (*f. 3b*)

[L]i rois dit que il ne se movra d'iluec devant ce qu'il soit un poi esclarci, si descent, car il a talant de monter el tertre an haut por son chastel esgarder que il amoit sor toz les chastiax do monde. Tant atant li rois que il fu auques esclarci, et il monte an son cheval, si laisse la reine et sa conpaignie aval sor lo lac, qui mout estoit granz.

[1] gardez

Seneschal Betrays Ban 7

Li lais estoit apelez, des lo tens as paiens, li lais Dianez. Diane fu reine de Sezile et regna au tans Virgile, lou bon autor, si la tenoient la fole genz mescreanz qui lors estoient por deesse. Et c'estoit la dame del monde qui plus amoit deduit de bois et tote jor aloit chacier, et por ce l'apeloient li mescreant la deesse del 5 bois.

Cele forez, ou li lais estoit, passoit totes les forelz de Gaule et de la Petite Bretaigne si come de forelz petites, car ele n'avoit que dis liues englesches de lonc et set ou sis de lé, et s'avoit non Bois en Val. Li rois apuie le tertre, car mout viaut lo chastel 10 veoir que tant amoit. Mais or laisse li contes un po a parler de lui et parole de son seneschal.[1]

Ce dit li contes que qant li rois Bans si fu partiz del chastel de Trebe, et li seneschaus, qui n'ot pas obliees les fiances de lui et de Claudas, issi fors de la vile et vint a Claudas, si li dist: 15

"Sire, ge vos aport boenes noveles, ne onques si bien n'avint a home com a vos, se vos me volez tenir mes covenances, car vos poez prandre orendroit cest (*f. 3c*) chastel sanz nule desfense."

"Commant? fait Claudas; ou est dons li rois Bans?"

"Certes, fait cil, il l'a guerpi et s'en vont entre lui et ma dame 20 la reine et un suen escuier sanz plus de gent."

"Or me randez dont, fait Claudas, lou chastel, et ge vos randrai lo chastel et tote la terre aprés, et an devendroiz diemenche aprés la messe mes hom, qu'il sera li jorz de la Miaoust, et veiant toz mes barons." 25

De ceste chose est mout liez li seneschaus, si li dist:

"Sire, ge m'en irai et vos laisserai les portes desfermees. Et lor dirai que nos avons boenes trives, si se reposeront volentiers, car assez ont mesaise. Et qant vos et voz genz seroiz dedanz, si vos tenez tuit quoi jusq'au maistre chastel, et ansins porroiz tot prendre 30 sanz arest."

Ensins parole li traïtres a Claudas, et puis s'en reva el chastel. Et qant il fu dedanz, si ancontre un chevalier, filluel lo roi Ban, qui mout estoit de grant proesce. Cil gaitoit totes les nuiz, armez de totes armes; et qant il vit venir lo seneschal de la hors, si li 35 demanda dont il venoit et a qel besoign il estoit a tel hore fors issuz.

"Ge vaign, fait li traïtres, de Claudas la defors de prendre trives qu'il avoit otroiees a mon seignor lo roi et lo vostre."

[1] son senes/seneschal

Qant cil l'antant, si li fremist toz li cuers, car mout avoit grant paor de traïson, si li dit:
"Certes, seneschax, a tel ore ne vient on mies de prendre trives au mortel anemi son seignor, qui leiaument en viaut ovrer."
5 "Comment? fait li seneschax; tenez me vos por desleial?"
"Dex vos en desfande, fait li chevaliers, qui avoit non Banins, que vos n'an aiez faite desleiauté ne ne façoiz."
Itant en dist et plus en eüst parlé (*f. 3d*) se il osast, mais li seneschax avoit la force, si lo feïst tost ocirre, si an laissa la parole
10 atant. Et li seneschax dit a cels qui veilloient que il ont boenes trives, Deu merci, si les fait toz aler couchier; et il se reposent mout volentiers, car il estoient mout travaillié. Mais Banyns n'a pas talant d'aler dormir, ançois se met an agait, si est montez en une tornele por savoir que cil dehors feroient, et se cil dedanz
15 lor iroient la porte ovrir. Mais de ce est il deceüz que les portes sont desfermees. Et qant il se regarde, si voit venir jusq'a vint chevaliers toz les hiaumes laciez, et aprés en vienent vint, et ensins en vienent vint et vint jusqu'a deus cenz. Lores soupece il bien que la vile sera traïe, et il devale les degrez des murs
20 contraval, si crie a haute voiz: "Traï! Traï!" parmi lo chastel. Ne ancor ne cuidoit il pas que les portes fussient deffermees.
Li criz est levez parmi lou chastel, et cil corrent a lor armes qui estoient desgarni. Mais tantost se mistrent li chevalier Claudas dedanz la premiere porte. Et qant Banins les voit, si a tel duel que
25 par un po qu'il ne forsane. Si lor adrece tot a pié et fiert si durement lo premier parmi l'escu et parmi lo hauberc, que parmi lo cors li met lo glaive d'outre en outre, si lo ruie mort. Et li autre laissent tuit corre a pié et a cheval. Et il voit que se il fuit au maistre chastel, ançois que il i soit venuz l'avront il abatu deus
30 foiz ou trois, car il sont monté, et il est a pié. Lors se refiert sor les murs par les degrez, et vait toz les aleors tant que il est venuz a l'uis de la grant tor. Et maintenant lieve aprés lui un pont torneïz, si trueve dedanz sergenz qui la tor gardoient, dont li uns li a l'uis overt, et li autre estoient (*f. 4a*) tuit el baille aval por dormir,
35 car aseür cuidoient estre tuit.
Ez une partie des chevaliers Claudas qui venoient aprés lui toz les murs, car il lo voloient prandre. Et qant il voient qu'il ont a lui failli, si s'en retornent. Et li autre orent porpris lo petit chastel ançois que les genz se poïssent estre aüné laianz. Et li
40 criz estoit si granz que l'an n'i oïst Deu tonant.

Trebe Burns and Banyn Defends Tower 9

A cels criz et a cels noises sailli hors li seneschax et fist sanblant de soi desfandre, autresins come se il ne seüst rien de l'aventure, si en comance son seignor a regreter. Et Banyns, qui de la tor en haut se fu saisiz, li com[anc]e a huchier:

"Haï! fiz a putain! murtriers! Tot ce nos avez vos porchacié, si avez traï vostre lige seignor, qui de neiant vos a mis a grant hautesce, si li avez tolue tote l'esperance qu'il avoit de sa terre recovrer. Mais a autresin boen gré em puissiez vos venir en la fin com fist Judas qui traï celui qui en terre estoit venuz por sauver lui et les autres pecheors se an lui ne remansist, car bien avez faites les ovres Judas."

Ensin parloit Banyns de la tor au traïtor. Et tot maintenant fu pris li petiz chastiaus et totes les autres forteresces fors la tor. Mais d'une chose fu Claudas mout corrociez, que ne sai li qex de ses homes mist an la vile lo feu, si fu la richesce des beles maisons arse et fondue. Aprés ce se tindrent mout et se desfandirent cil de la tor, si n'estoient il que quatre seulement, dont li troi estoient serjant et Banyns estoit li qarz; si tuerent des genz lo roi Claudas a grant planté an lor desfense.

Au quint jor fist Claudas une perriere asseoir devant la tor, ne plus n'an i pot seoir. (*f. 4b*) Mais ja par la perriere ne fussient pris, se ne fust que il n'avoient que mangier; et neporqant mout se desfandirent durement. Mais sor trestoz les autres se desfandoit Banyns et mout ocist des genz Claudas a pex aguz et a pierres cornues que il lor lançoit. Si durement se desfandoit Banyns et tant soffri que trop s'en merveillierent tuit; et dist Claudas, qant il l'oï nomer et il ot oïes ses granz proeces, que se il avoit un si preudechevalier et si leial vers lui, il lo tanroit plus chier que soi meïsmes.

Puis que tote raisnable viande lor fu faillie, se tindrent cil de la tor trois jorz antiers, et lors furent trop aquis d'angoisse de fain. Si lor avint la tierce nuit qu'il pristrent en un crués de la tor un chavan, car d'autres oisiax n'i avoit nul por les cox de la perriere qui les an avoit chaciez. De ceste avanture s'esbaudirent mout. Et si les avoit la perriere si estoutoiez, et les murs peçoiez et estonez.

Et Claudas apela un jor Banyn, si li dist:

"Banyn, car te ranz, car autrement ne te puez tu mie longuement tenir. Et ge te donrai assez chevax et armes et despense jusque la ou tu vouras aler. Et se tu a moi voloies remanoir, se

Dex m'aïst et li saint de cele eglise", si tant sa main vers une chapele, "ge t'ameroie plus que chevalier que ge eüsse onques por la grant proesce et por la grant leiauté qui est an toi."
Ensins l'en pria Claudas maintes foiz. Et cil li dist un jor, ensin
5 conme cil qui mout estoit dolanz et entrepris:
"Sire Claudas, sire Claudas, bien sachiez, qant ge me randrai a vos, que j'avrai tel essoigne aparissant que ja nus ne m'en blasmera; et qant ge me ran(*f. 4c*)drai a vos ne a autrui, ge ne me randrai pas comme traïtres."
10 Tant[1] se tint laianz Banyns qe mout afebli de fain et il et si conpaignon, et chascun jor li pria Claudas de rendre, car trop lo dessirroit a avoir, car trop lo prisoit por la grant proesce que il avoit an lui veüe. Qant Banyns voit que tenir ne se porroit et que il lo covendroit a rendre por lo defaut de la viande et par la
15 perriere qui trop les avoit estoutoiez, si commença duel a faire trop grant. Et si compaignon, qui plus ne pooient la fain soffrir, li distrent qu'il se randroient, car del plus tenir n'estoit il riens. Et il lor dist:
"Or ne vos esmaiez, car ge rendrai la tor et sera fait a tel honor
20 que ja n'en serons blasmé. Ne ge ne sui pas mains lassez ne mains fameilleus d'un de vos; mais quant grant angoisse maine home et il doit faire meschief, totesvoies doit il s'onor garder."
Celui jor reparla Claudas a lui et li demanda qu'il avoit en talant affaire, ou del rendre ou del tenir.
25 "Sire, fait il, ge me sui conseilliez a mes conpaignons, si me loent que nos teigniens ceste tor, car nos n'avons a grant piece garde de perriere ne d'autre engin. Mais ge ne voil plus prendre sor moi lo fais, que plus prodome et plus riche de moi l'ont laissié aler. Ors me sui conseilliez que ge vos rendrai la tor et mes com-
30 paignons et moi, car il m'est avis que ge ne la porroie rendre a plus preudome, et si nos retanroiz o vos. Mais avant nos feroiz seürs que vos nos garderoiz envers toz homes et nos tandroiz a droit en vostre maison envers totes genz en tel maniere que se nus (*f. 4d*) nos set que demander, par vos ferons droit, et se nos
35 savons a home de vostre pooir rien que demander, droit nos en faites."
Ceste covenance lor otria Claudas a tenir, et fist aporter les sainz, si lor jura au pié de la tor. Et lors issirent hors de la tor, si mist Claudas sa garnison dedanz. Et mout honora Banyn et

[1] Qant

Banyn Challenges Seneschal 11

mout fu amez de son cuer, por ce que de grant proesce l'avoit veü.

Dedanz lo tierz jor avint que li seneschax demanda ses covenances; et il dist que mout volentiers les li randroit, et si comança a querre aloignes. Et tant alerent les paroles que Banins en sot une partie. Lors vient a Claudas la ou il estoit entre ses barons, si li dist:

"Sire, ge voil bien que tuit cist baron sachent que ge me rendi a vos por ce que vos me garantissiez devant toz homes et tenissiez a droit[1] envers toz cels qui rien me voudroient ne savroient qe demander, et [de] toz cels cui ge savroie rien que demander en vostre pooir, me feïssiez droite justise."

Et Claudas lo li conoist bien.

"Sire, fait il, or vos pri ge donc et requier[2] que vos teigniez del seneschal droiture, qui ci est, comme de celui qui est traïtres et parjurs envers Deu et envers son seignor terrien. Et se il ceu ose neier que il ne soit vers Deu et vers son seignor lige traïtres et parjurs, ge sui prelz que ge lo mostre vers son cors orandroit ou a itel jor comme vos voudroiz."

"Oiez, seneschal, fait Claudas, que cist chevaliers a dit sor vos. Ensins seroiie ge mout engigniez qant ge vos ameroie et essauceroie a mon pooir, et vos seriez vers moi traïtres."

"Sire, fait cil, il n'a si bon chevalier souciel ne si prisié, (*f. 5a*) s'il voloit mostrer que ge eüsse faite envers vos traïson, qe ge ne m'en deffendisse."

"Tenez mon gaige, fait Banyns, de mostrer contre son cors que ge ai oïe et veüe la traïson que il a faite envers son seignor lige terrien".[3]

Or ot Claudas tel chose qui li siet et plaist, car il meïsmes lo haoit trop por la traïson que il avoit faite, si est mout liez qant il trueve achoison raisnable par quoi il puisse perdre l'anor que il li avoit promise. Si li demande que il en fera.

"Sire, fait li seneschax, conseilliez moi vos meïsmes, car cist me het de mort por vos, ne por autre chose ne m'an apele."

"Des ici, fait Claudas, vos en conseillerai. Se vos en iestes saus, si vos en desfandez seürement, car vos n'iestes pas mains forz, ne mains corsuz de lui, ne mains prisiez d'armes n'iestes vos mie.[4] Se il m'an apeloit autresins comme il fait vos, dont seroie ge

---

[1] h. et enuers els a droit et enuers   [2] requiert   [3] lige traitre
[4] mie se uos en jestes saus si uos en deffandez seurement. car se

honiz se ge ne m'en deffandoie. Et sachiez que vos n'avez garde de nul home que de son cors, ne il de nul home fors de vos seul. Et se vos ne vos en deffendez, dont senblez vos bien home qui se sante corpables de traïson."

5 Tant lor dist Claudas que il ont endui donez lor gages an sa main, et il apele aprés lo seneschal et li dit:
"Seneschax, ge vos ai tenu et cuidié jusque ci a mout leial, et Bans li rois, vostre sires, vos i tesmoignoit. Venez avant et tenez. Ge vos revest del reiaume de Benoyc, des rantes et des issues et de
10 qanque il i apartient, fors seullement des (*f. 5b*) forteresces dont ge nelui ne revestiroie. Et se vos de Banyn vos poez desfandre de ceste chose, si me feroiz ma faauté et mon homage, et se il de ce vos ataint qu'il vos met sus, ge li otroi et doing la terre, et il en deveigne mes hom leiaus."
15 Ensin Claudas revesti lo seneschal del reiaume de Benoyc, por ce que parjurer ne se voloit del sairement que il li avoit fait. Et bien sospeçoit que il n'en seroit gaires tenanz, car trop savoit Banyn de grant proesce et de leiauté espris. Que vos iroie ge devisant? Au quart jor fu la bataille en la praerie de Benoyc entre
20 Loire et Arsie. Et illuec colpa Banyns la teste au seneschal. Et lors li offri Claudas la terre de Benoyc en fié et an heritage. Et Banins li dist:
"Sire, ge me remés a vos par si que ge n'i remansisse se tant non com ge voldroie, et mes talanz est tex q'aler m'en voil. Si
25 vos requier voiant toz voz barons atant congié, car, Deu merci, j'ai achevé ce por qoi g'estoie a vos remés. Et bien sachiez que terre ne prandroie ge nule de vos, car Dex ne fist onques si riche terre que ge voussisse pas avoir se ne vos em poïsse grever, mais mes cuers nel porroit autrement soffrir a cui ge sui."
30 Atant s'em parti; s'en fu Claudas mout iriez, car an lui retenir, se il poïst, meïst tote sa[1] paine, car il n'avoit onques veü un chevalier si a son cuer de proesce et de leiauté. Mais ci endroit ne parole plus li contes ne de Banyn ne Claudas ne de sa compaignie, ançois retorne au roi Ban dont il s'est longuement[2] teüz.
35 Li rois Bans, ce dit li contes, apoie (*f. 5c*) lo tertre por son chastel veoir que tant amoit de grant chierté. Et li jorz commança a esclarcir durement, et il esgarde, si voit les murs blancheier et la tor haute et lo baille environ. Mais ne l'ot gaires esgardé qant il vit el chastel grant fumee, et un po aprés vit par tot lo

[1] la p.   [2] lo/longuement

Ban sees Trebe Burn 13

chastel flanbe saillir, si voit an po d'uere les riches sales verser a terre, et fondre les eglises et les mostiers, et lo feu voler de leu en autre, et la flambe hideuse et espoentable qui envers lo ciel se lance, si en est li airs roges et anbrassez, et antor en reluist tote la terre.

Li rois Bans voit son chastel ardoir qu'il amoit plus que nul chastel qu'il eüst, car par ce seul chastel estoit s'esperance[1] de recovrer tote sa terre, et ses conforz. Et qant il voit qu'il a ce perdu o tote sa fiance estoit, riens nule n'est el siegle ou il s'atende de nule rien, car il se sant viauz et debrisiez, et ses fiz est tels que il ne lo puet secorre ne aidier, et sa fame ert mout juesne dame et a mout grant aise norie, et si haute dame vers Deu et vers lo siegle come cele qui est descendue de la haute ligniee Davi lo roi. Si a pitié de ce qu'il covanra son fil issir d'enfance[2] en povreté et an dolor, et sa fame estre en autrui dongier que el suen et an avoeries de maintes genz, et lui meïsmes covendra estre povre et veillart, et an grant souffraite user sa vie lo remanant, qui tant a esté dotez et riches et qui tant a amee bele compaignie de genz et joieuse maisniee en sa jovente. Totes ces choses recorde li rois et i met devant ses (f. 5d) iauz, et li toiche au cuer[3] si granz dolors que les lermes li sont estopees et li cuers serrez el vantre, et se pasme, si chiet de son palefroi a terre si durement que par un po que li cox ne li brise. Si li saut parmi la boiche et parmi lo nes li sans vermauz et parmi les oroilles amedeus.

Grant piece a geü li rois en tel maniere, et qant il revint de pasmoisons, si parole si con il puet, et regarde vers lo ciel et dist: "Ahi! sire Dex, merci et graces vos rant, biax Peres douz, de ce qu'il vos plaist que ge fenisse en povreté, car vos venistes mort soffrir en terre comme povres et besoigneus. Sire, por ce que ge ne puis avoir demoree el siegle sanz pechier, vos en cri ge merci, car ge voi bien et sai que ge sui a ma fin venuz. Et vos, biax Peres, qui de vostre sanc me venistes rachater, ne perdez en moi l'esperit que vos i meïstes. Mais en cest derreain jor ou ma fins est apareilliee, me recevez comme celui qui vos regeïs la charge de mes pechiez si granz et si espoantables que ge n'en puis la some dire. Et se li cors a mesfait en terre o nus ne puet estre sanz pechié, biax Sire, prenez en la vostre venjance en tel maniere que, coment que l'ame soit tormentee après lo cors, qu'ele soit en aucun tens acompaigniee a cels qui avront an la pardurable clarté de ta joieuse maison part et compaignie sanz fin. Biax Peres piteus,

---

[1] sa perance   [2] de france   [3] cuers

preigne vos pitiez de [ma] fame Helene, qui est descendue del haut lignage que vos establites el Regne Aventureus a essaucier vostre non et la hautesce de vostre foi, et a avoir voz granz repostailles, qui devant les estranges pueples lor (*f. 6a*) avez victoire
5 donee. Sire, vos conseilliez[1] la desconseilliee, qui de celui haut lignage est descendue, et tant a amee vostre creance, et voz commandemenz gardez. Et de mon chaitif fil, Sire, vos remenbre, qui est si juenes orfenins, car li povre sont en vostre main, et vostre aide doit maintenir[2] les orfenins."
10 Qant li rois ot dites ces paroles, il esgarda vers lo ciel et bati sa corpe et plora ses pechiez devant l'esgart Nostre Seignor, puis aracha trois pols d'erbe el non de la Sainte Trinité et les usa en non de Sainte Creance. Et lors li serre li cuers, si est li diaus si granz qu'il a de sa fame et de son fil, qu'il en pert la parole tote,
15 et li oil li troblent el chief, et il s'estant si durement que les vaines del cuer li rompent, et li cuers li est partiz dedanz lo ventre, et il jut morz a terre, ses mains estandues en croiz et lo vis encontre lo ciel et lo chief a droiture torné vers oriant.

Ses chevax fu effraez del chaoir qu'il a fait, si[3] torna en fuie
20 tot contraval lo tertre et as autres chevax en vint tot droit. Et qant la reine lo voit, si dist au vallet qui avoc aus estoit venuz, que il lo preigne. Et il met l'anfant a terre, puis cort prandre lo cheval, puis vient en haut el tertre, si trueve lo roi gisant si com vos avez oï. Il descent; qant il trueve mort lo roi, si giete un si
25 haut cri que la reine l'ot mout cler, si en est tant esbaïe qu'ele laise son fil a terre devant les piez as chevax. Puis s'est escorciee, si cort tot a pié tot contramont lo tertre et trueve lo vallet gisant sor lo roi et faisoit tel duel que plus ne pooit. Et qant el voit son seignor mort, si se pasme desus lo cors. Et (*f. 6b*) qant el revint
30 de pasmoisons, si se demante et plaint ses granz dolors, dont ele a trop. Si tire ses chevox qui mout estoient blonde et lonc et bel, et deront ses dras et giete en voie, et esgratine son tendre vis, si que li sans vermauz li cole tot contraval les joes a fil, si regrete les[4] granz proesces son seignor et ses granz debonairetez, et
35 cri[e] si haut que li tertres et li vaus et li lais qui granz ert dejoste en retentissent.

Tant a crié que plus ne puet, si est lasse et roe, et la parole li faut por lou grant duel dont li cuers li est serrez, si se pasme sovant

---
[1] conseilliliez [2] main par quoi uos maintenez les
[3] f. qant il t. [4] ses granz

Damsel Carries Lancelot into Lake 15

et longuement, et au revenir de pasmoisons se plaint et gramente. Qant ele a regratees les granz proesces son seignor et bien plorez et plainz ses granz domages, si ne dessirre nule rien se la mort non, et mout la blame que tant demore. Et qant ele a longuement esté issi, si li remenbre de son fil, ne ja mais ne velt estre confortee par autre rien, et por la peor qu'ele en ot grant que li cheval ne l'aient mort, devant cui ele l'ot laissié, si giete un cri tel com ele puet; et lors saut sus a guise de fame forsenee, si cort la ou ele ot son fil laissié. Mais tant la destraint la granz paors que ele a qu'il ne soit morz, qu'ele chiet pasmee a terre ainz qu'ele soit venue a l'avaler del tertre jus. Au revenir de pasmoisons se plaint et gaimente mout durement. Puis resaut sus et avale la montaigne grant cors aval, si est eschevelee et dessiree. Et qant ele aproche des chevax qui estoient desus lo lac, si voit son fil hors del breçuel tot deslié, et voit une damoisele qui lo tenoit tot nu en son giron et l'estraint et serre mout doucement (*f. 6c*) antre ses memeles, et li baise les iauz et la boiche menuement; et ele n'avoit mie tort, car ce estoit li plus biax vallez de tot lo monde.

La matinee fu froide et tantost avoit ajorné. Et la reine dist a la damoisele:

"Bele douce amie, por Deu, laissiez l'anfant, car assez avra des ores en avant mesaise et duel, car en si[1] grant orfenté est hui chaüz comme cil qui a perdue tote joie, car ses peres est orendroit morz et sa terre a perdue, qui ne fust mie petite se Dex la li aüst gardee si com il la deüst avoir."

A chose que la dame die, la damoisele ne respont un mot, et qant ele la voit aprochier, et ele se[2] lieve atot l'anfant qu'ele tenoit entre ses braz, et si s'an vient droitement au lac et, joint les piez, si saut anz. Quant la reine vit son fil dedanz lo lac, si se pasme; et qant ele est venue de pasmoisons, si ne voit ne l'anfant ne la damoisele. Et lors commance a faire un duel si grant que nus graindres ne poïst estre, et fust saillie dedanz lo lac se li vallez ne l'aüst retenue qui lo roi avoit laissié en la montaigne, si l'estoit venue reconforter por la grant paor qu'il avoit que ele ne se desesperast.

De duel que la reine fait, ne vos porroit nus dire la some. Et endementres qu'ele se gaimentoit, si est avenue chose c'une abaesse trespassoit par illoc so tierz de nonains, et avoc estoit ses chapelains

---

[1] ensin   [2] a. et ele si l.

et uns randuz et dui escuier; sanz plus de genz estoit. Ele oï lo duel que la reine demenoit, si l'an prist mout granz pitiez, et torna cele part et dist a la reine que Dex li doint joie.

"Certes, dame, fait la (*f. 6d*) raine, il me seroit mout granz mestiers, car ge sui la plus desconseilliee riens del monde, car j'ai perdu en cest jor d'ui tote honor et tote joie, dont j'ai assez eü par mainte foiee."

"Ha! dame, fait l'abaesse qui mout la vit de grant biauté se la grant ire ne fust, qui iestes vos?"

"M'aïst Dex, dame, fait ele, moi ne puet gaires chaloir orandroit qui ge soie, fors de ce que ge vif trop."

Lors la regarde li chapelains et dit a l'abaesse:

"Dame, en non Deu, ja mar me querrez mais se ce n'est madame la reine."

Et lors conman[c]e l'abaesse a plorer mout durement, si li dist:

"Dame, por Deu, itant nos dites se vos iestes madame la reine."

[Et cele se pasme tantost. Et quant ele revint de pasmoisons, si li redist l'abaesse:

"Por Deu, dame, ne vos celez mie vers moi, car je sai bien que vos etes madame la reine."]

"M'aïst Dex, dame, voirement suis ge la Reine as Granz Dolors."

Par cest non qu'ele se mist est apelez cist contes el commancement: li contes de la Reine as Granz Dolors.

Et ele dist a l'abaesse:

"Dame, por Deu, qui qe ge soie, fates moi nonain, car ge ne desir tant nule rien."

"Certes, dame, fait l'abaesse, mout volentiers, mais por Deu, dites vostre mesestance, car mout an sui a malaise."

Et la reine li conte sa mescheance de chief en chief: de sa terre que ele a perdue, et de son seignor qui est morz en son[1] lo tertre, et de son fil q'en tel maniere em porte vis deiables en guise de damoisele. Lors li demande l'abaesse comment li rois avoit esté morz, mais ele ne li set a dire.

"Dame, fait ele, espoir c'est por lo duel de Trebe qui est ars."

"Comment, fait la reine, est il dons ars?"

"Oïl, dame, et ge cuidoie que vos lo saüssiez bien."

"M'aïst Dex, dist ele, nel savoie. Mais or sai ge bien que autre dolors ne li a la mort donee, ne des ores en avant, quel pensé (*f. 7a*) que ge aie, ge ne voil plus au siegle demorer. Mais por

[1] en sous lo

Deu, madame, velez moi et faites prandre grant avoir qui ci est d'or et de vaisselemente et de joiaus, si an ferez ci faire un petit mostier, ou an chantera por l'ame de mon seignor tozjorz mais."

"Dame, fait l'abaesse, certes, vos ne savez mie comment il est grant charge a tenir ordre, kar tuit li travail dou cors i sont, et tuit li peril des ames. Mais venez vos en, dame, orandroit en nostre abaïe, et seiez tote dame si com vos devez estre, car li encessor monseignor lo roi fondierent lo leu et establirent."

"Dame, por Deu, fait la reine, ge vos requier, por Deu et sor vostre ame, que vos me façoiz nonain, car ge n'ai plus cure del siegle, ne li siegles n'a mestier de moi. Et se vos de ce me failliez, ge m'en irai parmi ces forelz sauvage[s] comme chaitive et esgaree, et si porrai tost perdre lo cors et l'ame."

"Dame, fait l'abaesse, puis que vos si a certes l'avez empris, or aorez [en soit] Deu et graciez, car mout en avons grant joie qant Dex de si boene dame et de si haute reine nos done la compaignie."

Illuec sanz plus atendre furent tranchiees le[s] beles treces la reine, et ele avoit le plus biau[1] chief de tot lo monde. Aprés li furent aporté li drap, si la velerent an la place. Et qant li vallez la vit velee qui aveques li estoit, si li dist q'el siegle ne seroit il ja mais, puis que sa dame s'en estoit issue, si devint illuec[2] randuz, et li furent vestu li drap ainz que de la place se remuast. Aprés ont pris lo cors lo roi, si lo porterent a l'abaïe qui gaires n'estoit loig d'iluec, et si font lo servise tel com en lo doit faire a cors de roi,[3] (f. 7b) et fu hautement enterrez et anseveliz en l'abaïe meïsmes jusque tant que el leu o il avoit esté morz fu faiz uns mostiers.

Qant li cors fu enterrez, la reine demora en l'abaïe, et l'abaesse fist faire un mostier mout bel, la ou li rois avoit esté morz, et mout beles officines, et fu toz faiz dedanz cel an. Et qant il fu dediez, si i fu li rois portez. Et lors i vint la reine soi tierce de nonains, et si i ot deus chapelains et trois renduz.

Toz les jorz qui ajornoient avoit la dame une costume que si tost com ele avoit oïe la messe que l'an chantoit por le roi, si venoit sor lo lac, et illuec endroit o ele avoit son fil perdu, si lisoit son sautier tex hore estoit, et ce disoit qu'ele savoit de bien et ploroit[4] mout durement. Et la chose fu seüe par lo païs que la reine Helene de Benoyc estoit none, et cil leus fu apelez Mostiers

[1] blau chief   [2] illuce   [3] f. cors a de roi   [4] plorent

Reiaus. Durement crut li leus et essauça, et les gentis fames do païs s'i rendirent espessement, et por Deu, et por amor de l[a] roine. Mais atant se taist ores li contes de la reine et de sa conpaignie et retorne au roi Claudas de la Deserte.

5 Ici androit dit li contes que tant esploita Claudas li rois qu'il ot tote la terre del reiaume de Benoyc et tote la terre de Gaunes, que, puis qe la morz au roi Ban fu seüe, ne vesqui li rois Bohorz que deus jorz, si quide l'an miauz qu'il soit morz de diau de son frere que de la soe maladie. Il avoit deus filz, dont li uns avoit non
10 Lyoniax, et li autres Bohorz, si estoient a merveilles bel anfant, mais il estoient de si petit aage que Lionax n'avoit que vint et un mois, et Bohorz n'en avoit que nuef.

En la terre de Gaunes (*f. 7c*) avoit de mout preudomes et de mout leiaus chevaliers, si contretindrent tant la terre com il la
15 porent contretenir. Et la reine Evane, la fame au roi Bohort, estoit en un chastel qui estoit de son doaire, si avoit non Montlair et estoit mervoilles forz. Si estoit tote la terre prise fors que cil chastiax o estoit la reine et si anfant. Et qant Claudas ot tot lo païs en sa baillie, si vint devant celui seoir. Mais la reine, qui fame
20 estoit, ne l'osa atandre, por paor que il ne li feïst honte s'il la poïst par force prandre, si s'an foï del chastel entre li et ses deus anfanz, et se fist nagier outre une riviere qui desouz lo chastel corroit tant qu'ele vint en une forest desus la riviere qui soe avoit esté maint jor. Illuec monta la reine en ses chevax, si s'en aloit a
25 po de gent; et pensa qu'ele ne fineroit d'errer tant qu'ele venroit au mostier ou sa suer, la reine de Benoyc, estoit velee. Ensins s'en aloit en tel maniere et si dui anfant avocques li. Si vint en une mout bele lande et mout grant. Illuec avint la reine [une] de ses mescheances, et orroiz comment.

30 Voirs fu que li rois Bohorz avoit en sa vie desherité un chevalier por un autre que il avoit ocis, car ce fu uns des homes do monde qui plus haute justise tint en sa vie que li rois Bohorz de Gaunes, fors li rois Bans de Benoyc, ses freres. Li chevaliers qui desheritez estoit qui por l'omecide s'en estoit venuz a Claudas, car il savoit
35 tot lo covine et lo pooir des deus freres. Li rois Claudas l'ama mout par sanblant (*f. 7d*) et crut et essauça, si li bailla une partie de sa gent por corre la ou il voudroit. Et cil lo tint mout pres et mout se pena de lui servir.

Celui jor que la reine s'en aloit de Monlair au mostier sa
40 seror, avint que en cele forest ou ele passoit estoit li rois Claudas,

Bohort's Sons Hidden By Pharien 19

et chaçoit un sangler trop grant, et li chevaliers deseritez avocques lui. Si encontra li chevaliers deseritez la reine et ses deus anfanz, la ou il atandoit Claudas au trespas d'une grant haie. Il vit la dame, si li cort saisir au frain. Et ele commança a plorer mout tendrement. Et il fait prendre les deus anfanz qui estoient en deus breçuels sor un somier, si les en maine la ou il avoit son seignor laissié.

Se la reine remest dolante, il ne fait pas a demander, car l'em ne porroit greignor duel deviser que ele ensi grant ne feïst, et cheoit pasmee si sovant que tuit cil qui la veoient cuidoient que ele moreüst eneslopas. Quant li chevaliers la vit si doloser, si l'an prist pitiez mout granz, et il li dist:

"Dame, mout m'avez mal fait, et vos et li rois qui morz est, mais li cuers ne me sofferoit pas que ge vos meïsse en males mains, car vos me feïstes ja un servise qui bien vos iert guerredonez encui, car vos me respitates une foiz de la mort, et mout vos pesa de mon deseritement. Si vos en randrai lo guerredon, car ge vos manrai fors de ceste forest a sauveté. Mais vos me lairoiz mes deus seignors qui ci sont, si les garderai et norrirai tant que il seront grant, et s'il pueent ja mais lor terre recovrer, mielz m'an sera. Et se vos ensi ne lo faites, vos ne poez estre se honie non, se vos chaez es mains Claudas de la Deserte."

Ele ne (*f. 8a*) set que faire, que se ele laisse ses deus anfanz, ele ne les cuide ja mais avoir, et d'autre part, s'ele chiet es mains a son anemi mortel, ele crient assez avoir honte et dolor. Si se pense que miauz li vaut[1] prandre de deus maus lo mainz mauvais, car por la soe honte, se l'an li fait, ne remanra il mie de ses anfanz que il ne soient a mort livré. Ele viaut [miauz] metre ses anfanz en la main de Nostre Seignor, que il soient desmambré ses iauz veiant et ele honie.[2] Si dit au chevalier que ele laisse les anfanz en la Deu garde et an la soe, que il les gart si com il doit.

"Mais por Deu, fait ele, de ceste forest me gitez hors, que par autrui ne soie prise ne destorbee."

Li chevaliers prist les deus anfanz, si les livra a cels an cui il se fioit plus, et mena la dame a sauveté hors de la forest tant qu'ele vint a une abaïe de randuz. Il la met laianz et li dist:

"Dame, ci vos remanroiz tant que vos verroiz mon message qui vos dira qant Claudas s'en sera alez." Ele remaint, et il s'en part; et ele li chiet as piez, [si li prie,] por Deu, que pitiez li

---

[1] uiaut   [2] v. miauz que ele soit h.

preigne de ses deus anfanz, que por covetise d'avoir ne les mete es
mains de lor anemi mortel. Et il dit sor sa creance que, la ou il
avront mal, il nes porra garantir.

Atant s'en ala; et qant il vint a Claudas, si fu ja li sanglers
5 ocis. Et tantost vindrent les noveles que Montlairs estoit pris.
Claudas an fu mout liez, et si monte il tantost et vient au chastel,
si trova qu'il estoit ja randuz a sa gent, car puis que la reine an fu
hors, ne l'osa nus contretenir. Mais qant il ne trova ne la reine ne
les anfanz, si an fu mout iriez; et neporqant do (*f. 8b*) chastel se
10 saisi. Et tint endeus les reiaumes an tel maniere. Mais atant se
taist ores li contes que plus n'an parole, ançois retorne a la reine
Evainne, la fame au roi Bohort.

Li contes dit que qant li chevaliers deseritez oï les noveles de
Monlair, lo chastel qui pris estoit, et il vit Claudas monter por
15 aler la, si prist un suen neveu, escuier, et l'anveia a la reine, et par
celui la fist conduire jusq'eu mostier o la reine, sa suer, estoit.

Qant les deus serors s'antrevirent, il ne fait mie a demander
s'eles orent amedeus assez et duel et joie, car eles en orent tant con
l'am porroit de boiche deviser. Duel orent eles de ce que l'une
20 vit l'autre deseritee et essilliee, qui tant soloient estre honorees et
de grant pooir; et d'autre part ravoient mout grant joie de ce
qu'eles se voient ansenble, car grant paor avoient eü l'une de
l'autre; et se pensoient que legierement useroient ansenble lor
vies am plorer et an faire duel de lor granz pertes et an servir
25 Nostre Seignor, car en ce doivent estre tuit li bon confort.

Mais aprés ce qu'eles se furent assez dolosees de lor deseritement
et de la perte de lor seignors, si vint la plainte la reine Helene de
Benoyc, et dist:

"Ha lasse! Ge par ai trop perdu: ma terre et mon seignor et
30 mon fil qui de toz anfanz estoit la rose. Et li vostre, fait ele, bele
suer, o sont il dons?"

Et lors se pasme sa suer. Et qant ele la voit pasmee, si se re-
pasme tantost delez li, et tuit cil qui sont laianz et totes celes en
font grant duel trop. Et qant la reine de Gaunes fu revenue de
35 pasmoisons, si commance a conter a sa[1] seror comment ele a
perdu ses deus anfanz.

"Ha lasse! fait (*f. 8c*) cele de Benoyc, or somes amedeus sanz
anfanz."

Et lors li comence a conter comment ses sires avoit esté morz,

[1] se seror

Lake Fairy's Magic Comes from Merlin

et comment ele avoit perdu Lancelot, son fil, qant la damoisele se lança otot lui dedanz lo lac. Granz fu li diaus as deus serors de la grant perte que faite avoient, et s'eles ne fussient ansemble; ancores fust graindre lor angoisse. Mais de ce qe eles estoient ensemble estoient maindres lor dolors. Maintenant que l'abaesse fu illocques venue, si se fist la reine de Gaunes reoignier et veler, car mout avoient grant paor de la desleiauté Claudas. Et puis que eles estoient velees et rooigniees, n'avoient eles garde de lui. Mais d'eles ne parole li contes plus a ceste foiz, ançois retorne a Lancelot, la o il en est portez el lac.

Or dit li contes que la damoisele qui Lancelot am porta el lac estoit une fee. A celui tens estoient apelees fees totes iceles qui savoient d'anchantement et de charaies, et mout en estoit en celui termine en la Grant Bretaigne plus que en autres terres. Eles savoient, ce dit li contes des brettes[1] estoires, la force des paroles et des pierres et des herbes, par quoi eles estoient tenues en joveneté et en biauté et en si granz richeces com eles devisoient. Et tot fu establi au tans Merlin, la prophete as Anglois, qui sot la [sa]pience que des deiables puet descendre. Por ce fu il tant redotez de Bretons et tant honorez que tuit l'apeloient la sainte prophete, et tote la menue gent lor deu. Cele damoisele dont li contes parole savoit par Merlin qancq'ele savoit de nigromence, et lo sot par mout grant voisdie.

(f. 8d) Voirs fu que Merlins fu anjandrez an fame par deiable et de deiable meesmes, car por ce fu il apelez li anfes sanz pere. Et cele maniere de daiable converse mout au siegle, mais n'ont force ne pooir d'aconplir lor volenté ne sor creant ne sor mescreant, car il sont chaut et luxurieus. Et trovons que qant il furent fait angle si bel et si plaisant, que il se delitoient en esgarder li uns en l'autre jusq'a eschaufement de luxure. Et qant il furent chaü avecques lor maleureus maistre, il retindrent la luxure en terre qu'il avoient es hauz sieges commanciee.[2] De ceste maniere de deiable fu estraiz Merlins, ce dit li contes des estoires, et si vos dirai comment.

Il fu voirs que en la maresche de la terre d'Escoce et d'Irlande ot jadis une damoisele, gentil fame de grant biauté, et fu fille a un vavasor qui n'estoit pas de grant richece. La damoisele vint en aage de marier, mais an soi avoit une teche que ele disoit a son pere et a sa mere que ne la mariassent il pas, que bien saüssient il

---

[1] brectes   [2] commanciees

Merlin Son of Demon

de voir que ele n'avroit ja en son lit home qe ele veïst des iauz, que ses cuers ne lo porroit soffrir. En maintes manieres l'essaierent entre lo pere et la mere savoir s'il la porroient hors giter de cest corage. Mais ne pot estre, car ele lor dist que bien seüssient il
5 que, s'il l'en efforçoient, ja si tost ne lo verroit com ele morroit ou istroit del san. Et sa mere li demanda a consoil priveement comme mere a sa fille se ele se voudroit a tozjorz d'ome tenir et de toz charnex covines. Et ele dist que nenil; se ele pooit avoir conpaignie d'ome que ele ne veïst, et mout (*f. 9a*) lo voudroit, car la
10 volenté avoit ele bien, mais li veoirs n'i pooit estre.

Il n'avoient andui plus de toz anfanz, si l'amoient tant comme l'an doit amer son seul anfant, si ne se vostrent metre an aventure de lor anfant perdre, si soffrirent et atandirent tant que il veïssent se ele chanjast cestui corage, et tant que li peres fu morz. Aprés la
15 mort son pere semont mainte foiz la mere sa fille de mari prandre. Mais ne pot estre, car ele ne se voloit acorder a prendre home que ele veïst, car tex estoit li mehainz de ses iauz qu'ele ne porroit soffrir lo veoir por nule rien, mais lo sentir sanz lo veoir feroit ele legierement.

20 Aprés ce ne demora mie grantmant que uns deiables, de tel maniere com ge vos ai dit, vint a la damoisele en son lit par nuit oscure, et la comança a prier mout durement, et li promist que ja ne lo verroit nul jor. Ele li demanda qui il estoit.

"Ge suis, fait il, uns hom d'estranges terres, et por ce que vos
25 n'avez cure d'ome qe vos puissiez veoir, por ce veig ge a vos, car autresin ne porroie ge veoir nule fame a cui ge geüsse."

La damoisele lo tasta, si senti que il avoit lo cors mout gent et mout bien fait. Et neporqant deiables n'a ne cors ne autres menbres que l'an puisse manoier, car esperitex chose ne puet estre
30 manoiee, et tuit deiables sont choses esperitex. Mais deiable antrepranent a la foiee cors de l'air, si qu'il senble a cels qui les voient qu'il soient formé de char et d'os. Qant cele santi lo deiable el cors et es braz et el viaire et an mainz autres leus, si li fu avis, a (*f. 9b*) ce qu'ele an pooit savoir par sentir, que mout estoit bien
35 tailliez a estre biax, si l'aama et fist outreement sa volenté. Et mout lo cela bien et a sa mere et a autrui. Qant ele ot ceste vie menee jusq'a cinq mois, si angroissa, et qant vint au droit terme que ele anfanta, si s'an merveilla toz li pueples, car do pere ne fu il nule seüe, ne ele nel vost dire a nelui.

40 Cil anfes fu uns vallez, si ot non Mellins, car issi lo commanda

Niniene Learns from Merlin

li deiables a la damoisele ainz qu'il nasquist; mais il ne fu onques bauptiziez. Et qant vint au chief de doze anz, si fu amenez a Uterpandragon, si com l'estoire de ses ovres lo tesmoigne et devise. Qant vint aprés ce que li dus de Tintajuel fu morz par la traïson de Uter Pandragon et de Mellin par Egerne, la duchesse, que Uter Pandragons amoit, si s'an ala Mellins converser es forez parfondes et enciennes. Il fu de la nature son pere decevanz et desleiaus, et sot qanque cuers porroit savoir de tote parverse science.

Il avoit en la marche de la Petite Bretaigne une damoisele de mout grant biauté, qui avoit non Niniene. Celi commença Merlins a amer, et mout vint sovant la ou ele estoit et par jor et par nuit. Et cele se deffandié mout bien de lui, car mout estoit sage et cortoise. Et tant c'un jor li enquist et conjura qu'il li deïst qui il estoit, et il l'an dist la verité. Et ele li dist qu'ele feroit qancqu'il[1] voudroit, mais qu'il li enseignast une partie avant de son grant san. Et cil, qui tant l'amoit com cuers mortex puet nule chose plus amer, li otria a aprandre qancqu'ele deviseroit de boche.

"Ge voil, fait ele, que vos m'enseigniez comment ge porrai un leu si fermer par force de paroles et (*f. 9c*) serrer dedanz ce que ge voudrai, que nus n'i puisse ne issir ne entrer, ne fors ne anz. Et si m'enseigneroiz comment ge porrai faire dormir a tozjorz mais cui ge voudrai, sanz esveillier."

"Por quoi, dist Merlins, volez vos ce savoir?"

"Por ce, fait ele, que se [me]s peres savoit que vos ne autres geüssiez a moi, ge m'ocirroie tantost; et issi serai asseür de lui qant ge l'avrai fait endormir. Mais bien gardez, fait ele, que vos ne m'anseigniez chose ou il ait point de mençonge, car bien sachiez que ja mais a nul jor n'avriez ma compaignie."

Cil li anseigna et l'un et l'autre; et ele escrist les paroles en parchemin, car ele savoit assez de letres. Si an conreoit si Mellin totes les hores qu'il venoit a li parler que maintenant s'andormoit; et metoit sor ses deus aignes deus nons de conjurement que, ja tant com il i fussient, ne la poïst nus despuceler ne a li chessir charnelment.

En tel maniere lo mena mout longuement, et cuidoit tozjorz au partir que il eüst a li geü. Si lo decevoit issi par ce qu'il estoit mortex en une partie; mais se il fust de tot deiables, ele ne l'an poïst decevoir, car deiables ne puet dormir. En la fin sot ele par lui

[1] qanc/quelle v.

tantes mervoilles que ele l'angigna et lo seela tot andormi en une cave dedanz la perilleuse forest de Darnantes, qui marchist a la mer de Cornoaille et au reiaume de Sorelois. Illuec remest en tel maniere, car onques puis par nelui ne fu seüz;[1] et li leus fu mout bien seelez par dedanz a force de granz conjuremenz, si ne fu onques puis par nul home veüz[1] qui noveles en seüst dire.

Cele qui l'andormi et seela, si fu la damoisele qui Lancelot en porta dedanz lo lac. Et qant ele l'an ot porté, il ne fait pas a demander se ele lo tint chier, (*f. 9d*) car ele lo gardoit plus doucement que nule autre fame ne poïst faire qui porté ne l'aüst dedanz son cors. Ele n'estoit mie seule,ançois avoit avocques li chevaliers et damoiseles, si quist a l'anfant norrice qui boene li fu. Et qant il s'an pot consirrer, si ot son maistre qui li enseigna comment il se devoit contenir. Ne nus de la maisniee a la damoiselle ne savoit son non fors que ele seulement, ançois l'apeloient en maintes manieres. Li un l'apeloient lo Biau Trové, li autre Fil de Roi, et ele meesmes l'apeloit issi sovant, et tex ore estoit que ele lo clamoit Riche Orfenin.

Ensi fu trois anz Lanceloz an la garde a la damoisele a trop grant aise, et bien cuidoit por voir que ele fust sa mere. Si fu plus creüz en ces trois anz c'onques autres ne fist en cinq, et fu de totes choses si biax anfes que plus biau ne deüst nus deviser. La dame qui lo norrissoit ne conversoit nule foiee s'an forelz non granz et parfondes, ne li lais ou ele sailli atot lui, qant ele l'am porta, n'estoit se d'anchantement non, si estoit el plain d'un tertre plus bas assez de celui o li rois Banz avoit esté morz. En cel leu ou il sanbloit que li lais fust granz et parfonz avoit la dame mout beles maisons et mout riches, et el plain desouz corrut une riviere petite, mout planteüreuse de poissons. Si estoit cil herbergemenz si celez que nus nel poïst trover, car la sanblance do lac lo covroit si que veüz ne pooit estre.

Ensi est Lanceloz en la garde a la dame remés, si croist et amande si com vos poez oïr. Mais de lui ne parole plus li contes ci endroit, ençois retorne a parler de Lionel, son coisin et de Bohort, lo fil au roi Bohort de Gaunes.

(*f. 10a*) Li contes dit que qant li chevaliers qui toli a la reine de Gaunes ses deus anfanz si fu alez an son païs que li rois Claudas li ot randu, et de l'autre terre li ot il doné mout grant partie, qu'il garda les anfanz a mout grant honor, et orent qanque l'an cuida

---

[1] seuz ne par nul home v.

Pharien's Wife and Claudas 25

que bon lor fust. Car il ne beoit fors a els tenir a honor tant qu'il venissent [an] aage que Dex lor rendist encor la terre. Si i pensoit avoir grant preu s'il revenoient en pooir.

Ensins les tint plus de trois anz an sa maison si celeement que nus ne savoit qui il estoient fors sa fame seulement, qui mout 5 estoit tres bele dame et juene et bien parlanz. Por la grant biauté qui en li estoit avint chose que Claudas l'ama et fist tant qu'il ot s'amor. Et por amor de li fist il son seignor seneschal de tote sa terre de Gaunes, et mout l'acrut de granz fiez et de beles rantes. Li chevaliers estoit mout preuz et mout hardiz, et si 10 avoit non Phariens. Et tant durerent les amors de sa fame et del roi Claudas qu'il lo sot. S'il an fu iriez, ce ne fait pas a demander, car il n'amoit nule rien tant comme la dame. Il s'an prist garde mout sovant, tant c'un jor l'anveia Claudas en un suen affaire. Et cil fist sanblant qu'il i aloit, mais il n'i ala mie, ainz se mist 15 en aise de sa fame esprover, tant que la nuit trova Claudas avocques li, si lo cuida ocirre, mais il ne pot, car il se lança parmi une fenestre hors de la chanbre, si eschapa en tel maniere.

Il conut mout bien que c'estoit Claudas, si li pesa mout que ocis ne l'avoit, et mout ot grant paor que Claudas n'oceïst lui. 20 Si se porpensa comment il se porroit garir par voidie, car force n'i avoit mestier. Il vint a Claudas, si lo traist a une part a consoil, et si li dist:

"Sire, ge sui vostre hom, si me devez tenir (*f. 10b*) a droit envers les autres genz, et les autres genz envers moi. Ge voil bien que vos 25 sachiez que ceianz a un de voz chevaliers, qui de ma fame me traïst, et trové l'i ai ja une[1] foiee."

"Qui est, fait li rois Claudas, li chevaliers?"

"Sire, fait il, ge ne sai qui, car ma fame nel me viaut nomer, mais tant m'a ele bien dit que de voz chevaliers est il. Or si me 30 doinez consoil comme mes sires que ge en ai a faire se ge l'i truis."

"Certes, fait Claudas, ge l'ocirroie, se gel trovoie en tel maniere com vos m'avez ci descovert."

Et ce disoit il por ce qu'il cuidoit bien que Fariens n'en saüst pas la verité. 35

Atant prant Phariens de lui congié, si s'en revient an son chastel, et prant sa fame, si la met en une tor et mout a malaise; et fu seule de totes compaignies fors c'une vielle qui li portoit ce qu'ele bevoit et manjoit. Ne onques Fariens une foiz ne li

[1] une/vne

reprocha por que il li faisoit toz cels max. Tant soffri la dame que ele ne pot en avant soffrir, et fist tant que ele parla a un sien coisin, vallet, povre home, cui ele avoit faiz mainz biens. Si i parla des fenestres de la tor a l'anuitier et li ancharja qu'il alast
5 au roi Claudas et li deïst que issis l'avoit ses sires por lui enserree, et que il feïst tant que ele poïst a lui parler, et ele l'acointeroit de sa honte et de son domage. Et s'il n'i parloit prochainement, trop grant perte i porroit avoir, car il en morroit et ele avocques autresin. Li vallez ala a Claudas et tant fist qu'il parla a lui, et
10 li conta qanque la dame li avoit anchargié et avocques dist boenes enseignes que ele li a[n]veoit.

Et aprés ce ne demora gaires que Claudas chaçoit an la forest de Gaunes, si li vint en corage qu'il iroit la dame veoir. Il prist un escuier, si manda a Pharien (*f. 10c*) qu'il aloit en sa maison disner.
15 Et qant il l'oï, si fist mout bele chiere au message son seignor, et sanbla que mout an fust liez. Maintenant fist la dame traire hors de la tor et fist acesmer et apareilier mout richement, et atorna a mangier qant qu'il pot trover de boen. Qant Claudas aprocha, il ala a l'ancontre et li fist mout bele chiere et lo reçut
20 en sa maison a mout grant feste.

Qant Claudas ot disné, si s'asistrent entre lui et la dame en une couche, et ele s'encomm[anç]a a plaindre a lui de sa mesaise et dist:

"Sire, vos i deüssiez bien metre consoil, car ge n'ai toz cels
25 maus se por vos non."

"Certes, fait il, g'i metroie mout volentiers consoil se ge savoie."

"Ge vos enseignerai, fait ele, coment vos me poez de lui vengier et vos avocques, se vos m'amez tant comme j'ai deservi envers
30 vos."

"De ce, fait il, seiez vos tote seüre que, se ge puis avoir lo point, ge vos en vengerai; et dites comment, se vos saviez, et ge vos otrois qu'il en iert a vostre voloir."

"Sire, fait ele, il set de voir que ce fustes vos qu'il trova en mon
35 lit gisant, mais senblant ne noise n'en vost mostrer ne faire, tant vos redote. Et savez vos comment vos avez boene achoison de lui destruire? Il garde plus a de trois anz les deus filz au roi Bohort de Gaunes en une chambre desouz ceste tor, tant qu'il aient aage et pooir de vos ocirre. Et puis qu'il a ce fait contre vos, bien a
40 dons a droit mort deservie."

Pharien Accused of Treason 27

"Comment? fait Claudas, est ce voirs?"
"Oïl, fait ele, n'en dotez pas. Ne vos ne porriez nule si boene achoison trover sor lui comme cesti car par tant a il forfait a estre morz ou desheritez au mains."
"Or laissiez atant, (*f. 10d*) fait Claudas, ne ja ne faites nul samblant, car g'en cuit par tens mout bien penser et prochainement."
Atant prist congié Claudas et s'an parti de laianz, et vint la nuit a Gaunes, ou il jut. Il avoit en sa maison un anemi Pharien qui de mort lo haoit, [si vint a lui] et li dist que or estoit il bien aeisiez de Farien honir s'il l'osoit amprandre.
"Comment, sire? fait il.
"Gel vos dirai, fait Claudas, mais vos me fianceroiz leiaument que vos an feroiz mon consoil."
Et il li fiance.
"Il est voirs, fait Claudas, que il garde les deus fiz au roi Bohort dedanz une soe forteresce, car gel sai par cels meïsmes qui miauz sont de son consoil. Et savez vos coment vos lo feroiz? Vos l'apeleroiz par devant moi de traïson, comme celui qui mes hom est et garde encontre moi mes mortex anemis. Et s'il l'ose veer, vos lo mosterroiz contre son cors. Et savez vos que ge vos ferai? Ge vos doing ci endroit la seneschaucie de Gaunes a tozjorz mais, a vos et a vostre oir."
Cil est mout liez de la promesse, si l'an mercie mout durement et se poroffre a faire quancqu'il devisera outreement.
Ensi passa li tans que plus n'en fu parlé de ce, tant que Fariens vost un jor a la cort aler. Si se pensa, comme cil qui mout estoit sages, qu'il ne savoit que il li estoit a avenir, car mout lo hait Claudas, ne nus ne se puet garder de traïson, si commanda a toz cels qui gardoient les soes choses, que por un suen neveu chevalier qu'il avoit feïssent autretant com il feroient por son cors, car ce estoit li hom ou il plus se fioit, et a toz en fist faire sairement. Atant mut a la cort, si li fist Claudas (*f. 11a*), li traïtres, mout grant joie. Et l'andemain vint li chevaliers qui tant lo haoit a l'issue del mostier, et dist a Claudas voiant toz cels qui la estoient:
"Sire, sire, tenez me droit de Farien qui ci est, comme de celui qui est vostre traïtres, car ge lo sai comme d'oïr et de veoir. Et s'il lo velt contredire, ge sui prelz de l'esprover orendroit par devant vos, car il tient voz mortex anemis encontre vos, les deus anfanz au roi Bohort de Gaunes."

"Oez, Pharien, fait Claudas, que cist vos met sus. Certes, se vos mes traïtres iestes, dont suis ge mout dolanz, car mout vos ai honoré et trait avant."

"Sire, fait Phariens, de ce me conseillerai ge."

"Comment, sire, fait li chevaliers qui ses niés estoit, vos vos en conseilleroiz ? Certes ja consauz n'en sera pris, car il n'est mie chevaliers qui se conseille, puis qu'il est apelez de traïson; mais s'il en est corpables, mete la hart el col et voist isnellement a son joïse; et s'il en a droit, si se deffande seürement contre lo meilor chevalier do monde, car desleiautez fait a besoign de bon chevalier mauvais, et leiautez fait boen chevalier et seür de celui qui onques ne l'avra esté."

Lors s'an vient devant Claudas et dist:

"Sire, ge deffandrai monseignor mon oncle de ceste chose."

Et ses oncles saut avant et dit que ja nus n'en metra escu a col sor lui.

"Tenez, sire, fait Phariens, mon gaige que ge onques traïson ne fis vers vos."

"Conoissiez vos, fait Claudas, que vos les anfanz au roi Bohort aiez en garde?"

"Sire, sire, fait li niés, s'il les gardoit ores, si an fait il assez qant il est prelz de contredire[1] que onques traïson ne fist vers vos. Et ensin com il est restez, issi est prelz qu'il s'em deffande."

"Il est restez, fait Claudas, des anfanz lo roi Bohort, et s'il velt contredire (*f. 11b*) que gardez nes ait, cist est apareilliez toz de l'esprover."

"Sire, fait li niés Farien, s'il les a gardez, ne l'a il mie fait an traïson vers vos. Et s'il a çaianz chevalier tant preu ne tant hardi qui voille mostrer qe ce traïsons soit, ge sui prelz que ge l'an desfande,[2] car il n'issi onques de l'omage au roi Bohort; et combien que ses sires eüst mespris vers lui, il doit garder lo cors son seignor, s'il estoit vis, et lo cors a ses anfanz."

Puis dist a son oncle:

"Alez, sire, si vos desfandez de la traïson que cil chevaliers vos a sus mise, et ge vos deffandrai do mesfait, que point n'en a es anfanz garder et garantir."

A ceste parole ne fu nus hom qui onques meïst nul contredit, ne li chevaliers qui apelé l'avoit de traïson ne se tint lors pas si angrés com il avoit devant esté.

---

[1] con/contredire   [2] des/desfande

Claudas Swears to Protect Bohort's Sons 29

"Comment, fait Claudas a celui qui apeloit, dont n'en feroiz vos plus?"
Et qant il voit que a son seignor plaist, si done son gage de mostrer la traïson. Et Phariens tant le sien por lo contredire. Sanz nul respit que nus i feïst s'alerent armer. Et Phariens apele 5 son neveu, si li dit:
"Biax niés, alez vos an a mon chastel, et que qe de moi doie avenir, o de joie o de mescheance, prenez mes deus seignors et les an menez sanz arest a Mostier Reial ou ma dame est, et les li randez, car ge nes porroie vers ces traïtor plus garantir." 10
Atant s'an part li niés et vient au chastel, si prant les anfanz et les an moine si com il li estoit commandé. Et Phariens se conbat tant que il ocist lo chevalier devant Claudas. Et lors vienent les novelles a Claudas que li niés Pharien s'en est alez et que les anfanz avoit perduz. Et qant il l'ot, si vient a Pharien et li fait 15 mout bele chiere et li dit que les anfanz li rande (*f. 11c*).
"Et ge vos jurerai, fait il, orandroit sor sainz que ge les garderai si que, qant il seront en aage d'estre chevaliers, ge lor rendrai lor heritage. Et se ge muir dedanz ce, ge les metrai en vostre main, et garderoiz les anfanz et la terre de Gaunes, et celi de Benoyc 20 meesmes qui lor doit estre. Et ge ai oï[1] dire que li fiz au roi Ban ert morz pieç'a. Ce poise moi, car ge sui de tel aage que ge ne doi baer q'a sauver m'ame, que ge n'en desheritai lor peres se por ce non qu'il ne voloient mi home devenir, et si n'avoient nule aide de seignor qu'il avoient." 25
Lors fist Claudas aporter les sainz et jura, voiant tot son barnage, que ja par lui n'avroient mal li anfant, ançois les garderoit [et] la terre et bien et leiaument tant qu'il venissent en aage. Cil lo crut par lo sairement, si monta et corrut au ferir des esperons la par ou il savoit qu'il troveroit son neveu, sel trova et an ramena 30 les anfanz. Qant Claudas les vit, si lor fist mout grant joie, et mout furent esgardé, q'a grant merveilles estoient bel. Et il les commande a garder a Pharien et a son neveu. Et ne demora gaires qu'il les fist metre toz quatre en la tor de Gaunes, car trop estoient, ce disoit, juesne encor a chevauchier, si voloit qu'il fussient illuec 35 gardé.
Ensin est Lioniaus et Bohorz en prison, en la tor de Gaunes, et lor dui maistre avoc aus. Et li rois Claudas lor fist mout grant sanblant d'amor et commande qu'il aient qancqu'il deviseront de

[1] ge ci oi

30   Portrait of Claudas

boiche. Mais d'aus lo laisse atant ester li contes ici endroit que plus n'en parole, ainz retorne a parler do roi Claudas.
Ensin tint Claudas lo regne de (*f. 11d*) Gaunes et celui de Benoyc sanz contredit que nus i meïst, et mout fu dotez de ses
5 veisins et d'autres genz. Il n'avoit de toz anfanz que un tot sol, qui estoit vallez mout genz et mout biaus, et avoit pres de quinze anz, si avoit non Dorins. Si estoit si fiers et si viguereus et si demesurez qe ses peres ne l'osoit encores faire chevalier, car il avoit paor que il ne li correüst sus si tost com il an avroit pooir,
10 car il estoit si despandanz que riens ne li pooit durer, et Claudas fu li plus angoisseus princes et li plus avers do monde, ne ja rien ne donast se lors non qant il avoit si grant mestier de gent que consirrer ne s'en pooit. Et sa façons estoit si fiere que li contes dit qu'il avoit bien nuef piez de lonc a la mesure des piez de lors.
15 Si avoit lo viaire gros et noir, et les sorcils veluz, et les iauz gros et noirs, l'un loign de l'autre. Si avoit lo nes[1] cort et rechinié, et la barbe rousse, et les chevous ne bien noirs ne bien rous, mais entremeslez d'un et d'[a]utre. Si ot lo col gros, et la boiche grant, et les danz cleres et ancheisses. Mais les espaules et les
20 piez et tot l'autre cors ot si bel et si bien taillié com l'an lo porroit miauz deviser en nul home.
Et ses teches estoient et boennes et mauvaisses. Il amoit mout povre home, bon chevalier, ne ja ne queïst que riches hom fust boens chevaliers. Si haoit toz cels qui plus pooient de lui, et
25 amoit cels dont il estoit au desus, s'il lor vossist estre un po plus larges. Et volentiers aloit au mostier, mais ne faisoit mie granment de bien a povre gent. Mout volentiers levoit matin et manjoit, ne ja ne joast a tables ne as eschas n'a autres geus se petit non. En bois aloit volentiers deus jorz ou trois tot pres a pres, mais non pas
30 acoustumeement. Ses co(*f. 12a*)venanz ne fausoit mie volentiers, mais sovant metoit sus achoisons de barat et de decevance.
Onques par amors n'avoit amé c'une foiee, et qant l'an li demandoit por quoi il avoit amors laissiees, si disoit que por ce qu'il baoit a vivre[2] longuement.
35 "Comment, sire? faisoient si home, dont ne puet il vivre longuement qui par amors aime?"
Et il disoit que nenil.
"Por quoi, sire?" faisoient il.
"Por ce, fait il, que cuers de chevalier qui finement aimme ne

---
[1] los tes cort   [2] ui/uivre

Ambition of Claudas to Conquer Arthur

doit baer qu'a une chose: c'est a tot lo monde passer; ne nus cors d'ome, tant fust preuz, ne porroit soffrir ce que li cuers oseroit emprandre, que ançois ne lo covenist fenir.[1] Mais se la force del cors fust si granz que ele poïst aconplir les hardemenz del cuer, ge amasse par amors tote ma vie et passasse toz les prodomes de totes iceles proesces qui puent estre en cors de boen chevalier, car il ne puet estre tres preuz d'armes, se il n'aimme tres leialment, et ge conois tant mon cuer que ge amasse leiaument sor toz leiaus."

Ensin parloit Claudas a sa gent priveement, et il disoit voir, car il avoit en s'amor esté de merveilleuse proesce, et avoit eü los et pris de sa chevalerie en maintes terres. Et si avoit encor autres teches; car qui consoil li deïst, ja par lui ne fust descoverz; il amoit riviere sor toz deduiz, et plus les faucons que les ostoirs, ne ja ne chevauchast gaires se granz destriers non, fors qant il chevalchoit grant jornee, et lors avoit il tozjorz un grant destrier dejoste lui, o fust an pais, o fust an guerre.

Qant il ot tenuz les deus reiaumes qu'il avoit conquis deus anz et plus, si se porpensa d'une haute proesce, mais il ne s'en conseilla onques fors a son (f. 12b) cuer, si dist a soi meïsmes:

"Ge sui mout riches et mout viguereus et dotez de maintes genz, car li rois Artus meesmes ne s'ose mie reveler encontre moi, car ge taig plus a de deus anz deus roiaumes de son fié, que onques plus n'en osa faire. Si sai bien qe mout sui dotez d'autres genz, qant meesmes li rois Artus me crient et dote. Ne ge ne me tandrai pas por si preuz com ge doi estre, se ge ne faz tant qu'il taigne de moi tote sa terre. Si ai an talant que ge lo guerroi sanz demorance; mais por ce qu'il est tenuz a si preudome de totes genz, si voldrai avant savoir s'il a tant de valoir com les genz dient, car il ne m'est pas avis que nus hom puisse estre tres durement loez ne blasmez, que aucune chose n'i ait de verité. Por ce voil avant de son covine aprendre une partie, et s'il est tex que gel doie assaillir de guerre, ge l'an asaudrai prochainement, et se ge voi que ge nel puisse metre au desoz, si lairai a itant ester ma fole emprise."

Ensi pense Claudas et parole a soi meïsmes. Puis vient a un sien oncle, ainz né de lui, si li dist son covine et li fait jurer sor sainz que il ne l'an descoverroit; et puis li dit:

"Biax oncles, ge m'en vois an la cort lo roi Artus an tapinage por esprover se nus lo porroit metre au desouz, et se ce doit estre

---

[1] fenist

par nul home, ce serra par moi. Et se ge voi que folie fust de l'anvaïr, si lairai atant la chose ester. Mais ge vos lairai ma terre tote, car ge ne voil an nule fin que mes fiz en soit tenanz jusq'a cele ore que vos savroiz que ge serai morz. Et s'il avenoit chose
5 que ge ne revenisse au chief d'un an, lor me porriez tenir por mort, sel revestisiez de ma terre seürement. Et ensi lo ferai jurer a toz mes homes."
 [Il envoie querre ses homes] de par (*f. 12c*) tot les trois reiaumes, si lor dit:
10 "Seignor, vos iestes mi home lige. Et ge m'en vois en un pelerinage isi escheriement q'avoques moi ne vandra que uns escuiers; si voil que vos façoiz autretant por mon oncle qui ci est com vos feriez por moi, jusq'au chief d'un an. Et se ge au chief d'un an ne revenoie, et vos saüssiez que ge fusse morz, vos del regne de la
15 Terre Deserte randriez a mon fil Dorin mon regne de Berri, et vos del regne de Benoyc et de Gaunes rendriez as anfanz lo roi Bohort la terre qui lor doit estre, ce est la terre que j'ai conqise, car j'ai oï dire que li filz au roi Ban est morz avocques son pere; ne ge ne voil perdre m'ame por autrui deseriter aprés ma mort,
20 car mes filz avra assez s'il est prouzdom, ne riens ne seroit an lui bien enploiee s'il estoit mauvais. Ne dedanz un an ne voil ge pas qu'il soit d'une seule rien de ma terre saisiz. Et si voil que vos issi lo me juroiz. Et vos, fait il, biax oncles, lo me jureroiz tot avant a tenir ensi com gel vos ai devisé."
25 Cil li jure toz premiers, qui mout estoit preuz et leiaus tozjorz vers lui; si avoit non Patrices et estoit sires d'un chastel delez Gaunes, devers soloil couchant, que Claudas li avoit doné, mais par ancesserie estoit sires d'un chastel qui avoit non Charac et d'un autre selonc, qui lors estoit apelez Duns, mais au tens Essout, lo
30 fil celui Patrice qui trop fu proz et viguereus, et fu apelez Essouduns,[1] por ce que trop estoit petiz ses nons com a si bon chastel et si planteüreus, si fu autant a dire Essouduns comme li Du[n]s Essout. De cele terre estoit sires Patrices a celui tens. Et qant il ot fait a Claudas son sairement, si jurerent aprés lui trestuit li autre.
35 Dedanz lo qart jor (*f. 12d*) mut Claudas en son afaire, et en mena avocques lui un suen serjant, qui mout estoit sages et preuz et de granz proeces de cors et de toz autres servises.
 Tant chevaucha Claudas qu'il vint en la Grant Bretaigne, et trova lo roi a Logres, sa cité; si avoit guerre a pluseurs de ses

[1] essoriduns

barons. Ne il n'avoit encores gaires esté rois, si avoit prise la reine Guenievre, n'avoit pas plus de set mois et demi. Et c'estoit la plus tres bele fame dont onques nus eüst oï parler el pooir lo roi Artu. Et sachiez que onques a son tans el reiaume de Logres n'en ot une qui s'apareillast a li de grant biauté fors que deus seulement. Si fu l'une dame d'un chastel qui siet an la marche de Norgales et des Frans, si a non Gazevilté li chastiaus, et la dame ot non Heliene sanz Per, et cist contes an parlera ça avant. Et l'autre fu fille au roi mehaignié, ce fu li rois Pellés qui fu peres Perlesvax, a celui qui vit apertement les granz mervoilles del Graal et acompli lo Siege Perilleus de la Table Reonde et mena a fin les aventures del Reiaume Perilleus Aventureus, ce fu li regnes de Logres. Cele fu sa suer, si fu de si grant biauté que nus des contes ne dit que nule qui a son tens fust se poïst de biauté a li apareillier, si avoit non Amide en sornon et an son droit non Heliabel.

Mout fu la reine Guenievre de grant biauté, mais rien ne monta la biauté a la valor que ele avoit, car fu de totes les dames la plus preuz et la plus vaillanz, et avoc tot ce li dona Dex si beles graces que nule tant ne fu amee ne prisiee de toz cels qui la veoient.

En celui tans avoit li rois Artus guerre au roi Yon (*f. 13a*) d'Irlande la Menor, et puis au roi Agu[is]çant d'Escoce, son coisin meesmes, et aprés au Roi d'Outre les Marches de Galone, et a mainz autres de ses barons. Et de toz vint au desus par l'aide Nostre Seignor qui en mainz leus li fu apareilliez, et par les preudomes qui de totes les terres de crestienté li venoient aidier por la grant vaillance de lui; et neïs de maintes terres de paiennime lo vindrent servir li Tur, et se crestienerent por sa valor de tes qui puis furent de hautes proeces en son ostel.

En tel maniere fu Claudas en la maison lo roi Artu, des la Miaost jusqa'a l'issue de mai, an sanblance d'un estrange soudoier, et esgarda lo contenement lo roi et sa largesce et sa debonaireté et son grant san et sa biauté et sa bonté et sa proesce, si lo vit de totes valors de cuer et de cors si entechié qu'il ne prisoit envers lui rien nul home dont il onqes eüst parole oïe.

Atant s'en parti Claudas antre lui et son serjant. Et qant il vint a Mercent, que il ot mer passee, si mist a raison lo serjant, que il avoit trové preu an mainz besoinz, si li dist:

"Ge t'ai mout bien [fait], et ge t'ai trové preu et leial en maintes choses, si te conjur sor la foi que tu me doiz que tu me consoilles a foi d'une chose que ge te dirai."

34 On Journey Home Claudas Reveals Plan

"Sire, fait il, si ferai[1] ge, se ge vos en sai consoil doner."
"Or antant donques, fait Claudas, tu ne sez por quoi ge vig en la maison lo roi Artu, ne ge nel dis onques n'a toi n'a autrui. Mais or lo te dirai ge. Ge me pensai antan que g'estoie un des
5 plus viguereus hom do monde, et que se ge pooie avoir lo reiaume de Logres, ge seroie li plus dotez rois qui onqes fust et conquerroie tant que ge seroie rois de tot lo monde; si pen(f. 13b)[soie a guerroier lou roi Artu tant que ge lou poïsse metre au desouz. Et tu ies si sages et si aparcevanz] de tote[s choses que tu sez bien
10 se painne m'i porroit] avoir mest[ier, si me di ameement que tu m'an loes."]
"Sire, fait cil, li mia[udres est legiers a savoir] qui a un po de conoissance. M[oi est avis que cil do]it avoir cuer de totes choses passer [qui bee a]vaintre et a metre au desouz lo roi Artu; car
15 ge [ne] cuideroie que Dex eüst fait an lui ce qu'il i a por estre deshonorez ne abaissiez, mais por vaintre tote gent et conquerre les uns par proesce de soi et de sa haute compaignie, et les autres par sa largece et par sa debonaireté; car ce savons nos bien qu'il est riches de terre a grant mervoille, et il a en sa maison la flor de
20 tote la terriene chevalerie. Il est si biax chevaliers que plus bel ne covient a demander. Il est plains de si grant proesce et de si haute qu'il vaint de totes chevaleries et cels de son ostel et les estranges. Il est si larges et si abandonez que nus n'oseroit penser ce qu'il oseroit despendre. Il est si debonaires et plains de si grant com-
25 paignie qu'il ne remaint por les hauz[2] homes qu'il ne face granz joies et granz honors as povres preuz, et done les riches dons et les plaisanz. Ensins fait gaaignier les cuers des riches et des povres, car il enhore les riches come ses compaignons, et les povres por lor proesces et por son pris et s'anor acroistre et vers Dieu
30 et vers lo siegle, [car bien gaaigne pris et honor vers le siegle] et grace et amor de Deu cil qui fait el siegle ce qu'il doit de tel baillie come Dex li avra donee. Et se cist estoit fox et mauvais et de grant coardise plains, ne voi ge mie encor, ne ne sai l'ome qui au desouz lo poïst metre, tant com il voudra les prodomes croire
35 qui converssent o lui; car il covandroit a celui qui lo cuideroit deseriter qu'il fust plus riches hom de lui, et eüst planté de meilleurs chevaliers en son pooir, ce que ge ne cuit ores mie que nus ait, et qu'il fust miauz en(f. 13c)[techiez dou roi Artu, qui a painnes porroit avenir, car ge ne cuidei onques en nul cors de haut

[1] il sire faire   [2] hainz homes

Companion of Claudas Praises Arthur 35

home si hautes teches] ne si be[les come les soes me samblent estr]e. Por ce ne m'est [il pas avis qu'il poïst estre] par nul hom [deseritez,] ne Dex nel fist onqes tel por [oblier] enjusque la. Ne Dex ne fist onques home, tant soit mes charnex amis, ne tant m'ait de granz biens faiz, s'il lo pooit deseriter et ge l'an 5 pooie garantir, que ge ne l'an garantisse a mon pooir sanz moi mesfaire, et ençois me mesferoie gié que ge nel garantisse a mon pooir, et aprés an feroie ma penitance."

"Comment? fait Claudas; si li aideroies encontre moi, qui tes liges sires suis et t'ai fait riche et honoré por ton servise?" 10

"Sire, fait il, s'il vos gerroioit a tort, ge vos aideroie jusq'a la mort—voire encor, o fust a son droit o a son tort. Mais se vos aviez la force de lui desheriter et vos lo voliez faire, se ge l'an pooie garantir, ge l'an garantiroie tot."

"Dont seroies tu, fait Claudas, mes desleiaus et mes traïtres, 15 si com tu meïsmes conois, car tu ies mes hom liges et tu seroies en l'aide a un autre home estrange encontre moi."

"Sire, fait cil, ge n'en seroie ja ne traïtres ne desleiaus, car ançois que ge alasse encontre vos, ge vos gerpiroie tot vostre homage por garantir tot lo monde de dolor et de povreté et por 20 tote chevalerie tenir an haut, car se cist seus hom estoit morz, ge ne voi que ja mais meïst chevalerie ne tenist gentillece la ou ele est. Et mout seroit miauz que vos qui n'iestes c'uns seus hom fussiez arrieres botez de vostre mauvaise enprise, que toz li monz fust tornez a povreté et a dolor, car bien seroit morz toz li mondes 25 se cil estoit desheritez qui bee tot lo monde a maintenir. Et se vos ne autres voliez dire que ce fust desleiautez que j'ai dit ne traïsons, ge seroie (*f. 13d*) prelz [que] ge m'en deffandisse en quel qe leu que l'an m'an osast rester. Mais puis que sires demande a son home consoil, il l'an doit dire ce que li cuers l'an consoille de 30 raison et de leiauté. Et se li sires l'an velt croire, et biens l'an vient, cil i a honor qui li avra loé lo bon consoil; et s'il ne l'en velt croire et maus l'an vient, li[1] hom n'i a nule honte, ainz s'en descharge."

Qant Claudas ot si vigueresusement celui parler, si l'en prise mout, car bien set qu'il lo dit de tres grant hautesce de cuer. 35 Mais por deliter plus en ses paroles, qui mout li plaissent, li cort un po sus de la soe parole a senblant d'ome correcié, si dit que ja si tost ne vendra en son pooir, com il lo fera mostrer encontre lui que c'est [t]raïsons qu'il a devant lui conneüe et regeïe.

[1] si hom

"En non Deu, sire, fait cil qui mout a grant despit lo tient, et ge vos rent vostre homage ci orandroit, si vos pri et requier que vos me donez jor en vostre cort del contredire, por moi esleiauter encontre celui qui ce osera avant metre, soit serjanz, o soit chevaliers."[1]

"Nus ne set, fait Claudas, si bien la verité de tes paroles come ge faz, et ge sui prelz orendroit de mostrer encontre toi que c'est desleiautez et felonie."[1]

"Par Sainte Croiz, fait li vallez, puis que a esprover m'an avez mis, ge ne m'en guanchirai ja. Orendroit sera la bataille, et a celui qui droit en a en doint Dex joie."

Cil met la main a l'espee, et Claudas fait autretel. Et il furent sanz totes armes dont il se poïssent covrir, et neporqant Claudas avoit aportees mout beles armes de Bretaigne et mout boenes qu'il avoit a Mercent laissiees, car il s'an voloit venir covertement an son païs. Il furent loign de totes genz, et Claudas, qui de la bataille n'avoit talant, voit celui qui vient (*f. 13 bis a*), l'espee traite, encontre lui;[2] et il lo savoit a preu et a hardi outreement, si li poise mout de ce que tant a la chose menee qui a gabois avoit esté comanciee. Mais il ne set que faire, car s'il crie celui merci, il dote que la chose ne soit seüe et que les genz qui l'oront dire et ne savront la verité lo li taignent a coardise, qu'il avoit mout tozjorz haïe. Ce lo tient an sa folie, si atant comme fox celui qui encontre lui vient, l'espee traite, et qui a son droit lo requiert. C'est la riens qui plus l'espoente; et d'autre part, ce set il bien, que li uns ne li autres n'en puet partir, o sanz mort o sanz mehaign, se tant font les espees qu'eles veignent au ferir. Si n'ot onques mais li rois Claudas de sa mort si grant paor, ne tant pres de lui ne la cuida.

Ensin s'antrevienent li dui ensemble; et Claudas atant totevoie, et qant il voit celui tot apareillié de ferir, si s'escrie et dit que il sueffre un petit, tant qu'il ait a lui un petit parlé. Et cil s'areste, et Claudas li dit:

"Diva! Ge t'ai norri et mout bien fait, et se ge t'oci, ge voil que tu me pardoignes ta mort, car les autres genz ne sevent mie comment nos avons ceste bataille arainié autresins bien com nos faisons."

---

[1] et ge sui . . . felonie *follows on immediately after* chevaliers *and is said by the squire*
[2] encontre celui

Qant cil l'ot, si se tient por fol de ce que ses sires l'avoit requis de ce dont il deüst lui requerre, si li dist: "Sire Claudas, sire Claudas, plus a de bien en vostre cuer, se vos lo voliez en bien despendre, que an toz les cuers qui ores soient, si m'avez ores de tant enseignié que ge ne m'en batrai mais hui a vos, que biau me soit. Mais nos an irons par lo reiaume de Gaule, et lors, se vos volez, si soit ceste bataille par devant lo roi menee a fin, car il est voirs que se ge vos ocioie ci o nos somes, tozjorz mais me seroit tenu a murtre et a traïson, et a vos autresin, se vos ociez moi."

(*f. 13* bis *b*) Or ot Claudas chose qui li siet, si li otroie issi com cil l'a devisé. Et cil prant congié de lui et dit que d'ui an tierz jor sera apareilliez de sa bataille devant lo roi de Gaule.

"Comment? fait Claudas; issi ne l'otroi gié mie por ce que tu t'an ailles, car don m'avroies tu mauvaise foi portee, qant ge t'avroie mené en estrange païs por moi servir, et tu m'avroies laissié en mon greignor besoing, car ge ne voldroie por nule rien q'en me trovast si povrement. Si te pri, tu remaignes avocques moi encore et que tu me serves si com tu as a costume."

Et cil dit que son anemi mortel ne servira il ja, ne ja mais jor ne sera en son servise.

"Or antant, fait Claudas; tu sez bien que par noz acreanz est nostre bataille remesse jusque devant lo roi de Gaule. Et puis que ge serai as armes, sez tu bien qu'il avra en moi meslee contre un meillor chevalier de moi, et auques devroit estre las qui m'avroit mené jusq'a outrance. Et ge te ferai ja une anor que ge ne feroie por tote ma terre, se ge me devoie combatre au cors lo roi Artu, car ge me taig de la bataille por outré. Et saches bien que ge n'en parlai onques fors a gas, et vi bien hui tel hore que ge vousisse estre outre la mer de Grece par covant que onques parole n'en fust meü. Et sui prelz que ge te jur sor sainz, a la premiere eglise o nos vandrons, que de qancque tu en as dit, te sai bon gré. Et por la leial proesce que ge sai en toi, ge te doig la conestablie de mon ostel d'ui en avant, et te ferai chevalier lo jor de la saint Johan, car ge ne te voldroie avoir perdu por lo meillor chastel que j'aie."

Tant lo prie Claudas an chevauchant que il sont venu a une eglise qu'il orent veü pres do chemin a destre, si estoit uns hermitages. Et il descent, si li jure ses (*f. 13* bis *c*) covenances a tenir, et puis l'en a baisié en foi. En tel maniere ont la pais faite, si chevauchierent tant par lor jornees qu'il vienent a Bohorges, si est mout granz la joie que les genz Claudas font de lui.

Au tierz jor vint a lui Patrices, ses oncles, si li conte coment ses fiz Dorins avoit fait assez mal an la terre et viles brisiees et proies
5 prises et homes ocis et navrez.

"De tot ce, fait Claudas, ne me chaut, car il a droit, car filz de roi ne doit estre destorbez de largece qu'il voille faire, puis que li rois ne puet estre povres par doner. Et j'ai tant veü de largesce puis que ge parti de ceste terre, que ge ne cuidasse que autretant
10 an poïst avoir an tot lo monde. Si sai bien que c'est la plus haute teche que riches hom puisse avoir que estre larges de veraie largece; c'est de doner autresin sanz besoign com a besoig, et tele est la largece lo roi Artu."

Puis conte a ses genz comment il estoit alez en Bretaigne et por
15 quoi, et lo contenement la reine, et lo conte[ne]ment lo roi Artu, et la mervoille de sa chevalerie qui an sa maison est et des voisines terres et des loigtaignes. Aprés lor conte la contençon et l'acorde qui a esté entre lui et son serjant, si lor devise de chief en chief, et ne mie la grant paor qu'il ot eüe. De c'est granz li gas parmi
20 la cort, et li serjanz en a mout grant honte et mout se tient por fol.

Qant vint a la feste Johan, si an fist Claudas chevalier, et lors lo revesti de la conestablie de son ostel. Et cil fu puis chevaliers de mout grant proesce autresin com il avoit esté preudeserjanz, et il
25 avoit non Arquois li Flamans. Ensin est li rois Claudas repairiez en sa terre, si ne parole plus li contes ci androit de lui, ançois retorne a Lancelot, qui est el lac.

(*f. 13* bis *d*) Qant Lancelot ot esté an la garde a la damoisele les trois anz que vos avez oï, si fu tant biaus que nus nel veïst
30 qui ne cuidast q'il fust de greignor aage la tierce part. Et avocques ce qu'il estoit granz de son aage, si estoit sages et antandanz et cuitox et legiers et outre ce qe anfes de son aage ne deüst estre. La damoisele li bailla un maistre qui l'anseigna et mostra comment il se devoit contenir a guise de gentil home. Et neporqant de
35 toz cels qui laianz estoient, ne savoit nus qui il estoit fors seulement la damoisele et une soe pucele, si apeloient l'anfant par laianz si com l'estoire a ça arrieres devisé.

Si tost com il se pot aider, li fist ses maitres un arc a sa maniere et a bouzons legerez que il lo fist traire avant au bersaut. Et qant
40 il s'an sot entremetre, si lo fist archoier as menuz oisiaus de la

Lancelot's Upbringing by Lady of Lake 39

forest. Et si com il aloit creissant et anforçant de membres et de cors, si li anforçoit an son arc et ses saietes, et commança a archoier as lievres et as autres menues bestes et as granz oisiaus la ou il les poit trover. Et si tost com il pot en cheval monter, si li fu apareilliez mout biax et mout boens et mout bien atornez de frain et de sele 5 et d'autres choses, si chevaucha antor lo lac amont et aval, non mie loig mais pres tozjorz. Ne n'estoit pas seus, ançois avoit mout bele compaignie de vallez granz et petiz et gentis homes tot lo plus. Et il se savoit si belement tenir en lor compaignie que tuit cil qui lo veoient cuidoient que il fust uns des plus gentis hom do 10 monde, et por voir si estoit il. Des eschas et des tables (*f. 14a*) et de toz les geus dont il pooit veoir joer aprist si legierement que qant il vint en l'aage de bachelerie, nus ne l'an poïst anseignier.

Et ce fu, ce dit li contes, li plus biax anfes do monde et li miauz 15 tailliez et de cors et de toz manbres, ne sa façons ne fait pas a oblier en conte, mais a retraire oiant totes genz qui de grant biauté d'anfant voudroient oïr parole.

Il fu de mout bele charneüre, ne bien blans ne bien bruns, mais entremeslez d'un et d'autre; si puet an apeler ceste sanblance 20 clers brunez. Il ot lo viaire enluminé de nature[l] color vermoille, si par mesurez a raison que vilsement i avoit Dex assise la compaignie de la blanchor et de la brunor et del vermoil: que la blanchors n'estoit estainte n'anpiré por la brunor, ne la brunors par la blanchor, ainz estoit atampré li uns de l'autre, et la vermoille 25 color, qui par mesure estoit[1] assise par desus, enluminoit et soi et les autres deus colors meslees, si que rien n'i avoit trop blanche ne trop brune ne trop vermoille, mais igau meseüre de trois ensenble. Il ot la boiche petite par mesure et bien seant, et les levres colorees et espessetes, et les danz petites et sarrees et 30 blancheanz, et lo menton bien fait a une petite fossete, lo nes par mesure lonc, un po hautet el mileu, les iauz vairs et rianz et plains de joie, tant com il estoit liez, mais qant il estoit iriez a certes, il en sanbloit charbon espris, et estoit avis qe parmi lo pomel des joes li sailloient gotes de sanc totes vermoilles, et 35 fronchoit del nes an sa grant ire autresin com uns chevax, et estreignoit les danz ensenble, si qu'eles croissoient mout durement, et ert avis que l'alaine qui de sa boiche issoit fust tote vermoille, et lors parloit si firement que ce (*f. 14b*) sanbloit estre une buisine,

[1] c. qui pami/seur estoit; estoit assise par d.

et que qu'il tenist as mains et as danz, tot depeçoit. Au derreain ne li membroit an sa grant ire fors de ce dom il estoit iriez, et si i parut bien puis an mainz affaires.

Lo front ot haut et puis bien seant, et les sorcils bruns, departiz a grant planté. Si ot les chevox deliez, et si naturelment blons et luisanz, tant com il fu anfes, que de plus bele color ne poïssent estre nul chevol; mais qant il vint as armes, si com vos orroiz, si li changierent de la naturel blondor et devindrent droit soret. Mout les ot tozjorz clers et crespes par mesure et mout plaisanz. De son col ne fait mie a demander, car s'il fust en une tres bele dame, si fust il assez covenables et bien seanz et bien tailliez a la mesure del cors et des espaules, ne trop grailles ne trop gros, ne lons ne corz a desmesure. Et les espaules furent lees et hautes a raison. Mais li piz fu tex qe en nul tel cors ne trovast an si gros ne si large ne si espés; ne an lui ne trova onques nus hom plus que reprandre, ainz disoient tuit cil qui lo devisoient que s'il fust un po mains garniz de piz, plus an fust atalantables et plaisanz. Mais puis avint que cele qui desor toz autres lo devisa, ce fu la vaillanz reine Guenievre, dist que Dex ne li avoit pas doné piz a outraige, de grant ne de gros ne d'espesseté qui i fust, car autresin estoit granz li cuers en son endroit, si covenist que il crevast par estovoir, s'il n'eüst tel estage o il se reposast a sa mesure. "Ne se ge fusse, fist ele, Dex, ja an Lancelot ne meïsse ne plus ne mains."

Teles estoient et les espaules et li piz. Et li braz furent lonc et droit et bien forni par lo tor des os, si furent de ners et d'os mout (*f. 14c*) garni bien, et povre de char mais par mesure. Les mains furent de dame tot droitement, se un po plus menu fussient li doi. Et des rains et des hanches ne vos porroit nus dire que l'am les poïst miauz deviser en nul chevalier. Droites ot les cuisses et les janbes, et voltiz les piez, ne nus ne fu onqes plus droiz en son estant. Et chantoit a mervoilles bien qant il voloit, mais ce n'estoit pas sovant, car nus ne fist onques si po de joie sanz grant raison; mais qant il avoit raison de cui il deüst faire joie, nus ne poïst estre tant anvoisiez ne tant jolis que il plus assez ne lo fust. Et disoit maintes foiz, qant il estoit en sa grant joie, que rien nule ses cuers n'oseroit anprendre que ses cors ne poïst bien a chief mener, tant se fioit en la grant joie qui de maintes granz besoignes lou fist puis au desus venir. Et par ce que il en parloit si seürement, li fu il atorné a mal de maintes genz qui cuidoient qu'il lo deïst

Lancelot Goes Hunting 41

por bobanz et de vantance; mais nel faisoit, ainz lo disoit de la grant seürté qu'il avoit en ce dont tote sa joie venoit.

Tel furent li manbre Lancelot et sa sanblance, et si fu bien tailliez et de vis et de cors et de manbres. Les teches del cuer ne furent pas en lui obliees a aseoir; car ce [fu] li plus douz anfes et li 5 plus debonaires de toz, la ou debonairetez se laissoit trover, mais contre felenie lo trovoit en passefelon. Ne de sa largece ne fu onques nus anfes veüz, car il departoit tot a ses conpaignons autresin volentiers com il lo prenoit. Il ennoroit gentis homes de si grant cuer que aillors n'avoit s'antante mise. Ne de sa maniere 10 ne fu onques anfes veüz, car ja nus (*f. 14d*) ne li veïst faire mauvais sanblant, se droite raison n'i eüst, tele dont nus hom nel deüst par droit blasmer. Mais qant il se correçoit d'aucune chose que l'an li eüst mesfaite, n'estoit lors pas legiere chose de lui apaier.[1] Et il estoit de si cler san et de si droite antencion que puis qu'il ot 15 dis anz passez ne faisoit il gaires choses qui n'apartenissent a boenne anfance; et s'il avoit an talant a faire aucune chose qui li semblast an son cuer estre boenne et raisnable, n'en estoit pas legiere a remuer, ne ja son maistre ne creüst de nule rien.

Il avint un jor que il chaçoit un chevrel, et ses maistres aprés 20 lui et si autre compaignon. Si orent mout correü, tant qe tuit commancierent a remanoir, et entre lui[2] et son maistre furent miauz monté, si laissierent toz les autres. Ne ne demora gaires que li maistres chaï entre lui et son roncin, si ot li roncins lo col brisié en travers. Ne onques li anfes nel regarda,ançois feri des esperons 25 aprés sa proie tant qu'il l'ocist d'une saiete anz enz une grant voie ferré[e]. Et lors descendié por trosser lo chevreil darriere lui, et devant lui an portoit son brachet qui tote jor avoit seü son chevreil devant les autres.

Endemantres qu'il s'an revenoit en tel maniere vers ses com- 30 paignons qui por lui estoient mout angoisseus, si ancontra un home a pié qui menoit an sa main un roncin las et recreü. Et il estoit mout biax vallez de prime barbe. Il fu an sa cote tot samglement, toz secorciez, une chape sor son col, ses esperons chauciez, qui tuit estoient ansanglanté del roncin qu'il avoit tant correü 35 qu'il ne pooit mais en avant. Qant il vit l'anfant, si ot honte mout grant et tint lo chief anclin, si commança a plorer (*f. 15a*) mout tanrement. Et li anfes l'atandié un po hors de la voie, si li

[1] ch. apaier de lui
[2] entrelui lui

demanda qui il estoit et o il aloit an tel maniere. Cil pensa bien que li anfes estoit mout hauz hom, si li dist:

"Biax sire, que Dex vos doint onor. Ne vos chaut ja qui ge soie, car certes ge sui assez povres, et mains avrai ge encores entre ci et tierz jor, se Dex ne me consoille autrement qu'il n'a fait enjusque ci. Et si ai ge esté plus a eise maintes foiz que ge ne suis ores. Et quele que l'aventure soit, o boenne o mauvaise, ge sui gentils hom de pere et de mere, et de tant suis ge plus dolanz en mon cuer des mescheances qui m'avienent, car se ge fusse uns vilains, plus volentiers soffrist mes cuers quel anui qui li avenist."

Et li anfes en ot mout grant pitié, et neporqant, si li dist: "Comment? fait il; vos iestes gentis et puis si plorez por mescheance qui vos aveigne? Se ce n'est d'ami[1] que vos aiez perdu, o de honte qui faite vos soit que vos ne puissiez vengier, nus hauz cuers ne se doit esmaier de perte qui puisse estre recovree."

Or s'emerveilla mout li vallez qui cil anfes pooit estre qui si estoit juenes et qui si hautes paroles li avoit dites, et il respont: "Certes, biax sire, ge ne plor por perte d'ami ne de terre que j'aie faite, ançois suis ajornez a lo matin en la cort lo roi Claudas d'esprover un traïtor qui ocist grant pieç'a un mien parrain, mout preudechevalier, en son lit por sa fame meemes. Et qant ge m'en venoie arsoir, si me faisoit gaitier a un trespas d'une forest. Si fui asailliz en une forest o ge passoie, et mes chevax fu desouz moi navrez a mort, mais totevoie[2] me porta jusqu'a garison. Et me dona cestui uns preuzdom, cui Dex doint (*f. 15b*) honor, mais tant l'ai travaillié por la mort eschiver qu'il n'a mais gaires de mestier ne moi ne autrui. Si sui dolanz de mes amis que j'ai perduz, la ou ge fui assailliz, qui ocis furent et navré. Et d'autre part me poisse trop de ce que ge ne serai pas a tens a mon jor en la maison lou roi Claudas, car se g'i poïsse estre, g'esclairasse mon cuer[3] au grant droit que g'i ai d'une partie de mon duel; et hore en remaindrai honiz par ma demore."

"Or me dites, fait li anfes, s'aviez cheval fort et isnel, porriez vos i ja mais a tans venir?"

"Certes, sire, fait il, oïl, mout bien, se ge n'aloie que lo tierz de la voié encorre a pié."

"En non Deu, fait li anfes, dont ne seroiz vos pas honiz por defaute de cheval tant com ge l'aie, ne vos ne nus gentis hom que ge trover puisse."

[1] danui   [2] tote uo/uoie   [3] mon duel

Lancelot Gives Venison to Vavasour 43

Lors descent, si li baille lo chaceor o il seoit, et il monte sor celui que il tenoit, et trosse derrieres lui sa veneison, et en maine lo brachet en une lesse. Et qant il a un po alé, si li covient a descendre, car li roncins ne puet aler s'a trop grant dolor non. Et il descent, si lo chace devant lui. Mais n'ot gaires alé qant il ancontra 5 un vavasor sor un palefroi, une verge en sa main, et ot avecques lui deus levriers et un brachet. Li vavasors fu d'aage, et li anfes, si tost com il lo voit, si lo salue. Et cil respont que Dex li doint amandement. Puis li demande[1] dont il est, et il dit que il est de cel autre païs. 10
"Certes, fait li vavasors, qui que vos soiez, vos iestes biax assez et bien enseigniez. Et dont venez vos issi, mes anfes?"
"Sire, fait il, de chacier, si com vos poez veoir. Si ai prise ceste veneison, si an avrez se vos en deigniez prandre, que (*f. 15c*) ge cuit que ele i seroit bien emploiee." 15
"Granz merciz, fait li vavasors, mes anfes chiers. Ne ge ne la refuserai pas, car vos la m'avez offerte de douz cuer et de deboennaireté. Et ge cuit bien que vos soiez autresin de gentil lignaige com vos iestes de cuer. Et certes, g'en avoie grant mestier de la veneison, car j'ai hui mariee une moie fille, si estoie venuz chacier 20 por prandre aucune chose dont cil fussient lié qui sont as noces, mais ge avoie failli a totes prises."
Li vavasors est descenduz, si prant lo chevrel et demande a l'anfant combien il voldra qu'il an port.
"Sire, fait li anfes, iestes vos chevaliers?" Et il dit que oïl. 25
"Dont l'an porteroiz vos, fait il, tot, car ge nel porroie mie miauz amploier, puis qu'as noces d'une fille d'un chevalier sera mengiez."
Qant li vavasors[2] l'antant, s'an est mout liez, si prant lo chevrel,[3] si lo trosse derrieres lui; et mout semont l'anfant de herbergier et de doner de sa veneison meemes et d'autres choses. Mais li 30 anfes dit que il ne herbergera pas encore, car "ma compaignie, fait il, n'est pas trop loign de ci. Alez, a Deu vos coment."
Et atant s'en part li vavasors et commance a penser a l'anfant, qui il puet estre, car il li est avis qu'il sorsanble, mais il ne set cui. Si i pense mout longuement, tant qu'il remembre qu'il semble 35 miauz que nul home lo roi de Benoyc. Lors fiert lo palefroi des esperons et cort arrieres grant aleüre aprés l'anfant tant qu'il l'ataint, car il aloit trestot son pais, et estoit lors primes montez[4]

[1] deman/demande [2] Quant li anfes
[3] cheururel [4] montel

el roncin, car il estoit alegiez del chevrel qui de sor lui estoit ostez. Si li dist an sospirant:

"Biaus douz anfes, porroit il estre que vos me deïssiez qui vos iestes?"

5 Et il (*f. 15d*) respont que nenil hore; "mais q'an avez vos, fait il, a faire?"

"Certes, fait cil, que vos sanblez un mien seignor qui fu uns des plus preudomes do monde. Et se vos aviez de moi mestier, ge metroie por vos en aventure et cors et terre, et ge et tel quarante
10 chevalier sont a mains de quatre liues pres de ci."

"Qui fu, fait li anfes, cil preuzdom que ge resemble?"

Et li vavasors respont an plorant:

"Certes, fait il, ce fu li rois Bans de Benoyc. Si fu toz cist païs suens, et il fu deseritez a mout grant tort, et uns suens filz perduz,
15 qui estoit li plus biax anfes do monde de son aage."

"Et qui lo deserita?" fait li anfes.

"Biax amis, fait li vavasors, uns riches rois puissanz qui a non Claudas de la Terre Deserte, qui marchissoit a cest reiaume. Et se vos iestes ses filz, por Deu, faites lo moi savoir, car mout en
20 avroient grant joie tuit cil et totes celes de ceste terre. Et ge vos garderoie comme mon cors et mielz assez, car ge liverroie lo mien por lo vostre sauver et garantir."

"Certes, sire, fait li anfes, filz de roi ne fui ge onques au mien cuidier. Si m'a l'an apelé fil de roi mainte foiee, et de tant com vos en
25 dites vos en ain ge miauz, car vos en dites que leiaus hom."

Qant li vavasors voit que plus n'an traira, si ne l'an puet li cuers issir de ce qu'il ne pent a ceste chose, et cuide savoir que li anfes soit filz de son seignor. Et il li dist:

"Biax douz sire, qui que vos soiez, vos senblez bien estre de
30 grant hautesce au cors et a la contenance. Et veez vos ci deus des meillors levriers que ge onques veïsse, si vos pri que vos en preigniez un. Que Dex vos doint creissance et amendement, et nostre seignor nos gart se il est vis, et ait pitié (*f. 16a*) de l'ame au preudome qui l'angendra."

35 Quant li anfes ot parler de la bonté as levriers, s'en a mout grant joie; et dit que lo levrier ne refusera il pas, car il lo voudra mout bien guerredoner s'il en puet an leu venir. "Mais donez moi, fait il, lo meillor." Et cil li baille par la chaainne qui mout estoit deliee et legerete.[1] Atant s'entrecomandent a Deu; si s'an veit li

---

[1] et lo regrete

Lancelot's Tutor Strikes him for Making Gifts 45

anfes, et li vavasors d'autre part qui totevoie ne fine de penser a l'anfant.

Et ne demora gaires que li anfes encontra son maistre et des autres jusqu'a trois qui lo queroient. Si s'en merveillieremt mout qant il lo virent sor lo maigre roncin, les deus chiens en sa main, son arc a son col, son tarquais a sa ceinture, et avoit ja tant esperoné lo roncin qu'il estoit ja jusq'au gros de la jambe toz an sanc. Lors li demande ses maistres qu'il avoit fait de son roncin, et il li dist qu'il l'avoit perdu.

"Et cestui, fait il, ou preïstes vos?"
"Il me fu, fait il, donez."

Mais li maistres ne l'an crut mie, ainz lo conjure de la foi qu'il doit sa dame qu'il li die qu'il an a fait. Et li anfes, qui pas ne la parjurast legierement, li conoist tote la verité, et del roncin et del chevrel qu'il avoit doné au vavasor.

"Comment? fait cil qui maistroier lo[1] voloit; si avez doné lo roncin qui vostre estoit, qu'i[l] n'a tel souz ciel a vostre hués, et la veneison ma dame sanz mon congié?"

Lors se trait avant li maistres et[2] lo menace mout. Et li anfes li dit:

"Maistre, or ne vos correciez, que ancores valt cist levriers de gaaign qe j'ai tex deus roncins com il estoit."

"Par Sainte Croiz, fait li maistres, mar lo pensastes. Ja mais tel folie ne feroiz qant vos eschaperoiz de ceste."

Lors hauce la paume, si li done tel flat qu'il l'abat del roncin a terre. Et cil ne plore ne ne crie por cop qu'il li ait doné; (*f. 16b*) et totevoie dit il que ancor aimme il miauz lo levrier qu'il ne feroit mie deus roncins. Qant ses maistres ot qu'il parole contre sa volenté encore, si hauce un baston qu'il tenoit et fiert lo levrier parmi les flans; et li bastons fu menuz et sillanz, et li levriers tandres, si commança a crier mout durement. Lors fu li anfes mout correciez, si laisse il les chiens andeus et sache son arc hors de son col, si lo prant a deus poinz. Et li maistres lo voit venir, sel cuide ambracier et tenir. Et cil fu vistes et legiers, si sailli autre part et feri del tranchant de l'a[r]c a descovert parmi la teste, si que les chevox li ront et le cuir li tranche et la char tote jusq'al test. Si l'estordi si durement qu'il l'abat a terre jus, et li ars est trestoz volez am pieces. Et qant il voit son arc brisié, si est iriez trop durement et jure que mar li a cil son arc brisié.

[1] ne lo v.   [2] auant et li maistres lo m.

Si recuevre et fiert derechief parmi la teste et parmi les braz et par tot lo cors, tant que de tot l'arc n'i a tant remex dont il poïst un cop doner que toz ne soit volez en pieces et esmiez. Lors lo corent prandre li autre troi; et qant il ne s'a de quoi deffandre, si
5 trait ses saietes de son tarquais et les lor lance, et les viaut ocirre toz. Et cil se metent a la voie; et li maistres[1] s'an fuit si com il puet et se fiert tot a pié an la forest, la ou il la voit plus espesse.

Et li anfes prant lo roncin a un des trois vallez dont il ot son maistre abatu; si monte sus et s'an vient en tel maniere, si an
10 porte son levrier [et son brachet,] l'un devant lui et l'autre darrieres, tant qu'il est venuz en un grant val. Et lors choisist une grant herthe de bisches qui pasturoient, et il giete ses mains, si cuide prandre son arc, qu'il cuidoit que encores pandist a son col. Qant il li manbre de ce qu'il l'avoit brisié a son (f. *16c*) maistre ferir,
15 lors est si iriez que par un po qu'il n'anrage; et jure a soi meemes que s'il lo puet trover, il li vandra mout chier ce que il a par lui perdue une des bisches, car a une, ce dit, ne poïst il mie faillir, car il a[2] lo meillor levrier dou monde et lo meillor brachet.

Ensin s'an vet toz correciez tant qu'il vient au lac, si antre dedanz
20 la cort parmi la porte. Lors descent, si maine a sa dame veoir son levrier qui mout estoit biax. Et qant il vint devant li, si trova son maistre tot sanglant, qui ja s'estoit clamez. Il salue sa dame, et ele li rant son salu comme cele qui tant l'amoit com nus cuers plus puet amer anfant qui de sa char ne soit. Mais sanblant fait d'estre
25 correciee durement, si li dit:

"Filz de roi, por quoi avez vos fait tel outraige, qui avez batu et navré celui que ge vos avoie baillié por maistre et por enseignier?"

"Certes, dame, fait il, mes maistres ne mes anseignieres n'estoit il pas, la ou il me batoit, por ce que ge n'avoie fait se bien non.
30 Ne de ma bateüre ne me chaloit il, mais il feri si durement cest mien levrier, qui est uns des meillors del monde, que par un po qu'il nel tua veiant mes iauz, por ce qu'il savoit que ge l'amoie. Et ancore m'a il fait autre anui, car il m'a tolu a ocirre une des plus beles bisches do monde, ne que ge onques veïsse o plus es-
35 poir."

Lors li conte comment il avoit son roncin doné et son chevrel, et comment il avoit les biches trovees a mes s'il eüst son arc.

"Et sachiez bien, fait il, dame, que ge nel troverai ja en leu que il n'i muire se ceianz n'est."

[1] uoie et cil san fuit   [2] il la

Lady of Lake says Lancelot Needs no Tutor 47

Qant la dame l'ot si fierement (*f. 16d*) parler, si en est mout liee, car bien voit qu'il ne puet faillir a estre preudom,[1] a l'aide de Deu et a la soe, que mout i cuide valoir. Et neporqant[2] d'estre correcie fait grant samblant. Et qant il voit ce, si s'an part de devant li mout iriez et menace mout celui qui si l'a vers lui cor- 5 reciee. Et ele lo rapele et si li dit:

"Comment? fait ele; si iestes tex que vos cuidiez issi doner voz roncins et la moie chose, et batre vostre maistre que j'ai mis desor vos por vos garder des folies et anseignier[3] les boenes oevres? Nule de ces deus choses ne voil que vos façoiz." 10

"Dame, fait il, si m'an covandra garder tant com ge voudrai estre en vostre baillie et an la garde a un garçon; et qant ge n'i voudrai plus estre, s'irai la ou ge voldrai et porchacerai ce que mestiers me sera. Mais ançois que ge m'en aille, voil ge bien que vos sachiez que cuers d'ome ne puet a grant joie venir qui trop 15 longuement est souz maistrise, car il lo covient sovent trambler. Ne endroit moi n'ai ge cure de maistre plus avoir, de seignor ne de dame ne di ge mie; mais[4] maldehaz ait filz de roi s'il n'ose l'autrui chose doner qant il la soe[5] done hardiement."

"Comment? dist la dame, cuidiez vos estre filz de roi, por ce 20 que ge vos l'apel?"

"Dame, fait il, filz de roi sui apelez et por fil de roi ai estez tenuz."

"Or sachiez, fait ele, que mauvaisement vos conut cil qui por fil de roi vos tint, car vos ne l'ietes mie." 25

"Dame, fait il en sopirant, ce poise moi, car mes cuers l'osast bien estre."

Et lors s'en torne toz iriez, qu'il ne puet un seul mot de la boiche dire. Lors saut la dame sus (*f. 17a*), si lo prant par la main et l'an mainne arriere, si li commance a baissier les iauz et la boche 30 mout doucement, que nus nel veïst qui ne cuidast qu'il fust ses anfes. Puis dist:

"Biax fiz, or ne seiez pas a malaise, car, si m'aïst Dex, ge voil que vos donoiz et roncins et autres choses, et vos avroiz assez quoi. Et se vos fussiez an l'aage de quarante anz, si feïssiez vos 35 bien a loer del roncin et de la veneison que vos donates. Et des ores mais voil ge bien que vos soiez de vos sires et maistres, puis que vos savroiz bien par vos ce qui apartient a boene anfance.

---

[1] pr. si en est mlt liee a laide   [2] ne por pant
[3] anseignier et anseignier   [4] mais mais   [5] soe ne done

Et cui que vos fussiez filz, voirement n'avez vos pas failli a cuer de fil de roi, et si fustes vos filz a tel qui osast bien assaillir lo plus haut roi do monde par proesce de cors et de cuer."

Ensi conforte la Dame del Lac Lancelot et asseüre, si com li contes trait avant ceste aventure por seulement la haute parole que il avoit dite. Mais ci endroit ne parole plus li contes de lui a ceste foiee,ançois retorne a sa mere et a sa tantain, la reine de Gaunes, la ou eles sont en Mostier Reial dolentes et desconseilliees.

Li contes dit que la reine Helainne de Benoyc et sa suer, la reine de Gaunes, sont ansenble en Reial Mostier. La reine de Benoyc menoit mout bele vie et mout sainte, et si faisoit la reine, sa suer; et mout amanda li leus et crut, tant que dedanz les set anz que la reine s'i fu randue, i ot bien trante nonains, totes gentis fames del païs. Et puis fist ele tant que a celui leu vint li chiés de l'abaïe.

La reine de Benoyc avoit an cutume que toz les jorz, aprés la grant messe, aloit sor lo tertre o ses sires avoit esté morz et sor lo lac ou ele avoit perdu son fil, et disoit tant de bien com Dex li (*f. 17b*) avoit enseignié, por l'ame de son seignor, que Dex en eüst pitié, et por son fil dont ele cuidoit que il fust morz certainement. A un lundi matin avint que ele ot fait chanter messe des feels Deu en remanbrance premierement de son seignor et de son fil, et puis fist chanter la grant messe, car mout li tardoit que ele fust a son duel faire. Et si tost come ele [fu chantee, ele] vint en haut el tertre, si plora et plaint mout longuement. Aprés vint sor lo lac ou ele avoit son fil perdu, si ploroit mout durement, tant que ele n'antandoit a autre chose.

La ou ele demenoit issi son duel et sa plainte, vint par illuec uns hom de religion a cheval entre lui et son escuier. Li hom fu vestuz de dras noirs, une chape close afublee, tote noire. Et qant il vit la reine faire tel duel, mout s'an merveilla cui[1] ele estoit et por quoi ele menoit si grant dolor. Il chevauche cele part, et la reine antant si affaire son duel que ele ne lo voit[2] ne aparçoit tant qu'il est tres desus li venuz. Et il l'esgarde, si la voit mout bele et bien sanblant a haute fame. Lors oste son chaperon, si la salue.

"Dame, fait il, Dex vos doint joie, car il m'est avis que vos n'an avez ores pas tant com il vos seroit mestiers."

[1] a cui   [2] ele ne uoloit

Passing Monk Talks to Queen 49

La reine regarde lo preudome, si li rant son salu; si li poise mout de ce que ele ne l'aparçut ençois que il l'eüst prise si pres. Ele voit que il est mout viauz et mout samble bien preudome. Et si avoit il esté, sanz faille, des proesces del monde, et ore estoit il mout preuzdom a Nostre Seignor, car il avoit esté chevaliers 5 mout preuz, mais la terriene chevalerie avoit il tote laissiee, grant piece avoit, et si estoit randuz en un hermitage ou il avoit tant fait que ja i avoit covant de randuz avoques lui qui tenoient la rigle et l'establissement Saint Augustin. (*f. 17c*) Il fu granz et corsuz, si ot les chevex meslez de chienes et les iauz vairs et gros 10 en la teste. Si ot lo sanblant fier, et plain de plaies lo vis et la teste et lo cors en mainz leus qui ne paroient pas. Si ot les poinz maigres et gros et plains de vaines, et lees les espaules, et il sist es estriers mout affichiez. Il dist a la reine:
"Dame, por Deu, qui estes vos? ne por quoi faites vos tel duel? 15 Car puis que dame est atornee au servise Nostre Seignor, ele ne se doit, ce m'est avis, doloser de nule rien fors que de ses pechiez plorer, ançois doit totes pertes terriene[s] arriere metre."

Qant la reine l'ot issi parler, si li est avis que mout est preuzdom de grant consoil, et ele dit: 20

"Certes, sire, se ge faz duel, ge n'en puis mais, ne por perte de terre ne[1] d'avoir ne faz ge mie si grant duel. Mais ge sui une lasse, une chaitive, qui jadis fui dame de la terre de Benoyc et de cest païs ci environ. Si perdié mon seignor, lo prodome, en cest tertre ci aluec; et mon fil, lo plus bel anfant de toz les autres, perdié ge 25 ci, que une damoisele l'an porta entre ses braz et sailli atot lui dedanz ce lac, ge ne sai ou pucele o deiables, mais de fame avoit ele cors et sanblance. Por ce que mes sires fu morz de duel, si ai mout grant paor de s'ame, car g'en doi estre en autresin grant cure comme de la moie, car puis que nus fumes entre moi et lui 30 par leial mariage ensenble joint, nos fumes une seul charz, si com Sainte Eglise lo tesmoigne et ge lo croi. Ensi, por la paor de l'ame mon seignor me plaign et plor, savoir se ja en prandroit pitié a Damedé por les lermes d'une tele pecheresse com ge sui. Et de mon fil me reprant au cuer mout grant pitié, que g'i perdié 35 an tel maniere, car s'il fust morz veiant mes iauz, (*f. 17d*) plus tost l'eüsse oblié que ge n'avrai, car ge sai bien que toz nos covendra morir. Mais qant me menbre que mes filz est noiez, qui estoit nez de leial mariage et estraiz de haut lignage cui Dex eslut a

[1] perte terriene dauoir

veoir ses granz merveilles et a honorer les estranches terres de sa venue et a honorer son haut non et a essaucier et sa creance, si m'est avis que Dex m'a toloit et lo pere et lo fil por aucune haïne qu'il a vers moi; ne jusque la ne li cuidoie ge pas avoir mesfait.
5 Ensi [plor] por la paor de Nostre Seignor et por la paor de l'ame mon seignor, que ele ne soit en pardurable mort, et por l'angoisse de la laide mort mon fil."

"Dame, dame, fait li preuzdom, certes, il a assez raison en vostre duel, car assez et trop avez perdu, et non mie vos seulement,
10 mais maintes autres[1] genz qui i avront de granz domages. Et neporquant, trop en porriez vos faire, car l'an doit en totes choses esgarder raison et mesure. Et puis que vos iestes partie del siegle et avez pris abit de religion por amor Deu, il n'est pas honeste chose de faire duel en chascun leu, car vos devez plorer et les voz pechiez
15 et les autrui, non mie veiant lo pueple, mais en vostre cloistre et[2] au plus an repost que vos porroiz. Et neporqant ge croi bien que ce ne volez pas faire en repost, ne que vos nel faites por nule vainne gloire, mais vostre cuer saoler qui angoisseus est et a malaise de son anui. Et Dex ait pitié do preudome cui fame vos fustes, car
20 de lui est mout granz domages. Ne vos n'i poez rien recovrer; c'est granz dolors. Mais del fil soiez vos tote seüre, car ge vos di en verité qu'il est sains et haitiez et tot a aise."

Qant la reine l'ot, si est tant esbahie que ele ne dit mot d'une (*f. 18a*) grant piece. Et qant ele puet parler, si li chiet as piez et li
25 dit tot am plorant:

"Ha! biax sire, por Deu, dites vos voir que mes filz Lanceloz est sains et saus?"

"Gel vos di, fait il, sor mon habit qu'il est toz sains et toz haitiez."

Et ele en a si grant joie que ele s'est pasmee maintenant. Et
30 lors la cort sostenir une none que ele avoit avoques li, et li preuzdom autresin, qui mout grant pitié en a. Et qant ele vint de pasmoison, si la conforte, et dit que tote soit seüre que il li a verité dite.

"Biax sire, fait ele, por Deu, comment lo savez vos? Car vos
35 m'avez en mon cuer mise la greignor joie qui onques mais m'i entrast; et s'il n'estoit voirs, si seroie assez plus morte que devant."

"Gel sai, fait li preudom, par celui qui lo voit main et soir. Et sachiez que s'il fust avecques vos, que vos fussiez encores dame

---
[1] mais assez autres maintes g.   [2] cloistre mais au

Monk Visits Queen's Convent 51

de la terre de Benoyc, il ne fust pas plus a aise [qu'il est la ou l'an lou norrist."

"Ha! sire, fait ele, por Deu, dites moi ou ce est, si en serai mout plus a aise.] Et se ce est leus o ge nel puisse veoir, si esgarderai viaus cele part sovant; et atant m'en refraindrai, puis 5 que ge nel porrai veoir."

"Dame, fait il, ce ne vos puis ge mie faire, car ge me desleiauteroie, puis qu'il m'est dit, car en tel maniere me fu descovert que ge ne vos en puis dire, fors tant que toz est haitiez et sains. Et tant n'en seüssiez vos oan, ne ge meemes, se ne fust 10 por ce que cil qui lo gardent vuelent que vostre cuers en soit a eise."

"Ha! sire, fait ele, por Deu, itant me dites, se vos poez, s'il est es mains a ses anemis ou a tex genz qui ne li vuelent se bien non." 15

"Dame, fait il, de ce soiez tote seüre qu'il est es mains a tex genz qi lo garderoient de toz maus a lor pooirs, ne ja si anemi de son cors n'avront saisine."

Lors a la reine mout grant joie, si grant que ele ne puet croire lo preudome, qu'il die voir. Lors li demande: 20

"Sire, conoissiez vos nules de noz serors qui laianz sont?"

Et il dit qu'il cui(f. *18b*)de bien conoistre de teles i a. Et il garde, si conoist celi qui estoit illuecques avec la reine, et ele reconoist lui mout bien. Et lors est la reine mout a eise, si li dit: 25

"Sire, por Deu, vos vendroiz jusque laianz et verroiz de noz dames que vos conoissiez, qui vos verront mout volentiers."

Ensi l'en mainne la reine jusqu'a lor porprise, si antrent anz. Et qant les dames oent dire q'ensin les vient uns preuzdom veoir, si vienent contre lui; et mout en i a qui lo conoissoient, si li font 30 mout grant joie. Et la dame lor demande a consoil se ele puet croire ce qu'il li fera antandant.

"Oïl, dame, font eles, car il n'en mentiroit mie, comme cil qui assez a esté preuzdom au siegle et or est mout preuzdom a Damedé." 35

Lors lo prient mout totes les dames de mengier, et il dit qe Dex lo set qu'il ne mangeroit mie plus d'une foiz lo jor, car lor ordre lor deffant.

"Mais ceste dame, fait il, m'a fait hui trop grant pitié. Et si me fist ja un mout grant servise que ge li voudrai mout bien 40

guerredoner. Et si vos dirai quex li servises fu, et ge quit qu'il l'en membera mout bien. Il fu voirs que ses sires li rois, dont Dex ait l'ame, tenoit une mout esforciee cort a un jor d'une Thiefaine, si dona mout robes a chevaliers et autres dons riches et
5 biax. Et g'i vign la voille de la feste si tart que pres estoit de vespres, si avoit li rois tant chevaliers a sa feste que totes avoit ses robes donees. Et qant ma dame qui ci est vit que ge n'avoie point de robe, si dist que mout senbloie preudome, et que ge ne devoie pas sanz robe remanoir a ceste feste. Si me fist faire a ma
10 mesure une robe d'un mout riche drap de soie que ele faisoit faire a son hués, et la me fist vestir. Si fui plus richement vestuz que nus chevaliers de la feste. (*f. 18c*) Ce fu li servises que ma dame me fist; ne ge nel taign pas a petit et ge ai[1] droit. Et por ce li guerredonerai ge de mon pooir, et mes pooirs si est de li aidier
15 del travail de mon cors et de ma langue qui devant maint riche home avra esté escoutee."

Puis dist:

"Dame, dame, il est granz joie ou siegle et grant honor a Nostre Seignor de ce que si haute fame et si gentis dame com vos estes et
20 de si haut lignaige descendue est del tot atornee au servise Damedeu, et li preuz en iert a vostre ame, se Deu plaist. Mais ge plain mout la terre de Benoyc et cele de Gaunes qui est chaoite en la main Claudas lo desleial; si en est li domages a voz amis, et la honte en est lo roi Artu, car il deüst pieç'a ceste honte avoir vengié.
25 Et bien sachiez que ge m'en vois par une nostre obedience que nos avons pres de ci; et si tost com g'i avrai esté, ge m'en irai d'iluec en la maison lo roi Artu, et si ferai ceste clamor et por vos et por vostre fil, qui encor sera sires de la terre se Deu plest. Et l'an cuide que il soit mout preuzdom se Damedex li done vie."
30 A ces paroles vint hors d'une chanbre la reine de Gaunes ou ele avoit dormi un po, car il [n]'estoit nuiz que entre li et sa seror ne relevassent trois foiz au mains por faire lor oroisons et lor proieres. Et qant ele oï parler de Lancelot, son neveu, qu'il estoit vis, s'en fu si liee que ele ne se pot sor piez tenir et ele se
35 pasme. Lors la prant la reine et les autres dames, si la relievent. Et li bons hom demande qui est ele et que ele a eü.

"Quoi, sire? fait la reine de Benoyc; c'est ma suer, la reine de Gaunes. Si sai bien que ele a tel joie de son neveu que ele s'en est pasmee."

[1] ge oi dr.

(*f. 18d*) "En non Deu, fait ele qui de pasmoisons fu revenue, nel faz ge. Ne plor mie, ne pasmee ne me sui de la joie de mon neveu; ge n'en ferai ja se rire non. Ainz me pasmai del grant duel de mes anfanz que j'ai perduz, si m'en est au cuer venue une tandrors[1] si granz que par un po qu'il ne m'est partiz."

"Dame, fait li preuzdom, or ne vos esmaiez pas de voz anfanz, car Nostres Sires est toz puissanz d'aus garantir, autresin com il a garanti vostre neveu que vos cuidiez et tuit si ami que il fust morz; et l'an set bien encore que li vostre sont sain et haitié. Mais parmi toz voz anuiz vos devez mout conforter de ce que vos iestes ensemble en la garde Nostre Seignor, qui en si mauvaises avantures et en si felonesses avez esté. Or si vos confortez des or mais l'une a l'autre de voz maus et faites ansanble joie de voz biens et pensez a la grant richece qui ja ne prandra fin, car de la richece do siegle avez vos assez eü, et bien poez veoir com a petit de chose il covient tote hautesce terriene retorner. Ne Nostres Sires ne vos obliera pas, car il est piteus et debonaires plus que langue ne puet conter. Si li prandra pitié de vos et vos traira de ceste dolor o vos iestes en sa grant joie pardurable; car moi, qui sui hom mortex et pechieres, en est si granz pitiez prise que ge ne serai ja mais a eise, Dex lo set, se n'est del servise Deu oïr, tant que ge soie en la maison lo roi Artu et que ge li aie faite la clamor de vostre deseritement et mostree la grant honte qu'il i a. Car il n'a cort en tot lo monde o ge n'osasse bien parler, qant plus i avroit riches barons et sages homes. Et neporqant ge sai bien [(*An, f. 25d*) que tant a eü affeire ça en arrieres li rois Artus que n'est mie mervoille s'il a ceste chose mise an delai, car il n'a gaires baron qui ne li ait mené guerre tant que maintes genz ont quidié qu'il remainsist essilliez a la parclose. Et par aventure, de ceste chose n'oï onques nul clamor, si n'an fait pas tant a blasmer."

Atant s'an part li preuzdom, si commende a Deu premierement les deus reines et puis les autres dames totes. Et chevauche droit et a granz jornees tant qu'il vient en la Grant Bretaigne et trueve lou roi Artu a Londres a mout grant planté de gent. Et ce fu la premiere semainne de Septembre, ce dit li contes, que li rois Artus fu venuz d'Escoce de seur lou roi Aguisçant, son coisin meesmes, qui par trois feiees l'ot guerroié, si orent faite boenne pais et bien asseüree d'amedeux parz. Et ot li rois Artus trives prises devers lou Roi d'Outre les Marches jusq'a la Pasque, si

[1] tandrons

s'en fu venuz por sejorner en son plus aesié païs et cil de son ostel avocques lui et d'autres chevaliers a grant planté.

Ce jor, ce dit li contes, estoit uns diemenches, si fu assis au mengier li rois Artus et ot (*An, f. 26a*) entor lui genz de maintes
5 manieres et de mainz estranges païs. Et li randuz qui venoit de la terre de Benoyc entre laienz et vient a granz pas parmi la sale contreval jusque devant lou haut dois ou li rois Artus et maint haut baron seoient. Il ot abatu son chaperon et il sambla mout bien preudome et il ot la langue delivre et bien parlant et la chiere
10 seüre, si commance sa raison si haut que bien fu oïz parmi la sale.

"Rois Artus, fait il, Dex te saut comme lou plus preudome et lou meilleur qui onques fust, se ne fust une seule chose."

Li rois regarde lou preudome a grant mervoille qui si l'a blasmé de mauveitié et loé de grant valor veiant ses genz, si en a
15 honte mout grant, et tuit cil qui laienz sont s'en mervoillent trop durement. Li rois fu mout sages et mout cortois, si li randié son salu.

"Dex vos beneïe, fait il, biaus sire, quex que ge soie, ou boens [ou] mauveis. Et puis que tant en avez dit, descovrez moi por
20 quoi ge pert a estre li miaudres rois et li plus preuzdom do monde, car mout lou savroie volantiers."

"Et gel te dirai, fait li preuzdom; il est voirs que tu ies li rois qui ores soit ne dont l'en ait oï parler qui plus maintient chevalerie en grant honor, et plus feis de granz biens que nus dont l'en ait
25 oï parler enjusque ci et selonc Deu et selonc le monde. Mais trop ies pareceux de vanchier les hontes et les domages que l'an te fait, car qui fait a ton home honte et domage, il lou te fait, car quel que domage que tes hom ait, totevoie en est la honte toe. Tu honores et do(*An, f. 26b*)tes et sers cels qui desleiaument te
30 guerroient et corent sus, et cels oblies et mez arrieres qui t'ont servi leiaument et sanz fauser et ont perdu et terres et honors et lor vies et sont en aventure de lor ames por ton servise. Or t'ai devisee la chose par quoi tu perz a estre li plus preuzdom qui onques fust."

35 Qant li rois l'antant, si en est mout honteux durement; et par la sale en sont tuit esbahi et un et autre et dient c'onques mais n'oïrent randu si bien parler ne si hardiement devant persone a si haut home, et li pleuseur en ont lou mangier laissié et a mervoille l'esgardent. Lors vint avant Beduiers li conestables et vit que por
40 la parole a ce randu avoient plus de la moitié des chevaliers lou

Monk Recognized as Adragais Li Bruns 55

mengier si deguerpi qu'il n'antendoient a nule rien fors a ce que il disoit. Et Beduiers li dist:

"Sire randuz, laissiez vostre parole atant ester tant que messires li rois ait mangié, et lors si parleroiz a lui tot par leisir, car de tant con vos avez dit avez vos ja la cort si troblee que tuit en laissent lou mengier et riche et povre."

"Coment? fait li preuzdom; sire chevaliers, si covient que ge me taise de dire la parole dont toz li mondes puet amender por laissier saoler si mauveis vaissel et si anuieux com est li ventres, ou ja si riches viandes ne si beles ne seront mises qu'eles n'i devaignent et anuieuses et vilainnes? Certes, ge ne m'an tairai ja que ge ne die ce qui (*An, f. 26c*) sor lou cuer me gist. Et qant ge avrai dite ma parole, ja ceianz n'avra preudechevalier ne si hardi, s'il velt dire que ce veritez ne soit, que bien ne soit desraisniee veiant tot lo barnage de çaianz[1] ançois que la nuiz qui vient se soit a cestui jor meslee. Et bien avez fait samblant d'anfant et contenance qui devant toz les esprovez preudomes de ceianz iestes venuz contredire que ge ne parol, et si ne savez lou grant besoig que ge en ai ne lou grant preu qui puet issir de ma parole. Et si ne cuit ge mie que vos seiez miauz vaillanz ne plus prisiez de tex deux preudomes vi ge ja en maison lou roi Uter de Bretaigne, ce fu Hervis de Rivel et Kanez de Caerc. Cels vi ge si preuz d'armes qu'il nes covenist a changier por nul cors de deus chevaliers; ne onques par els ne fu povres hom besoigneux botez hors de cort, mais avenciez a lor pooirs, et si n'estoient pas mains seignor de la maison lou roi Uter, dont Dex ait l'ame, que vos iestes de la maison lou roi Artu qui ses filz fu."

Lors vint avant Hervis de Rivel, qui estoit au chief dou dois ou il servoit, car li rois Artus ne fust ja si priveement qu'il ne servissent en sa maison chevalier de toz aages, viel et maien et bacheler. Qant Hervis conut lou preudome, il ne fait pas a demander s'il li fist joie et honora, car mout doucement l'acola et besa en la boche mainte foiee. Puis lou prist par la main senestre, si lou mena devant lou roi et dist:

(*An, f. 26d*) "Sire, creez cestui de ce qu'il vos dira, car ses paroles doivent retenir et roi et prince. Et bien sachiez que ses cuers a esté de si haute proesce enluminez c'onques Dex ne fist lou cors d'un seul chevalier vers cui ge nel meïsse a un grant besoig seürement por maintenir m'enneur et por ma teste garantir."

---
[1] d. contre tot lou barnage de ceianz et deuant els a.

56 *Arthur's Failure to Avenge Ban*

"Comant? fait li rois; qui est il dons?"

"Sire, fait Hervis, c'est Adragais li Bruns, li freres Madoc lou Noir, lou boen chevalier de l'Ile Noire."

A cel tens vivoit li rois Uriens et il honora mout lou preudome
5 et por amor Madoc son frere, car il avoient esté entr'es deux compaignon d'armes mout longuement. Qant il fu laienz coneüz, si ne vos porroit l'an dire de boche la joie ne l'anor qui li fu faite. Et li rois Artus meesmes l'avoit veü mainte foiee, grant tens avoit, si l'ennora mout, car mout bien lou savoit faire. Et lors
10 fu Beduiers mout desconfiz de ce qu'il li avoit dit. Et li rois dit au preudome:

"Biaus sire, or poez dire ce que vos plaira hui mais, ou soit m'enneurs ou soit ma honte, car vos iestes tex, ge lou sai bien, qu'il n'a si haut home el monde devant cui vos ne deüssiez bien estre
15 escoutez."

"Sire, fait il, et ge vos di que se ne fust une seule chose, ge ne seüsse en vos rien que reprandre; c'est la mort au roi Ban de Benoyc que vos ne venchates onques, qui fu morz en la venue de vostre cort. Si en est sa fame remese veve, deseritee et robee d'un
20 des plus biaus anfanz qui onques fust. C'est si laide chose et si vilainne a vostre hués qu'il est mervoille coment vos poez ne osez de honte nul (*An, f. 27a*) preudome veoir enmi les iauz. Et sachiez que nus pechiez ne vos destorbera tant a venir au desus de tot lou monde. Et sachiez bien que ge ne sui ci venuz fors por
25 pitié seulement que j'ai eüe de sa fame, qui par paor d'estre honie et par angoisse s'est randue none velee en un mostier. Et tant est Claudas dotez en la terre et cremuz que nus n'a esté tant hardiz ne tant ne vost nus faire por Deu et por droiture qui devant vos en venist faire la complainte."

30 "Sire preuzdom, fait li rois, certes ge m'acort bien a vos que vos dites raison et droit, mais certes ge n'en oï onques complainte. Il est voirs que ge l'ai pieç'a seü, et neporqant tex hore a esté que se g'en oïsse la conplainte, n'eüsse ge pas pooir de l'amender, car trop ai eü lons tens affeire tel hore que maintes janz ne
35 baoient pas que ge en venisse au desus, ainz disoient par darrieres, si que maintes foiz l'oï, que en la fin me covendroit terre a guerpir. Mais ce que j'ai mauvaisement fait me covendra amender, qant Dex m'en donra lou pooir. Et bien sachiez que ja si tost n'en vendrei en point que gel cuit si bien amender que nus ne m'en
40 porra blasmer s'a son tort non; car bien conois que gel doi faire,

Fairy's Plan to Rescue Lyonel and Bohort 57

come cil qui sui sires liges au roi Ban de Benoyc (et il mes hom) et au roi Bohort de Gaunes. Et Dex me doint prouchiennement lou pooir de l'amender, car mout volentiers l'amenderoie." Atant s'an parti li preuzdom, que (*An, f. 27b*) plus nel pot li rois retenir ne nus des autres. Et dist, qant il fu revenuz, les noveles a la reine de Benoyc et mout la conforta. "Car se Deu plaist, dame, fait il, vos orroiz par tens boennes noveles." Et ele l'an mercie mout. Li preuzdom s'en parti issi de la reine, qant il ot son message fait, et s'en ala en la maison dom il estoit. Mais ci endroit laisse li contes une piece a parler de lui et des deux reines qui sont ansamble en Roial Mostier, et retorne au roi Claudas de la Deserte; mais avant parole un petit de la Danmoisele del Lach, et si orroiz por coi.

Cant la Danmoisele del Lac sot de Lyonel et de Bohort, les deus filz au roi Bohort de Gaunes, qu'il estoient en la tor de Gaunes en prison, si l'an pesa mout, et volentiers i meïst painne, se ele poïst, coment ele les poïst giter hors des mains Claudas, et par maintes foiees s'en porpansa. Tant ancercha les aventures que ele sot que Claudas devoit tenir cort a Gaunes et feste mout grant, d'une costume que li roi avoient lors que les plus hautes corz et les plus riches de tot l'an si tenoient del jor de lor coronement, et de ce devoient estre tuit li autre jor qu'il portoient corone. Cele feste que Claudas avoit apareilliee (*An, f. 27c*) a feire si riche, si devoit estre au jor de la feste a la Magdelainne. Et qant vint lou jor devant la voille, la Danmoisele del Lach apela une soe pucele mout bele et mout juesne et mout sage, si avoit non Saraide en son droit non. Lors l'apela sa dame, si li dit: "Saraide, il vos covient aler en la cité de Gaunes, si que vos i vendroiz lou jor de la Magdelainne; et si i feroiz un message qui ne vos devra pas grever, car vos en amenroiz, si con ge cuit, deux anfanz assez hauz homes, ce sont li dui fil au roi Bohort de Gaunes; et si vos dirai conment."

Lors li ancharge sa besoigne issi come ele lou sot miauz faire et issi con vos orroiz deviser ça avant, et li baille les choses qui mestier li porront avoir a feire ce que ele li ancharge.

Atant monte la danmoisele, si s'en part de sa dame, qui mout l'aime de grant amor et mout se fie en li de totes choses. Et ele l'avoit bien esprovee de lons tens; et c'estoit la niece au rendu qui avoit faite la clamor de la mort au roi Ban de Benoyc. Qant ele s'en parti del lach, si en mena avocques li deux escuiers et vallez et autres sergenz jusq'a dis a cheval, et chevauchierent tant par lor jornees qu'il vindrent en la praerie desouz Gaunes lou jor de la Madelainne a hore de haute tierce. Pres de cele praerie devers senestre avoit un poi de forest haute et espesse. Illuec se mist la danmoisele et sa compaignie tote, et ele fist encerchier par un escuier que ele i enveia (*An, f. 27d*) se li rois Claudas estoit encore assis; et si tost com il assist, ele lou sot. Lors s'en torne son chemin grant aleüre sor un palefroi qui tost la porte, ne ne mainne avocques li que deux escuiers sanz plus, et porte chascuns des deux un levrier en une chaeinne d'argent.

Ensinc chevauchent tant qu'il viennent en la cité. Et lors fait la danmoisele anquerre des anfanz lou roi Bohort, s'il sont a la cort ou s'il sont ancore am prison si com il suelent, et l'an lor dit qu'il sont ancore en la prison. Et d'autre part si est, ce dient, Claudas a son haut mengier entre lui et sa baronnie, dont il a a grant planté[1] dedanz la grant sale. Et si seoit devant lui ses filz Dorins, cui il faisoit chevalier, qui mout estoit biaus vallez et preuz et larges et hardiz a desmesure; ne Claudas n'avoit plus de toz anfanz.

Mout estoit granz la corz et efforciee que Claudas tenoit et por lou jor de son coronnement et por la hautesce de son fil qui chevaliers noviaus estoit. Si avoit plus esté larges entre la voille de la feste et lou jor qu'il n'avoit onques mais esté a son vivant, et ancores donast il mout plus ançois que la corz departist, car mout l'avoit amendé la granz largesce qu'il avoit veüe el roi Artu. Mais la corz fu troblee et ampiriee par une aventure merveilleuse qu'il i avint, et si orroiz quex ele fu.

La ou Claudas seoit au mengier en tel joie et en tel feste con vos oez, si avint chose que la danmoisele qui del lach venoit entra en la sale, ne n'a(*An, f. 28a*)voit ancores Claudas que lou premier mes eü. La danmoisele vint devant Claudas, la ou il seoit a son haut mengier, et tint en sa main les deux levriers es deux riches chaainnes qui d'argent furent, et parla si haut que bien fu oïe.

"Rois Claudas, fait ele,[2] Dex te saut de par la plus vaillant dame qui soit el monde et qui plus t'a prisié jusqu'au jor d'ui que nul home qui onques fust. Mais or ne cuide ele ne ne croit que tu aies la moitié de san ne de cortoisie que l'an li a fait antendant. Et ele n'a mie tort, car plus i a assez que blasmer que ge ne cuidoie.

---

[1] plante a son mangier d.   [2] fait il

Or si m'en irai atant, si conterai ma danmoisele ce que j'ai de toi veü et de ton contenement."

Li rois regarde la pucele qui si fierement a parlé et si tost s'en revelt aler sanz dire plus, si la rapele et dit:

"Damoisele, vos seiez la bienvenue et boenne aventure ait vostre danmoisele ou vostre dame qui que ele soit. Et bien puet estre que ele a oï dire plus de bien de moi qu'il n'en i a. Et por tant com ele m'a mendez ses saluz, se ge savoie chose qui m'enpirast, ge me garderoie por amor de li del maintenir. Et par la foi que vos devez li, ne la rien que vos plus amez, dites m'en la verité, car chose voldroie ge] (*Ao, f. 19a*) mout aprandre dont ge amandasse."

"Tant m'an avez conjuree, fait la damoisele, que ja plus ne vos iert celee. Ge sui, si com vos avez oï dire, a une des plus vaillanz dames do monde et des plus riches et a marier. Si avoit oï tant bien dire de vos que ele ne prisoit nul home crestien envers vos[1] un denier vaillant, car l'an li avoit dit que vos estiez li plus gentis rois et li plus debonaires do monde et li plus viguereus et li plus larges et de la plus haute proesce et de si grant sen que se toz li mondes fust a une part, si saüssiez vos quancque l'an deüst faire de bien miauz que tuit cil qui fussient encontre vos. Por ce si m'avoit ma dame ci envoiee, por savoir se les paroles que ele avoit de vos oïes estoient fauses ou veraies. Et ge i ai tant veü en vos que vos avez failli a trois des meillors teches qui puissent estre en chevalier, car vos n'avez ne san ne debonaireté ne cortesie."

"Damoisele, fait li rois, certes, se cels trois choses sont hors de moi, petit puet valoir li remenanz. Mais ge ne cuit que nus fust onques de ces trois vertuz si bien garniz que[2] an aucun point ne li avenist, au mains par obliance, qu'il feïst tel teche par quoi il fust tenuz por fox o por vilains o por felon. Et neporqant tant me dites, s'il puet estre, que ce est que vos avez veü en moi par quoi vos savez que ge n'ai ne sen ne[3] debonaireté ne cortoisie."

"Gel vos dirai, fait la damoisele, puis que tant lo m'avez requis. Il est voirs que vos tenez les deus filz au roi Bohort de Gaunes si vilainnement com en prison, si set de voir trestoz li siegles qu'il ne vos ont neiant forfait. Ne nus n'en puet oster felenie que ele n'i soit, car nule riens n'a si grant mestier (*f. 19b*) de douçor ne de pitié com anfes a; ne nus ne puet grant debonaireté avoir en soi

---

[1] e. un . j. denier   [2] g. qui an   [3] ge ne sai ne debonairete

qui soit a enfant felons ne cruieus. Par ceste mesprison m'est il avis que vos avez debonairetez tote jus mise, et aprés vos mosterrai que de san n'avez vos point. Bien poez vos savoir qu'il n'a nul leu souciel, se l'an parole des anfanz au roi Bohort que vos les
5 teignoiz[1] en tel maniere, que[2] chascuns ne cuit que vos lo façoiz por aus an la fin ocirre. Si n'est nus qui en soi ait pitié de cuer, qui de cuer ne vos en hee, ja mar rien li eüssiez vos forfait. Et puis que li hom se fait haïr a tot lo monde, ge ne voi pas comment il puisse avoir en lui greignor folie. Et d'autre part, se vos fussiez
10 cortois, vos eüssiez pris les deus anfanz qui sont assez, ce sevent maintes genz, plus haut home de vos et plus gentil, si les eüssiez honoreement atornez comme filz de roi, et fussient a vostre haute feste ci devant vos; si eüssiez mout grant onor en lor servise, et deïst toz li siegles qui lo seüst que vos fussiez li plus gentis rois
15 et li plus cortois do monde, qui maintenez les orferins honoreement et si lor gardez lor terre. Et par ce eüssiez gaaigniez les cuers et les amors de maintes genz, et ne vos em poïst l'an tenir por felon, mais por sage et por cortois et por debonaire."

"Si voirement m'aïst Dex, damoisele, fait Claudas, vos avez
20 droit, et ge m'i acort mout bien. Mais qui croit mauvais consoil, ne puet estre qu'il n'an traie a mauvais chif a la foiee. Mais de tant m'avez enseignié a ceste foiz que g'en cuit tote ma vie miauz valoir."

Lors apele son maistre seneschal, si li dit:

25 "Seneschax, alez me tost querre les deus filz au roi Bohort et si menez (*f. 19c*) avocques vos tel compaignie de chevaliers et de vallez et de serjanz com il doit mener qui veit querre filz de roi, et avocques aus faites lor deus maistres venir."

Li seneschax [fait] lo comandement son seignor, si prant cheval-
30 iers et sergenz et escuiers a grant planté, et vait a la tor as deus anfanz, qui n'estoient pas a eise, ne il, ne cil qui les gardoient, car il avoient a grant leisir ploré et fait lor duel et lor complainte, car Lyoniaus les avoit troblez et la nuit devant et lo jor. Et ce fu li plus desfrenez cuers d'anfant qui onques fust que le Lyonel,
35 ne nus ne retraist onques si naturelment a Lancelot com il faisoit. Et Galehoz li proz, li preuzdom, li sires des Estranges Illes, li filz a la Bele Jaiande, l'apela une foiz Cuer sanz Frain, por ce qu'il nel pooit vaintre por chastier, celui jor meïsmes que li rois Artus lo fist chevalier ensi com li contes devisera ça avant.

[1] tesmoignoiz en tel   [2] qui chascuns

Lyonel Learns that Claudas has his Land

Mais or oez que li contes dira por quoi Lyoniaus les avoit troblez, dont il avoient plaint et ploré et la voille [et lo jor] meesmes.

Il avint chose que qant vint la voille et lor mengiers fu atornez a soper, si assistrent li dui anfant et mengierent ensemble comme cil qui nule foiz ne menjoient s'en une escuele non. Si menjoit Lyonyaus mout durement, tant que Phariens, ses maistres, s'en merveilla mout et a grant merveiles l'en esgardoit. Et qant il l'ot grant piece esgardé si qu'il en ot laissié tot mengier, si commença a plorer si durement que les lermes l'an cheoient tot contraval sa robe desus la table o il menjoient. Mout plora longuement en tel maniere, tant que Lyonyaus s'en aperçut, qui mout estoit veziez et bien parlanz.

"Q'est ce? fait il, biax maistre, por quoi plorez si durement et au mengier?"

"Laissiez ester, biaux douz sires, fait Phariens; de ce ne (*f. 19d*) vos puet chaloir, car ja n'i avroiz rien gaaignié."

"En non Deu, fait il, ge nel lairai au pas ester, car ge lo voil[1] savoir outreement, et vos conjur sor la foi que vos me devez que vos lo me dites orrandroit."

"Ha! sire, fait Phariens, por Deu merci, por quoi me conjurez vos de chose o vos ne poez rien gaaignier el savoir, ainz[2] en porriez miauz estre et dolanz et correciez?"

"Par la foi que ge doi l'ame mon pere, au roi Bohort, fait Lyonyaus, ge ne mengerai de la boche devant que ge saiche por quoi vos avez ploré."

"Biax douz sire, fait Phariens, ançois lo vos diroie ge que vos en perdissiez vostre mengier."

"Dites dons," fait Lyoniax.

"Sire, fait Phariens, ge ploroie por ce qu'il me membroit de la grant hautesce o vostres lignages avoit esté longuement; si ai lo cuer mout a malaise quant vos iestes em prison et autres tient sa cort et sa seignorie la ou vos deüssiez tenir la vostre."

"Comment? fait Lionyaus; qui est ce dont qui tient cort en leu ou ge doie la moie tenir?"

"Qui, sire? fait Phariens; cil qui au desus en est: Claudas, li rois de la Deserte, qui la tient an ceste vile qui deüst estre chiés de vostre regne, si porte corone et fait son fil chevalier. Si ai mout grant duel en mon cuer qant li hauz lignages cui Dex a tant

---
[1] uoille [2] ainz po en

essaucié enjusque ci en est deseritez, et cil mostre sa seignorie qui est li plus desleiaus hom do monde."

Quant li anfes l'antant, si li angroisse li cuers et il bote des piez la table jus. Puis saut enmi la maison, toz correciez, et li oil li rogissent de maltalant, et li vis li eschaufe. si est avis qui l'esgarde que par tot lo vis li doie li sans saillir. Et por ce qu'il n'a cure de rien veoir, ne que nus lo voie, si est monté a une fenestre (*f. 20a*) por miauz penser a grant loisir. Lors vient a lui ses maistres Phariens, si li dit:

"Ha! sire, q'est ce que vos avez fait que del mengier vos iestes levez a si haute voille com anuit est et par corroz? Venez an et si mengiez. Et se vos n'en avez talant, si an devriez vos sanblant faire por l'amor de monseignor vostre frere qui sanz vos ne mengeroit pas."

"Maistre, fait Lyonyaus, ge ne mengerai pas ores, mais alez et si mengiez et vos et il, car il me plaist or que ge soie une piece a ceste fenestre ençois que ge menjuce mais."

"Ha! sire, fait Phariens, por Deu merci, nos ne mengeriens pas sanz vos, car se vos laissiez lo mengier par corroz, nos lo lariens autresi."

"Comment? fait Lyoniaus; dont n'iestes vos pas a moi, et vos et Bohorz, mes freres, et ses maistres autresi?"

Et il dient que oïl, sanz faille.

"Dont vos comment gié, fait il, que vos ailliez trestuit mengier, car ge ne mengerai mais a nul jor devant que j'aie acompli un pensé ou ge sui entrez."

"Biax sire, fait Phariens, se c'est pensez o nos puissiens metre consoil, dites lo nos, car nos i metrons totes les painnes que nule genz i porront metre, se c'est pensez que vos doiez a chief mener et puissiez."

"Ge nel vos dirai ores pas", fait il.

"En non Deu, fait Phariens, ne ge ne serai ja mais en vostre servise d'ui en avant, se vos nel me faites[1] savoir, car dons nos sanbleroit il que vos vos gardesoiz de moi et en eüssiez sospeçon. Ne vos ne trovastes onques en moi por quoi vos me deüssiez doter."

Lors fait sanblant d'estre correciez mout durement, et que il s'an voille aler. Et Lyoniax, qui mout l'amoit par la pitié que il avoit en lui trovee, commence a plorer et dit:

"Ha! maistre, ne vos en alez pas, car dons m'avriez vos mort.

[1] me dites sauoir

Lyonel Plans to Kill Claudas

Et ançois vos dirai ge mon pensé, mais que vos nel me desloez pas et que vos m'en aidiez a foi."

Et (*f. 20b*) Phariens dit que si fera il.

"Certes, fait il, j'ai pensé que ge me vencherai del roi Claudas ançois que ge menjuce mais."

"Comment, fait Phariens, vos en cuidiez venchier, biax sire dolz?"

"Gel vos dirai, fait Lyonyaus; ge li manderai demain qu'il veigne a nos parler, et lors si me porrai de lui venchier, car ge l'oserai mout bien enprendre et ocirre, s'il estoit encor plus puissant qu'il n'est."

"Or, sire, fait Phariens, et qant vos l'avroiz ocis, que feroiz vos?"

"Quoi? fait Lyoniaus; dont ne sont cil de cest païs mi home tuit? Si me garantiront a lor pooirs, et i metront pooir et consoil et painne. Et se ge muir por mon droit conquerre, bien soit la morz venue, car miauz me vient il morir a honor que vivre honi, deserité en terre. Et plus en sera m'ame a eise qant m'en serai venchiez, car qui deserite fil de roi, certes, assez li tost sa vie."

"Biaus sire, fait Phariens, por Deu merci, ensi ne lo feroiz vos pas, car vos n'en porriez eschaper vis, ne l'an ne doit pas tel chose enprendre a faire sanz consoil. Mais atandez encore tant que Dex vos mete en greignor vertu que vos n'iestes encor et que vos vos puissiez venchier, et ge vos en aiderai a mon pooir, car bien sachiez que ge n'ain tant anfant que j'aie com vostre cors."

Mout lo chastie Phariens. Et cil dit qu'il en fera a son consoil et atandra tant qu'il veigne an point de soi venchier.

"Mais dons me gardez, fait il, que ge ne voie Claudas ne son fil, car puis ne me porroie ge pas tenir de moi venchier, por quoi ge veïsse ne l'un ne l'autre."

Ensi passerent cele nuit, et totevoie estoit Phariens en grant paor de son seignor qu'il voit si correcié. Ne onques puis la nuit ne l'andemain bele chiere ne fist por proiere q'en l'en feïst, (*f. 20c*) si sot bien Phariens que a paines sera gitez de son pensé, si met mout grant poine a lui apaier, mais biau sanblant n'en puet avoir.

Qant vint l'andemain que li seneschaux Claudas ala querre les anfanz, encores n'avoit Lyoniax de la boche mengié, ainz se gisoit en une chanbre et disoit qu'il ert deshaitiez. Et li niés Pharien faisoit mengier Bohort, mais c'estoit a mout grant angoisse; ne ja ne menjast se Lyoniax ne li feïst a force mengier et faire, et neporqant mout li greva. A cele hore seoit Phariens delez Lyonel et ploroit des iauz mout durement. Et lors vint avant li seneschauz, et quant il vit Lyonel, il s'agenoille devant lui, comme cil qui mout estoit preuz et vaillanz.

"Sire, fait il, messires li rois vos salue, si vos mande et prie que vos veigniez entre vos et vostre frere sa cort veoir, et vostre dui maistre avocques vos, car il n'est mie droiz qu'il teigne sanz vos si riche cort com il a enprise a faire."

Si tost com Lyoniax ot la novele, si saut sus, et lors dist au seneschal qu'il i era mout volentiers, si fait mout grant sanblant d'estre liez. Et ses maistres, qui lo voit, sospece mout grant partie de ce qu'il pense, si est tant a malaise de la grant mescheance qu'il atant que nus n'en porroit la some dire. Lyoniaus li dist:

"Biax maistre, faites compaignie a ces seignors qui ci me sont venu querre, et ge vois en cele chanbre laianz et revendrai orendroit."

Li anfes entre an la chambre, si apele un suen chanberlain et fait traire un mout riche costel que il avoit, qui trop estoit granz, qui por joel li avoit esté donez. Et la ou il lo metoit (f. 20d) desouz sa robe, si antra ses maistres laianz por savoir que il faisoit. Et qant il li vit lo coutel tenir, si li sache hors des poinz et dit q'il n'en portera mie.

"Non? fait Lyoniax; et ge n'i porterai les piez, par foi. Si voi bien que vos me haez de mort, qant vos me tolez itant de deduit com ge avoie."

"Sire, fait li maistres, vos n'iestes mie sages, car se vos portez cest coutel, toz li siegles s'an aparcevra. Mais gel porterai, qui mout miauz lo coverrai de vos. Et ce savez vos de voir que ge aim autant vostre bien comme lo mien."[1]

"Dont me creanteroiz vos, fait Lionyaus, que de quel hore qe ge vos demanderai lo coutel, que vos lo me bailleroiz."

"Voire, fait Phariens, se vos me creantez que vos n'i feroiz chose sor mon pois."

"Ge ne ferai, fait Lyoniaus, nule chose dont ge puisse a droit estre blasmez."

"Ensi, fait Phariens, nel di ge mie. Vos me creanteroiz leiaument que vos n'i feroiz ne un ne autre, ne n'i feroiz chose qui torner vos puisse a reproche et a domage."

"Biaus maistre, fait Lyoniax, savez vos ores que vos feroiz?

[1] lo bien

Se vos volez, si perdez lo coutel, et se vos volez, sel gardez por vos meesmes, car mestier vos porroit ancor avoir."

Atant s'en revint an la sale arrieres ou li seneschax l'atandoit, si lo montent sor un palefroi et Bohort desus un autre, et darriere chascun monte ses maistres. Ensins s'en vont chevauchant droit au palais ou la corz est, et toz li pueples saut hors por veoir lor droiz seignors, si en plorent et juene et ancien, et prient Nostre Seignor que encor les remete an lor grant anor et les ramaint en amendement et an puissance. Et Phariens chastie mout Lyonel et prie por Deu qu'il n'encommance tel folie dont il soit morz, (f. 21a) et il et tuit cil qui avocques lui seroient, car ja piez n'en eschaperoit.

"Or ne vos esmaiez, maistre, fait cil, car ge ne sui pas si fox que ge encomençasse folie dont ge ne cuidasse a chief venir. Et se ge la vousisse commencier, si m'en avez vos bien gardé, car vos ne m'avez laissié que les mains totes nues."

Atant sont venu jusq'a la cort, si fu assez qui les descendié. Et li dui anfant se sont entrepris main a main et vienent devant Claudas a grant compaignie de chevaliers et de vallez. Et laianz avoit mout de chevaliers del reiaume de Benoyc et de celui de Gaunes. Si en ot de tex qui[1] ne se tenissent de plorer por nul avoir qant il virent lor seignors venir, si biax anfanz et si plaisanz, qui an autrui baillie estoient et an autrui subjection. Et Lyoniaus vint, teste levee, qui mout fu biax et regarda parmi lo palais mout fierement, et pres et loing. Si sanbla bien a la contenance et au vis gentil home et de haut parage. Il sont devant lo roi venu, si les esgardent a mervoille et un et autre. Et li rois seoit a son haut dois mout fierement en un faudestué a or, mout riche et mout bel. Et devant lui fu sa corone assisse sor un gros sostenau d'argent del grant a un home, si estoit faiz en guise d'un gros chandelier; et dejoste la corone, sor un gros sostenau d'argent autresi, fu une[2] espee tote droite,[3] tranchant et clere, si estoit li ponz desoz et la more par desus. Et par desus la corone, an haut, estoit fichiez li ceptres d'or, a pierres precieuses et de grant valor. Et il menjoit en robe reial en coi il avoit esté sacrez, si sanbloit a mervoille preudome et fier, se ne fust ce que trop senbloit del visage felon et cruel.

Qant il vit les anfanz au roi Bo(f. 21b)hort venir a cort, si lor fist mout bele chiere, et apela Lyonel, dont il prisoit mout lo

---

[1] tex quil ne   [2] autresi com e.   [3] tote troite

sanblant et la maniere, car il disoit qu'il n'avoit onques anfant veü de cui il prisast autretant la contenance. Li anfes vint devant lui de cele part de la table o la corone et l'espee estoient, et li rois, qui mout lo voloit honorer et qui ja mais a nul jor nes baoit a
5 tenir en prison, li tant sa cope, qui mout estoit et bele et riche, si li commande que il boive. Mais cil ne la regarda onques, ainz bee a l'espee qu'il voit illuecques si bele et luisant, si li est avis que buer fust nez qui en eüst une autretel com il cuide que ceste soit, por qu'il eüst la force et la vertu qu'il en poïst granz cox
10 doner. Et Claudas cuide bien qu'il ne laist a boivre se de honte non, por la grant planté de gent que il voit. Et lors se traist avant la damoisele qui del lac est venue, si lo prant a deus mains parmi les deus joes, si li dit:
"Bevez, biax filz de roi, et ge vos amenderai ja mout."
15 Lors li met an sa teste un trop biau chapiau de flors novel et soef oillant, et a son col un petit fermaillet d'or, a riches pierres, et autresi a fait a Bohort son frere. Et puis a dit a Lyonel:
"Or poez boivre, biaus filz de roi, que or en avez assez biau loier et assez boen."
20 Et cil fu chauz et iriez, si respont:
"Damoisele, et ge bevrai, fait il, mais autres lo paiera."
Lors est si entalantez de folie faire et li uns et li autres que s'il n'en eüssient onques mais eü talant, si lo pristrent il iluecques par la force de l'erbe qu'il avoient es chapiaus. Et la force des pierres
25 des fermaillez si estoient si granz que nule arme ne pooit d'aus traire sanc, ne menbre fraindre ne brisier, tant com li fermail fussient sor aus. Lyoniaus a la cope prise, et Bohorz li crie (*f. 21c*) qu'il la flatisse contre terre. Mais nel fait, ainz la hauce contremont a ses deus mains, si que del vin est volé sor sa robe une partie. Et il
30 l'an fiert de tote sa force lo roi Claudas enmi lo vis, si que li remananz del vin lo cuevre tot et lo fiert es iauz et el nes et en la boche, si que par un po qu'il n'est estainz. Et li tranchanz de la cope l'aasene enmi lo front, si li tranche la char[1] et lou cuir tot jusq'au test. Puis sache la corone a soi si durement qu'il fait
35 voler jus lo ceptre et l'espee qui delez estoit, et il fiert a deus mains la corone contre lo pavement del palais, si qu'il en fait voler les pieces et l'or maumetre et debrisier et defoler as piez, si com il puet.
Parmi lo palais lieve li criz, si saillent hors des tables, li un por

[1] tr. la che la char

ancombrer les anfanz, et li autre por delivrer. Et li rois jut a la terre pasmez del vin qui el cors li fu feruz par lo nes et par la boche, et sanglanz del hanap que il ot eü enmi lo front. Et ses fiz Dorins est hors sailliz por lui venchier. Mais Lyoniaus ot saisie l'espee qui a la terre fu chaoite, si la lieve en haut a deus mains a tel vertu com il avoit, et Bohorz prist lo ceptre qui a la terre gisoit, si encommencierent granz cox a departir la ou il pooient ataindre. Et il avoit assez laianz qui les deportoit, car autrement ne durassent il pas s'il fussient dui des meillors chevaliers do monde. Et neporqant parmi tote la soffrance qu'il avoient ne porent il durer, car li rois fu revenuz de pasmeisons, si saut il en estant et jure son sairement que mar en eschapera uns. Et ses filz Dorins s'eslesse aprés Lyonel qui s'adrece a l'ui[s] o la damoisele l'en menoit[1] por foïr hors. Et qant Lionyaus lo voit venir, si se trestorne et hauce l'espee qui durement estoit tranchanz, si fiert a deus mains. Et cil (*f. 21d*) giete la main senestre encontre, et l'espee la li tranche tote; et puis li descent desus la senestre joe, si la li tranche tote selonc l'oroille et lo col autresin jusq'el mileu, et tot l'eüst il tranchié se l'espee ne s'arestoit as os qui estoient dur, ne li anfes n'estoit pas de la vigor qu'il les poïst tranchier toz outre. Et Bohorz hauce lo ceptre qu'il tint, si lo fiert anmi lo front si durement com il pot a deus mains, si que li telz n'est si durs que toz ne croisse. Cil ne pot son cop sostenir qui a mort fu navrez, si chiet a terre.

Et lors enforce li criz. Et li rois vint poignant, qui mout ot cuer, si vit bien que mout avoit laianz de gent qui ne l'amoient se mout po non; et neporqant tot met en abandon, et cors et cuer. Et il vint aprés les anfanz[2] grant aleüre, s'espee en sa main, tote nue, c'uns suens chevaliers li ot bailliee, son braz envelopé de son mantel. Et la damoiselle del lac, qui venir lo voit en tel maniere, n'est tant sage que tote n'en soit esbaïe,[3] mais neporqant del commandement sa dame li resovient, si giete son anchantement et fait resenbler les deus anfanz as deus levriers; et li dui levrier orent la sanblance as deus anfanz, ce fu avis a toz ceus qui les veoient. Et li rois vint, si corrut as deus anfanz que ele tenoit et hauça l'espee por ferir. Et ele se lance encontre, dont ele fist hardement trop a otrageus, et li cox descent sor son vis si pres des poinz lo roi que li heuz la fiert enmi lo vis, si li tranche tot lo cuir et la char tote contraval parmi lo destre sorcil jusq'el pomel

[1] mestoit por   [2] en/anfanz   [3] esbaiee

de la joe, si que onques puis ne fu nul jor que ne li pareüst apartement. Li sans cuevre la damoisele et ele giete un cri, et puis dist au roi:

"Avoi! sire Claudas, j'ai malement achetee la venue de vostre cort, qui ci me volez ocirre deus des plus biax (*f. 22a*) levriers do monde. Et parmi tot ce m'avez navree."

Lors esgarde li rois, si li samble des deus anfanz que ce soient dui levrier trestot por voir, et voit un po loig de lui les deus levriers qui s'an fuioient en une chanbre droit por la noise et por la temoste dont il estoient en effroi. Et il laisse corre aprés, car bien cuide que ce soient li dui anfant. Li levrier se sont en la chanbre feru, et li rois, qui aprés vient poignant, hauce lo cop, et il fiert el litel de l'uis si durement que tote l'espee vole en pieces. Et il s'areste et esgarde s'espee mout longuement, et il dit que Dex en soit aorez qant ele est brisiee.

"Et ge quit, fait il, biax sire Dex, que por m'amor l'avez vos fait, car ge eüsse morz de ma main ces deus anfanz, si me fust reprochié a tozjorz mais et an fusse honiz en totes corz. Et ge les ferai hores plus a ma grant honor morir, si que li autre se garderont de moi mesfere."

Lors giete jus de l'espee lo remanant et saut aprés, si les saisist; et en cuide por voir mener les deus anfanz, si les baille a garder a cels en cui il plus se fie jusque tant que il se soit conseilliez comment il en esploitera.

Mais se li rois a duel de son fil qu'il voit a terre gesir mort, li maistre as deus anfanz ne sont pas mains dolant de lui, car bien cuident q'a mort soient livré lor dui seignor. Mais d'els ne del roi Claudas ne parole plus li contes ci endroit, ençois retorne a la damoisele del lac qui les anfanz en mainne et les a de mort garantiz, si orroiz comment ele les an porte la dont ele estoit venue.

Qant la damoisele del lac, cele qui les anfanz ot garantiz si com vos avez oï, vit que tote fu la corz troblee et que ele ot fait grant partie de ce que ele baoit affaire, si fu mout liee et petit (*f. 22b*) prisa lo cop que ele avoit receü enmi lo vis. Ele en mainne hors de la porte les deus anfanz. Et qant li dui escuier qui dehors l'atendoient la voient el vis bleciee, si an sont tuit esbahi. Il li ont lo vis bandé issi com ele lor enseigne, et ce fu de sa toaille sanz plus, ne plus n'i velt metre, car paor a de mescheance. Aprés est an son palefroi montee, si met un des deus anfanz devant li, ce fu Lioniaus, et uns des deus escuiers ra Bohort mis devant lui.

Claudas Seizes Hounds Transformed into Children

Ensi s'en vont totes les rues contremont et laissent lo duel que li pueples fait devant lo palais reial. Si quide chascuns qui les voit que ce soient dui levrier que il en portent, et li escuiers meesmes qui Bohort en porte lo cuide bien. Tant ont alé qu'il sont en la forest venu o les genz les atandoient, ne nus d'aus ne savoit por qoi la damoisele estoit a la cort lo roi Claudas venue. D'iluec s'en partirent tuit et s'an vont a grant aleüre et par les greignors destorz que il sevent, si gisent cele nuit la ou il avoient geü cele nuit devant. Ne Lyoniaus n'avoit onques mengié de la boiche lo jor, mais li granz tribouz ou il avoit esté li avoit fait la fain oblier et sa mesaise. Qant il vindrent a l'ostel, si anuitoit mout durement. Lors descovri la damoisele son anchantement et mostra as chevaliers les deus anfanz. Et lors dist:

"Seignor, que vos en semble? Dont n'a il ci mout bele proie et assez riche?"

Et il dient:

"Certes, oïl, mout est la proie et boene et bele."

Lors sont tuit esbahi ou ele les pooit avoir trovez, si li demandent et enquierent mout durement; mais ele ne lor en dist mie la verité, ançois dit que tant a fait qu'ele les a. L'en ne doit pas demander se li anfant orent bien cele nuit lor estovoir, car la damoisele en pensa autretant et plus assez com s'il fussient si frere germain enbedui, (f. 22c) por ce que sa dame l'an avoit priee si durement. Ne fu chose nee el siegle qui lor faillist, s'il eüssient lor deus maistres avocques els, et la damoisele conforte mout et asseüre, et dit:

"N'aiez garde, mi anfant, car vostre maistre ne avront ja mal."

Ce disoit ele por aus conforter, car puis que ele les avoit devers li, ele prisoit mout petit lo remenant. Durement conforte la damoisele les anfanz et lor desfant, si chier com il ont lor cors, qu'il ne dient cui il sont fil.

"Car vos seriez, fait ele, mort et alé. Et ge vos menrai en tel leu o vos avroiz qancque vos savroiz de cuer penser ne de boiche deviser, et si seront vostre dui maistre prochainement avocques vos."

Ensi chastie les anfanz la damoisele et la nuit les fait gesir avocques li. Au matin, si tost com ele aparçut lo jor, si s'est levee, et puis muet et ele et sa conpaignie, si chevauchent tant qu'il vienent a sa dame qui les atant. Quant ele voit les anfanz, si lor fait joie merveilleuse et est tant liee et tant joieuse que plus ne porroit estre par sanblant. Si loe mout la damoisele de ceste voie et dit que qancque ele desirroit li a rendu a ceste foiz.

A l'ore que li anfant vindrent n'estoit pas Lanceloz laianz, car il estoit an bois; et qant il vint, si fist mout tres grant joie des anfanz, car il cuidoit tot por voir que il fussient neveu sa dame, et ele li faisoit antandant. Mout ama Lanceloz la compaignie des deus anfanz, et comment que ce fust, o de nature o de grace que Dex lor eüst doné, o por ce que neveu la dame quidoit qu'il fussient, plus l'i traoit li cuers q'a nul des autres. Si en avoit il assez laianz et de mout biax, mais ne pot onques puis estre si acointes (*f. 22d*) ne si privez[1] de nul comme des deus anfanz. Et tenoit toz les autres autresi comme por ses sergenz, mais cels deus tenoit il comme ses compaignons domainnes; et des lo premier jor ne mengerent s'en une escuele non et gisoient tuit troi emsenble en une couche. Ensin sont ensemble li troi coisin germain et filz de rois en la garde a [la] boene Dame del Lac. Si se taist ore atant li contes une piece d'aus et retorne au roi Claudas.

Or dit li contes que a l'ore que li rois Claudas ot pris les deus levriers en leu des deus anfanz, si retorna a son fil que il vit mort, si ne fait pas a demander s'il fist grant duel, car il lo fist si grant q'a poines porroit estre faiz plus granz. Et neporqant il n'estoit pas costumiers de grant duel faire, car mout estoit de fier cuer et de viguereus et si soffrans que nus ne prisoit mains[2] par sanblant les mesaventures qui avenoient que il faisoit. Mais de cesti mesaventure ne se pot il pas conforter, ne ne dut legierement, car il n'avoit de toz anfanz que celui seul, et estoit si larges et si cortois et si preuz[3] come li contes a devisé et si hardiz. Et la o il faisoit son duel, n'estoit il pas asseür, car tote la citez de Gaune estoit troblee et esmeüe por les deus seignors que Claudas devoit destruire devant lor ielz. Si estoient sailli as armes et li chevalier et li borjois de la vile, dont il i avoit de mout riches et de mout aeisiez, et si avoient de mout biax filz qui s'armerent si tost com il oïrent lo cri et la temoste des anfanz qui devoient estre ocis.

Et Phariens et ses niés, qui tant sont irié com il plus puent, (*f. 23a*) se sont an la tor remis arrieres et ont mandez des chevaliers qui a la feste estoient venuz del païs et des borjois de la vile une partie, si ont ensenble pris consoil. Et a ce s'acordent en la fin que se Claudas velt destruire les anfanz, qu'il i seront ançois

---

[1] si prisiez de nul   [2] nus nel prisoit rien p.   [3] preuz fust come

tuit ocis avoc aus que il ne soient rescox. Si envoient li chevalier do païs por lor armeüres qui estoient en la cité, car a cel tens estoit costume que nus chevaliers ne chevauchoit a cort ne loig de sa maison sanz ses armes.

Qant il furent issi armé, si se saisirent de la tor qui mout estoit forz. Et Claudas, qui encor faisoit lo duel de son fil en son palais, l'oï dire, mais onques sanblant n'en fist, comme cil qui mout estoit vaillanz et preuz en totes ses mescheances; maintenant laissa lo duel, si apele son consoil et fait escrire letres et mander par tote la Deserte et par les forterreces del regne de Benoyc que il avoient garnies que tuit venissent a lui tot maintenant. Et il avoit avocques lui grant partie des barons de la Deserte et de cels de Benoyc une mout grant partie, mais il ne s'i[1] fioit pas bien, car li plus l'avoient ja guerpi et estoient alé devers Pharien et devers cels qui saisi s'estoient de la tor.

Et Claudas est revenuz sor lo cors son fil, si lo plaint et regrate assez hautement, si qu'il en ont grant pitié, neïs cil qui ne l'amoient gaires. Il se pasme sovant et menu, car tenir ne s'en puet. Et qant il revient de pasmeison, si parole a guise d'ome qui mout a grant dolor et angoisse a son cuer.

"Biax filz Dorins, fait il, biaus chevaliers et preuz a desmesure, se vos vesquisiez a droit aage, ge ne voi el siegle home remenoir aprés vostre mort fors un tot seul qui face a amer et a doter sor toz autres homes. Mais vos fussiez dotez et amez, biaus filz, se vos fussiez lom(*f. 23b*)guement en vie, plus que cil qui toz autres passe orendroit, et si eüssiez et cuer et force et pooir de tot lo monde conquerre, car il ne sont en home que trois choses par quoi il puisse tote terriene chose metre au desoz, c'est debonairetez et largece et fiertez. Debonairetez est de faire granz festes et granz compaignies et granz solaz a cels qui desouz lui sont. Largece si est de doner doucement et a liee chiere a[2] toz cels en cui li don pue[n]t estre bien emploié por la valor qui est en els, et a mauvais por la valor qui est el doneor, car qui largece droite velt aconplir, il doit doner au preudome besoigneus come a preudome[3] et au mauvais besoigneus comme larges. Ne entor large home ne doit nus repairier, boens ne mauvais, qui ne se sente de ses dons. Mais nule riens ne vaut debonairetez ne largece se la tierce teche n'i est, ce est fiertez. Et fiertez est une grant vertuz qui aimme et tient cher ses amis autretant comme son cors et het

---

[1] se fioit   [2] chiere en t.   [3] besoigneus et au pr.

ses anemis sanz pitié et sanz merci, ne ne puet estre vencue par nule[1] chose que seulement par debonairetez qant ele la trueve.

"Par ces trois choses, biaus filz, puet li hom passer toz autres qui avoir les ose. Et vos les aviez, car puis que li mondes comença, ge ne cuit qu'il fust nus hom de vostre conpaignie ne de vostre solaz et as privez et as estranges. Et a la vostre largece estoient tuit naiant li large qui onques fussient, car vos estiez assez plus liez de doner que nus hom ne fust del prendre,[2] et n'aviez tres grant paor se de ce non que vostre dom ne pleüssent pas a celui cui vos les[3] voliez doner par grant amor et que il nes refusast. D'autre part, vos aviez fierté en vos si naturelment herbergiee que nus ne vos poïst faire amer home orgueilleus ne sorcuidié. Vos estiez de si grant felenie contre felon que vos (*f. 23c*) nel poiez nes regarder, ainz diseiez que l'an ne devoit pas ses iauz aengier de mauvaise chose veoir, car parmi les ielz s'an sentoit li cuers el ventre de la puor. Biaus filz, ce fu la plus haute parole que j'oïse onques dire a nul anfant. Et quel que chiere que ge vos feïsse, ge vos amoie plus assez que ge ne porroie conter, et non mie tant por ce que vos estiez mes filz, com ge faisoie por la grant valor qui en vostre cuer estoit. Et ce que ge vos estranjoie de moi, biaus tres douz filz, nel faisoie ge mie se por ce non que ge n'avoie cuer de veoir la grant merveille de la largece qui en vostre cuer estoit, ne ge ne cuit que nus home mortex l'osast veoir, entaimmes faire, qui do sien la deüst fornir.

"Biax filz douz, ge avoie changiees por vos totes mes costumes enciennes, car ge ne fui onques larges, ne ne poi estre de la moie main, si lo baoie a estre de la vostre. Ne ge ne baoie pas des ores mais rien a conqerre par ma proesce, mais par la vostre outrageuse valor venisse ge au desus de tot lo monde. Biaus tres douz filz, Dex vos avoit autresi esmeré et espurgié de totes mauvaises teches et ampli de totes boenes valors, com li ors est fins et esmerez desus toz les autres metauz, et plus riches et precieux est li rubiz desor totes les pierres precieuses. Mais ge ne cuit qu'il vos eüst tel fait, ne si bel ne si boen ne si plaisant, fors por moi tolir vos el point ou ge vos veïsse plus volentiers, et por moi faire morir a duel et en tristor par l'angoisse de vostre mort. Mais voir, ge ne morrai encores pas, ainz vivrai plus que ge voldroie ancor assez, si me conforterai an tant de confort com ge porrai avoir et en tel com il sera, ce iert el siegle remirer; et tant

---

[1] par cui la chose [2] del uostre [3] uos lo v.

com ge plus lo remirerai, tant lo priserai ge mains, car ja mais ne fera s'enpirier non. Si est en cest jor tant enpiriez que cuers nel porroit penser ne langue dire, (*f. 23d*) car hui matin avoit el siegle deus pilers par quoi il estoit[1] sostenuz, mais li uns, s'il poïst durer, an preïst tant de fais sor lui que li autres nel poïst contreporter, ençois lo covenist brisier. Biaus sire, douz filz, de cels deus pilers fussiez vos li uns et li autres li rois Artus. Et se vos vesquissiez par droit aage, certes, brisier lo covenist; si se puet vanter que hui li est toz li mondes eschaoiz par la mort qui vos a brisié. Mais por ce que nule force ne puet encontre Deu durer, si covient soffrir les aventures qui avienent, comment qu'il soit, volentiers ou anviz. Mais de cesti aventure ne savrai ge ja nul gré a Damedeu; ne n'i bet ja nus, tant soit mes privez, a moi conforter de vostre mort, car ja mais ne l'ameroie, ainz voil bien que toz li siegles sache que c'est perte sanz confort."

Ensin plaint li rois Claudas son fil et regrete tres doucement et se pasme desus lo cors menu et sovant, tant que chascuns quide qui lo voit qu'il doie morir eneslopas. Mais il meesmes s'an mervoille plus que nus comment ses cuers dure tant qu'il ne li part dedanz lo ventre, si se blasme et mesaame durement, que granz[2] pitiez en prant a maintes genz qui gaires ne l'aimment de cuer.

Mais novelle qui tost cort est venue a Pharien, lo maistre Lyonel, et as autres chevaliers de la terre qui a lui se tenoient de tot en tot, si ot apris que Claudas envoie ses letres en la Terre Deserte por semondre ses hoz, car les anfanz en voura mener de laianz a force, et puis si les ocirra qant il les tandra en son pooir. Cil pranent consoil de ceste chose, qu'il en feront, tant que en la fin s'acorde Phariens a ce que il iront Claudas assaillir a son palais et metront lo feu dedanz, ou il lor rendra les deus anfanz:

(*f. 24a*) "Car nos avons assez plus gent qu'il n'ont devers els de la. Et si est nostres droiz si granz et si aparissanz comme de noz seignors qu'il velt ocirre; si nos sera honors au siegle et preu as ames se nos i morons por els, car por son lige seignor delivrer de mort doit l'an metre son cors en abandon sanz contredit. Et qui en muert, il est autresins saus com s'il moroit sor Sarrazins, qui sont anemi Nostre Seignor Jhesu Crist et despiseor de son non et de sa creance."

A cest consoil s'acordent tuit, si en vienent tuit armé devant lo palais ou Claudas est, qui fait son duel. Si sont pres de trente

---

[1] estoient   [2] granz en pitiez

mile, que chevaliers que sergenz que borjois, et des filz as borjois dont il i a mout grant planté. Si en i a mout a cheval et mout a pié. Qant il furent devant lo palais tuit ansemble, si fu la noise mout granz et la temolte. Et Claudas demande quel noise ce est qu'il a oïe, et l'an li conte que ce sont cil de la terre et de la cité meesmes tuit a armes. Maintenant giete un auberc dedanz son dos, si lace son hiaume a grant besoign et pant son escu a son col. Si a ceinte une espee clere et tranchant; puis a prise une hache grant et pesant, dont li fers est tranchanz et lez, et la hante forz et roide, de fer bandee. Et c'estoit li hom el monde qui plus amoit hache en grant meslee et il en savoit bien granz cox ferir.

Quant il fu bien armez et ses genz totes, si vient as fenestres del palais et voit Pharien devant toz les autres sor un grant destrier tot armé. Si li demande ce que est et qu'il demande, et il et ces autres genz totes. Et Phariens respont[1] qu'il demandent lor deus seignors qui laianz sont, les filz au roi Bohort, si vuelent qu'il les lor rende.

"Comment? fait Claudas; Pharien, don n'iestes vos mes hom, (*f. 24b*) et vos et tuit cil autre que ge voi?"

"Sire Claudas, fait Phariens, nos ne somes ores pas ci ajorné de plait, mais les anfanz que ge avoie en garde rendez a moi et a ces autres preudomes qui ci sont. Et se des lors en avant savez que demander ne a moi ne as autres, nos somes apareillié a faire droit de totes choses et a vos et a autrui."

Claudas estoit mout de grant san, si voit bien qu'il n'a mie gent por qoi il se puisse envers cels de la vile contretenir, et voit que en la fin li covient a rendre les anfanz. Mais a mout grant poine lo fera, car assez avoit cuer, tant que, se tuit cil qui avocques lui estoient, en eüssient autretant chacuns en son endroit, il n'i avoit mies genz encontre lui cui il dotast se mout po non. Et neporqant, quel que li suen soient, il n'est pas encores conseilliez des anfanz rendre, ainz les voudra, ce dit, tenir tant com tenir les porra, et se au rendre vient il, ses velt rendre en tel maniere qu'il n'en soit blasmez de coardise. Lors dit a Pharien qu'il lo semont del sairement et de sa fiance que il li a faite, et qu'il s'en veigne a lui comme ses hom.

"Sire, sire, fait Phariens, randez nos les anfanz, car a rendre les vos covient. Et des lors en avant ne troveroiz ja home ci de toz cels qui i sont qui voist encontre vos de nule chose. Et se vos

[1] repons

debonairement nes nos rendez, il nos en covendra toz a morir, o vos otote vostre compaignie de l'autre part, car de toz cels que vos veez ci, n'i a il nul qui miauz ne voille perdre la vie que veoir la mort a son droiturier seignor."

"Or face dons, fait Claudas, chascuns del miauz que il porra, car il ne seront pas randu devant que force m'en sera commenciee a faire."

Et si tost com il a ce dit, (*f. 24c*) si commance li assauz entor lo palais fel et cruiex as ars et as aubelestes et as fondes entortelliees. Et volent pierres et saietes et carrel si espessement com s'il pleüssent devers lo ciel. Mais mout se desfandent durement Claudas et les soes genz, si sont garnies les fenestres et li crenel de chevaliers et de sergenz. Et cil dehors vont querre lo feu por giter sor lo palais a fondes, dont il ont assez. Et qant ce voit Claudas, si met cuer et cors en abandon comme cil qui de grant vigor estoit. Si fait l'uis ovrir et se met enmi la cort, la hache enpoigniee a deus mains, si an done granz cox et perilleus la ou il miauz les cuide anploier. Et cil qui ont les ars et les arbelestes descoichent tuit a lui por lo grant domage qu'il voient qu'il lor a fait et fait encorre, si l'ont plaié et navré en pluseurs leus. Mais por plaie ne por bleceüre qu'il li facent, il ne se muet, ainz garde la porte et la lor desfant a la hache tranchant qu'il tient, dont il lor done granz cox et paie. Si en a en po d'ore plus de vint tex conreez que li plus sains n'a nul pooir de lui mal faire, si lo dotent tant li plus des autres que de pres ne l'osent enchaucier, ainz guanchissent a ses cox et li font voie.

Ensi desfant Claudas la voie a la hache qui soef tranche. Et qant li niés Phariens, qui mout estoit hardiz et preuz, l'i[1] vit issi lor genz maumetre et domagier, si fu mout iriez a son cuer. Et il sist sor merveilleus cheval, si fu armez de totes armes, lo hiaume en la teste, l'escu au col, et tint un glaive enpoignié dont la hante fu grosse et corte et li fers tranchanz. Il hurte lo cheval des esperons, si s'adrece a Claudas enz anz l'entree de la porte. Si l'avise mout bien et fiert (*f. 24d*) tres parmi lo hauberc endroit la senestre espaule, si qu'il lo li fause. Et li fers, qui fu aguz et tranchanz, li cole parmi l'espaule d'outre en outre parmi l'autre ploi del hauberc, si que par derrieres per[t] del fer[2] et del fust a descovert. Il l'anpaint[3] de tote la vertu del braz et de la grant force dont li chevaus venoit, si l'aporte a terre, mais il s'adossa a un mur

---

[1] si uit [2] del fel [3] anplaint

dejoste la porte. Et cil s'i apuie si durement que toz li glaives vole en pieces. Et li chevaux venoit si tost que onques ne se pot retenir, si se feri si durement au mur et de la teste et del piz et des espaules que tot a esmié et teste et col, et les espaules debrisiees, et par un
5 po que cil qui desus estoit ne fu contre lo mur tuez. Li chevax chiet a terre morz, et li niés Pharien delez lui toz estordiz. Et Claudas ert apuiez contre lo mur, si navrez que del tronçon li[1] pert et par devant et par derriere, et li sans vermauz li degote tot contraval jusq'a la terre par endeus les pertuis qu'il a en
10 l'espaule. Et ançois qu'il soit remuez del mur[2] ou il est adossez, l'ont feru que saietes, que carrel, que pierres grosses et menues plus de qarante, si qu'il est a un genoil venuz.

Lors lieve li huiz et la noise des borjois qui chaoir lo virent.[3] Et li niés Pharien li revient poignant, qui relevez[4] estoit de la
15 place ou il fu chaoiz, si li lasse corre, l'espee traite, por doner grant cop comme cil qui bien l'osast faire, car il avoit cuer et proesce a grant planté, et si ne haoit tant nule rien comme Claudas. Qant Claudas lo vit venir, si rest en piez sailliz, et mout a grant honte de ce que si anemi l'ont veü a tel meschief. Lors a la hache a
20 deus poinz en aut levee de si grant force com il ot en ses deus braz. Et cil, qui ne lo haoit pas petit, (f. 25a) li vient grant aleüre, l'espee traite, l'escu gieté desus la teste, sel fiert avant selonc la temple de trestote sa vertu, si qu'il li tranche lo hiaume et la ventaille par desouz. Et descent li cox desus la joe, si que par
25 desouz la senestre oroille la li tranche tote jusq'anz es[5] danz. Et Claudas, qui ot lo cop levé grant et pesant, fiert lui, si l'asena desus lo coign do hiaume amont, si li tranche qancqu'il en ataint jusq'en la coiffe, si que troi doie de lé poïst l'an veoir les mailles dedanz lo cop. La hache descent tot contraval desus l'escu dont il
30 s'estoit descoverz au grant cop qe il gita, si lo fant tot jusq'en la bocle, si que par un po que cil n'a lo braz colpé qui lo portoit. Et cil lo laisse atant aler, si saut arrieres en travers, comme cil qui mout estoit vites et legiers.

Del grant cop qe Claudas ot receü selonc la joe fu toz estordiz
35 et vains, ne cil ne li aida de rien qu'il avoit eü parmi l'espaule, et les plaies et les bleceüres qu'il avoit eües des saietes et des carriaus qui voloient espessement l'orent mout ampirié et affebli. Et lors redescochent a lui tel qarante qui des mains n'osassent adesser.

---

[1] n. com del troncon qui li [2] del muer
[3] lo uuient [4] reculez estoit [5] anz enz es d.

Pharien Rides Up

Et parmi tot ce s'adrece a lui uns chevaliers sor un grant destrier qui tost lo porte, sel fiert d'un glaive enmi lo piz mout durement. Li hauberz se tint qu'il ne faussa, et li glaives est volez en pieces; et cil qui tost aloit se[1] hurte el roi si durement qu'il lo reporte a terre tot estandu, et il se pasme. Lors i est venuz li niés Pharien, qui mout est liez de l'aventure,[2] si li auce il lo pan del hauberc[3] et li velt parmi lo cors boter l'espee. Mais ses genz saillent del palais a la rescosse de lor seignor; et qant il lo voient si au desouz, si metent tot en aventure (*f. 25b*) et laissent corre a cels qui por lui encombrer se sont dedanz la porte mis, si les font a fine force hors flatir tant que sor piez l'ont relevé. Mais si durement estoit bleciez q'a painnes se pooit sor piez sostenir. Et lors commence anviron lui la meslee trop perilleuse, si est si granz la noisse et des espees et des haches, et sor hiaumes et sor escuz, que tote la citez entor lo palais en retentist. Si lo rabatent sovent et menu si anemi entre les piez as chevaus a la charge des granz cox qu'il li donent et des haches et des espees, et si home lo redrecent mout vistement qui por lui se metent an abandon jusq'a la mort.

Si dure issi la meslee mout longuement, tant que Phariens i vint poignant, et fu mout bien armez, sor un grant cheval, de totes armes qu'il covint a cors de chevalier. Et aprés hurtent grant partie des chevaliers del palais, et des filz as borjois meïsmes, dont assez i avoit de preuz. Et Phariens garde, si voit les genz Claudas qui mout se desfandent durement, et Claudas meesmes, qui mout a perdu del sanc et neporqant repris a cuer et alainne et force et se desfant si durement com li cors lo puet soffrir. Si l'an prisent mout et un et autre, et dit Phariens meïsmes que trop mar i fu tex princes de terre qant en lui a desleiauté ne felenie.

Lors li recort sus li niés Pharien mout durement, car il n'a grant haïne s'a lui non. Et Claudas lo voit venir, qui bien s'est aparceüz que cil lo het sor tote rien. Li rois fu granz et bien tailliez, et de grant force fust il se tant n'eüst do sanc perdu. Si s'adrece a son anemi qu'il voit venir, car miauz velt il assez, s'a morir vient, qu'il muire hardiement (*f. 25c*) q'an faisant sanblant ne contenance de coardise.[4] Et cil li revient grant aleüre, l'espee traite, et il furent endui sanz escuz, si s'entredonent granz cox amont es hiaumes des cleres espees tranchanz, si que eles i sont antrees amedeus et anbroiees. Mais li niés Pharien ne s'an gabe pas, car si pessamment l'a li rois feru, coment que il soit empiriez

---

[1] a. lo hurte [2] de sauenture [3] ha hauberc [4] coardiarse

ne affebliz, que tot l'a estoné et qu'il a amedeus les paumes ferues a terre. Et lors li saut Claudas sor lo cors, si li arrache de la teste lo hiaume cler et mout se met en grant qu'il li puisse colper la teste, qant Phariens vient poignant et deront la presse mout
5 durement au bon cheval sor qoi il siet et fiert un des chevaliers Claudas qui avocques lui s'estoit arestez sor son neveu por lui ocirre. Et Phariens fiert silui si durement que li hauberz n'i a duree, si li met par delez la memele anz el cors lo fer tranchant, si qu'il l'abat devant Claudas mort a la terre. Puis li laisse lo
10 glaive el cors, et sache del fuerre l'espee blanche, si an fiert Claudas grant cop amont sor lo hiaume, si q'a terre li fait ferir les deus paumes et des genouz tot estordi. Et ses niés, qui de grant cuer et de grant vistece estoit, lo prant as braz, si lo porte desouz lui a terre, et si li velt s'espee fichier el cors. Et la fust la guerre finee
15 de par Claudas, qant Phariens est del cheval sailli a terre, si le li tot. Puis li a dit:

"Biax niés, ha! Qu'est ce que vos volez faire? Ocirre lo meillor chevalier do monde et tot le meillor prince qui soit de son aage? S'il m'avoit de totes terres deserité, et gel poïsse de mort rescorre,
20 si l'an rescorroie gié, car nus ne porroit restorer mort a si preudome, ne il n'est mie prozdom qui ne reconoist au besoing bien et honor qui li a faite."

"Comment? fait ses niés; filz a putain, traïtres, si volez rescorre de (*f. 25d*) mort celui qui vos a faites totes les hontes et velt
25 ocirre devant vos sanz jugement les filz a nostre seignor lige? Certes, vil cuer et mauvais avez el ventre, et meillor vos a cil qui honte vos porchace que cil qui honor vos fait, car verais cuers de preudome a tozjorz honte, se ele li est faite, en remenbrance."

"Tes, fait Phariens, biax niés. L'en ne doit pas issi son seignor
30 por nul mesfait porchacier mort ne deshonor qant en lo voit bien au desoz, puis qu'il n'en est issuz devant et departiz leiaument de son seignor. Et cist est mes sires, comment que ge soie ses hom, si lo doi de mort et de honte garantir a mon pooir por la feauté garder et por l'omage que fait li ai, et les anfanz a mon seignor,
35 cui ge sui hom d'ancesserie, doi ge[1] garder en foi et por amor de norreture que j'ai en els et il en moi."

Lors en a levé Claudas par lo nasal del hiaume en haut, qui mout ot bien entendues les paroles qu'il avoit dites. Et il li crie maintenant, comme cil qui de la mort a grant paor:

[1] ancesserie de g.

Claudas Agrees to Surrender Children 79

"Ha! Pharien, biax amis, merci! Et gardez que ge n'i muire, que certes buer avez dite la parole que vos deïtes. Et tenez m'espee. Ge la vos rant com au plus leial chevalier que ge onques veïsse. Et vos randrai orendroit les deus anfanz. Et sachiez que se ges tenoie a Bohorges et vos et els, n'avroient il ja mal por moi, puis que[1] garantir les voudriez, car vos avez ci androit gaaignié mon cuer et m'amor a tozjorz mais por la grant leiauté que j'ai au besoign trovee en vos."

A cest mot fine la meslee, si fait Phariens traire arrieres et uns et autres, et dit as plus hauz barons do païs qui illuec estoient qu'il l'atendent et il lor ira querre les anfanz. Lors s'an antre dedanz lo palais avec Claudas et il commande les anfanz a amener. Et si tost (f. 26a) com il l'a commandé, si s'est pasmez por lo sanc qu'il a[2] perdu. Lors saillent a lui si home, qui mout ont grant paor qu'il ne soit morz, si li ostent lo hiaume de la teste a grant besoign, puis l'arosent d'eve froide tant qu'il est revenuz de pasmeison. Si a honte grant et ire de ce que pasmez s'estoit devant la gent.

Atant sont amené li dui levrier, et quide chascuns qui les voit que ce soient li dui anfant. Si les livre Claudas a Pharien, mout amgoisseus del suen fil dont il li remembre, si se rest pasmez[3] illuec entre lor braz. Lors prant Phariens les deus anfanz, si les an maine comme cil qui bien cuide que ce soient il, et autresin font tuit li autre. Si en font grant joie juesne et veillart, et les en mainent en la tor a grant honor. Et mout sont irié et an blasment trop Pharien de ce qu'il n'avoit Claudas colpee la teste, o soffrist que autres l'oceïst. Et il dit que ce sachent il que ce fust trop granz domages, car a merveilles est preuzdom.

"Et sachiez, fait il, qu'il ne tenoit pas les deus anfanz por aus faire mal."

Ensi lo blasment de tex i a, et ses niés plus que tuit li autre, car nus ne haoit tant Claudas com il faisoit, si en est tant iriez de ce qu'il ne l'ont ocis que par un po qu'il n'ist del san.

D'autre part est Claudas en son palais et racommence lo grant duel de son fil qu'il voit mort, ançois que li hauberz li soit hors do dos ostez. Lors sont li mire avant venu, si li sachent hors de l'espaule lo trançon dont li niés Pharien l'avoit feru. Puis li afaitent la plaie de la joe, qui mout li avoit grevé, si l'atornent et apareillent issi com il sevent que mestiers li est. Et il sueffre qancqu'il li font mout vigueresement et de grant cuer. Qant il li ont la plaie

[1] puis g que   [2] il la p.   [3] pasmez et illuec

de la joe afaitiee et celi de l'espaule mout bien bandee, si commen-
(*f. 26b*)ce son duel dont nus ne l'ose chastier, si an fait tant que
merveille est comment il dure. Mais por ce qu'il ne set comment il
li est a avenir, regiete lo hauberc el dos et commande que de sa
gent ne soit nus si hardiz qui se desgarnisse ne tant ne qant de
s'armeüre, car il ne set qu'il li est a avenir, et il est entre tel gent
qui ne l'aimment pas, il lo set bien, car assez l'a hui esprové et
essaié. Aprés fait covrir trois chevax de fer qu'il avoit en sa sale,
qui mout estoient et bon et bel, en cui il se voloit mout fier d'aler a
garison se besoigne li cressoit.

Ensi apareille li rois Claudas soi et ses homes, ne a nelui ne
descuevre chose qu'il ait an talant, ne por ce ne lait son duel a
faire de son fil que tant amoit que oblier n'en puet la mes-
cheance.

Et d'autre part resont en la tor Phariens et les soes genz, et
font grant joie de ce que lor seignors cuident avoir. Mais si tost
com vint a l'anuitier, tot droitement a cele hore que la damoiselle
del lac descovri les anfanz a cels qui avec li estoient, qant ele lor
dona a mengier, a cele hore meesmes furent descovert et coneü[1]
li dui levrier en la tor de Gaunes. Et furent tuit si esbahi c'onques
mais nules genz ne furent plus esbahi. Si recommence li diaus
et l'angoisse et la dolors des chevaliers de Benoyc, et crient tuit a
une voiz que ore iront il Claudas ocirre, ou il morront tuit, car
or sevent il bien qu'il a lor deus seignors ocis. Mais li diaus par
est trop granz que Phariens fait sor toz les autres, comme cil qui
ja mais ne cuide avoir nul recovrier en ses seignors en cui il avoit
mise tote l'amor et la chierté qu'il pooit avoir en cest monde, si
quide et crient avoir perdu qancqu'il a norri et gardé, si l'an vient
une tres si granz angoisse au cuer dedanz que par un po qu'il
ne li part. Il detort ses poinz et fiert ensemble li un en (*f. 26c*)
l'autre menuement. Il arrache ses chevox a granz poigniees, il
deront sa robe si durement que les pieces en gisent environ lui et
loign et pres, il esgratine sa face et son col, si que li sans vermauz
en degote aval son cors jusq'a la terre, et brait et crie a si haute
voiz que l'an l'ot de plus loig c'uns ars ne gitast a une foiz de
totes parz. Il fait tant que toz li puepies i aüne, ne nus ne le voit
qui en son cuer n'en ait trop grant pitié, si plorent tuit et totes si
durement com se chascuns veïst morir la rien del monde que il plus
amast.

[1] iconeu

Claudas Warned of Coming Attack

Granz est li diaus que Phariens demeinne et cil qui antor lui sont, si est si granz la noise et li criz et li[1] tanbois que Claudas [l']ot clerement de son palais. Il se merveille mout que ce puet estre, sel fet anquerre et demander. Et l'an li dit que c'est an la grant tor. Et il i envoie maintenant. Et qant il se regarde, si voit venir son message fuiant arrieres a grant paor de mort, car cil de la vile lo chaçoient a glaives et a haches et a espees et a coutiax aguz et tranchanz qu'il li lancent aprés lo dos, si li ont tex trois plaies faites qu'il a grant mestier de mire se garir en velt.

Lors est li rois mout esbahiz qant il voit venir son sergent devant lui en tel maniere. Il li demande que ce a esté, et il li crie si com il puet, car li sans l'afebloie mout qui de ses plaies est issuz.

"Ha sire! fait il, por Deu, alez vos an a forche[2] de cheval tant com vos loist, car toz li pueples Deu vient ci por cest palais abatre et por vostre cors tot detranchier, car il dient que vos avez ocis les deus filz au roi Bohort et lor avez en leu de deus anfanz bailliez deus levriers enchainez. Si ne veïstes onques nule gent si entalentee de maufaire. Et si tost com il me conurent, si me cor- (*f.26d*)rurent sus et m'ont conreé itel com vos poez veoir, ançois que onques poïsse avoir leisir de dire a els ma parole. Si sai bien que ge sui a mort plaiez."

Qant Claudas entant la parole, si saut em piez et demande s'espee et son hiaume et son escu, et commande totes ses genz apareillier. Puis a dit, oiant toz ses homes et uns et autres:

"Haï! regnes de Benoyc et celui de Gaunes, tant m'avroiz pené et travaillié. Tant fait grant folie, avocques lo grant pechié qui i est, cil qui autrui desherite et tost sa terre, car ja aseür une seule ore, ne par nuit ne par jor, n'i dormira. Et mout a petit seignorie sus son pueple cil qui les cuers n'an puet avoir. Voirement est nature dome et commenderresse sor toz establissemenz, car ele fait amer son droiturier seignor desor toz autres. Por c'est et fox et avugles qui, por coveitise de la teriene seignorie qui si po dure, se charge de pechié et de la puor de nul home deseriter, car nule granz dolors ne puet entrer ne paroir en cuer mortel que d'estre deseritez et essilliez, fors seulement de perdre son charnel ami leial, car a celi dolor ne se puet nule angoisse prandre, et ge m'en sui bien aparceüz."

Atant a s'espee ceinte, puis a son hiaume lacié isnellement et fait ateler deus palefroiz a une litiere qu'il avoit faite faire tantost,

---
[1] la tanbois   [2] a forchee

si i fait lever lo cors son fil, car laissier ne l'i voldra pas. Aprés est issuz hors parmi la porte, si est montez en un de ses chevax coverz de fer, et a pris lo travers de la rue entre lui et qarante de ses chevaliers plus esleüz, tuit entalanté d'aus desfandre s'il vient avant qui
5 les assaille. Tant a esté Claudas el pas de la rue que ses filz fu hors et toz ses autres (*f. 27a*) harnois. Et lors vint Phariens et sa compaignie, si i sont li chevalier del païs mout grant partie et tuit li borjois de la cité et lor fil, cil qui puent armes baillier. La nuiz fu au jor meslee, mais tant i avoit lanternes et brandons
10 et autres clartez que autresin pooit l'an veoir tot lo lonc de la rue comme par jor. Et Phariens chevauchoit toz premiers, la lance droite, l'escu pris par les enarmes, si sanble bien a mervoilles prodome, la ou il siet desus lo grant destrier fort et isnel. Et bien senble que tuit li doient obeïr et un et autre, et si font il, com a
15 preudome et a leial l'ont esprové et queneü, et ore et autre feiee. Mais a merveilles fait grant duel et se demente de grant maniere, et tornoit totes les boenes teches Lionyau son seignor en[1] sa conplainte, et les Bohort son frere aprés.

"Sire, fait il, com est granz domages et granz dolors, se vos
20 iestes morz an tel aage qui estiez la mervoille et li mireors de toz les anfanz do monde, car po aviez plus de dis anz. Bien estiez com anfes d'aage, mais de san et de proesce estiez vos veillarz chenuz, se un seul petit fussiez plus amesurez de hardement. Vos estiez biax et bien entechiez sor toz anfanz; vos estiez sages et
25 conoissanz de consoil leial, se ne fust contre vostre honor. Mais quex que fust li meschiés de la honte venchier, ne vos poïst nus hom torner par consoil qu'il vos donast, comment que vos li otriesoiz sa volenté, car tels estoit li vostres cuers que nus nel poïst afrener par enseignier. Se vos iestes aparceüz avant et nos
30 aprés quex maus puet[2] venir de refuser et de despire consoil leial."

Ensi plore Phariens et regrete Lyonel a chaudes lermes. Et lors est venuz la ou Claudas garde la rue et ses genz (*f. 27b*) qu'iluec sont abochiees por aus desfendre. Quant Claudas voit Pharien, si lo met a raison premierement. Et Phariens avoit fait
35 traire arrieres toz cels devers lui, et chevaliers et borjois, tant qu'il eüst au roi Claudas parlé, car volentiers destornast la meslee s'il poïst estre, car de verité savoit que les genz Claudas ne pooient as lor assanbler, que grant domage n'i eüst de deus parz. Si avoit trop grant paor de son neveu Lambegue qui sor tote rien haoit

[1] enc sa   [2] p puet

Claudas, car bien savoit que s'il s'antrecorroient longuement sus, il covendroit que li uns en preïst la mort. Et Claudas estoit tex chevaliers que cil ne porroit pas a lui durer longuement, ce quidoit bien; et se Claudas l'ocioit, il avroit lo cuer si angoisseus qu'il ne se porroit tenir por feelté ne por homage de lui ocirre, si com il cuide, s'il em pooit en leu venir. Et lors si feroit desleiautez, dont il se voudroit mout garder se il pooit.

Totes ces choses met Phariens devant ses iauz, et si en est mout angoisseus et entrepris. Et Claudas l'apele, si li dit:

"Phariens, que venez vos querre en tel maniere entre vos et ces miens homes que ge voi ci? Est ce o por mon bien o por mon domage? Dites lo moi, car de vos ne d'els ne cuidoie ge garde avoir, ainz avoie fait por vostre amor et por les lor qancque vos m'aviez requis, o fust m'anors, ou fust ma honte."

"Sire Claudas, fait Phariens, il fu voirs que vos nos creantastes a rendre noz deus seignors qui fil furent au roi Bohort, et vos nos avez bailliez por aus deus levriers anchainez, si nos vient a grant despit. Et se vos de ce me mescreez, veez ci amedeus les chiens."

Lors les li mostre. Et qant Claudas les voit, si est trop esbahiz et dit, qant il puet parler:

"Ha las! ce sont li dui levrier que la damoisele amena gehui devant moi, la ou ge (*f. 27c*) menjoie, et cele en a par son barat mené les deus anfanz. Ce ne sai ge se c'est o por mon mal o por mon bien, mais en grant paine en sui entrez."

Lors se recorde bien Phariens qu'il avoit droit. Et Claudas li redit:

"Biax dolz amis, ne me mescreez vos pas des deus anfanz, que ge les aie ne ocis [ne] amprisonez, car ge sui toz apareilliez de faire vers vos et vers cest pueple qancque vos diroiz leiaument que ge doie faire de leiauté. Et si nel di pas por aus tant com ge faz por vos, car tant vos ai esprové a fin et a leial au grant besoig, que vos ne me loeriez nule rien que ge ne feïsse au parestroit. Ne ja ne m'aïst Dex qant ge vi onques chevalier nul en cui ge me fiasse autretant com ge feroie en vos des ores mais tant com il vos plaira a entremetre de mon consoil. Et dites moi outreement que vos volez que g'en face, por ce que vos m'an creroiz, et gel ferai sanz contredit, o soit sairemenz o fiance, et de moi et de mes genz totes; ou me metrai en prison, se vos volez, en vostre garde, car en autrui baillie ne me metroi ge pas que en la vostre, car plus vos ai encores trové a verai et a leial que nul des autres. Et qant vos

savroiz que li anfant seront sain et sauf, et que ge ne li mien
n'en somes de rien saisi, si me remetez en autretel maniere com
ge sui ore, et que vos me preigniez encontre toz homes a garantir
tant com ge serai en vostre garde."

5 Phariens entant[1] Claudas qui se met del tot an tot en sa menaie,
si l'an prant mout granz pitiez. Et bien cuide et croit qu'il n'ait
corpes an la mort as deus anfanz, et que bien les an puet avoir
portez la damoisele; si se porpense en quel maniere il porroit et a
Claudas et au pueple qu'i[l] lor seüst aconplir lor volenté. Et
10 d'autre part, il set de voir que, s'il prant Claudas en garde et en
conduit, il nel porra pas garantir vers Lam(f. 27d)begue, son
neveu, qui trop lo het, ne vers l'autre gent de Gaunes et de Benoyc
qui ne l'aimment pas de cuer; ançois crient qu'il ne l'ocient antre
ses mains. Et si resent Claudas a si fier et a si viguereus tres dure-
15 ment que, s'il lo velt recevoir a mener en sa prison, il n'i entrast
pas legierement, car trop i avroit grant sanblant de paor et de
coardisse, car encor n'est il pas si au desouz qu'il deüst faire tel
meschief ne si honteus. Nel feroit il, se amors et granz[2] fiance de
Pharien ne li faisoit faire, car ne porroit pas estre que plus ne li
20 fust atorné a coardise qu'a debonaireté de maintes genz. Et ce
set bien Phariens que, s'il tot de son gré se voloit metre en sa
prison et il morist par sa mauvaise garde, il an seroit honiz a
tozjorz mais; et bien set que garantir nel porroit il mie. Si ne set
qu'il am puisse faire et s'an porpense et consoille a son cuer
25 meesmes mout longuement.

Lors li dit:

"Sire Claudas, il est voirs que ge sui vostre home, et cist autre
qui ci sont avocques moi, si n'avons nul talant de mesprandre
vers vos tant com vos voldroiz envers nos estre leiaus. Et ces genz
30 vos mescroient de ceste chose, et vos en offrez tant a faire qu'il
ne sanble pas que vos en soiez encorpez de nule rien. Et ge en
vois parler a ceste gent qui ci sont, dont il i a assez de plus
preudomes et de plus vaillanz que ge ne sui. Et ce qu'il en voudront
faire, ge vos resavrai ja a dire, car ge n'an voldroie estre blasmez,
35 encor soient il mi ami charnel et mi paroil, [ne d'aus aidier a
tort,] ne de vos grever a vostre droit, encor aiez vos la terre a mes
liges seignors a tort saisie."

Atant est venuz as barons de Benoic et de Gaunes, dont li plus
puissant et li meillor l'atandoient enmi la (f. 28a) rue, les hiaumes

---

[1] entant que claudas   [2] granz et fiance

Pharien Gives Advice to Angry Young Nephew

laciez, les escuz pris; et il lor mostre la parole de ce que Claudas lor a offert.

"Or si me dites, fait il, que vos en[1] voudroiz faire entre vos."

Et il s'acordent tuit a ce que il lo prandront volentiers, s'i[l] s'an velt metre en la prison. Et il lor redit aprés:

"Dont voudroie ge, fait il, que vos me façoiz seür qu'il n'i avra mal ne anui par nul de vos, tant que vos sachiez veraiement qu'il ait morz voz deus seignors, et lors si covendra encor que vos l'ocioiz et destruioiz par jugement. Et si voudrai, por ce qu'il ne se velt metre en nule garde fors que en la moie, que vos lo laissiez en ma prison et que nus n'en sera garde se ge non, car dons seroie ge honiz se vos l'oceiez malvaisement aprés ce que ge l'avroie creanté a garantir."

"Coment? fait Lambegues ses niés; biaus oncles, si volez garantir lo traïtor qui noz liges seignors a deseritez avant et puis ocis et vos a fait tant de honte et de laidure que, se toz li pueples lo savoit autresin bien com ge lo faz, vos ne devriez estre ja mais creüz en cort ne escoutez?"

"Biaus niés, fait Phariens, de toi ne me mervoil ge pas, se tu mez po de raison en tes affaires, car l'an ne voit gaires avenir en nule terre que granz sens et granz proesce soient ensenble herbergié en cuer d'anfant. Et il est voirs que de la proesce as tu assez selonc l'aage que tu as, tant que tu en voiz un po mains cler el mireor de sapience. Si t'anseignerai ores un po de san, car g'i voi des ores mais plus cler que tu ne fais en la proesce. Se tu cest anseignement vels retenir, mout an porras amender, et tu et tuit li anfant qui en pris volent monter par grant proesce. Et garde que tant com tu seras en enfances, se tu ies en leu o l'en consaut de granz affaires, que ja [ta] parole n'i soit oïe ne tes consauz jusque (*f. 28b*) la que [tuit] li plus ancien[2] de toi avront parlé. Et se tu viens en bataille o en poigneïz de guerre ou en leu nul ou granz chevalerie soit assenblee, garde que ja n'i atandes plus juene ne plus viel de toi, mais fier devant toz les autres des esperons por faire un biau cop, la ou tu porras ataindre, car a pris et a honor d'armes conquerre ne doit nus atandre, ne lo juesne ne lo veillart. Mais as granz consauz doner doivent li anfant entendre les plus meürs. Et tant saches tu bien de voir, tres granz honors gist en morir par hardement et par proesce, et granz hontes et granz reproches vient en dire fole parole et fol consoil.

[1] vos men v.   [2] ancien tuit de

Cest essemple trai hore tant avant, por ce que tu m'as blasmé devant toz ces preudomes qui ci sont, qui miauz sevent que est sans et savoirs que tu ne feis.

"Si a espoir ci de tex qui tost s'acorderoient a la mort Claudas, o fust a tort ou fust a droit; et s'il estoit morz par els sanz forfait parissant, si en seroient tuit honi a tozjorz mais et un et autre, car ge ne voi çaianz si haut home ne si leial qui ne li ait feauté faite et homage a jointes mains, li un de lor bon gré, li autre a force. Et puis que chevaliers fait tant qu'il fait homage ne feauté, cui qu'il lo face, il lo doit garder comme son cors de toz perilz; ne Dex ne fist onques si haute cort o ge n'osasse bien desraisnier, car ja por leiauté desfandre ne sera leiaus hom honiz. Et por ce sachent tuit cil chevalier que ge ci voi qu'il ont a garder lo cors Claudas comme les lor par la feauté qu'il li ont faite. Ne ge ne sai nule plus laide desleiauté que de son seignor ocirre. Mais se li sires mesprant vers son home, o li mesfait, ses hom l'an doit a raison metre par ses parelz par lo terme d'une qarantainne; et se des lors nel puet rapeler a sa (*f. 28c*) droiture, si li rande son homage devant ses pers, non pas en repost, car chose aperte porte tesmoign de leiauté, et chose reposte senefie mauveitié et felenie. Et se li sires ne se velt vers son home amander ne droit tenir, des que son homage avra guerpi, si[1] li puet forfaire et del suen prendre. Mais de son cors ocirre ne a mort livrer se gart, car il ne doit par ses mains mort recevoir s'ancontre lui n'a fait murtre o felenie o traïson, et qui autrement espant lo sanc de son seignor, il est traïtres et parjurs et murtriers et foimentie, et puet l'an toz les set granz pechiez criminex trover en lui. Por ce, seignor, vos mostre ge que vos voudroiz faire de ceste chose; car se vos me volez seürté faire que Claudas n'avra garde de nul de vos, et, combien qu'il ait forfait, que vos ne l'ocirroiz sanz lo jugement de la maison lo roi Artu, ge lo prandrai en ma baillie a garantir contre toz homes. Et se vos issi faire ne lo volez, si face chascuns son miauz, car ge ne me voil pas honir en terre a tozjorz mais por la mort d'un seul home laide et honteuse, ne perdre m'ame aprés honor sanz fin et sanz recovrement; car ge ne voi comment il puisse avoir en l'autre siegle l'anor qui ja mais ne prandra fin, qui celui de cestui siegle avra par sa desleiauté perdue. Or vos en conseilliez a vos meesmes et me dites ce que vos en voudroiz tenir."

Et lors se trait[2] a une part. Et cil parolent ensemble. Si i a de

---

[1] sil li   [2] traient

tex qui loent qu'il ne preignent ja Claudas en menaie n'an conduit, car orendroit lo puent a force prendre comme celui qui est a si grant meschief qu'il n'a pas la tierce part de gent, non pas la quinte qu'il en ont, et si sont en lor terre et en lor pooir. A ce se sont acordé tuit li bacheler a une voiz; (f. 28d) mais desus toz les autres s'i acorde Lambegues, li niés Pharien, et dit et jure que Claudas n'a nul pooir a els que pris o morz ne soit anuit, et il et totes ses genz, s'il en avoit encor autant.

Ensin ont lor consoil finé, si vienent[1] a Pharien et li dient que ja nel prendront en tel maniere; mais s'il se velt rendre a els et en lor menaie metre, il lo prandront, ne ne voldront que nus en soit saisiz se par els non.

"En non Deu, fait Phariens, ce ne li loera ge ja. Or en coveigne bien et vos et lui, car ge ne m'en meslerai ja de lui grever, et il est si preuzdom que assez puet encontre vos avoir meslee. Et puis qu'il vos a offert plus que raison, si se deffande durement, que ja tant n'i gaaigneroiz que a doble n'i perdoiz ançois que veigne au partir de la meslee."

Puis est venuz arrieres a Claudas, si li dit:

"Sire, sire, or vos desfendez au miauz que vos porroiz, qu'il est mestiers, car ge ne puis vers nostre gent la pais trover se ne vos metez outreement en lor merci."

"Non? fait Claudas; et que me loez vos, biax dolz amis, en cui tote la leiautez est au grant besoig? Car bien sachiez que g'en ferai tot vostre lox outreement."

"Comment? fait Phariens; plus vos fiez en moi qu'il ne font tuit? Et ge vos lo que vos vos desfandroiz comme preuzdom, car vos avez assez meslee contre aus toz; et ge otroi[2] que il me pandent parmi la gole s'il ne perdent deus des lor por un que vos perdroiz des voz."

"Voire, fait Claudas, puis que vos lo me loez, dont n'ai ge garde. Et sachent bien tuit et un et autre que ge ne lor an bailleroie pas orendroit lo cors (f. 29a) mon fil, par covant qu'il m'en laissassent aler quite et delivre, ainz l'an porterai veiant lor iauz parmi lor terres, et tex lo porra contredire qui mout chierement lo comparra. Mais ge vos pri et requier trestot avant que de vostre leiauté vos manbre, si la gardez envers moi si finement com vos devroiz. Ge ne vos sai plus que deviser, car miauz savez vos que est leiautez que ge ne faz."

[1] si en uient   [2] ge croi que

"Par Sainte Croiz, fait Phariens, ge sui vostre hom, si est droiz que ge vos aït de mon pooir tant com vos voudroiz par mon consoil errer a foi, et ge vos aiderai jusq'a la mort. Mais vos me fianceroiz avant comme leiaus rois que li dui fil lo roi Bohort, qui mes sires liges fu, n'ont pris par vos mort ne mehaig, et que de quele hore que ge vos en semondrai, feroiz por vos esleiauter ce que vos m'aviez ore offert. Et sachiez que ge nel vos demant pas por nule force, mais por ce que plus en avroiz mon cuer puis que ge ne sospecerai en vos desleiauté."

"En non Deu, fait Claudas, tot ce ne me grieve de rien, ainz m'est mout bel. Tenez, que ge ansin lo vos creant."

Lors li tant sa main, si li fience, et puis tant sa main destre vers sa chapele et dit:

"Itant sachiez vos, fait il, Phariens, que, par le[s] sainz de cele chapele, li anfant ne sont mort par moi ne mehaignié, ne d'aus ne sai novelle nule. Et se ges avoie a Bohorges en ma prison, il n'avroient ja par moi mal tant com vos les voudriez garantir. Si m'ont il fait dolor au cuer qui ja mais en cestui siegle ne me faudra. Et sor cestui sairement meesmes vos creant gié que de quele hore que vos m'an semoignoiz, ge vos tandrai prison en vostre garde, por quoi vos me creantoiz a garantir envers toz homes vers cui ge n'aie rien forfait."

Ensin lo fiance et jure li rois Claudas a Pharien, et cil se torne devers lui tot main(*f. 29b*)tenant. Lors commance li assauz mout granz et mout perilleus, si volent saietes et pierres espessement, si refont grant frois et granz noises les lances qui peçoient sor les escuz, dont li tronçon et li esclat volent en haut, et les espees qui retantissent desor les hiaumes. Si an cort la noise et l'oïe de totes parz de la cité, loign et pres et environ en retantissent et mont et val. Et Claudas se desfant mout durement el travers de la rue, si est mout aseür de Pharien qui s'est tornez devers lui. Mais il ne l'a mie tant fait por lo domagier cels del regne de Gaunes et de Benoyc com il a fait por atirier la pais d'amedeus parz se ele puet estre, car il cuide[1] bien qu'en la fin ne se puissent cil del païs consirrer de son consoil. Si se tient en tel maniere qu'il ne nuist as uns ne as autres ne ne lor aide fors seulement de volenté. Et cil encontre Claudas sont tant et si espés qu'il ne puent a lui avenir ne a ses[2] genz, ançois fierent li un l'autre de loig et durement, si ocient et plaient an tel maniere et lor cors et

[1] cuident   [2] as ses

lor chevax, car trop sont antassé li uns sor l'autre. Et la nuiz est
noire et oscure qui ne lor fait se nuire non, et la rue estroite et
mesaiesiee, si la tienent si bien et se desfandent entre Claudas et
ses chevaliers que cil ne pue[n]t desor aus neiant conquerre;
ne ne lor fait se nuire non ce qu'il sont tant. Et d'autre part trop 5
sont desconforté de Pharien qu'il ont perdu, si ne s'entremet il de
cop ferir en la bataille, mais il ne sevent de nule chose roi ne con-
soil, qant il ne l'ont.

Ensi dure mout longuement et li assauz et la deffense, si i a
assez que morz que navrez de cels de Gaunes et (*f. 29c*) del païs, 10
car mout se desfant durement Claudas et les soes genz, car il se
set mout bien aidier au grant besoig. Endemantiers que la meslee
est si granz et que tuit i perdent cil do païs, si se porpense li rois
Claudas comment il les porroit encor grever plus durement, si fait
il lo feu boter en la rue. Et li venz venoit devers lui sor aus qui 15
mout estoit forz et angoisseux, si trova lo pueple espessement en-
tassé, si les destraint si durement que a force covint toz les plus
forz guerpir la place et foïr en la cité a garison; et neporqant mout
en i ot qui furent ars. Par ce feu furent cil do païs mout domagié,
car il ne porent avoir leisir do feu estaindre por cels devers Claudas 20
qui si les tenoient corz que assez avoient ou entandre d'es meïsmes.
Ensi les a Claudas et ses genz a force fait ferir en la cité. Mais si
tost comme li feus fu rompuz, qui ne pot les murs sormonter ne
les hautes maisons forz dont en la vile avoit assez, si revindrent
hors cil de la cité et partirent lor genz en deus batailles, si firent 25
l'une aler au dehors por les genz Claudas sorprandre, car li palais
estoit dehors de la vile en la praerie sor la riviere.

Cele bataille ala au dehors, si troverent les genz Claudas qui
mout bien s'eschargaitoient et mout se desfandirent bien vers
aus. Et l'autre lor relaisse corre par dedanz tote la rue, mais nes 30
troverent pas desgarniz, ainz estoient el travers de la rue tuit
abochié et gardoient lor pas mout saigement. Et venoit Claudas
d'une meslee a autre a esperon comme cil qui bien en savoit a
chief venir. Et qant il partoit d'une meslee por aler a l'autre,
tozjorz (*f. 29d*) remanoit Phariens en son leu, mais il ne feri 35
onques cop de lance ne d'espee ne de nule arme ne chevalier ne
borjois par mautalant, car il baoit a metre an païs les uns et les
autres a son pooir. Et ce veoit il bien que Claudas n'avoit tant de
gent par quoi il poïst durer a cels de la vile ne del païs.[1] Mais il

[1] del palais m.

savoit bien que mout li pooit avoir ses consauz grant mestier; et bien cuidoit tant destraindre cels do païs, par ce que il s'estoit encontr'aus mis, que il feïssent tel plait qu'il ne lor fust honteus, et par quoi Claudas fust sauvez, car il devoit feelté et totes [ses] genz autresin.

En tel maniere dura la meslee tote la nuit a la clarté des brandons et des lanternes et des maisons qui arses furent. Mais plus perdirent assez cil do païs que Claudas ne ses genz ne firent. Et qant vint vers l'ajornee, si demanderent Pharien por parler a lui, et il parla. Et il se plaintrent a lui meïsmes de ce que il lor devoit aidier et il lor nuisoit, et distrent que c'estoit desleiautez et felenie.

"En non Deu, fait Phariens, de desleiauté ne de felenie n'i a il point, car vos en iestes issuz de mon consoil. Et puis que vos ne m'en voliez croire, dont sanbloit il bien que vos eüssiez vers moi et sospeçon et mescreance. Et d'autre part, li rois Claudas est mes sires, comment qu'il soit, o a mon droit o a mon tort, mais del suen tort n'i a il point. Si li doi son homage garder a foi, que ge nel doi en son grant besoig guerpir, neïs s'il m'avoit assez forfait. Nes de chose dont il ait esté mescreüz n'avez nule droiture, ainz estoit toz apareilliez qu'il se meïst en ma prison. Gel vos offri, et vos n'an volsistes (*f. 30a*) nules [paroles] escouter que ge vos en deïsse. Si ne forfaz de rien, ce m'est avis, se ge me tor devers celui qui plus se fie et croit en moi. Ne ja tant com ge li voudrai aidier, par vos ne sera mis au desouz, car mes chastiaus n'est mie grantment loign de ci, et ge li baillerai lo matin a recet et a desfense, puis que vos n'an volez mon consoil croire. Et si l'i manrai voiant voz iauz si sainnement que ja n'i perdra un seul denier que vos n'i perdoiz trois tanz ou quatre. Et qant il sera en mon chastel, bien porra atandre et seürement et par leisir lo secors de son païs, car gel quideroie tenir contre vos toz un an antier. Et s'il avient que de ceste besoigne puisse eschaper sainz et haitiez, ce devez vos savoir qu'il vos destruira toz l'un aprés l'autre, ja nus ne vos en iert garranz. Por ce si vos venist miauz croire consoil boen et leial que tel chose enprandre que vos ne puissiez a chief amener. Et de ce que vos dites que ge faz desleiauté et felenie, ne de ce que ge sui an sa besoigne, mantez vos tuit, ne ja n'i avra si hardi, s'il voloit prover ceste parole que ele fust voire, vers cui ge nel contredeïsse orendroit o lo matin par jor sanz plus atendre."

Quant cil oent que Phariens s'afiche si durement de Claudas

aidier et secorre, si n'i a nul qui tote paors n' aüst. Et il se traient a
une part tuit li plus sage, si an parolent mout longuement et dient
que, se Claudas puet faire tant qu'il veigne en sa terre a garison,
il ne puet faillir qu'il ne reveigne en la fin d'aus au desus; et lors
seront tuit destruit sanz recovrier.

"Ne de ce, font il, ne poons nos a chief venir sanz Pharien, que
trop est de grant proesce et de grant san."

Si s'acordent a ce (*f. 30b*) tuit li plus sage et li plus haut, que
s'il lor reviaut faire autretel offre com il avoit arsoir faite, il lo
prandront. Mais en nule[1] maniere ne s'i velt acorder Lanbegues, li
niés Pharien, por que Claudas remaigne an sa garde et an sa baillie.

"Car ge sai bien, fait il, que il lo garantiroit[2] encontre toz homes.
Et sel deüst il haïr plus que nelui, li filz a putain, li traïtres, li
failliz. Mais faites tant qu'il remaigne en la prison, et puis lors si
lo me bailliez, et g'en ferai tant que ja mais ne vos an sordra
travauz ne poine."

Lors saut avant uns mout hauz hom qui estoit sires d'un mout
riche chastel qui estoit a mains de huit liues galesches pres d'iluec.
Cil chastiaus avoit non Hauz Murs et seoit sor la riviere de Loire
mout en haut devers la Terre Deserte. Et li sires avoit non Graiers,
si estoit mout fel et mout angigneux et mout preuz et mout hardiz,
et avoit esté coisins au roi Bohort de Gaunes et au roi Ban de
Benoyc. Cil sailli avant por la parole del neveu Pharien, et dist
que tot seüurement li jurassent, se il voloit, que, s'il prenoit Claudas
an garde, il ne troveroit ja home qui force nule l'an feïst, que tuit
li autre ne li aidassent a lor pooirs.

"Et qant il sera, fait il, em prison, si an laissiez covenir moi et
Lanbegue, qui point ne l'aimme, et qant nos l'avrons mort et
nos serons a Haut Mur en mon chastel, ge vos abandoign a toz
que vos façoiz [vostre pooir] de moi et de lui ocirre."

A cest consoil se tienent tuit. Lors sont revenu a Pharien, si li
dient que, s'il voloit faire Claudas metre en prison, si com il
l'avoit la nuit offert, il s'en sofferoient atant.

"Et vos meesmes, font il, i devriez grant painne metre por
vostre onor, et nos vos jurrons tuit sor sainz que nos vos (*f. 30c*)
lairons saisi de lui mout volentiers, et se nus vos i met chalonge,
nos en serons encontre lui de noz pooirs."

"Par foi, seignors, fait Phariens, tant com ge lo vos offri por
lui, vos nel volsistes prendre; et ore qant il a veüz voz esforz et

---

[1] n nule   [2] garantiront

voz pooirs, il lo fera mout a enviz. Et neporqant ge li demanderai, non pas a consoil mais devant vos."

Lors s'en revient a Claudas et li dit, oiant toz, ce qu'il requierent et un et autre. Et Claudas li dit qu'il set mout bien les covenances
5 d'aus deus, ne ja rien n'an fera s'a son los non.

"Et vos, seignor, fait il a cels de la vile et do païs, q'en feroiz vos?"

Et cil saut avant qui estoit sires de Haut Mur, si li dit qu'il s'en metent tuit en ce qu'il en fera outreement. En ceste maniere
10 ont chargié Pharien d'anbedeus parz, si cuide[1] que cil do païs i antendent autresi a leiauté com il faisoit, mais nel font, ençois ne beent fors a tant seulement qu'il puissent ocirre lo roi Claudas. Et il pense a garantir Claudas de mort, s'il pooit estre, et a esploitier leiaument envers lo pueple, qu'il ne soit traïtres vers els
15 ne parjurs vers son seignor.

Lors apele Claudas a une part, si li dit a consoil tot seul a seul;

"Sire, j'ai de ces genz grant painne eüe d'aus boter arrieres et de chastier de lor folie. Et neporqant ge ne me mervoille pas s'il sont dolant et angoisseus des deus anfanz a l'ome qu'il onques
20 amerent plus, qui lor liges sires fu, si cuident que vos les aiez morz; car granz merveille est qant il ne [se] font tuit ocirre ançois qu'il n'ocient vos. Ne ge meesmes ne vos ain pas, bien lo sachiez, se ge vos poïsse ocirre a mon droit et a m'anor. Mais aprés toz domages et totes ires doit l'an garder honor et honte
25 crienbre, car (f. 30d) nus hom honiz en terre ne puet el siegle demorer, s'il gote voit, et qui droiture ne garde, de paradis a il perdue l'antree sanz recovrier. Et por ce vient miauz au preudome soffrir ses ires et ses dolors et ses domages que faire desleiauté ne felenie par quoi il perde l'amor de cestui siegle por quoi tote
30 proesce se travaille, et l'autre qui ja ne prandra fin, la haute joie. Se Deu plaist, par moi ne moroiz vos ja tant com ge soie en vostre homage; des lore puis ne vos asseür ge pas. Mais or oez por quoi ge vos ai ce dit. Ceste gent me requierent que ge vos face en prison entrer tant qe l'an sache noveles des deus anfanz, et vos m'avez
35 creanté que vos i anterroiz si tost com ge vos en semondrai. Vos veez bien comment il est, car vos ne poez a els avoir la force an cest païs, si ne lor ai ge pas ce dit a lor consoil. Mais totevoie vos covendra en cele prison entrer, et ge vos serai garanz envers toz homes et desfenderres."

[1] cuident

"Certes, fait Claudas, ce ne me grevera ja rien, puis que vos me creantez leiaument que vos me garantiroiz par tot a droit. Et tenez, que ge vos rant ja m'espee tot avant."

Qant Phariens l'antant, si an plore de grant pitié, car il ot qu'il se velt metre en sa prison, et si lo het plus que nelui, s'il lo pooit ocirre a son grant droit. Mais il ne set comment il lo preigne en conduit, car il dote que cil do païs et de la vile ne li ocient entre les mains, si seroit honiz a tozjorz mais; et se ce l'an avenoit, il s'ocirroit de duel, si com il cuide, tot maintenant. D'autre part, s'il l'an lait aler, il li sera tenu a mauvaitié et a grant defaute de cuer, et si granz maus en sera faiz que nus nel porroit restorer, itant (*f. 31a*) fust puissanz, car cil qui lo heent li corrent sus et se metent au parestroit en avanture de mort o de lui ocirre. Ce est cil de toz les perilz qu'il plus i crient, si pense comment il porra garantir lo roi Claudas de mort, et a l'autre pueple faire de lor voloir une partie. Lors dist au roi:

"Sire, vos vos metez mout en moi de ceste chose, et ge dot que se ge vos metoie en ma prison, que ge ne vos poïsse pas estre garanz, car trop vos heent mainte gent de grant haïne. Mais ge vos dirai que vos feroiz: vos me bailleroiz de voz plus riches homes trois seulement, si feroiz a l'un d'els voz armes vestir, si quideront tuit que ce soiez vos veraiement. Cil troi seront en la prison tant que nos avrons oïes aucunes veraies noveles des anfanz. Si sera li uns de cels trois li sires de Saint Cirre, et li autres sera li sires de Dum, et li tierz sera li quex que vos miauz voudroiz de toz voz chevaliers, si avra voz armes vestues. Et qant ge vos apelerai ja devant lo pueple, si me fianceroiz ce que ge vos requerrai, et gel ferai en tel maniere que vostre foiz i sera sauve et ma covenance en iert aquitee devers noz genz."

Qant Claudas l'ot, si li otroie sa volenté tot a devise, comme cil qui bien set qu'il lo conseillera a leialté. Puis sont arrieres venu devant cels qui les atandent. Et Phariens lor dit:

"Seignor, j'ai ci parlé a mon seignor lo roi et le vostre, car vos volez por lui esleiauter qu'il se mete en ma garde tant que l'an saiche des anfanz noveles qui creables soient, o de lor vie o de lor mort. Et j'ai tant fait qu'il lo m'otroia mout volentiers, si l'an devons tuit bon gré savoir." Et puis dist: "(*f. 31b*) Venez avant, sire. Vos me fianceroiz comme rois sacrez leiaus que de quele hore que ge voudrai, vos anterroiz an ma prison par les covenanz que nos avons adevisez."

Et li rois tant sa main, si li fiance.

"Or voil ge, fait Phariens, que avocques vos soient li dui plus haut home de vostre regne, li sires de Saint Cirre et cil de Chastel Dun, car rois ne doit pas estre em prison a compaignie de ribauz, ançois doit avoir avocques lui de ses meillors barons."

Claudas respont qu'il en ira parler a cels deus mout volentiers devant lo palais ou il sont endui, car li uns gardoit son hernois et li autres estoit a l'entree de la rue, qu'il la gardoit. Il en est au palais venuz, puis se desarme et baille a un suen chevalier ses armes, et il a les soes vestues, et il estoient andui auques d'un grant et d'une groisse. Maintenant est venuz arrieres, s'a comandé au chevalier qui ses armes avoit qu'il face outreement qanque Fariens li requerra, si que ja nus n'aparçoive que ce soit autres que il. Quant Phariens les voit venir toz trois armez, si dit as deus s'i[l] se metront en la prison avec lor seignor. Et il dient que sanz els n'i sera il ja.

"Or me fianciez dont, fait il, que vos n'istroiz de ma prison se ce n'est par mon congié."

Et il fiancent andui. Puis prant la fience de celui qui a les armes au roi Claudas; si cuident bien tuit cil qui lo voient que ce soit il. Et il prant lor trois espees tot maintenant. Puis a dit a ces de Gaunes qu'i[l] li jurent que ja force ne li feront de[s] trois prisons metre hors de baillie, sel fait jurer as douze plus puissanz barons des deus reiaumes.

Ensi est faite la pais et l'acordance d'anbedeus les hoz, si en vont sauvement les genz Claudas, et il avocques. (*f. 31c*) Et antre Pharien et les autres sont retorné a Gaunes en la grant tor, si met ses trois prisons dedanz. A l'antrer de la tor furent li douze qui orent fait a Pharien lo sairement, et si i fu Lanbegues, ses niés. Et qant il furent en haut, si ne se pot tenir, ainz corrut sus celui qui les armes Claudas avoit vestues, car il ne haoit tant nule rien come lo cors Claudas. Si lo feri d'un espié qu'il avoit pris sor un hantier si grant cop enmi lou piz que li hauberz fausa et qu'i[l] li mist l'espié en la poitrine, si en saut li sans aprés lo cop. Il fu forz et iriez, et l'anpaint bien de grant vertu, sel porte a terre tot enferré; et il se pasme. Et qant Phariens voit ce, si saisist une hache qu'il avoit an la tor maint jor gardee, si s'escorse vers son neveu, la hache, empoigniee a deus poinz, levee en haut. Et cil lo voit venir, si li escrie:

"Ha! filz a putain, traïtres, volez me vos dons ocirre por un traïtor se ge l'ai navré? Laissiez lo moi avant ocirre et puis si m'ociez aprés, car ge n'ameroie autretant nule vie comme cele mort."

Phariens ne li respont pas a rien qu'il li die, ançois li cort sus iriez et chauz. Et cil se cuevre de son escu qu'il avoit encores a son [col], si lo giete desus sa teste. Et Phariens i fiert de la hache grandisme cop, si qu'il li tranche [aval desouz la bocle, que parmi outre descent li fers desus la senestre espaule, si li tranche] tot contraval del hauberc les blanches mailles et tranche lo cuir del chevalier et la char blanche et est colee dedanz lo grant os de l'espaule plus de troi doie.

Li cox fu granz et par ire feruz, si ne pot li bachelers, qui anfes estoit, sostenir lo cop de son oncle, qui granz chevaliers et forz estoit, si vole a terre toz sanglanz. La noise est an la tor levee, et li sires de Saint Cirre, qui d'espee n'avoit point, aert l'espié dont Lanbegues avoit feru lor compaignon, (*f. 31d*) et li sires de Dun a pris un glaive en un hantier. Et Phariens descent s'espee, si la lor giete, et dist:

"Seignor, or vos desfandez comme por vos, car tant com ge avrai la vie el cors, ne vos an faudrai ge pas; car mout me poisse de ce que ge vos ai amenez a vostre mort; mais ge ne cuidoie pas estre venuz antre traïtors, mais antre leiaus barons. Et neporqant, or i parra li quel seront leial, et li quel se parjurront, car nos somes assez, puis que nos somes leial home, ja tant n'i savra venir des traïtors."

Ensin parole Phariens com hom iriez. Mais de toz les douze n'i a il nul qui se mueve fors un tot seul: ce fu Graiers, li sires de Haut Mur, qui s'estoit vantez qu'il ocirroit Claudas. Cil ot saisie une hache paroille a la Pharien, si li adrece comme cil qui estoit preuz assez et plains de grant hardement. Et Phariens lo voit venir, si li adrece mout vistement. Il furent andui sanz escuz, si s'entredonent si granz cox et pesanz desor les hiaumes qu'il n'i a si fort ne si dur qui contre l'acier tranchant ne soit fausez. Il furent andui preu assez et de grant force, et li cop furent pesant et bien feru, si rompié la cerveliere del hiaume Graier, et fu si estonez qu'il versa jus et feri a la terre mout durement d'une des espaules. Et aprés lui chaï Phariens et feri a la terre d'un des genouz.

Li chevaliers cui Lanbegues avoit feru de l'espié fu levez, car n'estoit pas navrez a mort, si lo semont la paors de ses anemis qu'il voit anviron lui qu'il se desfande; et il si feïst volentiers s'il poïst, mais li sans li chiet del cors a grant ruissel, qui mout

l'ampire; et neporqant lo glaive a pris que cil ot laissié chaoir cui Phariens bailla s'espee, si fait grant sanblant (*f. 32a*) de soi desfandre. Mais il ne truevent qui en aus assaillir mete conroi, car li onze dient qu'il ne se desleiauteront ja por deus musarz, s'il
5 ont faite lor folie. Et si estoient tuit sanz hiaume cil qui n'i baoient a traïson.

Et Phariens ert redreciez, si venoit, la hache dreciee, la ou Graiers estoit encontre terre toz estordiz. Et li onze li corrurent tuit au devant, si li prient qu'il ne l'ocie pas por Deu. Mais ançois
10 qu'il aient lor parole dite, l'a il feru si durement, la ou il se relevoit, si l'asena mout bien desus lo hiaume un po plus haut del haterel; mais il ne feri pas del droit tranchant de la hache, car ele li torna dedanz les mains; et neporqant si l'estordi que a la terre feri li nasels si durement que li nes et les joes lo conparerent, et il
15 s'estant a la terre de tot lo cors, si s'est pasmez. Mais ançois qu'il recovrist, li ont toloit li autre et l'ont aseüré et d'aus et de tot lor pooir, et tote sa conpaignie avecques lui. Et lors estoit relevez Lanbegues, ses niés. Et qant Phariens l'en voit aler, si li crie:

"Ahi! filz a putain; failliz, certes, morz iestes! Mar m'i avez
20 honi, et me feroiz tenir por traïtor."

Lors li cort sus, mais sa fame i est venuz poignant, qui mout avoit Lanbegue longuement haï, car par son consoil li avoit Phariens faiz mainz grant anuiz. Et qant ele voit que Phariens li cort atote la hache por ocirre, si commance a crier merci. Puis
25 s'est mise devant lui et dit:

"Ha! gentis chevaliers, n'ociez pas lo meillor chevalier do monde s'il puet tant vivre, car trop seroit grant perte a chevalerie et trop granz desleiautez endroit de vos. Et se vos autrement nel vo(*f. 32b*)lez faire, ociez moi et lui laissiez, car sanz moi ne mora il
30 ja devant mes iauz."

Quant Phariens voit sa fame, qi por celui se met en abandon qui toz les maus li avoit quis et porchaciez, si lo laisse atant ester et recort sus a Graier que li autre avoient ja relevé a mont grant poine, et il lo fiert entre lor mains, sel rabat a la terre jus. Et lors
35 se corrocent li plusor d'aus et jurent que ce ne sofferront il plus qu'il lor ocie en tel maniere celui qui en lor compaignie estoit venuz. Lors li corrent sus, si lo fierent et de glaives et d'espees et par devant et par derriere, si que de granz plaies li ont faites el cors dont li sans vermauz chiet et degote; mais n'en i a nule qui
40 mortex soit, si l'en est mout bien avenu. Mais qant Lanbegues,

ses niés, voit lo sanc qui des plaies li degotoit, si ne li pot li cuers
soffrir, car nature de charnel amor li faisoit avoir pitié de celui
qui estoit ses droiz sires et ses oncles. Il met la main a l'espee,
si lor[1] cort sus, si navrez com il estoit, si lor done granz cox, la
ou il les puet ataindre, comme cil qui assez avoit cuer et harde-
ment. Et autresin lor corrient sus li autre qui en prison estoient
por Claudas venu, si lor livrent meslee a grant planté. Quant li
onze voient que Lanbegues se met en aventure de mort por son
oncle qu'il cuidoient qu'il haïst tant, si en ont il meesmes mout
grant pitié et dient que mout est fox qui s'antremet d'amis charnex.
Et lors saut avant li plus riches et li plus puissanz d'aus qui estoit
sires d'un chastel qui avoit non Lanbrions, si estoit mout sages et
mout vaillanz, et de grant proesce avoit il esté. Cil se mist entre
Pharien et cels qui l'asailloient (*f. 32c*); et il estoit mout privez
de lui et mout s'entramoient de longuement. Si fist tant que la
meslee departi sanz plus de perte qui d'ome mort i fust, mais de
navrez en i ot des plus prisiez.

Et atant sont[2] departi, si s'an vont hors de la tor trestuit fors
Phariens et sa maisniee qui remex i sont. Il se fait desarmer, si li
regardent ses plaies li dui ostage qui remex furent et qui assez
preudome estoient, et li tierz ert mout bleciez. Si s'an antremet
mout la fame Pharien; et qant ele set que ses sires n'a plaie nule
perilleusse, se ne li chaut pas grantmant des autres fors de Lam-
begue dont ele s'entremet assez plus que l'an ne cuidast; car il ne
se vost onques hors metre de la tor, por ce que il avoit paor que
cil de la cité assaillissent son oncle, si voloit miauz avocques lui
morir, s'a ce venist, que estre sauvez dehors avoc les autres. Et
Phariens est mout mains iriez vers lui qu'il ne li a mostré a la
meslee, car bien set c'au parestroit ne li porroit il soffrir a avoir
honte ne mal; mais sor tote rien se mervoille de sa fame qui
tant l'avoit haï et ore li estoit correüe aidier au grant besoign de
si grant cuer que ele s'abandona por lui et a navrer et a ocirre.
Et de ce que ele en a fait a son cuer si gaaignié que de nul mesfait
ça[3] en arrieres n'a talant que ja mais mauvais gré li sache, ainz
l'an pardone son maltalant de tot an tot. Et a son neveu repardone
lo corroz qu'il li avoit fait del chevalier qu'il avoit navré, qui en son
conduit estoit.

Ensin est Phariens en la tor. Et cil qui assailli l'avoient s'en
sont alé, se sont dolant de tex i a de ce qu'il n'avoient Pharien

------

[1] si li cort   [2] a.sen departi   [3] mesfait da en

mort, mais a cels qui leial estoient n'en pesoit il mie, car bien savoient que s'il [l]'eüssi(*f. 32d*)ent mort, il an fussient tenu a tozjorz mais por desleiaus et por honiz. Mais or retorne li contes as deus anfanz qui sont avecques Lancelot lor coisin en la garde a la
5 boene Dame del Lac.

Quant li dui anfant orent esté trois jorz au lac ou la damoisele les en ot portez, si furent mout ampirié de tel com il estoient qant il i vindrent, et tot ce fu por lor maistres que il n'avoient, car mout les amoient amedui. Qant la Dame del Lac les vit ampirier
10 si durement, si en ot mout grant pitié et grant esmai, et lor demande qu'il ont eü qui si durement sont empirié. Et il lo li çoillent, que dire ne li osent, car mout la dotent. Et ele lor fait anquerre a Lancelot. Et il li conoissent qu'il ne seront ja mais a eise devant qu'il aient lor maistres, car il n'osoient a nelui dire lor volenté
15 si com il feïssent a els, car il i avoient tant trové de doçor et de pitié que il n'an porroient, ce lor est avis, en nul leu autant trover. Et Lanceloz lor enquiert de lor covines et qui i[l] sont. Et Lyoniaus li conoist qu'il avoient esté fil au roi Bohort de Gaunes et que foïz s'en estoit por une tele aventure, si li a conté de chief an
20 chief comment il avoit feru Claudas a son mangier et son fil navré. Et Lanceloz l'an aimme trop mielz et mout l'an prise. Puis li demande de Claudas se il est morz, et il dit que nenil.

"Mais ses filz, fait il, est ocis, dont ge ne sui pas mains liez que de Claudas, mais assez plus."

25 "Certes, fait Lanceloz, bien vos (*f. 33a*) en est avenu. Mais or gardez que vos seiez autresin preuz ça en avant com vos avez esté, car filz de roi, ce m'est avis, doit avoir assez plus proesce que nus autres hom."

Totes les choses qu'il avoit dites a Lancelot conta Lanceloz a sa
30 dame, et dist que bien saüst ele qu'il ne mengeroient ja mais endui li frere devant qu'il eüssient lor maistres. Et cele en a mout grant pitié; si les apele, et voit qu'il ont les joes tanves et abaissiees et les iauz roges et anflez del plorer qu'il avoient fait, et la colors lor est ampiriee mout durement, et il sont andui si amati et tres-
35 pensé qu'il ne puent faire bele chiere ne biau senblant. Ele lor demande:

"Mi anfant, que avez vos?"

Et il ne li osent conoistre devant la que ele dit:

"Ge sai bien por qoi vos iestes a malaise. C'est por voz maistres
40 que vos n'avez. Mais se ge les vos enveoie querre, seriez vos a

eise? Dites lou moi; car bien sachiez que ge envoierai por els se
vos m'an devez bon gré savoir."

Et Lyoniaus, qui plus anpirez estoit, li dit qu'il ne porroient
des lors en avant nul mal avoir.

"En non Deu, fait ele, por ce n'avroiz vos ja mal longuement, 5
car ges envoierai querre encore anuit."

"Dame, fait Lyoniaus, il ne me tarde mie tant por estre avocques
lui comme por la grant paor que j'ai qu'il ne soit morz, car ge
criem mout que Claudas nes ait fait ocirre, qui trop les het."

"Or ne vos esmaiez, fait ele, pas, que prochainement en orroiz 10
veraies novelles. Mais gardez que vos des ores mais ne faciez
mauvaise chiere, car ja mais ne vos ameroie. Mais mangiez et vos
confortez entre vos et mon fil, li uns a l'autre, car ge ne voudroie
(*f. 33b*) por nule rien que voz maistres vos trovassent si enpiriez
qant il vendroient. Et se vos n'iestes dedanz tierz jor autresin gras 15
et bel com vos estiez qant vos fustes ci amenez, bien sachiez que
ja voz maistres n'i verroiz, que dons cuiderient il que l'an vos[1]
aüst laissiez morir de fain çaianz."

"Ha! dame, fait Lyoniaus qui mout a grant paor de la menace,
por Deu merci, certes s'il nos veoient maigres et ampiriez, il 20
savroient mout bien que ce seroit por lor compaignie que nos
aviens[2] perdue. Et neporqant nos mangerons tant com vos voudroiz, se vos nos creantez que vos i envoieroiz encore anuit."

Et la dame s'an rist mout volentiers et puis lor creante que ele i
envoiera ja androit. 25

"Dame, fait Lyoniaus, il an seront assez plus lié se l'an lor porte
aucunes anseignes de nos que il conoissent; et veez ci noz deus
ceintures, si lor faites mostrer tot avant par celi qui les portera,
et il vandront tantost a nos, ge lo sai bien."

La dame prant les ceintures qui estoient amedeus et d'une 30
oevre et d'une sanblance, et mout lo tient a sage de ce que de
tel chose s'est porpensez. Puis est venue arrieres en ses chanbres,
si apele une damoisele, non pas cele qui les anfanz avoit amblez
mais une autre, si li dit:

"Vos en iroiz, fait ele, a Gaunes, et anquerroiz par vos et par 35
cels qui avocques vos s[er]ont lo covine del roi Claudas et de
cels del regne de Gaunes; et selonc ce que vos verroiz, si pensez
del celer vostre covine o del descovrir, del celer vers les genz
Claudas outreement, del descovrir vers les maistres a noz deus

[1] an uos uos aust   [2] auient

anfanz. Et an tel maniere com ge vos deviserai, vos anquerroiz totes les choses coment eles sont alees, et que l'an dit des deus anfanz, et de lor deus maistres, ou il sont. Et se vos poez a els parler priveement, si parlez et (*f. 33c*) lor diroiz que[1] lor dui seignor les saluent. Et a enseignes lor bailleroiz ces deus ceintures, et a ces enseignes vos croient que li anfant sont sain et sauf et tuit a eise. Aprés lor diroiz que par la creance de ces anseignes[2] vaignent a lor deus seignors, car il ne manjuent ne ne boivent, por ce qu'il ne sont avec aus. Mais bien gardez que ja ne il ne autres ne sachent qui vos iestes ne de quel leu."

Et cele dit que de ce ne la covient il ja a chastier.

"Or vos dirons dons, fait la dame, comment vos en esploiteroiz. Vos lor diroiz qu'il vaignent si priveement que ja n'i amaignent nule rien vivant ne mes els deus, et si les amenez par ces destors que ja nule gent ne sachent o vos iroiz. Et ge cuit que vos troveroiz ou la ou entrevoies m'espie que j'ai envoiee por lo covine aprandre et encerchier, si avrez mains a faire que vos n'avriez se vos faisiez tot par vos."

Atant s'an part la damoisele, et avocques li vont dui vallet a cheval, si chevauchierent tant que il encontrerent lor espie, qui lor dit comment la pais a esté faite entre Claudas et cels de la terre de Gaunes, et qu'il lo tienent em prison, et les mervoilles que li dui maistre avoient faites, li uns de Claudas garantir et li autres de lui ocirre. Totes les choses li conta, comment eles avoient esté en l'ost, selonc ce que genz estranges en puent savoir ne aprendre.

Et la damoisele s'en vait d'iluec tant que ele est a Gaunes venue; si trueve la vile mout troblee, car il avoient assis Pharien et sa maisniee dedanz la tor, por ce qu'il savoient ores bien que Claudas n'estoit pas en prison laianz. La damoisele vit qu'il assaillent (*f. 33d*) a la tor mout durement, si ot mout grant paor des deus maistres qui laianz estoient. Ele anquist et ancercha por qoi cil assauz estoit si granz a cele tor, autresin com se ele n'en saüst rien. Et il li dient tot lo porquoi. Et ele enquiert de toz cels dehors li quex estoit plus leiaus hom, et l'an li nome. Et ele fait tant que ele parole a lui, et ele li dit:

"Biax sire, l'an vos tient mout a leial home de grant maniere; et ge vos diroie une chose, se vos me creantiez leiaument que nus

---

[1] d. et que lor
[2] anseignes uos croient . que li anfant sont sain et sauf et quil vaignent

ne savroit[1] par vos que gel vos eüsse dit. Et sachiez que ce seroit de vostre grant joie et del preu a voz deus seignors."

Et qant cil l'antant, s'an a tel joie que trop grant, si li fuit toz li sans qant il entant que c'est de sa grant joie et del preu a ses deus seignors.

"De quex deus seignors, fait il, me parlez vos?"

"Ge vos parol, fait ele, des filz au roi Bohort qui de ceste cité fu sires et del païs tot anviron."

"Ha! damoisele, fait il, ençois que vos me metoiz en autre parole, dites moi s'il sont vif, li dui anfant."

"Oïl, fait ele, ce sachiez, tuit sain et tuit haitié. Et por ce sui ge ci venue que l'an velt bien, la ou il sont, que lor genz sachent comment il lor estait. Et si mandent a lor deus maistres, qui laianz sont, tex anseignes qu'il conoistront, ce quit, mout bien. Por ce vos pri et requier que vos me faciez a els parler, car mout en ai grant besoign."

"Damoisele, fait il, lo parler porchacerai ge mout bien a mon pooir, mais por Deu, s'il puet estre, dites moi en quel leu sont mi dui seignor, ne s'il sont es mains Claudas ne a lor autres anemis."

"Tant, fait ele, vos an puis dire, qu'il sont sain et haitié (*f. 34a*) et a eise et an tel garde ou en les aimme autretant com vos feriez o plus, ne n'ont garde ne paor de nul home qui mal lor voille. Mais lo leu ou il sont ne poez vos pas ores savoir."

"Damoisele, fait cil, ge vois porchacier comment vos parleroiz a lor deus maistres; mais se vos volez, ge dirai, por noz genz faire plus liees, que j'ai oï de noz seignors voires noveles, car mout en sera la joie granz."

"Sire, fait ele, gel voil bien, mais que de plus ne soie enquise par nelui, car ge vos ai dit an confession ce que ge vos ai descovert."

"Vos ne troveroiz ja, fait il, qui de plus dire vos face force."

Lors l'acole et s'an revient a lor genz, si lor dit que noveles a oïes des deus anfanz, et que sain sont et haitié, et hors des mains Claudas et de toz lor anemi sont. Lors fu granz la joie par tote la cité, car tost fu seüe la novelle. Si fait tant cil qui a la pucele avoit parlé que il fait traire les genz arrieres; et fait venir avant la damoisele jusqu'a la tor, et la fait parler a Pharien et a Lanbegue, son neveu. Et qant ele ot mostrees les ceintures, lors ne fu pas petite la joie que il en orent. Et ele lor dit ensin com sa dame li avoit les paroles enchargiees, de ce qu'il ne pooient ne boivre

[1] sauroiz par

ne mengier, et que mout estoient empirié de ce qu'il n'estoient avoc aus.

Granz est la joie que li dui maistre font de ce que la pucele dit des deus anfanz qui trové sont, car cele lor creante a mener la ou ele les a laissiez. Et tantost vient Phariens as fenestres de la tor, si apele des plus hauz homes de la cité et do païs et lor dit les noveles teles com il les a oïes. Et cil dient que s'il fait tant qu'il les lor puisse mostrer, il s'an sofferront atant. Il est venuz a la damoisele arrieres, si li dit: (*f. 34b*)

"Damoisele, li meschiés est si granz com vos poez veoir, car ge sui et mes genz ci en prison, ne ge ne serei dessarrez devant que une partie de cest pueple ait veüz les deus anfanz, car il cuident bien qu'il soient mort et traï par moi meïsmes."

"En non Deu, fait ele, ce n'oseroie ge sor moi enprandre, mais se vos i venez, ge les vos ferai veoir, et vostre neveu avocques vos. Mais a plus de gent ne seroient il pas mostré, car ensin m'est desfandu desor mes iauz."

"Damoisele, fait Phariens qui mout fu sages, or vos dirai donques que vos feroiz. Ge vos baillerai mon neveu qui ci est, qui avocques vos ira, car il est maistres au menor. Et s'il puet trover vers celui qui les a en garde qu'il les voille mostrer as barons de cest païs, ensin porrai eschaper hors de ceianz, mais autrement ne cuit ge pas qu'il poïst estre. Ne ge ne voldroie en nule maniere que vos en fussiez blasmee, mais puis que commandé vos est que vos nos meignoiz et moi et mon neveu la ou il sont, lo neveu vos baillerai gié. Mais vos me jureroiz avant sor sainz que vos nel metroiz en la baillie ne el pooir au roi Claudas."

Ensins li otroie la damoisele, et il revient a cels dehors, si lor dit c'une partie des plus leiaus homes d'aus aillent avoc son neveu.

"Et ceste damoisele si vos fera les anfanz mostrer. Et ge remandrai en prison tant que vos les avroiz veüz, mais si tost com vos savroiz qu'il sont sain et haitié et hors des mains Claudas, ge voldrai estre delivres, et ge et cist prison qui ceianz sont. Et ce me jureroiz sor sainz, ançois que mes niés se mueve de ceianz por la aler."

Ensin l'otroient li baron et un et autre, car ja ne quident veoir l'ore que li anfant soient trové sain et haitié. Li saint sont aporté, (*f. 34c*) si fait tot avant la damoisele a Pharien son sairement, et puis li baron de Gaunes de ce qu'il lor ot devisé, et cil que il i vost eslire. Mais por ce que li baron de Gaunes ne sorent q'ert a

Leonce and Lambegue go with Damsel 103

avenir, o de traïson o d'autre chose, si eslisent que d'aus toz n'i era c'uns seus cui il porront et devront bien croire de ce qu'il lor fera entendre. Si eslisent celui meïsmes a cui la damoisele avoit parlé, et il estoit li plus riches hom de tot lo regne et li plus leiaus, et coisins germains au roi Bohort avoit esté. Si ert apelez Leonces de Paerne, et estoit bien de l'aage de cinqante anz o de plus. Mais avant qu'il mueve, demande a la damoisele quel part ele lo manra, ou en la terre Claudas ou en quel leu. Et ele dist que Claudas n'a nul pooir, la ou ele lo velt conduire.

Atant sont monté entre Leonce et Lanbegue, et sivent[1] la damoisele qui les conduist. Si chevauchent tant qu'il vienent el chief d'une valee par devers Nocorranges, a l'antree de la forest qui estoit apelee Briosque. De cele part de la forest estoit li lais ou li anfant estoient qu'il aloient veoir. Lors sont venu a une eive qu'i estoit et corroit desouz la forest un petit. Si a entre l'eive et la forest mout bele praerie et mout grant. Et la damoisele dit a Leonce:

"Biax sire, ge sui une damoisele qui sui a autrui q'a moi. Et qant ge alai a Gaunes, l'an me deffendié sor mes iauz que ge ne menasse la o li anfant sont que seulement les deus maistres as anfanz, ne ge n'oseroie pas trespasser lo commandement qui m'an est faiz.[2] Por ce vos covenra ci demorer jusq'a lo matin, et nos irons entre moi et cest autre chevalier, la ou li anfant sont, et porchacerons comment vos i porroiz venir. Et sachiez que lo matin avroiz en message un de ces escuiers qui ci sont avoc moi, qui vos revandra dire ce que nos avrons trové."

"Damoisele, (*f. 34d*) fait il, puis qu'a remanoir me covient, dites moi o ge porrai herbergier."

"Volentiers, fait ele, or me sivez."

Lors s'an vait tot contramont la riviere tant qu'il choissisent un po loig, sor destre, le chastel de Tarasche, qui marchissoit a un chastel qui avoit non Brions; si estoit la forelz [por ce] apelee Briosque. La damoisele mostre a Leonce lo chastel et cil i va herbergier entre lui et ses escuiers. Et antre la damoisele et Lanbegue chevauchant tant qu'il sont venu au lac. Il antrent anz; si estoit ja nuiz qant il i vindrent, et mout se merveilla Lambegues comment la damoisele osoit a cele hore entrer dedanz cele eive qui si estoit granz. Mais il n'en sot onques mot tant qu'il se vit tres devant unes granz portes a l'antree d'une haute maison. Il regarda

---
[1] si uient la d.   [2] qui faiz est ne qui man est faiz

entor soi, mais il ne vit mie del lac qu'il avoit ores si grant veü, si s'an mervoille trop durement.

La damoisele antre anz[1] avant et il aprés, et la damoisele vient en la chanbre o li anfant sont. Quant il sorent que venue estoit la damoisele, si saillent hors li dui enfant. Et qant Bohordins vit son maistre, si ne fait pas a demander s'il a grant joie, car il lo baise plus de cent foiz. Mais qant Lyoniaus ot que ses maistres ne vient pas, si n'an demande plus novelles, ainz se fiert an la chanbre arrieres. Et vient en une garderobe, si trueve la damoisele qui avoit lui et son frere amené de Gaunes, et ele faisoit la plaie de son vis afaitier qui mout estoit encores granz. Et qant il la vit, s'en mervoille mout o ele avoit cele plaie prise, car il ne l'avoit pas au venir aparceüe.

"Hé! damoisele, fait il, qui vos a faite cele plaie? Certes, mout vos a enpiriee et laidie."

"Voire, fait ele, Lyonel, dont (*f. 35a*) me doit mout amer cil qui la me fist sosfrir, et par cui ge la[2] reçui volentiers et de boen gré, et qui ot sauvee la vie par ceste plaie."

"Certes, fait il, oïl, autretant comme son cors, car ja mais rien que vos li commandoiz ne doit veer ne contredire."

"Et qui l'avroit, fait ele, por vos eüe, quel loier l'en rendriez vos?"

"Quoi? fait il; si voirement m'aïst Dex, ge l'ameroie sor tote rien et criembroie et doteroie."

"Voire, fait ele, certes,[3] dont ne voldroie ge pas que ge ne l'eüsse eüe, car ge l'oi por vos desfendre de mort et garantir, qant l'espee vos fu levee desus lo chief. Or esgardez combien vos me devez de guerredon."

"Combien? Certes, ge vos en doi autant com ge plus puis amer ma vie. Et mout a plus en vos de deboenneireté et de pitié qu'il n'a en Pharien, mon maistre, cui ge avoie mandé ma grant mesaise, et si n'est pas a moi venuz; et si l'amoie mout et creoie, que, se ge eüsse tot lo mont en mon pooir, il an fust plus sires assez que ge ne fusse. Et vos vos meïtes en aventure de mort por moi, et si ne me conoissiez. Ne ja Dex au jor ne m'aïst qant ge ja mais avrai maistre nul se vos non tant com vos me voudroiz enseignier, car meillor maistre ne porroie ge pas avoir de vos, car nus ne [se] doit tant fier en autrui com an celui qui plus l'aimme que tuit li autre."

[1] antre ainz   [2] ge lai   [3] certes fait ele d.

Lyonel Upset at Pharien's Absence

Qant la damoisele l'ot, si en a si grant pitié que les lermes l'an sont del cuer as iauz venues. Et ele l'a pris entre ses braz, si commence a plorer mout tenrement, et lui prist a baisier et es iauz et an la boche. Et lors antre Lanbegues an la chambre; et qant Lyoniax lo voit venir, si lo salue. Et cil s'agenoille devant lui, si li demande comment il li a puis esté."

"Mauvaisement, fait li en(*f. 35b*)fes, mais, Deu merci, or m'estait bien, car auques ai obliez de mes anuiz."

Et totes ores tient la damoisele anbracie parmi lo col. Et Lanbegues li dit:

"Sire, mes oncles, vostres maistres, vos salue."

"Mes maistres n'est il mie voir, fait Lyoniax, mais vos iestes maistres Bohort, car vos l'ietes venuz solacier de sa mesaise. Et neporqant, comment le fait Phariens?"

"Sire, fait il, Deu merci, sainz est et toz haitiez."

Lors li conte les tribouz et les anuiz qu'il a puis eüz por garantir et les preudomes et lo païs."

"Et Doryns, li filz Claudas, fait Lyoniaus, est il ancor gariz del cop que Bohorz, mes freres, li dona?"

Et Lanbegues commence a rire, et li dit qu'il est si gariz comme cil qui a la fin est alez.

"Comment? fait Lyoniaus; dites vos qu'il est mort por voir."

"Sire, fait il, gel vi an biere[1] gesir tot froit sanz ame."

"Or ne s'entremete ja nus,[2] fait il, des ores mais de guerroier por mon heritage, car bien sera encor rescox. Et Dex desfande Claudas que il ancor si tost ne muire devant que ge li face savoir combien de seürté puet avoir qui autrui terre prant a force."

Ensin parole Lyoniaus; si s'an mervoillent trop durement tuit cil qui l'oent des fieres paroles qu'il trait[3] avant; mais trop en est liee la Dame del Lac, et si volentiers l'escoute que ele ne puet entandre a autre chose.

Lors li devise Lanbegues comment il est venuz laianz, et par quel covant, et que ja mais n'istra Phariens de prison devant que Leonces, li sires de Paerne, avroit veü lui et Bohort. Et lors demande la Dame del Lac a Lyonel qu'il en fera, se il i voudra aler ou non.

"Dame, fait il, g'en ferai ce que ma damoisele en loera que ge taig ci."

"Comment? fait la dame; iestes vos donques si a li?"

[1] an braies [2] e. mais fait [3] il traient

"Sui, dame, fait il; a cui seroie ge dons? Ele m'a si chier acheté que bien me doit avoir (*f. 35c*) gaaignié par tant de mal."

Lors li descuevre il meesmes lo visage et desvelope, si que tuit voient la plaie apertement. Et cele qui estoit dame de laianz dist:

5 "Certes, ele l'a bien enploiee la plaie, se ele l'a por vos eüe, que ja ne m'aïst Dex a nul jor, que vos ja serez se preuzdom non, se vos jusqu'a droit aage d'ome poez durer."

Ensin parolent de Lyonel et un et autre. Et la Dame del Lac atorne a aler a l'andemain jusqu'a la riviere desouz Tarasche,
10 et menra[1] avocques li les deus anfanz por mostrer a Leonce de Paerne qui les atant. A ces paroles et a ces devises s'acorde mout bien Lanbegues, et li dui amfant autresin. Ne la dame ne les i menoit se por ce non que ele ne voloit que il fussient seü laianz de ces genz qui les agaitaissent aucune foiz qant il ne s'en preïssent
15 garde, car legierement les poïst l'en prendre, puis que l'en seüst lo leu o il conversassent, ou si com il alassent joer en bois, ou si com il en venissient.

Endemantiers qu'il parloient de ceste chose, si vint Lanceloz laianz, qui fu levez de dormir, car il avoit tote jor an bois esté et
20 mout estoit levez matin. Et la dame avoit en costume que ja a sosper ne manjast que ele ne lo veïst avant, ne au disner, por que il fust en la maison; car puis cele hore que il se sot et pot entremetre de servir, ne menjast ele devant qu'il avoit devant li tranchié un po et mis do vin dedanz sa cope, et lors si lo faisoit aler
25 seoir. Et ele se delitoit autresin en lui esgarder comme cele qui mises avoit an lui totes les amors que l'an puet en anfant metre par pitié de norreture; et plus l'amoit ele assez que pitiez de norriture ne querroit, car nule fame ne poïst pas plus amer nul (*f. 35d*) anfant que ele aüst porté dedanz son vantre.

30 Lanceloz vint tot contraval la sale, et ot un chapelet de roses vermoilles resplandissanz an son chief, qui mout li sistrent bien sor la blondor des chevox qui mout furent bel. Et si estoit il ja el mois d'aost que roses n'ont mie naturel raison de tant durer. Mais li contes de lui afiche c'onques tant com il fu el lac, ne fu
35 nul jor, o fust estez o fust yvers, qu'il n'eüst au matin un chapel de roses fresches et vermeilles sor son chevez, ja si matin ne se levast, fors seulement au vendredi et as vigiles des hautes festes et tant com qaresme duroit. En toz les autres jorz avoit Lanceloz chascun matin chapel de roses; ne ja ne s'en preïst garde qu'il

[1] et monta a.

onques poïst aparcevoir qui li aportoit illuec, et maintes foiees i gaita por lo savoir. Mais onques puis que li dui anfant furent venu en sa compaignie, ne fu nus matins, si tost com il se levoit et il trovoit son chapel, qu'il nel depeçast, si en faisoit trois et donoit lo sien a chascun des deus anfanz. Si li fu atorné a grant gentillece 5 de cuer de toz cels qui lo veoient.

Il vint contraval la sale, si com vos avez oï; et qant il sot que sa dame estoit an la chanbre as loges, qui issi estoit apelee, si vient la a grant compaignie de vallez, dont il avoit tozjorz assez. Mais li premerains de toz cels qui l'aparçut, si fu Bohorz qui el 10 giron son maistre gisoit, si saut maintenant encontre lui [et dist: "Sire, veez ci mon maistre qui venuz est."

Et lors saillent tuit encontre lui,] et la dame et uns mout biax chevaliers qui ses amis estoit, et dui autre qui avecques lui estoient, et tuit aprés et un et autre, car il li portoient trop grant honor. 15 Et la dame lo prant entre ses braz, si li baise les iauz et la boiche mout doucement.

Et qant Lambegues voit la (*f. 36a*) mervoille que l'an fait de lui laianz, si s'am mervoille mout qui il puet estre. Qant la dame ot Lancelot laissié, il s'an vient a Lanbegue, si lo salue et li fait 20 joie mout grant, si qu'il dit c'onques mais nul anfant de son aage ne vit cui il poïst autretant prisier. Et mout lo prise, qant il ne set qui il est, mais il lo bee a savoir au plus tost que il porra.

Atant asistrent au mengier; et qant Lanceloz ot servi de son mestier, si ala seoir, car nus d'aus ne fust ja tant hardiz qu'il 25 aseïst devant ce qu'il fust assis. Et neporqant, puis qu'il estoient fil de roi li dui frere, ne vost au commancement mangier avoc nul d'aus tant q'a force fist la dame tant qu'il prist lor servises autresin com il avoit fait devant, et disoit que ele voloit que il feïst ce que ele li commanderoit, "car ja de rien, fait ele, que ge vos 30 face faire, ne seroiz por vilains tenuz a droit."

Ensin com vos avez oï ça en arrieres, ont atorné qu'il iront l'andemain a la riviere de Therasche. Aprés mangier s'alerent tantost couchier, car matin baoit a lever la dame et sa compaignie. Au matin se leverent mout main; et qant messe orent oïe, si 35 monterent. Si en mena la Dame del Lac les deus anfanz et Lancelot, qui mout volentiers i ala; et mena avocques lui son ami soi tierz de chevaliers[1] apareilliez de totes armes; et tant i ot escuiers et sergenz armez[2] que bien porent estre jusqu'a trante. Lanceloz

---

[1] chevaliers si a. [2] sergenz aunez

chevauche lez sa dame totes hores, et aprés lui est uns vallez qui li porte son arc et ses saietes. Et il a une espee petite a sa messure pendue a l'arçon de sa sele devant, et tozjorz porte en sa main un baston ou autre chose por giter ou a bestes ou a oisiaus, ne nus ne
5 gitoit plus droit de lui. Et Lanbegues, qui (*f. 36b*) l'esgarde, se refait toz en lui esgarder, [et puis demande a Bohort qui il est. Mais il ne l'an set avoier fors tant qu'il cuide qu'il soit filz a la dame veraiement.

Tant ont alez qu'il sont venuz a la riviere.] Et lors ont avant
10 envoié un escuier au chastel o li sires de Paerne avoit geü. Et cil l'an mainne tant qu'il vint pres des armez qui l'atandoient. Et qant il les vit, si ot paor, car mout se dotoit de traïson. Il dit a l'escuier:

"Frere, va moi dire a Lanbegues qu'il veigne a moi parler."
15 Et cil i vait, si li dit. Lanbegues vait a lui parler. Et cil est descenduz d'un palefroi ou il seoit, si est montez en un cheval. Et qant il voit Lanbegue, si li demande:

"Por quoi ces genz armees sont illuec issi venues?"
Et cil respont:
20 "Por les anfanz garder."
"Suis ge, fait, seürs qu'il n'i avra traïson?"
"Oïl, fait Lanbegues, ce sachiez, car il heent Claudas sor tote rien; ne moi n'en devez vos pas mescroire, car vos savez bien que ge n'amai onques traïtor."

25 Lors s'an vont andui jusqu'as anfanz. Et qant li sires de Paerne les voit, si les cort baisier, et plore mout tenrement de la grant pitié que il en a. Et qant il set que c'est la dame qui les a en garde, si descent et li chiet as piez et dist:

"Dame, dame, por Deu, gardez les bien les deus anfanz, car
30 certes il furent fil au plus prodome et au plus leial baron que ge onques veïsse de mes iauz, sauve l'anor au roi Ban qui ses freres fu germains et ses sires, qui plus preuzdom estoit d'armes, ce set l'an bien. Et se vos saviez, dame, dont il sont descendu autresin bien com ge lo sai, voirement les garderiez vos a sauveté, au grant
35 bien que ge cuit qui en vos soit, car, combien qu'il soient haut et honoré de par lor pere, rien ne monte envers la hautesce qu'il ont de lor boene mere; car nos savons par lo tesmoing des Escriptures que ele et si encessor sont descendu del haut lignage au haut roi Davi. Ne nos ne savons a com grant chose il porroient encores
40 monter, car ce savons nos bien que an la Grant Bretaine (*f. 36c*)

Lancelot Gives Lyonel Noble Advice

atandent tuit a estre delivré des mervoilles et des aventures qui i avienent par un qui sera del lignage a la mere a ces anfanz. Por ce porroient encor venir a greignor chose que l'an ne cuide. Et se vos ne les cuidiez garder, dame, et ores et au loign, des mains a lor anemis, baillisiez les moi et lor maistres, car nos enfuiriens ançois que nos nes garantissiens a noz pooirs. Et se Deu plaist, tozjorz ne seront il pas deserité; encor em prandra il pitiez a Nostre Seignor. Et s'il retraient de proesce au vaillant lignage dont il sont, il feront ancor a lor anemis tote paor. Et si tost com il porront armes porter, vaignent tot seürement en lor anors, qe ja n'i troveront home qui soit de la terre nez, qui por aus ne mete et avoirs et terres et cors an abandon. Ensin porront legierement lor heritage recovrer."

A ces paroles commança Lyoniax a penser mout durement, si li venoient les lermes as iauz grosses et chaudes. Et la damoisele qui por lui ot eü la plaie el vis, l'esgarde, sel prant par lo menton et si li dit:

"Qu'est ce, Lyonel? Qu'avez vos enpensé? Volez me vos ja laissier, qui disiez harsoir que vos n'avriez ja mais maistre que moi?"

Et il la regarde, si a grant honte, puis li dit:

"Ma douce damoisele, encor lo di ge bien, mais ge pensoie a la terre qui fu mon pere, qe ge recoverroie volentiers s'il pooit estre."

Lors saut avant Lanceloz qui sa mauvaise chiere vit, si l'an pesa. Si li a dit:

"Fi! biax coisins, ne plorez ja por paor de terre avoir, car vos en avroiz assez se mauvais cuers ne la vos tost. Et se vos la conqueriez en repost, dont ne seriez vos honiz se vos la perdiez tot a veüe? (f. 36d) Baez a estre si preuz que vos la conqerez par proesce, et par proesce la garantissiez et deffendoiz."

De ceste parole furent esbahi tuit li plus sage, et se mervoilloient comment tex anfes pooit si sage parole avoir mostree. Mais la dame en est esbahie sor toz les autres, non pas de la sage parole, mais de ce qu'il clama Lyonel coisin; si l'en sont les lermes do cuer montees as iauz en haut, si que n'i a nul qui bien nes voie. Et ele dit au seignor de Paerne:

"Biax sire, or ne vos esmaiez ja des anfanz, car ge les cuit contre toz homes et sauver et garantir. Ne avocques vos ne[1] s'en irront il ja por moi laissier, car j'ai encor tex deus forteresces

[1] nen

ou tex trois ou il ne puent criembre dan Claudas ne son pooir. Mais atant vos en alez, et bien poez dire a toz cels qui lor amendement voudroient qu'il sont sain et sauf et entre boens amis leiaus et tuit a eise. Ne de moi ne savront ja plus qui ge sui, ne vos ne m'en enquerez. Mais ge ain les anfanz plus que nule autre fors la mere nes ameroit, non mie por avoir lor terres et lor anors, car, Deu merci, assez en ai, mais por aus qui mout font a amer, et por autrui plus que por els. Et vos, fait ele a Lanbegue, dites moi a vostre oncle, qu'il veigne ses seignors veoir, ne ja en lor terre desfandre ne mete por aus contanz, car il l'avront encor, et la lor terre et d'autre assez."

"Dame, fait Lanbegue, ge m'en irai a mon oncle, mais les voies par ou nos somes alé et venu sont si desvoianz que nus nes porroit tenir, si com moi semble."

"Ge vos baillerai, fait ele, un[1] de mes vallez, (*f. 37a*) qui vos i manra qant vos i voudroiz venir. Mais gardez que vos n'i veigniez plus de vos tierz o de vos quart."

Lors li baille la dame un[1] de ses vallez. Et il s'en part, si prant congié a la dame avant, et puis a toz les autres; et an mainne a grant paine lo seignor de Paerne, qui de Lancelot veoir ne se pooit consirrer et avoit ses iauz an lui fichiez[2] autresin com uns hom desvez, car mout cuide bien sopecer qui il estoit.

Or s'an retorne la dame au lac arrieres, si an amaine les anfanz. Et qant ele a grant piece alé, si apele Lancelot a une part hors do chemin, si li dist mout belement:

"Filz de roi, comment fustes vos ores si hardiz que vos apelates Lyonel vostre coisin, qui est filz de roi et plus hauz hom assez que l'an ne cuide et plus gentis?"

"Dame, fait cil qui mout fu honteus, issi me vint li moz a la boche par aventure, c'onques garde ne m'en donai."

"Or me dites, fait ele, par la foi que vos me devez, li quex cuidiez vos qui soit plus gentis hom, ou vos ou il?"

"Dame, fait il, vos m'avez mout conjuré, car ge ne doi a nelui tant de foi com a vos qui iestes ma dame et ma mere. Ne ge ne sai combien ge sui gentis hom de par lignaige, mais par la foi que ge doi vos, ge ne me deigneroie pas esmaier de ce dont ge l'ai veü plorer. Et l'an me fait antandant que d'un home et d'une fame sont issues totes genz. Ce ne sai ge pas, par quel raison li un ont plus que li autre de gentillece, se l'an ne la conquiert par proesce

---
[1] uns de   [2] fichier

Lancelot Reassured over his Noble Origins

autresin com l'an fait les terres et les onors. Mais tant sachiez vos bien de voir que, se li grant cuer faisoient les gentis homes, ge cui(*f. 37b*)deroie encores estre des plus gentils."

"Voire, biax filz, fait la dame, or i parra. Et ge vos di leiaument que vos ne perdroiz a estre uns des plus gentils homes do monde se par defaut de cuer non."

"Comment, dame? fait il, dites lo me vos veraiement come ma dame?"

Et ele li dit que oïl, sanz faille.

"Dame, fait il, de Deu soiez vos beneoite qant vos si tost lo m'avez dit, car [a] ce me feroiz venir ou ge ne cuidoie ja ataindre. Ne ge n'avoie de rien nul si grant desirrier comme de gentillece avoir. Or ne me poise mie mout se cist m'ont servi[1] et honoré, encore soient il fil de roi, qant ge porrai ancor a els ataindre et a els valoir o a passer."

Par cels paroles qui si sont de grant san et de haut cuer enble si Lanceloz lo cuer sa dame que plus l'aimme que ele ne siaut, ne ne s'an puet consirrer, ainz croist l'amors que ele met an lui et anforce de jor an jor. Et se ne fust li granz desirriers que ele avoit de son bien et de son amandement, ele n'eüst si grant duel de nule rien comme de ce qu'il creissoit tant et anforçoit, car bien voit qu'il sera par tans si granz et si anbarniz que chevalier lo covandra estre et cerchier les merveilleusses avantures en loin et es estranges païs; et lors l'avra, ce li est vis, autresin comme perdu, puis que ele nel verra sovant. Ne ele ne voit pas comment ele se puisse consirrer de lui veoir; si i pense tant que toz autres pensez en met arrierres.

En tel penser chevauche la dame jusqu'au lac. Et se ele a les anfanz amez et chiers tenuz, or se paine assez plus que il aient lor volenté tote; et ce fait ele por amor de Lancelot. Si se pense que tant les tandra entor li com ele les porra tenir; et qant Lanceloz sera chevaliers, si li remenra (*f. 37c*) Lyoniaus et Bohorz en sa baillie; et qant Lyoniax revenra a chevalerie, au mains li remanra Bohorz en sa baillie. Ensin se bee a conforter de l'un por l'autre. Mais atant lo lait ores li contes ci endroit ester et de li et des anfanz et de sa compaignie tote, si retorne au seignor de Paerne et a Lanbegue qui s'an vont.

Or s'en vont entre Leonce de Paerne et Lanbegue, lo neveu Pharien, et lor escuiers. Et qant il ont un po esloigniee la riviere

---
[1] seruir

de Tarasche, si demande Leonces a Lanbegue s'il conoist cel anfant qui apela Lyonel son coisin. Et il dist qu'il nel conoist pas.

"Certes, fait Leonces, mout estera fiers et sages s'il vit, qui que il soit. N'onques mais a enfant de son aage n'oï si haute parole voler des danz. Si[1] se puet mout prisier la dame qui les norrist les anfanz, que se ele ne fust plus sage et plus vaillanz que totes les autres fames, ele nes eüst ja eüz. Ne cil n'a pas tort s'i[l] apele mon seignor son coisin, car ge cuit qu'il lo soit germains comme de pere et de mere, et si lo cuit miauz savoir que par cuidier."

"Comment cuidiez vos, fait Lambegues, qu'il soit ses coisins germains, ne de par cui? Ja n'estoit il orrandroit de toz les homes do monde nus qui freres fust au roi Bohort, ne madame la reine n'avoit an tot lo monde c'une seror, ce fu madame la reine de Benoyc."

"Tant sachiez vos bien, fait Leonces, que cil anfes fu filz au roi Ban de Benoyc, ne nule figure d'ome ne sanbla onques autresi bien autre com il fait lui."

"Deu merci, fait Lanbegues, qu'est ce que vos avez dit? L'an set bien qu'il fu morz avoc son pere. Et neporqant, qui que cist soit, a preudome ne faudra il mie."

"Com(*f. 37d*)ment, fait Leonces, qu'il ait esté morz, tant sachiez vos bien que ce est il. Gel conois bien a son sanblant, et si lo me dit li cuers."

Et Lanbegues s'an merveille mout durement.

Atant sont venu a Gaunes, et trueve[nt] la tor q'est chascun jor et chascune nuit gardee que Phariens ne s'an isse, ne li prison. Qant li dui message furent venu et il orent dites les novelles, si fu la joie si granz que a painnes la vos porroit nus deviser. Et lor s'an alerent les gardes d'antor la tor, ne des lors en avant ne cuida Phariens de nelui avoir garde, si atorna que l'andemain envoieroit ses prisons a dan Claudas, et il meïsmes les converroit jusque la que il seroient a sauveté. Ensi devise Phariens sa volenté. Mais cil de la cité et del païs devisent tote autre chose, car il dotent et bien lo cuident savoir que danz Claudas vandra sor aus, si ne puent faillir a morir tuit, o a estre destruit tuit et essillié.

"Et se nos an laissons, font il, aler les prisons, nos somes mort, mais faisons tant que nos en sei[e]ns saisi. Et d'autre part, nos a Phariens assez mesfait, que nos l'avons tot ataint de parjur et de foimantie, car il nos creanta a garder lo roi Claudas en prison. Si

---

[1] sil se

prenons lui tot avant, et les autres prisons aprés, et se Claudas les aimme tant comme l'an cuide, ançois nos pardonra il son maltalant que il les nos laist destruire veiant ses iauz."

A ce consoil s'acordent tuit, car issi cuident bien vers Claudas lor paiz avoir. Si atornent que l'andemain les prandront si com il s'an voudront aler, o la nuit meesmes, s'il metent les piez hors de la tor. Ensin ont porparlee la[1] (*f. 38a*) traïson, non pas tuit, mais cil qui s'acordoient au seignor de Haut Mur.

Maintenant font armer qarante chevaliers de fauses armes et jusqu'a deus cenz serjanz des meillors que il avoient; si font gaitier a trois portes qui an la cité estoient, si metent a chascune quatre vinz, que sergenz, que chevaliers.

Et d'autre part pense Phariens que, s'il puet metre ses prisons a sauveté, il les manra volentiers, non pas an tel maniere qu'il les voille, veiant tot lo monde, mener hors de la cité; car il ne set pas les pensez de totes genz. Et neporqant il ne s'acorde pas en la fin a ce qu'il avoit devant pensé, ainz devise qu'il les en menra a son chastel encor anuit; et puis qu'il les tandra illuec, il n'a pas garde que nus lor puisse faire mal outre son gré. Et il set de voir que Claudas ne sofferroit en nule guise de venir en la terre a force; et puis qu'il avra les prisons en sa baillie, il cuide bien mener Claudas tot a sa volenté; car en nule maniere il ne sofferroit que li preudome de la terre fussient destruit tant com il i poïst metre consoil, car dons lor avroit il la mort donee. Ensin lo pense a faire Phariens. Et qant vint la nuit aprés lo premier some, il issi hors de la tor entre lui et les trois prisons, dont li uns estoit encores mout navrez de la plaie que Lanbegues li avoit faite. Et Lanbegues meesmes ert avoc els. Et qant il vindrent a la Porte Bretone, qui issi estoit apelee por ce que devers Bretaigne estoit, si furent assailli. Et cil se desfandirent mout durement; mais desfanse n'i ot mestier, car pris furent en la fin et navré tuit, et furent arrieres an la tor mis en prison. Ensin est Phariens en prison et Lanbegues, ses niés, et li troi qui estoient por lou roi (*f. 38b*) Claudas en ostages, si retorne ores li contes a parler del roi Claudas.

Li rois Claudas, ce dit li contes, n'a pas obliee la honte que cil de Gaunes li orent faite, ne la mort son fil dont il sant encores au cuer la grant angoisse, si s'an bee a venchier mout cruelment. Il a totes ses oz semonses si efforcieement com il pot plus, si que dedanz lo mois antier fu devant la cité de Gaunes.

[1] la (*f. 38a*) la

Quant li baron qui n'avoient esté consantant de la desleiauté par quoi Phariens avoit esté pris si oïrent que Claudas venoit sor aus, si furent mout a malaise comme cil qui bien savoient qu'il estoient destruit et mort se vers lui ne pooient trover aucune
5 pais. Et d'autre part, il seroient parjur s'il ne tenoient a Pharien les sairemenz qu'il li avoient faiz, car il l'an devoient estre en aide vers trestoz cels qui tort l'an voudroient faire. Lors s'acordent a ce qu'il l'iront metre hors de prison, et lui et ses conpaignons toz. Il sont venu a Gaunes et vienent an la tor et font sanblant que
10 durement lo heent. Et cil qui la tor gardoit les laissa dedanz antrer sanz nul contant, car il cuidoit qu'il haïssient autretant Pharien comme cil qui an la prison l'avoient mis. Maintenant fu Phariens desprisonez; et li crient tuit merci cil qui deslié l'avoient et l'an chaïrent as piez, que por Deu eüst merci de la terre, et d'els
15 avant, car sor aus venoit Claudas a trop grant gent.

"Ne nus, font il, ne nos porchacera[1] pais ne acorde se vos ne la nos porchaciez. Et sachiez que nos ne fumes onques consantant de ceste traïson qui de vos a esté faite. Et por ce qe vos nos creoiz, nos vos baillerons, se vos volez, les cors de cels qui de vos firent la
20 traïson."

"Se vos, fait Phariens, les me bailliez, ge m'en tandroie a bien paié."

"Et nos les vos (*f. 38c*) baillerons, font il, s'il n'an fuient de la terre, mais lors n'en porriens nos mais, se il s'an fuient."

25 Ensin est la chose acreantee et d'une part et d'autre que il bailleront a Pharien ses mausfaitors, s'il ne s'an fuient; et il lor creante leiaument que il lor aidera a son pooir envers lo roi Claudas a querre pais, et s'i[l] n'an puet paiz avoir, il fera autretel fin com il feront. Par ce sont durement asseüré cil do païs, car bien cuidoient
30 qu'il fust mout [bien] del roi Claudas. Et d'autre part sont tant mené cil qui de lui avoient faite la traïson qu'il li sont venu merci crier, et si se sont mis outreement en sa menaie. Et tot ce fu par lo consoil Leonce, lo seignor de Paerne, qui mout estoit de grant savoir. Phariens ne lor vost faire ne mau ne honte, car assez i a
35 grant honor qant cil qui estoient assez plus haut home que il n'estoit li estoient venu merci crier, [si lor pardona son mautalant par la proiere des autres pers. Aprés garnirent la cité au miauz que il porent.] Et qant Claudas fu devant venuz, Phariens apela a consoil les hauz homes qui laianz estoient, si lor dist:

[1] nos por chacan pais

"Seignor, ge voil aler la hors au roi Claudas parler, savoir se ja vers lui porroie trover aucune pais."

Et cil li dient qu'il ont de lui mout grant paor, qu'il nel face ocirre o giter en sa prison.

"Ge ne quit pas, fait Phariens, qu'il lo feïst. Et neporqant il n'a pas tant en chascun com l'an i cuide, o soit de mal, o soit de bien. Et g'ei esté vers lui mout leiaus au grant besoing, si ne devroit pas penser vers moi desleiauté ne felenie. Mais ge voil que vos me juroiz sor sainz, vos qui ci iestes li plus puissant, que s'il m'ocit, vos ocirroiz maintenant les trois prisons que vos avez."

Ensi lo li ont juré ce qu'il devise. Et cil s'an part de la cité sanz compaignie de nul home, et fu armez de totes armes et sist [sor] un merveilleus cheval. Il chevauche contramont l'ost; et les genz Claudas (f. 38d) conurent mout bien ses armes, si li font tuit joie li plus preudome et mout l'ennorent. Il chevauche tant qu'il est venuz el tref Claudas. Lors oste son hiaume. Et qant Claudas lo voit, il ne fait pas a demender s'i[l] li fist joie, car de si loing com il lo vit, li corrut, ses braz tanduz, et lo baise en la boiche mout volentiers comme celui cui il baoit mout a amer. Et Phariens li dist:

"Sire Claudas, ge ne vos bais mie volentiers, bien lo sachiez, devant ce que ge savrai que droit i aie."

"Por quoi, fait li rois, lo dites vos?"

"Por ce, fait Phariens, que vos iestes venuz asseoir ceste cité, ce m'est avis, et dedanz sont mi charnel ami a grant planté et mi per et mi juré que ge avoie pris envers vos en conduit et an garantise. Or si voi bien que, s'il i prannent mort ne domage, ce ne sera se par moi non."

"Por quoi, fait Claudas, ont il la cité fermee encontre moi qui est moie, et il sont mi home tuit."

"Ce vos dirai ge bien, fait Phariens: il est bien droiz, puis que l'an voit venir gent desor lui a armes, que l'an se contretaigne et garnisse tant que l'an saiche[1] lo quel en i puet atandre, o paiz o guerre. Et por ce que nos ne savomes quex genz c'estoient, por ce fu la citez contretenue. Mais se vos creantez a venir laianz comme sires an boene paiz, ge la vos feroie ovrir tot maintenant."

"Ge n'i enterrai ja mais, fait Claudas, a la premere foiz que g'i enterrai, se[2] au grant domage non a cels dedanz."

"Sire, fait Phariens, ge les ai pris en garantise, si vos pri et requier comme vostre hom que vos ne me façoiz honir, mais an

---

[1] s. tant lo quel   [2] e. sera au grant

pais les prenez comme voz homes; et s'il avoient envers vos de rien mesfait, tot a vostre volenté l'amenderont."

Et Claudas dit que ja de ce n'en fera rien, et li meillor [baron] (*f. 39a*) li dient que s'il ne venche sor aus la mort de son fil et la grant honte qu'il li firent, dont n'avra il ja mais honor en terre.

Lors se trait avant Phariens, si dit a Claudas:

"Sire, sire, il est voirs que ge sui vostre hom, ne onques tant com vos eüstes besoig de moi, ne vos vos guerpir. Or est issi que vos iestes au desus et que vos n'avez mais de moi mestier. Ge vos rant vostre homage ci, puis que vos mon consoil ne volez croire ne ma proiere escouter, car des ores mais me seroit il avis que vos avriez envers moi petit d'amor, et en moi avriez et sospeçon et mescreance. Si irai en tel leu ou l'en me crera et amera. Et vos, seignor baron [et] chevalier, fait il, qui vostre seignor tenez a honi s'il ne prant vangence de cels qui laianz sont, or i parra com vos li aideroiz a lui venchier. Ce ne deisiez vos pas, la ou il ert an peril de mort, laïs devant cel palais, dont gel delivrai a mes mains, et qant l'espee li estoit apareilliee a fichier dedanz lo cors. Et tant sachiez vos bien, et vos et il, que nos somes laianz tant chevalier qui assez avrons envers lui meslee. Mais s'il avoit ci[1] nul de vos qui vossist dire que li baron de Gaunes aient forfait vers vostre seignor qui ci est, par quoi il soient desherité ne mort, ge sui prelz que ges en desfande ci orendroit."

Ensi se poroffre Phariens de sa bataille devant lo roi et tant son gaige, mais onques chevalier n'i ot qui contanz i osast metre. Et danz Claudas a bien sanblant d'ome qui forment soit iriez, si dit a Pharien:

"Comment? fait il; Phariens, vos iestes mes hom et me venez ci contralier de mes mortex anemis, et vos ahastissiez de combatre por els contre les chevaliers de ma maison?"

"En non Deu, fait Phariens, vostre hom ne sui ge pas, ne vostre mortel anemi ne sont il encore mie. (*f. 39b*) Bien vos gardez que vos ne faciez tant que il lo soient. Mais ge vos offre bien por els a tenir droit et affaire de quancque vos lor savroiz que demander, si lor pardonez vostre corroz com a voz homes."

Claudas dit qu'il n'an fera rien, ne de ce n'escouteroit il nule proiere.

"Sire, fait Phariens, ge vos ai randu vostre homage, et des ores mais voil ge bien que vos sachiez que vos n'avez nul paior anemi

---

[1] cil nul

de moi. Atant m'an irai ore sanz congié de vos et sanz amor, mais avant vos semoign de vostre fiance aquiter, car vos me fiançates leiaument comme rois que vos vendriez en ma prison qant ge vos en semondroie. Ge vos en semoig orandroit par vostre foi."

Et Claudas respont que de ce ne fu il onques ses fianciez. Et Phariens dit qu'il estoit apareilliez de l'esprover orendroit, se il l'ose vers lui desfandre.

"Phariens, fait Claudas, tu ies fox qui ci m'ahatis de bataille veiant ma gent, mais tu ne t'i combatras ja en tel maniere, car se ge t'ocioie, plus me seroit atorné a mal q'a bien. Mais ge te s[e]moin que tu gardes vers moi ta foi si com tu doiz; ne ne doiz mon homage laissier se ge ne l'ai vers toi forfait; ne ge ne te forfis onques nule rien que ge seüsse."

"Sire Claudas, fait Phariens, se ge n'eüsse esté vostre hom, et vos vos en voussissiez desfandre, ge vos en atainsise bien de cest forfait. Mais ma feauté que ge vos fis ja, m'estuet garder, quex qu'ele fust, o boene ou mauvaise. Mais totevoie vos semoign ge bien de vostre foi. Et sachiez que vos nul paior anemi n'avez de moi. Ne ja mais dedanz la cité n'anterroiz, q'assez iert qui[1] la vos desfandra. Il n'i a un tot seul home qui puisse porter armes qui ne vos quiere la mort, s'il en puet en leu venir. Et des ores mais avez assez o antandre, et jor et nuit, que ja mais asseür n'i dormiroiz, si orroiz sovant, se ge ne muir, en(*f. 39c*)tor vos noises et criz, et verroiz voz paveillons rompre et verser et voz homes ocirre et navrer espessement."

"Comment? fait Claudas; ai ge dons garde de toi?"

"Certes, oïl, fait Phariens, tant com ge porrai ferir d'espee. Et poez avoir vos mout autre paor que de prison; et qant li cors sera alez, se vos remanez aprés vivanz, si atandez vos de moi la mort, ou ame de cors sera neiant. Et se vos onques amates lo seignor de Saint Cirre, or li mostrez a l'ame, non pas au cors, car ançois que ge menjuce mais sera sa teste et celes a ses deus compaignons loig des cors tant com uns mangoniax porra lancier a une foiz."

Atant fiert lo cheval des esperons, si se lance loign de Claudas enmi lo chanp, si s'encommance a repairier vers la cité. Lors poignent aprés lui plus de vint chevaliers, les escuz as cox, les lances mises souz les aisselles. Et qant il les voit venir, si s'en vait belement tant qu'il est devant la porte. Et lors li commence a crier Lambegues, ses niés, qui desus la porte estoit;

[1] quil la

"Comment, biax oncles? Que sera ce? Si vos en vandroiz asailliz et anchauciez, sanz cop doner a chevalier?"

Lors trestorne Phariens, si fiert un de cels qui lo sivoient si durement qu'il li met del glaive et fer et fust parmi lo cors, si l'abat a la
5 terre, et lui et lo cheval, en tel maniere que la cuisse destre li est brisiee. Et au parcheor est li glaives volez em pieces. Il met la main a l'espee mout vistement, si se cort as autres mesler qui aprés vienent. Et cil dedanz ovrent la porte et sont es chevax monté por lui secorre. Mais Claudas i vient poignant, un baston en sa main,
10 si chace arrieres cels qui la chace avoient faite, et lor done granz cox del baston tant que tot lo fait voler en pieces, et les maudit et laidange: "Filz a putains, cuiverz, failli!" Et dit qu'il les fera destruire toz, que par un po qu'il ne l'ont honi (*f. 39d*) a tozjorz mais.

La ou Claudas depart la presse et chace ses genz arrieres—et
15 il estoit vestuz d'un cort auberjon a dure maille et espesse, un chapiau de fer desus sa teste, s'espee ceinte, sor un cheval fort et isnel—si furent chevalier de laianz issu a grant planté. Et vint Lanbegues, li niés Pharien, devant les autres. Il fu armez mout cointement, et fu sor un cheval qu'il prisoit trop, et tint lo glaive
20 esloignié de si grant aleüre com li chevax li pot aler, si adrece a Claudas et cheval et glaive, et cors et cuer. Mais ançois l'escrie, de si loing que bien puet estre, de foïr garniz o de soi desfandre. Il torne lo chief del cheval vers celui qui an haut li crie:

"Claudas, Claudas, par Sainte Croiz, tant avez chacié que a
25 honte an retorneroiz, o vos savroiz se li aciers de mon glaive set fer tranchier."[1]

Qant Claudas voit celui venir qui sor toz homes lo het, si n'est pas del tot aseür, car il est et sanz glaive et sanz hiaume et sanz escu; si a de la mort mout grant paor s'il l'atandoit. Lors s'en-
30 comance a retraire tot belement. Et cil fiert aprés lui des esperons qui de loing l'ot escrié, si li reproche et apele traïtor et coart mout durement. Et cil a la main a l'espee mise, si s'an vet tot soavet, lo chief anclin; et il fu toz seus, car ses genz lo dotoient mout, si se furent arrieres trait si tost com il li virent departir cels qui
35 aprés Pharien corroient.

Et Lanbegues li crie:

"Qu'est ce, fait il, mauvais traïtres? Car tornes a ton anemi mortel qui nule rien ne dessirre autretant comme ta mort, coarz sanz foi, qui mon oncle voloies faire ocirre desleialment."

---

[1] tranchaer

Lambegue Attacks Claudas

Quant Claudas ot celui cui il plus haoit que nul autre home, qui au dos li vient esperonant et qui l'apele coart et traïtor, si en est mout angoisseux. Il voit bien q'en lui atandre a grant peril, (*f. 40a*) car lo fer do glaive li covandra atandre sanz escu. Et d'autre part, s'il ensin s'en vait sanz faire plus, il s'an tandroit a honiz a tozjorz mais. Mais il dote plus honteusse vie que bele mort, si metra tot en la merci Nostre Seignor. Lors hauce la destre main, si se seigne et son cors et son visage; puis a l'espee prise et torne lo chief del cheval a celui qui a esperon li vient fuiant, si li adrece comme cil cui il ne remembre ne de mort ne de coardise, et li escrie mout hautement:

"Lambegue, Lambegue, or belement! Ne te covient pas si haster, car par tans m'avras ataint. Et quant que ge me puisse de traïson esleiauter, tu savras orandroit que ge ne sui pas grantment entechiez de coardisse."

Qant Lanbegues lo voit venir, si est tant liez que onques mais ausi liez ne fu. Il vint mout tost, car de loig fu meüz, et li chevax fu isniax et volenteïs et de grant force. Et li rois ne cort pas encontre, ançois l'atant, l'espee traite. Et Lambegues lo fiert enmi lo piz en haut, qui de tote sa force s'i apoia. Et s'il l'aüst plus bas feru a la grant ire que il avoit et a la force dom il vint, mort l'aüst sanz recovrier; et a tot ce qu'il fu feruz en haut, lo bleça il si durement que il cuida morir eneslopas, toz desconfés, mais es arçons se tint toz droiz, c'ainz ne se mut por force que li cox eüst, n'onques maille del hauberc n'i anpira.

Li rois fu mout de grant force, et li glaives vole en tronçons. Et si com Lambegues s'an passa outre, li rois lo fiert de l'espee enmi lo vis si durement que li hiaumes n'est tant serrez que l'espee n'i soit entree jusqu'anz es mailles de la coife qui desouz est. De l'angoisse del cop fu Lanbegues si estordiz (*f. 40b*) que l'eschine li hurta a l'arçon derrieres et li oil li estincelerent an la teste. Et Claudas li rois, de l'angoisse del cop qu'il ot eü, si fu si aquis qu'il jut toz anvers desus l'arçon grant piece.

La noise est levee, si saillent es chevaus li plus vaillant. Et Lanbegues s'en revient par lo roi, sel trueve autresin com tot pasmé desus l'arçon devant, et se tient a deus mains au col de son cheval. Et cil sache l'espee, si l'an cuide couper la teste. Mais li chevax fu un po granz, sel tresporta si qu'il feri el chapel qu'il avoit desus la teste, si an trancha l'orle trestot jusqu'anz el pot, et est descenduz li cox desus la blanche coife menu maillie, si l'an a

fait maintes des mailles antrer el col et an al teste. Se li rois fu devant bleciez del cop del glaive, ce ne li raida gaires, car il fu si estonez[1] qu'il n'oï une gote de mout grant piece, si perdié si outreement lo pooir et del chief et de tot lo cors qu'il est a la
5 terre volez. Et Lanbegues a en talant que il descende, mais les genz Claudas qui sus li corrent a desroi li ont acorcié son desirrier. Et qant il les voit sor lui, s'en est si dolanz que par un po qu'il n'ist del san, et mout volentiers vandroit au quel que soit la vengence qu'il a perdue a prandre de Claudas, dont trop li poise.
10 Lors met l'escu devant lo piz et done au cheval des esperons, si laisse corre, l'espee traite, a un qu'il voit venir devant les autres lo giet d'une pierre poignal. Cil venoit, lo glaive aloignié, si tost com il pooit esperoner, si peçoie desus l'escu Lanbegue son glaive mout apertement. Et cil lo fiert de l'espee si durement enmi
15 lo vis que lo nasel li tranche tot par desouz les iauz un po. Il trait a soi s'espee, si la voit del sanc celui tote vermoille. Et cil est des arçons volez a terre. Et qant il voit venir les autres a grant desroi, il crolle l'espee et s'afiche es estriers et se joint desouz l'escu, si lor (f. 40c) revelt laissier corre. Mais ses oncles Phariens i est
20 poignant venuz, qui l'aert au frain, si l'an maine, o il voille ou non, droit a la porte. Et les genz Claudas vienent si tost qu'il les ataignent, si lor donent de granz cox des espee[s] amont es hiaumes, et de tex i a qui lor peçoient les glaives desor les cors. Et neporqant en la cité se retraient entre l'oncle et lo neveu et des
25 autres assez qui hors furent issu por els secorre; mais ne s'an vont pas entre Pharien et son neveu trop laidement, car menu et sovant trestornent as plus isniaus, si i font de biax cox li uns por l'autre. Ne n'i a celui d'aus deus qui s'espee n'en ait en vermoil tainte.
30 Atant se remetent en la cité, si sont les portes closes, et abatues les coleïces. Et vienent antre Pharien et Lanbegue droit a la tor, mais il ne vienent pas comme chevalier qui aient reposé et neient fait, car il n'i a celui des deus cui il ne pere bien de son mestier, car amedui i ont en mainz leus perdu do sanc, si ont les hiaumes
35 detranchiez et anbarrez, et les escuz perciez des grosses lances, et decopez et detailliez des cox des espees et par desus et par desouz.

Qant li troi chevalier qui por Claudas sont en prison les voient issi venir, si ont d'aus meesmes tote paor qant il voient Lanbegue qui anrage et dit a son oncle:

[1] estouez

"Sire, por Deu, car me laissiez ocirre ces trois traïtors en despit de Claudas lo desleial, qui faire ocirre vos voloit."

"Nel ferai, biax niés, fait Phariens, car il n'ont pas en autrui mesfait mort deservie, ne lor sires ne fist onques traïson vers moi que une seule qi ne fait pas a prisier jusq'a la mort a nul preudome."

Ensi a Phariens son neveu apaié a mout grant painne. Et lors ont lor hiaumes ostez. Et maintenant vient laianz (*f. 40d*) uns escuiers qui lor dit qu'il aillent a la porte o li poigneïz a esté, que Claudas velt a Pharien parler; et li baron de la cité li avoient envoié, car mout lor tardoit qu'il oïssient ce que Claudas lor voloit dire. Atant resont endui monté en lor chevax et font aprés els porter lor hiaumes. Et qant il vienent a la porte, si la font ovrir. Et uns chevaliers toz desarmez vient illuec de par Claudas et dit a Pharien que li rois l'atant la dehors—et si lo li mostre tot seul—et li mande que toz seus i aille, car il a fait arrieres traire totes ses genz; et il estoit voirs si com li chevaliers li dist. Phariens s'an vait a lui toz seus. Et si tost com li rois lo vit, si li demande comment lo font si troi prison, et qu'il l'an die la verité sor qancqu'il a de laiauté. Et Phariens respont qu'il sont tuit troi et sain et sauf. Et Claudas avoit eü mout grant paor qu'il nes eüssient toz trois ocis, car trop santoit Pharien a viguereus et Lanbegue a trop felon. Lors li a dit Claudas:

"Tu as mon homage a tort guerpi, si te requier sor ta leiauté que tu lo recives si com tu doiz, car ge ne t'ai forfait por quoi tu lo doies laissier."

Et cil dit que nel fera, "car ge ne vos porroie amer, fait il, si seroie traïtres et desleiaus."

En maintes manieres l'essaia, mais ne pot estre. Et Claudas li dit:

"Phariens, or garde que mi prison n'aient nul mal, et va t'an, puis que ma proie[re] ne vels oïr. Et d'autre part, ge t'offre bien ce que tu me requeïs orainz, c'est a aler en prison la ou tu me voudras mener si com ge doi."

"Comment?" fait Phariens.

"Ge te fiençai, fait Claudas, com a mon home que de quele hore que tu me semonroies, g'iroie en ta prison; et de quele hore que tu soies mes hom, ge sui prelz d'aler la ou tu voudras, aprés ce que tu m'avras juré que ge n'avrai de (*f. 41a*) nelui garde, et que des anfanz au roi Bohort n'avez oïes nules enseignes. Et se tu ensin faire nel vels, si t'an iras, car a toi n'avrai ge plus ne bon consoil ne mau consoil, puis que tu mes hom n'ies mais. Mais di moi as plus hauz barons de laianz qu'il vaignent a moi parler orandroit." Si les li nome jusqa' dis.

Atant s'an vait Phariens et anvoie les barons a Claudas. Et qant il les voit, si lor dit sanz saluer:

"Seignor, vos iestes tuit mi home, si vos ai mout amez; et vos avez tant vers moi mespris q'a poines porroit estre amandé, se ge voloie si haut monter l'amende com li forfaiz lo requerroit; mais ge ne lo voil pas si haut monter. Et vos savez de voir que j'ai la force et lo pooir de vos prandre laianz a force, et que en la fin ne la poez a moi durer. Vos m'avez fait proier de paiz a Pharien, mais il a mon homage deguerpi, et puis que il mes hom ne viaut plus estre, ge ne feroie por lui rien, car dons me covendroit il de lui garder. Et ge vos dirai comment vos porroiz avoir a moi pais et acorde, et sachiez que, par les sainz de cele cité, ja autrement ma paiz n'avroiz. Et se ge puis a force vos prandre, ge vos ferai toz ocirre et desmenbrer. Vos me jureroiz avant que mes filz Dorins ne reçut mort par voz consauz, et aprés me bailleroiz un de cels de laianz a faire ma volenté outreement. Et se vos ce ne volez faire, si vos en alez arrieres et vos desfandez de voz pooirs, car vos seroiz assailli sovant et bien, ne ja mais ne finerai, si avrai ci devant tot lo pooir mon seignor lo roi de Gaule. Et lors, se ge vos praig a force, ja ne m'aïst Dex qant vos i metroiz amendes ne reançons se les cors non."

Quant cil l'oent, si sont de ceste chose et lié et dolant, lié de ce qu'il puent (*f. 41b*) la pais avoir, et dolant de ce que un des lor covient baillier, car bien sevent, qui que il soit, il ne s'an puet eschaper que par la mort.

"Sire, fait Leonces de Paerne, nos avons vostre volenté oïe et nos la ferons volentiers. Tex puet estre cil que vos nos demandez por vos baillier, dites lo nos; et vos l'avroiz, s'il est tex que nos lo vos doions baillier."

"Et gel vos dirai, fait il, c'est Lanbegues, li niés Pharien."

"Ha! sire, fait Leonces, ce ne porroit pas avenir, car nos seriens traïtor se nos ansin lo faisiens, que nos livresiens a mort lo meillor bacheler de tot cest regne et an cui nos aviens greignor fiance. Ja se Deu plaist, n'avrons par murtre ne par felenie ne par traïson la paiz. Et quel que chose que li baron de cest regne en voillent faire, ja de moi, se Deu plaist, ne vendra cist consauz."

"Et vos, seignor, fait Claudas as autres nuef, q'en dites vos?

Laisseroiz vos destruire et vos et ceste cité por moi rendre un seul chevalier?" Et cil respondent qu'il n'en feroient nule rien encontre lo consoil Leonce, car il est li plus preudom del reiaume. "Or vos an poez dons, fait il, aler, car de moi n'avez vos des ore mais trive ne pais. Mais avant vos requier com de mes homes que vos les trois prisons que vos avez de moi me faites randre, o vos me jurroiz sor sainz que vos des anfanz au roi Bohort ne savez rien, ne de lor mort ne de lor vie."

"Sire, fait Leonces, des anfanz ne savons nos rien, et ensorquetot vos ne nos baillates mie voz trois prisons, mais Pharien, et nos li jurasmes que nos li aideriens encontre toz cels qui faire l'an voudrient tort. Et puis que nos l'avons juré, nos ne poons ne ne devons aler encontre, car dons feriens nos desleiauté, et puis que hom est de desleiauté atainz, (*f. 41c*) il ne puet miauz estre honiz."

"Tant sachiez vos bien, fait Claudas, qu'a randre les vos covandra, ne ja mais ne vos amerai de cuer; et bien gardez c'uns seus n'i muire, car vos i morriez tuit. Or vos an poez atant aler, et des ores face chascuns tot son miauz."

Et cil s'an tornent mout angoisseux, car bien voient que la citez ne puet durer ancontre Claudas. Quant il sont revenu, et Phariens voit la mauvaise chiere qu'il font, si s'an mervoille trop durement. Il lor demande quex novelles de dan Claudas, et il respondent que mout mauvaises.

"Queles?" fait il.

"Nos ne poons, font il, avoir pais ne acorde se nos ne li baillons Lambegue, vostre neveu, por metre del tot en sa merci, mais par lui porriens avoir acordement."

"Et que l'an avez vos covant?" fait Phariens.

"Quoi? fait Leonces de Paerne; en non Deu, ge ne serai ja en leu o tex chevaliers com il est et qui tant nos a aidiez soit a mort livrez par mon consoil."

A cel consoil qu'il tenoient an tel maniere furent tuit li sage home de la cité et do païs. Et Phariens lor dit a toz:

"Seignor, que vos est il avis de ceste chose que Claudas a demandee a ces barons?"

Et il s'acordent tuit a ce que Leonces en avoit dit, ne n'i a un seul qui ne die que ja, se Deu plaist, si granz dolors n'iert otroiee. Et dient li sage home qu'il se tandront tant com il se porront tenir; et qant il ne porront en avant, et Dex n'i voudra metre consoil, si issent hors de par Dé et vendent lor mort tant com il porront ferir, car preudome ne doivent faire por els sauver ne murtre ne desleiauté.

Qant Phariens l'antant, si les an prise mout durement et liez en est, si lor voudra mout guerredoner ce qu'il gardent si envers lui lor leiauté, s'il lo puet faire. Ensi se sont mout bien ahasti d'els deffandre. Et lors se departent, si vient chascuns a son ostel. Et en(*f. 41d*)tre Pharien et son neveu vont an la tor. Et qant il furent desarmé, Phariens monte en haut as creniaus et esgarde de totes parz la mervoille de gent qui an l'ost vient, si set de voir que la citez ne puet estre desfandue qu'ele ne soit prise, car de viande ont trop petit a la mervoille de gent qui dedanz est. Si encommança a plorer mout tanrement et a sospirer de cuer do ventre.

La o il sospiroit et ploroit si durement, vint ses niés Lambegues amont, et qant il l'oï ensin plaindre et dementer, si[1] s'encommança vers lui a aler tot coiement et pas por pas, qu'il nel puisse aparcevoir. Et il escoute, si ot qu'il dit a soi meïsmes:

"Haï! boenne citez, honoree d'ancesserie, hantee[2] de preudomes et de leiaus, maisons et sieges de roi, ostex a droit jugeor, repaires a joie et a leece, corz plainne de boens chevaliers, vile honoree de mananz borjois, païs plains de leiaus vavasors et de boens gaaigneors, terre planteureuse et replenie de toz biens! Ha! Dex, qui porra veoir si grant dolor de totes ces choses destruire por sauver la vie a un enfant? Haï! biax niés Lambegues, car plaüst ore a Dé qui por nos vint mort andurer que ge fusse ore en vostre leu! Si m'aïst Dex, g'iroie ja au roi Claudas por giter hors de dolor lo deboneire païs de Gaunes, o fust a ma joie o a mon duel, car mout seroit la morz boene et honoree dont si granz profiz vendroit en terre."

Atant se tot Phariens que plus ne dist, et lors recomance a plorer trop durement. Et Lanbegues saut avant, si li dit:

"Sire, sire, or ne vos en dementez plus, car par la foi que ge vos doi, ja mais por ma vie sauver ne sera la citez perdue. Et puis que ge si grant anor comme vos dites conquerroie, dont irai ge a ma bele mort seürement et a grant joie."

"Ha! biax niés, (*f. 42a*) fait Phariens, deceü m'as, car por ce, se gel disoie, ne voldroie ge pas ta mort, ne ja Dex veoir ne la me laist; ne ja, se Deu plaist, ice ne te loerai. Mais nos atandrons encores la merci Deu; et se nos n'avons secors, pis ne porrons

---

[1] pl. et durement si [2] hantees

nos faire que de hors issir et d'asenbler a tote l'ost, si nos i porroit avenir tex aventure par quoi nos seriens delivré a tozjorz mais."

"Tot ce, fait Lambeges, n'a mestier; puis que por moi rendre puet la citez remanoir en pais, ja mais nus n'en sera feruz."

Lors est Phariens mout angoisseux, si plore et fait tel duel que par un po qu'il ne s'ocit. Puis dit a son neveu:

"Comment, biaus niés? Est il a certes que tu t'iras a Claudas randre?"

"Oïl, fait il, biaus oncles, voir; ja mais plus de mal n'en sera faiz, puis que par ma mort puis sauver si bele cité et tant preudomes com il i a. Et bien lo doi faire, car j'ai oï dire a vos meïsmes que, se vos estiez en mon leu, vos iriez a la mort volentiers et seürement. Por ce que vos lo feriez, ensin lo voil ge faire, car bien sai que chose ne feriez vos pas de quoi vos fussiez honiz."

"Biaus niés, fait Phariens, ge voi bien que tu i eras; si saches de voir que mout m'an poise et biau m'en est. Il m'an poise, por ce que tu n'avras ja de mort garant, et si m'en est bel, por ce que onques nus chevaliers a si grant honor ne mori com tu feras, car par toi sera sauvez toz li pueples de cest païs."

Atant s'an veit Lambegues as barons, si les apele et assemble, et lor dit:

"Seignor, se vos me randiez au roi Claudas, comment seriez vos seür de sa boene pais et de s'amistié avoir?"

Et il li demandent por qoi il lo dit.

"Por ce, fait il, que s'il vos en velt faire seürs, toz en est pris li consauz d'avoir la pais, car ge sui prez que ge m'en mete orendroit en sa prison."

Quant il l'oent, si commencent tuit a plorer et dient que ce ne sera ja sosfert, (f. 42b) car trop seroit granz domages s'il en tel aage recevoit mort, car encore puet venir a mout grant chose. Et il dit qu'il nel lairoit por nul chasti que l'an li feïst, et que nus n'an porroit son cuer torner.

"Et n'aiez ja garde, fait il, de Claudas, que il m'ocie, mais ge sai bien q'en sa prison me velt avoir."

Et il dient qu'il nel sofferont ja, car se Phariens lo savoit, il istroit hors de son san et ocirroit toz cels qui avroient esté au consoil."

"De lui, fait il, vos asseür ge toz, car par lo sien consoil l'ai ge enpris."

Maintenant l'ont envoié querre si angoisseus com il estoit, si li mostrent ce que Lanbegues lor devise. Et il[1] dit que puis qu'il en a si grant talant, ja par lui destornez n'en iert, car il ne porroit pas plus honoreement morir. Qant il oent que a ce est atornez li plaiz, si envoient Leonce de Paerne a dan Claudas por savoir comment il les fera seürs que de descort qui entr'aus ait esté ne lor vendra maus ne anuiz, puis que Lambegues sera venuz en sa prison. Claudas dit qu'il les en fera si seürs com il voudront.

"Il en vuelent, fait Leonces, avoir vostre sairement devant aus et devant les plus prisiez de vostre cort."

Et il li otroie.

"Et il me feront, fait il, lo mien sairement de la mort mon fil, que il n'an furent consantant."

Et cil dit que mout volentiers. Ceste chose ont atornee a lo matin, et par commencement de seürté lo fience Claudas a Leonce et il a lui.

Au matin furent fait li sairement d'amedeus parz, et furent li prisom Claudas randu, car ensi fu la pais nomee. Et lors vient Phariens a son neveu, si li dit:

"Biax niés Lambegues, vos en alez a vostre mort, a la plus haute ou onques chevaliers alast. Mais avant vos feroiz confés, car ge lo voil."

"Por quoi, sire, fait Lambegues, avez vos de ma mort paor?"

"Car ge sai de voir, fait Phariens, (*f. 42c*) que vos n'an poez eschaper."

"Si m'aïst Dex, fait Lambegues, ja de la mort n'avrai paor tant com vos puissiez escu porter. Plus tormente mon cuer et jostise ce qu'en la merci m'estovra metre mon mortel anemi. La est l'angoisse qui passe totes dolors et totes morz, car de morir n'est il se joie et soatume non envers l'angoisse de dire ne de faire[2] chose qui est del tot contre mon cuer. Mais por ce que vostre volentez i est, me confesserai, car riens ne me porroit grever qui vos plaüst."

Lors apele l'evesque meesmes, si regeïst a Damedeu en l'oience de lui tot ce dont li cuers se puet descovrir par l'esclairement de la langue. Aprés a ses armes demandees. Et ses oncles li dit:

"Biax niés, vos n'i avez d'armes mestier en cestui point, mais de la merci crier."

"Ja ne m'aïst Dex, fait Lambegues, qant ge merci li crierai, car ge ne l'aüsse pas de lui ier se ge en fusse au desus venuz. Ne, se

[1] et li dit   [2] f. de c.

Deu plaist, comme ribauz n'i erai ge ja devant haut home, car dons sanbleroie ge larron o murtrier, jugié a mort. Mais ge irai comme chevaliers, lo hiaume lacié, l'escu au col, si li randrai m'espee et mes armes sanz dire plus. Ne ja de ce mar avroiz dote ne paor, car par la foi que ge doi vos qui mes sires iestes et mes oncles, ge n'i ferrai ja home, ne laidirai ne un ne autre."

Tant lor a dit que ses armes li ont ramdues. Et qant il fu armez et montez en son cheval, si les commande toz a Deu et s'an vait, si grant sanblant de joie faisant que totes genz vient a grant mervoille, et avocques lui ne velt soffrir que nus hom voisse. Mais Phariens ne cil qui laianz sont ne font nes un sanblant de faisant joie, ainz font tel duel par (*f. 42d*) tote la cité de Gaunes com se chascuns eüst perdu la rien del monde que il plus amast.

Tant[1] a Lambegues chevauchié qe au tref Claudas est venuz. Et il descent, si voit Claudas qui fu armez de totes armes, car bien avoit apris que cil vendroit armez. Et delez lui estoient armé de ses chevaliers une partie, car il avoit[2] Lanbegues tant essaié qu'il n'estoit pas, la o il venist armez, bien asseür. Et ja li avoient[3] bien conté li troi prison comment il avoit fait tot de son gré ce dont nus ne l'osast requerre.

Lanbegues vient devant Claudas, mais il ne s'agenoille pas, ne mot ne dit, mais s'espee a del fuerre traite, si la regarde et commença a sospirer, et lors la giete as piez Claudas sanz dire plus. Puis oste son hiaume de son chief hors, car il ne l'avoit pas lacié, sel giete as piez Claudas aprés l'espee, et puis son escu aprés lo hiaume. Et Claudas a l'espee prise, si la lieve en haut et fait sanblant que ferir lo voille parmi lo chief. Et lors ont paor tuit cil qui lo voient, si commencent a plorer li plus felon. Mais Lanbegues ne se muet de son estal. Lors commanda Claudas que l'an li ost lo hauberc et les chauces de fer isnellement, et vallet saillent maintenant, si lo desarment.

Qant il fu desarmez, si remest en une cote d'isenbrun deliee, si fu a mervoilles biax chevaliers et bien tailliez del cors et de toz les menbres, ne n'avoit barbe ne grenon. Il fu en estant devant lo roi, ne mot ne dist, n'onques lo roi ne regarda de droit enmi lo vis, mais del travers, et tenoit totes ores clos lo destre poign. Et Claudas li dist:

"Lanbegues, comment fus tu si hardiz que tu osas çaianz venir? Dont ne sez tu que ge te hé plus que nul home?"

[1] Qant a [2] il lauoit [3] auoient ja bien

"Claudas, fait il, or puez savoir que po te dot."

"Comment? fait Claudas; voiz ci ta mort apa(*f. 43a*)reilliee,[1] et ancores me contralies."

"C'est une chose, fait Lanbegues, dont ge n'ai gaires grant paor."

"Comment? fait li rois; quides me tu a si deboneire et a si piteus?"

"Ge te cuit, fait il, au plus felon et au plus cruiel qui onques fust; mais ja si hardiz ne seras, tant com tu voilles vivre, que tu m'ocies."

"Por cui lairoie ge a toi ocirre? fait Claudas; dont ne m'ocirroies tu, se tu en venoies au desus?"

"Au desus, fait Lanbegues, n'en vendrai ge ja mais en piece, car Deu ne plaist, mais ge ne desirrai onques tant nule rien."

Lors commance Claudas a rire, si lo prant par lo menton et dit: "D'une[2] chose se puet vanter qui vos a a compaignon, qu'il a lo plus hardi chevalier qui hui matinse levast del lit, et celui qui a la durece de toz les cuers. Et se tu vivoies par aage, tu seroies assez preuzdom. Ne ja ne m'aïst Dex qant ge te voudroie orendroit avoir ocis por conquerre demi lo monde, et gehui ne dessirroie se ta mort non. Mais ge nel dessirrerai ja mais, car nus ne fist onques mais autretel[3] valor com tu as faite qui a la mort t'anbandonoies por sauver les autres genz. Et se ge bien voloie ta mort, si te tanroie ge chier por l'amor Pharien, ton oncle, se ge voloie faire droit, car ge ne puis mie neier qu'il ne m'ait garanti de mort et meinz de cels qui çaianz sont."

Lors li fait Claudas aporter robe mout riche qui soe estoit, mais ne la velt prandre en nule guise. Et Claudas lo prie de remanoir o lui, mais il dit que ja a nul home vivant homage ne feauté ne fera mais se ses oncles avant ne la faisoit. Maintenant envoie Claudas por Pharien, si l'a trové cil qui l'aloit querre (*f. 43b*) dehors la porte, tot armé, lo hiaume lacié, ou il se m[et]oit en agait comment il ocist Claudas s'il eüst son neveu ocis.[4] Phariens est venuz devant Claudas, et il li dit:

"Phariens, or vos ai rendu une partie des servises que vos m'avez fait, car vostre neveu, qui por morir s'estoit en ma menaie mis, ai quité por vostre amor et por la grant valor de lui. Certes, ge n'en preïsse gehui matin de reançon tot l'or do monde. Et bien sachiez que vos iestes li dui chevalier do monde de cui ge ameroie miauz

---

[1] apa (*f. 43a*) apareilliee   [2] dune dune   [3] autretes   [4] ocist

lo servise et la compaignie. Venez avant, si re[ce]vez mon homage, et ge vos randrai tote la terre que vos avez tenue et vos creistrai encor de riches fiez et de granz rantes."

Phariens fu de mout grant san, si ne se vost pas desreer de parler contre lo roi Claudas, car mout tenoit a grant servise ce qu'il avoit fait de son neveu cui il avoit son grant maltalant pardoné por soe amor.

"Sire, fait il, ge vos merci mout com un des plus prodomes do monde et de ce que vos avez fait por moi et de ce que vos me volez ancor doner; et ge ne refus ne vostre servise ne vostre don, ainz l'ai mout cher. Mais il a un trop grant essoigne en ce que vos me requerez, car j'ai juré sor saintes reliqes que ja mais de nul[1] home terrien ne recevrai terre devant que ge savrai des anfanz mon seignor, lo roi Bohort, voires enseignes."

"Or vos dirai, fait Claudas, que vos feroiz por moie amor. Prenez vostre terre sanz faire homage ne feelté, et movez por les anfanz querre qant vos voldroiz; et ge vos baillerai encores, se vos volez, de ma gent une partie qui avoques vos iront. Et qant vos les avroiz trovez, amenez les ça ou en quel que leu que vos voudroiz.[2] Et ge vos (*f. 43c*) saisirai de tote la terre tant qu'il soi[en]t en aage d'armes porter; et lors si me facent mon homage et teignent de moi lor terre. Et vos me faites lo mien homage qant vos les avroiz trovez."

"Sire, fait Phariens, ce ne feroie ge pas en cestui point, car tex chose porroit avenir prochainement que sor vos me covendroit venir et forfaire en vostre terre ançois que savoir lo vos feïsse; et ensin me mesferoie ge, qant ge seroie de vos tenanz, ja mar vos eüsse ge homage fait. Mais ge vos ferai autre covant. Ge vos creanterai si comme chevaliers que, coment qu'il soit des deus anfanz, ou soient trové o non, ge ne ferai autrui homage que ge ne vos face avant savoir, se vos vis iestes. Et atant m'an laissiez ester, car autre chose n'en feroie."

"Ge sai bien, fait Claudas, por quoi vos ne volez estre mi home, vos ne Lambegues. Vos me deïtes ja que vos ne m'aviez onques amé, ne amer ne me porriez."

"Sire, sire, fait Phariens, se gel vos dis, ge ne vos en dis se voir non, car onques amé ne vos avoie; mais vos avez ore plus

---

[1] nule home
[2] uoudroiz et ge uos baillerai encores se uos uolez de ma gent une partie. et ge uos s.

fait por moi que tuit li servise ne montent que ge onques vos feïsse, et c'est la chose par qoi vos porriez plus noz cuers avoir; mais del tot ne vos os ge assurer ne ne doi, car bien avez oï l'essoine. Mais an quel que leu que nos ailliens, ge et mes niés, li vostres
5 cors n'a de nos garde ainz lo vos avrons fait savoir. Atant nos an irons, se vos plaist, en nostre queste."

Et Claudas, qant il voit que plus nes puet retenir, lo[1] lor otroie et done congié par les covenances qui mises i sont.

Maintenant se rest armez Lambegues. Et qant il [est] montez
10 en son cheval, si li fait Claudas aporter un glaive mout tranchant de fer et fort de fust, por ce que point n'en avoit aporté dedanz son tref. Atant s'am partent amedui del tref lo roi, si s'en (f. 43d) revienent en la cité et prenent congié a toz les barons de laianz. Si en maine Phariens sa fame avecques lui et ses anfanz. Ensin
15 est la pais faite des barons del regne de Gaunes et de Claudas. Mais or se taist atant li contes d'aus toz et retorne a Pharien et as anfanz lo roi Bohort de Gaunes qui sont el lac.

Or chevauche Phariens entre lui et sa compaignie, si les conduit li vallez qui avocques Lambegue estoit venuz, que la Dame del
20 Lac li ot baillié por lui arrieres mener. Si ont tant chevalchié que au tierz jor sont au lac venu. Et lors fu granz la joie qui d'aus fu faite. Mais plus assez fu liez Bohorz de la venue[2] Lambegue, son maistre, que Lyoniax ne fu de la venue Pharien, car mout estoit iriez vers lui de ce que il avoit demoré tant. Et d'autre
25 part avoit la damoisele aamee tant, celi qui de Gaunes l'ot aporté, qu'il n'amoit mais nule compaignie tant com la soe, ne tant ne amoit ne dotoit ne un ne autre. Et neporqant, par lo commandement a la damoisele, corrut a Pharien, les braz tanduz, si tost com il lo vit venir, et a sa fame qui mout avoit honoré lui et son frere.
30 Mais aprés rampona Pharien mout durement, si li sot mout bien dire autresin com s'il li fust enseignié:

"Dan Pharien, ge ne vos doi nul gré savoir se vos iestes a moi venuz, mais Bohorz doit som maistre amer, qui lo vint conforter en ses anuiz. Et s'il n'alast plus par ma dame que par moi, ja
35 mais voir n'i fussiez mandez, car ge me consirrasse bien de vostre maistrisse des ores mais."

(f. 44a) A tex paroles dire s'estoit Lyoniax bien arotez, si an deïst a grant planté, qant la damoisele qu'il amoit tant sailli avant et jura son sairement que ja mais a nul jor ne l'ameroit s'il main-

[1] la lor otroie   [2] ue uenue

tenoit plus parole de tel folie,[1] mais gardast qu'il feïst qancque Phariens li commanderoit outreement. Et de tant com il en avoit dit en fu Phariens mout iriez et esbaubiz. Mais neporqant, cortoisement en respondié plus qu'il n'avoit el cuer escrit.

"Sire, fait il, ge ne doi mie metre a pris chose que vos diez vers moi, tant soit granz max, car juenes sires ne doit estre esloigniez de son serjant por fole parole, s'il la li dit. Mais se vos fussiez de l'aage Lambegue mon neveu, ge[2] cuit que vos fussiez tart au repentir. Et neporqant, maintes genz sevent bien la painne que j'ai eüe por vostre terre garantir d'estre destruite et essilliee. Et i fussient maint prodome mort et destruit, se Dex ne fust avant et ge aprés."

"Mout l'avez bien garantie, fait Lyoniaus, qant vos rescossites Claudas et delivrastes de la mort."

"Gel garanti, fait[3] Phariens, si com ge dui, et feroie ancor demain s'il me teignoit autant com il faisoit a celui jor."

Lors saut avant li vallez qui amenez les ot laianz et dist a Lyonel:

"Ha! sire, ne dites mie tex paroles sor vostre maistre, car, par Sainte Croiz, gel taig et cuit a un des plus leiax chevaliers qui onques escu portast. Et plus vos en deïsse ge assez s'il ne fust ci, mais, se devient, l'an cuideroit que gel deïsse por losange."

Atant remestrent les paroles de Lyonel et de son maistre, si conta li vallez qui a Gaunes avoit esté ce qu'il avoit veü faire d'armes a Lanbegue et a Pharien, et comment Lambegues se mist en aventure por sauver lo pueple et la vile, et ce que Claudas lor voloit doner entre lui (*f. 44b*) et Pharien, si devenissient si home endui. Tant dist li vallez de bien d'aus deus que la Dame del Lac les esgardoit a mervoille, et tuit cil qui laianz estoient.

Aprés ce ne demora gaires que Lanceloz revint do bois o il estoit alez, s[i f]ist mout grant joie des maistres a ses compaignons. Et conta Lanbegues a Pharien la haute parole qu'il avoit dite qant Lyoniax ploroit por sa terre sor la riviere de Tarasche. Et aprés li conta comment Leonces, li sires de Paerne, avoit quidé que ce fust li filz au roi Ban de Benoyc. Lou contenement Lancelot esgarda la nuit Phariens a grant mervoille, et son venir et son aler et ses paroles qui bien faisoient a oïr. Sel prisoit plus en son cuer que anfant que il onques eüst veü.

Longuement furent issi ansemble li troi coisin, tant qe il avint chose que Phariens morut; si an fu faiz mout granz diaus, car a

---

[1] plus tel folie parole   [2] q ge   [3] p fait

mont preuzdom estoit tenuz. Mais avocques la Dame del Lac remest puis sa fame sanz partir et dui anfant vallet qui sien estoient, qui puis furent chevalier de la main Lyonel meesmes. Si ot non li ainz nez Auguins et li autres Tarains, et furent andui de grant proesce et bel assez. Mais ci endroit laisse li contes une piece a parler d'els et des trois coisins et de lor conpaignie, et retorne¹ a parler des deus reines qui serors estoient et qui ensemble conversoient en Reial Mostier.

Li contes dit que tant furent les deus reines serors en Roial Mostier que mout furent brisiees del veillier et del geüner et del panser et del plorer et nuit et jor. La reine de Gaunes avoit bien la novelle oïe que perdu estoient li dui anfant, et comment Claudas les vost ocirre, et comment (*f. 44c*) une damoisele les anbla par grant savoir. Et por ce que ele ne savoit o il estoient, ne s'il avoient bien o mesaise, la ou ele les en avoit menez, si an fu mout correciee; et sa suer meesmes, cele de Benoyc, en avoit a son cuer mout grant dolor. Mais cele en ancharja plus assez comme cele qui mere estoit, si commança a afeblir mout durement. Ne por ce ne laissoit ele pas que ele ne levast as matines totes les nuiz. Et se ele estoit de boene vie et de grant religion, ce ne monta rien a la sainte vie que sa suers menoit, la reine Helaine de Benoyc, que ele avoit totes hores vestue la haire aspre et poignant par desouz la chemise qui mout estoit blanche et deliee. Ele ne manja onques puis de char que ele entra en la religion por nule enfermeté qui la tenist. Ele relevoit totes les nuiz deus foiz, une foiz avant matines o aprés selonc ce q'en les chantoit o tost o tart, si disoit ce que ele savoit de bien, et tot sanz luminaire, que pas ne voloit estre aparceüe. Mais totes les nuiz d'iver levoit ele deus foiz estre matines. Ele ne manjoit nule foiz fors en refroitor et dormoit el dortoir totes les foiees. Ele n'estoit nule foiz si bien chauciee que la plante de son pié ne sentist la puire terre. Ele tenoit ordre et sillance et dedanz lo cloistre et dehors, que ja n'i parlast sanz lo congié de s'abeesse, se n'estoit qant ele se compleignoit a Nostre Seignor et crioit merci sanz compaignie de totes genz. Maint jor estoient que ele ne menjast se herbe non, et si furent maint jor que onques de la boiche ne menja. A la foiee, qant ele estoit estordie de chanter et de cloistre tenir et del geüner et del veiller et del dire ses prieres, si se reposoit, mais c'estoit a codes (*f. 44d*) et a genouz; et lors ooit les vies des sainz de la boche

¹ retorner

d'un chapelain, dont laianz avoit trois totes hores qui randu estoient de la maison.

Tel[1] vie mena la reine Helainne de Benoyc en Mostier Reial tot son aage. Et neporqant, si bele demostrance li fist Nostres Sires que ses servises li plaisoit que ele estoit grasse a mesure en son viaire, si estoit blanche et vermoille et coloree, et de si grant biauté que nus hom estranges ne cuidast que il poïst avoir la setiemme part de religion qui i estoit. En iceste vie dura mout longuement.

Mais sa suer, la reine Evainne, estoit de foible complesion et malingeuse. Si acouchoit et relevoit une hore si malade que l'an cuidoit bien que ele se morist: autre hore respassoit, si que lever pooit a matines et a totes les autres hores; mais mout paroit bien au vis de la messaise que li cors sostenoit, que mout estoit et maigre et pale, et la parole si tanve et si foible q'avis estoit a cels qui l'ooient que lors endroit se deüst morir. Mais qant ele pansoit que si anfant estoient perdu et que nule verité n'en savoit l'an, des lors en avant empira plus de jor en jor, ne del lit ne levoit nule foiee. Et tozjorz prioit Nostre Seignor que, ançois que ele de cestui siegle trespassast hors, li feïst droites novelles savoir de ses deus enfanz, s'il vif estoient. Et s'il estoient mort, ele nel querroit ja savoir, car ele ne voldroit trespasser del siegle s'an boenne conscience non, ne que nus terriens domages li feïst sa mort haster.

La ou ele estoit en ses oreisons et en ces proieres vers Damedeu, li avint une avisions. Et ele fu autresins com endormie, et lors fu raviz ses esperiz et s'an ala en petit d'eure auques (*f. 45a*) loig. Si li fu avis que ele estoit el chief d'un mout tres biau jardin en l'oroille d'une forest grant et espesse. En la close de cel jardin avoit maisons mout beles et mout granz. Et ele esgardoit, si veoit hors de ces maisons issir anfanz assez, mais trois en i avoit qui sanbloient estre seignors de toz les autres. Et li uns des trois si estoit assez plus granz et plus biaus, si estoit el mileu; et delez les deus qui delez lo grant estoient, avoit deus homes qui les gardoient. Ele les avisoit, si conoissoit Pharien et Lambegue, son neveu—et a celui tans estoit encores Phariens vis. Lors sospeça que c'estoient li dui anfant, et ele ne pooit savoir de l'autre qui il estoit, ne de ses anfanz meesmes ne savoit ele rien fors par cuidier. Et lors venoit a li uns hom que ele ne conoissoit pas, si l'an ramenoit parmi la main grant aleüre a l'abaïe, mout iriee et mout angoisseuse de ce que ele n'avoit queneüz les trois anfanz.

[1] Bel v.

Quant ele s'esveilla, si se dolut mout de l'ire que ele avoit eüe en s'avision, et ele esgarde en sa main destre, si i trueve escriz trois nons: Lyonel et Bohort et Lancelot. Lors fu ele merveilles liee, si commance a plorer de joie. Maintenant enveia querre sa seror qui el mostier estoit, si li conta s'avision.

"Et sachiez, fait ele, bele suer, que trop est biax li vostres filz otre la biauté a toz anfanz, ne onques mais si bel ne vi, ne si plaissant."

Lors li commance a deviser itel com ele l'avoit veü, tant que mout en a la reine de Benoyc grant joie.

"Bele suer, fait cele de Gaunes, or voi ge bien que Nostres Sires velt que ge parte de ceste vie, car toz mes desirriers m'a acompli. A lui commant ge mon esperit."

Maintenant se fist a son escient mout (*f. 45b*) bien confesser. Et ne demora puis gaires que l'ame s'am parti del cors; si li fu faite si granz anors laianz com a reine, et mout an fist grant duel sa suer, la reine de Benoyc. Mais a ceste foiz ne parole ores plus li contes d'eles ne de lor compaignie, ançois retorne a parler del roi Artu.

Li contes dit ci endroit que a l'antree d'avri, au jor d'une Pasque, estoit li rois Artus a Karahais, une soe cité mout boenne et bien seant de maintes choses. Ce fu après la grant messe que li rois fu au disner assis. En celui tans avoit costume li rois Artus que plus richement se demenoit a Pasques tozjorz que a nule autre feste, et si vos dirai raison por qoi. Il ne tenoit cort esforciee de porter corone que cinq foiz l'an: ce estoit a Pasques, a l'Encension, a Pantecoste, a la feste Toz Sainz et a Noel. Et a maintes autres festes tenoit il corz, mais n'estoient pas apelees corz esforciees, si com a la Chandelor, a la Miaost, ou au jor de la feste de la vile ou il estoit, et a mainz autres jors, qant il li sorvenoient genz cui il voloit honorer et festoier. En tel maniere tenoit corz li rois Artus maintes foiees, mais de totes estoit la Pasque la plus haute et la plus honoree a Damedeu, et Pentecoste la plus envoisiee. Por ce estoit Pasque la plus haute et la plus honoree que par li fumes nos racheté des pardurables dolors, car a celui jor rexuressi Nostres Sauverres, qui an morant avoit destruite nostre mort, et nostre vie avoit reparee et ranforciee par sa resurrection. Par ceste raison estoit Pasque la plus haute feste de l'an et la plus honoree en la maison lo roi Artu et an mainz autres leus. Et Pentecoste estoit la plus envoisiee et la plus gaie, car qant Jhesus Criz, Nostres

Sires, Nostres Sauverres fu montez el ciel aprés la Pasque [au jor de l'Acension, si deciple remestrent irié et desconforté conme cil qui avoient lor pastor perdu, si atendoient la promesse que il lor avoit fete aprés la Pasque] qui estoit la joie de lor rachatement, (*f. 45c*) car promis lor avoit a envoier lo Saint Esperit a conforter, dont il avoient grant mestier, car il estoient, si com vos avez oï, autresin com les berbiz qui lor pastor ont adiré. A celui jor lor enveia Dex lo grant confort por aus solacier de celui qu'il avoient veü en char en lor compaignie, s'orent ensemble a els non mie en char mais esperitelment; et par ce fu lor joie rafermee. Si fu issi li jorz de Pasques commencemenz de nostre grant joie, et li jorz de Pentecoste fu li renovellemenz. Par ce fu establie la Pasque a estre la plus haute et la plus honoree, por ce que rachaté i fumes et nostre vie reparee. Et Pantecoste doit estre la plus envoisiee, por ce que li affermemenz i fu donez de nostre joie.

Au jor de cele Pasque que ge vos di estoit li rois a Karaheis a grant planté de ses barons et des chevaliers de par son regne. Qant vint aprés disner, si ne pot estre que mainz de ces legiers bachelers ne preïst talanz et envie d'els deporter et esbanoier, si commencierent a joer en maintes guises. Li um joerent as tables et as eschas et a geus d'autretel maniere, et li autre querolent et esgardent les dances des dames et des damoiseles. Mais une partie de juesnes bachelers, et de privez et d'estranges, si alerent bohorder, et aprés lo bohordeiz fu dreciee la quintainne si com a celui tans estoit costume, si i ferirent maint bacheler et maint chevalier de grant proesce. Et neporqant de cels de la maison lo roi Artu n'i feri nus, car il n'estoit hus ne costume. Mais l'andemain avenoit sovent qu'il bohordoient, une foiz as escuz sanz plus, autre foiee armé de totes armes.

Celui jor que li estrange bohordoient fu li jorz de la Pasque meesmes, si vanquié tot uns chevaliers dont li contes a parlé ça en arrieres, si estoit apelez Banyns et fillués [fu] au roi Ban de Be(*f. 45d*)noyc. Cil Banyns estoit uns petiz chevaliers, uns gros, si estoit a mervoilles aperz et vistes et forz de mervilleuse force. Il avoit guerroié lo roi Claudas mout longuement et mainz granz domages li avoit faiz, et tant avoit pris del sien et tant gaaignié au guerroier que richement et a bel hernois s'en estoit partiz de la terre, soi quart de chevaliers, juesnes bachelers autresin com il estoit; si s'an estoit venuz en la maison lo roi Artu, la ou tuit amandoient et povre et riche et cil qui a bien baoient a valoir; car a celui tans n'estoit nus por preuz tenuz, de quel terre que il fust, s'il n'eüst avant esté en la maison lo roi Artu et s'il ne co[n]ust de cels de la Table Reonde et de l'Eschargaite. Lors estoit tenuz en son païs por bien erranz.

5   Qant Banyns ot vaincuz ensinc toz cels d'une part et d'autre a bohorder, si fu assez esgardez de mainz prodomes, car a celui tans estoient totes les proesces en greignor pris que eles ne furent onques puis.

A celui tans estoit [a costume] a totes les corz o li rois Artus
10 portoit corone que, qant venoit au sosper, cil qui miauz l'avoit fait au bohorder de toz les chevaliers estranges, servoit a la Table Reonde del premier mes, por ce que comencemenz estoit de conoissance et acointemenz de compaignie et que par sa proesce se baoit a metre avant. Et si tost com il en avoit servi, si aloit
15 seoir a la table lo roi meesmes de l'autre part encontre lui, non pas endroit mais auques pres. Et sachiez bien que tozjorz seoit li rois a son dois, ne ja n'i seïst chevaliers nus que d'une part, fors seulement celui qui tot avoit lo jor vaincu au bohorder, por estre miauz coneüz de totes genz.

20 (*f. 46a*) Qant Banyns ot servi del premier [mes] a la Reonde Table, si l'amena messires[1] Gauvains meesmes entre lui et Keu lo seneschal devant lo roi et l'i assistrent. Et li rois l'esgarde mout doucement, qui a mervoilles amoit tozjorz boen chevalier. Quant il orent lo premier mes eü, si conmencierent paroles a enforcier,
25 si parloit li rois a ses chevaliers et il a lui. Et sachiez q'au jor de feste qu'il portoit corone, ne seïst ja a sa table nus de ses rois, ançois avoit chascuns sa grant table o il seoit por plus honoreement asseoir les prodomes qu'il conoissoient. Li rois parla amont et aval as chevaliers, et esgarda Banyn, qui mot ne dist et tint la
30 teste basse, si sanbla qu'il fust esbahiz de ce qu'il estoit devant persone a si haut home com estoit li rois Artus, et de ce qu'il estoit assis autresin com mireors a totes genz. Et sanz faille, il n'estoit esbahiz por autre chose. Et li rois lo voloit hors giter de sa vergoigne, si li dist mout cortoisement:

35 "Sire chevaliers, ne seiez pas au mengier si esbahiz, car as armes n'iestes vos pas esbahiz si com ge cuit. Et sachiez bien que vos iestes esgardez de mainz prodomes, mais il n'en i a nul qui por vostre honor ne vos esgart."

Lors lieve Banyns la teste an haut, si ot un po de vergoigne,

[1] messi/sires

et la colors li monte el vis, si an devint mout vermauz et mout biaus, et durement li sist. Et li rois li anquiert comment il a non.

"Sire, fait il, j'ai non Banyns."

"De quel terre, fait li rois, fustes vos nez?"

"Sire, fait il, del reiaume de Benoyc." 5

"De Benoyc? fait li rois; dites vos celui Benoyc que li rois Bans tenoit endementiers que il vesqoit?"

Et il dit que celui Benoyc dit il sanz faille.

"Queneütes lo vos onques, fait li rois, lo roi Ban?"

"Certes, sire, fait cil, il fu mes par(*f. 46b*)rains." 10

Et li rois l'esgarde, si voit que les lermes an sont a Banyn as iauz venues, si en a trop grant pitié. Et lors recomence a penser trop durement. A ceste chose pansa li rois une grant piece et an tel maniere [que les lermes li chaoient contreval lou vis et corroient desus la table ou il s'estoit apoiez. Endementieres qu'il pansoit 15 en tel maniere], si fu mostrez a monseignor Gauvain et a Kel lo seneschal, [et il vienent devant lui. Et messires Gauvains li conmence a dire bassetement qu'il laissast son pansé atant. Li rois ne l'antandi pas, si ne li a mot respondu, ainz panse totevoie. Lors dit Messires Gauvains a Kel lo seneschal:] 20

"Sire, q'en ferons nos? fait li uns a l'autre, ge crien que se nos li faison son penser laissier, qu'il nos en sache mauvais gré."

"En non Deu, fait Kex, si fera il, s'il panse a chose qui li[1] plaise. Mais por ce nel laisserons nos pas, car ses pensez est trop mauvais en cestui point." 25

"Et ge vos creant, fait messire Gauvains, que ge l'an osterai, s'il m'en devoit ores haïr a tozjorz mais."

Lors vait avant, qu'il lo botast mout volentiers por lui giter del penser. Et Kex l'aert parmi lo braz, si li dit:

"Estez, sire, car j'ai porpensé comment nos l'an porrons giter?" 30

"Comment?" fait messire Gauvains.

"Ge vos mosterai bien comment, fait Kex; mais or ne vos movez de ci."

Maintenant vait un cor saisir qui pendoit a une corne de cerf parmi la guige, puis lo met a la boche, si lo sone si durement que 35 tote la sale en tranble, c'est avis, et totes les chanbres la reine. Li rois tressaut por lo son del cor qu'il ot oï, si demanda a monseignor Gauvain, qu'il vit ester devant lui, que ce estoit.

"Mais ce que a esté, sire, fait messires Gauvains, que vos avez

---

[1] quil li pl.

tant pensé qu'il n'est nus qui[1] nel taigne a trop grant mal, qui deüssiez ci festoier tot lo monde qui venuz est a vostre cort, et faire joie. Et vos pensez ci aluec en tel maniere que les lermes vos corrent tot contraval la face. Ce seroit assez laide chose a un anfant, enteimes[2] que a vos cui l'an tient a un des plus sages homes qui ores soit."

"Gauvain, biax niés, fait il, j'ai eü de cest penser et tort et droit: tort por mes barons qui a mal lo me tenoient; et droit por ce que ge pen(*f. 46c*)soie[3] a la greignor honte qui onques m'avenist puis que ge portai primes corone: c'estoit au roi Ban de Benoyc qui estoit uns des plus preuzdom que ge eüsse, qui fu morz el venir a moi; et ja en ai eü clamor, n'onques encor ne l'amandai, si ai si grant honte que ge ne puis greignor avoir."

"Sire, fait messires Gauvains, certes il est bien raisons que vos i pensoiz en leu et en tans que li pensez porra valoir. Mais totes hores n'est il pas tans de faire duel, mais qant vos verroiz qu'il en sera et leu et tans, si i metez avoc lo pensé painne et travail."

Li rois antant bien et conoist que ses niés li dit lo meillor, si tert ses iauz et essuie, et se paine mout de faire biau sanblant. Mais nel puet faire si bel com il l'avoit fait devant, car li cuers ne l'i aporte. Et qant vint aprés sosper, si apela Banyn a une part, si li demande novelles de la fame au roi Ban et de son fil. Et il li dist que la dame estoit none velee, ne del fil ne savoit l'an verité nule, mais li plus des genz cuidoient que il fust morz. Par tex acointances dona li rois a Banyn de ses joiaux et grant avoir mout largement. Et la reine lo retint cele nuit meesmes de sa maisniee por sa proesce, car autresin faisoit ele toz cels qui vaincoient as hautes festes lo bohordeiz et les quintainnes, et lor donoit de ses joiax et de ses drueries, et d'iluec en avant les tenoit por ses chevaliers.

Dedanz cel an fist tant Banyns par sa proece qu'il fu uns des cent et cinqante chevaliers de l'Eschargaite, si fu mis el leu Gravadain des Vaus de Golorre. Mais de lui ne parole ores li contes plus, mais li contes del comun devise et les huevres et les proesces de lui. Et cist contes retorne a parler de Lancelot et de sa Dame del Lac et de lor companie.

(*f. 46d*) Or dit li contes que tant a esté Lanceloz en la garde a la Dame del Lac que bien est en l'aage de dishuit anz. Si est tant biax vallez que por neiant queïst l'an nul plus bel en tot lo monde,

---

[1] nus quil nel   [2] entremes que   [3] pen (*f. 46c*) pensoie

et tant sages que nule chose ne estoit dont[1] l'an lo poïst a droit ne blasmer ne reprandre en nule ovre que il feïst. Qant il fu an l'aage de dishuit anz, si fu a mervoilles granz et corssuz; et la dame qui lo norrissoit voit bien que bien est des ores mais tans et raisons qu'il reçoive l'ordre de chevalerie, et se ele plus li delaoit, ce seroit pechiez et dolors; car bien savoit par sa sort, que maintes foiz avoit gitee, qu'il vandroit encor a mout grant chose. Et se ele lo poïst encores delaier de prendre chevalerie, ele lo feïst mout volentiers, car a mout grant paines se porra consirrer de lui, car totes amors de pitié et de norreture i avoit mises; mais se ele outre son droit aage lo detenoit d'estre chevaliers et destornoit, ele feroit pechié mortel si grant comme de traïson, car ele li toudroit ce a quoi il ne porroit recovrer legierement.

Qant vint au chief de dishuit anz, un po aprés la Pentecoste, si fu alez en bois, si ot trové un si grant cerf que onques mais en sa vie un si grant n'avoit veü. Et por la grant mervoille mostrer si i traist et l'ocist. Qant il l'ot ocis, si lo trova de grant graisse, com s'il fust el mois d'aost. Si l'esgardoient tuit si compaignon a grant mervoille. Il enveia lo cerf a sa dame par deus vallez; et ele se mervella trop durement comment il estoit si gras en tel saison, et de la grandor (f. 47a) qu'il avoit se mervella a desmesure.

Mout fu li cers esgardez a grant mervoille, et mout grant joie en fist la dame. Et Lanceloz se fu remex en la forest, et se jut mout longuement desouz [un] chasne en l'erbe vert, por ce que trop faisoit grant chaut. Et qant li chauz se rabaissa, il monta en son chaceor et s'an revint au lac. Si sambloit bien home qui de bois venist, car il avoit la cote do bois vestue corte a mesure et de vert color, un chepelet de fueilles en sa teste por la chalor, son tarqais pendu a sa ceinture, car il n'en estoit desgarniz nule foiee o qu'il alast. Mais son arc li portoit uns des vallez si tost com il vint de l'ostel pres. Et il fu sor lo grant chaceor, droiz es arçons et affichiez.

Il vient en la cort, o sa dame lo voit qui l'atandoit; et qant ele lo voit, si l'an vient l'eive del cuer as iauz amont. Ele se lieve de la place, que ele ne l'atant pas, et s'an entre en la grant sale, si s'est apoiee au chief et pense illuec mout longuement. Et Lanceloz vient aprés li. Et si tost com ele lo voit, si se fiert en une chanbre. Cil, qui la voit aler, se mervoille mout que ele puet avoir, si vait aprés et la trueve en sa maistre chambre sor une grant couche,

[1] d/dont

gisant tote adanz. Il vait cele part a granzdismes pas, si voit que
ele sospire et plore mout durement. Il la salue, mais ele ne li dit
un mot, ne nel regarde. Et il s'an mervoille trop, car il avoit apris
que ele li corroit encontre baisier et acoler de quel que part que il
5 venist. Lors li dist:

"Ha! dame, dites[1] moi que vos avez, et se nus vos a correciee,
nel me celez mie, car ge ne cuideroie pas que nus vos osast cor-
recier a mon vivant."

Qant ele l'ot, si se rescrieve a plorer et est tele conree c'un[2]
10 seul mot ne li puet dire de la boche, car li (*f. 47b*) sanglot li
antreronpent sa parole trop durement. Mais a chief de piece li
dit itant, si qu'il l'antant mout bien:

"Ha! filz de roi, fuiez de ci, o li cuers me partira dedanz lo
ventre."

15 "Dame, fait il,ançois m'en iroie ge, car mauvais remanoir i
ai, puis que ge vos anui tant."

Atant s'an torne li vallez, si vint a son arc, sel prant et lo met a
son col[3] et receit son tarquais. Puis vient a son roncin, si li met lo
frain il meesmes, et lo trait anmi la cort. Mais cele qui sor tote
20 rien l'amoit se pense que ele a trop parlé, et que trop correciez
s'en vait; et ele lo savoit a si fier et a si viguereus que il ne prisast
rien nule mesaise encontre son cuer. Ele saut sus, si essuie ses
iauz que ele ot roges et enflez, et s'an vient grant aleüre enmi la
cort, si voit lo vallet qui monter voloit et faisoit d'ome correcié
25 mout grant sanblant.[4] Ele saut avant, si l'aert au frain et dist:

"Q'est ce, sire vassax? O volez vos aler?"

"Dame, fait il, ge voil aler jusq'en ce bois."

"Alez tost jus, fait ele, que vos n'i eroiz ores pas."

Et il descent, et ele prant son cheval, sel fait establer. Lors
30 l'an mainne par la main jusq'en ses chambres, si se rasiet en une
couche et lo fait lez li asseoir; si lo conjure, de la grant foi que il li
doit, que tost li die sanz mentir o il voloit ore aler.

"Dame, fait il, il m'estoit avis que vos estiez vers moi correciee
qant vos ne voliez a moi parler; et puis que ge fusse mal de vos,
35 çaianz n'avoie ge nul talant de demorer."

"Et que baiez vos affaire, dit la dame, biauz filz de roi?"

"Quoi, dame? fait il; par foi, ge alasse en tel leu ou ge por-
chaçasse ma garison."

---

[1] dist moi
[3] prant et a son col lo pant et met et receint
[2] con seul
[4] sam/sanblant

"O fust ce que vos alissiez, fait ele, par la foi que vos me devez?"

"Ou, dame? fait il; certes, ge alasse droit en la maison lo roi Artu et la si servisse (*f. 47c*) aucun preudome tant que il me feïst chevalier, car l'an dit que tuit li proudome sont en l'ostel lo roi Artu."

"Comment? fait ele, filz de roi, baez vos dons a estre chevaliers? Dites lo moi."

"Certes, dame, fait il, ce seroit la chose del mont que ge plus voudroie avoir que l'ordre de chevalerie."

"Voire, fait ele, si l'oseriez enprendre? Ge cuit que se vos saviez com grant fais il a en chevalerie, ja mais ne vos prandroit talanz de l'anchargier."

"Por quoi, dame? fait il; sont donques tuit li chevalier de greignor force de cors et de manbres que li autre home ne sont?"

"Nenil, fait ele, filz de roi, mais il covient tel chose en chevalier que il ne covient pas en autres homes. Et se vos les oiez deviser, ja n'i avriez si hardi lo cuer que toz ne vos en tranblast."

"Dame, fait il, ces choses qui a chevalier covienent, puent eles estre en cuer ne an cors d'omes trovees?"

"Oïl, fait la dame, mout bien, car Damedex a fait les uns plus vaillanz que les autres et plus preuz et plus gracieus."

"Dame, fait cil, dont se doit cil santir a mout mauvais et a mout vuiz de boennes teches qui por ceste paor laisse a prandre chevalerie, car chascuns doit baer tozjorz a enforcier et a amander de boennes teches; et mout se doit haïr qui par sa peresce pert ce que chascuns porroit avoir, ce sont les vertuz del cuer, et teles qui sont a cent dobles plus legieres a avoir que celes do cors ne sont."

"Quel devision a il donques, fait la dame, antre les vertuz del cuer et celes do cors?"

"Dame, fait il, ge vos en dirai ce qe g'en cuit. Il m'est avis que tex puet avoir les bontez del cuer qui ne puet pas avoir celes del cors, car tex puet estre cortois et sages et debonaires et leiaus et preuz et larges et hardiz—et tot ce sont les vertuz del cuer—qui ne puet[1] pas estre granz ne corsuz ne isniaus ne biaus ne plaisanz; totes ces choses, m'est il avis que ce sont les bontez del (*f. 47d*) cors, si cuit que li hom les aporte avecques lui hors del ventre sa mere des cele hore que il naist. Mais les teches del cuer m'est il avis qe chascuns porroit avoir, se peresce ne li toloit, car chascuns

[1] ne puent

puet avoir cortoisie et debonaireté et les autres biens qui del cuer muevent, ce m'est avis. Por ce quit ge que l'an ne pert se par paresce non a estre preuz, car a vos meïsmes ai ge oï dire pluseurs foiees que riens ne fait lo preudome se li cuers non. Et neporqant, se vos me devisiez lo grant fais qui est an chevalerie, par quoi nus ne devroit estre si hardiz que il chevaliers devenist, ge l'orroie mout volentiers."

"Et ge lo vos deviserai, fait la dame, les fais de chevalerie, cels que ge porrai savoir, non mie toz, car ge ne sui pas de si grant san. Et neporqant entendez les bien. Qant vos les avroiz oïes, et si metez avocques l'oiance cuer et raison, car por ce, se vos avez talant d'estre chevaliers, ne devez vos pas lo talant tant boter avant que vos n'i esgardoiz ançois raison; car por ce fu doné a home et raison et antandement que il esgardast droiture ançois que il anpreïst a faire rien.

"Et tant sachiez vos bien que chevaliers ne fu mie faiz a gas ne establiz, et non pas por ce qu'il fussient au commencement plus gentil home ne plus haut de lignage l'un des autres, car d'un pere et d'une mere descendirent totes les genz. Mais qant envie et coveitise commança a croistre el monde et force commança a vaintre droiture, a cele hore estoient encores paroil et un et autre de lignage et de gentillece. Et qant li foible ne porent plus soffrir ne durer encontre les forz, si establirent desor aus garanz et desfandeors, por garantir les foibles [et les] paisibles (*f. 49a*) et tenir selonc droiture, et por les forz boter arrieres des torz qu'il faisoient et des outraiges.

"A ceste garantie porter furent establi cil qui plus valoient a l'esgart del comun des genz. Ce furent li grant et li fort et li bel et li legier et li leial et li preu et li hardi, cil qui des bontez del cuer et del cors estoient plain. Mais la chevalerie ne lor fu pas donee an bades ne por neiant, ençois lor en fu mis desor les cox mout granz faissiaus. Et savez quex? Au commencement, qant li ordres de chevalerie commança, fu devisé a celui qui voloit estre chevaliers et qui lo don en avoit par droiture d'eslection, qu'il fust cortois sanz vilenies, deboenneires sanz felenie, piteus vers les soffraiteus, et larges et appareilliez de secorre les besoigneus, prelz et appareilliez de confondre les robeors et les ociánz, droiz jugierres sanz amor et sanz haïne, et sanz amor d'aidier au tort por lo droit grever, et sanz haïne de nuire an droit por traire lo tort avant. Chevaliers ne doit por paor de mort nule chose faire o l'an puise honte conoistre ne aparcevoir, ainz doit plus doter honteusse chose que mort sossfrir.

"Chevaliers fu establiz outreement por Sainte Eglise garantir, car ele ne se doit revenchier par armes, ne rendre mal encontre mal; et por ce est a ce establiz li chevaliers, qu'il garantisse celi qui tant la senestre joie, qant ele a esté ferue en la destre. Et sachiez que au commencement, si tesmoigne l'Escripture, n'estoit nus si hardiz qui montast en cheval, se chevaliers ne fust avant. Et por ce furent il chevalier clamé. Mais les armes qu'il portent et que nus qui chevaliers ne soit ne doit porter, ne lor furent pas donees sanz raison as chevaliers, ainz i a raison assez et mout grant senefience.

"Li escuz qui au col li pent, et dont il est coverz par devant, (*f. 49b*) senefie que, autresin com il se met entre lui et les cox, autresin se doit metre li chevaliers devant Sainte Eglise encontre toz maxfaitors, o soient robeor o mescreant. Et se Sainte Eglise est assaillie ne en aventure de recevoir cop ne colee, li chevaliers se doit devant metre por la colee sostenir come ses filz, car ele doit estre garantie par son fil et desfandue; car se sa mere est batue ne laidamgiee devant lo fil, s'il ne l'an venche, bien li doit estre ses pains veez et ses huis clox.

"Li hauberz dont li chevaliers est vestuz et garantiz de totes parz, senefie que autresin doit Sainte Eglise estre close et avironee de la desfense au chevalier, car si granz doit estre sa desfanse et si sage sa porveance que li maxfaisierres ne veigne ja de tele hore a l'entree ne a l'issue de Sainte Eglise, qu'il ne truisse lo chevalier tot prest et tot esveillié por lo desfandre.

"Li hiaumes que li chevaliers a el chief qui desus totes les armes est paranz, si senefie que autresins doit paroir li chevaliers avant totes autres genz encontre cels qui voudront nuire a Sainte Eglise ne faire mal, et doit estre autresin com une baate, qui est la maisons a la gaite, que l'an doit veoir de totes parz desus les autres maisons por espoanter les maxfaissanz et les larrons.

"Li glaives que li chevaliers porte, qui si est lons qu'il point ançois que l'an puisse avenir a lui, senefie que, autresin com la paors del glaive dont li fuz est roides et li fers tranchanz fait resortir arrieres les desarmez por la dotance de la mort, autresin doit estre li chevaliers si fiers et si hardiz et si viguereus que la paors de lui corre si loign que nus lerres ne mausfaisanz ne soit si osez qu'il aprime vers Sainte Eglise, ainz fuie loing por la peor de lui vers cui il ne doit avoir puissance, ne plus que li desarmez a pooir encontre lo glaive (*f. 49c*) dont li fers tranche.

"L'espee que li chevaliers a ceinte si est tranchanz de deus parties, mais ce n'est mie sanz raison. Espee si est de totes les armes la plus honoree et la plus haute, cele qui plus a digneté, car l'an en puet faire mal en trois manieres. L'an puet boter et ocirre de la pointe en estoquant, et puet l'an ferir a cop des deus tranchanz destre et senestre. Li dui tranchant senefient que li chevaliers doit estre serjanz a Nostre Seignor et a son pueple; si doit li uns des tranchanz de s'espee ferir sor cels qui sont anemi Nostre Seignor[1] et despiseor de sa creance; et li autres doit faire vanjance de cels qui sont depeceor de l'umaine compaigne, c'est de cels qui tolent li un as autres, qui ocient li un les autres. De tel force doivent estre li dui tranchant, mais la pointe est d'autre maniere. La pointe senefie obedience, car totes genz doivent obeïr au chevalier. La pointe senefie tot a droit obedience, car ele point, ne nule riens ne point si durement lo cuer, ne perte de terre ne d'avoir, com fait obeïr a force contre cuer.

"Tex est la senefiance de l'espee, mais li chevax sor quoi li chevaliers siet et qui a toz besoignz lo porte, si senefie lo pueple, car autresin doit il porter lo chevalier en toz besoinz et desus lui doit seoir li chevaliers. Li pueples doit porter lo chevalier en tel maniere, car il li doit querre et porchacier totes les choses dont il a mestier a vivre honoreement, por ce qu'il lo garde et garantist et nuit et jor. Et desus lo pueple doit seoir li chevaliers, car autresin com enpoint lo cheval et lo mainne cil qui siet desus la ou il velt, autresin doit li chevaliers mener lo pueple a son voloir par droite subjection, por ce que desouz lui est et estre doit. Ensin poez (*f. 49d*) savoir que li chevaliers doit estre sires de[l] pueple et serjanz a Damedeu. Sires del pueple doit il estre en totes choses, et serjanz doit estre il a Damedeu, car il doit Sainte Eglyse garantir et desfandre et maintenir, c'est li clergiez par qoi Sainte Eglise est servie et les veves fames et les orferines et les dismes et les aumosnes qui sont establies a Sainte [Eglise]. Et autresin com li pueples lo maintient[2] terrienement et li porchace tot ce dom il a mestier, autresin lo doit Sainte Eglise maintenir esperitelment et porchacier la vie qui ja ne prandra fin, ce est par oreisons et par proieres et par aumosnes, que Dex li soit sauverres pardurablement, autresin com il est garantissierres de Sainte Eglise[3] terrienne-

---

[1] seignor et a son pueple et d.   [2] lo mainnent t.   [3] e/eglise

ment et desfanderres. Ensi doivent corre tuit li besoing que li chevaliers a desus lo pueple des terriennes choses, et tuit li besoig qui apartienent a l'ame de lui doivent repairer a Sainte Eglise.

"Chevaliers doit avoir deus cuers, un dur et sarré autresin com aimenz, et autre mol et ploiant autresi comme cire chaude. Cil qui est durs com aimanz doit estre encontre les desleiaus et les felons, car autresin com li aimanz ne sueffre nul polissement, autresin doit estre li chevaliers fel et cruieus vers les felons qui droiture depiecent et enpirent a lor pooirs. Et autresi com la cire mole et chaude puet estre flichie et menee[1] la ou en velt, autresi doivent les boennes genz et les piteuses mener lo chevalier a toz les poinz qui apartienent a debonaireté et a dosor. Mais bien se gart que li cuers de cire ne soit as felons et as desleiaus abandonez, car tot avroit perdu outreement qant qu'il lor avroit fait de bien; et l'Escripture nos dit que li (*f. 48a*) jugierres se danpne qant il delivre de mort ne lait aler home corpable. Et s'il aorse de cuer dur d'aimant desus les boenes genz qui n'ont mestier fors de misericorde et de pitié, dont a il s'arme perdue, car l'Escripture dit que cil qui aimme desleiauté et felenie het l'ame de lui, et Dex meesmes dit en l'Evangile que ce qe l'an fait as besoigneus, a lui meesmes lo fait l'an.

"Totes ces choses doit avoir cil qui ose recevoir chevalerie. Et qui ansin ne velt ovrer com ge vos ai ci devisé, bien se gart d'estre chevaliers; car la ou il ist de la droite voie hors, il doit estre toz premierement honiz au siegle, et aprés a Damedeu. Lo jor qu'il reçoit l'ordre de chevalerie creante il a Damedé qu'il sera tex com cil qui chevalier lo fait le li devise, qui miauz lo set deviser, fait la dame, que ge ne faz. Et puis qu'il est parjurs vers Damedeu et vers Nostre Seignor, dons a il a droit perdue tant d'anor com il atandoit a avoir en la grant joie, et el siegle est il honiz toz par droiture, car li preudome del siegle ne doivent pas soffrir entr'els celui qui vers som Criator s'est parjurez. Mais de toz cuers doit estre li plus esmerez et li plus nez cil qui velt estre chevaliers; et qui tex ne velt estre, si se gart que ja de si haute chose ne s'entremete, car assez vaudroit il miauz a un vallet a vivre sanz chevalerie tot son aage que estre honiz en terre et perduz a Damedeu, car trop a en chevalerie greveus faissel.

"Or, fait ele, filz de roi, ge vos ai une partie devisez des poinz qui apartienent a veraie chevalerie, mais toz ne les vos ai ge pas

[1] mener

mostrez, car ge ne sai. Or si me dites que vos an plaist, o del prandre ou del laissier."

"Dame, fait li anfes, puis que chevalerie commança premierement, fu il onques (*f. 48b*) nus chevaliers qui totes ces bontez eüst en soi?"

"Oïl, fait ele, assez, dont Sainte Escripture nos est tesmoinz, et devant ce que Jhesus Criz soffrist mort, au tans que li pueples Israel servoit Nostre Seignor a foi et a leiauté et se combatoit por sa loi essaucier et acroistre encontre les Filistiens et les autres pueples mescreanz, qui lor voisin estoient pres. De cels fu Jehanz li Ircamiens, et Judas Macabrez, li tres boens chevaliers qui eslut a estre ocis et decolpez miauz que a deguerpir la loi Deu Nostre Seignor, que onques por mescreanz ne torna lo dos am bataille honteussement. Si en fu Symons, ses freres, et David li rois, et autre maint dont ge ne parlerai pas hores qui furent devant l'avenement Nostre Seignor. Et puis sa passion en ont il esté de tex qui de tote[s] veraies valors furent vaillant. Si en fu Joseph d'Arimathie, li gentils chevaliers, qui Jhesu Crist despendié de la Sainte Croiz a ses deus mains et coucha dedanz lo sepulcre. Et si an fu ses filz Galahaz, li hauz rois de Hosselice, qui puis fu apelee Gales en l'anor de lui, et trestuit li roi qui de lui issirent, dont ge ne sai pas les nons. Si an fu li rois Perles de Listenois, qui encor estoit de celui lignage li plus hauz qant il vivoit, et ses freres Helais li Gros. Tuit cil en furent des verais chevaliers cortois, des verais prodomes, qui maintindrent honoreement chevalerie et au siegle et a Damedeu."

"Dame, fait li vallez, puis que tant en ont esté qui furent plain de totes les proesces que vos m'avez ci devisees, de grant mauvaitié seroit dons plains cil qui chevalerie refuseroit et doteroit a prandre por paor de ce qu'il ne poïst a tantes vertuz ataindre. Neporqant ge ne blasme pas les uns de grant mauvaitié, s'il n'osent chevaliers estre, ne les autres, se il lo sont, car chascuns doit (*f. 48c*) anprandre, ce m'est avis, selonc ce qu'il trueve en son cuer, o de mauveitié o de proesce. Mais endroit de moi sai ge bien que, se ge truis qui a nul jor me voille faire chevalier, ja nel laisserai a estre por paor de ce que chevalerie i soit mauvaisement assise; car Dex puet bien avoir mis en moi plus de bonté que ge ne sai, et bien est ancor puissanz qu'il i mete asez de san et de valor, se ele i faut. Et comment que il m'en aveigne, ge ne laisserai ja por paor de nule chose a recevoir lo haut ordre de chevalerie, se ge truis

Lancelot to Become a Knight soon

qui m'an doint l'anor. Et se Dex i velt metre les boennes teches, biau m'en sera, mais ge oserai bien metre cuer et cors et painne et travail."

"Coment, fait la dame, filz de roi? Si s'acorde vostre cuers a ce que vos volez chevaliers estre?"

"Dame, fait il, ge n'ai de rien nule si grant talant, se ge truis qui ma volenté m'an acomplisse."

"En non Deu, fait ele, tote en sera acomplie la volentez, car vos seroiz chevaliers, si ne demorra pas longuement. Et bien sachiez que por ce ploroie ge ores, qant vos venites devant moi, qant ge vos dis que vos en aillissiez ou, se ce non, li cuers me partiroit el ventre; car j'ai en vos tote mise l'amor que mere porroit metre en son anfant, si ne sai comment ge m'en puisse consirrer de vos en nule fin, car mout me grevera au cuer. Mais miauz ain ge assoffrir ma grant mesaise que vos perdissiez par moi si haut anor comme de chevalerie: et ge cuit que ele i sera bien emploiee. Et se vos saviez qui fu vostres peres, ne de qex genz vostres lignages est estraiz de par la mere, vos n'avriez pas paor, si com ge cuit, d'estre prozdom, car nus qui de tel lignage fust ne devroit pas avoir corage de mauveitié. Mais vos n'an savroiz ores plus, tant que ma volentez soit, ne ja plus ne m'enquerez, car ge lo voil. Et vos seroiz chevaliers prochainnement de la main au plus (*f. 48d*) prodome qui au siegle soit orandroit, c'est de la main lo roi Artu. Et si movrons ceste semainne qui entree est, si que nos vendrons a lui lo vendredi devant feste Saint Johan au plus tart, car la feste Saint Johan sera au diemenche aprés, n'il n'i a de cestui diemenche que seulement huit jorz. Et ge voil que vos soiez chevaliers au jor de feste Saint Johan, ne plus n'i delaieroiz. Et Dex qui de la Vierge nasquié por son pueple rachater, autresin com messires Sainz Jehanz fu li plus hauz hom de guerredom et de merite qui onques en fame fust conceüz par charnel assemblement, autresin vos doint il lo don que vos trespassoiz de bonté et de chevalerie toz les chevaliers qui ores sont. Et ge sai grant partie comment il vos en avandra."

Ensi a la Dame del Lac promis a l'anfant qu'il sera chevaliers prochainnement. Et il en a si grant joie qu'il ne poïst greignor avoir.

"Or gardez, fait ele, que ja nus n'en sache rien, et ge vos appareillerai vostre besoigne si bien que ja nus ne s'en prandra garde."

Mout a la dame bien atornee a l'anfant tote sa besoigne, car

ele li avoit porqis grant piece avoit tot qancque mestier estoit a chevalier: hauberc blanc et legier et fort, et hiaume sorargenté, mout riche et de mout grant biauté, et escu tot blanc comme noif a bocle d'argent mout bele, por ce qu'ele ne voloit qu'il i eüst rien
5 qui ne fust blanche. Et si li ot appareilliee une espee qui an mainz leus fu essaiee bien, et, puis qu'il l'ot [et] devant ce, si estoit a mesure granz, et tranchanz a grant mervoille, et po pesanz. Et li fu aprestez li glaives, a une hante blanche, qui corte et roide et grosse estoit, et li fers blans et tranchanz et bien aguz.
10 Avecques tot ce li ot la dame appareillié cheval grant et fort et isnel et bien esprové de vistece et de hardement, et fu toz blans autresin comme nois negiee. (f. 51a) Et si li ot apareillié a sa chevalerie robe d'un blanc samit, cote et mantel, et estoit forrez d'ermines li mantiaus, por ce que rien n'i eüst qui blanc ne fust,
15 et la cote fu forree par dedanz d'un blanc cendé.

En tel maniere atorna la dame au vallet tot ce que mestier li estoit a chevalier, et muet au tierz jor mout matinet. Et ce fu uns mardis, si avoit del diemanche aprés huit jorz jusqu'a feste Saint Jehan. La dame entre en son chemin, si s'an vait a la cort
20 lo roi Artu assez cointement, car ele a en sa compaignie jusqu'a qarante chevax, n'en i a un tot seul qui blans ne soit; et cil qui desus sient sont autresin vestu de blanc. En cele rote avoit chevaliers jusqu'a cinq, et l'ami a la damoisele, qui tant estoit et biax et proz. Si avoit avocques la dame trois damoiseles, celi qui avoit
25 eüe la plaie por les anfanz et autres deus. Et si i estoient li troi qui bien faisoient a mener, ce fu Lyoniaus et Bohorz et Lanbegues avecques aus, et autres vallez i ot assez.

Tant ont chevauchié qu'a la mer vienent, si entrent anz, et sont arivé en la Grant Bretaigne a un diemenche assoir au port de
30 Floudehueg. D'iluec chevauchierent par droites anseignes del roi Artu, si lor fu enseignié que li rois seroit a Chamahalot a cele feste. Et il acoillent lor chemin tant qu'il vindrent lo juesdi assoir a un chastel qui a non Lawenor, si est a vint deus liues anglesches de Chamahalot. Au matin mut la dame mout matin por errer la
35 matinee, car mout estoient grant li chaut, si chevaucha tote la forest jusqu'a deus liues anglesches pres de Chamahalot, si estoit mervoilles pensive et esbahie, car mout li faisoit mal (f. 51b) li cuers del vallet qui de li se devoit partir, si an sospire del cuer et plore des iauz mout tanrement. Mais atant laisse ores li contes
40 a parler de li un petit et retorne au roi Artu.

A cel jor, ce dit li contes, estoit a Chamahalot li rois Artus, car il i sejornoit, et avocques lui grant planté de chevaliers, et i devoit sa cort tenir au jor de feste Saint Jehan. Au vendredi matin se leva li rois si main com il pot lo jor aparcevoir, car il voloit en bois aler por archoier, si oï messe au plus matin que il onques pot. Si tost com il ot messe oïe, si monta et s'en issi de la vile par la Porte Galesche, et avocques lui de ses compaignons une partie. Messires Gauvains, ses niés, i fu, qui ancores avoit lo vis bandé d'une plaie que Gasoains d'Estrangot li avoit faite, ne n'avoit pas plus de trois semaines, car il s'estoient combatu devant lo roi ansanble entr'aus deus, et l'avoit apelé de desleiauté devant tote la cort lo roi. Et avocques aus fu messires Yvains li Granz, li filz lo roi Urien, et Kex li seneschax, et Tohorz, li filz Arés lo roi d'Autice, et Lucanz li boteilliers, et Beduiers li conestables, et des autres chevaliers de la maison au roi meesmes a grant planté.

Quant li rois aprocha de la forest a mains q'en ne traissist d'un arc a trois foiees, si en vit hors issir une litiere sor deus palefroiz qui tost et soef la portoient. Li rois esgarde, si voit que la litiere vient a lui tot droit. Et qant ele aproche, si voit dedanz un chevalier, armé de totes armes ne mais que d'escu et de hiaume dont il n'a point. Li chevaliers fu navrez de deus tronçons de lances parmi lo cors, si les i avoit encores anbedeus (f. 51c) atoz les fers, et paroient parmi les deus ploiz do hauberc tot d'outre en outre. Et parmi la teste estoit enferrez d'une espee, si que par desus la ventaille n'en paroit pas la moitié, et tant com il an paroit, si estoit tainte de sanc et reoilliee mout durement. Li chevaliers fu granz et genz et bien tailliez; mais son non ne nomme ores pas li contes ici endroit, et neporqant ça en avant sera bien seü comment il ot non, et comment il fu navrez, et por quoi il porta si longuement en ses plaies et les fers et les tronçons.

Quant il encontra la rote,[1] si demanda li qex estoit li rois, et il fu assez qui li mostra. Il fait arester la litiere, si salue lo roi. Et li rois s'areste mout volentiers por lui oïr et l'esgarde a grant mervoille.

"Rois Artus, fait il, Dex te saut comme lo meillor roi qui soit, a tesmoig[2] de totes genz, et li plus leiaus et li plus puissanz, et comme celui qui conseille les desconseilliez et les desconseilliees, et maintiens et secors et aides."

"Biaus sire, fait li rois, Dex vos beneïe et vos doint santé, car grant mestier en avez, ce m'est avis."

[1] la reine si d.   [2] tesm/moig

"Sire, fait li chevaliers, ge vaig a toi por secors et por aide, et con a celui a cui l'an dit que nus desconseilliez ne faut. Si vos pri que vos me secorroiz por Deu."

"De qel chose, fait li rois, me demandez vos secors?"

"Ge vos requier, fait li chevaliers, que vos me façoiz desferrer de ceste espee et de ces tronçons qui ci m'ocient."

"Certes, fait li rois, mout volentiers."

Il meesmes giete les poinz por sachier hors les tronçons. Et li chevaliers li crie:

"Ha sire! or ne vos hastez mie si. Ge ne serai (*f. 51d*) pas an tel maniere desferrez."

"Comment donc?" fait li rois.

"Sire, fait il, ja covendra que cil qui me desferrera me jurt sor sainz qu'il me vanchera a son pooir de toz cels qui diront qu'il ameront plus celui qui ce me fist que moi."

A cest mot s'est li rois arrieres traiz, et dist au chevalier:

"Sire chevaliers, c'est trop greveuse chose que vos avez demandee, car tant puet avoir d'amis cil qui ensin vos a navré qu'il n'a chevalier el monde, ne deus ne trois, qui ce poïssent eschever. Mais se vos volez, ge vos vencherai de celui qui ce vos fist, s'il est tex que gel doie ocirre sanz moi mesfaire. Et s'il est mes hom, çaianz a chevaliers assez qui por conquerre lox et pris anprandront volantiers lo fais sor aus."

"De celui, fait li chevaliers, qui ce me fist ne me vencheroiz vos ja, ne vos ne autres. Ge meïsmes m'en sui venchiez, car ge li tranchai la teste, puis qu'il m'ot issi atorné."

"En non Deu, fait li rois, dont cuidoie ge que vos an fussiez bien venchiez, ne de plus ne vos oseroie ge pas asseürer, car ge crienbroie faillir a mon covant. Ne ja autres par mon lox ne vos en asseürera."

"Sire, fait li chevaliers, l'an m'avoit dit q'en vostre maison trovoit l'an toz les secors et les aides, mais or m'est il avis que g'i ai mout bien failli. Et neporqant, certes, ge ne m'en movrai devant que ge voie se Dex me regardera, car s'il a en vostre cort tant de proesce com l'an dit, dont ne m'an irai ge pas sanz garison."

"Il m'est mout bel, fait li rois, que vos en mon ostel soiez tant com vos plaira et bon vos iert."

Atant s'an vait li chevaliers vers Camaa(*f. 50a*)loht et vient as maisons lo roi. Si se fait porter a ses escuiers en la sale en haut, et se fait couchier en la plus bele couche et an la plus riche qu'il i choisist, dont il i avoit assez. Ne a celui tans ne fust si hardiz nus sergenz de l'ostel lo roi Artu qu'il contredeïst a chevalier ne l'ostel lo roi ne l'antree ne lit ou il se couchast, tant riches fust.

Ensi est li chevaliers malades herbergiez. Et li rois en vait an la forest; si parlerent assez del chevalier entre lui et ses compaignons, et dit chascuns c'onques mais si fole reqeste n'oïrent faire a chevalier. Et totevoie dit messires Gauvains que ja, se Deu plaist, de l'ostel lo roi ne s'en ira desconseilliez.

"Ge ne sai, fait li rois, que il fera, mais tant sachent tuit mi compaignon, s'il i avoit nul qui anpreïst si grant folie, ja mais a nul jor n'avroit m'amor; car ce n'est pas chose, par avanture, c'uns chevaliers ne dui ne troi ne vint ne trente encores poïssent a chief mener. Ne nos ne savons ores por quoi cil chevaliers demande si grant outrage, o por lo domage de ma maison o por lo preu."

Ensin parlerent entre lo roi et ses conpaignons del chevalier.

Li rois fu an la forest tote jor et archeia jusques vers vespres. Et lors s'en retorna, et qant il vint hors de la forest tot un santier qui assenbloit au grant chemin, si esgarde sor destre, si voit venir la rote a la Dame del Lac. Si voit el premier chief devant deus garçons a pié qui deus somiers toz blans chaçoient. Desus un des deus somiers avoit trossé un petit paveillon legier, un des plus riches et des plus biaus que onques nus hom eust veüz; et desus l'autre, la robe au vallet dont il devoit estre chevaliers, et une (*f. 50b*) autre robe a parer, et la tierce por chevauchier. Si estoient en deus coffres, et desus les coffres avoit trossé un hauberc et unes chauces. Aprés les deus somiers venoient dui escuier sor deus roncins toz blans, si porte li uns un escu blanc comme noif, et li autres porte lo hiaume qui assez est cointes et biax. Aprés ces deus en vienent dui, dont li uns porte lo glaive qui toz est blans [et fer et fust, et si a une espee au col pendue dont li fuerres est toz blans, et totes blanches sont les renges. Et li autres maine en destre un cheval de molt grant biauté qui toz est blans] comme nois. Et aprés cels vient des escuiers et des sergenz a grant planté, et les trois damoiselles aprés et li chevalier delez eles, qui tuit sieent sor blans chevax.

Et chevauchent tuit cil de la rote dui et dui tot lo chemin. Mais la dame vint tote darreainne entre li et son vallet, si li anseigne et aprant comment il se contendra a la cort lo roi Artu et as autres o il vandra. Et bien li commande, si chier com il a honor, qu'il soit au diemenche sanz nule essoigne chevaliers, car ele lo viaut issi. Et s'il ne l'estoit, il i avroit trop grant domage. Et cil respont que ja delai n'i avra quis, car son voel lo seroit il ja.

Tant ont chevauchié en parlant que lor rote aproche de la lo
5 roi. Et li rois et tote la soe rote les orent esgardez a grant mervoille, por ce que ainsinc estoient tuit vestu de blanches robes et seoient sor blans chevax. Si les mostra li rois a monseignor Gauvain et a monseignor Yvain aprés, et dist c'onques mais une rote de tant de gent n'avoit veüe chevauchier si cointement. [Et la
10 novele vint a la Dame del Lac que c'est li rois Artus. Et ele efforce s'ambleüre, si trespasse trestoute la route entre li et le vallet, si est venue devant le roi qui l'atendoit, si tost com il l'ot veü chevauchier si cointement] et venir et haster, car bien pensoit que ele voloit parler a lui.

15 Ele fu atornee mout richement, car ele fu vestue d'un blanc samit, cote et mantel, a une penne d'ermines. Et sist sor un petit palefroi tot blanc qui estoit si biax et si bien tailliez com l'an lo porroit miauz de boche deviser. Mout fu li palefroiz riches et biax, (*f. 50c*) si fu li frains de fin argent blanc esmeré, et li peitraus
20 autresin et li estrier, et la sele estoit d'ivoire entailliee mout soutiment a ymages menues de dames et de chevaliers. Et la sanbue estoit tote blanche et trainanz jusque vers terre et del samit meesmes dont la dame estoit vestue. Ensi appareilliee et de cors et de palefroi est la dame devant lo roi venue. Et delez li fu l
25 vallez, et fu vestuz d'un blanchet breton qui mout fu bons. Si fu biax a mervoille et bien tailliez, et sist desor un chaceor fort et isnel qui tost lo porte. La dame abat sa guinple devant sa boche et salue lo roi, et non pas si tost que il ne l'eüst ançois saluee que ele lui.

"Sire, fait ele, Dex vos beneïe comme lo meillor roi des terriens
30 rois. Artus, fait ele, ge sui a vos venue et de mout loign. Et si vos vaign un don requerre dont vos ne me devez pas escondire, car vos n'i poez avoir domage ne honte ne mal, ne ja ne vos costerai del vostre rien."

"Damoisele, fait li rois, s'il me costoit del mien assez, mais que
35 honte n'i eüsse ne domage de mes amis, si l'avriez vos. Mais nomez lou seürement, car mout seroit li dons granz dont ge vos escondiroie."

"Sire, fait ele, granz merciz. Or vos requier ge dons que vos cest mien vallet qui ci est me faites chevalier de tex armes et de
40 tex hernois com il a, et qant il vos en requerra."

"Damoisele, fait li rois, bien soiez vos venue a moi, et granz merciz qant vos lo m'avez amené, car mout est biaus li vallez. Et gel ferai chevalier mout volentiers de quele hore que il voudra. Mais vos m'eüstes en covant que vos ne me demanderiez don o g'eüsse ne domage ne mal ne honte; mais en ce (*f. 50d*) que vos m'enquerez avroie ge honte, se gel faisoie, car ge n'ai pas en costume que ge face chevalier nelui se de mes robes non et de mes armes. Mais laissiez moi lo vallet, et gel ferai chevalier mout volentiers; car ge i metrai ce que a moi en apartient: ce sont les armes et li harnois et la colee; et Dex i mete lo sorplus: c'est la proesce et les boenes teches qui doivent estre en chevalier."

"Sire, fait ele, il puet estre que vos n'avez pas en costume a faire chevalier s'au vostre non, car vos n'an avez ancores estez requis par avanture. Mais se l'an vos an requiert, et vos lo faites, vos n'i avez nule honte, ce m'est avis. Et bien sachiez que cist vallez ne puet estre chevaliers, ne ne doit, d'autres armes ne d'autres robes que de celes qui ci sont. Et se vos volez, vos lo feroiz chevalier, et se vos ne l'an volez faire, si m'an porchacerai aillors; et ançois lo feroie ge, ge meesmes, chevalier qu'i[l] ne lo fust."

"Sire, fait messire Yvains, nel refussez ja a faire chevalier si com la dame vos en prie, puis qu'ele lo velt. Et se vos vos en deviez un po mesfaire, ne devez vos pas laissier aler si biau vallet come cist est, car ge ne vi onques si biau don moi soveigne."

Lors otroie li rois a la dame sa volenté, et ele l'an mercie mout durement, si baille au vallet les deus somiers et deus des plus biax palefroiz do monde, et sont tuit blanc, et si li baille quatre escuiers por lui servir.

Atant prant la dame congié del roi, mais il la prie mout et requiert de remanoir. Et ele dit que ele ne puet en nule fin.

"Dame, fait li rois, puis que remanoir ne volez, dont mout me poisse, dites moi qui vos iestes (*f. 52a*) et comment vos avez non, car gel savroie mout volentiers."

"Sire, fait ele, a si preudome com vos iestes ne doi ge pas mon non celer, et gel vos dirai. L'an m'apele la Dame del Lac."

De cest non se mervoile mout li rois, car onques mais de li n'avoit oï parler. Atant s'an part del roi la dame, et li vallez la convoie pres d'une archiee. Et ele li dit:

"Biaus filz de roi, vos en iroiz; et ge voil que vos sachiez que vos n'iestes pas mes filz, ainz fustes fiz a un des plus prodomes do monde et des meillors chevaliers, et a une des plus beles dames et des meillors qui onques fust; mais vos ne savroiz ores pas ne del pere ne de la mere la verité et si lo savroiz vos prochainement. Et gardez que vos seiez de cuer autresin biaus com vos iestes de cors et d'autres menbres, car de la biauté avez vos tant com Dex em porroit plus metre en un anfant, si sera mout granz domages se la proesce ne se prant a la biauté. Et gardez que vos requeroiz lo roi demain asoir que vos face chevalier. Et qant vos seroiz chevaliers, ne gisiez ja puis nule nuit en sa maison, mais alez par toz les païs querant les aventures et les mervoilles, car ansin porroiz conquerre et los et pris. Ne ja ne vos arestez en un leu fors au mains que vos porroiz. Mais gardez que vos faciez tant que ja nus n'anpreigne a faire chevalerie la ou vos la laisseroiz. Et se li rois vos demande qui vos iestes, ne comment vos avez non, ne qui ge sui, si dites outreement que vos nel savez pas, fors tant c'une dame sui qui vos norri; et ge l'ai autresi a voz escuiers bien desfandu. Mais au partir[1] vos dirai tant que ge voil que vos sachiez que ge ne vos ai pas fait faire vilenie de (*f. 52b*) ce que ge vos faisoie servir a cels deus filz de roi qui ont esté avocques vos, car mains gentils hom d'aus n'iestes vos pas, et vostre coisin germain sont il andui. Et por ce que g'ei en vos mise tote l'amor qui puet venir de norreture, les retandrei ge o moi tant com ge les porrai retenir por remanbrance de vos. Et qant il covandra que Lyoniaus soit chevaliers, si me remandra Bohorz."

Quant il ot que li dui anfant sont si coisin, si est mervoilles liez et dit a la dame:

"Com avez bien fait de ce que vos lo m'avez dit, car mout an sui ores plus a eise, et por vostre grant confort et por ma joie."

Lors traist la dame de son doi un anelet, sel met a l'anfant en son doi, et li dit qu'il a tel force qu'il descuevre toz anchantemanz et fait veoir. Atant lo commande la dame a Deu, si lo baise mout doucement. Et au partir li dit:

"Biax filz de roi, itant vos anseignerai au partir, qant plus avroiz achevees aventures felonesses et perilleusses, plus seürement anprenez les aventures a achever, car la ou vos lairoiz a achever les aventures par proesce que Dex ait mise en chevalier, il n'est pas encores nez qui maint a chief celes que vos avroiz laissiees. Assez vos deïsse, mais ge ne puis, car trop m'est li cuers serrez et la parole me faut. Mais or vos en alez, et bons et

---

[1] mais au partir mais au partir

biax et gracieus et dessirrez de totes genz et amez sor toz chevaliers de totes dames; itex seroiz vos, car bien lo sai."

Atant li baise la boiche et la face et les deus iauz mout durement, si s'en est tornee tel duel faisant qe l'an n'an puet parole traire. Et li anfes en a pitié mout grant, si l'an sont les lermes a quel que poine venues as iauz. Et il cort maintenant a ses deus coisins, si baise Lyonel avant et puis Bohort, et dit a Lyonel:

"Lyonel, Lyonel, ne seiez pas esbahiz ne desesperez se danz (*f. 52c*) Claudas a vostre terre en sa baillie, car vos avroiz plus d'amis que vos ne quidez au recovrer."

Apres baise toz les autres par un a un, et lors s'an part toz les galoz, s'ataint lo roi et sa conpaignie qui l'aloient contratandant por lui veoir. Et li rois lo prant par lo menton, si lo voit si bel et si bien fait de totes façons que rien n'i voit a amender. Et messires Yvains li dist:

"Sire, esgardez lo bien, car ge ne cuit pas c'onques mais veïssiez si bele figure en nul vallet. Ne fu mie Dex vers lui avers, s'il li a autretant donees de boenes teches comme de biauté."

Tant en dient entre monseignor Yvain et les autres que li vallez en est toz esbahiz; et li rois lo voit mout bien, si ne li velt rien anquerre de son covine, ainz laisse jusqu'a une autre foiz. Puis dist a monseignor Yvain:

"Ge lo vos commant lo vallet, car nus ne[1] li savroit enseignier miauz de vos comment il se doit contenir."

Lors li baille par la main et messire Yvains l'an mercie. Atant sont a Chamahalot venu, si est la presse si granz et d'uns[2] et d'autres entor lo vallet por lui veoir que a poines i puet l'an son pié torner. Il est descenduz a l'ostel monseignor Yvain, et il et tote sa maisniee et tuit cil qui lo voient dient c'onques mais ne virent nul si biau vallet. Qant vint l'andemain au samedi[3] li vallez vient a monseignor Yvain, si li dist:

"Sire, dites a monseignor lo roi que il me face chevalier si com il lo creanta ma dame, car gel voil estre, sanz plus atandre, demain."

"Comment? fait messire Yvains, biax dolz amis, volez lo vos estre si tost?" Et il li respont que oïl. "Biax douz amis, fait il, ne vos venist il miauz encor atandre et aprendre des armes tant que vos en seüssiez?"

"Sire, fait li vallez, ge (*f. 52d*) ne serai or mon voil plus escuiers,

[1] ne ne li   [2] et daus et dautres   [3] semadi

et ge vos pri que vos dioiz a monseignor lo roi que il me face demain chevalier sanz plus atandre."

"Certes, fait il, mout volentiers."

Messire Yvains s'an vait au roi, si li dit:

5 "Sire, vostres vallez vos mande par moi que vos lo façoiz chevalier."

"Li qex vallez?" fait li rois.

"Sire, fait il, li vallez qui arsoir vos fu bailliez que vos me comand[ast]es a garder."

10 A ces paroles vint la reine parmi la sale, et delez li messire Gauvains, li niés lo roi. Et li rois regarde monseignor Yvain, si li dit:

"Dites vos, fait li rois, del vallet que la dame me bailla, vestu de la robe blanche?"

"De celui, fait messire Yvains, di ge por voir."

15 "Comment? fait li rois; si velt ja estre chevaliers?"

"Voire, fait il, demain el jor."

"Oëz, Gauvains, fait li rois, de nostre vallet d'arsoir qui velt ja estre chevaliers."

"Certes, fait messire Gauvains, il a grant droit. Et ge quit que
20 chevalerie i sera bien assise, car mout est biax et mout sanble bien estre de hautes genz."

"Qui est, fait la reine, cil vallez?"

"Qui, dame? fait messire Yvains, c'est trestoz li plus biax vallez que onques veïssiez de voz iauz." Lors li conte comment il
25 avoit esté amenez au roi lo jor devant et com la dame estoit venue cointement qui l'amena.

"Comment? fait la reine; ersoir vint a cort, et demain velt estre chevaliers?"

"Voire, dame, fait messire Yvains, car il en a trop grant talant."

30 "Or lo verroie, fait la reine, mout volentiers."

Et li rois dit:

"En non Deu, vos lo verroiz ja comme lo plus bel et lo miauz taillié que vos onques veïssiez au mien espooir."

Lors dist a monseignor Yvain qu'il l'aille querre. "Et si le
35 faites si richement atorner, fait il, com vos savez que raisons est; et ge (*f. 53a*) cuit bien qu'il a assez de quoi."

Lors conte li rois meïsmes a la reine comment la Dame del Lac li avoit requis qu'il ne lo feïst chevalier se des soes armes non et de ses robes, et que ele estoit apelee la Dame del Lac. Et ele
40 s'an mervoille mout et trop li tarde que ele lo voie.

Youth's First Meeting with Guinevere

Messire Yvains vait au vallet, sel fait vestir et acesmer au miauz qu'il puet. Et qant il est tex que il n'i voit que amender, si l'an amainne a cort sor son cheval meesmes, qui mout ert biax. Mais il ne l'an amena pas an repost, car tant avoit del pueple environ lui que tote en estoit la rue plaine. Et la novelle est espan- 5 due parmi la vile que li biax vallez qui ersoir vint sera chevaliers demain, et qu'il vient a cort vestuz de robe a chevalier. Lors saillent as fenestres cil de la vile, homes et fames, et dient, la ou il lo voient passer, c'onques si biau chevalier vallet ne virent mais. Il est venuz a la cort, si descent de son cheval. Et la novele de lui 10 s'espant parmi la sale et par les chanbres, si saillent hors chevalier et dames et damoiseles, et meïsmes li rois et la reine vont as fenestres.

Qant li vallez est descenduz, si lo prant par la main messire Yvains et l'an maine en la sale amont. Li rois vint encontre et la 15 reine, si lo prannent andui par les deus mains et se vont aseoir en une couche, et li vallez s'asiet devant aus a terre sor l'erbe vert dont la sale estoit joinchiee. Et li rois l'esgarde mout volentiers. S'il li avoit esté biaus en son venir, neianz estoit envers la biauté qu'il avoit ores, si li est avis qu'il soit creüz et anbarniz a grant 20 planté. Et la reine dit que preudome lo face Dex, car grant planté li a donee de biauté.

La reine regarde lo vallet mout du(*f. 53b*)rement, et il [li],totes les foiz qu'il puet vers li ses iauz mener covertement, si se mervoille mout dont si granz biautez pot venir com il voit en li 25 paroir. Ne la biauté sa Dame del Lac ne de nule qu'il onques mais eüst veüe ne prise il nule rien envers cesti. Et il n'avoit mie tort s'il ne prisoit envers la reine nule autre dame, car ce fu la dame des dames et la fontaine de biauté; mais s'il saüst la grant valor qui en li estoit, encor l'esgardast il plus volentiers, car nule n'estoit, 30 ne povre ne riche, de sa valor.

Ele demande a monseignor Yvain comment cil vallez a non, et il respont qu'il ne lo set.

"Et savez vos, fait ele, cui il est filz, ne dont il est nez?"

"Dame, fait il, naie, fors tant que ge sai bien qu'il est do païs 35 de Gaule, car mout an parole droit la parleüre."

Lors lo prant la reine par la main, si li demande don il est. Et qant il la sant, si tressaut toz autresin com s'il s'esveillast, et tant pense a li durement qu'il ne set qu'ele li a dit. Et ele conoist qu'il est mout esbahiz, si li demande autre foiz: 'Dites moi, fait 40 ele, dont vos iestes." Et il la regarde mout sinplement et si li dit en sospirant qu'il ne set dont. Et ele li redemande comment il a non. Et il dit qu'il ne set comment. Maintenant aparçoit bien la reine qu'il est esbahiz et trespansez, mais ele n'osse pas cuidier que ce soit por li; et neporquant ele lo sospece un po, si an laisse la parole ester atant. Et por ce qu'ele nel velt en greignor folie metre, ele se lieve de la place et dit, por ce que ele ne velt que nus pant a vilenie et que nus ne s'aparçoive de ce que ele sospeçoit, que cil vallez ne li senble pas[1] estre senez tres bien, et qui qu'il soit, sages o fox, il a este enseigniez mauvaisement.

"Dame, fait messire Yvains, entre moi et vos ne savons pas bien (*f. 53c*) comment il est. Par aventure deffandu li est qu'il ne nos die comment il a non, ne qui il est."

Et ele dit qu'il puet bien estre. Mais ce disoient il, si que li vallez ne l'ooit pas.

La reine vet en ses chanbres. Et qant vint a ore de vespres, messire Yvains i mena lo vallet parmi la main. Au revenir des vespres alerent li rois et la reine et li autre chevalier par derrieres la sale en un mout biau jardin sor la riviere qui as maisons lo roi joignoit. Et messire Yvains i mena lo vallet autresin, et aprés lui venoit mout granz rote d'autres vallez qui noviau chevalier devoient estre l'andemain. Qant il vindrent del jardin, si monterent en la sale par uns degrez par ou l'an descendoit sor la riviere, si les covint a passer parmi la chanbre o li chevaliers gisoit qi estoit enferrez des deus tronçons et de l'espee. Et ses plaies puoient si durement que li chevalier estopoient lor nes de lor mantiaus et s'an fuioient grant cors outre.

Li vallez demande a monseignor Yvain por qoi estopoient si lor nes cil chevalier.

"Biaus amis, fait messire Yvains, d'un chevalier navré qui ceianz gist."[2]

"Sire, fait li vallez, par quel raison gist il dons ceianz? Dont ne fust il miauz la desouz en un ostel?"

"Oïl, voir, fait messire Yvains, mais il est arestez ceianz por secors avoir, se Dex li velt envoier." Lors li conte comment il covenoit a celui qui lo defferreroit jurer sor sainz qu'il l'an vengeroit, et quex la vengence devoit estre.

"Sire, fait li vallez, ge lo verroie volentiers, s'il vos plaisoit."

"Et vos lo verroiz, fait messire Yvains, or en venez."

[1] pas bien estre   [2] ceianz est ou il gist

Yvain Prepares Youth for Knighting

Messire Yvains l'an mainne jusq'au chevalier. Et li vallez li demande:

"Sire chevaliers, qui vos navra si durement?"

"Frere, fait il, uns chevaliers que ge ocis."

"Et por quoi ne vos faites vos defferrer?" fait li vallez.

"Por ce, fait il, que ge ne truis nul si hardi chevalier qui m'osast enprandre a defferrer."

"Por quoi, Deu merci? fait li vallez. En [n]on Deu, ge vos defferrerai orendroit, se vos volez, se mout grant force ne covient (*f. 53d*) a ces tronçons hors arrachier."

"Gel voudroie ores, fait li chevaliers, que vos m'eüssiez defferré par lo covenant qui i est."

"Quex est li covenanz?" fait li vallez.

"Il est tex, fait messire Yvains, que par aventure il n'a el monde deus chevaliers ne trois qui l'achevassent, non vint."

Lors li devise les covenanz de chief en chief. Et li vallez commence a penser un petit, et messire Yvains, qui mout estoit sages, lo prant par la main.

"Venez an, fait il, ne vos taint encores pas a panser a si grant chose."

"Por quoi dons?" fait li vallez.

"Por ce, fait il, que ceianz a des plus prodomes do monde qui ne s'en vuelent entremetre, entaimmes vos qui encor n'iestes pas chevaliers."

"Comment? fait li chevaliers navrez, si n'est il mies encores chevaliers?"

"Nenil, fait messire Yvains, mais il lo sera lo matin, et si en a il ja vestue la robe, si com vos lo poez veoir."

Qant li vallez ot qu'il n'est pas encores chevaliers, si n'ose plus mot soner, fors tant qu'il commande lo chevalier navré a Deu. Et cil dit que Dex lo face prodome. Atant l'an mainne messire Yvains en la sale ou les tables sont mises et les napes desus, si assient au mengier. Aprés mengier mena messire Yvains lo vallet a son ostel. Et qant il anuita, si lo mena a un mostier ou il veilla tote nuit enjusq'au jor, n'onqes tote la nuit ne lo laissa. Au matin l'en mena a l'ostel, sel fist dormir tant que vint a la grant messe; et lors lo mena au mostier avoc lo roi, car li rois as grant festes ooit tozjorz messe au plus haut mostier et au plus riche de la vile ou il estoit, et la grant messe ooit tozjorz. Quant il durent au mostier aler, si furent aportees les armes a toz cels qui chevalier devoient

estre, et s'armerent si com a celui tans estoit costume. Et lors dona li rois les colees, mais (*f. 54a*) les espees ne lor ceint pas devant qu'il revenissent del mostier. Qant les colees orent eües, si alerent au mostier et oïrent messe, et tuit armé si com a celui tans estoit
5 costume; et ansi lo faisoient. Et si tost com la messe fu dite et il vindrent del mostier hors, li vallez se part de monseignor Yvain et s'en vient en la sale en haut et vait au chevalier navré, si li dit que or lo defferreroit il, se il voloit.

"Certes, fait li chevaliers, ce m'est mout bel, par les covenanz
10 qui i sont." Si li redevise.

Et cil dist qu'il est toz appareilliez del jurer. Lors se traist vers une fenestre et tant sa main vers un mostier qu'il voit, si jure, veiant les escuiers au chevalier, qu'il a son pooir lo venchera de toz cels qui diront qu'il ameront plus celui qui ce li fist que
15 lui. Lors est li chevaliers mout liez et dit au vallet:

"Biaus sire, des or me poez vos desferrer. Que vos seiez li bienvenuz."

Et li vallez met maintenant les mains a l'espee qui an la teste au chevalier ert anbatue, si l'an sache si doucement hors que li
20 chevaliers ne s'en sant se mout po non. Aprés li oste les tronçons. Endemantiers qu'il desferroit issi lo chevalier, avint chose que uns escuiers lo vit, si an corrut poignant aval en la cort devant la sale o li rois ceignoit les espees as chevaliers noviaus, si conta monseignor Yvain comment li vallez avoit deferré lo chevalier.
25 Messire Yvains en vint corrant an la chanbre au chevalier autresi comme toz desvez, si voit lo chevalier, qui defferrez est et dit au vallet:

"Ha! biax chevaliers, Dex te face prodome; et si seras tu se tu puez vivre longuement. Des ores mais seroie ge toz gariz se ge
30 avoie un mire qui s'entremeïst de moi."

Li vallez voit monseignor Yvain, si li dit:

"Ha! sire, por Deu, (*f. 54b*) car li querez un mire."

"Comment? fait messire Yvains, avez lo vos dons defferré?"

"Sire, fait il, oïl, ce poez veoir, car g'en avoie si grant pitié
35 que plus ne poie soffrir sa grant messaise."

"Vos n'avez pas fait que sages, fait messire Yvains, et si vos iert torné a grant folie, car il a ceianz des meillors [chevaliers] do monde qui entremetre ne s'en voloient, por ce que nus n'en porroit a chief venir; et vos qui ne savez que monte l'avez empris.
40 Une tele chose avez faite dont mout me poise; et miauz amasse,

si m'aïst Dex, que li chevaliers s'en alast de ceianz toz desconseilliez, quel honte que li rois en deüst avoir ne ses ostex, et quel domage que cil chevaliers i eüst, car se vos vesquissiez longuement, encor poïssiez venir a mout grant chose."

"Ha! sire, fait il, mout est ores miauz que ge muire en ceste bessoigne, se morir i doi, que cist chevaliers, qui est espooir de grant proesce, et l'an ne set ancores combien ge vail, ne rien n'ai fait, por q'an fust blasmez messires li rois et ses ostex. Mais por Deu, sire, puis que tant est la chose alee, faites querre un mire au chevalier por lui garir."

Et messire Yvains respont toz angoisseus que por mire ne perdra il ja. Il anvoie un mire querre, si an mainne lo vallet an la sale o li rois estoit montez, qui ja avoit oïes les novelles que li vallez avoit desferré lo chevalier.

"Comment, Yvains? fait li rois, a dons vostre vallez desferré lo chevalier navré?"

"Sire, oïl," fait messire Yvains.

"Certes, fait li rois, ce doit vos peser; et mervoilles avez faites qui lo soffrites. Et ge vos en sai mout mauvais gré, quant vos au plus biau vallet do monde avez soffert a enprandre chose dont il ne puet se morir non."

"Sire, fait messire Yvains, par la foi que ge doi vos qui mes sires iestes, ge ne fui pas au desferrer, et mout l'an ai blasmé et laidangié. Et miauz vousisse un des braz avoir brisié que il l'aüst fait."

"Certes, fait li rois, vos n'eüssiez mie de tort, car onques mais home ne vi (f. 54c) dont il fust par sanblant si granz domages comme de cestui, car il a enprise une chose dont nus ne porroit a chief venir."

"Ha! sire, fait li vallez, por Deu merci, mout est[1] ores miauz que ge muire que uns des prisiez chevaliers de vostre ostel, car ge ne puis encores pas grantment valoir."

Et li rois enbrunche la teste, si en est si iriez que les lermes l'an sont as iauz venues.

Tant sont corrues les paroles par tot laianz que la reine lo sot, si l'an poise trop durement, car ele crient et dote qu'il ne l'amast de si grant amor qu'il eüst anpris por li a defferrer lo chevalier, si dit que mout est granz domages de lui et granz dolors. Mout plainent durement lo vallet et un et autre, et por lo grant duel

---

[1] estes *with the final s expunctuated*

que tuit en orent ne manbra il au roi ne a autrui de s'espee qu'il li avoit obliee a ceindre. Atant sont les napes mises, si sont tuit desarmé li chevalier novel et vont asseoir au mengier.

Qant li rois ot une piece au mengier sis, si antra laianz uns chevaliers armez de totes armes fors que de hiaume et de sa ventaille qu'il ot abatue sor ses espaules. Il est venuz devant lo roi, si lo salue.

"Rois Artus, fait il, Dex te saut et tote ta compaignie de par la dame de Nohaut a cui ge sui. Ma dame m'envoie a toi et si te mande que li rois de Northunberlande la gerroie et siet devant un sien chastel a siege. Li rois l'a mout grevee et a assez de ses homes morz et de sa terre destruite, si l'apele de covenances dont ma dame ne li conoist ne tant ne qant. Tant ont[1] les paroles esté menees d'amedeus parz, et par chevaliers et par genz de religion, que li rois dit qu'il est prelz d'ataindre ma dame des covenances qu'il li demande, et (*f. 54d*) si com jugemenz dira. Jugemenz dit que, se li rois lo velt mostrer, ma dame se doit desfandre si com ele porra, ou par un chevalier encontre un autre, ou par deus contre deus, ou par trois contre trois, ou par tant com ele an porra avoir, se ele velt. Por ce te mande ma dame, com a celui que ses sires liges ies et ele ta fame lige, que tu la secorres a cest besoign et que tu li anvoies tel chevalier qui ancontre un autre puisse l'anor ma dame desraisnier, car ele prandra la bataille et la mostrance d'un chevalier."

"Biaus amis, fait li rois au chevalier, ge la secorrai mout volentiers. Et ge conois bien que gel doi faire, car ele est ma fame lige et tient de moi tote sa terre. Et se ele n'en tenoit rien, s'est ele tant vaillanz dame et tant debonaire et tant bele et tant gentils fame que bien la devroie secorre."

Cil qui servoient mainnent mengier lo chevalier qui lo message avoit aporté, et atant remest la parole de ces secors. Et si tost com l'an commença napes a traire, li vallez monseignor Yvain sus saut et s'an vient devant lo roi, si s'agenoille et li dist mout sinplement:

"Sire, vos m'avez fait chevalier, vostre merci, et ge vos requier a don que vos m'otriez a faire cest secors que cist chevaliers a demandé."

"Biax amis, fait li rois, vos ne savez que vos querez, car vos iestes si anfes et si juesnes que vos ne savez que monte granz fais

[1] ont este les paroles este

de chevalerie; car li rois de Northumberlande a tant de bons chevaliers, si sai bien que au meillor a son escient fera il la bataille faire. Et vos iestes de tel aage que vos n'avez encor mestier de si grant faissal anchargier; et trop seroit granz domages se vos estiez par mesaventure desavanciez, car a mout grant (*f. 55a*) chose poriez encor venir. Et vos iestes si biax et si gonz et de si grant cuer, ce m'est avis, que il ne puet pas estre que vos ne seiez de mout haute genz estraiz. Et de grant hautece de cuer iestes vos a moi venuz, car vos baez a conquerre honor et pris, et si avroie mout grant duel se vos[1] par don que ge vos donasse estiez morz. Et d'autre part, vos avez tel chose emprise que bien vos devez atant tenir; et Dex vos an doint a bon chief traire, car li perilz i est mout granz."

"Sire, fait li vallez, c'est la premiere requeste que ge vos ai faite, puis que vos me feïstes chevalier, et gardez i bien vostre honor que vos ne m'escondites de chose que ge vos requiere raisnablement. Et ge vos demant encor a don que m'anveiez a la dame por cest secors; et se vos m'en escondites, g'en serai mout ampiriez et mains m'an priseront et un et autre. Et ge meesmes m'en ameroie mains, se Dex m'aïst, qant vos doner ne me voudroiz secors affaire qui puisse estre faiz par lo cors d'un seul chevalier."

Lors saut avant messire Gauvains et messire Yvains, ses coisins, et dient au roi:

"Ha! sire, por Deu, donez li, car certes nos cuidons que il lo face mout bien. Ne vos nel poez pas escondire belement."

"Certes, fait li rois, ausin cuit ge qu'il lo fera bien—et Dex li doint—et ge li donrai volentiers. Tenez, fait il, biaus amis, ge vos otroi le secors a la dame de Nohaut, et Dex lo vos doint si faire que vos en aiez et lox et pris, et ge honor."

"Sire, la vostre grant merci," fait li vallez.

Atant prant del roi congié et de monseignor Gauvain et des autres compaignons. Et messires Yvains l'an mainne a son ostel por lui armer. Et li chevaliers qui por lo secors estoit venuz vient au roi et dit:

"Sire, (*f. 55b*) ge m'en irai, car moi est avis que vos avez donee la bataille a vostre noviau chevalier, et gardez qu'il soit tels com a tel besoigne covient."

"Certes, fait li rois, il la me requist a don, car ge i envoiasse un des meilleurs chevaliers de ma maison; et neporqant ge cuit qu'ele i soit mout bien amploiee."

[1] se ge par

"Sire, fait cil, a vostre congié."

"Alez a Dieu, fait li rois, et saluez moi vostre dame et si li dites que, s'ele a paor que sa bataille ne soit pas boene a faire par un seul chevalier, ge l'an envoierai o deus o trois o tant com ele voudra."

"Granz merciz, sire," fait il.

Atant s'an part et vient au vallet a l'ostel monseignor Yvain ou il s'armoit. Et qant il est toz armez fors son chief et ses mains, si dit a monseignor Yvain:

"Ha! sire, g'ei trop oblié."

"Quoi?" fait messire Yvains.

"Sire, fait il, que ge n'ai pas pris congié a madame la reine."

"Vos avez dit que sages, fait messire Yvains; or i alons."

"Biax sire, fait li vallez au chevalier qui l'atandoit, alez vos en avant jusque la dehors, car ge ferrai aprés vos des esperons si tost com j'avrai parlé a madame la reine. Et vos, fait il a ses escuiers, alez avocques lui et menez tot mon hernois."

Lors consoille a un des escuiers qu'il enport s'espee autresin, car il bee a estre chevaliers d'autrui main que de la lo roi.

"Sire, fait li chevaliers qui l'atandoit, g'irai avant jusq' a l'antree de la forest et illuec vos atandrai."

"Alez, fait li vallez, car ge vos sivrai orandroit."

Atant s'an part li chevaliers et li escuiers au vallet, et entre monseignor Yvain et lo vallet s'an vont a la cort et passent parmi la sale o li rois estoit encore et maint boen chevalier avecqes lui. Li vallez ot sa vantaille abatue sor ses espaules, et il vont tant que il sont venu dedanz les chanbres la reine. Et qant li vallez la vit, il ne la mesquenut pas. Il s'agenoille devant li, si la regarde mout debonairement tant com il ose. Et qant (*f. 55c*) vergoigne lo sorvaint, si fiche vers terre ses iauz, toz esbahiz. Et messire Yvains dit a la reine:

"Dame, vez ci lo vallet d'arsoir que li rois a fait chevalier qui vi[e]nt a vos prandre congié."

"Comment? fait la reine, vait s'an il ja?"

"Oïl, dame, fait messire Yvains, il fera un secors de par mon seignor a la dame de Nohaut."

"Ha! Damedex, por quoi sueffre mes sires qu'il i aille? Ja avoit il tant affaire d'autre part de ce qu'il defferra lo chevalier."

"Certes, dame, fait messire Yvains, ce poise monseignor lo roi, mais il li demande a don."

Et lors dist chascuns:

"C'est li vallez qui desferra lo chevalier. Dex, com a fait grant hardement!"

"Dex, font les dames et les damoiseles de laianz, com par est biax et genz et bien tailliez de totes choses, et com sanble qu'il doie estre de grant proesce!"

Lors lo prant la reine par la main, si li dit:

"Levez sus, biax douz sire, car ge ne sai qui vos iestes. Espooir vos iestes plus gentis hom que ge ne sai, et ge vos sueffre a genolz devant moi, si ne faz mie que cortoise."

"Ha! dame, fait il en sospirant, vos me pardonroiz[1] avant la folie que ge ai faite."

"Quel folie, fait ele, feïstes vos?"

"Dame, fait il, de ce que ge m'en issi de ceianz sanz prandre congié a vos."

"Biax dolz amis, fait la reine, vos iestes si juenes hom que l'an vos doit bien pardoner un tel mesfait, et gel vos pardoign mout volentiers."

"Dame, fait il, vostre merci. Dame, fait il, se vos plaisoit, ge me tandroie en quel que leu que ge alasse por vostre chevalier."

"Certes, fait ele, ce voil ge mout."

"Dame, fait il, des or m'en irai a vostre congié."

"A Deu, fait ele, biax douz amis."

Et il respont entre ses danz:

"Granz merciz, dame, qant il vos plaist que ge lo soie."

Atant l'an lieve la reine par la main sus, et il est mout a eise qant il sant a sa main tochier la soe main et tote nue. Il prant congié as dames et as damoiseles, et messire Yvains (f. 55d) l'an remaine parmi la sale. Et qant il vint a son ostel, si li arme son chief et ses mains. Et qant il li vost l'espee ceindre, si li membre de ce que li rois ne li avoit onques ceinte, si li dit:

"Par mon chief, sire, vos n'iestes mie chevaliers."

"Por quoi?" fait li vallez.

"Por ce, fait messire Yvains, que li rois ne vos a pas l'espee ceinte. Or alons a lui, si la vos ceindra."

"Sire, fait il, or m'atandez dons, et ge corrai aprés mes escuiers qui la moie en portent, car ge ne voudroie que li rois me ceinsist se cele non."

"G'irai, fait messire Yvains, avocques vos."

[1] pandonroiz

"Sire, fait il, nel ferez, car g'irai aprés els tant com ge porrai traire del cheval, et au retor ge revandrai ci a vos tot droit."

Il s'an vait, et messire Yvains l'atant; mais il n'a talant de retorner, car il n'atant pas a estre chevaliers de la main lo roi, mais d'un[e] autre dont il cuidera plus amander. Grant piece l'atandié messire Yvains; et qant il voit qu'il ne reparrera, si s'an va droit au roi et dit:

"Sire, malement somes deceü de nostre vallet qui s'an vait a Nohaut por lo secors."

"Comment?" fait li rois.

"Certes, fait il, ja ne li avez pas ceinte l'espee."

Lors li conte comment il dut revenir[1] qant il ala s'espee querre. Et li rois se mervoille mout por quoi il n'estoit retornez, puis que messire Yvains li avoit dit qu'il n'estoit mie chevaliers.

"Certes, fait messires Gauvains, ge cuit qu'il est mout hauz hom de grant maniere, si a tenu espoir en despit ce que messires li rois ne li ceint s'espee ançois qu'as autres, et por ce s'an est alez."

Et la reine dit qe bien puet estre, et mainz des autres chevaliers dient autel. Mais or se taist atant li contes et del roi et de la reine et tote lor conpaignie et retorne au vallet qui la dame de Nohauz vait delivrer.

(*f. 56a*) Or s'an vait li vallez aprés lo chevalier qui vint querre lo secors et aprés son hernois qui avant vait, si ataint lo chevalier et lo hernois a l'entree de la forest. Il chevauchent ensenble parmi la forest tant qu'il est none, si fait mout grant chaut. Li vallez oste son hiaume, sel baille a un suen escuier, et il commance a panser mout durement. Et li chevaliers, qui avant vait, issi hors do chemin et antre en un santier petit. Et qant il ont un po alé par lo sentier, uns rains aconsiust lo vallet el vis, si l'a blecié; et il laisse son pensé, si regarde et voit qu'il est hors do grant chemin.

"Q'est ce? fait il au chevalier; dont n'estoit la voie droite et plus bele par lo grant chemin que par cest petit santier?"

"Oïl, sanz faille, fait li chevaliers, mais ele n'i estoit mie si seüre."

"Por quoi dons?" fait li vallez.

"Ce ne vos dirai ge pas, se ge ne voil," fait li chevaliers.

"En non Deu, fait il, si feroiz, car vos m'avez fait plus d'anui que vos ne cuidiez en ceste voie."

"Amis, fait li chevaliers, et quel?"

[1] revenir et qant

"Tel, fait li vallez, que vos nel me porriez pas restorer. Mais or me dites por quoi la voie n'estoit pas seüre par dela."

"Nel vos dirai pas,"[1] fait li chevaliers.

["Non?" fait li vallez.]

Lors prant s'espee de l'escuier qui la portoit, et revient au chevalier isnellement.

"Or lo me diroiz vos, fait il, isnellement, o vos iestes morz."

"Morz?" fait il, si commance a rire. "Cuideriez me vos si tost ocirre?"

"Oïl, certes, fait li vallez, morz iestes vos, se vos nel me dites orandroit."

"Ge ne suis pas, fait li chevaliers, si legiers a ocirre com vos cuidiez. Mais gel vos dirai, ainz que vos vos mesloiz a moi, car dons feroie ge la besoigne ma dame mauvaisement se ge vos laissoie a moi mesler. Or en venez arrieres, et ge vos mosterrai por quoi ge vos destornoie del grant chemin."

Il retornent (*f. 56b*) si com il estoient venu tot lo santier, et li valez vait aprés, et ses hernois. Et lors sont repairié a lor chemin. N'orent gaires alé par lo chemin qant il troverent un po sor destre un perron lez une mout bele fontaine. Li vallez vient a la fontaine et esgarde un po loing, si voit un paveillon mout biau tandu tres enmi une lande qui mout ert granz.

"Biax sire, fait li chevaliers au vallet, or vos dirai, se vos volez, por quoi ge laissoie lo grant chemin."

"Dites," fait il.

"En cel paveillon la, fait li chevaliers, a une pucele de grant biauté, si la garde uns chevaliers qui mout est [plus] granz d'autres chevaliers bien demi pié, et plus forz et plus corsuz; si est mout fel et mout cruieus de toz cels dont il vient au desus, et c'est de toz cels qui a lui se meslent, car il est de si grant force que nus ne lo puet soffrir. Por ce vos destornoie ge del chemin hors."

"Et gel voil aler veoir." fait li vallez.

"Nel feroiz, fait il, se vos m'en creez."

"Si ferai." fait il.

"Par foi, fait li chevaliers, ce poise moi, et vos ne feroiz pas savoir. Ne ge ne vos convoiera en avant, ce vos di ge bien."

"Se vos volez, si me convoiez, fait li vallez, et se vos volez, sel laissiez, que autant m'est de l'un comme de l'autre."

[1] ne ia nirai pas

Lors descent li vallez de son cheval, si prant s'espee en l'une main et son hiaume en l'autre[1] et laisse lo chevalier et ses escuiers au perron [et vient] devant lo paveillon, s'espee en sa main tote nue. Il vost ovrir l'uis do paveillon, mais li granz chevaliers seoit
5 devant en une mout riche chaiere. Il dit au vallet.
"Mar i faites, biax sire. Ne vos taint pas a entrer laianz."
"Moi si fait, fait li vallez, car ge voil veoir une damoisele qui laianz est."
"Ele n'est pas abandonee a veoir, fait li chevaliers, a toz cels
10 qui veoir la vuelent."
"Ge ne sai, fait li vallez, (*f. 56c*) as quex ele est abandonee, mais ge la verrai."
Lors vost dedanz lo paveillon antrer a force.
"Estez, biax sire, fait li chevaliers, n'i antrez pas, car ma damoisele
15 dort, ne ge ne voudroie en nule guise que ele s'esveillast autrement que de son gré. Mais puis que vos iestes si dessirranz de li veoir, fait li chevaliers, ge ne m'en meslerai pas a vos, car ge n'avroie nule annor en vos ocirre, mais ge la vos mosterrai ja que ele s'esveillera."
20 "Por quoi n'avriez vos nule honor, fait li vallez, en moi ocirre?"
"Por ce, fait il, que vos iestes trop juenes, et si sui plus granz et plus forz de vos assez."
"Moi ne chaut, fait li vallez, por quoi vos lo laissiez, se vos me creantez que vos me mosterroiz la pucele qant ele sera esveilliee."
25 "Gel vos creant,[2] "fait li chevaliers.
Et li vallez guerpist lo paveillon et s'an torne vers une loge galesche qui estoit a mains d'une archiee del paveillon. Si voit devant la loge seoir deus damoiseles mout acesmees. Il s'an vait as damoiseles, s'espee en sa main destre et son hiaume en la senestre.
30 Et qant il aproche d'eles, onques ne se murent,ançois dist l'une:
"Dex, com biau chevalier a ores en cest home qui ci vient!"
"Certes voires, fait l'autre, c'est li plus biaus chevaliers do monde. Mar i fu de ce qu'il est si coarz."
"M'aïst Dex, fait l'autre, vos avez voir dit. Il n'est mie cheva-
35 liers, qant il ma dame n'osa veoir, qui est la plus bele riens do monde, por la paor del grant chevalier qui la gardoit."
Il a mout bien antandu ce que eles ont dit, si s'areste et puis lor dit:
"Si voirement m'aïst Dex, vos avez mout grant droit."

[1] autre et uient et laisse   [2] vos l creant

Lors torne arrierres au paveilon (*f. 56d*) qui estoit an l'oroille de la forest. Et qant il vient a l'uis, si ne trueve point del grant chevalier. Il oevre l'uis do paveillon, mais il ne voit laianz ne dame ne damoisele. Lors est mout esbahiz, si se mervoille[1] o pueent estre alé cil de laianz. Il regarde antor lui, mais il n'i choisist nule rien. Maintenant revient arrieres as deus puceles que il avoit veües devant la loge, mais il n'an puet nule trover. Lors est si dolanz que par un po qu'il n'est desvez. Il revient arrieres au perron o il ot laissié lo chevalier et son harnois, et li chevaliers li demande que il a fait.

"Ge n'ai, fait il, rien fait. La pucele m'est eschapee, dont mout me poisse." Lors li conte en quel maniere. "Mais certes, fait il, ge ne finerai ja mais devant que ge avrai veü la damoisele."

Lors est montez en son cheval et rebaille s'espee et son hiaume a ses escuiers.

"Qu'est ce? fait li chevaliers, biax sire, volez vos dons aler sivre la damoisele?"

"Oïl, fait li vallez, ge la querrai tant que ge l'avrai trovee."

"Comment? fait li chevaliers; vos deviez a ma dame faire secors."

"Si ferai ge, fait li vallez, g'i vendrai bien a tans ainz que li jorz soit de la bataille."

"Vos que savez, fait li chevaliers, a quant il est?"

"Ge sai bien, fait li vallez, que vos deïstes monseignor lo roi qe encor n'estoit il mie devisé a quant la bataille seroit ne a quanz chevaliers. Mais alez avant a vostre dame et si la me saluez et li dites que ge vaig por sa besoigne et g'i serai prochainement."

"A Deu vos commant dons, fait li chevaliers, car ge m'en vois; mais si tost com vos avroiz la damoiselle veüe, que vos en venez a Nohaut."

"Si ferai ge." fait il.

Lors s'an torne li chevaliers d'une part, et li vallez d'autre entre lui (*f. 57a*) et ses escuiers. Et qant vint aprés vespres un po, si encontra un chevalier armé de totes armes. Li chevaliers li demande o il vait.

"Ge vois, fait li vallez, en un mien affaire."

"Dites lo moi." fait li chevaliers.

"Nel ferai." fait li vallez.

[1] meruoillent

"Ge sai bien, fait li chevaliers, o vos alez."
"Et ou?" fait cil.
"Vos querez, fait li chevaliers, une damoisele que uns granz chevaliers garde."
5 "Vos dites voir, fait li vallez; qui lo vos dist?"
"Gel savoie bien." fait li chevaliers.
"Ge sai bien, fait li vallez, qui lo vos dist."
"Et qui?" fait li chevaliers.
"Il lo vos dist, fait li vallez, uns chevaliers qui de moi se parti
10 ore, qui s'en vait a madame de Nohaut."
"Qui que lo me deïst, fait li chevaliers, ge ai tant fait que ge lo sai; et ge vos menroie bien, se ge voloie."
"Dons m'i menez," fait li valez.
"Nel ferai pas, fait li chevaliers, anuit, car n'i seriens pas de
15 jorz, mais lo matin i alons. Et se vos oseiez, ge vos menroie veoir une des plus beles damoiseles que vos onques veïssiez, et si n'est gaires loign de ci et an la droite voie de celi qe vos alez querant."
"Ce voil ge mout, fait li vallez; menez m'i dons."
"Par foi, fait cil, ge ne vos i menrai pas se par un covant non."
20 "Quel?" fait li vallez.
"Gel vos dirai, fait cil. La pucele est en prison dedanz un lac en un prael, desouz un trop biau scichamor qui est el mileu del prael. Si se gist tote jor illuecques sor une coutepointe, tote seule sanz compaignie. Et qant vient a l'anuitier, si i vienent dui
25 chevalier tuit armé, les hiaumes laciez, si la metent hors d'iluec et l'an mainent avecques els; et chascun matin la ramainnent arrieres el lac. Mais se ele avoit deus chevaliers qui se voussisent combatre encontre els deus, la pu(*f. 57b*)cele s[er]oit delivre se li suen dui pooient outrer de la bataille les autres deus. Et
30 ge en s[eroie] li uns, se vos voliez estre li autre[s]."
[Et li val]lez respont que si sera il mout v[olantiers], "par covant, fait il, que vos me cre[antoiz] lo matin que vos me manroiz la [ou ge] porrai trover lo grant chevalier qui g[arde] la damoisele del paveillon."
35 "Puis [que] vos i metez covant, fait li chevaliers, ge [l'i] metrai autresin, que ge voil, se nos conquer[ons] la pucele qui est el lac, que ele soit moie."
"Et ge l'otroi," fait li vallez.
"Et ge vos otroi, fait li chevaliers, autresin vostre requeste."
40 Atant s'an vont andui chevauchant droit vers lo lac. Et qant il

vindrent, si anuitoit. Et il virent d'autre part les deus chevaliers
qui venu furent. Et li chevaliers dit au vallet:
"Veez les la, les deus chevaliers qui mener en vuelent la damoisele. Or prenez vostre escu et vostre lance et laciez vostre hiaume
et ceigniez vostre espee." 5
    Li vallez fu si desirranz de la joste qu'il ne li menbra onques
de son escu, mais son hiaume li laça uns de ses escuiers, et maintenant prist un glaive. Et s'adrecent entre els[1] deus encontre les
deus chevaliers. Il vindrent tost et sistrent sor bons chevaus,
si se fierent granz cox sor les escuz cil qui les orent. Li uns des 10
deus chevaliers qui gardoient la damoisele fiert lo vallet sor lo
hauberc, si qu'il lo li fause endroit la senestre espaule et li met
dedanz l'espaule trestot lo fer. Et li vallez refera lui, si qu'il lo
porta a terre, et au parcheor brise li glaives. Et li autre dui chevalier
se furent antrabatu. Lors descent li vallez a terre; et qant li 15
chevaliers qi amené l'i avoit vit que il n'avoit ne lance ne espee
ne escu, si esgarda que il feroit. Et cil vient a lui, si li dit:
    "Bailliez (f. 57c) [m]oi vostre espee, car mi escuier sont trop
loig."[2]
    "Volentiers," fait cil. 20
    Il la li [baille]. Et li vallez li dit:
    "Or vos traiez [arrier]es et les me laissiez andeus."
    Qant [li chevaliers] qui l'avoit navré oï qu'il disoit [que l'an
les] li laissast andeus, si commence a rire. [Lors v]ient a lui, et si
li dit: 25
    "Biax sire, certes [ancor] vos baillerai ge la moie espee se [vos]
volez, ne a vos ne me combatrai ge mais hui."
    "Ne ge, voir," fait li autres chevaliers.
    "Par [S]ainte Croiz, fait li vallez, dont quiteroiz vos la
pucele." 30
    "Nos la vos quitons, font il endui, et savez vos por quoi?
Nos veons bien que vos iestes de trop haut cuer, si poez encores
venir a mout grant chose; et vos iestes si navrez que bien en
porriez morir, se encores estiez un po grevez. Por ce si vous a[vons]
faite ceste bonté." 35
    "Moi ne chaut, fait li vallez, por quoi vos l'aiez fait, mais que
la pucelle soit quitee. Or la me bailliez, car ge la voil.'
    "Volentiers," font li chevalier.
    Li uns trait une clef, si la giete el prael et li dit:

    [1] adrecent encontre els   [2] escuier (*tear in Ms*) la moie v.

"Damoisele, desfermez cele nef et venez hors, car cist chevaliers vos a conquise."

Cele defferme une nef qui el prael estoit atachiee a une chaine, puis est hors venue. Et li dui chevalier qui la gardoient s'an partent et s'an vont a lor affaire. Et tantost vienent illuec quatre vallet, trossé un paveillon qu'il aportoient sor un somier, si lo tendent pres d'iluec en une foillie. Et puis atornent a mengier a mout grant planté. Et il estoient au chevalier qui lo vallet avoit illuec amené. Quant li mengiers fu prez, si mengierent; et qant il orent mengié, si commanda la pucele as vallez trois liz a faire. Et li vallez qui l'avoit conquise la regarde, si li demende por quoi ele commande trois liz affaire.

"A vos, fait ele, et a ce chevalier et a moi."

"A moi? fait il; ge gerrai avocques vos."

"Nel feroiz," [fait] ele.

"Si ferai," (*f. 57d*) fait il.

"Voire, fait ele, se vos volez."

"Et ge vos en clain quite," fait il.

Lors se couchent et dorment tres q'au matin. Au matin, qant il furent levé, dist li vallez au chevalier:

"Biax sire, menez moi la o vos me devez mener."

"Volentiers, fait li chevaliers, par un covant, se vos la conquerez, qu'ele soit moie."

"Ge l'otroi." fait li vallez.

Il montent andui, et la pucele avocques aus, et oirrent tant qu'il vienent au perron.

"Veez la lo paveillon, fait li chevaliers au vallet, mais il vos covient faire une chose que ceste damoisele vos prie, et ge meesmes."

"Q'est ce?" fait il.

"Que vos ceigniez vostre espee, fait li chevaliers, et metez vostre escu a vostre col; et vos avez boene lance que ceste damoisele vos a faite baillier a un de voz escuiers."

"L'escu, fait li vallez, et la lance prandrai[1] ge mout volentiers, mais l'espee ne puis ge ceindre, ne ne doi, tant que ge n'avrai autre commandement."

"Or soffrez dons, fait li chevaliers, que ge la vos pande a l'arçon de vostre sele, si la trairoiz, se mestiers vos est, car vos avez affaire a un mout cruiel home."

Tant[2] li prie li chevaliers et la pucelle qu'il lo fait, et il li pendent

---

[1] pram/drai   [2] Atant

l'espee a l'arçon. Et il prant son escu et la lance et vient jusq'au paveillon, et trueve lo grant chevalier autresin com il avoit fait a l'autre foiz.

"Ge vaig, fait il, querre mon covenant que vos me mostroiz la damoisele, si com vos me creantastes ier."

Et cil dit qu'il n'en verra point sanz meslee.

"Se mesler m'estuet, fait li vallez, ançois lo ferai ge, que ge ne la voie. Et si vos armez tost, car ge ai aillors a aler."

Lors se drece li granz chevaliers, si commence a rire de ce que li vallez li dist qu'il s'armast.

"Fi! fait il, por vos m'armeroie gié!"

Il saut en un cheval qui pres de lui estoit, et prant un escu et une lance, et autel fait li vallez. Lors s'entrevienent si tost comme li cheval lor corrent, et se donent granz cox et pesanz (*f. 58a*) sor les escuz. Li granz chevaliers brise sa lance, que li esclat an sont volé. Et li vallez lo fiert de tele force que li cuirs ront et les eis covient desjoindre; et li fers del glaive est outre passez, si li hurte au costel senestre et li ront une des costes dedanz lo cors. Et il l'anpoint si durement que les regnes li ramanent an la main et li arçons derrieres brise, si lo porte a terre si durement que tot l'estone, et au parcheor brise la lance. Li chevaliers se pasme, car mout estoit bleciez. Et li vallez cuide qu'il soit morz, [si l'en poise mout, por ce qe desarmez estoit. Lors descent et esgarde qu'il fera. Et quant li chevaliers revient de pasmoison, si voit lo sanc qui del cors li cort a grant ruissel, si crient estre morz.] Lors se drece en son seant. Et li vallez li dit:

"Or la verrai ge, la damoisele."

"Voire, fait il, biaus sire, ge la vos quit. Maleoite soit l'ore que onques la vi, que morz an sui."

Einsin li guerpist la damoisele. Mais ançois que li vallez l'an voille laissier aler, li fait fiancier que ja mais a chevalier ne se combatra se ce n'est sor soi desfandant. Lors vint li chevaliers qui illuec avoit amené lo vallet, et la damoisele autresi, si furent tuit esbahi des mervoilles que il avoit faites. Et il entre el paveillon et prant par la main la damoisele, qui lors primes estoit levee, si la rant au chevalier.

"Tenez, fait il, sire chevaliers. Or en avez deus."

"Sire, fait li chevaliers, moies ne seront eles pas, car trop sont beles. Ne ge nes ai mie conquises, mais vos, si doivent estre voz."

"Moies ne seront eles ja, fait li vallez, car il fu covanz que vos les avriez andeus."

"Sire, fait li chevaliers, puis que vos nes volez avoir, si me commandez qe g'en ferai, car il en sera fait a vostre volenté."

"Sera ores?" fait li vallez.

"Oïl, fait il, gel vos creant leiaument."

5 "Or les menez, fait li vallez, a la cort monseignor lo roi Artu, si dites a madame la reine que li vallez qui va por lo secors a la dame de Nohaut les li envoie. Et li dites que ge (*f. 58b*) li ment que, por moi gaaignier a tozjorz, que ele me face chevalier, si m'envoit une espee com a celui qui ses chevaliers sera, car messires
10 li rois ne me ceint point de l'espee qant il me fist ier chevalier."

Qant li chevaliers oï qu'il estoit noviax, s'en est toz esbahiz.

"Sire, fait il, ou vos troverai ge au revenir?"

"A Nohaut, fait li vallez, venez tot droit."

Li chevaliers s'an va atant a la cort et fait son mesage et conte a la
15 reine les mervoilles qu'il a veües del vallet.[1] Et ele en est mout liee, si li anvoie une espee mout boene et mout richement apareilliee de fuerre et de ranges. Li chevaliers an porte l'espee et vait tant qu'il vient a Nohaut, car bien savoit la droite voie. Et qant il vient pres de la vile, si trova lo vallet, qui ancor n'i estoit mie
20 venuz, et il li baille l'espee de par la reine.

"Et si vos mande, fait il, que vos la ceigniez."

Et il la ceint mout volentiers et au chevalier done celi qui estoit pandue a son arçon, et dit que ores est il chevaliers, Deu merci et sa dame. Et por ce l'a apelé li contes vallet enjusque ci. Li chevaliers
25 qui lo secors avoit quis a la cort por la dame de Nohaut estoit ja venuz, tierz jor avoit, et il avoit tant loé lo noviau chevalier a sa dame que ele l'atant a grant desirrier, ne ne velt que autres face sa bataille. Qant il vint, il fu assez qui joie li fist, car li chevaliers qui avoc lui venoit s'en vint avant por dire de lui les novelles.
30 Si monta la dame et mout de ses genz, et vindrent ancontre, si li font si grant joie com en puet faire a un chevalier estrange.

Qant il voit la dame, si ne s'esbaïst mie de sa grant biauté, ne grant entandue n'i met; et si estoit ele une des tres beles. Mais ne met (*f. 58c*) mie a son cuer totes biautez, ainz dit:

35 "Dame, a vos m'envoie messires li rois Artus por vostre bataille faire, et ge en sui prelz orendroit o qant vos plaira."

"Sire, fait ele, beneoiz soit messires li rois, et vos seiez li bienvenuz, et ge vos reçoif a mout bon gré."

Lors esgarde, si voit son auberc fausé endroit l'espaule, la ou il

---

[1] del vellet

fu navrez qant il conquist la damoisele el lac. Et la plaie li estoit mout enpiriee, car il l'avoit mise en nonchaloir.

"Sire, fait ele, vos iestes navrez."

"Dame, fait il, ge n'ai plaie qui me toille a faire vostre servise qant vos plaira, et ge la vos offre bien orendroit ou a demain."

La dame lo fait desarmer et trueve la plaie mout grant et mout parfonde, si dit:

"Vos n'avez mestier de combatre tant que vos soiez gariz, et ge avrai encor bien respit de ma bataille."

"Dame, fait il, ge ai mout plus affaire aillors que ci, si covient aster, que por moi, que por vos."

Et ele dist q'en nule maniere ele ne sofferroit qu'il se combatiest en cest point, ainz li fait mires venir et lo couche en ses chanbres. Sel tient ansin quinze jorz, tant qu'il fu toz gariz.

Dedanz les quinze jorz vint la novele a la cort lou roi Artu que la dame de Nohaut n'estoit mie encor delivre. Et Kex li senes[chax] dist au roi:

"Sire, cuidiez vos que si juesnes hom com cil estoit poïst faire tele besoigne? Envoiez m'i, car preudome doit l'on envoier en tel affaire."

Et li rois li otroie.

Messire Kex vait tant par ses jornees qu'il vint a Nohaut, si envoie avant un escuier. Et la da(f. 58d)me monte et ses genz, et vont encontre et lo reçoivent a grant joie. Et li noviaus chevaliers i fu, qui toz estoit gariz.[1]

"Dame, fait il, messires li rois m'envoie a vos por faire vostre bataille. Et pieç'a qu'il m'i eüst envoié, ou un autre prodome, mais uns noviaus chevaliers l'en requist le dom, si li dona. Mais qant il oï que vostre affaires n'estoit mie a chief menez, si m'i envoie por lo faire."

"Sire, fait la dame, grant merciz a monseignor lo roi et au chevalier qu'il i envoia et a vos. Mais el chevalier n'est mie remesse ma bessoigne; car des lo premier jor la vost il faire, mais ge n'oi cure, por ce que il estoit navrez; et ore est gariz, si la fera."

"Dame, fait Kex, ce ne puet estre. Puis que ge i sui venuz, ge la ferai, ou ge i avroie honte et messires li rois n'i avroit mie honor."

Qant ce ot la dame, s'en est mout angoisseusse, ne ne set que faire, car mout voudroit que li noviaus chevaliers feïst la bataille.

[1] estoit apareilliez

Ne vers lo seneschal ne set que faire, car il est mout sires del roi cui fame ele est, si li puet nuire et aidier. Lors se trait avant li chevaliers noviaus et dit au seneschal:

"Certes, sire Keu, des lo premier jor l'eüsse ge faite, se ma dame
5 volsist; et ancor en sui ge prelz, et bien li requier que autres ne la face, car ge la doi faire qui vign avant."

"Biax amis, fait Kex, ce ne puet estre, puis que ge i sui venuz."

"Certes, fait li chevaliers noviaus, mout seroit granz domaiges se ma dame estoit engigniee, que li miaudres ne la feïst."

10 "Vos avez voir dit," fait Kex.

"Dons nos combatrons nos, fait li noviaus chevaliers, entre nos deus ansemble, et cil qui vaintra si face la bataille."

Et Kex dit que il l'otroie.

"En non Deu, fait la dame, se Deu plaist, ce n'iert ja fait.
15 Mais ge ferai (*f. 59a*) pais a l'anor mon seignor lo roi, qui ci vos a envoiez, et a l'anor de vos deus, car ge puis faire ma bataille par un chevalier ou par deus ou par tant com ge voudrai. Or si manderai au roi de Northumberlande ma bataille par deus chevaliers."

20 En ceste guise les apaie la dame comme saige.

Au matin vint li rois et ses genz d'une partie del chastel o il estoit en une lande desoz Nohaut ou la bataille estoit devisee. Et d'autre part vint la dame et si dui chevalier et ses autres genz. Quant li covant furent recordé devant ses genz, si se traistrent
25 tuit arriere. Et li quatre chevalier s'antresloignent, puis s'adrecerent li dui chevalier as deus. Antre monseignor Kel et lo suen chevalier s'antreferirent parmi les escuz, si que totes lor lances volent en pieces, mais ne chaï ne li uns ne li autres, et il sachent les espees, si se corrent sus. Entre lo noviau chevalier et lo suen s'antrencon-
30 trerent, et cil de Northumberlande lo fiert, si qu'il li fait l'escu hurter a la temple, et la lance vole en pieces. Et li noviaus chevaliers fiert lui desouz la bocle, si qu'il li serre l'escu au braz et lo braz au cors, et l'anpaint si durement que les regnes li remestrent en la main et l'eschine li hurte contre l'arçon derrieres, si lo porte par
35 desus la crope del cheval a terre. Et au parcheor brise li glaives. Mais cil ne jut gaires a terre, car tost fu em piez sailliz. Et li noviaus chevaliers dist a monseignor Kel:

"Messire Keus, venez a cestui et me laissiez cel autre."

Et Keus ne li respont mie, ançois se combat mout durement
40 entre lui et son chevalier. Lors se traist arrieres li noviax chevaliers,

si descent et vient vers son chevalier, (*f. 59b*) si giete l'escu sor la teste, l'espee en la main. Et cil refait autretel, si s'entredonent granz cox parmi les escuz et par les hiaumes et sor les braz et sor les espaules et la ou il se pueent ataindre. Si dure mout la bataille d'aus deus, tant que li chevaliers nel pot soffrir, si guerpist place 5 plus et plus, et cil prant terre sor lui. Et li chevaliers guenchist tant com il puet, mais guenchirs[1] ne li vaut neiant, car cil lo haste mout. Et bien voient qu'il en a mout lo poior et que trop est au desouz. Et entre Keu et lo suen chevalier orent lor chevaus ocis et furent a pié. Et li noviaus chevaliers redit: 10

"Venez ça, sire Kex, car vos veez bien comment il est; et vos me laissiez celui, car j'ai autre chose affaire que ci demorer tote jor."

Et Kex en a mout grant honte, si li dit par corroz:

"Biax sire, bien vos coviegne del vostre, et lo mien me laissiez." 15

Et lors recort li noviax chevaliers sus au suen chevalier, et cil se deffandist volentiers s'il poïst, mais sa deffanse ne valoit[2] preu. Et qant il voit qu'il l'a si au desouz mis, si lo deporte, car il ne voloit mie faire honte a monseignor Kel et si volsist bien que pais an fust. D'autre part se rest messires Kex tant combatuz 20 au suen qu'il lo met au desouz. Et voit li rois de Northumberlande que devers els n'i a mais point de deffense. Lors mande pais a la dame,[3] si li offre qu'il s'an ira, il et ses genz,[3] et li laira sa terre quitement, ne ja mais ne li fera mal, ne a li n'a sa terre; si l'an asseüre par sairement et par ostaiges. Si ont faite la pais an tel 25 maniere. Et la dame vint as deus chevaliers qui por li se combatent, si dit que ele a pais a son talant, si les depart. Li rois de Northumberlande s'en reva et en maine ses genz, et la dame remaint en boene paiz.

Et l'andemain s'en reva messire Kex a la cort (*f. 59c*) arriere et 30 conta lo roi comment li affaires est alez, et lo mercia mout de par la dame de Nohaut. Et li noviaus chevaliers remest a Nohaut, car la dame lo retint tant com ele pot. Et qant plus retenir nel pot, si l'an pessa mout. Et il s'an parti a un lundi matin, si lo conveia la dame meesmes a grant planté de chevaliers, et mout se poroffri 35 li et sa terre a son voloir. Quant ele l'ot convoié une grant piece, si la fist li chevaliers retorner a force. Et qant il furent retorné tuit, ne retorna mie li chevaliers qui l'espee li avoit aportee de la

---

[1] guenchirst ne li v.   [2] ne uoloit p.
[3] si li mande quil san ira et offre il et

reine, ainz lo convoia mout volentiers, car il l'amoit mout et prisoit dedanz son cuer. Si li dit:

"Sire, ge suis mout a vostre plaisir, ne de chose que j'aie vers vos meffaite, vos pri ge, por Deu, qu'il ne vos anuit mie."

5 "De qel chose?" fait li chevaliers.

"De ce, fait il, que ge vos menai combatre as deus chevaliers por la pucelle qui estoit el lac, car ge nel fis se por vostre grant honor non, et si vos dirai comment ce fu. Ma dame dist qu'ele feroit esprover lo chevalier que li rois li envoieroit por faire sa bataille, 10 ainz que ele l'i meïst. Si m'i enveia et les deus a cui nos jostasmes por combatre a vos. Et por ce n'an oserent[1] plus faire, qant ge vos baillai m'espee, et vos deïtes que ge les vos laissasse andeus, car il cuidierent bien que vos fussiez plus navrez que vos n'estiez."

"Et li chevaliers granz, fait il, qui estoit?"

15 "Sire, fait il, c'estoit uns chevaliers de mout grant proesce qui a non Antoagais, si s'estoit porofferz a ma dame de faire sa bataille, par si que ele li donast s'amor. Et ele dist que, s'il estoit miaudres chevaliers que cil que li rois li envoieroit, ele li donroit s'amor et lo metroit en sa bataille. Et il dessirroit l'amor ma dame sor totes 20 choses, et por ce ne deigna il a vos joster se desarmez non. Et sachiez que s'il vos aüst conquis,[2] il eüst (*f. 59d*) faite la bataille. Or vos ai dite l'achoison par quoi cist agait furent basti, si vos pri por Deu que vos me pardonez lo meffait."

"Certes, fait il, meffait n'i voi ge nul, et se meffait i ot, gel vos 25 pardoig."

"Sire, fait il, granz merciz. Et sachiez bien que ge sui vostres chevaliers en toz leus."

Et cil l'an mercie, et puis s'entrecomandent a Deu, si se depart li uns de l'autre.

30 Li chevaliers noviaus s'en vait entre lui et ses escuiers, si pense qu'i[l] voudra aler mout celeement, an tel maniere que riens nel conoisse, comme cil qui bee a los et a honor conquerre. Lors est antrez en une grant forest et chevauche tote jor sanz aventure trover dont a parler face, ne dont l'an doie parole tenir. La nuit jut 35 en la forest en une maison de religion, o grant onors li fu faite. Au matin il laissa ses escuiers, si lor commande qu'il l'atandent et qu'il ne se muevent devant un mois s'il ne veoient son cors. Lors s'an part de la maison, et ele estoit loign de Nohaut bien trente liues englesches.

[1] nan osai   [2] aust conquist

New Knight Comes to Queen's Ford

En cele maison avoit une sepolture que l'an apeloit Leucain. Cil Leucanz[1] fu niés Joseph de Darimathie, cel dont li granz lignages descendié par cui la Granz Bretaigne fu puis enluminee, car il i porterent lo Graal et conquistrent la terre mescreant a Nostre Seignor. Et de celui gisoit li cors en la maison de religion que vos avez oïe.

Quant li chevaliers noviax se fu partiz de la maison, si chevaucha si com aventure lo portoit, une hore avant et autre arrieres, tant qu'il est hors de tote la terre de Nohaut. Un jor avint qu'il ot chevauchié jusqu'a midi, si li prist mout granz talanz de boivre. Et il chevauche vers une riviere; et qant il vint la, si descendié et but; et qant il ot beü, si s'asist sor la riviere et com(f. 60a)mança a panser mout durement. Maintenant vint uns chevaliers toz armez de l'autre part de l'eive et se fiert el gué mout durement,[2] si qu'il fist l'eive voler sor lo chevalier qui pansoit, si lo moille tot. Cil laisse son penser, si se drece et dist au chevalier:

"Sire chevaliers, or m'avez vos moillié. Et autre anui m'avez vos fait, car mon pensé m'avez tolu."

"Mout m'est ores a poi, fait cil, ne de vos ne de vostre pensé."

Et lors monte li noviaus chevaliers, car aler s'an viaut sanz mesler a celui, por savoir s'il porroit son penser recovrer ausi doucement com il faisoit hore. Lors entre el gué por passer outre. Et li chevaliers li dist:

"Mar i passez, sire chevaliers, car madame la reine m'a commande cest gué a garder que nus n'i past."

Et cil demande qex reine.

"La fame lo roi Artu," fait cil.

Quant cil l'ot, si guenchist contramont la riviere, si s'en commance a aler. Et li chevaliers vait aprés lui, si lo prant au frain.

"Estez, fait il; cest cheval vos covient a laissier."

"Por quoi?" fait li noviaus chevaliers.

"Por ce, fait cil, que vos entrastes el gué ne tant ne quant."

Maintenant oste cil uns des piez de son estrier. Et qant il ot que li chevaliers ne dist plus, si lo regarde:

"Dites moi, fait il, qui lo commande?" Et cil dit que la reine. "Dites lo vos, fait il, comme leiax chevaliers?" Et il dit qu'il n'i a commandement se lo suen non. "Lo vostre! fait il; par mon chief, vos ne l'an menroiz hui mais par vos."

Et totevoies lo tient cil par lo frain.

[1] laicanz   [2] dure mlt

"Laissiez mon frain," fait li noviaus chevaliers.

"Nel ferai," fait cil.

Et il met main a l'espee et la trait demie fors del fuerre. Et cil lo laisse et dist:

"Certes, mar la traissistes."

Lors s'esloigne et prant l'escu par les enarmes. Puis met lo glaive soz l'aisselle et lait corre a celui. Et cil se cuevre de son escu et se redrece encontre lui. Li chevaliers qui lo gué devoit garder lo (*f. 60b*) fiert, si que tote sa lance vole em pieces. Et li noviaus chevaliers fiert lui, si qu'il lo porte a terre. Il vient au cheval, si lo prant et li amaine:

"Tenez, fait il, vostre cheval, et si vos faz droit de ce que ge vos ai abatu, mais gel fis sor moi desfandant."

Cil tient a mout grant despit ce qu'il l'a abatu, car il ne set qui il est. Si monte, puis li a dit:

"Chevaliers, dites moi qui vos iestes."

"Ne vos an dirai rien," fait cil.

Et totevoies s'en va contremont la riviere. Et cil lo reprant au frain et dit:

"Or savrai ge qui vos iestes, ençois que vos m'eschapoiz."

"Certes, fait cil, ce ne sera hui."

"Dont vos combatroiz vos a moi," fait cil.

"A vos, fait li chevaliers noviaus, ne me combatrai ge hui mais, car vos avez trop bon conduit, puis que ma dame vos conduit. Mais ansin ne s'alose mie prozdom de faire anuiz et hontes as chevaliers erranz por sehurté des hautes dames."

Et cil dit que por seürté de la reine ne se velt il mie combatre. "Car ge ne sui mie, fait il, a li. Et por ce vos combatroiz vos a moi, o vos me diroiz ja vostre non."

"Se vos me fianciez, fait li noviaus chevaliers, que vos n'iestes a li, ge feroie l'un des deus."

Et il li fiance.

"Or avroiz la bataille, fait li noviaus chevaliers, se vos volez, car vos ne savroiz mie qui ge sui."

Et cil dit que ja miauz ne quiert. Lors se requierent mout fierement as espees tot a cheval. Et cil estoit mout proz, si avoit non Alybons, li filz au Vavasor del Gué la Reine. Et cil guez avoit ensin non por ce que la reine lo trova avant que nus dedanz les deus anz que li rois Artus l'ot prise. Et qant li set roi l'asaillirent as trez a l'anjornee, la o il s'estoit logiez sor lo Hombre, qant tuit furent desconfiz et foïrent chascuns la ou foïr pot, et la recovra li rois et messires Gauvains et li rois Uriens et li rois Loth, ses freres, et messire Yvains, qui ancor estoit juenes et de petit pris et bachelers, et messire Kex (*f. 60c*) autresi, qui lo jor fist la grant proesce par qoi il fu en grant pris et seneschax clamez ainz qu'il lo fust. Illoc lor avint bele aventure qant il vindrent au gué, et la reine fu passee qui s'an fuioit, et Kex dist qu'il ne fuiroit plus devant qu'il veïst por qoi. Et lors virent les set rois venir a esperon devant totes lor genz lo trait de deus ars, car li autre entandoient au grant gaaing qui estoit as tantes. Et li rois Uriens dist que il se meïssent outre lo gué, car la ne doteroient il rien. Et lors dist Kex que[1] dahaz ait qui passera aive, qui qu'il fust, devant qu'il eüst josté a roi. "Ja ne sont il, fist il, que autretant comme nos." Et li rois Uriens dist: "Kex, si sont set et nos somes sis." "Moi ne chaut, dist Kex, car g'en ocirrai deus par moi. Bien se gart chascuns de vos qu'il fera." Et il dist voir, car il en ocist un de son glaive et autre de s'espee, et chascuns des autres ocist lo sien. Ce fu la plus honoree aventure qui onqes avenist au roi Artus.

Itex fu l'aventure del gué, mais or dirons des deus chevaliers qui se combatent. Si a tant duré la meslee que mout se sont blecié, mais an la fin n'i pot durer Alybons. Et qant il voit que c'est sanz recovrier, si dit qu'il ne se combatra plus. Et li autres dit que atant n'en ira il mie.

"Por quoi? fait cil; ja ne nos combatons nos por nule querele; et se querele i a, ge la vos quit."

"Il i a tel querelle, fait li noviaus chevaliers, que vos me moillastes et feïstes honte."

"Sel vos amanderai, fait cil, a vostre devise."

"Et ge vos an quit," fait il.

"Granz merciz, fait Alybons, mais or vos pri que vos me diez vostre non." Et cil dit qu'il ne li dira mie. "Et ge vos requier, fait li chevaliers, qu'il ne vos poist mie se ge vois en tel leu o l'en lo me dira."

Et cil dit qu'il velt bien qu'il aille par tot la ou lui plaira. Atant se part li uns de l'autre. Et li chevaliers qui estoit del gué s'en vait droit (*f. 60d*) a la cort lo roi Artu, ou il estoit bien coneüz, et vient tot droit a la reine, si li dit:

"Dame, ge sui venuz a vos de loing, que vos me dioiz, se vos lo

[1] qui dahaz

savez, qui est uns chevaliers a unes armes blanches et a un blanc cheval."

"Por quoi lo dites, fait la reine, se Dex vos aït, ne par la rien que vos plus amez?"

5 "Dame, fait il, por ce que ge vos merci mout de lui."

"Et de quoi?" fait la reine.

Et il li conte si com la chose avoit esté et les paroles totes. "Et ge cuit, dame, fait il, que, se ge li eüsse dit que vos li mandissiez, il m'eüst son cheval baillié."

10 "Il feïst que fox, fait ele, qant por un mençonge vos eüst baillié son cheval, car ge ne fis onques lo gué garder a vos."

"Dame, dist il, encor fist il plus, car il me randié mon cheval puis que il m'ot abatu, et de ce vos mercioie gié, et puis aprés nos combatimes nos ensemble mout longuement."

15 "Li quex en ot lo pis?" fait la reine.

"Dame, fait il, certes, ge, ja n'en quier mentir. Mais or me dites qui il est."

"Se Dex m'aïst, fait ele, ge ne sai ne son non ne don il est, mais messires li rois lo fist chevalier a feste Saint Joham, si a puis 20 fait assez d'armes en mainz leus, et veiant cels de ceianz et veiant autres. Mais, por Deu, itant me dites s'il est haitiez et sainz."

"Dame, fait il, oï, toz."

Tant est alee la parole que par tote la cort est ja seüe, si en est li rois mout liez et li plus de cels qui l'oent. Ne plus ne parole ci 25 endroit li contes del roi ne de la reine, ançois retorne au chevalier as armes blanches qui s'en vait.

Quant li Blans Chevaliers se fu partiz de Alybon, lo fil au vavassor, si erra tote jor sanz aventure trover dont a parler face. La nuit jut chiés un (*f. 61a*) foretier[1] qui mout bien lo herberja. 30 L'andemain fu matin levez et chevaucha la matinee tote jusqu'endroit tierce. Et lors encontra une damoisele sor un palefroi, merveilleus duel faisant. Il li demande que ele a. Ele dit que ele a lo plus grant duel que ele onques eüst. Et il li demande de qoi.

"Ja m'ont, fait ele, mon ami mort en un chastel ci derriere, 35 un des plus biaus chevaliers do monde."

"Damoiselle, fait il, por quoi?"

"Sire, fait ele, por les mauvaisses costumes qui i sont. Que maleoite soit l'ame de lui qui l'establi, car onques chevaliers erranz n'i antra qui n'i moreüst."

[1] fo/(*f. 61a*) foretier.

"Et anterra il ja chevaliers, fait il, qi n'i muire?"
"Oïl, fait ele, s'il pooit eschever ce que l'aventure requiert, mais il lo covendroit estre miaudres qu'il n'est encores nus."
"Damoisele, fait il, que requiert l'aventure? Dites lo moi."
"Se vos volez, fait ele, savoir, si i alez, car c'est la voie." 5
Atant s'an vait grant aleüre, si fait son duel que ele avoit commencié. Et cil chevauche toz les escloz tant qu'il vit lo chastel. Et il chevauche la tot droit; et tantost qu'il vint devant la porte, lors esgarde lo chastel, si voit qu'il siet trop orgueilleusement et trop bel, car tote la forteresce siet en haute roiche naïve. Si n'est 10 mie petite, car ele a de toz sanz plus c'une aubeleste ne trairoit. Au pié de la roche, d'une part,[1] cort li Honbres; et de l'autre part cort uns granz ruz qui vient de plus de quarante fontaines qui totes sordent a mains d'une archiee del pié de la roche. Li chevaliers chevauche tot contremont, droit a la porte del chastel. Et qant il 15 vient pres, si la voit close et mout bien fermee, ne cele porte n'estoit nule foiz overte. Et li chastiaus avoit non la Dolo(*f. 61b*)reuse Garde, por ce que nus chevaliers erranz n'i venist qui n'i morist o qui n'i fust enprisonez au mains, si tost com l'an an venoit au desus. Et c'estoit de toz cels qui i venoient, car nus ne pooit 20 soffrir la painne d'armes que soffrir i covenoit: il i avoit deus paires de murs, et a chascun mur une porte, et a chascune porte covenoit lo chevalier herrant combatre a dis chevaliers. Mais c'estoit en une mout estrange maniere, car si tost com uns des chevaliers estoit las et il ne voloit plus des armes, si estoit apareil- 25 liez uns autres et venoit en son leu, si se combatoit por lui. Et qant cil estoit las, si venoit uns autres. Ensi nes pooit uns seus chevaliers outrer, s'il n'estoit de tel proesce et de si grant cheance que toz les poïst ocirre, l'un aprés l'autre. Desus l'autre mur en haut, tres desus la porte, si avoit un chevalier formé de cuivre, 30 et fu granz et corsuz sor son cheval, armé de totes armes, et tenoit en ses deus mains une grant hache. Si estoit laïssus dreciez par anchantement, et tant com il fust en estant, n'avoit garde li chastiaus d'estre conquis par nul home. Mais si tost com cil entroit dedanz la premiere porte qui lo chastel devroit conquerre, et il porroit lo 35 chevalier de cuivre veoir, tant tost fondroit a terre. Et lors charroient tuit li anchentement del chastel dom il estoit toz plains, en tel maniere qu'il seroient veü apertement. Mais del tot ne remaindroient il mie devant que cil qui lo chastel conquerroit i

[1] de lautre part cort

demorast quarante jorz sanz gesir hors nule nuit. Tele estoit la force des anchantemenz del chastel. Et par desouz estoit li bors assez aeissiez, o l'an pooit trover totes les choses qui mestier eüssent a nul chevalier errant. Si avoit non li bors Chaneviere,
5 et seoit tres desus la riviere de Hombre. (*f. 61c*)

    Qant li chevaliers as blanches armes vint devant la porte et il la vit fermee, si an fu mout angoisseus. Et lors vint encontre lui une damoisele de mout grant biauté, si lo salue, et il li.

    "Damoisele, fait il, savriez me vos dire nule verité del covine de
10 laianz?"

    La damoisele fu envelopee mout bien, car s'ele fust descoverte, il l'eüst bien conneüe. Et ele li devise tot lo covine de laianz, et comment il lo covient combatre, et a quel meschief, s'il i velt antrer. "Mais se vos m'en creez, fait ele, vos n'i panseroiz ja
15 neïs que vos i antroiz."

    "Damoisele, fait il, ensin ne remandrei ge mie; o ge savrai lo covine de laianz, ou ge serai mis avoc les autres prodomes qui laianz ont esté mort, car ge porrai bien faillir a plus honoree vie avoir."

    Atant s'an part la damoisele. Et ja estoit mout tart, si tornoit
20 auqes vers lo vespre. Et tantost oï li chevaliers un home desus la porte an haut qui li demande:

    "Sire chevaliers, que querez vos?"

    "Laianz, fait il, voudroie estre ore."

    "Certes, fait cil qui estoit garde, ce devra vos peser qant vos i
25 anterroiz."

    "Ne sai, fait il, mais por Deu, biax dolz amis, hastez moi ma bessoigne, car il iert ja nuiz."

    Maintenant sone cil un maienel. Et un po aprés ist de laianz uns chevaliers par lou guichet de la porte; et fu armez, et cors et
30 membres, et ses chevaux fu traiz aprés lui. Et il dit a l'autre:

    "Sire chevaliers, la aval vos covient traire, car ci n'a mie place o nos nos puissiens combatre aeisieement."

    Et cil respont que ce li est bel.

    Lors sont venu aval au pié del tertre, si s'antre[sloignent, si
35 metent les glaives souz les aisseles et hurtent les escuz des codes, si s'entre]vienent si tost com li cheval lor pueent corre, et s'entrefierent sor les escuz si granz cox com il pueent greignors. (*f. 61d*) Li chevaliers del chastel brise son glaive. Et cil au blanc escu lo fiert an haut desor la bocle, si l'an fait rompre lo cuir et
40 les eis desjoindre. Et li cox fu pessanz, et tranchanz li fers, si

Fights a Succession of Knights Guarding Castle

nel pot soffrir li hauberz, a ce que de grant vertu fu anpainz, si estandirent les mailles. Et li fers passa au chevalier parmi lo cors, si vole hors des arçons et chiet a terre sanz relever, car morz estoit. Quant li Blans Chevaliers lo voit chaü, si descent, car il ne cuide mie qu'il soit morz. Si li cort sus, l'espee traite. Et qant il voit qu'il [ne] se relieve, si li arache son hiaume de la teste. Et qant il voit qu'il est morz, s'an est mout correciez.

Atant est sonez li corz, si revient uns chevaliers grant aleüre. Et qant cil lo voit venir, si rest montez et reprant son glaive qu'il a trait del cors au chevalier. Si s'antrelaissent corre tant com li cheval puent randre. Cil do chastel a failli, et li Blans Chevaliers lo fiert, si que li escuz n'i a duree, mais li hauberz remest antiers. Et cil l'anpaint bien, qui asez ot force et plus cuer, si l'arache de la sele et lo porte par desus la crope del cheval a terre. Et au cheor li avint qu'il se brise lo destre braz et il se pasme. Et cil qui abatu l'ot se remet a terre, et tantost li arrache lo hiaume de la teste. Et qant il revient de pasmeisons, si li menace lo chief a couper s'il ne li fience prison. Et ja refu li corz sonez, si revenoit uns chevaliers toz armez aval lo tertre. Et li Blans Chevaliers se haste mout de son chevalier conquerre, si lo tient si cort que por paor de mort li fiance prison. Maintenant rest cil sailliz an son cheval et reprant son glaive, qui encores tenoit en l'escu au chevalier, si muet encontre celui qui vient, si lo reporte a terre mout durement. Et lors brise li glaives. Li chevaliers ne demora gaires a terre, ainz sailli sus. Et cil redescent de son cheval et trait son escu avant, si li cort sus (*f. 62a*) hardiement, l'espee en la main, si s'entredonent granz cox par tot la o il se cuident enpirier. Mais longuement nel pot mie soffrir li chevaliers del chastel, ainz li comance place a guerpir. Et qant il voit que li pires en est siens, si fait signe de s'espee a la gaite, et cil resone lo cor.

Et maintenant revient uns chevaliers grant aleüre, et mout fu granz et corsuz et de grant deffanse par sanblant. Et li Blans Chevaliers ne laisse mie por ce lo sien, ainz li cort sus tant que mout l'a ja blecié. Et cil se cuevre au miauz qu'il puet, que autre conroi n'i met. Et cil li crie, qui au secors vient:

"Laissiez lo, sire chevaliers, car ge vaig an leu de lui."

"Moi ne chaut, fait cil, combien vos soiez, mais que ge vos puisse toz conquerre."

"Vos n'avez droit, fait li autres chevaliers, an lui plus tochier, car gel vaign garantir."

"Et comment lo garantiroiz vos, fait li Blans Chevaliers, se vos ne poez vos meesmes garantir."

Lors a pris lo glaive au chevalier a cui il s'estoit combatuz, et est sailliz en son cheval. Si laisse corre a celui qui vient, si lo fiert de tote sa force si durement qu'il porte lui et lo cheval enmi lo ru d'une fontaine. Puis revint au premier chevalier que cil secorroit, et il voloit ja remonter en son cheval. Et il s'an vient par lui, si lo fiert del piz[1] del cheval, si qu'il lo reporte a terre, si li vait tant par desus lo cors que tot lo debrise, qu'il n'a pooir de relever. Et il regarde, si voit celui qi gisoit el ru de la fontaine qui ja se relevoit. Et lors li adrece, l'espee en la main, sel fiert de tel aleüre com il vient, si que tot l'estone. Si lo ra abatu a terre tot estordi, et li refait son cheval aler par desus lo cors autretant com il fist a l'autre, si qe mout l'a blecié et il se pasme d'angoisse. Lors revient a l'autre, si descent et li deslace (f. 62b) la teste et desarme do hiaume et de la ventaille, tant que cil li fiance prison. Et tantost fu li corz sonez, et vint hors li quinz chevaliers. Et qant cil lo voit, si recort sus a celui qui gist sor la fontaine, si li resache lo hiaume de la teste et li done grant cop del plat de l'espee, tant que, ançois que li autres venist, li a cil prison fianciee.

Qant il voit qu'il en est ja de quatre au desus, petit prise lo remenant. Lors est venuz a son cheval, si remonte et lait corre a celui, l'espee traite, car del glaive n'a il point. Et cil peçoie sor lui son glaive de tel aleüre com il vient. Et li Blans Chevaliers s'an vient por lui, si li done tel cop de l'espee a l'ire et a la force que il ot que il li tranche lo hiaume et la ventaille selonc la temple senestre, si que li aciers est descenduz desor l'oroille, si la li tranche tote jusq'el col, et la joe tot autresin. Et a lo col si antamé qu'a grant poines sostient son hiaume, si l'a si estoné qu'il ne puet arester en sele, si vole a terre toz estordiz. Et au cheoir feri li coinz del hiaume en terre, si que par un po qu'il n'a lo col brisié. Si a tele angoisse que li sans li vole parmi la boche et par lo nes et par les oroilles, et il se pasme. Lors commence mout durement a anuitier, si que cil des murs ne voient mais se petit non com il se contienent aval. Atant ont lo guichet fermé, et dient cil de la vile qui as murs estoient c'onques mais n'avoient veü chevalier si viste ne si seür. Et il a tant fait qu'il a conquis lo quint chevalier et prison li a fianciee a tenir la ou il voudra. Et lors est venue illuec la damoisele qui avoit a lui parlé devant la porte, si li dit:

[1] pie del cheual

"Venez en, sire chevaliers, car mais anuit ne feroiz vos bataille."
(*f. 62c*) "Damoisele, encor, fait il, en i a il assez a conquerre."
"Voirs est, fait ele, mais il n'en i vandra hui mais plus, car li guichez est fermez. Mais lo matin i porroiz tot a tans venir."
"Ce poise moi, fait il, damoisele, que plus n'en i vient, car totevoies eüsse mains affaire qant de plus fusse delivres. Et ce savez vos bien, s'il me font droit, si lo me dites."
"Oïl, fait ele, ce sachiez, car la bataille ne doit durer, puis qu'il est nuiz. Mais lo matin la ravroiz autresin com or l'avez. Et se ne fust por ce que chevaliers ne se doit ci delaier qui por bataille i vaigne, il n'i eüst cop feru anuit, car trop estoit tart. Et ce de[vez] vos voloir, car vos iestes assez las."
"Las! fait il, damoisele, ce veïssiez vos par tans s'il fust jorz."
Lors est mout iriez et honteus, car il crient qu'ele ne li ait veü faire aucun mauvais contenement.
"Venez an, fait ele, avoc moi."
"Damoisele, fait il, en quel leu?"
"La ou ge vos herbergerai, fait ele, mout bien."
Atant dit a cels qu'il avoit conquis qu'il lo sivent, et il si font, car il ont toz lor chevaus dont il estoient chaoit.
La damoisele[1] moine lo chevalier el borc aval en un ostel mout bel. Et il en avoit mout grant mestier. Quant il furent en l'ostel, si lo mena la damoisele en une chanbre por desarmer. Et ele fu totes ores envelopee. Et il esgarde, si voit en cele chambre trois escuz panduz en haut, et furent atotes les houces. Il demande a la damoisele cui sont cil escu, et ele dit que il sont a un sien chevalier.
"Damoisele, fait il, ge les verroie volentiers toz descoverz se vos voliez."
Et ele les fait descovrir; et il voit qu'il sont troi escu d'argent, si a en l'un une bande (*f. 62d*) vermoil[le] de bellic, et an l'autre deus, et an l'autre trois. Si les regarde mout grant piece. La o il regardoit les escuz, vint la damoisele d'une autre chanbre, et mout richement acesmee, si ot lo vis nu et descovert. Et laianz ot luminaire a grant planté.
"Sire chevaliers, fait ele, que vos en senble des escuz?"
"Damoisele, fait il, mout bien."
Lors la regarde; et qant il la voit a descovert, si la conoist mout bien. Et il li saut les braz estanduz, et si li dit:
"Ha! bele douce damoisele, vos seiez la bienvenue sor totes les

---

[1] Dadamoisele

autres damoiseles. Mais, por Deu, me dites que fait ma boene dame."

"Mout bien," fait ele. Lors lo trait a une part, si li dit que sa Dame del Lac l'anvoie a lui. "Et demain, fait ele, savroiz vostre non et lo non vostre pere. Et ce sera laïssus en cel chastel dont vos seroiz sires ainz que vespres soient sonees, car gel sai de voir par la boche ma dame meesmes. Et li troi escu sont vostre que vos avez veüz. Et sachiez qu'il sont assez merveilleus, car si tost com vos avroiz au col celui o il n'a que une seule bande, si avroiz recovree la proesce et la force d'un chevalier avec celi que vos avez. Et se vos i pandez celui as deus bandes, si avroiz la proesce a deus chevaliers. Et par celui as trois bandes recoverroiz la proesce a trois chevaliers. Et ge les ferai demain porter en la place. Si gardez bien que vos ne vos fiez mie tant en vostre joveneté que, si tost com vos santiroiz vostre force apetisier, que vos ne preigniez celui a la seule bande, et puis celui as deus, se bessoinz vos chace. Et qant vos voudroiz tot torner a mal et que toz [li] siegles se mervaut de vos, si prenez celui as trois bandes, car vos (*f. 63a*) verroiz les plus apertes mervoilles qe vos onques oïssiez, et teles que vos ne porriez mies penser. Mais bien gardez que vos ne remeigniez n'au roi Artu n'a autrui devant que vos seiez queneüz par vos proesces en pluseurs terres, car ensin velt ma dame que vos lo faciez por vos essaucier et amender."

Longuement parla a lui la damoisele, si sont asis au mengier qant il fu prelz. Et la nuit furent en paine del chevalier veoir cil d'amont et cil d'aval, et prioient tuit nostre Seignor que il li donast force et pooir de conquerre toz les chevaliers autresin com il avoit conquis les cinc, car mout desirroient que li anchantement et les males costumes del chastel fussient remeses a tozjorz. Ensin passerent cele nuit, et au matin fist la damoisele oïr messe au chevalier, et puis s'arma. Et qant il fu armez, la damoisele lo mena devant l'avant porte. Puis li dist:

"Savez vos que vos avez affaire, se vos volez la seignorie de cest chastel conquerre et abatre les anchantemenz? Il vos covendra, ainz que nuiz soit, conquerre dis chevaliers a ceste premiere porte et dis a cele autre."

"Comment? fait il; dont n'ai ge conquis de la premiere porte cinc chevaliers?"

"Nenil, fait ele, car rien que vos i aiez faite ne vos i vaudra ne plus que se vos n'en aviez onques cop feru. Et se vos aviez conquis

Adventure of Dolorous Guard Continues

nuef des chevaliers d'une des portes, et l'ore venist, si reseroit tot a rancommencier, car ançois que nuiz soit, les devez vos toz avoir conquis. Et bien seiez seürs que vos les conquerroiz toz. Et encores vos ferai certain d'une (*f. 63b*) autre chose, que vos ne morroiz ja d'armes tant com vos aiez hiaume en teste ne auberc en dos. C'est une chose qui mout vos doit asseürer."

"Certes, fait il, dons sui ge seürs que ge ne puis morir honteusement."

Endemantiers qu'il parloient ensin, et li corz sone, et uns chevaliers ist hors, armez de totes armes fors la teste, et dit au Blanc Chevalier:

"Sire chevaliers, que demandez vos?"

Et il dit que l'aventure del chastel.

"De ce, fait li chevaliers, ne troveroiz vos ja qui vos responde tant com vos tanroiz noz chevaliers. Mais si tost com vos les avroiz randuz, si avroiz l'aventure tote preste."

"Por les chevaliers, fait il, ne remandra il ja que vos ne me randoiz m'avanture, mais gardez que vos nes me faciez randre a tort, car ce seroit desleiautez."

Et cil dit:

"Sire chevaliers, bien sachiez que vos les devez randre, mais il ne pueent, ne ne doivent armes porter encontre vos. Et se vos volez, les foiz em poez avoir; et gel vos lo. Et bien sachiez que ge voudroie que vos fussiez si proz que eüssiez lo chastel conquis, car trop a duré ceste dolors. Mais il me covient garder ma leiauté et faire ce que mes fiez aporte."

Maintenant delivre cil les quatre chevaliers, si s'en entrent el chastel. Et tantost est hors venuz uns chevaliers toz armez. Et quant il est hors del guichet, si saut en son cheval qui amenez li fu. Puis vienent endui au pié del tertre aval et comencierent les jostes au plus pres qu'il porent de la porte. Li chevaliers del chastel fiert l'autre sor l'escu de son pooir, si que il lo li fait hurter a la temple; mais la lance ne brisa mie, car trop estoit forz. Et li chevaliers fiert lui, si que parmi l'escu et parmi la manche do hauberc lo point el braz, si li fait l'escu hurter au costé si durement que l'eschine li est ploiee contre l'arçon, si lo fait voler (*f. 63c*) a terre par desus la crope del cheval; et il chiet si durement que mout se blece. Li Blans Chevaliers est descenduz a terre; et qant il li vost corre sus, si voit jusqu'a nuef chevaliers, toz issuz de la premiere porte, et vienent aval lo tertre. Et uns chevaliers s'an

part et vient jusqu'en la place et se tient un petit loign. Et qant li Blans Chevaliers lo voit, si se crient de traïson. Lors rest sailliz en son cheval et prant son glaive et s'adrece a celui qu'il voit venir, sel fiert mout durement, et il lui, si que totes les lances volent en
5 pieces. Mais ne chaï ne li uns ne li autres. Et qant li Blans Chevaliers voit que cil n'est chaüz et que andui li glaive sont peceié, s'en a mout grant despit et dist que maleoiz soit qui onques fist glaive, qant il nel fist tel que l'an nel poïst peceier. Lors met main a l'espee. Et li autres chevaliers fu relevez et ot son cheval perdu,
10 si ot jus gité l'escu por lo braz, qu'il nel pooit sostenir, si se traoit vers la roche au plus qu'il pooit. Et cil li adrece qant que chevax puet aler. Et qant li chevaliers l'ot venir, si se regarde et velt s'espee traire. Mais il n'en a mie lo leisir, car cil s'an vient par lui, si li done tel cop en haut desus lo hiaume que tot lo fait chanceler,
15 et par un po qu'il n'est chaoiz. Et cil se lance outre, puis s'en revient par lui, si com il a l'espee traite, si li done tel cop sor lo destre braz, ainz qu'il se gart, qu'il lo mehaigne. Et l'espee li est cheoite enmi lo champ.

"Comment, sire chevaliers? fait li autres qui poignant i vient;
20 volez vos vos combatre a nos deus?"

"Oe, fait il, au tierz, s'il i venoit, ausi volentiers com as deus."

"Par foi, fait il, nos ne vos oseriens mie ferir dui ensamble se par vostre congié non."

"Puis que vos i venez, fait il, por secorre li uns l'autre, si vos
25 entresecorrez au miauz que vos porroiz. Ne il ne me grieve se vos iestes dui ne plus que uns seus, ne li troi ne que li dui, puis que ge conquerrai autresin bien lo plus (*f. 63d*) comme lo mains."

Quant li chevaliers l'antant, si s'en esmaie mout, et bien set qu'il par est trop de grant cuer. Lors s'antrevienent, les espees
30 traites, si se donent granz cox desor les hiaumes. Et qant li Chevaliers Blans an revoit aler celui qu'il ot mehaignié des deus braz, si li relaisse corre et s'en vient par lui, si li sache lo hiaume hors de la teste. Et cil bee a foïr contremont lo tertre. Et cil s'an vient par lui, sel fiert desus la coife a la grant ire que il ot, [si que
35 tot] lo fant jusq'es espaules, et il chiet. Et li autres lo vient ateignant, si li done grant cop desus lo hiaume, si que tot l'anbrunche avant; et la o il s'an passe outre, li Blans Chevaliers fiert par aventure de l'espee arrieres main el nasel del hiaume, si lo tranche tot jusq'es joes, si l'anverse de la grant angoisse qu'il a tres desus
40 l'arçon derrieres; et il se pasme. Et cil s'an revient par lui, si li

resache lo hiaume del chief et li crie que il fiant prison; mais cil n'a pooir de respondre. Et cil refiert de l'espee enmi les danz, qu'il a totes descovertes et plaines de sanc, si lo tranche tot jusq'es oroilles, et dit que ja Dex ne li aït se il ja mais a pitié d'aus ocirre, puis que autrement nes puet conquerre. Cil est a terre cheoiz. Lors voient bien li autre chevalier qu'il est morz, si s'an part uns des autres qui ja furent venu au pié del tertre. Si peçoie son glaive sor lo Blanc Chevalier. Et qant li glaives li est failliz, si sache l'espee et li done granz cox, la ou il puet. Et cil li recort sus si fierement que tuit s'an esbaïssent, si lo conroie tel en po d'ore que plus nel puet soffrir, si apele un autre. Et il i vient, et cil, qui plus ne pooit la (f. 64a) bataille soffrir, s'an fuit el chastel, et uns autres toz fres[1] revient en son leu.

Ensin menerent lo Chevalier Blanc tant que ja estoit prime passee, et aprés tierce pooit estre. Lors vient illuec uns escuiers, et portoit a son col un escu d'argent a une bande vermoille de bellic. Et li escuz au Blanc Chevalier estoit ja tex conraez que mout en i avoit petit remex. Et il meesmes estoit ja mout ampiriez et d'alainne et d'autre force, si avoit assez perdu del sanc, car en mainz leus estoit navrez. Et ses ravoit il mout bleciez et navrez, mais tuit s'an fuioient el chastel a garanz et por els revenoient autre tuit fres.

Quant li Blans Chevaliers voit qe ensi n'en porra venir a chief, si li anuie mout que tant demore a conquerre la grant anor que il atant. Lors giete jus tant po d'escu com il avoit et saisist celui que li vallez avoit aporté. Et lors sant sa force doblee, si est tant vistes et tant legiers que il ne se sant de cop ne de plaie que il ait. Et tantost laisse corre a els toz et fiert destre et senestre, et fait tels mervoilles que nus ne lo voit qui ne s'an esbaïsse. Il lor fause lor hiaumes, il lor decovre les escuz, il lor deront les auberz sor les braz et sor les espaules. Et il lo blecent mout, car si tost com li uns ne puet plus soffrir la meslee,[2] si vient uns autres en son leu; et ce li a mout grevé. Si a ensin maintenue la meslee tant que tierce passe, si l'ont assez faites plaies petites et granz. Et lors vint la damoisele qui l'avoit amené devant la porte, et li escuiers avoc li qui avoit aporté l'escu, si aportoit (f. 64b) celui as deus bandes. Et li chevaliers les avoit ja tant menez qu'il s'estoient ja mis au tertre et s'an aloient vers la porte por lo secors avoir plus pres. Et les genz del chastel esgardent desor les murs si com li chevaliers

[1] autre fres toz   [2] soffrir lautre si

les an mainne toz par son cors, si an sont tuit esbahi et prient que
Dex lo teigne an ce que il a commencié.

 Tant ont guanchi cil dedanz as cox qu'il sont venu devant la
porte, et lors li recorent tuit sus. Et lor secors lor vient sovant et
5 menu, par quoi il n'an puet a chief venir. Et lors lo prant la
damoisele au frain et li oste ele meesmes l'escu del col et i met
celui as deus bandes. Et li chevalier s'an mervoillent por quoi ele
lo fait, si vossisient bien qu'il ne venist[1] plus arrieres, car trop
ont grant honte del combatre a un seul chevalier qui si malement
10 les a menez. Lors est revenuz a la meslee, si les conroie tex en po
d'ore que nus a cop ne l'ose atandre, ainz guanchissent a ses
cox tuit li plus fres. Ne n'a dedanz lo chastel chevalier qui ait
esté a la meslee qui ses cox n'ait essaiez, si dient bien tuit c'onques
mais ne virent chevalier de son pooir. Mais sor toz les autres en est
15 esbahiz li sires del chastel, qui les esgarde desor lo mur o il est,
si a tel duel que par un po que il n'anrage de ce qu'il n'est a la
meslee. Mais il n'i puet estre, ne ne doit, selonc les costumes do
chastel devant que tuit li autre fussient conquis. Si a mout grant
paor de veoir sa grant dolor, a coi il n'avoit onques quidié que
20 nus cors d'un seul chevalier poïst atandre.

 Mout les maine li Blans Chevaliers honteussement, et bien
voient qu'a lui ne porroient durer por change qu'il facent, car il
les (*f. 64c*) tient si corz que li lassé n'ont pooir d'antrer el guichet,
ne cil dedanz de venir hors. Si s'est an po d'ore si justoiez qu'il
25 en a cinc tex conreez qu'il n'i a celui qui ait pooir de relever, car li
dui en sont ocis, li troi gisent a mort navré, estre les deus qu'il
avoit ocis au commencier. Et qant il voit qu'il ne sont mais que
troi, si les prise mout petit. Lors lor cort sus mout fierement, et il li
guerpissent place, si fuient tant com il puent an ganchissant.[2]
30 Et lors vient avant li plus grant et li plus corsuz des trois, si dit
qu'il ne s[e] fera ja ocirre, car mout plus preu qu'il n'est i ont
perdu la vie, si li rant s'espee et li fiance prison. Et qant li autre
dui voient ce, si font autretel.

 Et lors escoute[3] li Blans Chevaliers, si a oï un grant escrois. Et
35 [i]l esgarde contremont, si voit que c'est la porte qui est overte.
Et il a trop grant joie, car ce ne cuidoit il ja veoir. Et ja estoit pres
de none. Et qant il a monté lo tertre, si voit parmi la porte les dis[4]
chevaliers de l'autre porte[5] toz abochiez devant lo guichet. Lors

[1] il nen eust plus   [2] an ganchissent
[3] lors esgarde   [4] ix chrs   [5] autre part toz

l'areste la damoisele qui les escuz li avoit aportez, si li deslace ele meïsmes son hiaume, car il n'estoit mais preuz. Et ele lo baille un suen vallet et prant un autre qu'ele tient, mout buen[1] et mout bel, si li a lacié. Et puis li oste l'escu del col, si li met celui as trois bandes. Et il li dist:

"Ha! damoisele, honi m'avez qui les me feroiz vaintre sanz point de ma proesce. Trop i avoit il de celui que vos avez osté."

["Ne vos chaut, fait ele, car ge voil que l'autre porte soit plus fierement conquise que ceste n'a esté."]

Lors li baille li vallez un glaive dont la hante est mervoilles forz et li fers tranchanz comme fauz. Et la damoisele li dit qu'ele revelt veoir comment il joste, car ele set assez comment il se set aidier de s'espee. Li chevaliers a pris lo glaive et vient dedanz la porte. Et la damoisele li dit qu'il esgart en haut desus l'autre (f. 64d) porte. Et il esgarde, si voit lo chevalier de cuivre grant et merveilleus. Et si tost com il l'a veü, si chiet de si haut com il est et ataint en son chaoir un[2] des chevaliers qui desouz la porte sont, si li brise le col an travers et l'abat mort de son cheval. Mais de rien ne s'esbahist li Blans Chevaliers, ançois laisse corre a tot lo tropeel. Et fiert celui qu'il aconsiust si durement qu'il lo giete mort. Et qant li autre voient ces deus morz et lo chevalier de cuivre qui fonduz fu, si ne se sevent mais en quoi fier, si se lancent jus des chevaus et se metent anz parmi lou guichet au plus isnellement qu'il pueent. Et li Blans Chevaliers saut jus, si a traite l'espee dont il lor done granz cox par la ou il les ataint. Si a tant fait que li troi darein li ont fianciee prison, qui a tans n'i porent antrer. Et il se met aprés les autres cinc parmi lo guichet, mais il n'en ataint nul. Et lors encontre assez dames et damoiseles et borjois qui mout grant joie li font et li dient:

"Sire, il ne vos covient faire plus que fait avez, puis que il vos ont guerpie la porte."

Et lors aporte une damoisele les clex, et l'an li defferme la porte tantost. Et ele giete un si grant brait que mout s'en mervoille li chevaliers. Et il demande a ces qui antor lui sont s'il a plus a faire de nule chose qui a l'aventure aparteigne. Et li borjois, cui mout tardoit qu'il fussient delivre, responent qu'il se doit encores combatre au seignor del chastel ainz que il ait osté son hiaume ne point de s'armeüre.

"De ce, fait il, suis ge toz apareilliez. Et ou lo porrai ge trover?"

[1] mlt bien et mlt bel   [2] uns des

"Sire, fait uns vallez qui illuec estoit, au seignor avez vos failli, (*f. 65a*) car il s'an va si tost comme chevax lou puet porter, si grant duel faisant que par un po qu'il ne s'ocit."

De ces novelles sont mout dolant tuit cil de chastel. Si moinent lo chevalier en un cimetire mout merveilleus qui estoit entre les deus murs. Si s'en merveilla mout qant il lo vit, car il estoit de totes les parz clox de murs bateilleiz menuement, et desus mains des creniax si avoit testes de chevaliers atoz les hiaumes, et androit chascun crenel a tombel ou il a letres qui dient: "Ci gist cil, et veez la sa teste." Mais endroit les cresniaus ou il n'a nules testes n'avoit il mie issi escrit, ainz disoient les letres: "Ci gerra cil." Si avoit nons de mainz bons chevaliers de la terre lo roi Artu et d'aillors de toz les meillors q'en savoit. Et el mileu del cimetire si avoit une grant lame de metal trop merveilleussement ovree a or et a pierres et a esmaus. Et si i avoit letres qui disoient: "Ceste lame n'iert ja levee par main d'ome ne par efforz, se par celui non qui conquerra cest doloreus chastel, et de celui est li nons escriz ci desouz."

A cele tombe lever avoient maintes genz essaié, et par force et par engin, por lo non del bon chevalier conoistre. Et li sires del chastel i avoit maintes foiz grant poine mise por lo chevalier conoistre, car il lo feïst ocirre[1] s'il poïst. Lors ont mené lo chevalier jusqu'a la lame, si armez com il fu de totes ses armes, et li mostrent les letres, qu'il sot bien lire, car maint jor avoit apris. Et qant il les ot leües, si esgarde la lame et amont et aval, (*f. 65b*) et vit que se ele estoit tote delivre enmi une voie, si avroit il assez a lever a quatre des plus forz chevaliers do monde atot lo plus menu des deus chiés. Lors la saisist a deus mains par devers lo plus gros, si l'a tant levee que ele est plus haute que sa teste bien un pié. Et lors voit les letres qui dient: "Ci gerra Lanceloz del Lac, li filz au roi Ban de Benoyc." Et lors remet la lame jus, et bien sot que c'est ses nons qu'il a veü. Lors regarde, si voit la damoisele qui estoit a sa dame, qui avoit autresin bien veü lo non com il avoit.

"Que avez vos veü?" fait ele.

"Neiant," fait il.

"Si avez, fait ele, dites lo moi."

"Ha! fait il, por Deu merci."

"Por Deu, fait ele, autresin bien l'ai gié veü com vos avez."

[1] ocrrrre

Lors li dist en l'oroille. Et il en est mout correciez, si li prie et la conjure de qancque il puet qu'ele n'en parost a nule rien.

"No ferai ge, fait ele, n'aiez garde."

Atant lo mainent les genz do[1] chastel en un des plus biax palais do monde, mais petiz estoit; si lo desarment et font de lui trop grant feste. Cil palais au seignor estoit do chastel, si estoit riches de totes les choses qui an cort a haut home doivent estre.

Ensi a li Blans Chevaliers la Dolereuse Garde conquise. Et la damoisele est avec lui, qui lo fait laianz sejorner por lui garir de ses plaies et de ses bleceüres, dont il avoit assez. Mais trop sont cil del chastel dolant del seignor qui eschapez est, car s'il fust pris, si fust descoverz par lui toz li covines de laianz. Or ne sera ja mais seüz, ce dotent, car il ont paor qu'il ne puissent mie retenir ce chevalier quarante jorz; car s'il i demorast, lors chaïssent tuit li anchantement et les merveilles qui par jor et par nuit venoient, (f. 65c) car nus n'i bevoit, ne ne menjoit asseür, ne n'i couchoit, ne ne levoit. En tel maniere sont en la vile lié et dolant, si font de lor noviau seignor si grant joie com il doivent. Mais plus ne parole li contes ci endroit de lui, ainz retorne en une autre voie, si com vos orroiz.

Quant li Blans Chevaliers ot la Dolereuse Garde conquise et la lame levee, si avoit en la place un vallet gentil home, mout preu et mout viste, qui estoit freres a un chevalier de la maison lo roi Artu, si avoit non li chevaliers Aiglyns des Vaus. Li vallez sot bien que se ces noveles estoient saües a cort, trop seroient volentiers oïes, car l'an ne cuidoit mie que nus chevaliers poïst ce faire. Et il sist sor un mout grant chaceor, si se parti del chastel entre none et vespres por les novelles porter a cort, car il avoit veü qant que li chevaliers avoit fait et lo jor et la nuit devant et quex armes il avoit portees. Cele nuit jut si loig com il pot plus aler. L'endemain mut mout matin, si erra tant par ses jornees qu'il vint au tierz jor a Karlion. Et lo jor, ançois qu'il i[2] venist, si encontra Alibon, lo fil au vavasor del Gué la Reine. Alybons li demande:

"Vallez, ou vas tu si tost? As tu besoig?"

"Oie, fait il, car ge vois a la cort lo roi Artu et port novelles trop estranges."

"Queles sont?" fait li chevaliers.

"La Dolereuse Garde, fait il, est conquise."

---

[1] genz ou chastel   [2] il il venist

"C'est mençonge, fait Alybons, ce ne porroit estre."

"Ainz est voirs, fait li vallez, car ge le vi a mes iauz passer les deus portes et toz les chevaliers conquerre."

"Quex armes avoit il?" fait li chevaliers.

5 "Il porte, fait li vallez, unes armes blanches et (*f. 65d*) si avoit un blanc cheval."

"Ho! fait Alybons, vallez, porte ces noveles a cort, car assez troveras qui an fera joie."

Li vallez vient a la cort, et la o il voit lo roi, si li dit:

10 "Rois Artus, Dex te saut. Ge t'aport novelles les plus estranges qui onques entrassent en ton ostel."

"Di les dons, biaus sire, fait li rois, car bien font a oïr puis qu'eles sont si estranges."

"Ge vos di, fait li vallez, que la Dolereusse Garde est conquise, 15 et est antrez dedanz les deus portes par force d'armes uns chevaliers."

"Ce ne puet estre," fait chascuns.

"Il est voirs, fait li vallez, car ge l'i vi antrer a mes iauz et les chevaliers conquerre."

20 "Vallez, fait li rois, nel di mie s'il n'est voirs."

"Sire, fait il, se ge vos en mant, si me pandez."

Et lors antra laianz ses freres Aiglyns, qui venoit de son ostel. Et qant il lo voit a genolz devant lo roi, si li dit:

"Biax frere, bien soies tu venuz. Quex besoignz t'a aporté 25 a cort?"

Et il saut sus, si li conte les novelles.

"Comment? fait li rois; Aiglyns est il dons vostre freres?"

"Oïl, sire, fait il, sanz faille."

"Dons est il bien creables, fait li rois, car il n'en mentiroit 30 mie."

"Par foi, fait Aiglins, lo mentir n'oseroit il faire. Mais c'est si granz chose que ge meesmes en seroie en dotance se ge ne l'avoie veü."

Lors demande au vallet quex armes avoit li chevaliers. Et il dist 35 unes blanches armes et un cheval blanc. Et lors dist messire Gauvains que c'est li chevaliers noviaus. Et lors dient une grant partie des chevaliers qu'il iront veoir se c'est voirs, si s'an aparoillent por armer. Mais messires Gauvains dit qe ce n'est mie biens que tant en i aillent, mais dis en i voi(*f. 66a*)sent sanz plus. A ce 40 s'acorde li rois meesmes et tuit li autre, si devise li rois les dis qui iront. De ces dis fu messire Gauvains li premiers, et li seconz messire Yvains, et li tierz Galegantins li Galois, et li quarz Galescondez, et li quinz Tohorz li filz Arés, et li sistes Caradués Briebraz, li setaimes Yvains li Avoutres, li huitoimes Gasoains d'Estrangot, li novoimes li Gais Galantins, et li disoimes Aiglins des Vaux. A tel compaignie s'em part messire Gauvains de Carlyon, et cele nuit jurent chiés un hermite qi avoit esté de la maisnie lo roi Artu qant il fu rois novellement, si lor fist mout bel ostel por ce que de la maison lo roi estoient. Aprés mengier dist li hermites a monseignor Gauvain:

"Sire, ou alez vos?"

Et il dit: "A la Dolereuse Garde."

"Sire, fait il, la que querre?"

"L'an nos a dit, fait messire Gauvains, c'uns chevaliers i est entrez a force d'armes."

"Ce ne puet estre," fait li hermites.

"Si est, fait li vallez, car ge l'i vi entrer a mes iauz."

"Bien sachiez, fait li hermites, que se toz li monz i venoit, n'en i anterroit il nus[1] tant que uns i sera antrez et cil sera filz au roi mort de duel, ce dient li encien home."

La nuit jurent laianz, et au matin s'an partirent aprés la messe et errerent trois jorz. Et au quart, endroit tierce, si truevent en lor voie un home qui chevauchoit un mulet, une chape bloe affublee. Messires Gauvains lo salue, et li dit:

"Biaus sire, quex hom iestes vos?"

"Sire, fait il, ge sui uns randuz."

"Et savez vos letres?" fait messires Gauvains.

"Sire, fait il, oe, Deu merci."

"Et savez vos la voie a la Dolereuse Garde?"

"Sire, oe bien. Et por quoi lo dites vos?"

"Por ce, fait il, qu'il covient que vos nos i façoiz compaignie."

"Compaignie, sire? fait il, et qui iestes vos?"

"Ge sui, fait il, (*f. 66b*) uns chevaliers."

"Et comment avez vos non, sire?" fait il.

"J'ai non Gauvain."

"Ha! sire, fait il, iestes vos ce? Avoc vos irai ge mout volentiers, mais ge ne sai que vos i querez."

"Ja nos a l'an dit, fait messires Gauvains, c'uns chevaliers l'a conquise."

[1] il uns tant

"Certes, sire, fait li clers, ge n'en sai rien, mais c'est mout grant chose a croire."

Et il oirrent jusqu'a l'angarde; et quant il l'orent montee, si troverent la premiere porte overte. [Et li freres Aiglyn dist a monseignor Gauvain:

"Veez, sire. Ceste porte ne veïtes vos onques mes overte."]

Et il antrent anz et truevent l'autre porte close. Et il voient un home sor la porte, et messire Gauvains li dit:

"Biaus sire, porriens nos antrer laianz?"

Et il respont que nenil.—"Mais dites moi qui vos iestes."

"Ge sui, fait il, Gauvains, li niés lo roi Artu, et cist autre sont compaignon de la Table Reonde."

"Sire, fait li hom, or vos alez herbergier en cel borc la aval anuit mais. Et lo matin, revenez ça."

Il se vont herbergier el borc aval. Et les novelles vienent au Chevalier Blanc, et li dient que messire Gauvains a esté a la porte, soi disoismes de compaignons. Et il deffant que la porte ne soit overte a nul home, ne anuit ne demain. Et cil del chastel, qui bien vousisent que li rois Artus i venist atot son pooir por les males costumes abatre, vienent el cimetire et font letres sor une partie[1] des tonbes o il n'avoit onques mais letre eüe, et a chascun crenel qui estoit encontre metent un hiaume.

Au matin revint messires Gauvains et sa compaignie. Et qant il vint a la porte, si l'a trovee encorres close, autresin com il avoit fait la nuit qu'il i vint. Il demande a l'ome qui estoit sor la porte an haut s'il porront laianz antrer.

"Nenil, sire, fait il, mais se vos avez nelui en vostre compaignie qi sache letres, dites lo moi." Et il dient que oïl. "Or m'atandez dons," fait il.

La gaite descent des murs et vient el cimetire par la posterne, (f. 66c) si oevre a monseignor Gauvain lo postiz; et il entrent tuit anz. Li clers commence a lire sor les tombes, et trueve sor une des tombes escrit: "Ci gist cil, et veez la sa teste." Et an pluseurs des tombes dit ensin et nome chevaliers assez de la maison lo roi Artu et de sa terre. Et qant messires Gauvains ot qu'il sont ensin mort, si am plore mout durement, car il cuide bien et tuit li autre que ce soit voirs. Et si estoit il de tex i avoit, et si estoit mençonge de toz cels dont les letres avoient esté faites la nuit devant.

Quant il ont tuit longuement ploré, si vient li clers a une autre

[1] une parties

tombe qui estoit el chief et trueve letres; puis commance a plorer mout durement si tost com il les a leües. Et messires Gauvains li demande que il voit.

"Quoi? fait il; trop grant dolor."
"Et qel dolor? fait il; dites lo nos."
"Ci gist, fait il, la mervoille."
"Qui?" font il?
"Li miaudres des bons, fait il, qui ceste garde avoit conquise."

Et qant li chevalier l'oent, si batent lor paumes et font trop grant duel. Et dist li uns a l'autre: "Biaus sire Dex, qui puet cist estre?" Et chascuns dit qu'il ne set qui, se ce n'est li chevaliers noviaus que li rois fist lo jor de la feste Saint Jehan. "Car cist vallez, font il, lo vit ceianz antrer. Or si poez veoir que il l'ont mort." Mout an font grant duel, mais messire Gauvains et messire Yvains en font greignor duel que tuit li autre, si lo regretent mout doucement, et dient que onques mais ne virent home qui si bon commencement eüst com il avoit, et s'il vesquist, mervoilles fust de sa proesce.

Quant il ont grant piece illuec esté, si s'en issent hors del cimetire et revienent par devant la porte qui estoit fermé, si truevent overt l'uis d'un jardin. Il entrent anz et vienent as loges (f. 66d) d'une mout bele sale et i voient une mout bele damoisele qui plore mout durement. Ele est mout bele, ce lor est avis. Messires Gauvains li demande mout debonairement que ele a, qui si durement plore.

"Que j'ai! fait ele, j'ai mout grant droit, car il ont ceianz mort lo plus biau chevalier do monde et lo plus preu qui onques fust, si estoit juesnes anfes sanz barbe."

"Damoisele, fait messires Gauvains, quex armes avoit il?"
"Unes armes blanches, fait ele, et un cheval blanc."

Et lors recommencent tuit lor duel, et dient que ja mais ne s'an iront tant qu'il sachent del covine de laianz aucune chose. Si se remainnent ensins et esgardent comment les choses se prendront. Mais or laisse li contes atant d'aus toz que plus n'en parole, ne del chastel ne de cels qi i sont, tant que leus resoit del parler.

A l'ore que messires Gauvains ot fait lire les letres qui disoient que morz estoit li chevaliers as blanches armes, si renveia Ayglins des Vaux son frere au roi Artu por ces noveles dire. Si erra tant par ses jornees qu'il trova lo roi, si li dist:

"Rois Artu, fait il, ge menai ton neveu et tes compaignons en la Dolereuse Garde, si troverent un cimetire o il gist mainz des bons chevaliers de ta terre morz, et ce fu dedanz la premiere porte. Et li noviaus chevaliers meesmes qui fist lo secors a Nohaut et qui l'angarde avoit conquise, icil i gist morz."

Quant li rois l'ot, si en est mout dolanz et plore mout durement, et por celui et por les autres, et la corz en est tote troblee. Et li rois dist que il i era, et dit a la reine:

"Dame, prenez de voz dames et de voz damoiseles celes qui miauz vos plairont, car vos vandroiz avoc moi."

Au matin (*f. 67a*) murent et alerent deus jornees. Et au tierz jor se herberja li rois sor une riviere an trez et an paveillons. Et il faisoit mout grant chaut, si se fu assis a l'anserir desor la rive de l'eive, et ot mises ses james dedanz, et quatre chevalier li tenoient sor lo chief un drap de soie. Et il commença a penser. Et tantost vint de l'autre part de l'eive uns chevaliers toz armez et se mist en l'eive. Et qant il vint endroit lo roi, si demanda as autres:

"Qui est cil chevaliers?"

Et li rois meesmes respont:

"Sire chevaliers, ge sui li rois."

"Certes, fait il, vos queroie ge."

Il fiert lo cheval des esperons et aloigne lo glaive por lo roi ferir. Et l'eive fu parfonde, si covint lo cheval a noer. Et qant il aproche del roi, li chevalier[1] gietent les mains encontre, si aerdent lo glaive et li tolent. Et cil qui lo tint en fiert si lo chevalier que par un po qu'il n'est toz reclox en l'eive, et uns autres se lance anz et l'aert au frain.

"Ha! fait li rois, mar i faites, car il noieroit ja."

Et cil lait lo frain. Et qant li chevaliers oï que li rois avoit ce dit, si s'en torne et dit: "Certes, voirement est il voirs!" Atant s'en ist de l'eive, si s'an va si com il estoit venuz. Cil chevaliers estoit li sires de la Dolereuse Garde, si avoit tel duel de son chastel qu'il avoit perdu que lui ne chaloit qu'il devenist; si s'estoit pensez qu'il ocirroit lo roi Artu, por ce que par lui cuidoit avoir perdu son chastel qui soloit justisier et destraindre tote sa terre. Or lo covendra repairier a la subjection des autres. Et la o il s'estoit vantez lo jor devant qu'il l'ocirroit, respondié uns chevaliers que ja li rois Artus ne seroit par home deseritez ne mauvaissement ne morroit, tant avoit anors et biens faites en sa vie. Et por ce dist il: "Certes, voirement est il voirs!" Si se tint por fox, por ce qu'il l'avoit enpris a ocirre. (*f. 67b*)

[1] li ch'rs

Arthur Finds Castle Gates Closed

Cele nuit jut li rois en la riviere, et au matin mut bien main, si erra tant que l'andemain vint a la Dolereuse Garde. Si l'ont montee jusqu'a la premiere porte qu'il troverent bien fermee. Si en est mout dolanz et dit a la reine et a ses homes que cele porte cuidoit il trover overte.

"Or ne sai ge, fait il, qe mes niés est devenuz ne mi compaignon."

Lors demande au vallet qui les noves li ot aportees:

"Frere, dont ne me deïs tu que ceste porte estoit overte?"

"Sire, fait il, oe; et si estoit ele qant ge mui de çaianz, et demandez lo encor a cel home de laïsus."

Li rois esgarde sor la porte an haut et voit un home qui sanbloit estre gaite. Il li demande:

"Biaus sire, ceste porte a ele esté overte?"

"Oïl, sire," fait li hom.

"Et biaus sire, porriez vos nos conseillier d'antrer laianz?"

"Qui iestes vos?" fait cil.

"Ge sui, fait il, li rois Artus."

"Sire, fait il, a vos donroie ge tot lo consoil que ge porroie com au plus prodome do monde. Et qui est cele dame la?"

"C'est, fait il, la reine."

"Sire, fait il, et por vos et por li en ferai ge qanque ge en porrai faire."

Lors s'an torne. Et ne demora gaires qu'il amena un viel home tot chenu. Et qant li rois lo vit, si li dit:

"Sire prozdom, car nos laissiez entrer laianz."

"Sire, fait il, nel ferai ore. Mais or vos herbergiez mes hui, et demain, endroit prime, si m'envoiez un chevalier. Et se ge li puis la porte ovrir, ge li overrai; et se ge ne puis, si m'en enveiez un autre endroit tierce; et se lors n'est overte, si m'en envoiez un autre endroit midi, et puis un autre endroit none, et puis un autre endroit vespres, tant que cil veigne cui ge lo porrai ovrir."

"Volentiers, fait li rois, mais, por Deu, itant me dites se vos savez de Gauvain, mon neveu, nules noveles."

"Sire, fait il, vos en orroiz (*f. 67c*) bien enseignes, si ne demorra mie grantment."

Lors descent li rois aval et se herberge en la plaigne desouz, ou plain, por les fontaines qui i sont. Au matin, a hore de prime, enveia un chevalier a la porte. Et l'an li renveia arrieres[1] qant li

---

[1] arrieres et qant

preuzdom li ot demandé a cui il estoit et comment il avoit non. Et il revient au roi, et si li dit:

"Sire, par moi n'i enterroiz vos mie, car l'an ne me velt ovrir la porte."

5   A ore de tierce i ranvoie li rois un, et l'an li renvoie. Et a hore de midi y renvoie un, et l'an li renvoie arrieres, et a hore de none autresin, et a hore de vespres. Et ansin fist par trois jorz que a totes les hores les i anveoit, et l'an li renveoit tozjorz. Mais or se taist ci endroit li contes del roi et de la reine et de tote lor com-
10 paignie, et retorne a parler de monseignor Gauvain et de ses conpaignons et des avantures qui lor avindrent puis que il furent el chastel venu.

Li contes dit que qant messires Gauvains et si compaignon orent aprise la mort au Blanc Chevalier et des autres compaignons
15 lo roi, et par les letres des tombes et par la damoisele qui estoit as loges a cui il parlerent, si furent si dolant com li contes a devisé. Illuec demorerent jusqu'a l'avesprier. Et lors avalent jus do chastel por aler herbergier, si encontrerent un vavassor meslé de chienes qui mout sanbloit estre preudome. Cil demanda a monseignor
20 Gauvain qui il estoit.

"Por qoi lo demandez vos?" fait messires Gauvains.

"Sire, fait il, ge nel demant se por vostre preu non, ce sachiez."

"Et gel vos dirai, fait il, car bien sanblez preudome. Ge sui Gauvains."

25   Et qant li vavassors voit les lermes qui ancor li chaoient des iauz, si li demende por qoi il plore. Et il dit qu'il plore por la mort des compaignons lo roi qu'il a veüz laïssus en cel chastel.

"Sire, (*f. 67d*) fait il, or ne vos dolosez mie tant, tant que vos sachiez por quoi, car vos iestes si preuzdom que vos ne vos devez
30 mie si tost esmaier. Mais bien sachiez que ge sui ça venuz por vos de mon ostel, car ceste terre n'est ores mie bien seüre hors de forteresce tant com li sires de cest chastel est an sa grant ire. Por ce lo vos lo que vos en veigniez o moi herbergier anuit mais et tant com vos demorroiz en cest païs. Et savez vos en quel leu?
35 an biau chastel et an fort,[1] o vos avroiz qancque mestier sera a cors de chevalier. Et chascun matin, tant com vos voudroiz ci estre, si i porroiz venir aprés la messe, o devant o aprés disner. Et sachiez que li plus de ce que vos avez veü laïssus n'est se mençonge non et anchantemenz. Mais ge vos mosterrai verité, car ge

[1] au b. c. et au f.

The Knights Imprisoned by Host

vos ferai veoir des compaignons lou roi une partie toz sains et toz vis de cex que les letres laïssus tesmoignent a mort."

Quant messires Gauvains l'ot, si en est trop liez. Et dit que dons ira il, car il n'est nule terre o il n'alast por tant de prodomes veoir. Li vavassors s'an ala avant[1] et li dis compaignon aprés. Et qant il est loign de la Dolereuse Garde une grant aubelestee, si consoille a un suen fil en l'oroille, qui avec lui estoit, et cil s'en va avant grant aleüre. Et il chevauchent aprés tot belement tant qu'il vienent aprochant d'un chastelet petit qui estoit en une isle[2] dedanz lo Hombre sor une roche haute, la plus fort de son grant que nus seüst. Qant il vienent a l'eive, si lor fu amenee une nes, et il antrent anz et nagent tant que il vienent en l'isle. Si mainne l'an les dis compaignons en une chambre por desarmer. Et qant il sont desarmé, si vont veoir amont (*f. 68a*) et aval la forteresce qui trop est bele. Et qant il vienent el maien estage, si truevent bien plus de quarante chevaliers et sergenz toz armez qui les asaillent. Et cil cuident resortir, mais li huis lor sont mout bien fermé aprés les dos. Il voient que deffanse n'i a mestier, si deffant messires Gauvains que nus ne s'an deffande. Ne il ne font, fors Galegantins li Galois qui se lança a un d'els, si lo porta desouz lui a terre et li aracha l'espee des poinz, si se deffandi tant qu'il dut estre ocis, et navrez fu il. Lors lo corrut messires Gauvains meesmes prandre. Et il li ont les mains liees darrieres lo dos, et a toz les autres avoc. Et Gasoains d'Estrangot, qui mout estoit preuz et de boenes paroles, dit que, se li aïst Dex, Galegantins n'avoit mie tort s'il voloit miauz morir que estre pris. "Car ge ne vi onques mais, fait il, si outrageuse traïson, que nos estiens herbergié, or somes pris et lié ançois que nos aiens ne mengié ne beü."

Atant les ont amenez aval. Et Yvains li Avoutres voit lo vavassor, qui laianz les avoit amenez, si faisoit lo mengier haster en la cuisine. Et il li dist:

"Hé! filz a putain, traïtres, ja nos aviez vos a foi herbergiez!"

"Sire chevaliers, fait il, ge ne vos oi onques nul covant qui mout bien ne vos soit tenuz, car vos seroiz herbergié en une des plus forz maisons qui soit en tote Bretaigne, et si seroiz ja mis avec voz compaignons que ge vos creantai a mostrer."

"Dahaz ait, fait Gasoains, qui autre ostel avoir quiert, car cist valent autant comme revescu."

[1] ala atant [2] une lisle

Atant s'an passent outre. Mais Galegantins n'a pas obliee l'ire de ce qu'il l'ont navré, si li est mout a po des ores (*f. 68b*) mais que l'an face de lui, car paor a de morir en la prison. Mais volentiers se vancheroit tant com il vit. Lors avise lo vavassor a cui Yvains avoit reprochiee la traïson, si se lance a lui, la o il est devant lo feu en estant, sel fiert del pié si durement qu'il lo porte tot estandu sor lou brasier; et s'il n'eüst les mains liees, il ne relevast ja mais se toz ars non. Et lors rest levee la noise, si saillent a Galegantin a haches et a espees, et se ne fust li sires d'els, morz l'eüssent. Atant les ont toz avalez en un souzterrin mout fort, dont li huis estoient de fer, et li mur espés de carriaus, joinz a fer et a plon. Laianz estoit em prison li rois Yders et Guivrez de Lanbale et Yvains de Leonel et Kadoains de Qaermurzin, et Kehenins li Petiz et Kex d'Estraux et Girflez, li filz Dué, et Dodyniaus li Sauvages et li dux Taulas et Madoz de la Porte et Lohoz, li filz lo roi Artu, qui l'engendra en la bele damoisele qui avoit non Lisanor devant ce qu'il eüst la reine, et an cele prison prist il lo mal de la mort. Et avec aus estoit Gaheris de Caraheu. Tuit cist estoient an prison laianz. Et qant messires Gauvains et si compaignon les virent, si orent assez grant joie, car grant piece avoient esté perdu. Et cil refurent lié et dolant qant il les virent laianz amener: lié de ce que ja mais nes cuidoient veoir, et dolant de ce qu'il venoient en male prison. Mais ci endroit lait ores li contes a parler d'aus et retorne au chevalier qui lo chastel avoit conquise.

Aprés ce que messires Gauvains et si compaignon furent pris, demora grant piece que li chevaliers qui la Dolereuse Garde (*f. 68c*) avoit conquise n'an sot mot. Et qant il lo sot, si an fu tant dolanz que plus ne pot estre. Un jor avint qu'il seoit au mengier en une haute tornelle el chief do palais et menjoit si richement que mout se merveillast qui veïst et les serveors et la vaiselemente. La o il menjoit ensin, entra laianz uns vallez et ploroit mout durement. Et la damoisele del lac, qui avoc lo Blanc Chevalier manjoit, li demenda que il avoit.

"Certes, damoisele, fait il, j'ai eü la greignor pitié que ge onques mais eüsse d'une damoisele qui s'en va par desouz cele roiche et fait si grant duel qu'ele ne puet faire greignor."

"Et dist ele por quoi?" fait li chevaliers.

"Ele regrete, fait il, monseignor Gauvain et monseignor Yvain et ne sai quex autres chevaliers."

"Et qel part vait ele?" fait li chevaliers.
"Sire, fait il, ele tient la voie galesche."
"Ha! messire Yvains, fait li Blans Chevaliers, ja me fustes vos si bons maistres et si bons compaignz, et faisiez qancque ge voloie. Et messires Gauvains me refist avoir lo premerain don que ge demandai lo roi mon seignor, et dist qu'il cuidoit que ge lo feïsse mout bien. Assez ot ci haut tesmoign, ne ja Dex ne m'aïst se ge ja mais suis a eise devant que ge savrai o vos iestes."

Lors saut hors de la table et commande que l'an li aport ses armes. Eles li sont aportees, si se fait armer de chief en chief. Et la damoisele li demande o il voudra aler.

"G'irai, fait il, aprés la damoisele por savoir o messires Gauvains est et sa compaignie."

"G'irai, fait ele, veoir que ce sera."

"Non feroiz, fait il; vos n'i vendroiz mie, ançois m'atandroiz ceianz tant que ge revandrai. Et si vos conjur, foi que vos devez ma dame, que vos n'issiez hors de çaianz devant la que vos me reverroiz, (f. 68d) et ce sera orendroit."

Cele li otroie sa volenté. Et il s'an part et chevauche aprés la damoisele qui por monseignor Gauvain ploroit, tant que il l'ataint a l'antree de la forest. Si li demande que por Deu li die de monseignor Gauvain novelles.

"Ges vos dirai, fait ele, que gaires peiors ne pueent estre, car il est soi disoimes de compaignons en la prison a celui qui a esté sires de la Dolereuse Garde."

"Ha! damoisele, fait il, puis que tant m'en avez dit, dites moi o cele prisons est."

Et cele lo regarde, si li dit:

"Ostez vostre hiaume, si vos verrai."

Et il l'oste. Et ele li cort les braz tanduz. Et il la conoist, si voit que ce est une damoisele qui est a sa Dame del Lac, si li fait mout grant joie. Et ele li conte que sa dame l'avoit a lui envoiee por une chose qu'ele avoit obliee a dire a l'autre pucele qui avant vint.

"Mais l'an me dist, fait ele, la ou messires Gauvains est pris, que vos gissiez morz en la Garde Dolereuse et por ce n'i vos ge onques antrer, car ge ne la pooie neïs veoir."

"Quele, fait il, fu la chose que ma dame m'oblia a mander?"

"Ce fu, fait ele, que vos ne metoiz ja vostre cuer en amor qui vos face aparecir mais amander, car cuers qui por amor devient pareceus ne puet a haute chose ataindre, car il n'osse. Mais cil qui tozjorz bee a amender puet ataindre a hautes choses, autresin com il les ose anprandre."

Et il li redist:

"Messire Gauvains, bele douce amie, o est il em prison?"

5 "Ge vos i manrai," fait ele.

Lors retornent andui et vienent jusqu'a un bruillet qui est desus l'isle ou messire Gauvains estoit, si li dit [la] damoisele:

"Ci, fait ele, vos anbuscheroiz, ne ja nus ne porra issir de laianz que nos ne v[e]iens, et nos ne serons ja veü."

10 Et cil (f. 69a) lo fait issi. Et qant il orent grant piece atandu, si virent hors issir chevaliers jusqu'a quinze toz armez, et passerent l'eive a une grant nef, si acoillirent lor voie vers la Dolereuse Garde. Et li chevaliers les laisse aprochier; et qant il les voit armez, si lor laisse corre si tost com li chevax li puet aler, et met devant lo
15 piz l'escu d'argent a trois bandes, car la damoisele qu'il avoit laissiee el chastel lo li faisoit porter. Mais si tost com il lo virent, si n'i ot onques si hardi qui ne tornast lo dos, et li sires de la Dolereuse Garde toz premiers, car a lui estoient tuit li autre. Et qant il vindrent a l'eive arrieres, si ne porent mie a tans antrer
20 dedanz la nef, car cil les sivoit de pres. Si ocist de son glaive lo premier qu'il ataint, puis mist la main a l'espee et corrut as autres sus, si en retint quatre, que ocis, que mehaigniez. Et li autre se mistrent par l'aive dedanz l'isle a garant.

Ensi eschapa Brandiz des Isles, li sires de la Dolereuse Garde,
25 car issi avoit il non. Et li chevaliers revint a la Dolereuse Garde mout dolanz, et antra anz par une fause posterne.

Et l'andemain fu li quarz jorz que li rois estoit venuz a la Dolereuse Garde. Et qant vint a prime, si enveia a la porte un chevalier por lo covant qui li avoit esté faiz, mais il ne fu qui
30 l'[o]sast ovrir devant que li Blans Chevaliers lo commandast. Li chevaliers revient au roi et dit ce qu'il a trové, et li rois en est mout correciez. Lors s'est assis sor lo ru d'une fontaine et commança a penser mout durement tant qe tierce commence a passer. Et li chevalier dient a la reine:

35 "Dame, tierce passe, ne li rois n'envoie nelui a la porte. Que ferons nos?"

"Certes, fait ele, ge ne sai quoi. Ge n'i oseroie enveier s'il nel commandoit, et il pense trop durement."

(f. 69b) Et li chevaliers qui lo chastel avoit conquis s'an refu
40 issuz par la f[a]use posterne por veoir les genz lo roi, et il avoit

commendé au portier que se li rois i enveoit a tierce, que la porte li fust overte, mais que dehors de laianz n'issist nus hom. Mais de cels do chastel avoit sor les murs assez qui mout vousissent que les doloreuses costumes fussient remeses. Et li portiers, qui n'osoit dire mot ne hors metre nelui, fait signe a un viel home qu'il apiaut lo roi Artu. Et cil crie: "Rois Artus, hore passe, heure passe." Et ensin commencent a crier tuit li autre, si que tote la valee an retantist.

Quant la reine et li chevalier oent les voiz, si vienent en haut devant la porte, et sont mout angoisseus del roi qui son penser ne laisse. Et lors vint devant li chevaliers qui lo chastel avoit conquis, et ot a son col l'escu d'argent a la bande vermoile, si vint a grant oirre jusqu'a la porte. Et qant il vit la reine, si li dit:

["Damedeu vos beneoie."
Et ele respont mout matement que Dex beneoie lui.]
"Dame, fait il, voudriez vos laianz antrer?"
"Certes, fait ele, oe, mout volentiers."
"En non Deu, fait il, por vos sera la porte overte."
"Granz merciz, sire," fait ele.

Li chevaliers apele tantost la gaite et dist: "Oevre la porte." "Volentiers, sire," fait cil. Il oevre la porte et li chevaliers entre anz. Mais il est tant esbahiz de la reine qu'i[l] s'an oblie toz, ne a rien n'entant fors a li veoir. Si est montez an haut desus la porte, et des la l'esgarde. Et la porte refu close si tost com il fu anz; si ot gité un si grant brait que li rois en ot laissié son pensé, si demande que ce avoit esté; et il fu assez qui li conta. Et il dit a Kel lo seneschal qu'il aille savoir s'il porra laianz entrer. Et il i vait, si encontre la reine, qui ja s'an voloit revenir, car ele cuidoit que li chevaliers l'eüst (*f. 69c*) gabee, et li conte comment. Lors esgarde Kex contremont et voit lo chevalier desus la porte, si li dit:

"Ha! sire chevaliers, vos avez fait que vilains qui ma dame avez gabee."

Mais il ne l'antant mie. Et lors vint a lui la pucele qui l'avoit mené a la Dolereuse Chartre—ensin avoit non li chastelez o messires Gauvains estoit em prison. Et qant ele oï ce que Kex li reprochoit, si lo bota et dist:

"Dont n'oez vos ce dont cist chevaliers vos blasme?"
"Li quex?" fait il.
Et ele li mostre.
"Sire, fait il, que dites vos?"

"Ge di, fait il, que vos tenez bien por musarz ma dame et moi, car vos ne li deigniez la porte ovrir, et si li creantates; ne a moi ne deigniez parler."

"Qui iestes vos?" fait li chevaliers.

"Ge sui, fait il, Kex li seneschax."

Lors esgarde li chevaliers, si voit la reine qui ja s'an aloit par anui, et il en est si dolanz que par un po que il n'anrage, por ce qu'il voit bien que ele s'est correciee. Et il vient a la gaite, si li dit:

"Dont ne te commandai ge que tu laissasses madame la reine ceianz entrer?"

"Onques n'en parlastes," fait cil.

Et il met la main a l'espee et jure mout durement.

"Et bien saiches, fait il, que, se tu ne fusses si viauz, ge t'oceïsse orandroit por ta folie, et moi por ma sordeté, se ge n'an aüsse si bon garant. Or l'uevre tost et garde que plus ne soit fermee."

Atant li est ses chevax amenez, et il monte dolanz et pensis. Puis est revenuz[1] a [la] fause posterne, si issi hors. Ne la pucele ne li sot tant demander ou il va qu'il onques li voille dire fors tant qu'il revandra ja. "Et gardez, fait il, que vos ne me sivez un tot seul pas." Et ele lo laisse atant. Et la gaite oevre la porte; et la novele vient au roi, et il vient la mout tost, si antre anz et il et la reine, et tuit li autre aprés. Onques n'i ot ho($f.\ 69d$)nor gardee, mais qui plus tost i pot antrer, si entra. Et qant il furent anz, si troverent l'autre porte fermé. Et lors vont au cimetire, si commande li rois a ses clers que il lisent[2] les letres. Et il conmencent a nomer assez chevaliers de sa maison et d'autres terres, et tant qu'il vienent a une tombe o li nons monseignor Gauvain estoit escriz, si avoit: "Ci gist messires Gauvains, et veez la sa teste." [Aprés esgarderent sor une autre tonbe: "Ci gist Yvains, li fiz au roi Urien, et la gist sa teste." Et puis en une autre truevent "Ci gist Yvains li Avoutres, et veez la sa teste."] Et autretel dient de toz les compaignons que messires Gauvains avoit amenez avec lui. Qant li rois ot ce, a poi n'anrage, tel duel en a, et la reine et tuit li autre. Et qant il ont grant piece fait duel, si demande li rois a la gaite qu'il choisi sor[3] l'autre mur se cele premiere porte lor sera ja mais close. Et cil dit que nenil.

"Et en cele autre, fait li rois, comment porrons nos antrer?"

"Sire, fait il, anveiez ça autresin com vos avez fait ces quatre jorz."

[1] reuenez   [2] lises les   [3] choisi et sor

Lo soir se retraist li rois en ses loges et sa compaignie. Et la nuit ot si grant doleur entre ses genz que onques n'i ot ne beü ne mengié. Mais or reparole un po li contes del Blanc Chevalier si com il se parti del chastel, la ou la porte fu vee a la reine.

Li contes dit que li Blans Chevaliers chevauche maz et pansis por sa dame la reine qu'il a correciee, car il l'amoit de si grant amor des lo premier jor qu'il fu tenuz por chevaliers que il n'amoit tant ne soi ne autrui. Et por ce qu'il dotoit la haïne sa dame a tozjorz mais, si pense en son cuer tant a faire d'armes qu'il ravra monseignor Gauvain, ou il morra. Et par ce, s'il lo puet faire, bee a recovrer l'amor sa dame. Ensin chevauche maz et pansis tot droit vers la Dolereuse Chartre, (*f. 70a*) et se remet el bruillet. Si pooit bien estre bas midis qant il vint la. Longuement fu illuec, tant que ja avesproit bien. Et il esgarde, si voit venir un hermite desus un grant asne, et antra el bois mout pres de lui, si aloit chantant ses hores a son hermitage qui pres d'iluec estoit en la forest. Li hermites estoit de grant aage, si avoit esté chevaliers, uns des plus biaus desou ciel, si s'estoit randuz an son meillor aage por une grant perte qui avenue li estoit de doze filz qu'il avoit eüz, si les vit toz morir dedanz un an. Et qant il antra dedanz lo bois, si li vient li Blans Chevaliers encontre et li demande dont il vient. Et il laisse quancqu'il disoit, si li respont mout docement qu'il vient de ce chastelet.

"Sire, fait li chevaliers, que feïstes vos la?"

Et li bons hom commence a plorer.

"Certes, sire, fait li hermites, g'i alai a grant besoig por deus chevaliers qui mout sont malade."

Lors li mostre lo calice qu'il portoit souz sa chape. Et li chevaliers li demande qui sont cil dui qui si malade sont. Et il dit qu'il sont de la maison lo roi Artu; si a non li uns Galegantins li Galois, et cil est malades de plaies; et li autres est Lohoz, li fiz lo roi, qui est malades d'une enfermeté qu'il a prise dedanz la chartre; si sont andui en grant aventure. Lors commance li Blans Chevaliers mout durement a sospirer, si li demande de monseignor Gauvain et de monseignor Yvain son coisin. Et li hermites dit que il les vit toz sainz et haitiez.

"Et vos, sire, qui iestes?"

"Sire, fait il, uns chevaliers errans sui."

"Ha! fait li hermites, ge sai auques qui vos iestes. Vos avez conquise la Garde Doloreuse. Mais ci qu'atandez vos?"

Et li chevaliers dit que mout volentiers metroit painne es chevaliers lo roi delivrer, s'il pooit estre.

"Et ge vos en conseillerai, fait li hermites, mout bien, se vos en volez croire (*f. 70b*) mon consoil." Et li chevaliers dit que si fera.

"Ge vos di, fait li hermites, que qant ge voloie ores monter, si oï deus escuiers parler de lor hernois, qu'il ne se prenoient garde de moi. Si dist li uns a l'autre qu'il monteroient del premier some por assaillir lo roi Artus par nuit. Et ge sai bien que cil cui la Dolereuse Garde fu het lo roi plus que nul home fors vos, car il crient qu'il ne mete force et painne an abatre les costumes perilleusses de cest chastel. Et bien cuide qu'il n'i soit venuz por autre chose. Por ce loeroie ge que vos garnissiez monseignor lo roi de ceste chose, et ansin porroient estre tuit pris. Et se vos ne l'an garnissiez, si l'an garnirai gié."

Et li chevaliers dit que il l'an garnira.

"Mais ge voil avant savoir, fait il, vostre hermitage."

"Ce m'est mout bel," fait li boens hom.

Lors s'an va avant et li chevaliers aprés tant qu'il vienent a l'ermitage; si lo voit li chevaliers trop bien seant, et siet an un haut tertre reont et ert clox de haut glande espés et gros tot anviron et aprés de granz fossez galois, et par dehors ert li plaisseiz espés et granz. Li chevaliers prant atant congié de l'ermite et dit qu'il ira garnir lo roi de ses anemis.

"Biaus sire, fait li hermites, se vos avez de nos mestier, tot seürement venez a nos."

Et il dit que si feroit il. Atant s'an part, et retorne la o il avoit trové l'ermite, et atant illuec mout longuement. Et la nuiz aproche. Et il panse q'en nule maniere il n'en garniroit lo roi, car il i cuide toz seus metre consoil. Si atant ensins tant que il est granz piece de nuit. Et lors commance la lune a lever, si se lievent tuit par lo chastel et s'atornent. Et tantost issent hors et passent l'aive, et il les lait chevauchier tant que sont tuit outre lui; (*f. 70c*) et il les siust de loig. Quant il furent pres de la Dolereuse Garde, si se metent el covert do tertre et chevauchent belement, qu'il ne fussient aparceü; ne ja cil de l'ost ne s'en preïssent garde, tant que il se fussient en els feru.

Quant il furent si pres qu'il n'i ot que de l'esperoner, si descendent et restraignent lor chevaux. Puis remontent et s'en vienent por ferrir en l'ost. Mais li chevaliers les siust de pres. Si ot cheval fort et isnel, et tint un glaive a hante grosse et corte et a fer tranchant.

Brandin des Isles Defeated

Et il ot cuer asez, car il baoit a desconfire cels qu'il sivoit qui estoient encor cent et cinquante. Et il lor laisse corre, si les escrie mout durement. Et cil cuident estre traï, si sont si durement esbahi qu'il n'i a celui qui mete nul conroi en sa deffanse. Et il fiert lo premier qu'il ataint si durement qu'il lo giete mort. Et il li laisse lo glaive el cors, si a l'espee traite et done granz cox destre et senestre[1] a cels qui atandre l'osent. Mais il n'i demorent gaires,[2] car l'oz est estormie por lo cri. Et les gaites, qui orent veüz les armez, commencent a crier: "As armes! As armes!" Et cil se metent a la voie maintenant par desouz lo chastel. Et cil les anchauce, qui grandismes cox lor done, si lor detranche lor escuz et les hiaumes, et lor desmaille les hauberz sor braz et sor espaules. Et il se hurte a els de cors et de cheval; il les porte a terre a prandre par pennes d'escuz et par les cox et par les hiaumes.

Ensin les mainne li Blans Chevaliers. Et il sont si esbahi par les mervoilles qu'il fait qu'il cuident bien que ce soit tote l'oz lo roi Artu. Et lors sont venu endroit la porte del chastel. Et la gaite qui fu sor lo mur commence a crier: "As armes! As armes!" Et li chevaliers (f. 70d) qui les anchauçoit voit la gent lo roi qui ja poignent aprés. Si avise il celui qui plus senble estre riches d'aus toz et qui plus est cointement armez, si li est avis qu'il soit sires de toz les autres; et si estoit il. Et il s'an vient vers lui, si li done tel cop de l'espee desus lo hiaume que tot l'estone et lo fait pandre au col del cheval d'andeus les braz. Et lors venoient a desroi les genz lo roi Artus. Et cil les oent venir, si fierent des esperons et s'an fuient qanqu'il pueent des chevax traire. Mais cil cui li Blans Chevaliers ot feru estoit ancores estordiz, et ses chevax s'adrece vers lo Hombre qui d'autre part del chastel corroit, si l'an porte grant aleüre. Et li Blans Chevaliers lo siust de pres, qui laissier nel vost, si s'an vient par lui. Et il est si estordiz qu'il ne voit gote. Et li Blans Chevaliers l'aert au col, sel sache a terre, et il li va par desus lo cors tant que tot lo debrise. Lors est descenduz, si li arrache lo hiaume de la teste, et la li menace a colper. Mais cil ne puet respondre, car il gist pasmez. Et lors cuide bien li chevaliers que il soit morz, si en est trop dolanz por monseignor Gauvain et por les autres, car par ce les cuide bien avoir perduz.

Grant piece fu an pasmoisons; et li Blans Chevaliers en a mout grant duel, si an plore des iauz dou chief, et dit que ja mais n'ira

---

[1] senestres et a   [2] i durerent gaires gaires

par desus chevalier, se ocirre ne lo velt, que bien cuide que cil en ait lo cuer crevé. A chief de grant piece revint li chevaliers de pasmeisons, si se plaint mout durement. Et li Blans Chevaliers ne fait sanblant que lui em poist, ainz dist que la teste li colpera, si li
5 abat la vantaille et hauce l'espee. Et cil crie merci, que mout est bleciez. Si conoist lo chevalier a l'escu qu'il porte, et c'estoit cil a la seule bande.

"Ha! fait il, gentis chevaliers, ne m'ociez mie, se vos de rien amez lo roi Artus, car trop feriez grant folie."

10 "Dont fianciez prison a tenir la ou ge vol(*f. 71a*)drai."

"Volantiers, fait il, en toz leus fors que en ce chastel la dedanz, mais la n'iroie ge en[1] nule guise."

"Si feroiz, fait il, car ge vos i manrai a force."

"Se vos tant faites que vos me meigniez, fait li autres, vos m'i
15 menroiz mort, car vis n'i enterroie ge ja. Et savez que vos i perdroiz monseignor Gauvain et vint deus autres des compaignons lo roi. Et se vos en autre prison me metez, ges vos randrai toz demain ainz que soit anuitié, car ge voi bien que vos iestes li miaudres chevaliers do monde et li plus aventureus."

20 Quant cil l'antant, si a tel joie que onques mais n'ot si grant, et dit que, s'il velt ce feire,[2] ja par lui n'anterra el chastel. Et cil li fiance issi et li rant s'espee.

"Sire, fait il, ou me voudroiz vos mener en prison?"

"Chiés un hermite, fait cil, qui est ci pres en ceste forest. Et vos
25 meïsmes m'i manroiz."

Et cil dit que voires, la droite voie. Li Blans Chevaliers lo fait monter darrieres lui, et cil monte a mout grant paine, car mout estoit bleciez. Ensin s'an vont la droite voie a l'ermitage. Et ja repairoient les genz lo roi Artu de la chace, ou il n'avoient
30 rien fait, car cil cui il chaçoient s'estoient tuit feru en la forest. Et li rois lor fu encontre alez, si s'an revenoit avec aus. Et li Blans Chevaliers s'an fu revenuz par la place o li poigneïz avoit esté, si ot pris un glaive que uns de cels qui s'an fuioit avoit laissié cheoir. Si choisi lo roi et ses genz, et li rois autresin les revit
35 bien endeus.

"Ha! sire, fait li chevaliers conquis, vez ci les genz lo roi. Ne en nule maniere ge ne voudroie chaoir en sa prison; si gardez que ge ne chiee en autre main que en la votre, car ge me sui a vos fiez."[3]

[1] en en nule   [2] ce ferei   [3] vos fuiez

White Knight Unhorses Kay

"N'aiez garde, fait il, car s'il vos en maine, il m'ocirra avant, ou ge serai tex conreez que ge ne vos porrai (*f. 71b*) aidier."
Lors chevauche sa droite aleüre. Et Kex li seneschaux vint aprés, si li crie:
"Estez, sire chevaliers, car messires li rois velt savoir qui vos iestes."
Et cil ne respont mie, ainz chevalche totevoies. Et Kex vient a lui, si li dit:
"Sire chevaliers, vos iestes trop orgueilleus, qui ne deigniez a moi parler."
"Que volez vos?" fait il.
"Ge voil savoir, fait il, qui vos iestes."
"Ge sui, fait, uns chevaliers."
"Et cil derrieres vos, fait Kex, est il prisons?"
"Oïl, fait il; q'en volez dire?"
Lors conut Kex que c'estoit cil qui avoit faite la porte ovrir.
"Ho! fait il, vos iestes cil qui feïstes ier muser ma dame devant la porte. Et cil chevaliers que vos em portez vost avant ier ocirre monseignor lo roi, gel conois bien a ses armes."
Li chevaliers ne respont a rien que Kex die, ainz chevauche adés. Et Kex lo tient a despit, si li dit:
"Sire chevaliers, cist est anemis lo roi; et ge sui ses jurez, si seroie parjurs se ge soffroie que vos l'an portissiez issi arrieres. Bailliez lo moi, sel randrai monseignor lo roi."
"Encor n'est mie cil venuz, fait il, qui a force l'an maint."
"Ce serai ge," fait Kex.
Lors vost saisir lo chevalier conquis, mais li autres li dit que, s'il i met la main, il li tranchera ja.
"Voire, fait Kex, or lo metez dont a terre; et qui a force l'an porra mener, si l'an maine."
"M'aïst Dex, fait cil, ja por vos n'i descendra."
Et Kex s'esloigne, puis vint arrieres grant aleüre. Et li Blans Chevaliers l'avise au rai de la lune. Kex brise sa lance; et cil fiert lui an bas par devers l'arçon devant, si li met parmi la senestre cuisse et fer et fust, si qu'il lo queust a l'arçon de la sele. Il l'anpaint bien, sel porte a terre. Et au parcheor (*f. 71c*) brise la lance. Et li Blans Chevaliers li dist:
"Sire Kex, or poez veoir se[1] ma dame de Nohaut fust angigniee."

[1] se d ma

Atant s'an part. Et li rois et ses genz vienent la ou Kex gist, si lo truevent pasmé, et il l'an portent as tantes en son escu.

Et li Blans Chevaliers se fu mis en la forest, si chevauche tant qu'il est chiés l'ermite venuz. Si apele li chevaliers conquis a la porte, et li chevaliers hermites la li uevre. Quant il furent descendu, si fist li Blans Chevaliers ovrir l'uis de la chapele. Et conta a l'ermite lor covenances et fist jurer au chevalier conquis que il leiaument les li tandroit.[1] "Et ge vos jur, fist il aprés, que se ge voi que vos me voilliez trichier, ge vos colperai la teste."

Com il furent revenu, si envoie li chevaliers conquis de celes hores meïsmes l'ermite a la Dolereuse Chartre por amener son seneschal. Mais avant li fait jurer li Blans Chevaliers sor Sainte Evangile qu'il an esploiteroit a foi. Et li hermites est montez sor son asne et vient au chatelet, si amainne lo seneschal tot seul, par les anseignes que cil li a mandees. Et cil i est venuz. Si li dit ses sires, veiant lo Blanc Chevalier, qu'il amait monseignor Gauvain et toz les autres compaignons lo roi, et qu'il vaignent tuit armé. Aprés lo fait jurer au seneschal que issi lo fera. Li seneschax s'an part atant, et ja estoit granz jorz, si fist issi com ses sires li ot commandé. Et com il furent venu, si estoit bien haute prime. Li sires demande au seneschal:

"Comment amenastes vos ces chevaliers?"

"Il m'afierent, fait il, qu'il ne s'an partiroient de ci se par vostre congié non."

"Seignor, dist li sires a els, ge vos coment par voz fiences que vos façoiz ce[2] que cist chevaliers vos commandera comme si prison, et ge vos quit d'androit moi."

Et li Blans Chevaliers se tint toz enbruns, que nel queneüssent, et si estoit il toz armez neïs de hiaume. Lors s'otroient tuit li chevalier a lui (*f. 71d*) comme prison. Et li sires les quite de lor fiances, puis s'an part de laianz. Et li hermites dit au Blanc Chevalier:

"Comment, sire? Lairoiz en vos aler Brandin?[3] Dons avez vos tot perdu, qe ja mais li anchantement de la Dolereuse Garde ne remaindront se par lui non."

"Ge n'en doi, fait il, plus faire, car ge li ai creanté."

Et li hermites an plore durement mout. Lors apele li chevaliers toz les compaignons lo roi, et si lor dit:

"Seignor, ge vos pri, et por vostre preu et por m'anor, que ne

---

[1] li randroit   [2] vos fiancoiz ce   [3] bratidir

vos movez de ceianz devant que me reverrez; et ce sera anquenuit o lo matin."

Et il li creantent tuit. Atant s'en part et vient a la Dolereuse Garde. Si estoit pres de tierce, et li rois avoit envoié a prime un chevalier a la porte, et l'an li ravoit envoié arrierres.

Li Blans Chevaliers antre el chastel par la fause posterne et vient el palais o les deus puceles l'atendent. Et cele qui les escuz li avoit aportez li dit:

"Biax sire, ai ge ore assez prison tenue?"

"Bele douce amie, nenil encores, devant que ge avrei trait a chief de monseignor Gauvain et que li rois sera ceianz antrez. Et lors si nos en irons entre moi et vos ansanble."

Lors a osté del col l'escu qu'il i avoit, si prant celui as deus bandes. Puis an vient au portier, si li demande se li rois enveia hui a la porte.

"Oïl, fait il, des prime."

"Or gardez, fait il, que quant il i anvoiera mais, que tu dies que tu ne l'overras se a Keu lo seneschal non."

Atant s'en ist del chastel et vient tot entor lo tertre tant que il vient par devant l'ost lo roi. Et ja passoit tierce, et cil del chastel recomancent a crier: "Hore passe, huere passe." Et li rois se fu apoiez sor lo ru d'une fontaine, si pansoit. Et com il oï lo cri, si enveia un chevalier. Et la gaite li dist que il ne l'overroit se a Kel lo seneschal non. Et cil (*f. 72a*) lo va dire au roi. Et li rois dit que il l'i fera porter, ainz qu'il n'i antrent, car il gisoit malades de la plaie qu'il avoit la nuit eüe. Et li rois lo fait porter devant la porte. Et la reine et mainz des chevaliers venoient vers lo chastel. Et li chevaliers qui portoit l'escu d'argent as deus bandes vermoilles s'an vint par devant la reine, si la salue, et ele lui.

"Dame, fait il, ou alez vos?"

"Sire chevaliers, fait ele, ge vois a cele porte savoir se messires li rois i antrast."

"Et vos, dame, fait il, enterriez i vos volentiers?"

"Certes, fait ele, oïl, mout."

"Et vos i anterroiz," fait il.

Lors vient a la porte, si apele lo portier. Et il vient a la porte ovrir. Et li chevaliers ne fait s'esgarder non la reine tot a cheval, si com ele vient contramont la roche, si pense tant a li que toz s'en oblie. Li portiers lo semont d'antrer anz. Et li chevaliers regarde tozjorz arrierres, tant que li portiers[1] reclost la porte. Et ele giete

[1] tant que li portiers tant que li portiers

un grant brait. Et li rois, qui pensoit sor la fontainne, demande que ce a esté qu'il a oï. Et lors vient Kex a la porte, que quatre vallet portent en un drap, si trueve la gaite desus an haut. Si li demande qui il est, et il se nome. "Donc i anterroiz vos," fait la
5 gaite. Atant defferme la porte, et li rois et sa conpaignie vient devant, si li dient cil d'amont:

"Sire, volez vos ceianz antrer?" Et il dit que oïl. "Dont vos covient, font il, leiaument creanter comme rois que vos ne vostre compaignie ne feroiz force de parler ceianz a home ne a fame."
10 Et il lo creante issi.

Lors sont les portes overtes, si antrerent tuit anz; et voient dedanz mout biau chastel. Et an totes les maisons de la vile avoit loges devant, o an bas o an haut, et sont totes covertes de dames o de damoiseles et de chevaliers et d'autres genz. Et plorent tuit, ne
15 ne dient mot en tot lo chastel. Et ce faisoient il, por ce que lo roi voloient (*f. 72b*) esmaier, si que tot bel li fust com il a lui deignassent parler, car il n'atandoient qe nus meïst consoil an lor angoisse se li rois non; et por ce li avoi[en]t il fait creanter qu'il ne seroient efforcié de parler, ne par lui ne par sa compaignie. Li rois descent
20 en une salle mout bele et mout grant, mais n'i trueve ne home ne fame, et ce avoient fait les genz do chastel tot de gré. De c'est li rois mout esbahiz, si dist a la reine et a ses chevaliers:

"Or sui ge anz, et si ne sai del covine fors tant com ge savoie la hors."
25 "Sire, dit la reine, or n'i a que del sosfrir; car cil qui tant nos en a mostré, espooir nos en mosterra plus."

"Sire, font li autre, madame vos dit voir et bien."

Ensin parolent entr'els.

Et li Blans Chevaliers s'an fu antrez el palés, si oste l'escu del col
30 et prant celui as trois bandes, si laisse celui as deus. Puis ist de la sale por aler a monseignor Gauvain. Et il vient enmi les rues, si leva uns criz par tot lo chastel, et crient: "Prenez lo, prenez lo." Et lors saut hors li rois et la reine et tuit li autre, et voient les portes mout bien fermees. Com li Blans Chevaliers voit fermer les
35 portes, si regarde cele part o li rois est a ostel, et voit la reine devant l'uis de la sale. Et il se panse que sanz li veoir ne s'an ira il mie. Lors vient cele part, et qant il est pres de li, si descent et la salue. Et tote la gent commancent a crier: "Pran lo, rois; pran lo, rois; pran lo, rois."
40 Li rois vient vers lo chevalier; et il lo salue, et il lui.

"Ces genz, fait li rois, me crient que ge vos preigne."
"Sire, fait il, vos en avez bien lo pooir, se vos quidiez bien faire."
"Et por que, fait li rois, crient il que ge vos preigne?"
"Sire, faites lor demander, car ge ne cuit rien avoir mesfait."
Li rois i anvoie por lo (*f. 72c*) savoir. Et les genz se furent mises 5
en l'autre baille. Et li rois dit a la reine et a ses chevaliers:
"Ge sui mout esgarez, car ge ne sai rien del covine de laianz."
"Sire, fait li chevaliers, voudriez lo vos savoir?"
"Certes, fait il, oïl, mout."
Et la reine dit: 10
"Sire chevaliers, mout lo voudroit il savoir."
Et li chevaliers est mout angoisseus, com il n'a et leu et eise qu'il li
peüst faire savoir, si l'en vienent les lermes as iauz. Et il dist au roi:
"Sire, laissiez m'en aler, se vos plaist."
Et li rois fu cortois, si l'an laisse aler. Et com il fu montez, si 15
dist a la reine:
"Et vos, dame, savriez vos volentiers lo covine de ceianz?'
"Certes, fait ele, oïl, mout."
Et il monte, si s'en commance a aler.
"Sire chevaliers, fait ele, gel voudroie mout savoir." 20
Et il respont am plorant:
"Certes, dame, ce poise moi, car trop me meffaz del celer, ne
li leux n'i est del dire."
Atant s'an rest issuz par la fause posterne et fiert des esperons
tant com il puet traire del cheval. Si est venuz a la forest, et il se 25
fiert anz. Et li message lo roi sont revenu de demander as genz
por quoi il avoient crié que il preïst lo chevalier, si li dient:
"Sire, ces genz vos mandent que par ce chevalier poez savoir tot
lo covine de ceianz."
"Ha! fait li rois, engignié sommes que ge l'an ai laissié aler." 30
En ce qu'il parloient issi, et la porte do chastel oevre, et chevalier
entrent anz et dames et damoiseles, et aportent lo mengier lo
roi tot conreé. Et c'estoient les genz de la vile, si avoient crié por ce
que les genz preïssent lo chevalier, car il n'i[1] devoient main metre;
et ancores cuidoient il que li rois l'eüst retenu. Et com il sorent 35
que il l'an avoit[2] laissié aler, si an firent trop grant duel. Et li
rois dist que il ne l'am pessoit mie mains.
"Ge ne m'en pris garde," fait (*f. 72d*) il.
Cele nuit fu li rois mout bien herbergiez et tote sa gent. Et

[1] il ne deuoient   [2] auoient laissie

par derrieres la sale o il jut estoit une tornelle haute, mais an-
tradeus estoit li murs del chastel. Et cele tornelle joignoit au
palais qui avoit esté au seignor del chastel. En cele tornele avoit
une gaite qui mout matin corna lo jor. Et maintenant leva li rois
5 et la reine et tuit li autre, et sont venu hors en la cort. Mais or
reconte li contes un petit del Blanc Chevalier, la o il se parti del
chastel par lo congié del roi qui l'avoit aresté.

Quant li Blans Chevaliers se fu partiz del roi et de la reine, si ala
tot droit a monseignor Gauvain et as autres compaignons, et lor dist:
10 "Seignor, ge vos cuit de ce dont vos iestes en baillie par un
covant que ceianz demorreroiz encorre anuit. Et lo matin vos en
iroiz a la Dolereusse Garde, si troveroiz illoc et lo roi et madame;
si les me saluez andeus, et les merciez de ce que vos iestes hors
de prison, car, bien sachiez, ce est par li."
15 "Ha! sire, fait messires Gauvains, dites nos qui vos iestes."
"Sire, fait il, uns chevaliers sui, ne plus n'en poez ores savoir,
si vos pri que ne vos en poist."

Atant les commande a Deu, si chevauche cele nuit tant com il
puet, tot droit vers la maison de religion o il avoit laissiez ses
20 escuiers. La nuit jut chiés un vavasor, et au matin commença
mout main a chevauchier si com li vavasors meesmes li mostra
la voie. Ne de lui ne sera ores plus parole, ainz retorne li contes a
parler de monseignor Gauvain et del roi, son oncle.

Quant li rois se fu au matin levez et venuz en la cort devant son
25 ostel, si ne sot que faire. Et an la tornelle o la gaite avoit corné
lo jor, avoit deus puceles en une chambre desous l'estaige a la
gaite, et c'estoient celes que la Dame del Lac avoit envoiees au
chevalier. Et cele qui les escuz avoit aportez fu venue as fenestres;
et qant ele vit la reine, si l'apela [(*J, f. 50d*) et dist:
30 "Dame, boin ostel eüstes anuit, et je l'oi moult malvais."[1]

La roine lieve le chief, si l'esgarde.

"Chertes, damoisele, fait ele, je ne vous i savoie mie. Et vous
en peüse jou aidier?"

"Dame, oïl, moult bien."
35 "Et comment?" fait la roine.

"Je nel vous dirai ore mie," fait la pucele.

Et ce disoit ele por che qu'ele soupechonoit que li Blans
Chevaliers amoit la roine; et quidoit bien que ele amast lui autresi,
por che qu'il ne se voloit partir del chastel devant qu'il l'eüst

[1] maluase

veüe, et que l'autre li avoit conté comment ele l'avoit veü esbahi por li, le jor que li rois entra en la premiere porte.

Entrementes que la roine et la damoisele parloient issi, estes vous une grant route de chevaliers, et entrent parmi la porte; et chou estoit mesire Gauvain et sa compaignie. Lors fu grans la joie que li rois ot, si baise son neveu et tous les autres, et lor demande ou il ont esté.

"Par foi, fait mesire Gauvain, nous ne savons pas ou, fors tant que nous fumes mené en un chastelet, et com nous quidames estre herbergié, si fumes pris. Mais uns chevaliers nous a delivrés et nous dist que nous en merchisiens vous et ma dame."

"Et savés vous qui il est?" fait li rois.

Et il dist que nenil, mais il porte un escu d'argent a trois bendes vermeilles.

"O! fait la roine, c'est vostre chevaliers qui de vous se parti ier soir, aprés qui les gens crierent."

"Et le veïstes vous desarmé?" fait li rois a monsignor Gauvain.

"Nenil, fait il, car onques son hiaume ne vaut oster. Et par che soupechoune je bien que aucuns de chaiens le connoist s'il fust desarmés."

"Par foi, fait li rois, des ore mais m'en puis je bien aler."

Et la puchele l'ot, qui est en sos de la tornele, si li crie:

"Comment, rois Artus? fait ele; t'en vas tu et me laras en prison et si ne savras rien del covine de chaiens?"

"Damoisele, fait li rois, che poise moi quant je nel sai."

Et mesire Gauvains demande que chou est. Et li rois li conte, et il s'en (*J, f. 50e*) merveille moult.

"Damoisele, fait li rois, poroie je vous delivrer?"

"Oïl, sire, fait ele, mais grant paine i covenroit."

"Paine? fait il; et je l'i metrai moult volentiers se je sai comment."

"Damoisele, fait mesire Gauvain, puis que messires li rois l'a dit, il i metera paine. Mais dites comment et par quoi vous poés estre delivree."

"Je ne puis estre delivree se par le chevalier non que li rois laisa aler."

"Et comment le connistriens nous?" fait mesire Gauvain.

"A le premiere assamblee,[1] fait ele, qui sera el roialme de Logre orés de li noveles, et a le seconde, et a la tierche."

[1] premiere melee

"Damoisele, fait mesire Gauvain, s'il vous mandoit que vous en venissiez, isteriés vous de laiens?"

"Chertes, fait ele, naie, se je ne veioie son cors."

"Sire, fait il, tant sachiés vous bien que je ne jerrai en une vile que une nuit, se prins ou malades ne sui, tant que je sache qui chis chevaliers est."

Quant li rois l'ot, si l'en poise moult. Et mesire Gauvain li dist:

"Sire, li Rois d'Outre les Marches a couru sor vous et vous guerroie. Mandés li que vous serés en sa terre de hui en un mois— et che sera au tier jor de la feste Nostre Dame, en septembre— si se porcast de desfendre, car mestiers li est. A chele assamblee, se Diex vieut et li vient a plaisir, orés vous noveles de cheste chose."

Et li rois dist:

"Tout soit a vostre volenté. Mais vous remanrés jusques la," fait li rois.

"Che ne puet estre," fait mesire Gauvain.

Lors envoie li rois son message au Roi d'Outre les Marches de Galone et li mande le jor de l'asamblee issi com il l'orent devisé. Et lors s'en ist de la vile, et mesire Gauvain prist congié[1] de lui, si entre en sa queste. Mais atant en taist ore li contes de lui et del roi Artu et retorne a parler del chevalier qui conquist la Dolerouse Garde.

(*J, f. 50f*) Quant li chevaliers qui conquist la Dolerouse Garde se fu partis de la maison au vavassor qui le herberga la nuit qu'il laissa monsignor Gauvain et ses compaignons chis l'ermite de la forest, si erra tant par ses jornees qu'il vint a la maison de religion ou si escuier estoient. Mais il n'i jut que une nuit. Et assés avoient oï parler laiens del chevalier qui conquist la Dolerouse Garde, et si ne savoit nus que che fust il. Al matin s'en parti de laiens et chevaucha toute jor sans aventure trover dont a parler fache. Et l'endemain leva matin et chevaucha jusqu'endroit tierche. Et lors encontra une damoisele sor un palefroi tot tressué. Li chevaliers avoit sa ventaille abatue et ses manicles, et si escuier portoient son glaive et son hiaume et son escu covert d'une hauche. Il salue la damoisele, et ele lui.

"Damoisele, fait il, quels besoins vous amaine si tost?"

"Sire, dist ele, je port noveles qui doivent plaire a tous les chevaliers qui voelent conquerre los et pris."

[1] prist coignie

"Quels sont?" fait il.

"Madame la roine mande a tous les chevaliers que au tier jor aprés la feste Nostre Dame en septembre sera la grans assamblee du roi Artu et du Roi d'Outre les Marches de Galone entre leur deus terres en la plache qui est entre Godoarre[1] et la Maine."

"La quele roine, fait il, le mande issi?"

"La feme, fait ele, le roi Artu. Et pour Dieu, se vous savés noveles del chevalier qui conquist la Dolerouse Garde, si le me dites, car ma dame li man(*J, f. 51a*)de que s'il atent ja mais a avoir s'acointance ne sa compaignie, que il i soit,[2] car mout le verroit volentiers."

Lors fu li chevaliers tous esbahis, si ne dist mot d'une grant pieche. Et chele li prie toutevoi[e]s, s'il seit nule novele del chevalier, que il li die. Et il a trop grant paor qu'ele nel connoisse, si se tient enbrons et si li dist:

"Damoisele, par la rien que vous plus amés, conoissiés vous le chevalier?"

Et ele dist que nenil.

"Et je vous di, fait il, que je gui anuit la ou il jut. Et bien sache ma dame que il a chele assamblee sera, s'il n'est mors entredeus, car nus autres essoines nel retenroit."

"Diex, fait ele, com ore sui garie!"

Atant s'en part, et li chevaliers entre en son chemin et erra toute la semaine jusc'al samedi aprés eure de prime. Lors encontra une grant route de gent, si fu en une grant forest espese. Et en chele route avoit assés gent a pié et a cheval. Et entre tous les autres avoit un grant chevalier a cheval, et avoit a la coe de son palefroi atachié un homme par le col a une delie corde. Li hons estoit en chemise et en braies tous descaus, si avoit les iex bendés et les mains liiés deriere le dos; et chou estoit un des plus biax hommes que on peüst trover. Issi l'en menoit li grans chevaliers, et si li avoit au col pendu une teste de feme par les treches. Li Blans (*J, f. 51b*) Chevaliers voit chelui qui moult est de grant biauté, si l'areste et li demande qui il est.

"Sire, fait il, uns chevaliers madame [la roine] sui, si me heient ceste gent et me mainent a ma mort issi honteusement comme vous veés, car il ne m'osent ochire s'en repost non."

Et li Blans Chevaliers li demande de par la quele roine il se reclaime. Et il dist de par chele de Bertaigne.

---

[1] entre godorsone   [2] c. quels quele soit

Lors dist li Blans Chevaliers:

"Chertes, l'en ne deüst mener si honteusement chevalier com vous le menés."

"Si doit, fait li grans chevaliers qui le traine, puis qu'il est
5 traïtres et desloiaus, car puis a il chevalerie renoié."

"Et chestui, fait li Blans Chevaliers, por coi le trainés vous issi? Que vous a il forfait?"

"Il m'a tant forfait que je l'ai repris de traïson, si en ferai justice selonc che qu'il a forfait."

10 Et li Blans Chevaliers li dist:

"Biaus sire, il n'afiert mie a chevalier qu'il destruie ensi un chevalier par soi, mais s'il est vostre traïtres, si l'en esprovés bien et en une cort. Et lors en porés avoir venjance a vostre honor."

"Je ne li ferai ja esprover, fait il, en autre cort que en la moie,
15 car je l'ai tout ataint."

"Et de quoi?" fait li Blans Chevaliers.

"De ma feme, fait il, dont il me hounisoit. Et encore en a il la teste pendue au col atout les treches."

Et li chevalier, qui estoit liés, respont et jure moult durement
20 que onques a nul jor nel pensa que il sa honte li porcachast.

"Ha! sire, fait li Blanc Chevalier, puis qu'il noie le forfait si durement, vous n'avés droit en li destruire. Et je vous lo que por Dieu et por vostre honor le laisiés aler atant, et por moi qui onques mais ne vous priai de rien. Et s'il vous a de rien forfait,
25 si en querés la justice issi com je vous ai dit."

Et chil dit et jure que ja en avant n'en ira querre justice, puis qu'il le tient.

"Par foi, fait li Blans Chevaliers, vous mesferés trop (J, $f.$ $51c$) de li desfaire, puis qu'il est chevaliers madame la roine."

30 Et il dist que por la roine n'en laira il nient qu'il ne l'ochie.

"Non? fait li Blans Chevalier; or sachiés qu'il ne moura mais hui par vous, car je le preng envers tous cheus que je voi chi a conduire [et] a garantir."

Atant li ront les bendes d'entor les iex et ront la corde dont il
35 estoit liiés par le col. Et les gens au grant chevalier saillent as ars et as saietes et font samblant que il le voeillent ochire. Et il dist al grant chevalier:

"Biax sire, traiés vos gens arriere, car s'il fierent ne moi ne mon cheval, je vous ochirai tous premiers, et euls aprés."

40 Et cil estoient desarmé le plus d'aus. Lors a li chevaliers lachié

son hiaum[e] et armé ses mains et prinst son glaive et son escu. Et de tex i ot qui a lui traisent, non mie por lui ochire, mais por lor signor qui lor commandoit. Et il failloient a li tout de gré, car moult lor pesoit de la mort au chevalier. Et il s'aperchoit bien qu'il n'ont talent de li ochire, si ne lor vaut faire nul mal. Et il laise coure au signor d'els, qui lor commande a traire, sel fiert de l'arestuel del glaive[1] enmi le ventre si durement qu'il le porte a terre tout estendu, et par un poi qu'il ne l'a tout debrisié. Et lors s'en fuient tout li autre. Et il a prins le cheval dont il a chelui abatu, si le maine au chevalier qu'il avoit desliié et dist:

"Or montés, sire chevaliers, si vous en vendrés avoec moi."

Li chevalier monte et vient a l'autre chevalier, si li dist:

"Sire, je sui moult pres de ma sauveté, car pres de chi a un rechet ou je n'avroie garde, se jou i estoie, et la iroie je, se vous voliés."

"Che voeil je moult," fait li chevaliers.

Et chil dist:

"Sire, de par qui merchierai je madame la roine de chou que vous m'avés garanti, car je ne sai comment vous avés non?"

"Mon escu li devisés, fait il, car mon non ne ($\mathcal{J}$, f. 51d) poés vous savoir, et bien li dites que par li estes delivres."

Li chevaliers s'en vait a la roine et li merchie del chevalier, si li devise son escu. Et ele seit bien tantost que ch'estoit chil qui la Dolerouse Garde avoit conquise, si en fist grant joie.

Et li chevaliers erra toute se voie, tant qu'il avespri moult durement. Et il estoit samedis, ce dist li contes, si pase par devant unes bertesques, si oï canter une damoisele moult haut et moult cler. Et quant il fu outre, [si commença a penser moult durement,] et ses chevax le porta la ou il volt. Et la terre seoit en marés, si estoit sechie, car li estés avoit esté moult grans et moult caus, et estoit encore, car che fu le semaine de la Miaoust; si furent grans et parfondes les creveüres. Et li chevax ne fu mie fres, car il ot alé grant jornee, si s'encombra des piés devant et caï en unes crevaches moult grans. Li chevaliers jut desos moult longement, tant que si escuier l'en releverent. Et lors se senti moult blechiés et se dolut trop et remonta a trop grant paine, et ses archons deriere estoit tous brisiés et li escus fendus en trois pieches. Lors a tant chevauchié qu'il est venus a une chementiere et voit un homme de religion a jenols devant la crois. Et il le salue, et il lui.

"Biax sire, fait un des escuiers au boin homme, chis chevaliers

[1] del gluie

est moult blechiés. Et por sainte charité, enseigniés moi ou il porroit anuit mais avoir ostel, car li chevauchiers li grieve moult."

"Jel vous enseignerai, fait li boins hons, de par Dieu. Or me sievés."

5   Lors s'en va devant, et il le sievent. Lors demande au chevalier comment il avoit esté blechiés, et il li conte.

"Sire, fait li boins hons, un conseil vous donroie je moult bon, se vous m'en voliés croire."

Et il dist que moult volentiers (*J, f.* 51e) l'en querra.

10   "Je vous lo, fait il, et vous casti que ja mais puis noune en samedi ne chevauchiés se por vostre affaire n'est. Et sachiés que mains vous en vendra de maus, et plus de biens."

Et il li creante que ja mais ne li avenra, qu'il puisse.

"Et vous sire, qu'estes vous venus querre, la ou nous vous
15   trovames a teil eure?"

"Sire, fait il, mes peires et ma meire i gisent, car ch'est une chimentiere, et jou i vois chascun jor por me patrenostre dire, et che que Diex m'a enseignié de bien, et proier por les ames d'els."

Atant sont venu a une maison de relegion dont chis preudons
20   estoit, si i furent a grant joie recheü. Et demoura laiens li chevaliers dis jors entiers par la proiere des freres, si fu baigniés et medichinés, car moult estoit blechiés durement.

A l'onzime jor s'en parti et laise laiens l'escu as trois bendes, car il ne voloit estre conneüs, si en porta un que si escuier avoient
25   fait faire a une chitei pres del hermitage ou il avot esté malades. Chis escus estoit de sinople a une bende blance de bellic. Issi oirre grant pieche li chevaliers tant que un jor avint qu'il encontra un chevalier armé, si li demande li chevaliers qui il estoit.

"Uns chevaliers sui, fait il, au rei Artu."

30   "Au roi Artu? fait il; si poés bien dire que vous estes au plus fol[1] roi del monde."

"Por coi?" fait li chevaliers qui avoit esté malades.

"Por che, fait il, que sa maison est plaine de fol orguel."

"Por quoi le dites vous?" fait il.

35   "Ja avint, fait li autres, c'uns chevaliers navrés i ala awan, si li jura uns chevaliers qu'il le vengeroit de tous chels qui diroient qu'il ameroient miex chelui qui che li avoit fait que lui. Et s'il avoit la proece monsignor [Gauvain] et a tex quatre, si i fau-(*J, f.* 51f)droit il bien."

[1] fel roi

"Por coi? fait li autres; ja n'estes vous mie de cheus qui miex aiment le mort que le navré?"[1]
"Chertes, fait il, si sui."
"Voire, fait li autres, che doit vous peser."
"Por coi? fait il; estes vous li chevaliers qui che emprist?"
"J'en ferai, fait il, mon pooir. Mais toutevoies, anchois c'a vous me conviegne meller, vous pri que vous diiés que vous amés miex le navré que cheli qui le navra."
"Dont mentiroie je, fait chil, que ja Diex ne m'aït quant je ja en mentirai."
"Par foi, fait il, dont me covendra il a vous combatre."
"Et je ne quier miex," fait li autres.
Lors s'entresloignent ambedui et muevent de si tres grant aleüre com li cheval lor porent courre, si s'entrefierent sor les escus si durement que il n'i a si fort que l'esquine ne soit ploié desor l'archon. Li chevaliers qui ot esté malades le fiert si durement que li escus ne li haubers ne le garandirent, si li met parmi le cors et fer et fust. Et chil refiert] (*Ao, f. 73a*) lui si bien que parmi lo bu d'outre en outre li met son glaive. Il furent fort et preu, si s'anpaintrent durement, si qu'il s'antreportent a terre. Et au parcheoir sont andui li glaive brisié. Li chevaliers qui malades fu n'estoit mies navrez a mort, si sailli sus, car mout tient celui a preu qui lo meillor cop li a doné qu'il onques mais receüst. Si s'esforce mout de grant proesce mostrer, et fiert sor celui, l'espee traite; mais c'est por neiant, car cil est morz, qui feruz estoit parmi les antrailles del cors. Com il voit qu'il est morz, si am plore de duel, car mout lo tenoit a preudechevalier.

Lors essaie s'il porroit chevauchier, mais il nel puet soffrir. Et neporqant montez est, si chevauche a grant haschiee jusqu'a une forest qui pres estoit. Si li font si escuier une litiere et l'atornerent mout richement de totes les choses qu'il i covenoit[2] et l'ancorti[ne]rent d'un mout riche drap de soie, car la Dame del Lac l'an avoit doné de mout biaus et de riches, et lo plus riche lit qu'il covenist a querre a chevalier. Com il orent la litiere apareilliee, si couchierent lor seignor dedanz et chevauchierent lor chemin tot belement. Et la litiere aloit mout soef, car dui des plus biaus palefroiz qu'il covenist a querre lo portoient, que sa dame li avoit autresin donez. Ensin s'an va li chevaliers en la litiere. Mais

[1] aiment le naure que lautre
[2] il i couenoient

ci endroit laisse li contes un petit a parler de lui, si retorne a monseignor Gauvain qui lo quiert.

Messires Gauvains, ce dit li contes, puis qu'il fu antrez an la queste del chevalier qui la Dolereuse Garde avoit conquise, erra quinze jorz toz antiers, que onques novelles n'an aprist, tant que un jor a(*f. 73b*)vint que il ancontra une damoisele sor un palefroi. Si la salue, et ele lui.

"Damoisele, fait il, savez vos nule novelle del chevalier qui conquist la Dolereuse Garde?"

"Ho! fait ele, ge sai bien que tu ies Gauvains, li niés lo roi Artu, qui laissa la damoiselle en prison."

"Certes, damoisele, fait il, ce pesa moi. Mais damoiselle, por Deu, me dites se vos savez rien de ce que ge quier."

"Naie, dit ele, mais en lo te diroit bien en la Dolereuse Garde."

"Diroiz m'en vos plus?" fait il.

"Naie," fait ele.

Il s'an part, et ele autresin. Et il oirre jusqu'a l'issue d'une forest. Et la pucele qui a lui avoit parlé estoit cele qui darreainnement avoit esté anveiee au chevalier que messires Gauvains queroit de par sa Dame del Lac. Et ele meesmes lo queroit, car l'autre pucele li enveioit. Qant il fu hors de la forest, si voit devant lui en une praerie paveillons tenduz mout biaus, si a bien herbergerie a deus cenz chevaliers. Et il esgarde sor destre, si voit venir hors de la forest les deus palefroiz qui portent lo Blanc Chevalier en la litiere, et la voie par ou il vienent assamble a la soe. Messires Gauvains atant la litiere, si li plaist mout, car onques mais ne vit si riche. Lors demande as vallez cui ele est.

"Sire, font il, a un chevalier navré."

Et li chevaliers navrez fait haucier lo drap et demande a monseignor Gauvain qui il est. Et il dit que il est uns chevaliers de la maison lo roi Artu. Et qant il l'ot, si a paor qu'il nel conoisse, si se recuevre. Et messires Gauvains li demande qui il est. Et il dit qu'il est uns chevaliers qui vait en un sien afaire. Li chevaliers s'an vait outre, et messires Gauvains atant encores a l'antree de la forest por savoir cui sont li paveillon. Et dui chevalier issent de l'un et s'aloient abatre en la forest tuit a pié. Messires Gauvains les salue, et lor demande cui sont li paveillon. Et il (*f. 73c*) dient:

"Au Roi des Cent Chevaliers qui vait a cele assamblee."

"De quel part, fait messires Gauvains, sera il?"

"Devers lo Roi d'Outre les Marches, font il; et vos, qui iestes?"

"Ge sui, fait il, uns [chevaliers] qui vois a mon affaire."

Cil Rois des Cent Chevaliers estoit[1] issi apelez por ce que il ne chevauchoit nule foiz hors de sa terre que il ne menast cent chevaliers. Et com il voloit, il en avoit mout plus, car il estoit riches et posteïs et coisins Galehot, lo fil a la Bele Jaiande, si estoit sires de la terre d'Estregor qui marchist au reiaume de Norgales et a la duchee de Canbenic.

Messires Gauvains se part des deus chevaliers et les commande a Deu. Et lors esgarde, si voit escuiers qui aportent hors de la forest un chevalier mort. Il ganchist cele part, si lor demande qui l'ocist. Et il li content que uns chevaliers l'ocist gehui qui porte un escu de sinople a un[e] bende blanche; et li dient que ce fu por ce qu'il ne voloit dire qu'il amast miauz un chevalier navré que celui qui navré l'avoit. "Et il meesmes, font il, est mout navrez." Lors s'apense messires Gauvains que c'est li chevaliers de la litiere, et cuide que ce soit cil qui defferra a Carmahalot lo chevalier. Lors ganchist aprés, par devant les paveillons au Roi des Cent Chevaliers.

Cil des paveillons cuiderent que il venist chevalerie querre, si li envoierent un chevalier armé. Et il dist qu'il ne venoit mie por ce, car il avoit el affaire. Atant passe outre; et com il est une piece alez, si voit un paveillom tot seul, mout bel, et voit assez lances apoiees environ. Et il vient au paveillom, si trueve vallez dehors assez, et escuz jusqu'a cinc avoit apoiez au paveillon, les piez desore. Lors demande as vallez cui li paveillons est.

"Sire, font il, a un chevalier qui ceianz gist."

Il descent et entre el paveillon, et voit en deus couches (*f. 73d*) gessir quatre chevaliers, et an la tierce, qui plus est granz, gist uns autres, toz seus sor une coutepainte d'un drap a or, et fu coverz d'un covertor d'ermines. Il demande:

"Qui iestes vos, sire chevaliers qui la gisiez?"

Et cil se drece.

"Et vos, qui iestes, fait il, qui lo demandez?"

Lors conut messires Gauvains que ce estoit Helys li Blois, si se nome. Et Helys saut sus[2] et dist:

"Vos soiez li bienvenuz."

Lors se firent mout grant joie comme compaignon qui s'antraimment.

"Et ou alez vos issi?" fait Helys.

[1] est il issi [2] saut saus

"Ge sivoie, fait il, une litiere qui par ci passa ores."
"Il est hui mais trop tart, fait Helys, a herbergier vos covient."
Et il l'otroie.
En ce qu'il parloient issi, et li escuier Hely si vindrent de hors.
"Sire, font il, vos ne veez mie mervoilles. Toz li mondes va par cest chemin. Si faiz pueples ne fu onques mais veüz."
Lors ont desarmé monseignor Gauvain.
"Sire, fait Helys, car alons veoir ces chevaliers qui passent, et en tel maniere qu'il ne nos voient."
"Comment sera ce?" fait messires Gauvains.
"Nostre escuier, fait Elys, nos feront une fuilliee, si serons dedanz."
Et messires Gauvains dit que c'est biens.
Li escuier font la fuilliee, et il antrent anz et voient toz cels qui entrent et passent par lo chemin. Si com il esgardoient issi, si voient venir deus rotes de chevaliers toz armez. Si i a dis chevaliers en chascune, et en mileu chevauchent quatre vallet qui tienent un paille a quatre verges. Et desouz ce paille chevauche une dame mout richement acesmee de palefroi et d'autre atorz. Ele fu vestue d'un samit vermoil, cote et mantel a penne d'ermines, si fu tote desliee. Et ele estoit de merveilleuse biauté. Lors dist Helys a monseignor Gauvain:
"Vez ci une des plus beles fames que ge onques mais veïsse. Ge ne sai se ele est dame o pucelle, mais voir, fait il, mout est bele."
Aprés voient venir (*f. 74a*) aprés els vint des chevaliers au Roi des Cent Chevaliers. Et il dient a cels qui la moinent:
"Seignor, li rois vos mande que vos li menez cele dame veoir."
Et il dient que nel feront.
"Si feroiz, font li autre, o nos nos meslerons a vos."
Li chevalier a la dame oent que autrement ne puet estre. Il guanchirent li vint as vint. Tex i ot qui s'entrabatirent, et tex i ot qui brisierent lor lances sanz chaoir. Il traient les espees, si conmencent la meslee a pié et a cheval. Et messires Gauvains et Helys furent issu de la foilliee por els esgarder. Et messires Gauvains dist a Hely:
"Departons les, car li rois i a de ses meilleurs chevaliers, et cil a la dame, espoir, ne sevent mie tant d'armes."
Lors vienent a els, si les departent et dient qu'il laissent la meslee, et il manront la dame au roi. Et il la laissent. Et messires Gauvains et Helys montent sor deus chevax, si moinent la dame au

roi. Et il vint hors del paveillon encontre, si la voit mout bele, et mout li semble haute dame.

"Sire, fait messires Gauvains, nos vos avons ceste dame amenee por veoir, si l'en remenrons."

"Dame, fait li rois, dites moi avant qui vos iestes."

Et ele dit que ele est la dame de Nohaut.

"Certes, fait il, bien lo poez estre, et se gel seüsse, ge meesmes fusse alez aprés vos."

Lors en remainnent Helys et messires Gauvains la dame jusque outre lor paveillon. Et ele se part d'aus atant, si remainent il dui. Et ele oirre son chemin vers l'asemblee, car a cel tan i aloient les dames qui de pris estoient. Mais ci endroit lait a parler li contes un petit de li et de monseignor Gauvain, et retorne a parler del Blanc Chevalier qui s'an va en la litiere.

Quant li chevaliers de la litiere se fu de monseignor Gauvain partiz, si chevaucha jusqu'en une mout bele lande qui n'estoit mie plus de trois liues loign d'iluec. En cele lande sordoit une mout bele fontaine desouz (*f. 74b*) un des greignors sagremors que il onques eüst veü. Lors descendi li chevaliers por reposser, si dormi un petit. Et d'iluec enveia deus de ses escuiers avant a une cité por son ostel atorner. Qant il ot dormi, si traoit vers lo vespre. Et lors remonta, et tantost passa par devant uns escuiers sor un roncin, les granz galoz. Li chevaliers ot la noisse, si soulieve lo paille et demande a l'escuier ou il vait a tel besoign.

"Ge quier, fait il, aïe, car li Rois des Cent Chevaliers a ci aresté la dame de Nohaut."

Tantost fait li chevaliers retorner la litiere et dit qu'il voldra aidier. Et com il a une piece alé, si l'ancontre. Et ele demande a ses escuiers:

"Qui est an cele litiere?"

"Dame, font il, c'est uns chevaliers navrez qui avoit oï dire que vos estiez arestee, si vos venoit aidier."

Lors descuevre ele meïsmes la litiere, et cil s'anvelope mout, que ele nel quenoisse.

"Sire, fait ele, veniez me vos aidier?"

"Dame, fait il, oïl."

"La vostre merci, fait ele; con vos aidier me veniez, dont remaindrez vos o moi."

"Dame, fait il, nel ferai, car vos iroiz plus tost que ge ne feroie, qui sui deshaitiez."

La dame s'an part atant sanz lo chevalier conoistre. Et la litiere va plus soef, et tant que de bas vespre est venuz a la cité qui avoit non Orkenise. En cele cité prist li chevaliers un escu vermoil, et lo sien i laissa, car il ne voloit estre queneüz a l'asem-
5 blee. Ne d'iluec n'i avoit que une petite jornee. La nuit li furent ses plaies mout bien regardees, car uns viauz chevaliers les li regarda qui mout en savoit. Et li jorz de l'asanblee ne devoit estre devant lo cinquoisme jor, si demora puis en la vile par lo consoil au chevalier, et mout li fu sa plaie alegiee. Au quint jor (*f. 74c*)
10 mut li chevaliers et ala totevoies en la litiere, tant qu'il vint a Godoarre de biau vespre. Et ja estoit li païs si herbergiez q'en n'i pooit trover ostel, mais desoz avoit une maison de randuz ou l'an lo herberja, por ce que malades estoit, si fu herbergiez en une chanbre bele et aeisiee. Au matin oï li chevaliers messe, et
15 tantost se fist armer. Et li rois Artus estoit venuz mout efforciee- ment; si ne pot el chastel herbergier, ainz se loja dehors. Et fait crier au matin que nus de son ostel ne de cels qui o lui estoient venu ne portast lo jor armes. De ce furent mout dolant maint bon chevalier de son ostel. Mais d'autres i avoit qui n'estoient mies
20 venu por lui ne a[n] son ost, mais li un por pris conquerre, et li autre por gaaignier. Et icil s'armerent des lo matin et alerent en la place.

Et li Rois d'Outre les Marches fu issuz de la range por assanbler; mais quant il vit que li cors lo roi Artus ne portoit armes, si s'an
25 traist arrieres. Et pluseur des legiers bachelers de s'ost alerent joster a cels qui en la place les atandoient. Si commencent lo tornoi mout bon, car devers lo roi Artu i avoit mout de prodomes qui ne s'estoient mie fait veoir por avoir leisir de torneier. Mes- sires Gauvains i fu, et Helys li Blois, et li Biax et li Bons, ses
30 freres, Gales li Gais, et Tohorz, li filz Arés, et maint autre bon chevalier. Et par de la fu Malaguins, li Rois des Cent Chevaliers, et Heleins li Dragons, et li dus Galoz de Yberge, et maint autre qui mout estoient preu. Les jostes commencent d'une part et d'autre. Et la reine est entree el chastel et monte sor les murs por
35 lo tornoiement veoir, avec li dames et damoiseles assez et cheva- liers, et esgardent plusors chevaliers qui mout lo font bien.

Lors vint li chevaliers de la litiere, et ot au col l'escu (*f. 74d*) vermoil. Il s'an vient par devant la reine, puis se met el ranc et muet a joster a un chevalier. Il s'antrefierent, si que totes lor
40 lances volent en pieces. Il s'entrehurtent de cors et de vis. Li

chevaliers de la litiere remest es arçons, et li autres vole par desus la crope del cheval a terre.

"Or ai veü, font li pluseur, a un novel chevalier faire une mout bele joste."

Et li chevaliers se traist arrieres et prant une lance d'un de ses escuiers, et revient el ranc, si fiert un chevalier, si que il lo porte a terre. Lors commence chevaliers a abatre, et escuz a porter de cox, et lances a brisier; et lo fait si bien que tuit s'en mervoillent li chevalier et dient a monseignor Gauvain:

"Conoissiez vos ce chevalier?"

"Nenil, fait il, mais il lo fait si bien que ge me delai por lui esgarder, car mout fait chevalerie a mon talant."

Cil des murs dient que cil as armes vermoilles vaint tot. Et li Rois des Cent Chevaliers demande qui il est. Et l'an li dit que c'est uns chevaliers qui tot vaint et si a unes armes vermoilles. Et li rois prant son escu et demande une lance et lait corre tot lo ranc, et cil a l'escu vermoil encontre lui, si s'antrefierent si durement que totes lor lances volent en pieces, mais ne s'antrabatent mie. Mout pesa lo roi de ce qu'il ne l'ot abatu, et plus celui de ce que il n'ot abatu lo roi. Il repranent lances et relaissent corre li uns vers l'autre. Li cheval vont si tost, et il s'antrefierent mout durement. Li chevaliers au vermoil escu fiert lo roi parmi l'escu et parmi les deus ploiz dou hauberc et parmi lo costé, mais il ne l'a mie grantment blecié. Et li rois fiert lui a descovert sor lo hauberc entre[1] la memele et l'espaule, si li met lo fer parmi. Les lances brisent, et il hurtent ensemble de cors et de chevax, si se portent a terre. Li rois resaut em piez et trait son escu avant, si sache s'espee. Et au chaoir que li chevaliers fist adanz, si li passe li fers de la lance tot hors parmi l'espaule, et cele plaie li escrieve a seignier, et la viez resaigne (f. 75a) mout. Com il vit lo roi, qui ot son escu pris et s'espee traite, si saut sus mout iriez et trait son escu avant et sache l'espee et vient vers lo roi; si s'entrefierent de granz cox. Li chevaliers as armes vermoilles sainne mout durement. Et la gent lo roi poignent por lui monter; et messires Gauvains et cil qui estoient devers lo chevalier poignent aprés lo roi, et lo chacent une grant piece. Puis amainent au chevalier son cheval, et com il dut monter, si chiet pasmez. Il voient lo sanc entor lui, si dit chascuns: "Morz est." Et il descendent, si lo defferrent et voient qu'il a deus mout[2] granz plaies.

[1] encontre la m.   [2] a mlt deus gr.

Guinevere goes to see the Wounded Knight

La novelle vient au Roi des Cent Chevaliers qu'il a lo bon chevalier mort. Il en est mout dolanz, si giete son escu et sa lance, et dit qu'il ne portera mais hui armes, ne espoir ja mais, car trop li est mesavenu et meschaü com il un tel chevalier a mort. Li
5 chevaliers jut pasmez, et il l'ont desarmé et ses plaies bandees. Et la reine et cil et celes qui avec li furent virent que tot fu remés por ce chevalier qui estoit navrez.

"Alons lo, fait ele,[1] veoir."

Ele monte et vient hors de la porte. Et la noise commence,
10 et dit chascuns: "Tornez vos, veez ci la reine." Il fu assez qui la descendi, et chascuns crie derechief: "Faites ranc, veez ci la reine."

Li chevaliers fu venuz de pasmoisons et oï ce qu'il disoient. Il oevre les iauz et voit la reine, et il s'esforce tant qu'il se lieve en seant.
15 "Biax sire, fait la reine, comment vos est?"

"Dame, fait il, mout bien. Ge n'ai nul mal."

Et an ce qu'il disoit ce, et les bandes rompent et ses plaies li escrievent a seignier, et il se repasme. "Morz est", fait chascuns. Et la reine s'an va tantost.[2] Et li chevalier[3] demandent ou li cheva-
20 liers navrez est a ostel, et si escuier dient que en une maison de religion. Il li quierent mire mout bon et l'an font porter (*f. 75b*) a son ostel. Li mires cerche les plaies et [dit] qu'il n'an morra mie, mais il deffant que nus ne veigne mais hui antor lui, car de cuivre n'a mestier. Et li chevalier s'en vont tuit, mais messires
25 Gauvains se panse que il n'a oïes nules noveles de ce que il quiert, et a ceste assemblee en devoit il oïr enseignes:

"Ne ge n'an ai rien veü ne oï, fors tant que cil chevaliers a tot vaincu. Ge deüsse aler parler a lui por savoir [et] por anquerre s'il savroit rien de ce que ge quier."

30 Il vient a son ostel et demande au mire que il l'an samble.

"Ge cuit, fait li mires, qu'il garra, si ont ses plaies mout seignié."

"Ses plaies? fait messires Gauvains, quantes en a il dons?"

"Il en a deus mout granz, fait li mires, une d'ui et une viez."

Qant messires Gauvains ot parler de la viez, si pense un po et
35 dit au mire:

"Dites vos voir qu'il en i a deus?"

"Oïl, fait il, sanz faille."

"Ha! maistre, fait il, or enquerez comment il vint."

Il lo demande a ses escuiers, et il ne li osent celer, si dient qu'il

---

[1] naurez apres lo uait ele v.   [2] ua en lost   [3] chr li demandent

vint en litiere, et il lo dist monseignor Gauvain. Et il li prie mout
qu'il lo face a lui parler, et il lo mainne devant lui.

"Sire, fait il, vez ci monseignor Gauvain qui vos vient veoir."

Messires Gauvains s'asiet delez lui et li anquiert s'il set novelles
del chevalier qui lo roi Artu fist antrer an la Dolereuse Garde. Cil   5
li respont petit, et totesvoies dit:

"Biax sire, ge sui malades, si ne me chaut de ce que vos me
demandez."

Et qant messires Gauvains ot qe n'aprandra or plus, si se lieve
et s'en va atant, et pense que il est si malades que il ne li puet 10
tenir parole, mais demain lo venra veoir, si li enquerra plus.
Il s'an va a son ostel. Et qant il fu anuitié, li chevaliers navrez
apele (f. 75c) son mire et dist:

"Ha! maistre, ne puis pas ci demorer, car se ge estoie queneüz,
g'i avroie domage. Si vos pri por Deu qe vos en venez o moi; et 15
se vos n'i plaist a venir, si me dites ce que ge ferai, car ge m'an
irai anuit."

"Remenriez vos, fait li mires, por nule rien?"

"Naie," fait il.

"Et en quele maniere vos en iroiz vos?"   20

"En litiere, fait il, que ge ai bele et boene."

"Ge m'en irai avoc vos, fait li mires, que, se ge n'i aloie, vos
porriez tost morir, et ce seroit trop granz domages."

Et il en a trop grant joie. Lors s'an tornent lor oirre, si s'an vont
priveement. Mais or se taist un petit li contes de lui et de sa   25
compaignie, et parole del roi Artu et de monseignor Gauvain.

Au matin vint messires Gauvains parler au chevalier, et an li
dit qu'il s'en ala de mienuit. Et il en est mout dolanz, si s'en revait
et trueve armé lo roi et ses compaignons. Et il s'an va armer sanz
lui faire conoistre. Et qant il furent hors del chastel, si josterent 30
ansemble a cels de la. Mais li estorz ne dura gaires, car il ne porrent
soffrir la force lo roi. Et qant il parvint, onqes puis ne s'i deffandi
nus s'an fuiant non. Et li rois les enchauce jusqu'a lor chastel et les
i fist[1] flatir a force. Et com il s'an retornoit an l'ost, si ancontra
monseignor Gauvain, s'espee en sa main, tote nue. Et il conut   35
s'espee, si demanda:

"Gauvains, biax niés, comment avez vos esploitié de vostre
qeste?"

"Sire, fait il, neiant encore."

[1] les i firent

Endementres qu'il parloient issi, et uns chevaliers mout acesmez dist au roi:

"Sire, li Rois d'Outre les Marches et li Rois des Cent Chevaliers vos mandent, car ce sevent il bien, que vostre effort ne sofferroit nus; mais se vos voliez une assemblee prandre a els a un autre jor et (*f. 75d*) venissiez an tel maniere que li chevalier qui i vendroient poïssent armes porter, il l'anprandroient d'ui en set semaines."

"De ce ne m'entremetrai ge ja," fait li rois.

"Biax sire, fait messires Gauvains, la maisniee mon seignor la prandra encontre aus deus, s'il vuelent a un plus loigtieg jor, au lundi[1] devant les Avanz."

Et cil dit qu'il lou vuelent bien. Et messire Gauvains i anvoie Lucan lo boteillier as deus rois savoir s'il lo voudront issi, et il l'otroient.

Li rois Artus s'en reva en son païs, et la reine, et les hoz se departent. Et li chevalier s'atendent[2] au jor qui est nomez. Et messires Gauvains entre en sa queste. Et si tost com il est partiz del roi, si trueve une damoisele mout tost chevauchant sor une mule corsiere. Il la salue, et ele lui, et il li demande s'ele a besoig.

"Oïl, fait ele, mout doloreus. Et vos, o alez issi?"

"Damoisele, fait il, ge vois en un mien affaire ou ge n'ai pas encor tant esploitié com ge vousisse. Bele douce amie, fait il, savriez me vos dire novelles del chevalier qui fist antrer lo roi en la Dolereuse Garde?"

"De ce, fait ele, vos dirai ge bien novelles, se vos m'enseigniez de ce que ge quier."

"Dites, fait il, et se gel sai, gel vos dirai."

"Est il voirs que li chevaliers as armes vermoilles est morz, et cil qui a vencue ceste assemble?"

"Neianz est, fait il, ainz me dist ses mires que il garroit bien."

Quant ele l'ot, si li esvenoï li cuers, et ele se pasme sor lo col de la mule. Et il la cort sostenir, et com ele revint de pasmoisons, si li demande por quoi ele s'est pasmee.

"Sire, de joie," fait ele.

"Damoisele, fait il, conoissiez lo vos, lo chevalier?"

"Oïl, sire," fait ele.

"Or me redites de celui dont ge demant."

"C'est il, fait ele, ce sachiez. Et comment avez vos non?" fait ele.

[1] a un lundi   [2] atent/dent

"J'ai non, fait il, Gauvains."

"Ha! sire, fait ele, vos (*f. 76a*) soiez li bienvenuz. Et por Deu, volez vos que ge aille avoc vos?"

"De ce sui ge mout liez," fait il.

Antr'aus deus chevauchent, et il li dist:

"Damoiselle, amez vos lo chevalier?"

"Sire, oïl, fait ele, plus que nul home, et non mie d'itele amor com vos cuidiez. Ge ne voldroie mie qu'il m'eüst esposee. Si ne sera il mie maumariez qui m'avra, car ge sui assez riche fame; mais, se Deu plaist, il sera miauz mariez. Sire, fait ele, mambre vos il d'une damoisele que vos encontrastes l'autre jor?"

"Oïl, fait il; iestes vos ce? Vos me reprochastes que ge avoie laissié la damoisele en la Dolereuse Garde, et lors vi ge lo chevalier que nos querons."

"Vos avez, fait ele, voir dit. Et por celui dui ge estre morte, car l'an me dist que il estoit a mort navrez, si an acouchai malade. Et puis me refu dit que il seroit a ceste assemblee. Gehui si me redist uns escuiers que il estoit ocis."

"Damoiselle, fait il, puis que vos lo conoissiez, dons me poez vos bien dire comment il a non, si m'avroiz de ceste queste delivré."

"Si voirement, fait ele, m'aïst Dex, ge nel sai. Mais gel savrai si tost com ge serai la ou il est, et lors lo vos ferai savoir."

Et il l'an mercie.

"Or me dites, fait il, ça don vos venez, oïtes vos nules enseignes?"

"Naie," fait ele.

"Ne ge, fait il, la dons ge vaign. Si lo que nos querons une voie qui aille aillors."

"C'est biens," fait ele.

Et ne demora qu'il troverent en travers de la forest une voie, viez, et delez, un mostier[1] gaste et un cimetire. Il entrent en cele voie, et com il vienent au mostier, si descendent et antrent anz por orer. Delez lo mostier avoit une recluse a une fenestre devers l'autel ou ele lisoit son sautier. Qant il la voient, si li demandent se ele set nule novele.

"Ge n'en sai nule[s], fait ele a monseignor Gauvain, (*f. 76b*) qui grant mestier vos puissent avoir, fors tant que, se vos menez ceste pucele, si n'alez mie ceste voie."

"Por quoi?" fait il.

[1] mostier un mostier gaste

"Que ci pres a un chevalier qui la vos toudra, et bien tost vos ocirra il."

"Qui est il?" fait messires Gauvains.

"Ce est, fait ele, Brehuz sanz Pitié."

"Sire, fait la pucele, alons autre voie."

"Voire, fait il, an bele painne[1] seroie or entrez, se a chascune chose que ge ooie guerpissoie mon chemin."

Il s'an partent do mostier et antrent en lor chemin. Mais or se taist li contes d'aus un petit et retorne au chevalier navré de la litiere.

Quant li chevaliers de la litiere se parti de l'asemblee par nuit, si errerent es plus estranges parties que il troverent et qe il sorent, antre lui et son maistre et sa compaignie, car il cuidoient estre queneü. L'andemain fist aspre chaut, et qant vint aprés tierce, si fu descenduz en carrefor en l'ombre d'un grant orme por dormir. Lors vint par illuec une damoiselle o grant chevalerie. Et qant ele vint la, si demande au mire:

"Qui est cist chevaliers?"

"Dame, fait il, c'est uns chevaliers malades."

La dame descent, si li descuevre lo vis, et tantost commance a plorer mout durement.

"Biax amis, fait ele, au mire, por Deu, garra il?"

"Oïl, dame, fait il, ce sachiez."

Lors s'esvoille li chevaliers, et ele li commance a baissier les iauz et la boiche. Et il esgarde, si conoist que ce est la dame de Nohaut, si se vost covrir.

"Ce n'a, fait ele, mestier. Vos en venrez avoc moi, et vos seroiz plus richement gardez que an leu del monde. Et vos, sire, fait ele au mire, por Deu, loez li."

Li chevaliers voit qu'il ne puet eschaper, si li otroie, et ele en est mout liee. Lors lo remontent an la litiere et chevauchent ensemble. Et la dame li conte comment ele l'aloit querant, ne ja mais ne finast de terres cerchier tant que ele lo (*f. 76c*) trovast. Issi chevauchent a petites jornees et gisent lo plus des nuiz en paveillons, car la dame en avoit deus mout biax. Et vindrent par devant la Doloreuse Garde, si cuida la dame gesir el borc aval; mais li chevaliers dist que por rien il n'i enterroit.

"Por quoi?" fait ele.

Et il ne l'an respont mie, ainz regarda la porte, si commença a plorer mout durement, et dist:

[1] poine painne

"Ha! porte, porte, por quoi ne fustes vos a tans overte?"
Et ce disoit il de la porte o il fist muser la reine, com il fu esbahiz sor les murs. Si cuidoit que la reine lo saüst autresin com il savoit, et que ele l'an haïst a tozjorz mais.

"Futes i vos onqes mais?" fait la dame.

Et il est si troblez que il ne pot respondre. Et ele pense tantost que ce estoit il qui lo chastel avoit conquis, si n'en ose plus parler, por ce que correcié lo veoit. Tant ont erré qu'il sont venu el chastel a la dame, qui estoit a dis liues de Nohaut. En cel chastel fait la dame compaignie au chevalier tant com il fu malades, et ot quancqe il li fu mestiers. Si laisse li contes un petit a parler de lui et retorne a monseignor Gauvain et a la pucelle.

Entre monseignor Gauvain et la pucelle se sont parti de la recluse et chevauchent tant qu'il vienent fors de la forest et troverent en une grant lande un paveillon mout bel. Il n'i arestent pas, ainz passerent outre. Et ne demora gaires qu'aprés aus vint uns escuiers sor un chaceor mout tost, si les ataint et dist a monseignor Gauvain:

"Sire chevaliers, mes sires vos mande que vos li enveiez ceste pucele o vos li amenez."

"Qui est tes sires?" fait il.

"Brehuz sanz Pitié," dist li escuiers.

"Ne ge ne li manrai, fait messires Gauvains, ne ge ne li envoierai se ele n'i va de son gré."

"Ainz i erai ge, fait ele, que (f. 76d) vos vos combatoiz a lui."

"Vos n'i eroiz mie hui," fait il.

Li escuiers s'an torne. Et qant messires Gauvains et la pucele orent une piece alé, si vint aprés aus Brehuz toz armez, et crie mout haut:

"Vos la me laroiz la pucelle, o vos lo conparroiz mout chier."

"Lo laissier, fait messires Gauvains, ne ferai ge mie."

Il ganchissent anmi la lande. Si fiert Brehuz monseignor Gauvain, si que tote sa lance an pieces vole. Et messires Gauvains fiert lui, si que il lo porte a terre, et prant son cheval, si li ramainne.

"Tenez, fait il, vostre cheval, que ge ai autre chose a faire, si m'en irai."

"Qui iestes vos, fait il, qui mon cheval me randez et abatu m'avez?"

"Ge sui, fait il, Gauvains."

"Que alez vos querant?" fait Brehuz.

"Nos querons, fait il, lo chevalier as armes vermoiles qui l'asanblee a vencue."

"Ne vos dirai ores mies, fait Brehuz, ce que ge en sai, car ge vois en un mien affaire, mais se vos estiez d'ui en quinze jorz en ceste
5 place, ge vos en diroie voires anseignes."

"Nos i serons, fait il, se nos n'an oons novelles dedanz ce."

Atant s'an departent, et messires Gauvains oirre tote la quinzaine, que nules anseignes n'en oï; si revint an la place, et la pucele avoc lui, et troverent Brehu.

10 "Que me direz vos?" fait messires Gauvains.

"Ge vos en dirai, fait Brehuz, novelles, par si que vos me donroiz ce que ge vos demanderai."

"Ge l'otroi, fait messires Gauvains, se c'est chose que ge doner vos puisse et doie."

15 "Or sachiez, fait il, que il est en un chastel que la dame de Nohauz tient en baillie de deus freres, cui il est, et il sont si neveu. Si i ai puis esté par trois foiz. Si vi premierement qu'il escremissoit, et ses mires li disoit, qant il avoit un po escremi: "Or est assez, sire." L'andemain lo vi o il lo laissoit plus efforcier. Hui a tierz jor i
20 refui, si lo vi hors del chastel a cheval, un escu au col, une lance en sa main, et essaioit se il porroit encor armes porter. Or si (*f. 77a*) n'i a, fait il, que de l'aler; et se c'est il, se me randez mon guerredon, et s'il n'est ce, si en seiez quites."

Lors s'an vont tuit et chevauchent par lor jornees tant que il
25 vienent au chastel. Et Brehuz remaint defors, et il vont el chastel jusqu'as maisons a la dame. Et li chevaliers malades ot dire que messires Gauvains venoit, si dist a son mire:

"Maistre, messire Gauvains vient ci, et vos li dites que mout sui malades."

30 "Volentiers, fait il, sire."

Lors lo couche en un lit dedanz une chambre oscure, et puis revint hors. Et messire Gauvains et la pucele vienent, et la dame del chastel reçoit mout bien monseignor Gauvain. Puis dit au mire a consoil que an toz servises li face veoir lo chevalier.

35 "Sire, fait il, ce ne puet estre, car trop est malades."

"Qant ge nel puis veoir, fait messires Gauvains, sel faites veoir a ceste damoisele."

"Volentiers," fait cil qui garde ne s'an prant.

Il l'an mainne en la chanbre, et ele oevre une fenestre. Et com
40 li chevaliers la voit, si cuevre son vis. Et ele cort por descovrir,

mais il giete sa main encontre, si la prant par lo braz. Et ele vit la main, si la conoist, si la baisse tant que ele se pasme desus. Et qant ele vint de pasmeison: "N'i a mestier, fait ele, coverture."

Lors traist unes letres, si les a brisiees et list que la pucele qui remest en la Dolereuse Garde salue Lancelot del Lac, lo fil lo roi Ban de Benoyc, et li mande qu'ele tanra tant prison com lui plaira, mais bien saiche que il a esté vilains vers li, et ele leiaus vers lui. Com il ot ce, si a trop grant duel et commance a plorer mout durement. Lors apela la pucele, si li dist:

"Ma douce suer, alez tost, si li dites que ge li cri merci, car trop li ai mesfait. Et des ores mais s'en isse, car gel voil."

"Ce ne puet estre, fait cele, ele n'en istra ja se ele ne vos voit o cel anel de vostre doi."

"Ele a, fait il, droit, car la o li aniaus est, si suis gié. Or tenez, si li (*f. 77b*) portez."

La damoisele s'an rist riant de la chambre. Et il li prie que a nelui ne die son non. Et ele vient fors, et messires Gauvains li dit:

"Amie, que me diroiz vos?"

"Bien," fait ele.

"Diroiz me vos lo non del chevalier?"

"Ge vos menrai la ou vos lo savroiz, et c'est cil qui vainquié l'asanblee."

Lors s'an partent et truevent a la porte Brehu qui les atandoit.

"Sire Gauvains, fait il, devez me vos nul guerredom?"

"Oïl," fait il.

"Or vos sivrai ge tant que vos aiez chose qui me plaise."

Issi s'an vont tuit troi tant que au tierz jor vienent a la Dolereuse Garde. Et messires Gauvains conoist lo chastel.

"Ge sai bien, fait il a la pucele, o vos me menez."

"Ge ne vos manrai, fait ele, se bien non."

Il vienent a la porte, si la truevent fermé. Lors vont a la porte devers la tor, si apele la damoisele. Et li portiers dit qu'ele n'i enterra.

"Tenez, dit ele, ces ansaignes et portez a la damoisele de cele tor."

Il ovre lo guichet, et cele li baille l'anel au chevalier de la litiere. Et il lo reclost aprés, puis vient a la damoisele de la tor, si li dit:

"Dame, il a la hors une damoisele et un chevalier, si vos envoient ces ansaignes por antrer ceianz."

Ele regarde l'anel, si li a dit:

"Alez tost. Laissiez les venir ceianz."

Cil vient a la porte, si l'uevre, et il antrent anz. Et cele de la tor lor vient encontre et lor dit:

"Bienveigniez. Or m'en irai gié avoc vos de quele hore que vos voudroiz."

Et Brehuz estoit remés dehors a la porte.

"Damoisele, fait messires Gauvains, encor ne sai ge mie lo non del chevalier qui fist monseignor lo roi Artus antrer ceianz."

Et la pucele qui laianz l'avoit amené consoille a l'autre. Et cele dit a monseignor Gauvain:

"Ge vos dirai lo non del chevalier, mais vos venrez ençois la ou ge vos menrai."

Lors l'an mainne el cimetire et li mostre les tombes.

"Ci avez vos esté fait ele, autrefoiz."

"Voire," (*f. 77c*) fait il.

Lors lo moine a une tonbe.

"Sor ceste tombe, fait ele, ot ja escrit: "Ci gist Gauvains, li niés lo roi Artu, et veez la sa teste." Et de toz voz compaignons autresi. Ne onques rien de tot ce n'i trovastes com vos i venistes."

"Et comment fu ce dons?" fait il.

"Ce sont, fait ele, li enchantement de ceianz."

"Or me dites, fait il, lo non au chevalier."

"Desouz cele lame, fait ele, de metal lo troveroiz."

Il vient a la lame, si l'essaie, mais il ne la pot lever ne tant ne qant. Et il en est trop dolanz.

"Damoisele, fait il, porroie ge autrement savoir lo non au chevalier?"

"Oïl, fait ele, se vos me menez tant que ge lo truise, gel vos ferai savoir."

"Comment en seroie ge seürs?"

"Gel vos creant, fait ele, leiaument."

"Et ge vos i manrai," fait il.

Lors s'en issent del cimetire. Et la damoisele monte en un palefroi qui amenez li fu. Et qant il vienent hors de la porte, si troverent Brehu.

"Sire Gauvains, fait il, or vos demant ge mon don."

"Quel?" fait il.

"Cele pucele que vos avez laianz trovee."

"Brehu, fait il, ge ne la puis pas doner, car ele n'est pas moie; ne ge ne vos promis chose se ce non que ge vos porroie doner et devroie."

"Il n'i ot nul arest," fait Brehuz.

"Si ot, fait messires Gauvains, cestui, et se vos volez, ge sui prelz que ge m'en mete[1] el jugement des compaignons mon oncle, si an soit ce que il diront, o bataille ou autre chose."

Brehuz dit qu'il n'em fera rien, mais orrendroit s'en combatra. Et neporqant, tant li prient les pucelles que il doint lo respit jusqu'au jor de l'asanblee, qu'il demanderont as chevaliers qu'il en doit estre, par si que se li esgarz as chevaliers ne siet a Brehu, il revenra a sa bataille. Et messires Gauvains l'otroie. Atant ont lor voie acoillie. Mais d'aus ne parole plus li contes ci endroit devant que il ait parlé del chevalier de la litiere.

(*f. 77d*) Tant[2] a esté li chevaliers an la garde a la dame de Nohaut que auques est respassez, si desirre mout les armes dont il a esté longuement an repos.[3] Il vient a la dame, si prant congié. Puis s'en part antre lui et son mire, cui la dame avoit mout richement paié de son servise. Et li chevaliers li demande:

"Maistre, dont ne sui ge assez gariz por porter armes?"

"Nenil, fait il, vos[4] porriez enprandre tel fais que[5] tot seroit a rancommencier."

"Tel fais, maistre! De ce ne se puet nus amesurer com li besoinz vient."

"Si vos i gardez, fait li mires, au commencier."

"Certes, fait il, se ge de toz mes menbres me puis aidier, il m'est avis que ge sui gariz."

"Dont ne baez vos, fait li mires, a aler a l'asemblee?"

"Oïl," fait il.

"Et lo quel voudroiz vos mielz estre, ou estre sainz a l'asemblee et[6] malades entredeux, o estre lors malades et antretant[7] haitiez."

"Ge ne voudroie, fait li chevaliers, por nule rien qe ge ne portasse armes a l'asenblee."

"Dont vos lo ge, fait li mires, que vos seiez en repos jusqu'a lores, si seroiz sainz et haitiez et an vostre dure force."

"Puis que vos lo me loez, fait li chevaliers, ge lo ferai. Mais la dont ge vaign ne retornerai ge mie, ainz irai chiés un hermite, mout saint home, que ge sai."

Il acoillent lor voie ansemble, car li mires ne lo velt guerpir devant l'asemblee, si ont tant alé que il sont venu chiés l'Ermite do Plaisseiz—issi avoit il non; et ce estoit cil chiés cui il avoit

---

[1] men mente [2] Qant a [3] an repost [4] f. il ne porriez
[5] f. car tot [6] asemblee ou malades [7] autretant h

Brandin[1] des Illes mis en prison, celui qui estoit sires de la Dolereuse Garde. Grant joie an fist li hermites et a grant honor les reçut, mais mout s'esmaie des plaies au chevalier. Tant demora li chevaliers laianz que ses mires li dist qu'il estoit plus sains (*f. 78a*) et plus haitiez del cors et des manbres qu'il n'avoit onques esté a nul jor; et bien avoit encores quinze jorz jusqu'a l'asemblee. Or relaisse li contes une piece a parler de lui et de sa compaignie, et retorne[2] a parler de monseignor Gauvain.

Messire Gauvains, qant il se parti de la Dolereuse Garde, si erra entre lui et ses deus puceles et Brehu sanz Pitié tant qu'il vinrent au chastel o li chevaliers navrez avoit geü. Et com il nel troverent, si furent mout dolant. Et dist messires Gauvains qu'il n'an cuidoit mais oïr nules novelles devant l'asemblee.

"Comment? fait la pucele qui avoit esté em prison, avra il assemblee par[3] tans?"

"Oïl, fait il, n'i a mie un mois a venir."

"La, fait ele, sera il se del cors n'a essoigne."

Atant s'an tornent et chevauchent si com Brehuz les conduist, qui dit que il set miauz les voies que nus.

"Une chose, fait il a monseignor Gauvain, voil ge que vos sachiez, que ces deus puceles nos seroient ja mout fort a tolir, por que ge vos volsisse aidier."

"C'est voirs, fait messires Gauvains, et se vos ne m'aidiez, vos seriez desleiaus."

Issi oirrent jusq'au vespre, et voient un paveillon, et pres de cel paveillon avoit une riviere. A cele riviere estoit uns cers afuianz, et li chien l'avoient pris en la rive. Aprés venoit uns chevaliers, un cor a son col et un veneor o lui, et cornoient de prise. Et messires Gauvains et sa conpaignie vienent la, et com li chevaliers les voit, si les salue.

"Seignor, fait il, se il vos plaissoit de cest cerf, ge vos en donroie. Et s'il vos plaisoit a herbergier, cist paveillons est miens, si vos herbergeroiz, se vos volez."

"Sire, fait messires Gauvains, granz merciz, et nos herbergerons."

Il descent, et vallet pranent lor armes. Com il furent desarmé, Brehuz consoille au chevalier, (*f. 78b*) et cil vient a monseignor Gauvain.

"Sire, fait il, ge vos ai herbergié, ne anuit n'avez vos garde.

[1] brandu des I   [2] retorner a   [3] assemblee o/par tans

Mais demain, puis que vos en seroiz alez, ne vos asseür ge mie."

"Sire, fait messires Gauvains, qant vos me feroiz mal, ce pesera moi."

Li chevaliers lor fait mout bel ostel. Au matin s'an part messires Gauvains et Brehuz et les deus pucelles, et hoirent grant piece de jor, tant que il ancontrent deus chevaliers toz armez. Cil chevalier nes mistrent onques a raison, ainz pristrent les escuz par les anarmes et laissent corre a monseignor Gauvain, et il a els, et cuida que Brehuz feïst autretel, mais il se tint coiz. Li uns des chevaliers fiert monseignor Gauvain an l'escu, que tote sa lance vole en pieces. Et il fiert lui, si que il lo porte a terre. Et li autres fiert lo cheval monseignor Gauvain parmi les flans, si l'ocit, et il remaint a pié. Et quant cil qui lo cheval ot ocis vit que il fu a pié, si descent. Or sont tuit troi a pié. Li dui corrent sus a monseignor Gauvain, et il se desfant d'aus mout bien et plus les domaige qu'il ne font lui. Une grant piece se conbatent issi, c'onques li dui ne porent monseignor Gauvain tolir terre, et il les fait sovant remuer.

Qant la pucele qui monseignor Gauvain mena an la Dolereuse Garde voit qu'isi est a certes, si a paor de lui et commence a crier mout durement. Lors se lance jus de son palefroi et se fiert antr'aus et crie com desvee:

"Fil a putain, failli chevalier, volez vos ocirre lo plus preudome do monde si desleiaument?"

"Damoisele, qui est il?" fait li uns.

"Qui? fait ele; c'est messires Gauvains, li niés lo roi Artu."

Et cil regarde son compaignon.

"En non Deu, fait il, a lui ne me combatrai ge plus, et dahaz ait or qui ci nos fist venir."

"Sire, fait li autres, par la rien que vos plus amez, iestes vos messires Gauvains?"

Et il li dit que oïl.

"Ha! (f. 78c) sire, font il, por Deu, or nos pardonez ce que nos vos avons meffait, car issi com nos vos tenons ore au plus prodome do monde, issi vos teniens nos or au plus desleial del monde. Et nos vos lairons atant."

"Estrangement, fait messires Gauvains, me laissiez vos, qui mon cheval m'avez mort."

"Sire, fait cil qui l'avoit mort, ge vos randrai lo mien por lo vostre."

Et il lo prant. Et c'estoit cil qui monseignor Gauvain avoit herbergié et ses puceles, mais Brehuz li avoit fait entandant de monseignor Gauvain totes les desleiautez do monde. Li dui chevalier montent en un cheval, et Brehuz les convoie une piece.
5 Puis revient aprés monseignor Gauvain et fait sanblant d'aler avoc lui ancorres. Messires Gauvains lo regarde.

"Brehu, fait il, avoc moi ne vanroiz vos mie, car desleialment vos iestes menez vers moi, si n'ai cure de vostre compaignie. Et sui prelz que ge vos ataigne orandroit de la desleiauté, si
10 avrez la bataille que tant avez coveitiee."

"Ne me combatrai ores mie, fait Brehuz, mais vos avez totevoie paor aüe."

Atant s'an vait. Et messires Gauvains et ses deus puceles oirrent tant que il vienent a une riviere. Sor cele riviere avoit un pont
15 auques estroit, et el chief do pont, de l'autre part, avoit une bretesche et une porte fermee. Devant la porte estoient dui sergent a haches denoises. Messires Gauvains fait les deus puceles avant passer et il se met el pont aprés. Et li serjant li dient:

"Por neient i venez. Vos n'i passeroiz mie."
20 "Dont ne porrai ge," fait il.

Lors descent, si met avant lui son cheval, et il va aprés a pié. Et il escoute, si ot une noise; et il regarde, si vit vint chevaliers qui lo sivent, et il li est avis que il vienent por lui mal faire. Il se met el chief do pont, si les atant, si trait avant son escu et
25 tant (*f. 78d*) sa lance. Et cil vienent mout tost. Et cil qui avant vindrent lo fierent an l'escu, qe lor lances volent an pieces. Il l'asaillent a pié et a cheval, et il se deffant si bien qu'il blece pluseurs d'aus et ocit assez de lor chevaus a sa lance. Ne tant com ele li dure, n'aproiche nus a lui, et com ele li faut, il met
30 la main a l'espee et lor cort sus et les fait flatir sovant a force fors do pont. Et com il voient que si bien se deffant et que plus les domaige que il lui, si se traient arrierres. Et la porte do chastel derrierres lui oevre, et chevalier vienent par illuec et pranent les deus puceles, si les an mainent. Qant ce voit messires Gauvains,
35 si est mout iriez.

"Seignor, fait il, c'est mout vis coardise que vos faites, que d'une part vos combatez a moi vint, et d'autre part me tost l'an mes puceles."

"C'est a bon droit, fait uns chevaliers, que vos vos iestes desloiau-
40 ment menez vers moi de mon covenant."

"Ha! Brehu, vos mentez comme traïtes; et si lo vos proverai, se vos volez, veiant cels qui ci sont que vos avez ci amenez."

"Certes, fait la damoisele qui l'avoit mené a la Dolereuse Garde, voirement est il traïtres; et se vos ne fussiez li plus prodom do monde, il vos eüst hui fait morir par deus foiz."

Lors demandent cil qui les puceles an mainent qui est cil chevaliers.

"C'est, fait l'une, messires Gauvains."

Dont vient arrierres li uns d'aus et dit:

"Messire Gauvains, or vos en alez par la ou vos plaira fors que par ci. Et ge vos asseür mais anuit, et de moi et de toz cels qui ci sont; et n'aiez garde des puceles, car ge vos creant sor m'ame qu'eles seront autresin bien gardees a honor com se eles estoient mes serors. Et se ges vos pooie randre sanz parjurer, ge nes en menroie en avant."

Messires Gauvains l'an mercie; et il li fait baillier une (*f. 79a*) lance, et commande a toz les chevaliers qu'il s'en aillent. Et il s'an va aprés les puceles qu'il an fait mener. Et messires Gauvains se part do pont et va contramont la riviere sor son cheval. Et com il trueve gué, si passe outre et va mout tost toz les escloz qu'il a trovez tant que il vient a l'antree d'une forest. Lors a trovee une damoisele qui tient un chevalier navré en son devant. Messire Gauvains la salue, et li demande s'ele vit chevaliers qui an mainnent deus puceles.

"Oïl, fait ele, a maleür les veïsse ge, car il m'ont mon ami mort."

"Damoisele, quel part vont il?"

"Sire, fait ele, soffrez vos un po et ge vos menrai la ou il sont."

Atant vint illoc uns escuiers, une hache en sa main, sor un chaceor.

"Qu'est ce, dame?" fait il.

"Ge crien, fait ele, que tes sires se muire. Et pense de lui; et ge menrai cest chevalier aprés celui qui l'a mort."

Ele monte en son palefroi, si va avoc monseignor Gauvain. Et oirent tant qu'il vienent a une grant riviere; ne n'i avoit point de pont, mais une nef i troverent et un aviron. Il metent anz lor chevax et antrent aprés. Et messire Gauvains nage tant que il furent outre. Quant il vint d'autre part, si trueve un chevalier tot armé, qui li dit:

"N'an issiez mie, car a moi vos covenroit combatre, car ge gart cest port."

"Se combatre me covient, fait il, ce pesera moi, car ge ai mout el affaire."

"Qui iestes vos?" fait li chevaliers.

"Uns chevaliers, fait il, sui de la maison lo roi Artu."

"Comment avez vos non?" fait cil.

"Ge ai non, fait il, Gauvains."

"Or vos lairai passer, fait cil; et o volez vos aler?"

"Ge seu, fait il, autres chevaliers qui en mainnent deus damoiseles."

"Par foi, fait cil del port, il s'en vont tot droit a cel chastel la."[1]

Si li mostre el chief d'un tertre loig un chastel mout fort. Puis li dit que el chastel a mout male gent.

"Mais se vos i volez, fait il, aler, g'irai o vos et vos aiderai a mon pooir."

Et messires Gauvains l'an mercie.

"Messire Gauvains, fait li chevaliers, ge vos dirai la costume de cest chas(*f. 79b*)tel. Tanz chevaliers com nos serons nos covenra combatre. Et se nos les conquerons, por ce ne serons nos mie quite des autres."

"Ci a mauvaisse costume," fait messires Gauvains.

Issi chevauchent ansanble, et la damoisele avoc aus. Si se taist ores li contes un petit d'aus trois et retorne a parler une piece del chevalier de la litiere.

Tant[2] a li chevaliers de la litiere geü chiés l'ermite que toz est gariz et sains et mout desirranz des armes. Ne jusq'au jor de l'asemblee n'avoit mais que quinze jorz. Lors a pris congié de l'ermite. Il s'an part entre lui et son mire, qui mout l'a bien gardé, et ses quatre escuiers. Et com il a esloignié l'ermitage entor sis liues, si apele son mire.

"Maistre, fait il, aler me covient en un mien affaire o vos ne poez mie venir, car trop loig seroit a vostre hués, et si voil aler toz seus. Et ge vos pri que ne vos en poist, et mout vos merci de la grant entente que vos avez en moi mise. Et sachiez que ge sui vostre par tot."

Li mires s'an part atant. Et li chevaliers oirre tote jor comme cil qui ne velt estre conneüz. Et por ce s'est partiz do mire, qu'il ne fust par lui descoverz de nule chose en leu ou il vousist estre celez. Si fait son escu covrir, que l'an nel voie, et c'estoit encores li vermauz escuz. Issi chevauche en autre sen que la[3] ou l'asemblee

---

[1] cel port la [2] Qant a [3] en auanture iusque la

devoit estre, por lo mire desvoier. Et com il ot erré jusqu'endroit none, si l'ataint uns escuiers sor un grant chaceor tot tressué, et faisoit sanblant de grant dolor. Et li chevaliers li demande:
"Vallez, ou vas tu si tost?"
"Ge ai besoig, fait il, trop angoisseus."
"Quel?" fait li chevaliers.
"Ja est madame la reine en prison an la Dolereuse Garde."
"La quele reine?" fait li chevaliers.
"La fame lo roi Artu," fait li vallez.
"Por quoi i est ele?" fait li chevaliers.
(*f. 79c*) "Por ce, fait il, que li rois Artus en laissa aler lo chevalier qui lo chastel avoit conquis; et ma dame avoit esté menee a cele assenblee, si se herberga ersoir el chastel. Or si l'a en prise et dient que ja mais, por pooir que li rois Artus ait, n'en istra devant que ele ait fait venir lo chevalier arrieres, issi com li rois l'an laissa aler. Et ma dame en envoie par toz les chemins ses messages et mande au chevalier que la secorre, ou ele est honie; car il la randront a celui qui fu sires del chastel, s'il vient depecier les anchantemenz, et il lo fera volentiers por lo roi Artus honir."
"Biax amis, fait li chevaliers, seroit la reine delivree se cil chevaliers venoit en la Dolereuse Garde?"
"Oïl, sanz faille," fait li escuiers.
"Por ce, fait il, ne remanra il mie. Or va tost arrierres et si li di que lo matin ou encor anuit avra lo chevalier, seüre en soit."
"Sire, fait li vallez, ge n'oseroie retorner se ge ne parloie a lui."
"Va t'an, fait il, et seürement li di que tu as a lui parlé."
"Iestes vos ce? fait li vallez, car ge ne li oseroie dire se ge nel savoie de voir."
"Va t'an, fait il, que ce sui ge, si m'as tu fait dire vilenie."
Li vallez s'an part atant, si tost com li chevax li pot aler. Et li chevaliers croist s'aleüre et va aprés. Si est nuiz com il i vint, et si tost com il est dedanz la porte, si voit totes les rues alumees de gros cierges et de tortiz. Et la porte rest tantost fermee. Lors li vient a l'ancontre li escuiers qui l'avoit alé querre. Et qant li chevaliers lo voit, si li demande:
"O est la reine ma dame?"
"Sire, ge vos[1] i manrai."
Il va avant et li chevaliers aprés, tant que il vienent au palais. Desouz lo palais estoit la roiche tranchiee a cisel, si n'i avoit que

---

[1] ge i uosi

une seule entree, et li huis estoit de fer si espés que nule riens nel desconfisist. Li chevaliers ot osté son hiaume, mais n'ot mie abatue sa vantaille. Et li (*f. 79d*) vallez li baille pl[oin p]oign de chandoilles, et li dit:

5 "Alumez devant vos, et ge refermerai ces huis."

Et il cuide que cil li die voir, mais nel fait, ançois l'a traï, car la reine n'i avoit ses piez. Si tost com cil pot, referma cil l'uis. Et com li chevaliers se voit entrepris, si en est dolanz, car il set bien que de laianz n'istra il pas a son voloir. Tote nuit fu 10 laianz li chevaliers, et au matin vint a lui une damoisele auques d'aage, et parla a lui par une fenestre, si li dist:

"Sire chevaliers, vos poez bien veoir comment il est. Vos ne poez de çaianz issir sanz faire plait."

"Quel plait, dame?" fait il.

15 "Vos iestes, fait ele, cil qui conquist l'anor de cest chastel, si deüssiez avoir mis cest chastel an pais, et vos en partites en repost."

"Dame, fait il, est encor madame la reine delivree?"

"Oïl, fait ele, et vos iestes por li remés, si covient que par vos 20 remaignent li anchantement de çaianz."

"Comment, fait il, les porrai ge faire remanoir?"

"Se vos lo jurez, que vos en feroiz vostre pooir selonc ce que l'aventure aportera, vos seroiz de ceianz gitez."

Et il l'otroie. Lors sont aporté li saint a la fenestre, et li chevaliers 25 jure si com ele l'a devisé. Et l'an ovre l'uis de fer, et il ist hors. Si li ont aporté mengier mout bel, car il n'avoit onques mengié des lo matin do jor devant. Com il a mengié, si li devisent l'aventure et dient que quarante jorz lo covient demorer el chastel, o aler querre les cleis des anchantemenz. Et il dit qu'il ira querre les 30 cleis, s'il set ou eles sont. "Mais hastez moi ma besoigne, fait il, car j'ai assez a faire aillors."

Il li aportent ses armes, et com il est armez, si l'an mainnent el cimetire ou les tombes estoient. Del cimetire entrent (*f. 80a*) en une chapele qui estoit el chief devers la tor; et com il sont anz, 35 si li mostrent l'entree d'une cave desouz terre, et dient que laienz est la cles des enchantemenz. Il se saigne et antre anz, si porte son escu devant son vis et s'espee nue. Ne il n'i voit gote, fors tant que la bee de l'uis, et voit avant mout grant clarté. Il vient a cel huis. Com il est dedanz l'uis, si ot une mout grant noise entor 40 lui. Et il va totevoies outre. Et lors li est avis que tote la cave doie fondre et que tote la terre tornoit. Et il se prant au mur et va tot selonc jusqu'a un huis qui est outre en l'antree d'une autre chanbre. Com il vient a l'uis, si voit deus chevaliers de cuivre tresgitez; et tient chascuns une espee d'acier si grant et si pesant que assez eüssient dui home a lever d'une, et gardent l'antree 5 de l'uis, si gietent les espees si menuement que nule riens n'i passast sanz cop avoir. Li chevaliers nes redote mie, ainz giete l'escu sor la teste, si se lance outre. Et l'une li done tel cop que l'escu li tranche d'outre en outre; et li cox descent sor la destre espaule, si l'an rest les mailles del hauberc tot contraval si fele- 10 nessement que li sans vermauz l'an cole tot contraval lo cors. Et il fiert d'andeus les paumes a terre, mais tost resailli sus et reprant l'espee qui li fu chaoite, et met[1] son escu sor sa teste,[2] n'onques ne regarda s'avant lui non. Si est venuz a un autre huis, et voit a l'antree un puis dont la flairors est mout puanz; et del puis 15 issoit tote la noisse qui laianz estoit oïe, si avoit de lé set granz piez. Li chevaliers voit lo puis noir et hideus; et d'autre part ert uns hom qui avoit la teste tote noire com arremenz, et parmi la boche li vole flambe tote perse, et li oil li luisent comme dui charbon ardant, et ses danz totes autre[te]les. Li hom tenoit en 20 (f. 80b) sa main une hache, et com li chevaliers aproche, si la prant a deus poinz et la lieve en haut por l'uis deffandre. Et li chevaliers ne voit com il i puisse entrer, car s'il n'i avoit que seul lo puis, si i avoit il mout felon trespas a chevalier armé. Lors a remise l'espee el fuerre et sache l'escu del col, si lo prant a 25 la destre main par les enarmes. Puis s'esloigne enmi la chambre et laisse corre si tost com il pot aler jusque sor lo puis; si giete avant lui l'escu et an fiert anmi lo vis celui qui la hache tenoit si durement que toz li escuz escartele, n'onques cil ne se mut. Et il se lance aprés maintenant de si grant force com il venoit, 30 si se fiert en celui si durement que il fust volez el puis s'il ne se fust a lui tenuz. Lors laisse cil chaoir la hache, car li chevaliers l'a pris par la gorge as poinz que il avoit forz et roides, si l'a si destroit que il ne se puet sor piez tenir, ainz chiet a terre, ne n'a pooir de relever. Et li chevaliers lo traine sor lo puis parmi la gorge, 35 si lo lance dedanz.

Lors a s'espee retraite del fuerre, et voit devant lui une damoisele de cuivre, tresgitee mout richement, si tient les cles des anchantemenz an sa main destre. Et il les prant, puis vient a un piler de

[1] et prant son escu   [2] e. si sareste nonques

cuivre qui est el mileu de cele chanbre, si list les letres qu'il i vit qui disoient: "De ci est la grosse clex, et la menue defferme lo coffre perilleus." Li chevaliers defferme lo piler a la clef grosse; et com il vint au coffre, si escoute et ot dedanz si granz noises et
5 si granz criz que toz li pilers an tranbloit. Il se saigne, puis vost lo coffre deffermer. Si voit qu'il en issirent trente tuël de cuivre, et de chascun tuël vient une voiz assez hideuse, si estoit l'une plus grosse (*f. 80c*) que l'autre. De cels voiz venoient li anchantement et les mervoilles de laianz. Et il met el coffre la clef. Et
10 com il l'ot overt, si an sailli uns granz estorbeillons et une si granz noisse que il li fu avis que tuit li deiable d'anfer i fuissient; et por voir si estoient il, que deiable estoient ce. Et cil chaï pasmez. Et com il fu revenuz, si prant la clef del coffre, si la raporte, et cele do piler autresin. Puis s'en torne. Et com il vient au puis,
15 si trueve la place autresin plainne com an mileu de la chambre. Et il se regarde, si voit lo piler fondre tot jusq'en terre, et la damoisele de cuivre autresin, et les deus chevaliers qui l'uis gardoient toz debrisiez. Et il vient hors ototes les clex, si voit totes les genz do chastel qui li vienent encontre. Et il vint el cimetire,
20 si ne voit nules des tonbes ne des hiaumes qui sor les creniaus soloient estre ototes les testes.

Lors font tuit de lui mout grant joie, et il offre les clex sor l'autel de la chapele. Et il lo mainnent jusqu'au palais. Si ne seroit pas la joie legiere a dire qu'an fait de lui, et li connoissent
25 comment il l'avoient fait sivre a l'escuier por dire comment la reine estoit laianz an prison: "Car nos pansions que vostre granz proesce vos feroit por li antrer en prison." Et com il ot que la reine n'i avoit pas esté, si se tint a deceü, et neporqant nel voudroit pas encor avoir a faire.
30 Cele nuit demora en la Doloreuse Garde, et au matin s'an torna, que plus nel porent retenir. Et des lors en avant fu apelez li chastiax la Joieuse Garde. Issi s'an part li chevaliers, si oirre tant a petites jornees qu'a l'asemblee vient. Ne de[1] chose qui entredeus li aveigne ne parole li contes ci, fors tant que a la cité ou
35 il avoit fait l'escu vermoil, fist un escu blanc a une bande noire, et celui porta il a l'asenblee. Or retorne li contes a monseignor Gauvain.

(*f. 80d*) Or s'an va messires Gauvains, antre lui et et lo chevalier del port et la damoisele qui son ami avoit laissié navré, si oirrent

[1] ne do chose

jusq'au chastel que li chevaliers li avoit mostré. En l'antree del chastel avoit un pont mout estroit et mout mauvais desor eve noire et parfonde. Et cil qui [estoit] avoc monseignor Gauvain descent a pié et si li dit:

"Sire, g'irai avant, et vos remandroiz deça. Et se ge vos apel, si me venez aidier, que vez vos la deus chevaliers qui nos atandent."

Et il dit que si fera il. Li chevaliers passe lo pont, toz armez, a pié. Com il fu outre, si vienent a lui dui chevalier desarmé et li dient que conbatre lo covient. L'an ovre la porte, et uns chevaliers ist hors, toz armez, et laisse corre au chevalier, et il a lui. Et se conbatent une piece mout longuement. Li chevaliers do chastel ne pot l'autre soffrir, si li dit:

"Ge ne me conbatrai a vos plus."

"Ce voil ge," fait cil.

Et il li fait amener un cheval.

"Montez," fait il.

Lors est montez, et uns chevaliers risi hors, tot a cheval, et laisse corre vers lui. Il s'antreficrent si durement qu'il s'antre-portent a terre, et resaillent em piez, les espees traites, si se corrent sus. Et lors vient hors uns chevaliers toz armez, a pié, si aide au chevalier de laianz. Et li autres se desfant d'aus deus mout durement. Qant il s'est conbatuz a aus une piece, si regarde vers monseignor Gauvain et dit:

"Biax frere, venez moi aidier."

Messires Gauvains passe lo pont a pié, si li vient aidier. Et puis que il i fu venuz, n'orent cil a aus duree, ainz les metent anz parmi la porte, et ele clost aprés aus. Et li chevaliers qui aidoit monseignor Gauvain ot chaut, si oste son hiaume; si conoist messires Gauvains que c'est Queheriez, ses freres, si ot mout grant joie. Li chevaliers qui ot dit a Queheriet: "Ge ne me combatrai plus a vos" fu en la place. Et messires Gauvains dist:

"Que ferons nos de noz chevax passer et de cele pucele la?"

(*f. 81a*) "Faites venir avant, fait li chevaliers, lo palefroi a la pucele, et li cheval vanront aprés."

Issi les passerent, et la pucele va aprés. Et messires Gauvains demande au chevalier s'il set nules novelles des puceles qui li furent tolues.

"Eles sont, fait il, laïssus en cele sale."

Lors li done Keeriez son cheval qu'il li avoit doné, et il monte sus, et la pucele sor son palefroi. Si s'en vont issi tuit quatre jusq'an la sele. Com il antrant anz, si voient un chevalier d'aage qui seoit en une chaiere coverte d'une mout riche coutepointe, et devant lui seoient les damoiseles. Et com eles veoient monseignor Gauvain, si ont mout grant joie. Et il dit au chevalier qui seoit en la chaiere:

"Biaus sire, ces pucelles me furent tolues a tort, si les en manrai."

"Sire, vos feriez outraige," fait li chevaliers.

"Sire, fait messires Gauvains, nos somes troi chevalier, et ci a trois puceles. Si vos combatez a nos vos tierz; et se conquerre nos poez, si les aiez totes quites."

"N'an ferai neiant, fait li chevaliers, mais or vos herbergiez hui mais o moi, et ge vos ferai ostel mout bel et mout bon."

"L'ostel, fait messires Gauvains, prandrons nos volentiers."

Li chevaliers les herberge mout bien, et au matin s'en partent et an mainent les trois puceles.

"Biaus sire, fait li sires de la maison a monseignor Gauvain, vos en menez mes puceles a force; et qant ge porrai, ge m'en vengerai."

"Certes, fait messires Gauvains, ges en cuit a droit mener comme les moies, et si vos en ai assez offert."

Il s'an vont et chevauchent tant que il vienent en l'antree d'une forest, si ont choisi dis chevaliers armez qui traversent une lande et vienent vers aus. Et la damoisele qui avoit eü l'ami navré les conoist et dist a monseignor Gauvain:

"Veez la les traïteurs qui mon ami m'ocistrent et voz puceles vos tolirent."

Et cil aproichent totesvoies. Et li uns d'aus dist:

"Gauvains, Gauvains, laissiez les puceles, que vos les en menez mauvaisement. Or vos ai deus foiz repris de mauvaistié, de cesti (*f. 81b*) et de mon covant que vos me fausastes."

Lors conut messires Gauvains que c'estoit Brehuz sanz Pitié.

"Brehu, fait il, ge ne vos resemble mie, qui me vousistes faire ocirre en traïson. Et se vos vos en oisiez deffandre, ge lo mosterroie contre vostre cors orandroit."

Lors conte Queheriet comment li dui chevalier l'asaillirent la ou Brehuz li failli.

"Comment, fait Keeriez, Brehu, si ne seroiz mie si hardiz que vos vos deffandoiz de traïson?"

"Ge m'an deffandroie bien, fait il, encontre un meillor que vos n'iestes."

Lancelot in White Armour at Third Assembly 253

"Si m'aïst Dex, fait Keheriez, mestiers vos est."
Et Brehuz s'an[1] commance a aler, et li suen.
"Tant sachiez, fait Keheriez, que ge vos deffi. Et se vos [ne] retornez, ge vos ferrai par derrieres, si i avroiz honte."
Lors li laisse corre. Et cil l'ot venir, si li torne, si s'antredonent granz cox sor les escuz. Et Brehuz brise sa lance; et Keheriez lo fiert tres parmi l'escu et parmi lo hauberc, si lo point an la memele. Il l'ampoint durement, si lo porte a terre. Et tuit li autre nuef fierent Keheriet sor son escu et sor son cheval, si li ont mort et portent l'un et l'autre a terre. Lors lor adrecent entre monseignor Gauvain et lo chevalier, si an firent deus. Mais messires Gauvains ocist lo suen, et li autres chevaliers si en ocist autre. Et Keheriez se lance sor un des chevax, et tuit li autre s'an tornent fuiant. Et Keheriez revient a Brehu, si li cort sus, mais il descent avant a pié. Et Brehuz dit qu'il ne se conbatra mie a els trois.

"Mais ge me combatrai a vos se vos osez, fait il a Keheriez, en la maison lo roi Artu. Lors si sera veüz li mieldres." Et Keheriez l'otroie. "Fianciez, fait il, ce a tenir." Et il li fiance.

Lors li randent son cheval, si s'an part. Et il orent pris celui qui fu au chevalier cui messires Gauvains ot abatu, sel font monter en son cheval. Et (*f. 81c*) la pucele qui avoit l'ami navré prant congié, si les commande a Deu. Et messires Gauvains li baille lo chevalier prison, si li fait fiancier qu'il se contanra vers li come prisons.

"Sire, fait ele, granz merciz, car or m'avez vos si venchiee com ge voloie, que cil cui vos avez mort dona mon ami lo mortel cop."

Atant s'an part. Et messires Gauvains oirre et sa compagnie tant que cil sont venu a l'asemblee. Et lo jor meesmes que ele i devoit estre, si i avoit ja assez de chevaliers assemblez. Et les deus puceles s'an antrent el chastel. Et messires Gauvains et Keheriez et li autres chevaliers ne porterent mie armes lo jor. Si fu li tornoiemenz mout bons, car assez i avoit chevaliers d'amedeus parz.

Lors vint assembler li Blans Chevaliers qui porte l'escu d'argent a la bande noire, si commance a joster si durement que tuit li desarmé l'esgardent a mervoille, et des armez grant partie; et il avoit des lances forz a grant planté; et il lo fait si bien de totes chevaleries que tot vaint.

[1] Brehuz sanz commance

Keheriez vient a monseignor Gauvain et li dit:

"Sire, ci a un chevalier qui joste trop durement, et de la a deus de noz freres. Et s'il s'ancontrent sovant, il ne puet estre que li uns nel conpert. Dites au chevalier que por amor de nos laist a encontrer noz freres, et ge lor irai dire autretel"

Ne li dui frere monseignor Gauvain n'estoient mie de la, por qu'il vossisent estre contre les compaignons lo roi[1] Artu; mais com les assenblees devoient estre, si avenoit maintes foiz que li legier bacheler et li povre home tornoient avant, et l'andemain ou au tierz jor tornoient tuit, et baron et bacheler.

Messire Gauvains vient au chevalier, si li dit:

"Sire, ge vos pri et requier que vos n'ancontroiz mie ces deus chevaliers de la."

Lors les li mostre Et li chevaliers dit que nel fera il, se sor soi desfandant (*f. 81d*) n'est.

Keheriez vient a ses freres, si lor dit autretel.

"Por quoi ne l'anconterrons nos dons?" font il.

"Por ce, fait Keheriez, que il est nostres paranz."

"Si m'aïst Dex, fait Angrevains, por ce qu'il lo fait bien, si l'eschiverons?"

Onques por Keheriet n'en firent rien, ainz mut Angrevains tantost por joster au chevalier, sel fiert, si que tote sa lance vole em pieces. Et li chevaliers fiert lui, si que il lo porte a terre. Il prant lo cheval, sel rant monseignor Gauvain, si li dit:

"Tenez, sire, ge n'en puis mais."

"Ce voi ge bien," fait messires Gauvains.

Quant Guerreés vit son frere cheoir, si muet a joster au chevalier, et fiert des esperons lo cheval tot lo ranc, et cil ancontre lui. Et li cheval vont trop tost, et les lances sont cortes et grosses, et li chevalier fort et roide. Si se fierent si sor les escuz qe les lances volent en pieces, mais ne chaï ne li uns ne li autres. Mout an sont andui chaut et dolant, car mout volsist chascuns abatre son compaignon. Lors s'entresloignent et prannent lances grosses, et s'antrevienent mout tost, si s'entredonent granz cox sor les escuz. Guerrehés brise sa lance, et li chevaliers fiert lui si durement que il porte lui et lo cheval tot en un mont.

Keheriez lo voit, sel mostre monseignor Gauvain.

"Veez, sire, fait il, or est noauz."

De totes chevaleries vainquié tot li chevaliers celui jor. Et

---

[1] lo/roi lo roi

Gauvain Learns Lancelot's Name from Damsel

qant messires Gauvains voit que il vaint issi tot et que il a ses deus freres abatuz, si pense que ce est li chevaliers qui il quiert. Lors vient au chastel et apele la damoisele qui lo non au chevalier li devoit dire. Et ele monte en un palefroi et vient a lui dehors les murs.

"Damoisele, fait il, que sera il del non au chevalier que vos me deviez dire?"

"Certes, fait ele, ge cuit que ce soit cil qui a tot vaincu."

"Or nos prenons dons garde, fait il, quel part il ira au departir del tornoiement."

(f. 82a) "Vos dites bien," fait ele.

Ne demora puis gaires aprés ce, que li tornoiemenz remest, et fu bas vespre. Et li chevaliers qui l'ot vaincu s'an part et se met en la forest; et s'an quide mout bien aler, que an ne l'aparçoive, et il gisoit an la forest chiés un viel chevalier mout en destor. Messires Gauvains et la pucele vont aprés, si l'ataignent an la forest.

"Dex vos conduie, biax sire," fait messires Gauvains.

Et cil regarde, si lo conoist mout bien, si li dit que Dex lo beneïe. Mais mout est dolanz de ce qu'il l'a ataint.

"Sire, fait messires Gauvains, dites moi par amor qui vos iestes."

"Sire, fait il, uns chevaliers sui, ce poez veoir."

"Chevaliers, fait messires Gauvains, iestes vos sanz faille, uns des miaudres dou monde. Mais par amor me dites comment vos avez non."

"Nel vos dirai mie," fait il.

"Ha! biaus amis, fait la pucele, dites li. Et se vos ne li dites, ge li dirai, car il en a tantes paines soffertes que bien lo doit savoir."

Et il ne respont mot, ançois se taist.

"Sire, fait la pucele a monseignor Gauvain, ge voi bien que il nel vos dira mie. Mais gel vos dirai, que ge ne m'en parjurerai ja. Bien sachiez que c'est Lancelozn del Lac, li filz au roi Ban de Benoyc, cil qui a hui vaincue ceste assenblee; et l'autre vainqui il autresin es vermoilles armes, et fist lo roi entrer en la Dolereuse Garde."

["De ce, fait mesire Gauvains, ai je mout grant joie."

"Et vos lo devez, fait ele, mout amer come celui qui de prison vos geta. Et por ce ai je tant esté en la Dolereuse Garde."]

Lors s'umilie mout messires Gauvains vers lui, et li dit:

"Sire, por Deu, dites moi se c'est voirs que ele m'a dit."

Et cil rogist, si que toz li vis li eschaufe, et regarde la pucele mout irieement et dit a monseignor Gauvain:

"Sire, ele vos a dit ce que li plot, mais ele s'am poïst bien taire. Ne endroit moi ne vos en di ge rien, car ge ne voil dire que ce soit voirs, ne ge [ne] di que ele mente."

"Certes, sire, fait messires Gauvains, se vos nel dites, sel croi ge bien qu'il est voirs. Or si m'en irai, car j'ai bien achevé qancque ge queroie, Deu merci."

Messires Gauvains s'an vient atant, et s'an torne au chastel arrieres, si fait liees maintes genz de sa qeste qu'il a achevée. Et d'autre part s'an va li chevaliers, et la damoisele lo siust, et il fait mout laide chiere. Et dui de ses escuiers qui tote jor avoient esté avoc lui el tornoiement, s'en furent alé (*f. 82b*) avant a l'ostel.

Ensi fu li chevaliers coneüz de monseignor Gauvain, et por ce n'osa il l'andemain venir a l'asemblee, car il cremoit estre delaiez. Si se taist orendroit li contes de lui et de sa compaignie, et retorne a monseignor Gauvain, qui mout est liez de sa queste qu'il a a fin menee.

L'andemain porta messires Gauvains armes, et mout lo fist bien. Ne plus n'en devise cist contes, fors tant que li compaignon lo roi Artu en orent lo plus bel; et mout i perdi li Rois d'Outre les Marches, et il meesmes i fu mout durement navrez. Et par ce remest l'asemblee, que onques puis n'i ot rien fait por cest mestier, si en ot Guaerrihez lo pris d'amedeus parz.

Aprés l'asemblee s'en ala messires Gauvains a la cort lo roi son oncle et an mena l'autre pucele qui remese estoit, et trova lo roi a Cardueil. Et qant li rois lo vit, si fist mout grant joie de lui, et la reine et tote la corz. Et li rois li demanda:

"Biaus niés, avez encore achevee vostre queste?"

"Oe, fait il, sire."

"Qui fu, fait li rois, li chevaliers qui nos fist antrer en la Dolereuse Garde?"

"Ce fu, fait il, Lanceloz del Lac, li filz au roi Ban de Benoyc. Et ce fu cil qui vainquié l'asenblee[1] de vos et del Roi d'Outre les Marches, qant il porta les armes vermoilles, et ceste dont nos venons ra il vaincue. Et ge parlai a lui; et sachiez que ce est uns des plus biax chevaliers do monde et des miauz tailliez de totes choses; et si est uns des meillors qui ore i soit, et se il vit longuement, il sera toz li miaudres."

[1] lasansenblee

Tant est espandue la novelle que tuit lo sevent, et chevalier et dames, par laianz. Et ci premierement fu seüz a cort li nons Lanceloz del Lac, li filz au roi Ban de Benoyc, et qu'il estoit vis est sains, dont maintes genz orent grant joie qui longuement avoient cuidié que il fust morz des s'anfance. Et messires Gauvains aporta son non a cort en tel maniere. Mais ci endroit ne parole (f. 82c) plus li contes de monseignor Gauvain ne del roi, ainz retorne au chevalier dont li nons est aportez a cort.

Qant li chevaliers fu queneüz de monseignor Gauvain, si jut la nuit chiés lo vavasor en la forest. Et l'andemain se leverent matin entre lui et la damoisele et ses escuiers, et chevauchierent en autre sen que vers l'asemblee, car il n'i osoit aler por paor d'estre coneüz. Et il chevauche toz armez fors de son hiaume et de son escu qu'il fait totevoie porter covert de la houce. Et la damoisele li conte les proesces monseignor Gauvain teles con eles les a veües.

Ensin chevauchent longuement, tant que un jor avint que il aprochierent d'une eive lee et basse. Et qant il vienent a l'eive, si n'i voient point de pont; mais un gué i avoit, et desus ce gué d'autre part estoit une bretesche haute, si estoit l'eive close de haut paliz bien une archiee antor la bretesche. Il vienent au gué, si passent avant li escuier, et la damoisele aprés, et li chevaliers se met derrieres, si passe outre. Et qant il vienent a la bretesche, si laisse cil qui la gardoit passer les escuiers et la damoisele. Et qant il sont anz, si clost la porte. Li chevaliers demande s'il porra passer autresin comme li autre. Et il li dit:

"Qui iestes vos?"

"Uns chevaliers, fait il, sui au roi Artu."

"Dont n'i passeroiz vos mie, fait li portiers, ne vos ne nus qui a Artu soit."

"N'an puis mais, fait il, dons me laissiez arrieres venir mes escuiers et ma pucele."

Et cil dit que nel fera. Et qant li chevaliers voit qu'il n'i fera plus, si s'an torne. Et as fenestres de la bretesche avoit une dame, si apela lo vallet qui l'escu au chevalier portoit, si lo descuevre ele meesmes. Et qant ele l'a veü, si apela lo portier.

"Or tost, fait ele, va aprés lo chevalier, car c'est li miaudres do monde."

Et cil saut en un roncin et cort outre l'eive, si ramainne lo chevalier. Et la dame li vient a l'an(f. 82d)contre et li dit, ainz qu'il soit a la bretesche:

"Sire chevaliers, par la rien que vos plus amez, otroiez moi mes anuit a herbergier ceianz, se vos n'avez tel chose affaire o vos eüssiez honte en si tost herbergier."

"Dame, fait il, tant m'avez conjuré que ge herbergerai."

Il entre en la bretesche, et ele lo maine en mout beles chambres qui sont en haut, si li ostent ses armes. Et il remest an cors, si fu a mervoilles biaus et plaisanz. Et la dame l'esgarde mout volentiers. Il fu assez qui lo mengier apareilla. Et qant il durent mengier, si vint laianz uns chevaliers toz armez, et c'estoit li sires de laianz. Et la dame li saut encontre et dit:

"Sire, vos avez un oste."

"Qui est?" fait il.

"C'est, fait ele, li bons chevaliers qui vainquié l'asenblee l'autre jor."

"Ge ne vos en creroie mie, fait il, se ge ne veoie son escu."

Et la dame saut a un croc o il pandoit, si lo li mostre a descovert. Et li chevaliers cui li escuz estoit en est mout iriez, si li dit:

"Avoi! dame, vos m'avez herbergié et si me faites ja anui et honte."

"Certes, sire, fait ele, ge vos cuidoie faire mout grant anor."

"Sire, fait li sires de laianz, ne vos poist mie, car vos iestes li chevaliers del monde que ge desir plus a acointier."

Lors se fait desarmer, et puis s'asiet delez lui, si li conte qu'il l'avoit abatu a l'asemblee si durement, et lui et son cheval, que par un po qu'il n'ot lo cuer crevé. Tant ont parlé que li mengiers fu prelz, si mengierent. Et aprés mengier demanda li chevaliers estrange au seignor de la maison dom il venoit issi armez.

"Sire, fait il, d'un pont qui est ça desouz, si lo gart chascun jor des chevaliers lo roi Artu."

"Por qoi?" fait cil.

"Sire, por savoir s'uns chevaliers i passeroit qui jura a un chevalier navré qu'il [l]o vencheroit de toz cels qui diroient qu'il ameroient miauz celui qui ce li fist que lui.[1] Et li navrez ert mes mortex anemis, et cil qui lo navra fu li hom (*f. 83a*) que ge plus amai, car il estoit freres ma mere. Si voudroie mout que il venist par ci, car ge voudroie bien estre morz, par covant que ge l'eüsse ocis."

Quant li chevaliers l'antant, si li poise mout de ce que cil a dit, si an laisse la parole atant ester. Et li lit sont appareillié, si

---

[1] miauz lui que celui qui ce li fist. Et li n.

vont couchier. Mais li chevalier n'est pas a eise, ainz plore et fait duel trop grant, car il lo covandra demain conbatre[1] a l'ome qu onques plus li fist honor et compaignie. Ne il ne lo puet laissier, car dons se parjureroit il; si est tant a malaise qu'il ne set qu'il puisse faire, ou conbatre a son oste ou parjurer. En tel angoisse travaille plus de la moitié de la nuit, et au matin se lieve mout main et s'arme tot fors que son chief et ses mains. Puis vient a son oste qui ja se voloit armer.

"Biaus hostes, fait il, vos m'avez mout servi et honoré. Et au partir de vostre ostel vos pri que vos me doigniez un don por vostre grant preu et por moi gaaignier a tozjorz mais."

Et lors l'an chiet as piez. Et cil l'an cort relever, cui mout anuie, et dit que ja ce don ne demandera que il n'ait, sanz sa honte. Et cil dit que ses granz preuz i est, s'il le li done. Et li sires li dit que il [l']otroie por lui gaaignier a tozjorz.

"Granz merciz, fait il, et ge vos demant que vos dioiz tant com ge serai çaianz que vos a[mez] miauz lo chevalier navré que celui qui lo navra."

"Ha! Sainte Marie! fait cil, vos iestes li chevaliers qui lo navré devez venchier."

"Certes, fait il tot an plorant, il est voirs."

Et cil se pasme; et qant il est venuz de pasmoison, si dit au chevalier:

"Biaus sire, or vos en alez; et ge vos di que ge ainz miauz lo navré que lo mort."

Et tantost se repasme. Et li chevaliers s'an torne et si escuier et sa pucele. Et qant il a un[e] piece alé, si se regarde et voit son oste qui lou siust a esperon, armez de totes armes. Et qant il l'a ataint, si li dit:

"Sire chevaliers, ne me tenez mie a desleial, car ge ne vos creantai rien (*f. 83b*) a tenir se tant non com vos seriez en ma maison. Mais or sachiez que ge ain plus lo mort. Ne vos n'en poez aler sanz combatre a moi."

Qant li chevaliers voit que autrement ne puet estre, si li guanchist et cil a lui. Si s'entrefierent es granz cors des chevaus si durement que il se portent a terre, les chevax sor les cors. Et tost resaillent sus, si ostent les escuz des cox et sachent les espees, si s'antredonent granz cols amont et aval tant qu'il n'i a si preu ne si fort qui n'ait perdu do sanc en pluseurs leus. Mais an la

---

[1] conbatra

fin n'i puet durer li ostes a celui a cui nus ne duroit,[1] ainz commança place a guerpir estre son gré. Et li bons chevaliers lo tient mout cort, si li prie sovant que il li die que il aimme miauz lo navré que lo mort.[2] Et lors lo menace li autres plus qu'il n'avoit fait au comencier, et jura que ce ne dira il ja. [Lors li recort sus li bons chevaliers, si lo maine a force jusque sor une riviere qui delez els coroit. Et lors li reprie molt qu'il die qu'il aime mielz lo navré que lo mort. Et il n'en velt faire rien.] Et lors s'aïre li bons chevaliers et li cort sus, et lo haste si durement et tant lo charge des cox qu'il lo fait a terre flatir d'amedeus les paumes. Et il li saut sor le cors, si li arache lo hiaume de la teste, et encores li prie de dire ce par qoi il se pooit sauver. Et cil ne velt. Lors est li boens chevaliers mout correciez et dit qu'il ne morra ja, se Deu plaist, par arme que il ait, si lo traine jusque sor l'eive et lo giete anz. Et qant il lo vit neié, si an commance a plorer mout durement. Mais or laisse li contes ci endroit a parler de lui et des aventures qui li avindrent, et retorne a parler del roi Artu, la ou il lo laissa.

Li rois Artus, ce dit li contes, avoit longuement sejorné a Cardueil en cel termine, et il n'i avenoit mie granment d'aventures. Si anuia mout as compaignons lo roi de ce que il i avoient si longuement sejorné et ne veoient rien de ce qu'il soloient veoir. Et a Kel lo seneschal en par anuia trop, si an parla mout sovant (f. 83c) et disoit, oiant lo roi, que trop estoit cist sejorz anuieus et trop avoit duré. Et li rois li demande:

"Keu, que volez vos que nos faciens?"

"Certes, fait il, ge loeroie que nos alissiens a Camahalot, [car la cité est plus belle et la plus delitable et la plus aventureuse que vos aiez, si orrons sovent et verrons qe nos ne veons mie ci, ne n'oons; car vos avez sejornez ci plus a de deus mois, n'onques ne veïmes avenir qi a gaires de chose montast."

"Or i alons, fait li rois, puis que vos lo loez, a Camahalot."]

L'andemain dut li rois movoir. Mais une grant merveille la nuit li avint, car il sonja que tuit li chevol li chaoient de la teste, et tuit li poil de la barbe; si en fu mout espoentez, et par ce demora encores en la vile. A la tierce nuit aprés li ravint que il sonja que tuit li doi li chaoient des mains sanz les poces. [Et lors fu mout plus esbaïs que devant. Et en l'autre tierce nuit resonja que tuit li doit des piez li chaoient sanz les poces.] Et lors fu plus esbahiz que devant, si lo dit a son chapelain.

---

[1] p duroit [2] mort et il nen uelt faire rien et lors

"Sire, fait il, ne vos chaut, car songes est noianz."
Et li rois lo redit a la reine, et ele lo dit tot autretel.
"En non Deu, fait il, ensin nel laisserai ge mie."
Il mande ses esvesques, ses arcevesques qu'il soient a lui au vintoisme jor a Camahalot et ameignent avec aus toz les plus sages clers que il porront avoir. Atant s'en part de Cardueil, si s'en vait par ses chastiaus et par ses recez, tant que au quinzoime jor est venuz a Camahalot. Au vintoisme jor vindrent si clerc, et il lor demande consoil de son songe. Et il en eslisent dis de toz les plus sages. Et dient que cil lo conseilleront se nus lo doit conseillier. Et li rois les fait bien enserrer et dit que ja mais n'istront de sa prison devant qu'il li avront dite la senefience de son songe. Cil esproverent la force de lor san par nuef jorz, et lors vindrent au roi et distrent [que il n'avoient riens trové.]
"Ce n'a mestier, fait li rois, ja ensin ne m'eschaperoiz."
Et il li dient que lor doint respit jusqu'a tierz jor, et il lor done. Et lors revindrent devant lui et distrent qu'il ne pooient rien trover. Si li demandent encores respit. Et il lor done. Et il lors li redistrent que ancores n'an savoient il riens, "mais encores, font il, nos donez respit de trois jorz, autresin com vos lo sonjastes de tierce nuit an tierce nuit."
"Or l'avroiz, fait li rois, mais bien sachiez que vos n'an avroiz ja mais plus."
Qant vint au tierz jor, si distrent que il n'avoient rien (*f. 83d*) trové.
"Ce n'a mestier, fait li rois, ge vos ferai toz destruire se vos ne m'en dites la verité."
"Vos feroiz, font il, de nos ce que vos plaira, car nos ne vos an dirons plus."
Lors se pense li rois qu'il lor fera paor de mort, si fait faire un grant feu et commande que li cinc i soient mis et li autre cinc soient pandu. Ensin lo commanda li rois, oiant aus, mais priveement commande a ses baillis qu'il nes[1] menassent fors jusqu'a la paor de mort. Li cinc furent mené as forches. Et qant il orent les cordes entor les cox, si orent paor de morir et distrent que, se li autre cinc voloient dire, il diroient. La novelle en vient a cels que l'an voloit ardoir, et il distrent que, puis que cil s'estoient poroffert, il diroient dons. Lors sont amené an la sale devant lo roi. Et li plus saiges li dit:

[1] il nel menassent

"Sire, nos vos dirons ce que nos avons trové, mais nos ne voudriens mie que vos nos en tenissiez a menteors se ce n'avenoit, car nos lo voudriens bien. Et volons, comment qu'il aveigne, que vos nos creantoiz que maus ne nos en vendra."

Et li rois li creante. Et cil li dit:

"Sire, bien sachiez que tote honor terriene vos covient a perdre, et cil o vos plus vos fiez vos faudront estre lor gré, car ensin lo covient estre."

De ceste chose est mout li rois esbahiz. Et puis li demande:

"Or me dites, fait il, se nule riens m'an porroit estre garanz."

"Certes, sire, fait li maistres, nos i avons veü une chose, mais c'est si granz folie neïs a penser que nos ne vos osons dire."

"Dites, fait li rois, seürement, car pis ne me poez vos dire que dit m'avez."

"Et gel vos dirai, fait cil: nule riens ne vos en puet rescorre de perdre tote honor terriene, se il ne vos en requeust li Lieons Evages et li Mires sanz Mecine par lo consoil de la Flor. Et ce nos senbloit estre si granz folie que nos n'en osiens parler."

(*f. 84a*) Li rois est mout antrepris de ceste chose. Si dist un jor que il iroit an bois por traire, si mut mout matin et dist a monseignor Gauvain qu'il iroit avoc lui, et a Kel lo seneschal et a cels que lui plot. Si se taist ores li contes atant de lui et de sa compaignie et retorne au chevalier dont messires Gauvains ot aporté lo non a cort, la ou il s'est partiz de la place ou il se combati a son oste.

Quant li chevaliers qui l'asemblee avoit vencue se parti de la o il se combatié a son oste, si erra tote jor sanz plus d'aventures trover. La nuit jut chiés une veve dame en l'issue de la forest, et d'iluec n'avoit pas jusqu'a Camahalot plus de cinc liues emglesches. Li chevaliers se fu levez matin et parti de son ostel et erra entre lui et sa pucele et ses escuiers tant que il encontra un escuier.

"Vallez, fait il, sez tu nules novelles?"

"Oe, fait cil; madame la reine est ci a Camahalot."

"La quele reine?" fait li chevaliers.

"La fame lo roi Artu," fait li vallez.

"Li chevaliers s'an part et chevauche jusque devant une maison fort, et voit as fenestres une dame en son sorcot et an sa chemise, et esgardoit les prez et la forest qui pres estoit. La dame fu envelopee et avec lui estoit une damoisele, ses treces par ses espaules.

Et li chevaliers commança la dame a regarder, si que toz s'an oblie. Et maintenant vient par illuec uns chevaliers armez de totes armes.

"Sire chevaliers, fait il, que esgardez vos?"

Et cil ne respont mot, car il ne l'a pas oï. Et li chevaliers lo bote et li demande encores que il esgarde.

"G'esgart, fait il, ce que moi plaist, et vos n'iestes mie cortois qui de mon pensé m'avez gité."

"Par la rien que vos plus amez, fait li chevaliers estranges, savez vos qui est la dame que vos esgardez?"

"Ge cuit bien savoir, fait li chevaliers, qui ele est."

"Et qui est ele?" fait cil.

"C'est," fait il, "madame la reine."

"M'aïst [Dex, fait] li autres, estrangement la conoissiez vos bien. Deiable d'anfer vos font dame regarde[r]."

"Por qoi?" fait (*f. 84b*) li autres.

"Por ce, fait il, que vos ne m'oseriez pas sivre par devant la reine, la ou g'iroie."

"Certes, fait li bons chevaliers, se vos alez en leu ou ge ne vos oserai sivre, passez avroiz toz les oseors qui onques fussient."

"Or i parra," fait cil.

Atant s'en torne, et li chevaliers vait aprés. Et qant il ont une piece alé, si dit li autres au bon chevalier:

"Biaus sire, vos herbergeroiz anuit a moi, et lo matin vos menrai la o ge vos ai en covant."

Et li autres demande s'il lo covient ensin a estre. Et il dit qe oïl. Et cil respont que dons herbergera il. La nuit jut chiés lo chevalier, et c'estoit sor la riviere de Camahalot, si herbergierent de haut midi. La nuit fu li chevaliers mout bien herbergiez et sa pucele et si vallet. Ne plus ne parlera ores li contes de lui ainz avra parlé del roi Artu.

Ce dit li contes que li rois revint de bois de haute none. Et la nuit, qant il seoit au soper, si vint laianz uns chevaliers d'aage qui mout senbloit prodome. Li chevaliers fu armez fors ses mains et sa teste, et vient tres devant lo roi, s'espee ceinte, ne salue pas lo roi, ançois li dit, tres devant sa table:

"Rois, a toi m'anvoie li plus preuzdom qui orandroit vive de son aage—c'est Galehouz, li filz a la Jaiande. Et si te mande que tu[1] li randes tote ta terre, [car il a conquis trente roiaumes,

[1] que tu q li

mais il ne velt estre coronez devant qu'il ait le reiaume de Logres. Por ce te mande que tu li randes ta terre,] ou tu la taignes de lui. Et se tu vuels estre ses hom, il te tandra plus chier que toz les rois qu'il a conquis."

"Biaus sire, fait li rois, ge ne tign onques terre de nului fors de Deu, ne ja de cestui ne la tandrai."

"Certes, fait li chevaliers, ce poise moi, car tu an perdras honor et terre."

"De quant que vos dites, fait li rois, ne me chaut, car ja de tot ce n'avra pooir, se Deu plaist."

"Rois Artus, fait li chevaliers, or saches dons que mes sires te deffie, et ge te di de par lui qu'il sera dedanz un mois en ta terre. Et puis qu'il i sera entrez, il n'en istra devant que il l'avra tote conquise, et si te toldra Guenievre, ta fame, qu'il [a] oïe tant prisier de biauté et de valor sor totes dames terrienes."

Et li rois respont:

"Sire chevaliers, ge oï bien que vos avez dit, ne ja por voz granz menaces ne m'es (*f. 84c*) poanterai plus. Mais face chascuns do miauz que feire porra. Et qant vostres sires me toudra ma terre, ce pesera moi, mais il n'en avra ja pooir."

Atant s'an part li chevaliers. Et qant il vint a l'uis de la sale, si se torne vers lo roi et dist:

"Ha! Dex, quel dolor et quel male avanture!"

Lors est montez sor un cheval et s'an vait entre lui et deus autres chevaliers qui dehors la porte l'atandoient. Et li rois demande a monseignor Gauvain, son neveu, s'il vit onques Galehot. Et il dit que nenil, et autretel dient li plusor chevalier de laianz. Mais Galeguantins li Galois se trait avant, qui mout avoit terres cerchiees, et dit au roi:

"Sire, ge ai veü Galehot. Il est bien plus granz demi pié que chevalier que l'an saiche, si est li hom del monde plus amez de sa gent et cil qui plus a conquis de son aage, car il est juenes bachelers. Et dient cil qui l'ont a acointe que c'est li plus gentis chevaliers et li plus deboenneres do monde et toz li plus larges. Mais por ce, fait il, nel di ge mie que ge ja cuit ne il ne autres ait desus vos pooir, car se ge lo cuidoie, ja ne m'aïst Dex se ge ne voloie miauz estre morz que vis."

Li rois an laisse la parole atant ester et dit que lo matin revelt aler em bois, si en semont cels que lui plaist, et dit qu'il movra si matin com il porra messe avoir oïe. Au matin mut li rois, qant il ot messe oïe, et s'en ala en la forest. Ne de lui ne parole plus li contes ci endroit, ainz retorne a parler del chevalier qui l'asemblee avoit vaincue, la ou il se herberja chiés lo chevalier qu'il devoit sivre.

Quant li chevaliers qui l'asemblee ot vaincue ot geü chiés lo chevalier qui l'osta de son pensé, si leva mout matin et siust son oste la o il lou vost mener; mais la pucele et ses escuiers laissa en la maison, car par illuec cuida revenir. Li ostes s'an va avant, et cil lo siust, si ont tant alé qu'il vienent a Chamahalot aprochant. Et li bons chevaliers regarde la vile, si li est avis qu'il l'avoit autre foiz veüe. Lors esgarde lo siege de la vile et la (*f. 84d*) tor et les mostiers, tant que il se remenbre que ce est Chamahalot ou il fu chevaliers noviaus. Et il commence a penser mout durement, si an chevalcha plus soef, et ses ostes ala avant grant aleüre por savoir s'il demoreroit arrieres de coardise ou por pensé. Tant a alé li chevaliers qui avant aloit qu'il est venuz endroit les maisons lo roi. Et li rois avoit an costume que ses maisons estoient tozjorz sor riviere lo plus, et la riviere fu antre lo chevalier et la meison lo roi. Qant il vint androit les maisons, si esgarde cele part et vit une dame as loges. Et c'estoit la reine qui avoit convoié lo roi, qui an aloit en bois, jusqu'es loges sanz plus, si s'estoit illuec apoiee por ce que ne pooit avoir talant de dormir, si avoit affublé un sorcot et un mantel cort et s'estoit envelopee por lo froit qui ja estoit commanciez. Come ele voit lo chevalier, si se desvelope. Et il s'areste de l'autre part de l'eive et dit:

"Dame, qui iestes vos? Se vos iestes la reine, si lo me dites."

"Oïl, biaus sire, ce sui ge. Mes por qoi lo dites vos?"

"Certes, dame, fait il, por ce que vos lo devez bien estre, et se vos ne l'estiez, sel semblez vos bien. Et ge vos esgart volentiers por lo plus fol chevalier que ge onques veïsse."

"Qui est il, sire chevaliers? fait la reine; iestes vos ce?"

"Nenil, dame, fait il, certes, mais uns autres."

Lors s'en commance a aler vers la forest. Et la reine lo rapele, si li prie qu'il li die qui li chevaliers est por cui il la regardoit. Et il ne li viaut dire, qu'il crient qu'il i eüst honte et domage et que la reine ne queneüst celui qui lo sivoit. Si s'an torne, ne mie cele part o li rois estoit alez, mais en un autre san. Ne demora gaires que li autres chevaliers vint aprés celui tot contraval la riviere, si s'arestut tres desus l'eive es prez sor la riviere et vit fames qi lavoient dras, si lor demande:

"Veïtes vos par ci passer un chevalier?"

Et eles li respondent qe nenil; et eles disoient voir, car eles i esto(*f. 85a*)ient lors primes venues, si n'avoient pas veü celui qui passez estoit.

5 Quant la reine voit que il ne trueve qui novele l'an die, si huche: "Sire chevaliers, ge vi lo chevalier que vos demandez. Il s'an va vers cele forest."

Et il lieve la teste, si voit la reine qui est es loges, si la conoist bien a la parole.

10 "Feïtes or, dame? fait il; et quel part s'an va il?"

"Il s'an va en cele forest." Si li mostre quel part. "Et alez tost, car il i est pieç'a."

Li chevaliers fiert lo cheval des esperons si tost com ele li dist: "Alez tost." Mais il lo laisse aler la o il viaut, car il ne fait se la 15 reine regarder non. Et li chevax ot talant de boivre, si s'adrece vers l'eive, si saut anz. La rive fu haute et l'eive parfonde, car il n'estoit pas endroit lo gué ou la reine estoit, et l'eive batoit as murs des maisons o la reine estoit. Com li chevax vint la, si ne pot par illuec hors issir, si retorne arrieres, si commance a noer tant 20 que toz ert las. Et l'eve est si parfonde que li chevax commence a perdre l'aleine, si avient l'eive jusqu'as espaules au chevalier; ne il ne met nul conroi en issir hors, et il lait lo cheval aler la o il viaut. Quant la reine lo voit en tel peril, si commance a crier: "Sainte Marie!"

25 Lors vint Yvains, li filz au roi Hurien, toz atornez comme por aler an bois, car il cuidoit estre assez matin levez, mais il avoit trop demoré. Messires Yvains vint sor un chaceor, si ot son arc et son tarquais et granz[1] hueses chauciees d'iver, car li froit estoient commencié. Et li solauz estoit ja hauz et mout chauz, si com il 30 puet plus estre entre feste Toz Sainz et Noel. Quant il vint en la sale, si[2] demande o ert li rois. Et con il oï qu'il en estoit alez, si demande ou est la reine, et l'an li dist que ele ert es loges. Lors est la alez messires Yvains. Et com la reine lo voit, si commence a crier:

"Ha! fait ele, messire Yvains, vez ci en ceste eive un chevalier qui 35 ja sera neiez."

"Deu merci, dame, fait il, comment?"

"Biax sire, fait ele, ses chevax (*f. 85b*) sailli anz atot lui, et il neira ja."

Com messires Yvains lo voit en tel peril, si en a mout grant pitié.

[1] grant hueses   [2] si li demande

Lors s'en va contraval et cort jusqu'a l'eive, si antre anz, ce dit li
contes, jusqu'au col. Et ja estoit li chevax si las et si estordiz que
il ne se pooit aidier, et l'eive estoit reclose au chevalier une foiz
desus lo hiaume. Messires Yvains prant lo cheval par lo frain, si lo
maine a rive. Il lo trait hors de l'eive; et li chevaliers fu toz moilliez, 5
et cors et armes. Messires Yvains li demande:

"Biax sire, qui iestes vos? Comment antrastes vos en cele eive?"

"Sire, ge sui uns chevaliers qui abevroie[1] mon cheval."

"Malement, fait messires Yvains, l'abevriez vos, car par un po
que vos n'iestes niez. Et ou en alez vos?" 10

"Sire, fait il, ge[2] sivoie un chevalier."

Et messires Yvains lo queneüst mout bien, s'il[3] eüst l'escu qu'il
porta a l'asemblee, mais il l'avoit laissié en la maison au chevalier
que il sivoit, et en avoit un pris qui estoit viez et anfumez. Et par ce
pansa ses ostes que il seroit queneüz en la maison le roi. Et messires 15
Yvains l'an prisa mains, car il cuida que il fust de mal affaire.
Il li demande[4] s'il sivra lo chevalier; et il dit qu'oïl. Et il lo maine
au gué et passe outre. Et lors commence a regarder a la reine,
et ses chevaus l'am porte tot contraval la riviere. N'ot gaires alé
qu'il encontra Daguenet lo fol, qui li demande o il vait. Et il 20
pense, si ne dit rien. Et Daguenez dit: "Ge vos praig". Si l'an
ramaigne, si que li chevaliers n'i met deffanse. Messires Yvains
fu revenuz a la reine, et ele dit:

"Certes, neiez fust li chevaliers se vos ne fussiez."

"Dame, fait il, mar i fust, que trop est biax." 25

"Ancor a il fait mervoilles, fait ele, qu'il s'an va la aval et il doit
sivre un chevalier."

Ne demora gaires qu'il virent venir lo chevalier et Daguenet.

"Vez, fait la reine, ne sei qui a pris nostre chevalier."

Lors vait messires Yvains encontre au gué. Et com il set que 30
c'est Daguenez, si en est toz esbahiz. Il les maine devant la reine.

"Dame, fait il, Daguenez a pris ce chevalier. Daguenet, fait
il, par la foi que vos devez monseignor lo roi, comment lo
preïstes vos?"

"Ge l'encontrai, fait il, lonc cele riviere, si ne me vost dire mot. 35
Et gel pris au frain, n'onques ne se deffandi, si l'en amenai tot pris."

"Issi, (*f. 85c*) fait messires Yvains, puet il bien estre, et ge
l'ostegerai, se vos volez."

"Ce voil ge bien," fait Daguenez.

[1] aboivre   [2] gi siuoie   [3] sil leust   [4] demandre

Et la reine s'en rist mout, et tuit cil qui l'oent, car ja i avoit venuz assez chevaliers et dames et damoiseles. Cil Daguenez estoit chevaliers sanz faille, mais il estoit fox naïs et la plus coarde piece de char que l'an saüst. Si se jooient de lui un et autre por les granz folies que il faisoit et qu'il disoit, qu'il aloit aventures querre et disoit au revenir qu'il avoit ocis un chevalier ou deus ou trois. Et por ce fist il si grant lox de cestui. La reine esgarde lo chevalier, si lo voit bien taillié et de cors et de menbres, que nus ne poïst estre miauz tailliez.

"Daguenez, fait la reine, par la foi que vos devez monseignor lo roi et que vos me devez, savez vos qui il est?"

"Dame, fait il a la reine, issi m'aïst Dex, nenil, ne il ne parla onques a moi nes un tout sol mot."

Li chevaliers tenoit sa lance parmi lo travers, et com il oï la reine parler, si dreça lo chief, et la mains li lasche et sa lance chiet, si que li fers passa lo samit del mantel la reine. Et ele l'esgarde, et puis si dist a monseignor Yvain, basset:

"Cist chevaliers ne semble mie estre sages."

"Non voir. De san ne li mut il mie qu'il s'an laissast issi mener a Daguenet, qu'a po de deffense s'an poïst estre deffanduz. Ne ancor n'a il a nos parlé. Ge li voil demander qui il est. Sire chevaliers, qui iestes vos?" fait il.

Cil se regarde et voit qu'il est enmi la sale.

"Sire, fait il, ge sui uns chevaliers, ce veez."

"Et que queïstes vos ci?"

"Sire, ne sai," fait il.

"Vos iestes prisons, fait messires Yvains, a un chevalier, et ge vos ai ostagié."

"Ge lo cuit bien," fait il.

"Sire chevaliers, diroiz me vos plus?" fait messires Yvains.

"Sire, ge ne vos sai que dire."

"Dame, fait messire Yvains a la reine, ge l'ai ostagié. Se vos m'en estiez garanz, ge l'an laroie aler."

"Vers Daguenet?" fait ele.

"Voire," fait il.

Et ele rit.

"Vers lui, fait ele, vos serai ge bien garanz."

"Et ge l'an lairai donc aler," fait [il].

Messire Yvains li baille sa lance, si l'an mainne par les degrez aval, (*f. 85d*) si li mostre lo gué.

Yvain Follows Unrecognized Lancelot

"Biaus sire, veez la lou gué et veez la la voie que li chevaliers ala que vos siviez."

Cil passe lo gué, si se met a la voie aprés lo chevalier vers la forest. Et messire Yvains vient a son ostel mout tost et monte en un cheval, toz sanz esperons, et va aprés lo chevalier jusq'en la forest un po de loign, qu'il ne viaut mie que il l'aparçoive. Et li chevaliers vient en la forest, si esgarde se il veïst lo chevalier que il sivoit, et vit an un tertre lo confanon d'une lance. Et il vait cele part Et quant il vint la, si descendi li chevaliers ancontre lui.

"Sire chevaliers, fait cil qui lo sivoit, tant vos ai seü que or vos ai ataint."

"Et que volez vos?" fait il.

"Ge voil que vos me bailliez cheval et armes."

"Ce ne ferai ge mie," fait li chevaliers.

"Si feroiz, fait il, o vos voilliez ou non, qu'el gel vos toudrai a force."

"Nel feroiz, se ge puis," fait li chevaliers.

Li chevaliers qui ot avalé lo tertre s'esloigne anmi la lande et prant son[1] escu et sa lance, si s'adrece vers lui. Cil voit bien que il lo viaut ferir, si fait autretel. Il fierent les chevaus li uns vers l'autre. Li chevaliers qui ot avalé lo tertre fiert l'autre sor son escu, si que sa lance vole en pieces. Et li autres fiert lui si durement que il lo porte a terre parmi la crope do cheval. Il prant lo cheval par lo frain, si li ramoine.

"Tenez, fait il, vostre cheval. Et ge m'an irai, que ge ai el a faire que ci a demorer."

Li chevaliers resaut en piez et si li dit:

"Issi, fait il, n'en iroiz vos mie. A moi vos covient combatre."

"A vos?"

"Voire," fait il.

Li chevaliers se tret arrieres et descent de son cheval et sache l'espee, si trait l'escu avant et cort sus au chevalier. Et cil retrait la soe espee, si s'entrecorrent sus mout vistement et se fierent parmi les hiaumes et parmi les escuz. Li chevaliers que Daguenez ot pris lo hasta mout et li cort sus mout iriez, et cil lo guerpist par tot la place, que il voit bien que il n'avroit du(*f.86a*)ree[2] a lui, et si li dist:

"Estez, ge ne me combatrai mais a vos, mais venez la ou ge vos manrai, si vos mosterrai mervoilles."

"Et o est ce?" fet li chevaliers cui Daguenez prist.

---

[1] son/son escu   [2] dur/uee

"Il n'i a gaires," fait il.

"Donques i erai ge," fait cil.

Il montent en lor chevaux. Li chevaliers Daguenet n'ot mie sa lance brisiee, et li chevaliers s'an va avant et il aprés. Messire Yvains ot tot oï qant qu'il avoient dit et se pense que il ira encor aprés aus. Et quant li chevaliers qui vait de devant ot une piece alé et mené l'autre, si li dit:

"Veez la, fait il, deus geanz qui ont une partie de cest païs deserte, ne par pres de ci o il conversent n'ose passer nus qui aint lo roi Artu ne la reine ne ces de sa maison. Or si alez jusque a aus, fait il, se volez. Veez an ça l'un et la l'autre."

Li chevaliers n'i tient plus de parole, ainz prant son escu par les enarmes et met la lance souz l'aisselle et fiert lo cheval des esperons, si adrece lo chief del cheval vers lui. Et li geanz lo vit venir, si li escrie de loig, mout haut:

"Chevalier, se tu hez lo roi Artus et la reine et la gent de sa maison, si vien seüremant, que tu n'as garde de nos. Et se tu les aimmes, tu ies morz."

"Par foi, ge les ain," fait il.

Et li jaianz hauce une grant mace, si quide ferir lo chevalier. Mais il fu si granz et ot si lonc braz que il trespasse lo chevalier et lo cheval, si fiert de la mace[1] en terre. Et li chevaliers fiert lui de la lance parmi lo cors, si lo giete mort au passer outre que il fait. Et li autres jaianz hauce la soe mace et fiert par desus la crope del cheval, si li brise anbedeus les cuisses. Et li chevaliers saut am piez, si sache l'espee, iriez de de son cheval qui morz est, et trait son escu avant et vient vers lo jaiant. Et li jaianz hauce la mace por ferir et fiert en l'escu et ce que il consiut, si porte a terre. Et li chevaliers fiert lo jaiant de l'espee el braz, que il li[2] fait lo poign voler otote la mace. Et li jaianz (*f. 86b*) hauce lo pié et lo cuide ferir. Et li chevaliers lo fiert an la jambe, si li fet lo pié voler. Et li jaianz chiet. Et une pucele passe par illuec ou messire Yvains estoit qui ce esgardoit. Ele estoit mout bele et bien atornee.

"Sire chevaliers, fait ele, c'est la tierce."

Messire Yvains n'antant mie por quoi ele lo dit, mais vient vers lo chevalier. Et come li chevaliers lo voit, si li dit:

"Avez veü, sire chevaliers, de ces vilains qui m'ont mort [mon] cheval. Or m'an convanrai aler a pié."

[1] fiert . si fi de la lance en   [2] il lo fait

"Sire, nel feroiz, se Deu plaist, fait messire Yvains, car ge vos donrai lo mien. Mes dites ce chevalier ci que il me port derrieres lui jusque a Chamahalot."

"Sire, fait il, granz merciz de vostre cheval, que an meillor point ne lo me poïssiez vos doner."

Lors dist au chevalier qui la l'avoit amené: "Descendez." Et li chevaliers est descenduz. Lors dit a monseignor Yvain:

"Sire, montez en la sele, et il montera derriere vos."

Messire Yvains monta arraument an la sale, et li chevaliers monta derrierres lui, si armez com il est. Ensi s'en vet li chevaliers qui les jaianz a veincuz a son afaire. Et messire Yvains et li autres chevaliers vienent a Chamahalot. Et con il vindrent la, si fu la reine vestue et atornee et ot messe oïe, et messire Gauvains la remenoit del mostier. Et la sale ert tote plaine de chevaliers, et cil qui furent as fenestres des loiges si distrent:

"Veez mervoilles. Messire Yvains vient ci, si aporte un chevalier armé."

Et messire Yvains fu au pié des degrez, si descent.

"Sire, fait li chevaliers, ge m'an irai."

"Alez, fait messire Yvains, a Deu, qui bone aventure vos doint."

Li chevaliers s'an vait. Et messires Yvains monte an la sale et ancontre la reine et monseignor Gauvain qui vienent del mostier.

"Sire Gauvain, fait messire Yvains, l'an parole des mervoilles de Chamahalot, que mout an i avienent, ce dit l'an. Certes l'an dit voir, mes ge ne cuit qu'il ait chevalier ceianz qui tant an i veïst onqes com ge an i ai hui veü."

"Don lo nos dites," fait (*f. 86c*) messire Gauvains.

Il commance a dire, oiant la reine et oiant monseignor Gauvain et oiant toz les autres, tot qanque il avoit veü do chevalier; et conte com il se combatié au chevalier, et comment il l'aüst outré d'armes, s'il vousist, et com il avoit un des jaianz morz, et con il coupa a l'autre lo poign et lo pié. Et Daguenez saut avant, si s'escrie:

"C'est li chevaliers que ge pris, qui tot ce a fait," fait il.

"Voire, voir, fet messire Yvains, c'est mon."[1]

"En non Deu, fait il, itex chevaliers sai ge prandre! Mout sui ores mauvais! Messire Gauvain, en non Deu, se vos l'aüssiez pris, si vos en tenissiez vos toz cointes."

Et messire Yvains dit a monseignor Gauvain:

[1] cest mlt

"Ancores vos en dirai ge plus. Come[1] li chevaliers ot les jaianz conquis, si vint une pucele par devant moi qui dist: "Sire chevaliers, c'est la tierce."

Et messires Gauvains l'ot, si anbrunche la teste et sorrit. Et la reine s'an prist garde, si prist monseignor Gauvain par la main et s'an vont seoir a une fenestre. Et ele[2] li dit:

"Par la foi que vos devez lo roi et moi, dites moi por quoi vos risistes orainz."

"Gel vos dirai, fait il: de ce que la pucele li ot dit: "C'est la tierce", ce dit messire Yvains. Mambre vos, fait il, que la pucele vos dist an la Dolereuse Garde,[3] cele qi estoit an la torete am prison? Ja l'oïstes vos autresi comme gié."

"Il ne m'an manbre," fait la reine.

"Ele nos dist, fait messire Gauvains, que nos orriens enseignes del chevalier qui nos fist entrer an la Dolereuse Garde[4] a la premiere asanblee qui seroit el reiaume de Logres, et a la seconde, et a la tierce. Et c'est la tierce, et li chevaliers qui les jaianz a morz si est Lancelot del Lac, et de[5] voir lo sachoiz."

"Ge vos en croi bien," fait la reine.

Mais Daguenez fait tel noise que riens ne puet a lui durer, et dit a chascun que il avoit pris lo bon chevalier qui les jaianz ocist. "Tel chevalier ne prenez vos mie."

Ensin atandent[6] jusque a vespres qe li rois revient. An li conte les novelles c'uns chevaliers avoit les jaianz morz. Mout an a li rois grant joie et si compaignon et totes les genz del païs. Et Daguenez vient a lui (f. 86d) et si li dit:

"Sire, par la foi que vos doi, ge pris ce boen chevalier."

Et li rois s'an rist mout volentiers et tuit li autre. Mais atant lo laisse li contes d'aus ester, que plus ne parole ci endroit del roi ne de sa compaignie, ainz retorne au chevalier qui les jaianz ocist.

Ci androit dit li contes que qant li chevaliers ot les jaianz ocis, qe il chevaucha tant par la forest que il l'ot tote passee. Et lors li commança a avesprir, si ancontra un vavassor qui de la forest venoit. Li vavasors n'avoit compaignie fors d'un seul escuier qui portoit un chevrel trossé qu'il avoient pris an la forest. Qant li vavasors voit venir lo chevalier, si lo salue et dit:

"Sire, il est anuit mais bien droiz de herbergier, et ge ai ostel bel et bon a vostre ués, se il vos plaissoit, et si avriez de cel chevrel."

[1] plus conment li
[2] ale li dit
[3] dolereuse forest
[4] dolereuse garder
[5] lac . ge et de uoir lo s
[6] Ensin antandent

Lancelot Meets Enemy of Wounded Knight 273

Li chevaliers voit bien que il est tans de herbergier, si prant l'ostel et s'an vet aprés lo vavasor. Et maintenant vient la damoisele qui avoit dit monseignor Yvain: "C'est la tierce". Si s'an vont tuit quatre jusque an la maison au vavasor. La nuit furent bien herbergié. Et au matin, qant il orent messe oïe, rantra li chevaliers en son chemin comme cil qui les aventures aloit querant.

Un jor avint que il chevauchierent antre lui et la pucele, et vinrent a ore de tierce a une chauciee qui bien duroit une liue de lonc. Si i avoit un marés granz et parfonz d'une part et d'autre. An l'antree de la chauciee estoit uns chevaliers armez de totes armes. Et qant li chevaliers aproche, cil que Daguenez prist, et li autres se traist avant, si li demande qui il est. Et il respont que il est uns chevaliers lo roi Artu.

"En non Deu, fait li autres, dont[1] ne passeroiz vos mie par ci, ne (f. 87a) chevalier qui au roi Artu soit, car ge lo hé plus que nul home, ne ja n'avrai chier home qui l'aint."

"Por coi?" fait li autres.

"Por ce que cil de sa maison m'ont fait domage trop grant de mon paranté."

"Quel domaiche?" fait cil.

"Il avint que uns chevaliers armez, navrez, vint a lui, grant tans a ja, qui avoit deus[2] tronçons de lances parmi lo cors. Il li pria que il lo feïst desferrer, et il lo fist defferrer a un chevalier qui li jura sor sainz que il lo vencheroit de toz cels qui diroient qu'il ameroient miauz celui qui ce li fist qe lui. Oan si m'ocist il un mien cosin germain, mout preudechevalier. Mais mout a a faire plus que il ne cuide, cil qui ce a anpris, car mout i a encore a ocirre des amis au mort."

"Comment? fait li chevaliers cui Daguenez prist; iestes vos de cels qui miauz aiment lo mort que lo navré?"

"Gel doi miauz amer, fait cil, comme cil qui fu mes oncles."

"Certes, fait li autres, ce poise moi, car il me covandra a vos mesler, et ge m'an cuidoie aler delivrement."

"Iestes vos donc, fait cil, li chevaliers qui lo navré chevalier devez venchier?"

Et il dit qu'il an fera son pooir.

"Don vos di ge bien que vos m'ocirroiz, o ge vencherai mon coisin."

Il guenchissent li uns vers l'autre de si grant aleüre com li

---
[1] autres ca ne   [2] trois troncons

cheval porent corre. Li chevaliers de la chauciee brise[1] son glaive, et li autres fiert lui si del glaive que il lo porte a terre. Mais il fu juenes et vistes, si refu tost sailliz am piez, et met son escu avant, si a traite s'espee, si cort sus li uns a l'autre mout durement. Si se donent granz cox amont desus les hiaumes, si les font anbuignier desus les tes[tes] et se fausent les hauberz an plusors leus. Mais a ce monte la bataille que li chevaliers de la chauciee commence a lasser et li laisse la place plus et plus. Et il lo haste durement, que ancor a assez alainne et force, si li fait voler an pieces une grant piece de son escu. Et cil a mout perdu do sanc, si li est rompuz uns laz de son hiaume. Et li autres s'eslance a lui, si lo li arache de la teste et giete loign tant con il (*f. 87b*) puet giter, si li dit:

"Or vos covandra il a otroier que vos amez plus lo navré que lo mort."

"Ancor ne voi ge, fait cil, por quoi gel die."

"A dire, fait il, lo[2] vos covient, o vos morroiz."

Lors li cort sus, et cil giete tant d'escu desus sa teste com il i est remés, si se deffant mout durement une grant piece. Mais an la fin n'i pot durer, si recomance a guerpir place. Et li autres li prie mout que il die qu'il aimme miauz lo navré qe lo mort, mais cil ne viault. Et lors li giete li chevaliers un cop, et il [lo] fiert sor lo braz senestre, que mout lo blece. Et cil laisse l'escu cheoir [jus, si li cort] sus a la teste que il ot descoverte, comme cil qui est sanz hiaume et sanz escu, si li done si grant cop com il li pot randre. Et au retraire qu'il fist arriere, li autres li giete un cop a la teste, sel fiert si durement, si que il lo fant tot jusq'en la boiche, et il chiet morz. Et cil an est mout dolanz, se il lo poïst amander. Lors vient a son cheval que la pucele tenoit, si est montez, si s'an vont entr'aus deus tote la chauciee.

An tel maniere chevauchent tant que il aproichent d'une cité qe l'an clamoit lo Pui de Malohaut. Lors les ont atainz dui escuier don li uns aportoit l'escu au chevalier et li autres lo hiaume, si s'an passent par delez lui sanz dire mot, et s'an vont les granz galoz. Li chevaliers oirre antre lui et sa pucele vers la cité, et il vint vers la porte; si leva uns mout granz criz. Et il vindrent a l'ancontre, que chevaliers, que sergenz, plus de quarante, si l'escrient mout durement et li laissent corre tuit ansenble, et si lo cuevrent[3] de lor glaives trestot et lui et son cheval, si que il portent

---

[1] prisse son   [2] loc uos   [3] si lo crueuent

a terre et l'un et l'autre, si ont lo cheval mort. Et il est remés a pié, si se deffant mout durement de s'espee, si lor decolpe lor glaives et lor ocit lor chevaus de cels que il ataint. Mais qant il voit qu'il n'i porroit durer, si s'eslance sor lo degré d'une fort maison qui iluec estoit. La se deffant tant com il puet, tant que la dame de la vile i est venue. Et il l'avoient ja tenu si cort que il l'avoient ja mis (*f. 87c*) a genoulz deus foiz o trois. Et ele li dit que il se rande a li.

"Dame, fait il, que ai ge forfait?"

"Vos avez, fait ele, mort lo fil a mon seneschal qui ci est."

"Dame, fait il, ce poisse moi, mais ensin lo me covenoit a faire."

"Rendez vos, fait ele, a moi, car ge lo voil et sel vos lo."

Et il li tant s'espee; et ele l'an moine en ses maisons, ne puis n'i ot nul qui lo tochast. La dame lo moine an prison, sel met en une geole qui estoit au chief de la sale. Cele geole estoit de pierre, si estoit [lee] par desouz et par desus graille, si avoit deus toisses an toz sanz, et haute jusqu'a la cuverture de la sale. En chascune carreüre de la geole[1] avoit deus fenestres de voire si cleres que cil qui estoit dedanz poit veoir toz cels qui antroient an la sale. Mout estoit bele la jeole, et si estoit close a prones de fer hautes et forz. Si pooit aler li chevaliers par dedanz tant com une chaine duroit qui estoit fermee a ses aniaus. Mais sa pucele n'an savoit mot, car ele s'an estoit alee de la porte, ou ele avoit esté fors close; et bien cuidoit que li chevaliers fust morz, s'an ot tel duel que ele n'osa retorner a sa Dame del Lac, ainz se randié en la premiere maison de religion que ele trova. Ci se taist li contes et de lui et do chevalier et de la dame qui an prison lo tient, et retorne au roi Artus.

Un jor avint, ce dit li contes, la ou li rois Artus sejornoit a Chamahalot, que la damoisele [des marches de Sezile] li anvoia un message; et li manda que Galehoz, li filz a la Jaiande, estoit antrez an sa terre et tote la li avoit tolue fors deus chastiaus que ele a el chief de sa terre deça.

"Rois Artus, fait li messages, por ce vos mande que vos veigniez deffandre vostre terre, car ele ne se puet longuement tenir, se vos n'i venez."

"Ge i erai, fait li rois, hastivement. A il bien gent?"

"Sire, il i a bien cent mil homes a cheval."

[1] carreure de la sale auoit

"Biax amis, or dites vostre dame qe je movrai¹ ancor anuit ou demain (*f. 87d*) por aler ancontre Galehot."

"Sire, font si home, nel feroiz, ainz atandez voz genz, que cist a trop genz amenee, et vos iestes ci priveement, si ne vos devez mie metre en aventure."

"Ja Dex ne m'aïst, fait li rois, com ja hom enterra en ma terre por mal feire, se ge gis an nule vile [c'une nuit] tant que ge soie la."

Au matin li rois s'esmuet et oirre tant que il vient el chastel la pucele, et herbergent es paveillons que il avoit, bien set mile chevaliers, que il n'an avoit pas plus ancorre. Mais il a par tot semons, et pres et loign, et mandent que tuit i veignent, et a cheval et a pié, et amaint qanque chascuns porra avoir de genz.

Galeholz sist au chastel que il avoit asis; et ot amené une granz genz a pié qui traient et portent seietes antoschiees de venin et estoient bien armé comme gent a pié, et avoient aportees roiz de fer qui venoient an charz et an charretes; et an i avoit tant des roiz que il an avoient close tote l'ost Galehot, si que l'oz n'avoit garde par derrieres. Galehoz oï dire que li rois Artus ert venuz, mais n'avoit encorres gaires genz. Si mande par ses homes les trente rois que il avoit conquis, et des autres tant comme lui plot.

"Seignor,² fait il, li rois Artus est venuz, mais il n'a gaires de genz, ce m'a l'an dit; ne il ne seroit mie m'anors que mes cors i asanblast tant com il aüst si po de gent. Mais de ma gent voil ge bien qu'asenble a la soe."

"Sire, fait li Rois des Cent Chevaliers, anvoiez m'i lo matin."

"C'est bien," dist Galehoz.

Au matin, a l'aube aparant, vient³ li Rois des Cent Chevaliers por sorveoir l'ost lo roi Artus. Pres del chastel o li rois ert avoit une cité qui avoit non li Puis de Malohaut, et n'estoit mie si pres que il n'i eüst set liues engleches. Entre la cité et [lo roi avoit un haut tertre, et plus pres de l'ost que de la cité. La monta li Rois des Cent Chevaliers por sorveoir l'ost] lo roi Artus, et li semble qe bien i ait plus de set mil chevaliers; et torne arrieres a Galehot et si li dit:

"Sire, ge ai lor gent esmee, (*f. 88a*) si n'ont mie plus de dis mile chevaliers."

---

¹ dame qe ele me uerra ancor
² seignor/seignor   ³ aparant vi/aut li

Third Assembly against Army of Galehot

A escient dist de plus, que il ne voloit mie estre blasmez de la gent Galehot. Et Galehoz respont:

"Prenez dis mile chevaliers,[1] tex com vos plaira, si alez assembler a els."

"Volentiers, sire," fet li Rois des Cent Chevaliers.

Il eslist dis mile chevaliers, tex come il volt, et tex rois et tex barons.[1] Et s'armerent de totes armes et s'an vont tuit desreé vers l'ot lo roi, que onques n'i ot bataille rangiee ne conroi fait. La novele vient en l'ost que li chevalier Galehot vienent tuit desreé. Il s'arment mout tost an l'ost, et messires Gauvains vient au roi son oncle:

"Sire, li chevalier Galehot vienent a nos por asenbler, mais ses cors n'i vient mie. Et des que il n'i vient, vos n'i revenroiz mie."[2]

"Non, fait li rois. Mais vos i alez, fait il a monseignor Gauvain, et menez tant de genz comme nos avons, et devissez voz conroiz et rangiez vos batailles; et gardez que sagement soit fait, que il ont plus granz genz que nos n'avons encores."

"Sire, fait messires Gauvains, et il iert au miauz que nos porrons."

Messires Gauvains et li autre chevalier passent l'eve as guez, que l'oz est herbergiee sor une riviere. Et il ont l'eve passee, si devisent lor conroiz et lor batailles. La gent Galehot vienent tuit desraee, et messires Gauvains lor anvoie une bataille ancontre por asenbler. Cil vienent fresch et[3] volenteïf et dessirrant d'asenbler, et cil les recoillent bien. Li estorz commance. Les genz Galehot vienent si espés qe cil nes porent soffrir. Et qant messires Gauvains vit que leus fu, si lor ranvoie une bataille, et puis la tierce, et puis la qarte. Et qant il voit que li dis mile chevalier sont tuit venu, si chevauche il ses cors por asembler a els. Tuit li set mile lo font mout bien, mes li cors monseignor Gauvain lo fait bien sor[4] toz les autres. Mout i a des prisiez chevaliers de la maison lo roi qui mout i font chevaleries.[5] Et devers Galehot an ra assez qui mout bien lo font.

Grant piece dura li estorz. Assez i ot chevaleries faites d'une part et d'autre. La gent Galeot ne poent soffrir les genz (f. 88b) lo roi Artus, ancor soient il plus, si [les] desconfissent li set mile et chacent del chanp. Qant li Rois des Cent Chevaliers voit que

---
[1] chrs tex com il auoit et tex rois et tex chrs com il uoit et sarmerent
[2] des que il mueuent uos ni remanroiz mie
[3] freschet v.   [4] soz toz   [5] che/cheualeries

ses genz s'an fuient et que il sont torné a desconfiture, si l'an pesa mout an son cuer, car endroit soi estoit il mout boens chevaliers. Il prant un message et mande a Galehot que il lor anvoit secors, qu'il ne pueent sosfrir la maisniee lo roi Artus. Et Galehot en i anvoie trente mile.

Cil vienent a desroi mout grant aleüre, si lievent les poudrieres de loing comme de si granz genz. Messires Gauvains les voit de loign, et il et les genz lo roi Artus; se il an sont effreé, ce n'est mie de mervoille. Li Rois des Cent Chevaliers et les soes genz[1] les virent venir, qui an orent mout grant joie, et si tornent les chiés des chevaus arrieres et vont ferir les genz lo roi Artus mout durement, et cil autresi bien o miauz. Messires Gauvains se trait arrieres, et les soes genz se restraignent qui dotent la force qui vient aprés aus. Et cil vienent a desroi, desirrant d'asenbler.

"Or, seignor chevaliers, fait messires Gauvains, or i parra qui bien lo fera, car nos n'i avons niant autrement. Or iert veü qui amera l'enor lo roi et la soe."

Messires Gauvains et li suem lor guenchissent ireement anmi les vis et les vont ferir, et cil aus, si durement que lor lances volent am pieces, et tels i ot qui s'antrabatent. Illuec ot estor merveillox de lances et d'espees, et les genz lo roi Artus i soffrent trop et mout lo font bien. Mais la force est si granz d'autre part que, se ne fust la proece monseignor Gauvain, il fussient tuit pris, ja nus n'en eschapast. Mais il lo fait si bien que onques nus chevaliers miauz nel fist. Biens faires n'i a mestier, que trop sont cil de l'autre part. Par la force des genz que il ont ses enchaucent jusque a un gué. La par soffri tant messires Gauvains et li boen chevalier de la maison lo roi que onques genz ce ne soffrirent, mais il par soffri sor toz. Outre lo gué les metent a force. Devant la porte fu li estorz merveilleux. La se par deffan(*f. 88c*)dié tant messires Gauvains que les genz lo roi Artus furent antree anz; et neporqant si i perdirent il mout, car la maisniee Galeholt pristrent mout de lor chevaliers. Il se traistrent arrieres, que bas vespres ere.

Messires Gauvains ne fu pas mis a force el chastel, mais il fu tex conreez devant et tant i prist bouz [et] cous[2] que mout s'en dielt. El retraire que les genz Galehoz firent, et il chiet pasmez de son cheval, san ce que nus ne l'adesoit, mais tote jor avoit[3]

---

[1] chrs de celes soes gent   [2] prist bons cous et maus que
[3] mais auoit totejor auoit soffert

soffert angoisse et tant s'ert angoissiez de bien faire que il estoit tels conreez q'an l'an porta en son ostel. Et li rois et la reine et tuit li autre ont trop grant paor de lui et criement que il soit deronz dedanz lo cors de l'esfort et de la mervoille que il avoit [fait].

Pres d'iluec estoit la cité[1] de Malohaut. La cité tenoit une dame qui avoit eü seignor, mais il ert morz, et si avoit anfanz. Mais mout ert boene dame et sage, et mout ert amee et prisiee de toz cels qui la conoissoient. Et la gent de sa terre la par amoient tant et prisoient que qant autre gent lor demandoient: "Quex est vostre dame?", et il responoient que c'ert la reine des autres dames.

Cele dame avoit un chevalier an prison, si le tenoit en une geole qui est de pierre, et si ert si clere la pierre que il veoit toz cels defors, et tuit cil defors lui. La geolle ert graille et haute, que il s'i pooit bien drecier, et ert auqes longe bien lo giet d'une grosse pierre. Laianz tenoit la dame lo chevalier am prison. Et la nuit que cele asemblee ot esté s'an vinrent li chevalier del païs an la cité a la dame et conterent les novelles de cele asenblee a la dame. Et la dame demande qui l'avoit miauz fait. Et il dient que messires Gauvains, que onqes nus chevaliers nel fist onques miauz, ce lor ert avis. Li chevaliers qui ert en la geole oï ces novelles, et qant li serjant qui lo gardoient li porterent a mengier, si demanda qui ert li chevaliers de la maisniee a la dame qui miauz estoit de li, [et il noment un chevalier, mout preudome, qui mout iert bien de li.]

"Seignor, car lo feïssiez parler a moi."

"Mout volentiers, font li serjant, (*f. 88d*) li diromes."

Il vienent au chevalier, si li dient:

"Cil chevaliers prisons velt parler a vos."

Et il va an la geole. Quant cil lo vit, si se dreça ancontre lui.

"Sire, fait il, ge vos ai mandé, si vos voil proier que vos proiez ma dame qu'ele soffre que ge parole a li."

"Mout volentiers, biax sire," fait li chevaliers.

Il ist de la geole et vient a sa dame, si li dit:

"Dame, donez moi un don."

"Quel don?" fet ele.

"Donez lo moi, fait il. Gel vos dirai."

"Dites, fait ele, seürement. Avriez vos mestier de rien, gel vos doing."

"Vostre merci, dame, fait il: vos m'avez doné que vos parleroiz a ce chevalier que vos avez em prison."

[1] est lasenblee de

["Volentiers, fait ele;] amenez lo ci."

Li chevaliers lo va querre, si l'amoine a sa dame, et puis s'en reva, si lo lait aveques li.

"Que voliez vos, biax sire? fait la dame. Voliez vos parler a moi? Ce m'a l'an dit."

"Dame, voire, fait il, ge suis vostre prisons, si vos voloie prier que vos me rambissiez, car ge ai oï dire que li rois Artus est en cest païs. Et ge suis uns povres bachelers, si me conoissent tex i a de ses genz. Assez tost me donroient ma reançon."

"Biaus sire, fait ele, ge ne vos tiegn mie por coveitise de vostre reançon, mais por justisse. Vos savez bien que vos feïstes mout grant otrage, et por ce vos pris ge."

"Dame, fait il, lo fait ne puis ge pas noier, mais moi l'estut faire, que ge ne lo poi laissier a m'anor. Mais se vostres plaisirs estoit que vos me reansisiez, vos feriez mout bien, que ge ai oï dire que il a hui une assemblee an cest païs. Et d'ui en tierz jor i redoit estre, ce disoient orainz[1] cil chevalier an cele sale. Et se vos voliez, ge vos vouroie proier que vos m'i laissisiez aler. Et ge vos aseürerai que ge revenrai la nuit en vostre prison, se ge n'ai essoigne de mon cors."

"Si ferai ge, fait ele, par un covant que vos me deïssiez comment vos avez non."

"Ice, fait il, ne puis ge faire."

"Don n'i eroiz vos mie," fait ele.

"Laissiez m'i aler, fait il, et ge vos creant que gel vos dirai au plus tost que leus iert del dire."

"Creantez (*f. 89a*) lo vos?" fait ele.

"Oï," fait il.

"Et vos i eroiz, fait ele, mais vos pleviroiz que vos vos metroiz en ma prison lo soir, se vos n'avez essoigne de vostre cors."

Il li plevi, et ele an prant la fiance. Et il s'an torne an sa geole, et i[2] fu ce soir et l'andemain tote jor et l'autre nuit aprés. Et les genz lo roi Artus crurent totevoie, qui venoient de totes parz. Les genz Galehoz vienent a lui, si li dient:

"Sire, assembleront demain voz genz as genz lo roi Artus?"

"Oïl, fait Galehoz, ge eslirai ces que voudrai qui i aillent."

"Esliroiz! font il. De ce n'i a il neiant. Se vos i volez envoier cels qui i furent a l'autre foiz, tuit li autre i eront, o vos voilliez ou non, que il sont si desirrant[3] de assembler a lor chevaliers

---

[1] disoient ceianz   [2] il fu   [3] desirrant au de

que vos nes porriez retenir. Mais anveiez i toz ces qui n'i furent mie, et tuit cil qui i furent remanront o vos."

"C'est bien fait, dist Galehot. Or i eront li soissante mile qui n'i furent pas, et demain au tierz jor i era mes cors."

La nuit passe. Au matin li rois comande que nus de ses chevaliers ne past l'eive, mais arment soi an l'ost et devissent lor conroi. Et qant il verront la gent Galeholt, si passent outre l'eve. Li chevalier de par lo païs furent tuit venu an l'ost, et cil de la cité do Pui de Malohaut et des autres terres antor.

La dame de la cité ot [baillié] au chevalier[1] que ele ot am prison un cheval et un escu vermoil et les soes armes meïsmes que il avoit qant ele lo prist, que il ne vost autres avoir. Au matin au jor s'en issi fors de la cité et erra vers l'ost lo roi Artus, si vit les chevaliers d'une part et d'autre, toz armez. Et il s'areste sor lo gué, si ne passe mie outre. Desus ce gué avoit unes loges o li rois Artus estoit por l'ost esgarder, et la reine et dames et damoiseles tote plaine la loge. Et messires Gauvains s'i est fez porter si malades com il estoit. Li chevaliers a l'escu vermoil[2] s'areste sor lo gué et s'apoie sor sa lance.

Et les genz Galehot vienent tuit conree. En la premiere bataille vint [li] rois (*f. 89b*) que il i avoit premierement conquis; et [com] il aprochent, il se part de sa gent, son escu pris, si an va toz seus devant. Cil lecheor qui la estoient en l'ost lo roi Artu et cil parleor d'armes comen[cen]t a crier an haut: "Lor chevalier vienent, veez les." Et li Rois Premiers Conquis aproiche mout. Et li lecheor commencent a dire au chevalier a l'escu vermoil:

"Sire chevaliers, veez un[3] des lor chevaliers venir. C'atandez vos? Il vient toz seus."

Par maintes foiz li dient, et cil ne respont pas. Et li Rois Premiers Conquis vient mout tost. Li garçon li ont tant dit que il an sont tuit anuié. Et uns cointes lechierres vient vers lui et prant l'escu de son col, si lo pent au sien. Et cil ne se muet. Et uns autres garz qui ert a pié cuide que li chevaliers soit fox, si s'abaisse vers l'eive et prant une mote, si l'an fiert sor lo nasel del hiaume.

"Neianz failliz, fait li garz, que songiez vos?"

La mote fu moilliee, si li antre l'eive es iauz. Et il clost les iauz et huevre por l'eive[4] que il santoit et ot la noisse, si se regarde et voit lo Roi Premiers Conquis, qui iert ja mout pres.[5] Et il fiert

---

[1] au chevaliers   [2] vermoille   [3] veez deus des
[4] huevre les iauz que   [5] ja montez

lo cheval des esperons et baisse sa lance, si li vient ancontre grant aleüre. Et li rois lo fiert anmi lo piz. Li hauberz fu forz, si ne faut mie, et la lance vole en pieces. Li chevaliers fiert lui sor l'escu si durement que il abat lui et lo cheval en un mont.
5 Au resordre que li chevaus fait, li garz qui ot l'escu pris et qui l'ot a son col, l'aert au frain. Et li chevaliers nel regarda onques, que, se il vousist, il l'aüst ainz pris que li garz, mais il n'antandoit mie a ce. Et li lechierres vient vers lui, cil qui avoit son escu pris, si li met au col.
10 "Tenez, sire, fait il, miauz i est anpleiez que ge ne cuidoie."
Li chevaliers se regarde et voit que cil li pent son escu au col, n'an fist nul sanblant, mes prist lou. Li conpaignon lo roi cui il ot abatu poignent, qant il virent lo[r] seignor cheoir. Et les batailles lo roi Artus s'atornent. Et qant il furent atorné, si s'an
15 vienent au gué et passent l'aive. Li chevalier assemblent li un as autres, et cil a l'escu vermoil let corre por joster a un des chevaliers (*f. 89c*) lo roi que il ot abatu, si lo fiert, si que il lo porte a terre, et sa lance vole em pieces. Et uns garz vient aprés lui, si prant lo cheval. Li estors commance mout boens de la gent lo roi Artus
20 et de la Galehot. Les batailles lo roi Artus passent l'eive espessement l'une aprés l'autre, et les gent Galehot vienent d'autre part, qui mout sont dessirrant d'asenbler a la gent lo roi Artus. Et cil les reculent as fers des lances, qu'il an laissent des morz et des navrez[1] lo jor. Et neporqant, si lo font mout bien les gent
25 Galeholt, et les lo roi Artus miauz; et mestiers lor est, qu'il sont mout moins qui ne sont que vint mile, et cil sont soissante mile. Mout dura la meslee, et fu li estorz buens; et mout i ot chevaleries faites, et mout lo faisoient bien li compaignon lo roi Artus et li chevalier prisié de sa maison. Mout firent d'armes celui jor les
30 gent lo roi Artus et les Gualehot, mais cil vainquié tot as armes vermoilles; et la nuit s'an parti, que l'an ne sot que il devint.
Mout a li rois grant peor de perdre sa terre et tote honor, et mout li sont failli si ome, einsi come li saige clerc li distrent, si an est mout espoantez. Et d'autre part reparole Galehoz a sa gent et
35 dit que il n'a mie grant enor el roi Artus guerroier en ceste maniere, car trop a li rois petit de gent.
"Et se ge conqueroie, fait il, sa terre an cest point, ge n'i avroie pas enor, mais honte."
"Sire, font si home, c'an volez vos faire?"

[1] na/naurez

"Ge vos dirai, fait il, coi. Il ne me plest ore plus que ge lo guerroi an ceste maniere, ainz li donrai trives jusqu'a un an, par si que il amanra tot son pooir au chief de l'an. Et lors si avrai greignor enor an lui conquerre, que ge n'avroie ja."

Ainsi passe cele nuit jusque a l'andemain. Et lors vint an l'ost lo roi Artus un preudons plains de mout grant savoir. Et qant li rois oï dire que il venoit, si an fu mout confortez, et (*f. 89d*) bien li fu avis que Dex li a[n]veoit secors. Lors monta li rois et ala ancontre lui a grant compaignie de gent, et lo salua simplement; mais li preudom ne li randié mie son salu, ainz dist come correciez:

"Ne de vos ne de vostre salu n'ai ge cure, ne pas ne l'ain, car vos iestes li plus vis pechierres de toz les autres pecheors. Et bien vos parra, car tote enor terriene avez ja aprochié de perdre."

Lors se traient tuit arriere, si chevauchent antre lo roi et lo preudome. Et li rois li dit:

"Biaus metres, dites por quoi vos n'avez cure de mon salu et de quoi ge sui si vis pechierres."

"Gel te dirai, fait li prodoms, car ge sai assez miauz que tu ies que tu meïsmes ne lo sez. Et neporqant, tu sez bien que tu ne fus angendrez par ansamblement de leial mariage, mes en[1] si granz pechiez com est avotire. Si doiz[2] savoir que nus hom mortex ne te baillast a garder la seignorie que tu tiens, mais Dex solement la te bailla por ce que tu l'an feïsses bone garde, et tu li as faite si mauvaisse que tu la[3] destruiz qui garder la[4] deüsses. Car li droiz do povre ne dou non puissant ne puet venir jusqu'a toi,[5] ainz est li riches desleiaus oëz et henorez devant ta face[6] por son avoir, et li povres droituriers n'i a loi por sa povreté. Li droit des veves et des orphelins est periz en ta seignorie. Et ce demandera Dex sor toi mout cruelment, car il meïsmes dit par la boiche Davi son prophete qu'il est garde des povres et sostient les orphenins et destruira les voies des pecheors. Tel garde fais tu a Deu de son pueple don il t'avoit [baillié] la terriene seignorie. Et par ce vandras tu a [d]estruiement, car Dex destruira les pecheors. Adonc destruira il toi, car tu ies li plus vis pechierres de toz les autres pecheors."

"Ha! (*f. 90a*) biaus dolz maistre, fait il, por Deu, conseilliez moi, car trop suis espoantez."

Et li preudon li dist:

[1] mariage car nest si [2] doit s [3] lan destruiz
[4] lan deusses [5] a toz ainz [6] ta force

"Mervoilles fait il qui consoil demande et croire nel velt."

"Certes, biax maistres, fait li rois, de totes choses que vos me diroiz, ge vos crerai."

Ensi vienent andui parlant tuit sol jusque a la tante lo roi. Et li rois reprant sa parole et dit:

"Biaus maistres, conseilliez moi, por Deu, car trop en ai grant mestier."

Et li preudons li dit:

"Ancor venront li consoil tot a tans, se croire les voloies, et ge te anseignerai lo comancement de la voie a Nostre[1] Seignor. Or va an ta chapele et si mande les plus hauz homes et les meillors clers que tu savras an ceste ost, et si te confesse a touz ensenble de toz les pechiez don langue se porra descovrir par la remanbrance do cuer. Et si garde que tu portes ton cuer avoc ta[2] boiche, car la confessions n'est preuz se li cuers n'est repantanz de ce que la langue regeïst. Et tu ies mout esloigniez de l'amor Nostre Seignor par ton pechié, ne tu ne puez estre acordez se par regeïssement de langue non avant, aprés par verai[e] repentance de cuer, aprés par poines de cors et huevres d'aumones et de[3] charité. Tels est la droite voie a Damedeu. Or va, si t'en confesse an tel maniere, et recevras decepline des mains a tes confesseors, car c'est signes d'umilité. Et se ge fusse establiz a confession oïr, ge oïsse la toe. Mais nus ne doit ce faire qui ordenez ne soit, se bessoinz ne l'an semont. Por ce ne doi ge pas ta confession oïr, car assez avras des pastors de Sainte Eglise. Mais aprés ta confession vanras a moi, et Dex t'anvoiera consoil se mescreance ne te destorbe. Or va, si lo fai ensi come ge t'ai dit, que tu n'i laisses a regehir nule rien don ta concience te puisse repanre."

(f. 90b) Lors retint li rois ses evesques, ses arcevesques dont assez avoit en l'ost. Et qant il furent ansanble an la chapele, li rois vint devant aus, touz nuz an braies, plorant et pleignant, et tenoit toz[4] plains ses deus poinz de menues verges. Si les gita devant aus, et lor dist am plorant qu'il preïssent de lui venjance a Deu: "car ge suis li plus vis pechierres et li plus desleiaus do monde."

Quant cil l'oïrent, si furent mout esbahi, et distrent:

"Sire, qu'est ce? Que avez vos?"

"Ge vaign a vos, fait il, a vos come a mes peres, si voil Deu

---

[1] a nostre/ a nostre [2] auoc toi et ta
[3] et da c. [4] tenoit tex plains

regehir mes granz folies en vostre oiance, car ge suis li plus vis pechierres qui onques fust."

Lors an orent cil mout grant pitié et comancierent a plorer. Et il fu a genouz, nuz devant els et deschauz, tant qu'il ot regehi a son cuidier toz les granz pechiez don il cuidoit estre maumis. Aprés pristrent decepline de lui, et il aprés mout doucement la reçut. Lors s'an revint a son maistre, et il li demanda tantost comant il avoit fait. Et il li dist qu'il estoit confés de toz les granz pechiez dom il li pooit remanbrer que il aüst faiz. Et li preudom li redit:

"Ies tu confés del grant pechié que tu as del roi Ban de Benoyc qui est morz an ton servise, et de sa fame qui desseretee a esté puis la mort de son seignor? De son fil ne paro ge ore mie, que ele perdié autresi, mes l'une perte est assez plus legiere de l'autre."

Lors fu li rois mout esbahiz et dist:

"Certes, maistres, de ce n'ai ge pas esté confés, et si est li pechiez mout granz, mais certes oblié l'avoie."

Maintenant s'an ala li rois an sa chepele et trova encorres ses clers an la chapelle, qui parloient de sa confession, et si lor regehi son pechié. Mais il ne li donerent mie penitance ne de cestui ne des autres, car il ne s'acordoient pas tuit a une chose, si an pristrent sor aus lo[1] respit jusque aprés l'ost tant (f. 90c) que plus i eüst consoil.

Atant s'an retorna li rois a son maistre et li conta comment il l'avoit fait. Et puis li dist:

"Biaus dolz maistres, por Deu, or me conseilliez, et ge vos crerrai de totes les choses que vos me loeroiz, car trop suis espoentez de mes homes qui si me faillent, car trop les ai amez."

"Ha! fait li preudom, ce n'est mie mervoille se ti home te faillent, car [puis que li hon se faut, bien li doivent faillir li autre. Et tu ies failliz quant tu messerras contre ton Signor de tel signorie con tu devoies tenir de lui, non pas d'autrui. Pour ce convient que il te faillent, car] ceste demostrance premiere t'a faite Dex, por ce que tu t'aparceüsses qu'il te voloit oster de ta seignorie, por ce qu'il te toloit cels par cui aide tu l'as longuement maintenue.[2] Et neporqant, li un te faillent de lor gré, [et li autre estre lor gré. Cil te faillent de lor gré] cui tu deüsses faire les granz onors et porter les granz seignories et les granz compaignies: ce sont li bas gentil home de ta terre par cui tu doiz estre maintenuz, car li regnes ne puet estre tenuz se li comuns des genz ne s'i acorde.

[1] lor respit   [2] maintenuee

Cil te sont failli de lor gré. Li autre qui estre lor gré te faillent, ce sont cil de ta maison cui tu as donees les granz richeces, cui tu as faiz seignors de ta maison. Cil te faillent estre lor gré, por ce que Dex lo velt. Einsi, contre la volenté Damedeu ne puet durer nule deffanse. Ensin te faillent li un et li autre, mais li un vienent en ta besoigne par force, por ce que garantir lor covient lor terres et lor enors, et li autre i vienent por les biens que tu lor as faiz et que tu lor fais encorre. Ensin i vienent li un par force, et li autre par volenté. Mais cil qui par force i vienent ne te valent rien plus que se il estoient mort, car tu n'as mie lor cuers. Et cors sen cuer n'a nul pooir. Or te pran garde que puet valoir escuz ne auberz n'espee ne force de chevaus; sanz cuer d'ome nule rien ne puet valoir. Se tu avoies ores toz les rois qui ont esté puis que li siegles comança, si fussient apareillié de totes armes, por que li cuer en fussi(*f. 90d*)ent fors, ne te feroient il aide, ne que il font orandroit. Tot autretel sont cil qui a force vienent an ta besoigne; ne tu n'en as[1] que les cors, car les cuers as tu perduz. Senble te il que ge te die verité?"

"Certes, fait li rois, maistre, ge m'i acort bien que vos verité me dites, mais por Deu, conseilliez moi que ge porrai faire, car ce me distrent cil qui mon songe m'espelurent que ansi m'avandroit. Et qant tant m'avez conseillié, por Deu, conseilliez [moi] tant que ge soie secorruz, se il puet estre."

"Ge te conseillerai, fait li prodom, et sez tu comment? A l'enor de ton cors et au porfit de t'ame. Et si t'aprandrai une des plus beles maistries que tu onques oïsses, car ge t'aprandrai a garir cuer malade a cors haitié, et ce est une bele medecine. Tu m'as creanté que tu feras ce que ge te loerai."

"Certes, maistre, fait li rois, ce ferai mon."

"Or te dirai don, fet li prodom, que tu feras. Tu avras consoil et secors, si ne demorra gaires. Et verras que Dex fera por toi amender vers lui et vers lou siegle. Tu t'an iras an ton païs, si venras sejorner an totes les boenes viles, an l'une plus, en l'autre moins, selonc ce que l'une vaudra miauz de l'autre. Si garde que tu i soies tant que tu aies oïz et les droiz et les torz, et les granz et les petiz, car li povres hom sera assez plus liez, se droiz li done sa querele devant toi, que se il an avoit plus devant un autre, et dira par tot que tu meïsmes li as sa droiture desraisniee. Ensi doit faire rois qui l'amor de Deu et del siegle viaut avoir, l'amor del

---

[1] nen nas

siegle par humilité, et l'amor de Deu par droiture. C'est li comance‑
menz d'anor et d'amor conquerre. Aprés te dirai que tu feras.
Les hauz homes de ta terre, si come tu sejorneras a tes viles, et toz
les chevaliers povres et riches manderas, et il vendront volentiers
(*f. 91a*) efforciement. Et tu lor iras encontre, si lor feras granz con‑
paignies et granz honors et granz festes, et lor manras granz com‑
paignies et beles. Et o tu verras lo povre bacheler cui povreté
avra en son lien et qui proece de cors n'avra mie oblié, et il sera
laïs entre les autres povres homes, si ne l'oblie por sa povreté
ne por son bas lignaige; car desouz povreté de cors[1] gist granz
richece de cuer, et an granz plantez d'or et de terres est mainte
foiz povretez de cuer anvelopee. Mais por ce que tu ne porroies
par toi sol conoistre les boens ne les mauvais de chascune terre,
si covanra que tu anquieres de chascune contree ou tu venras
lo plus leial chevalier an cui bontez d'armes se soit herbergiee,
et par lo tesmoign de cui feras les biens et les henors a ces de son
païs, car nus ne conoist si bien prodome come cil qui de grant
proesce est anracinez. Et qant il tesmoignera lo boen povre home
qui loing se serra entre les autres povres, si garde que tu n'aies mie
[si] chiere la[2] conpaignie do haut home que tu ne t'en lieves et
ailles seoir delez lo povre home et li anquier de son estre, si t'acointe
de lui, et il de toi. Et lors dira chascuns: "Avez veü qu'a fait li
rois, qui toz les riches homes a laissiez por celui qui povres hom
est?" Par ce conquerras l'amor des basses genz; car ce sera mout
granz humilitez, et humilitez s'est une vertuz par coi l'an puet
plus s'anor et son preu essaucier et avancier. Ne tu ne verras ja si
haut home an cui il ait sen ne bonté, se tu te lieves de lez lui por
fere compaignie[3] a un plus povre, que il nel tiegne a san et a
proesce. Et se li fol lo t'atornoient a mal, ne t'an chaille, car li
blasmes do fol dechiet, et li lox del sage croist et anforce. Quant tu
seras sejornez et acointiez as povres homes, si retanras compaignie
a tes (*f. 91b*) barons qui sont manbre de ton regne, car por l'un
ne doit pas ampirier li preuz de l'autre.

"Cant tu avras an ta vile sejorné tant com toi plaira, si t'em
partiras a tel compaignie comme tu avras eüe. Et lors sera apareil‑
liez li boens chevaus et les beles armes, li riche drap, les beles
vaisselementes d'or et d'argent, la grant planté de deniers. Et
la ou verras lo boen povre de cui li verais tesmoinz t'avra acointié,
si esgarde un de tes chevaus tel que il li coveigne, et monte sus.

---

[1] de cuer gist   [2] sa conpaignie   [3] compaigniee

Puis t'acoste delez lui, si li fai joie, et descen de ton cheval, si li baille et di¹ que viaus que il chevauche por amor de toi.² Aprés li fai baillier de tes deniers tant come tu cuideras que sa vie requiere. Lo cheval li donras tu por sa proece et les deniers por sa largece de sa despense.

"Ensi donras a povre prodome. Mais autrement donras au vavasors, car se il est aeisiez an son ostel, tu li donras robes et palefroiz por lui porter an ses bessoignes. Mais garde que tu aies avant sis³ el palefroi, si dira par tot que il a lo palefroi⁴ que tu chevauchoies. Ensin donras as vavasors. Mais por ce ne remaigne mie que n'acroies as bessoigneus lor fiez de beles rantes et de riches terres a chascun selonc ce que il sera; car por ce ne perdras tu mie, se tu lor dones, ainz i guaingneras les cuers d'aus. Miauz seront les terres gardees par maint prodome, s'i[l] les ont, qu'eles ne seroient par toi seul, car tu n'ies c'uns seus hom,⁵ ne tu ne puez se par aus non ce que tu puez. Et tu doiz miauz voloir que ti prodome tiegnent a enor de ta terre une partie que tu perdisses honteussement et l'une et l'autre. Aprés donras as hauz omes, as rois, as dux, as contes,⁶ as hauz barons, Et coi? Les riches vaisselementes, les co[i]ntes joiaus,⁷ les biaus dras de soie, les boens chevaus,⁸ et si ne bee mie a els tant doner les riches dons come les biaus et les plaissanz, car l'an (*f. 91c*) ne doit mie doner a riche home riches choses, mes plaisanz choses poi riches, car ce est uns anuiz de fondre l'une richece sor l'autre. Mais au povre home doit l'en doner tex choses qui soient plus boenes que beles, et plus porfitables que plaisanz, car povretez n'a mestier que d'amendement, et richece n'a mestier que de delit. Ne tex choses ne font mie a doner a toz, car en ne doit doner a home chose dom il ait assez. Ensin te covanra doner, se tu viaus doner selonc droiture. Et se tu lo fais einsin, autresin covanra que la reine lo face as dames et as damoiseles de chascun païs ou ele vanra, que tu et ele donez si com li Sages lo comande.

"Li Sages dit que autresi liez doit estre li donneres an son don con est cil cui an lo done. L'an ne doit mie doner a laide chierre, mais tozjorz a lié sanblant, car dons qui est lieement donez a deus paires de merites, et cil qui est donez an rechinant n'a nul guerredon. Et si i a autre raison por coi tu ne devroies ja estre

---

¹ cheual si li fai ioie et di   ² amor de toz   ³ g. partot que aies sis
⁴ il a auant sis el palefroi lo roi que   ⁵ hom non ne
⁶ as auz contes   ⁷ contes uiaus   ⁸ boens iuiaus et les cheuaus

las de doner; car tu sez bien que par doner ne puez tu estre destruiz, mais tu puez aler a mal par trop tenir, car nus ne fu onques destruiz par largece, mais plusor ont esté essilié par avarice. Totjorz done assez, et assez avras qoi, car qanque tu donras remandra en ta terre, et de maintes autres terres te vanront li avoir an la toe. Ne ja doners ne faudra tant com tu voilles, car li orz ne li argenz de ta terre ne sera ja par toi husez, ainz husera il toi autresi come l'eive huse la roe del molin. Por ce, a doner doiz entandre sanz lasser, et se tu ensin lo faisoies, tu guaigneroies et l'enor del siegle et les cuers de tes genz et l'amor de Nostre Seignor. Ce sont li haut gaign a coi hom fu establiz, ne nus ne doit baer a autres choses gaaignier. Senble (*f. 91d*) te il que ge te consoil a foi?"

"Certes, biax maistres, fait li rois, mout m'avez vos bien conseillié, et ge lo ferai ensi come vos lo m'avez comandé, se Dex an ma terre me done retorner honoreement. Mais por Deu, me conseilliez de la grant mervoille que cil me distrent qui mon songe m'espelurent: que nule riens ne me puet estre garanz de ma terre perdre que li Leons Evages et li Mires sanz Mecine par lo consoil de la Flor. De ces trois choses me faites saige se il puet estre, car ge ne puis entandre, et vos les m'anseigneroiz bien, se vostre volentez i est."

"Or entan, fait li preudons, ge t'ai mostré par coi tu as perdu[1] les cuers de tes genz, et par coi tu les porras recovrer. Et ancor t'enseignerai ge les trois choses que tu demandes, si que les verras et conoistras apertement. Et neporqant, il ne sorent que il te distrent, neiant plus que li forsenez qui parole et ne set se il dit verité ou mançonge. Mais ge t'en dirai lo voir. Et saches que il no te distrent mie sanz raison, car li leons, ce est Dex. Dex est senefiez par lo lion, par les natures do lion qui d'autres bestes sont diverses, mais ce que il lo virent evage, ce est une granz mervoille. Evage l'apelerent il, por ce que il lo quiderent veoir en l'eve. L'eive ou il lo quiderent veoir, ce est cist siegles, car autresi come li poisons ne puet vivre sanz eive, autresi ne poons nos vivre sanz lo siegle. Ce est a dire sanz les choses do siegle. An cest siegle estoient envelopé cil qui te distrent qu'il avoient veü lo lion. Et por ce qu'il estoient del pichié do siegle anvelopé et maumis, por ce lor fu il avis qu'il avoient veü lo lion en l'eve qui lo siegle senefie, car, se il fussient tel com il deüssient estre, loial, chaste, charitable, piteux, religieus et plains des autres

---

[1] perdu et les

vertuz, il n'eüssient (*f. 92a*) mie veü lo lion en l'eive, mais laïssus el ciel. Car li ciaus est siegles pardurables, appareilliez a home s'i[l] vielt errer selonc les comandemenz de son Criator. Et qui ensin vit, il n'est mie terriens mes celestiaux, car se li cors est an terre, li esperiz est ja el ciel par bone pensee. Mais la terre n'est mie tels, ainz est fosse et anterremenz[1] a home qui vit au siegle en orgoil, an cruiauté, an felenie, en avarice, en coveitise et an luxure et es autres pechiez de danpnement. Itel estoient li clerc qui ton songe t'espelurent, et por ce cuiderent il avoir veü lo lion an l'eive qui est senefiez de pechié. Et neporqant, en l'eive n'estoit[2] il mie, car Dex ne fu onques am pechié, ainz estoit en son glorioux siege. Mais l'espessetez de l'air estoit si granz antre lui et els que il ne lo porent veoir s'en autretel leu non com il estoient. Ce fu en l'eive, car li granz sans de la clergie qui en aus estoit lor fist veoir la figure del lion par force d'ancerchement. Mais por cele clergie qui n'estoit se terriene non, n'orent il del lion que la veü[e], car nel conurent mie, ne ne sorent que ce poit estre, car il estoient terrien et li lions celestiene chose. Por ce ne veoient il mie la conoissance, si lo cuiderent il avoir veü en l'eve dom il furent deceü. Et por ce l'apelerent il evage.

"Cil leons est Jhesus Criz qui de la Virge nasquié, car tot autresi come li lions est sires des bestes totes, autresi est Dex de totes les choses sires. Autre nature a li leons assez par[3] coi il est senefiez a Deu, don ge ne parlerai or mie, [mes tant te di je bien] que ce est icil leions par coi tu avras secors, se tu ja mais lo doiz avoir. Ce est Jhesus Criz, li verais lions. As tu ores bien antandu qui li Leons est et par coi il fu apelez Evages?"

"Maistre, fait il, ice ai ge mout bien antandu et mout bel lo m'avez mos(*f. 92b*)tré. Mais por Deu, del Mire sanz Medecine me dites que il puet estre, car ge ne cuideroie que sanz medecine fust nus mires, ne ancor ne m'i puis ge de rien conoistre."

"Tant come ge plus t'esgart, fait li preudom, et ge plus fol te truis, car, se tu aüsses raisnable san, tu poïses ces deus choses conoistre tot clerement l'une par l'autre. Mais puis que t'ai encomencié a anseignier la reial corone de par Nostre Seignor, ge la t'enseignerai jusque au chief, non pas por toi, mais por lo comun del pueple. Et si te deviserai qui est li Mires sanz Mecine. Ce est Dex, ne nus autres mires sanz mecine n'est que il seus; car tuit li autre

---

[1] an terre mainz a   [2] estoient
[3] autres natures que li leons assez i a par

mire, tant de bien com il a an aus des maladies conoistre qui sont
es cors et de savoir la garison, itot ce font par lo san que il ont qui
de Deu descendié et qui la force mist as herbes par coi il por-
chacent la garison au cors. Ne garison ne sevent il faire se au
cors non; encor n'est ce mie a toz, car maintes foiz avient que
qant il ont mises totes les paines a un cors garir, si se muert il.
Et s'il avient qu'il puisse garir les maladies des cors, si n'ont
il nul pooir de garir les maladies des ames. Mais Dex en est puis-
sanz, car si tost com uns huem vient a veraie confession, ja tant
n'iert chargiez de vil pechié que Dex nel regart. Et si tost com il
l'avra regardee, ja puis n'i covandra autre mire, ne lier anplastre,
ainz est la plaie nete et seine si tost com il l'a regardee. Icist
est Mires sanz Mecine qui ne met an plaies ne des armes ne
des cors[1] nule mecine, ainz est toz seins et nez par son douz regart.
Mais ansi ne font mie li mortel mire, car qant il ont les maladies
veües, si lor covient aprés querre les herbes et les mecines qui
a cele maladie covient, et a la feiee est tot perdu quant la morz
mostre sa seignorie. Mais (f. 92c) cil est verais mires qui par son
regart solement done santé as malades de l'ame et del cors, et
fait esloignier la mort del cors tant comme lui plest, et garist a
totjorz de la mort de l'ame. Est ce Mires sanz Mecine. Et saches
bien de voir, se tu as hui esté de boen cuer a ses poissons—c'est ta
veraie confession—tes cors est gariz, que il t'estuet garir, ou tu
ies honiz en terre, ne t'ame ne goustera[2] de la pardurable mort.
Est cist a droit nomez sanz mecines?"

["Biax dous maistres, fait li rois, bien m'avez montree la
droite quenoisance et dou Lion Evage et dou Mire sanz Mecine.]
Mais or sui assez plus esgarez de consoil que devant de la Flor,
car ce voi ge bien que fleurs ne puet pas consoil doner se ele
ne parole, ne ge ne voi mie coment flors poïst parler."

"Certes, fait li prodom, ce verras tu tot clerement, que flors
puet parler et doner consoil. Ne au Lion verai ne au Mire sanz
Mecine ne puez tu ataindre sanz le consoil de cele flor. Et se tu
ja mais viens au desus de ceste dolor ou tu ies, ce sera par lo
consoil de cele flor. Or te dirai don qui[3] cele flors est [et coment
ses conseuz te sauvera. Cele flors est] flors de totes les autres flors.
De ce[le] flor nasqui li fruiz[4] de qoi totes choses sont sostenues.[5]

[1] cors et nule   [2] ame ne gara
[3] or te dirai don qui te dirai donc qui
[4] nasqui li flors   [5] sont detenues

C'est li fruiz don li cors est sostenuz et l'ame paüe. C'est li fruiz qui saola les cinc mile homes en la praerie qant les doze corboilles furent anplies del reillié. Ce est li fruiz par coi li pueples Israel fu sostenuz quinze anz es desserz, la ou li om, ce dit l'Escripture, manja lo pain as angles. Ce est li fruiz par coi Josep de Barimathia [et si compaignon] furent sostenu qant il s'an venoient de la terre de promission an ceste estrange païs par lo comendement Jhesu Crist et par son conduit. Ce est li fruiz don Sainte Eglise est repaüe chascun jor. Ce est Jhesu Criz, li Filz Deu. C'est la flors de cui doiz avoir lo consoil et lo secors se tu ja mais l'as. C'est sa douce Mere, la glorieuse Virge, don il nasquié contre acostumance de (*f. 92d*) nature. Cele dame est a droit apelee Flors, car nule fame ne porta onques anfant devant li ne aprés qui par charnel asemblement ne fust ançois desfloree. Mais ceste haute dame fu virge pucele, et avant et aprés, c'onques la flor de son pucelaige ne perdi. Bien doit dons estre apelee Flors de totes autres flors, qant ele garda sa glorieuse flor saigne et antiere, la ou totes les autres flors perissent, ce est au concevoir et an l'anfanter, et qant de lui nasquié li Fruiz qui done vie a totes choses. Par ceste Flor vanras tu au verai[1] consoil, car ele te[2] racordera a son douz filz et t'anvoiera lo secors qui te fera recevoir honor que tu as comenciee a perdre. Et se tu par ceste Flor ne viens a sauvement et d'arme et de cors, par autrui n'i puez tu venir, car nus ne tient si grant leu vers lo Sauveor comme ele fait. Ele ne cessera ja de proier por les chaitis. Et se tu ceste Flor enores, li conselz de li te gitera de toz periz. Ce est la Flors qe ti clerc te distrent, et si nel savoient. Ce est la Flors par cui li verais Lions et li hauz Mires sanz Mecine te gitera de perdre terre et honor, s'an toi ne remaint. Que t'an est avis? Quenois tu ancores que ge t'aie esté verais espeillierres de ton songe?"

"Certes, fait li rois, maistre, vos lo m'avez mostré et bien et bel, tant que vos m'an avez ja si conforté qu'il m'est avis que soie ja eschapez de totes mes paors, car trop est plus mes cuers a ese que il ne siault. Et ge lo creant, selonc Deu que[3] ge lo ferai ensin comme vos m'avez comandé, se Dex a honor me done an ma terre retorner."

Endemantres que il parloient ensin, vindrent laianz dui chevalier de la maisnie Galehot. Et qant li rois les voit, si comanda que il venissent devant lui. Et il vindrent devant. Et parla premiers li rois

---

[1] uerail consoil   [2] se racordera   [3] selonc ce que

qui estoit apelez li Rois des Cent Chevaliers; et li autres avoit non (*f. 93a*) li Rois Premiers Conquis, por ce que ce estoit li premiers rois que Galehoz avoit mis an sa seignorie. Et li rois Artus, qui mout bien savoit anorer prodome, les honora mout et se leva encontre aus sanz savoir[1] que il fussient roi.

"Sire, dist li Rois des Cent Chevaliers, ça nos envoie Galehoz, a cui nos somes, li sires des Estranges Illes, et dit qu'il se mervoille mout de ce que si povrement iestes venuz deffandre vostre terre ancontre lui, qui si puissanz hom iestes, car il avoit oï dire que vos estiez li plus puissanz rois de tot lo monde. Por ce si est avis a mon seignor que vos [n'avez mie tot vostre pooir avec vos], ne il n'avroit[2] mie honor a vos conquerre a si poi de gent come vos avez ci, car trop iestes a meschief. Or si vos done mes sires trives jusque a un an, par si que vos avroiz en ceste piece de terre tot vostre pooir et il lo sien, que il n'a ore mie tot. Et lors sachiez que il ne s'an partira tant que il vos ait desconfit et vostre terre conquise. Et sachiez que il avra au chief de l'an lo boen chevalier, que que il doie coster, de sa maisniee, celui as armes vermoilles qui l'asemblee a veincue."

"Seignor, fait li rois, ge oi bien que vos dites, mais, se Deu plaist, ne de moi ne de ma terre n'avra il ja pooir ne baillie, et [Dex m'en] desfande."

Atant s'an part[ent] li message.[3] Et li rois remest mout liez et mout esbaïz, liez des trives qui li estoient donees, et esbaïz do boen chevalier que Galehoz devoit avoir an sa maisniee qui sa terre li avoit deffandue par[4] son cors. Lors [l']apela li preudom[5] et si li dist:

"Or puez veoir que la haute Flors t'a porchacié vers lo haut Lion et vers lo Mire sanz Mecine qu'il te rescorra, se par parece ne lo perz."

"Maistre, fait li rois, biax est li comancemenz. Mais trop suis esbahiz del boen chevalier qui ma terre m'a deffandue, don Galeholz se vante que il [l']avra. Maistre, qui (*f. 93b*) puet il estre, car ge nel conois pais?"

Et li prodom li dit:

"Lai ester, car ses huevres se proveront."

"Ha! maistre, fait il, tant me poez vos bien dire, se il sera devers lui au chief de l'an."

---

[1] sanz sauoit [2] il nauroiz [3] part li messages
[4] terre ma deffandue don Galeholz se uante que il laura par
[5] lors apela le preudome

Et il respont que nenil. Et lors fu mout li rois reconfortez et mout a eise. Atant se comancent a departir les genz Galehot. Et li rois Artus redepart les soes et prant congié de son maistre, si s'en retorne an son païs et an fet porter en litiere monseignor Gauvain qui mout estoit malades durement. Mais or se taist atant li contes del roi Artus et de Galehot et de sa maisniee, et torne sor la dame des Puis de Malohaut qui lo boen chevalier tient em prison.

Ce dit li contes que la nuit que l'asemblee departi si come vos avez oï, si s'an revint a Malohaut tot droit. Mais il fu nuiz quant il i vint; et il antra an la cort au plus celeement qu'il pot, o la dame lo faisoit atandre, qui bien cuidoit estre seüre de sa venue. Quant fu desarmez, il antra en sa geole maintenant et se coucha, car trop se doloit que onqes de la boche ne pot mengier. Cele nuit furent venu li chevalier que la dame de Malohaut avoit [envoié] en l'ost. Et la dame lor demanda noveles de l'asanblee, coment l'avoient fet d'une part et d'autre. Et il distrent que uns chevaliers a unes vermoilles armes avoit tot veincu. Et quant ele l'oï, si comance a regarder une pucele qui sa coisine estoit germaine et tote dame de sa maison, si li tardoit mout que li chevalier s'en alassent de laianz. Mais au plus tost qu'ele pot, s'an delivra. Lors apela sa cosine:

"Dites moi, bele cosine, porroit ce estre nostre chevaliers?"

"Dame, fait ele, ge ne sai,"

"Certes, fait ele, ge lo savroie volentiers, et s'il l'a veincue, il ne puet mie estre que mout ne pere a son cors et a ses armes."

"Dame, fait ele, nos porrons tost savoir coment il i [p]ert."

"Et ge i voil aler, fait la dame, mais gardez que riens qui vive ne (*f. 93c*) lo sache fors nos deus, si chier com vos avez voz menbres."

"Dame, fait ele, volentiers."

Maintenant delivre la dame si la maison que il n'i remest fors eles deus. Et la pucele portoit ploin son poign de chandoilles, si alerent avant en l'estable et voient lo cheval qui avoit deplaié la teste et lo col et lo piz et les jambes et les os en plusors leus, et se gissoit devant la maingeoire a mout mauvaise chierre, que il ne bevoit ne ne menjoit. Lors dist la dame:

"Si m'aïst Dex, vos sanblez bien cheval a prodome. Et vos, q'an dites?" fait ele a sa coisine.

"Dame, fait ele, q'en diroie ge? Il m'est avis que li chevaus a plus aü poine que repox. Et neporqant, cestui ne me[na] il mie."

Lady of Malohaut Looks at Sleeping Prisoner

"Or sachiez, fait la dame, que il an a usé plus d'un. Mais or alons veoir ses armes et si verrons coment eles s'an santant."

Lors vindrent a une chambre ou eles estoient et trovent lo hauberc fausé et plain de granz pertuis sor les espaules et sor les braz et an mainz autres leux del cors. Et ses escuz estoit fanduz et escartelez et detranchiez de cox d'espees es costez et an la pane amont jusq'en la bocle tot[1] leianz, que mout petit en i avoit remex. Et an ce qui remex estoit, si avoit granz pertuis de cox de lance, tex que par mainz leux i poïst en ses poinz boter. Et ses hiaumes estoit fanduz et anbarrez, et li nasiaus toz detranchiez, et li cercles[2] an pandoit contraval, que mais ne puet avoir mestier ne lui ne autrui. Lors dist la dame a sa cosine:

"Que vos an senble de ces armes?"

"Certes, dame, fait ele, il me semble que cil n'a mie esté oiseux qui les portoit."

"Vos poez dire, fait la dame, que li plus preudom qui vive les a portees."

"Dame, fait ele, bien puet estre, qant vos lo dites."

"Or an venez, fait la dame, s'irons veoir lo chevalier, que ancor n'ai ge rien veü cui ge an croie. Ses cors an mosterra la verité."

Atant vienent a l'uis de la geole, si lo trovent overt. Et la dame prant les (*f. 93d*) chandoilles an sa main et mist sa teste dedanz l'uis, si vit lo chevalier, qui an son lit se gisoit toz nus. Si avoit trait son covertor jusque sor son piz an haut, et ses braz avoit gitez hors por lo chaut, si dormoit trop durement. Et ele esgarde, si vit qu'il avoit lo vis anflé et batu et camoisié des mailles, lo col et lo nes escorchié, et lo front anflé, et les sorcis escorchiez, et les espaules navrees et detranchiees mout durement, et les braz tot pers de cox que il avoit eüz, et les poinz gros et anflez, plains de sanc. Lors regarde la pucele, si comança a rire.

"Certes, [fait la] dame, vos verroiz ja mervoilles."

Ele se traist an la geole, et la pucele mist anz sa teste, si esgarde mout bien et amont et aval. Et la dame li baille les chandoilles, si s'escorça un petit por aler avant. Et la pucele esgarde, si li dit:

"Qu'est ce, dame? Que volez faire?"

"Ge ne serai ja mais si bien a ese de lui baisier."

"Ostez, dame, fait ele, q'avez vos dit? Ne faites pas tel desverie, car se il s'esveilloit, il an priseroit moins et vos et totes fames. Et ne seiez pas si fierre ne fole que il ne vos remenbre de honte."

[1] bocle amont tot   [2] li caueles an p.

"Si voirement m'aït Dex, fait la dame, l'an ne porroit pas avoir honte an chose q'an feïst por si preudome."

"Dame, non fait, dit la pucele, itant li porroit il plaire; mais certes, se il lo refusse, la honte seroit doblee. Et tex puet estre mout preuz de cors qui n'a mie totes les bontez de cuer. Espooir vos ne savriez a cestui si grant joie faire que il no tenist a outraige et a vilenie, si avriez perdue vostre amor et vostre servise."

Tant[1] dist la pucele a la dame q'ele l'an moine sanz plus faire. Et qant eles sont es chanbres venues, si commencent a parler del chevalier. Et la pucele en abat la parole au plus qu'ele puet, por ce que volentiers otast sa dame de penser a lui s'il poïst (*f. 94a*) estre, car bien s'apansoit de l'amor. Et en la fin si dist: "Dame, li chevaliers pense mout autre chose que vos ne cuidiez, et cuidiers a deceües maintes genz."

"Si m'aïst Dex, fait la dame, ge cuit qu'il ait si haut pensé que onques nus hom si haut ne l'ot. Et Dex, qui l'a fait plus bel et meillor de toz les autres, li doint a bon chief mener son pensé, quel que il ait."

Mout parlerent cele nuit del chevalier, et mout se mervoilloit la dame por coi il faisoit tant d'armes. Et bien pensoit en son cuer que il amoit par amors an mout haut leu, si vousist mout savoir qui il estoit et an quel leu il avoit mis son cuer, et bien vousist que ce fust a[n] lui. Mais ele santoit an lui si haute proece et si fier cuer qu'ele ne pooit mie penser que il amast se trop haute chose non. Mais ele se pense qu'ele lo savra se il puet estre. Si an laisse la parole atant ester. Mais or se taist li contes de la dame et de la pucele et del chevalier, que plus n'en parole ci endroit, ainz retorne au roi Artus qui est repairiez an sa terre.

Ce[2] dit li contes que il vint premierement sejorner a Carduel an Gales, qui plus estoit pres et mout estoit aesiez chastiaus de totes choses. Si sejorna li rois en la vile vint trois jorz et tint toz les jorz cort efforciee, et mout fist bien les comandemenz son maistre de totes choses. Dedanz les quinze jorz fu messires Gauvains toz gariz de ses bleceüres, si an fu tote la corz mout liee. Au chief de vint trois jorz avint que li rois seoit au disner. Et qant il ot une piece mengié, si comança a penser mout durement; et bien paroit a son penser que ses cuers n'estoit mie a ese, ainçois deïst bien [qui le veïst] que mout ert a malaise. Lors vint devant lui messires Gauvains, qui servoit aveques les autres, si li dist:

[1] Atant dist   [2] Ee dit

"Sire, vos pensez trop a cest mangier, et a mal vos iert atorné, car mout a ceianz chevaliers qui vos en blasment."

Et li rois [respont] tot par ire:

"Gauvain, Gauvain, vos m'avez gité (*f. 94b*) del plus cortois pensé que ge feïsse onques, ne nus ne m'an porroit a droit blasmer, car ge pensoie au¹ meillor chevalier de toz les prodomes. Ce est li chevaliers qui vainquié l'asemblee de moi et de Galehot, dont Galehoz s'est vantez que il l'avra de sa maisnie. Si ai veü tele eure² que, se li chevalier de ma maison et mi conpaignon seüssent³ une chose que ge desirasse, il la me queïssent, ja ne fust an si estrange terre. Et soloit l'an dire que tote la proece terriene estoit a mon ostel; mais ge di que ore n'i est ele mie, puis que li miaudres chevaliers do monde en est fors."

"Certes, sire, fait messire Gauvains, vos avez mout grant droit, et se Deu plaist, vos l'avroiz, lo chevalier, s'il puet estre trovez an tot lo monde."

Atant s'an torne messires Gauvains; et qant il vint a l'uis de la sale ou seoient maint boen chevalier, si torne vers lo mengier et dit, si haut que tuit lo porent oïr:

"Seignor chevalier, qui ores voudra entrer an la plus haute queste qui onques fust aprés celi do Graal, si veigne aprés moi. Hui est toz li pris et tote l'enors do monde apareilliee a celui cui Dex fera aventureus de la haute troveüre, et por noiant se vantera ja mais d'anor conquerre qui ci la laisse."

Lors s'an part messires Gauvains, et chevalier saillent aprés lui, et tables comencent a voidier. Et li rois se comance a coisier de ce que nus n'i remanoit laianz, si fist rapeler monseignor Gauvain, et il vint a lui; et puis li dist:

"Biaus niés, vos me correciez. Mout me faites grant honte qant vos ansin an volez mener tote ma compaignie; et ge sui orandroit ou point qu'il me covient plus honoreement cort tenir, o que ge soie, que ge ne suel; et si granz asenblee ne fu onques mais veüe por un sol chevalier trover. Volez lo vos a force prandre a touz les chevaliers de ma terre? Qant a moins de gent ert amenez, et plus grant (*f. 94c*) honor i avroiz."

Lors se regarda messires Gauvains quer verité disoit li rois, et dit:

"Sire, il n'an i vandra se tant non come vos voudroiz; ne por covetise de la compaignie nel disoie ge mie, car ge nel querrai

---

¹ pensoie a un meillor   ² tele ueure   ³ conpaignon feissent

ja se toz seus non; mais se maint chevalier lo queroient chascuns par soi, il seroit plus tost trovez que s'il n'an avoit que un tot sol en la queste."

"Vos dites bien, fait li rois; or i aillent tel quarante come vos meïsmes les esliroiz, car ge ne voil pas que la parole en soit meüe por neiant."

Lors an eslut messires Gauvains quarante de tes qu'il plus amoit, car chascuns estoit mout liez qui an sa compaignie pooit aler. Lors s'alerent armer tuit li quarante, et puis vindrent devant lo roi. Et li sain[t] furent aporté, si com il estoit a costume, que nus chevaliers ne movoit de la maison lo roi por aventure querre qui avant ne jurast sor sainz que il verité diroit au revenir de totes les choses qui li avandroient a son escient. Et se il au movoir nel juroit, il lo jureroit au revenir, ainz que il fust creüz de nule rien. Lors s'agenoille messires Gauvains por jurer. Et li rois fu devant, si lor dist:

"Seignor chevalier, vos an alez, et gardez que ce ne soit mie por oiseuse, car vos i alez tuit chevalier si prodome que nule si grant chose n'est don vos ne deüssiez venir a chief."

Lors pansa messires Gauvains et dist as chevaliers armez, la o il estoit a genolz;

"Seignor, se chascuns metoit an son sairement ce que ge metrai el mien, ge jureroie."

Et il l'otroient tuit.

"Or jurez, fait il, avant, tot ce que ge jurerai, et ge jurerai tot darreains."

Et il si firent. Aprés jura messires Gauvains que il verité diroit au revenir, et que il ne revanroit sanz lo chevalier que il aloit querre, o sanz veraies anseignes de lui, et que sanz nul des conpaignons ne revanroit se mort ne lo prenoit.

De ces sairement furent esbahi tuit (*f. 94d*) li chevalier qui an la queste devoient aler. Mais li rois an fu esbahiz sor toz, car il li membra del jor de l'asemblee qui antre lui et Galehot devoit estre.

"Biaus niés, fait il, mal avez fait qant vos l'essoigne de m'asenblee n'avez mis fors de vostre sairement."

"Sire, fait il, ne puet ore estre."

Atant lace son hiaume et monte an son cheval et s'an part de la cort a tel compaignie de chevaliers com il avoit. Il i fu messires Yvains, li filz au roi Urien, et Kex li seneschaus et Sagremors li Desreez et Lucanz li boteilliers[1] et Yders, li filz Nut, et Girflez, li filz Dué, et Yvains del Lionnel[2] et Yvains as Blanches Mains et Yvains l'Eclains et Yvains li Avoutres et Galegantins li Galois et Gosoins d'Estra[n]got et li Gais Galentins et Caradigas [et Agloas] et Magloas et Dux Taulas et Quenuz de Caerec et Gerreis et Angrevains ses freres et Cadoains de Caermuzin et Quex d'Estraux et Dodyniaus li Sauvaiges et Caradués Briesbraz et li rois de Genes et li rois de Marés et Helins li Blois et messires Brand[el]iz et Adayns li Biaus et Osanains Cors Hardiz et Ayglins des Vaus et Gaheriez et Bliobleriz et li Laiz Hardiz et Gales li Chauz et Aviscanz d'Escoce et Hervis de Rivel[3] et Conains li Hardiz, et li quarantoismes fu li Vallez de Nort.[4] Ce furent li quarante qui alerent en la queste. Mais onqes n'i ot si preu ne si hardi qui puis ne s'en tenist por fol, car puis en furent apelé tuit parjuré failli de la boche lo roi meesmes, car il errerent tot l'an jusque a l'asemblee, [que onques ne troverent le chevalier, ne veraies enseignes n'en aporterent. Ne de nule aventure qui lor avenist en la qeste ne parole li contes ci, por ce que il faillirent tuit a lor qeste, mes a l'asemblee] les ramena toz. Si se taist atant de monseignor Gauvain et de sa compaignie, que plus n'an parole, et retorne a la dame de Malohaut, qui mout est a malaise de savoir lo non au bon chevalier et son covine, come cele qui tant l'aimme con ele puet plus amer.

(f. 95a) Or dit li contes c'un jor lo fist fors traire de sa geole por parler a lui. Et quant il vint devant li, si se vost aseoir devant ses piez a terre. Et cele qui mout lo volt[5] honorer lo fist ancoste de li seoir en haut, et si li dist:

"Sire chevaliers, ge vos ai grant piece tenu an ma prison por si grant forfait con vos feïstes. Et ge vos ai tenu mout honoreement sor lo pois mon seneschal et de tot son paranté, si m'en devez mout bon gré savoir. Et si faites vos, se il a tant de bien an vos come ge cuit."

"Dame, fait il, ge vos an sai tel gré que ge suis vostre chevaliers a toz besoinz et an toz leux."

"Granz merciz, fait la dame, et ce mosterroiz vos bien. Or vos pri ge dons que vos me randez an guerredon ce que ge vos demanderai: que vos me dites qui vos iestes et a coi vos bahez. Se ce est chose que vos volez celer, bien sachiez que ja an avant n'iere saü."

---

[1] L. li boiltelliers [2] li filz due et yvains li filz due
[3] heruis de risnel [4] vallez de benoyc [5] lo fist honorer

"Dame, fait il, por Deu merci, si m'aïst Dex, ce ne porriez vos savoir, car il n'est nule riens cui ge lo deïsse."

"Non? fait ele; si ne me diriez an nule maniere?"

"Dame, vos feroiz de moi vostre plaisir, car se vos me deviez
5 couper la teste, ge nel diroie."

"Certes, fait ele, mar lo m'avez celé, que par la foi que ge vos doi, vos n'istroiz ja mais de ma maison, ne par la rien que ge plus ain, devant l'asenblee qui doit estre de mon seignor lo roi Artus et Galehot. Et sachiez que vos avroiz des ore mais assez honte
10 et messaise, car jusqu'au jor de l'asanblee a encor pres d'un an. Et se vos lo m'aüssiez dit, vos fussiez hui en cest jor delivres de ma prison. Et si lo savrai ge maugré vostre, car ge irai an tel leu ou an lo me dira."

"O, dame?" (*f. 95b*) fait il.

15 "En non Deu, fait ele, an la cort lo roi Artus, ou an set totes les noveles."

"Dame, fait il, ge n'en puis mais."

Atant l'an ranvoie an la jaiole et fait sanblant que ele soit mout correcie vers lui et que mout lo hee, mais non fait, ainz l'aimme
20 plus qu'ele ne sielt, et croist l'amors et anforce chascun jor. Lors apele sa cosine et dit:

"Gardez, fait ele, que vos diez au chevalier que ge lo hé plus que nul home et que ge li ferai traire toz les maus que cors d'ome porroit soffrir."

25 Ansin dit la dame a sa cosine por son pensé covrir. Et totevoie s'apareille d'aler a la cort lo roi Artus por savoir qui li chevaliers est, si voudra aler mout richement. Au qart jor mut la dame, et laissa sa cosine, la pucele, an son leu, et li dit:

"Bele cosine, ge m'an vois au roi Artus ou ge ai mout affaire.
30 Et ge ai mostré[1] haïne au chevalier, por ce qu'il ne me velt dire son non. Mais ge nel arroie mie, car trop est prodom. Si vos pri et requier, si chier comme vos avez m'amor et vostre honor, que totes les choses que vos quideroiz que ses cuers voille li porchaciez, si que vostre honors i soit sauve et que vos lo me puis-
35 siez rendre."[2]

Et cele li creante. Atant s'an parti la dame et erra tant par ses jornees que ele trove lo roi a Logres, sa cité, qui chiés estoit de son regne. Et qant il oï que ele venoit, si ala ancontre et il et la reine, si la reçut a mout grant joie. Mais ainz que il antrassent an la

---

[1] et que uos mostrez   [2] puissiez seruir

cité, n'ot ele chevalier cui li dons lo roi ne fust presentez et donez. Et la reine refist autretel as dames et as puceles. Et ce fu por la dame de Malohaut, ne onques ne soffri[1] que ele descendist s'an ses maisons non, car mout li avoit aidié en sa guerre.

Mout fist li rois de la dame grant feste, et la reine. Et la nuit, aprés soper, se furent asis an une couche, et dit (*f. 95c*) li rois a la dame:

"Certes, dame, mout vos iestes efforciee qui si loig de vostre terre iestes venue. Or voi ge bien que ce n'est mie sanz besoign, car costumiere n'iestes vos mie de vostre païs si esloignier."

"Certes, sire, fet ele, sanz besoig n'est ce mie, ainz est granz li afaires, et si lo vos dira. Il est voirs que ge ai une moie cosine que uns suens veisins desherite, si ne trove nul chevalier qui sa querele voille desraisnier, car trop est cist boens chevaliers et forz de lignage. Ne cele n'a nule aide que de moi,[2] si sui a vos venue, por[3] ce que vos m'aidiez tant que ge aie lo bon chevalier, celui as vermoilles armes qui l'autrier veinquié l'asemblee; car an m'a dit que, se l'avoie, nus ne feroit miauz la bataille de lui.[4] Por ce suis a vos venue. Or si me secorrez, car granz mestiers m'est."

"Bele douce amie, fait li rois, par cele foi que ge doi ma dame la reine qui ci est, que ge ain plus que rien qui vive, celui chevalier ne conui ge onques que ge saiche, ne de ma maison n'est il mie, ne de ma terre au mien cuidier, ainz lo dessir mout a veoir. Et messires Gauvains lo quiert, soi quarantoisme de chevaliers, des meillors de ma maison; et murent pres a de quinze jorz, ne n'anterront mais an ma maison devant que il l'avront trové."

Lors comance la dame a sorrire des chevaliers qui lo queroient, por que il chaçoient la folie. Et la reine la vit, si se porpansa que por noiant ne rioit ele mie, si li dist:

'Certes, ge cuit que vos savez mielz o il est que antre moi et lo roi ne faisons."

Et cele respont:

"Par la foi que ge doi mon seignor lo roi, cui fame ge suis lige, ne vos qui ma dame iestes, ge ne vin ceianz se por savoir non qui il estoit, car ge an cuidoie ci oïr noveles."

"Certes, fait la reine, gel cuidoie, por ce que ge vos vi sorrire qant mes sires an parloit."

[1] ne soffrir [2] que de Deu
[3] uenue et por [4] la bataille de lui la bataille de lui

"Dame, fait ele,[1] ce fu por ce que ge me tenoie a escharnie, et que trop m'estoie travaillie por neiant. (*f. 95d*) Mais puis que n'an puis oïr novelles, ge vos demant congié, si m'an irai lo matin, car ge ai mout affaire an mon païs."

"Coment? fait li rois; cuidiez vos an vos ja aler? Si tost ne vos an iroiz vos mie, ainz feroiz compaignie a la reine huit jorz ou quinze, et si an manroiz des chevaliers celui qui miauz vos plaira por fere vostre bataille, car bien sachiez que vos iestes une des dames do monde que plus voudroie honorer, car vos m'avez bien aidié an mes bessoignes."

"Sire, fait ele, granz merciz de tant com vos an dites, mais remanoir ne porroie ge plus an nule maniere ne an nule guise; ne chevalier n'i manrai ge nul, puis que celui ne puis avoir que ge queroie, car d'autres ai ge assez."

Tant la prient antre lo roi et la reine qe ele remaint jusqu'au tierz jor. Et lors s'an part au bon congié d'amedeu[s], et s'en reva an son païs a granz jornees, car mout li tarde que ele soit revenue et que ele voie celui par cui toz li pris do monde se travaille; si se prise mout de ce que ele a an sa baillie ce que nus ne puet avoir. Ensi s'an repaire liee et joieuse, et fait antandant a sa cosine que ele estoit alee a la cort lo roi por ce qu'ele cuidoit que ses prisons fust de la cort lo roi, [et que li rois l'en seüst mal gré.

"Or si ai, fet ele, tant apris qu'il n'est de la maison lo roi] ne de sa terre. Mais coment l'avez puis fait et vos et il?"[2]

"Dame, fait ele, mout bien. Il a eü qanque mestiers li fu."

Aprés ne demora gaires qu'ele lo fist traire fors de sa geole et parla a lui an sanblant de fame iriee.

"Sire chevaliers, fait ele, vos me feïstes l'autre jor dongier [de dire] qui vos estiez, et ge ai puis tant apris de vostre covine que or vos raenbroie, se vos voliez."

"Dame, fait il, granz merciz. Et ge me reanbrai volentiers, se ge puis avenir a vostre reançon."

"Savez vos, fait ele, quex vostre reançons sera? Ge vos en nomerai[3] trois des raençons. Et se vos n'en prenez une, ja ne m'aïst Dex qant vos ja mais istroiz de ma prison, ne par avoir ne proiere. Or prenez [une des trois, se vos de ma prison volez issir."]

"Dame, or me dites vostre (*f. 96a*) plaisir. Et puis qu'a ce an suis venuz, la que que soit m'an covanra il prandre."

---

[1] fait/ fait ele   [2] et uos et ele et il   [3] en comencerai trois

"Ge vos di, fet ele, que [se] vos me dites qui vos iestes et coment vos avez non, vos seroiz de ma prison quites; et se vos ce ne volez dire, que vos nos dites cui vos amez par amors; et se vos ne volez faire ne l'un ne l'autre, si me dites se vos cuidiez ja mais autretant [faire] d'armes come vos feïstes l'autre jor a l'asanblee."

Qant il l'oï, si comança mout durement a sospirer, et dit:

"Dame, dame, trop me haez, bien lo voi, qant vos [ne] me volez reanbre se honteusement non. Dame, por Deu, qant ce sera que vos m'avez fait dire mon grant duel et vostre plaisir, quel seürté en avrai ge que vos me lairoiz aler quitement?"

"Ge vos creant, fait ele, leiaument que, si tost come vos avroiz prise une des trois reançons, quitement vos an porroiz aler. Or est an vos, o de l'aler o del remanoir."

Lors comança li chevaliers a plorer mout durement, et dit:

"Dame, ge voi bien que par honteuse raençon m'en covient eschaper, se aler m'en voil. Et puis q'ensinc est, miauz me vient il dire ma honte que l'autrui, car bien sachiez que ge ne vos diroie a nul fuer qui ge sui, ne coment ge ai non. Et se ge amoie par amors, issi voirement m'aïst Dex, vos ne savriez ja cui, se ge poie. Don me covient il l'autre chose a dire, et gel dirai, quel honte que ge an doie avoir. Tant sachiez vos bien de voir que ge cuit ancores plus faire d'armes que ge ne fis onques, se il m'est comandé. Or si est ansin que ma honte m'avez fait dire, si m'an irai des ores mais, se vostre volentez est."

"Assez, fait ele, avez dit. Or vos an iroiz quant vos plaira, que or me puis aparcevoir miauz de vos que onques mais ne fis. Mais por ce que ge vos ai si honoreement tenu, si vos pri que vos m'en randez un guerredon qui gaires ne vos grevera. Et sel di plus por vostre preu (*f. 96b*) que por lo mien."

"Dame, fait il, dites vostre volenté, et vos avroiz ce que vos demanderoiz, se tro[v]é puet estre."

"Grant merciz, fait ele; et ge vos pri que vos remenez ceianz jusque a l'asemblee. Et ge vos apareillerai cheval boen et armes tex comme vos les voudroiz porter, si movroiz de ci a l'asanblee et ge vos ferai savoir lo jor qu'ele sera."

"Dame, fait il, ge ferai vostre volenté."

"Or vos dirai, fait ele, que vos feroiz. Vos seroiz en vostre geole et avroiz qanque vos deviseroiz. Et ge vos ferai compaignie sovant, et ge et ma coisine. Mais ge ne voil que nule riens saiche q'aiez a moi finé. Et vos me dites quex armes vos voudroiz porter."

Et il dist que unes totes noires. Atant s'an va an sa geole. Et la dame li fait apareillier celeement escu tot noir et cheval autretel et cote a armer et couvertures autreteles. Ansin demore li chevaliers.

Et li rois est en sa terre et fait ensin come ses maistres li anseigna de ses genz honorer, tant que, ançois que la mitié de l'an fust passee, ot il lor cuers si recovrez que il orent plus de mil maisons faites an la place de terre [ou l'asemblee devoit estre;] et se hatissent bien tuit, que il voudront miauz morir a dolor an bataille que li rois perdist sa terre a lor vivant. Ansin atornent tuit lor cuers au roi par la grant debonaireté que il lor mostre, et vindrent avec lui au plus efforcieement que il porent an place quinze jorz avant la faute de la trive. Et lors vint d'autre part messires Gauvains et si compaignon de lor queste, ne il n'avoi[en]t riens esploitié, si an furent tuit honteus. Mais l'angoisse de la bessoigne lo roi les ramena. Et messires Gauvains dit que miauz lor venoit estre honiz a l'enor[1] de lor seignor[2] lige, que il toz seus fust honiz et desheritez.

"Ne honiz, fait il, ne puet il estre sanz nos, mais nos porriens estre sanz lui, car nos poons terre perdre sanz [sa] honte, mais [il] ne la puet perdre sanz la nostre."

Par les pa(*f. 96c*)roles monseignor Gauvain vindrent ensin li quarante chevalier a l'asenblee, si les retint li rois a mout grant joie, car mout ot grant paor que il ne venissient pas a tans.

Ensin vint li rois garniz de sa tere deffandre. Et d'autre part revint Galehoz a grant pooir, que por un home que il an mena a l'autre foiz, [en ramena] il deus [a cesti,] si que les roiz de fer qui la premiere ost avoient close ne porent mie clore de cestui la mitié. Quant la faute de la trive fu venue, si dessirrent mout li povre home et d'une part et d'autre a asembler. Lors demanderent [Galehot] cil de son consoil cui il voudroit anveier asenbler lo premier jor et conbien de gent. Et il dist que ses cors ne porteroit pas armes, ne ore ne autre foiz, se bessoinz ne li faisoit porter. "Ne a ceste foiz, dist il, n'asenbleront mes genz[3] se por veoir non la chevalerie lo roi Artus. Mais a l'autre foiz assenbleront il si a certes que li uns an remanra desconfiz otreement." Lors comanda que li Rois Premiers Conquis asanblast lo premier jor a trente mile homes tant que il veïst coment les genz lo roi Artus se contandroient, et se de plus avoient mestier, plus en i anvoieroit. Ensin dit Galeholz a ses homes.

[1] a la cort de   [2] seignor a lenor de lor lige que
[3] asenbleront il mie/mes se

Et d'autre part reparole messires Gauvains a son oncle lo roi, et dit:

"Sire, se Galehoz ne porte armes demain, vos nes porteroiz mie."

"Biaus niés, fait il, vos dites voir, mais vos les porteroiz et manroiz de ma gent une partie. Si pensez del bienfaire, si com il est mestiers."

"Sire, fait[1] il, vostre plaisir."

L'andemain leverent matin et d'une part et d'autre. Et quant il orent messe oïe, si s'alerent armer, si passerent les genz lo roi petit et petit les lices et asenblerent ansenble d'une part et d'autre. Si ot de boenes jostes et de dures meslees an plusors leus. Lors vint assanbler uns des compaignons Galeot, (*f. 96d*) [qui mout estoit preuz, et puis fu il de la maison lo roi Artu, si avoit non Escaranz li povres, si estoit assez prisiez d'armes et estoit amez plus que chevaliers des compaignons Galehot] qui povres hom fu. Cil assanbla toz seus a un grant conroi o il avoit pres de cent chevaliers, et venoit si durement que toz li siegles l'esgardoit a mervoille. Et el conroi avoit de mout preudomes, sel laisserent ferir la ou il vost. Et il pecea son glaive la ou il lo cuida mielz emploier, et delivres[2] ala tot parmi lo conroi ferir un chevalier mout preu qui avoit non Galesguinanz, si estoit freres monseignor Yvain de bast, si venoit as jostes, si tost com il pooit esperoner, por conquerre pris et honor dom il avoit ja assez. La o il venoit si tost, l'ancontra Escaron, si s'entrehurterent, aprés lo brisier des lances, si durement et des cors et des vis et des chevax que il se porterent a terre tuit estordi, les chevax sor les cors, et jurent grant piece a terre sanz relever. Sis des genz lo roi Artus laissent corre por Escarant anconbrer. Et qant li[3] suen lo voient, si hurtent cele part; et sont bien trente chevalier, si avoient ja Escarant remonté et les sis abatuz et Galeguinant pris, quant Yvains li Avoutres i vint poignant et aprés lui des autres une partie. Illuec fu la meslee mout dure et mout se deffandent bien cil devers Galehot, mais il n'i porent longues durer, car il n'estoient pas a tanqanz, ne si bon chevalier come li autre. Si lor fu mout durement resqueus Galeguinanz et li autre sis autresi, et Escaranz refu abatuz. Illuec asanbla toz li tornoiz a la resqueuse d'Escarant et de Galeguinant, si asenblerent en po d'ore, que d'une part, que d'autre, plus de cinquante mile homes.

[1] sire font il [2] et li sires ala [3] le suen

Mout lo faisoient bien les genz lo roi Artus, car li Galehot estoient bien trente mile, et il n'estoient que vint mile et si avoient lo plus bel de la bataille. Lors asanbla li cors lo Roi Premiers Conquis, qui mout estoit preuzdechevaliers et seürs et mout les sostint. Mais puis que li cors mon(*f. 97a*)seignor Gauvain i vint, onques puis ne se tindrent les genz Galehot se mout petit non, ançois s'en comencierent a aler mout laidement. Et qant Galehoz les vit, si lor enveia tant de chevaliers que tuit li chanp furent covert. Et qant messires Gauvains les vit venir, si restraint ses genz environ lui et mout les pria de bien faire.

Atant vindrent lor anemis a desroi, si se ferirent antre aus plus durement que il porent. Et cil les recuillirent mout viguereusement, car assez i avoit preudomes. Illuec fist messires Gauvains mervoilles, et tuit si compaignon prenoient cuer et hardement, et il seus les sostenoit toz. Mais bienfaires n'i pooit avoir mestier, car por un des suens i avoit il des Galehot trois. Si les soffrirent a mout grant meschief une piece, mais en la fin guerpirent la place et furent a force mené jusque a lor lices. Illuec mostra messires Gauvains une grant partie de sa proesce, car il sosfri tant que tuit cil devers lui s'an merveilloient, et cil devers Galehot s'an esbaïssent tuit.

Quant li rois Artus vit que plus n'i pooient durer, si dist que ore avoit il trop sofert qant il les avoit tant laissiez foler. Et lors i anveia autretant chevaliers com il avoit, si les bailla monseignor Yvain a conduire et lo pria de sagement aler. Et qant il vint la, si avoient ja tuit li leur passee la lice. Si estoit li chevaus monseignor Gauvain ocis, et il a pié, si avoit mout grant mestier de secors. Et si tost com il asanblerent, lor anemi ne se tindrent fors a la lice passer. Mais la se tindrent il tant que li Rois d'Outre[1] les Marches vint poignant tot a desroi et avec lui vint mile tot parconté. La fu la meslee grant, et mout bien lo faisoient et li un et l'autre. Et messires Yvains lo recomença si bien a faire c'onques miauz ne l'avoit fait a nul jor, car il monta monseignor Gauvain tot a force sor un cheval dont il avoit abatu lo (*f. 97b*) Roi Premier [Conquis]. Et si avoit ja messires Gauvains tant esté batuz que onques puis ne fu jorz que il n'an fust pires.[2] Lors comencierent les proeces monseignor Yvain, et [les monseignor] Gauvain ne remestrent[2] mie.

---

[1] rois doutre les lices et les marches
[2] pires et tant les menerent les proeces monseignor yvain et G. quil ni remestrent

Ensin dura[1] tote jor la bataille, que qant li un avoient lo peior, si les sostenoient li lor petit et petit tant que ce avint a l'avesprir, que il se comencierent a retraire d'amedeus parz. Si n'an i avoit un seul tant fres qui ne fust toz las. Et la ou il s'an aloient et d'une part et d'autre, ne s'an ala mie messires Gauvains, ainz fu venuz a la rescose d'un sien compaignon qui avoit non Gaheriz de Gareheu. Si n'an savoit mot messires Yvains, qui ja s'an raloit, ne li autre compaignon lo roi, quant uns escuiers vint poignant aprés monseignor Yvain et li escria que pris estoit ses amis et ses compainz, se il ne se hastoit. Lors retorna messires Yvains si tost com li chevax pot aler, et fu si esbahiz que onques home n'i apela, mais assez ot grant suite de preudomes. Et qant il vint a la meslee, si trova monseignor Gauvain tel conreé que li sans li sailloit par la boiche et par lo nes fors, et cuidoit bien morir sanz confession, mais ancor estoit an son cheval. Illuec fu la meslee anforciee, si ot plus grant domache tant por tant[2] que il n'avoient mes hui eü, car assez i ot chevaliers pris et morz et navrez. Mais totes ores en orent lo plus bel les genz lo roi Artu a cele foiz et desconfirent les autres. Et lors s'an tornerent, si amenerent prisons assez, et mout lor estut bel.

Li rois fu esbahiz de son neveu qui trop estoit bleciez. Et la o li rois l'aresgna devant sa tente, il ne li pot onques mot dire, ainz chaï pasmez a terre sanz ce que nus ne l'adesoit. Iluec fist grant duel li rois et la reine. Et furent tuit li mire mandé, si lo couchierent, et trovent que il avoit deus des costes brisiees, et cuiderent bien que il fust deroz. Mais il ne l'osoient[3] dire por lo roi, que il ne s'an desconfortast, et distrent que il ne s'en esmai[a]st mie, que il garroit bien.

(f. 97c) Granz est li diaus an l'ost lo roi Artus de monseignor Gauvain, et plorent tuit li preudome et dient que ja mais si preudome ne porra morir. Mais mout an i a qui an font joie. Qant messires Gauvains se fu pasmez devant sa tente, bien l'orent veü li chevalier de Malohaut, si orent oï par derrierres que [l'en disoit que] morz estoit. Et qant il vindrent a Malohaut, si demanda la dame novelles de l'asenblee. Et il distrent que tot avoit veincu messires Gauvains, mais trop durement estoit bleciez et jusque a mort. De ces noveles fu mout la dame dolante et dist:

"Certes, mar fu messires Gauvains. Ja mais plus gentils chevaliers ne morra."

[1] durara   [2] tant por qant   [3] ne lo sorent dire

Tant alerent les noveles de monseignor Gauvain qu'il n'ot laianz garçon qu'il n'an parlast; s'en oï parler li chevaliers de la geole. Et se li autre en furent dolant, il seux an fist duel sor toz homes, et dit:

"Certes, se il muert, ja mais ceste perte ne sera restoree."

Quant li chevalier de laianz s'an furent parti, si porchaça tant li chevaliers de la geole que il parla a sa dame, et dist:

"Dame, il est voirs que messires Gauvains soit morz?"

"Certes, fait ele, il est bleciez senz garison, ce ai oï dire."

"Si m'aïst Dex, fait il, ce est granz dolors a tot lo monde, et au jor de sa mort devra bien estre tote joie remese. Dame, dame, fait il, por qoi m'avez si laidement traï? Ja m'aüstes vos covant qe vos me feriez savoir lo jor de l'asenblee."

"Se gel vos oi, fet ele, an covant, or m'an aquit, que ja i ont assez perdu li nostre."

"Dame, fet il, or est a tart."

"Non est, fait ele, que tot a tens i venrez ancores, que l'asenblee [re]sera d'ui en tierz[1] jor. Et ge vos ai apareillié cheval et armes itels comme vos me deïstes. Mes ge vos lo que vos ne movoiz de çaianz devant lo jor de l'asemblee; lors s'erroiz tot droit de ci an la place, et vos i savez bien la voie."

"Dame, fait il, a vostre volenté."

Atant s'en reva gesir li chevaliers, et la dame d'autre part. Et qant vient l'andemain aprés disner, la dame (*f. 97d*) vient au chevalier, si lo comande a Deu, et dit que ele vait a un sien affaire. Et li chevaliers la mercie mout de la grant honor que ele li a portee, et dit que il est ses chevaliers et sera tote sa vie. Atant s'am part la dame, si s'an vait an l'ost. Et li rois et la reine font de li grant joie come gent iriee, et l'an moignent veoir monseignor Gauvain, que ele dessirroit mout a veoir. Mais ele lo trova de plus bel senblant que l'an ne li ot conté, s'an fu mout liee. Ensin passerent cele nuit. Et a mout grant paor atandoit li rois Artus l'andemain, car mout avoit des chevaliers perduz. Et la cosine a la dame de Malohaut, qui an sa maison estoit remesse, appareilla la nuit au chevalier ses armes et lo coucha en la couche sa dame et fu devant lui tant que il fu andormiz, car la dame li avoit prié que ele li portast totes les honors que ele li porroit porter sauve s'anor.

Au matin se leva li chevaliers mout main, et la pucele l'aida a armer. Et qant il l'ot comandee a Deu, si s'an parti et erra la

---

[1] asenblee sera jusqua tierz

matinee tant que il vint an la place au soloil levant. Si s'aresta
sor la riviere et apoia sor son glaive an cel leu meïsmes ou il avoit
esté a l'autre asanblee, et comença a regarder an la bretesche o
messires Gauvains gisoit malades, por les dames et por les damoi-
seles qui i venoient. Si estoit ja la reine venue[1] et la dame de Malo-
haut et dames autres assez et damoiseles. Et les genz lo roi Artus
s'estoient ja armees, et passoient l'eve espessement cil qui dessirroi-
ent lo joster, et autretel faisoient li Galehot. Si ne demora gaires
que an mainz leus furent li pré covert et de jostes et de meslees.
Et li chevaliers pensa totevoies, apoiez sor son glaive, et esgardoit
vers la bretesche mout doucement o les dames estoient. Et la dame
de Malohaut lo vit, sel conut mout bien, si ancomença a parler,
oiant les autres:

"Dex, fait ele, cist chevaliers que ge voi sor cele riviere, qui
puet il estre? Il ne nuist as noz, ne aide."

Lors lo comencierent tuit et totes a regarder. Et dist (f. 98a)
messires Gauvains se il lo porroit veoir. Et la dame de Malohaut
dist qu'ele l'atorneroit bien qe il lo verroit bien. Lors li fist ele
meesmes un siege ancontre une fenestre, si lo couchierent, si
que il pot bien veoir tot contraval la riviere. Et il esgarde, si voit
lo chevalier au noir escu, qui pensoit, apoiez sor son glaive. Si
dist a la reine:

"Dame, dame, menberroit vos ore que ge refui antan bleciez
et gisoie ceianz, que uns chevaliers pansoit autresi sor cele riviere,
ou cist ou uns autres, mais il portoit unes armes vermoiles?
Et ce fu cil qui l'asenblee vainqi."

"Biaus niés, fait ele, i[l] puet bien estre, mais por qoi lo dites
vos?"

"Dame, fait il, gel di por ce que gel voudroie que ce fust il,
car ge ne vi onques proeces de nul chevalier si volentiers come
les soes. Et nos en verriens ancui assez."

Longuement parlerent de lui; ne onques ne s'an mut de son
estaige. Et li rois Artus avoit ja ses genz ordenees, si avoit fait
quatre batailles o il avoit an chascune quinze mile homes, et an
la quinte an avoit plus de vint mile. Si ot a conduire la premiere
bataille li rois Yders, qui mout estoit preudom et mout lo fist
bien lo jor. La seconde mena Hervis de Rivel: c'estoit uns des
chevaliers do monde qui plus savoit de guerre. La tierce conduist
Aguisçanz, li rois d'Escoce, qui cosins estoit lo roi Artus; et la

[1] uenuee

premiere aüst il aüe se il saüst autretant d'armes come faisoient tex i avoit. La carte conduist li rois Yons. La quinte conduist messire Yvains, li filz au roi Urien, ou il avoit plus de vint mile homes, et devoit asenbler toz darriens.

 Ensi ot fait li rois Artus cinc batailles. Et autretant an refist Galehoz. Si avoit em chascune des quatre vint mile homes, et an la quinte en ot quarante mile. La premiere bataille ot Malaugins, ses seneschauz: ce fu li Rois des Cent Chevaliers qui mout estoit preuz et hardiz. Et l'autre ot li Rois Premiers Conquis. La tierce ot li rois (*f. 98b*) de Valdoan. Et la quarte mena li rois Clamadex des Loigntaines Isles. La quinte o les quarante mile estoient mena li rois[1] Bademaguz de Gorre, qui mout estoit preudom de chevalerie et de consoil. Celui jor ne porta mie Galehoz armes a chevalier, mes il vesti un haubercjon cort come serjanz, un chapel de fer en sa teste comme serjanz, s'espee ceinte, un baston cort et gros an sa main; et sist an un cheval tel com a prodome covenoit, car ce estoit li homs el monde qui plus an avoit de bons et de biax.

 Ensin sont assanblé d'une part et d'autre por assanbler. Et li Chevaliers Noirs est ancorres sor la rivierre, pansis. Et la Dame de Malohaut apele la reine et dist:

 "Dame, car lo faites bien. Mandez a ce chevalier qu'il face d'armes por amor de vos et que il vos mostre des quex il est, ou des noz, ou des lor. Lors savrons que il voudra faire, et se il a point de valor an lui."

 "Bele dame, fait la reine, ge ai assez ou penser autres choses, car mes sires li rois est an avanture de perdre ancui tote sa terre et tote s'enor. Et mes niés gist ci tex conraez comme vos poez veoir, si voi tant de meschief que ge n'ai ores talant ne mestier des granz hatines que ge soloie faire ne des anveseüres, car ge ai assez o antandre. Mais vos li mandez, et ces autres dames, s'eles volent."

 "Certes, dame, fait ele, ge an suis tote preste, s'i[l] fust qui d'autre part li mandast. Se vos volez, mandesiez li, et ge an feroie conpaignie volentiers."

 "Dame, fait la reine, ge ne m'en entremetrai ja. Mandez li vos et ces autres, se vos volez."

 Lors dist la dame de Malohaut que, se les autres dames li volent mander d'une part, ele li mandera d'autre. Et eles l'otroient

---

[1] rois de bademaguz

Message to Black Knight from Court Ladies   311

totes. Et la reine lor preste une de ses damoiseles a cel message porter. Et la dame de Malohaut devise lo message, et messires Gauvains i met deus glaives dou suen et un escuier qui les portera. Lors dist la dame a la pucele:

"Damoisele, vos iroiz[1] a cel (*f. 98c*) chevalier qui la pense, et si li diroiz que totes les dames et les damoiseles de la maison lo roi lo saluent, fors lo cors ma dame seulement. Et si li mandent et prient que se il atant ja mais a avoir ne bien ne honor an leu o nules d'aus ait ne force ne pooir, si face ancui d'armes por lor amor tant qe eles l'an doient gré savoir. Si li presentez ces deus glaives que messires Gauvains li anvoie."

Atant monte la pucele sor son palefroi, et li escuiers après qui les glaives porte, et vindrent au chevalier; si li dist la pucele son message. Et quant il oï parler de monseignor Gauvain, si demanda ou il estoit. Et la pucele dist:

"Il est an cele bretesche, et dames et damoiselles assez."

Et il prant congié a la pucele et dit au vallet que il lo sive. Et il regarde ses jambes et afiche[2] es estriers, si est avis a monseignor Gauvain, qui l'esgarde, que il soit creüz grant demi pié. Lors esgarde vers la bretesche, et puis s'en torne tot contraval les prez, ferant des esperons. Et qant messires Gauvains l'an voit aler, si dist a la reine:

"Dame, dame, vez lo chevalier, ou an tot lo mont n'en a nul, c'onques mais a nul chevalier si bon ne si bel ne vi porter armes come cist les porte."

Lors corrent totes, et dames et damoiseles, as fenestres et as creniaus por lui veoir. Et il s'en vait a force et si tost comme li chevax li pot aler. Si voit a destre et a senestre de mout beles jostes et de mout boenes meslees; car grant partie des legiers bachelers de l'ost lo roi avoient ja la lice passee por faire d'armes; et de l'ost Galehot an revenoit ça dis, ça trente, ça qarante,[3] ça cent, an un leu plus, en autre mains. Et eschive totes les meslees et hurte des esperons contre un grant conroi que il voit venir, ou il pooit bien avoir cent chevaliers. Et il se plunge antre aus et fiert un chevalier, que il lo porte tot an un mont a terre, et lui et lo cheval. Et qant ses glaives li est peceiez, il fiert des tronçons, tant com il durent, jusq'el poing; et puis s'eslance fors a son escuier qui ses deus glaives porte, s'en prant un (*f. 98d*) et se refiert antr'aus. Et joste si apertement que tuit li autre an laissent

[1] vos diroiz a   [2] et afaite as   [3] ca xxx ca ix ca c.

lo joster et lo bienfaire por lui esgarder. Si fet tant d'armes des trois glaives, tant com il durent, que messires Gauvains tesmoigne que nus hom, au suen escient, autretant n'en poïst faire. Et si tost com il sont peceié tuit troi, si s'en revient sor la riviere an celui leu meïsmes o il avoit devant esté, et torne son vis vers la bretesche, si regarde mout doucement. Et Messires Gauvains an parole et dit:

"Dame, veez vos cel chevalier? Bien sachiez que ce est li plus preuz do monde. Mais vos avez trop mespris el mesage qui li fu[1] envoiez, quant vos n'i vousistes estre nomee. Et par aventure, il l'a tenu a orgoil, car il voit bien que la besoigne est plus a vos c'a totes les autres. Si pense espooir que petit lo prisastes qant vos ne li deinastes mander que il feïst d'armes por vostre amor."

"Par foi, fet la dame de Malohaut, il mostre bien a nos autres que por nos n'en fera il plus. Or li mant qui mander li avra, que la nostre hastine est a mais hui remesse."

"Dame, fait messires Gauvains a la reine, sanble vos que ge vos aie dit raison?"

"Biax niés, fait ele, que volez vos que ge an face?"

"Dame, dit il, gel vos dirai. Il a mout qui a un preudome, car por lo cors d'un pre[u]dome ont maintes choses esté a chief menees qe totes alassent a neient. Et ge vos dirai que vos feroiz. Mandez a cestui saluz et que vos li criez merci dou reiaume de Logres et de l'onor mon seignor lo roi, qui hui ira a mal, se Dex et il n'i met consoil.[2] Et se il ja mais atant a avoir ne honor ne joie en leu o vos aiez pooir, si face encui por vostre amor tant d'armes que vos l'an deiez gré savoir, et que il pere a ses uevres que il ait ses proesces mises en l'onor mon seignor lo roi et an la vostre. Et bien sachiez, se il velt metre deffanse, li rois, mes sires, ne sera hui mis au desoz por pooir que (f. 99a) Galehoz ait. Et ge li anvoierai dis glaives, don li fer sont tranchant et les hantes grosses et cortes et roides, don vos verroiz ancui mainte bele joste faire. Et se li anvoiera avec trois chevaus que ge ai mout boens et mout biaus, et seront tuit covert de mes armes. Et sachiez que [s']il velt faire son pooir, il les metra bien ancui toz trois a la voie."

Ensin devise messire Gauvains. Et la reine dit qu'il mant au chevalier ce qu'il voldra an son non, que ele l'otroie bien. Et la dame de Malohaut en est si liee que par un pou qu'ele ne vole, que or li est avis que ele ataint qanqu'ele avoit tozjorz chacié. Lors

---

[1] fu fu   [2] dex nen a merci et se

apele messires Gauvains la pucele qui lo message avoit porté, si l'anvoie au chevalier qui pense et li devise tot einsin com il avoit dit a la reine. Puis apele catre de[1] ses serjanz et comande as trois[2] qu'il moinent a ce chevalier trois de ses[3] chevaus toz coverz, et li carz li port une liace de dis lances,[4] les plus forz que il a. Atant s'an part la pucele et dit au chevalier ce que messires Gauvains et la reine li mandent, et les pressanz li baille. Et li chevaliers li demande:

"Damoisele, ou est ele, ma dame?"

"Sire, fait ele, laïssus en cele bretesche, et dames et damoiseles estre[5]. Et si i gist messires Gauvains malades. Et sachiez que vos seroiz ja mout bien esgardez."

Et li chevaliers li dist:

"Damoisele, dites a ma dame que ensi soit come li plaira. Et a monseignor Gauvain granz merciz me randez del presant."

Lors prant lo plus fort des glaives que li vallez portoit, et dit a els toz qu'il lo sivent. La damoisele prant congié et s'an revient, et dist a la reine et a monseignor Gauvain ce que li chevaliers lor[6] mande. Et la Dame de Malohaut ancomence a sorrire mout durement. Et li chevaliers[7] laisse corre tot contraval les prez o maint bon chevalier estoient ja[8] assenblé et d'une part et d'autre. Si avoit ja la bataille au roi Yder passee la lice et estoit (f. 99b) assemblee[9] a la bataille au Roi des Cent Chevaliers, si lo faisoient mout bien et li un et li autre. Et il eschive totes les meslees et fait sanblant qe nules n'an voie[10] et passe outre tot droit a la bataille que li Rois Premiers Conquis menoit, o il avoit bien vint mile chevaliers. Si lor adrece il la teste del cheval, et cuer et cors an volenté, et se fiert antre aus si tost comme li chevaus li pot aler. Et se fiert la ou il se cuide miauz son cop anploier, si que devant son glaive ne remaint riens que il consive, ne li chevaliers ne li chevaus, ainz fait voler tot an un mont; et ses glaives li peçoie. C'est acontre ont veü maint chevalier lo roi Artu: messires Kex li seneschaux et Sacremors li Desreez et Giflez, li filz Dué, et Yvains li Avoutres et messires Brandeliz et Gaheriez, li freres monseignor Gauvain. Cil sis venoient tot a desroi por faire d'armes, car pris d'armes et legieretez les portoit a onor conquerre, et toz li plus isniax n'i

---

[1] apele v de   [2] comande as catre   [3] chr la ses
[4] port en la place deus lances   [5] damoiseles ester   [6] chrs li mande
[7] durement et li un et li autre et il eschive totes les meslees et li chrs
[8] estoient la assenble   [9] estoit a (f. 99b) assemblee   [10] nan uoient et

cuidoit ja venir a tans. Et aprés ces sis en venoient bien cent, les hiaumes laciez, les hantes anpoigniees, tuit prest de bien faire. Et Kex li seneschaus, qui lo chevalier ot veü asenbler, apele les cinc qui avec lui estoient, si lor dist:

5 "Seignor, vos avez orandroit veü lo plus bel encontre qui onques fust faiz par un sol chevalier. Et nos somes tuit [ci] por enor et por pris gaaignier, ne ja mais an totes noz vies ne troverons si bien ou enploier chevalerie, se nos point en avons. Et orendroit m'enhatis ge de lui sivre, car il ne puet estre se trop preudom non. Et qui or 10 voura honor avoir, si me sive, car ge nel lairai hui mais se mort nel lais o mehaignié."

Atant hurte des esperons, et tuit li autre aprés. Et li Chevaliers Noirs, qui son glaive avoit peçoié, se fu lanciez fors et reprist un glaive de ses escuiers, si s'en revint grant aleüre a la meslee. Et 15 cil aprés venoient, si s'aponent a lui, si se fierent aprés lui an la bataille. Et il comence chevaliers et chevaus a abatre et a aporter escuz de cols et (*f. 99c*) arachier hiaumes de testes. Et il fait tant d'armes que tuit cil s'an mervoillent qui avec lui sont. Et cil qui sont contre lui s'en esbaïssent. Tant a fait que tuit li glaive sont 20 pecié et uns des chevaus morz que messires Gauvains li avoit envoié, car il chaï soz lui (et li escuiers l'an amena un autre et l'estraint mout durement); et la ou il estoit an la presse a pié, si vindrent li cent conpaignon ferant. Et uns de ses escuiers li amoigne un destrier, et il i saut es arçons et vint entre les autres 25 en la bataille come s'il n'i eüst hui mais esté, l'espee el poign. Et qant li conpaignon virent desoz[1] lui [lo cheval] covert des armes monseignor Gauvain, si s'an mervellierent mout et sorent bien que il estoit trop preudom, si lo siverent, tuit prest de proesce faire ou de morir a henor en sa conpaignie.

30 Lors comencerent a faire d'armes mout durement. Ne a cel tans ne prenoit mie chevaliers autre par lo frain, ne n'an feroient sor un ne dui ne troi; mais qui plus poit faire d'armes, plus an faisoit, s'il pooit un chevalier ferir ou deus ou trois o tant com il poïst. Ainsi faisoit li Noirs Chevaliers d'armes antre lui et sa 35 compaignie. Mes mout estoient a grant meschief, ne longuement n'i poïssient il pas durer, se ne fust une aventure qu'il i avint, que la bataille au Roi des Cent Chevaliers se desconfist, qu'il ne porrent plus durer au roi Yder. Si s'en aloient durement, si les anbatirent au Roi Premier Conquis. Si en ot li Rois des Cent

[1] desor lui

Chevaliers mout grant honte et grant duel, car androit soi estoit
il mout bons chevaliers et mout seürs. Illuec recovrerent li des-
confit qui mout troverent grant secors. Et mout estoient plus
que li autre, car il estoient an deus batailles plus de quarante
mile, et devers les compaignons monseignor Gauvain n'estoient
que quinze mile, si les orent derompuz a l'ansenbler.

Iluec parurent les granz proeces au Noir Chevalier, que il ne
consivoit chevalier que il (*f. 99d*) ne portast a terre maugré
suen. Il abatoit chevaliers et chevaus par cols de lances, et par
ferir d'espees, et au sachier par hiaumes et par pennes d'escuz,
et par anpoindre de lui [et] de son cheval. Il ne faisoit se mervoilles
non, et la ou il venoit, l'espee traite, sovant li avenoit que il ne
trovoit ou ferir an sa voie, car il lo fuioient tuit, car la ou il feroit
a droit[1] cop ne poit durer ne fers ne fuz, ne cors d'ome ne poit
sostenir ses cox. Et il seus lo faisoit si bien que toz sostenoit cels
devers lui et toz atandoit cels qui contre lui estoient. Et cil devers
lui lo faisoient mout bien, que por son bienfaire, que por les granz
proeces. Ensin tandoient tuit a lui, et tuit se mervoillent qui il est
por les granz proeces que il fait.

Mout lo fait bien li chevaliers, si an cort tant la parole amont[2]
et aval que par tote l'ost lo roi Artus ne parole l'an se de lui non,
ne an la Galehot autresin. Et dient tuit cil qui ses proesces ont
veües que neianz fu de celui d'antan as armes vermoilles envers
cestui.[3] Grant piece se contint ensi, et totes ores se contenoient
pres de lui li sis compaignon que li contes a nomez. Et lors fu
ses chevaus ocis desoz lui, et il saut maintenant an l'autre qui
amenez li fu. Et lors comança mout a empirier sa compaignie,
qui tote jor s'estoit tenue de lui aidier. Lors apele li seneschax
l'escuier qui lo cheval amena, et li dist:

"Amis, va tost a Hervi de Rivel, la ou tu voiz cele baniere bandee
d'or et de sinople, autant de l'un come de l'autre. Et se li di que
ge li mant que des or mais se doit plaindre de lui, et ge et toz li
mondes, car il laise morir lo meillor chevalier qui onques portast
escu a col. Et bien sache de voir que se cist i muert, la flors des
compaignons lo roi morra aveques lui. Et il qui secorre lo deüst
en sera tenuz (*f. 100a*) por[4] mauvais a toz les jorz de son
vivant."

Atant se part li escuiers et vient a Hervi, si li dit son message

---

[1] a desroi cop   [2] a mlt et aual
[3] vermoilles en ceste nuit grant   [4] por (*f. 100a*) por

de tot an tot. Et qant Hervix l'oï, s'an fu mout esbahiz et mout honteus, et dit:

"Dex aide, traïson ne fis ge onques, ne ja mais ne l'ancomencerai, car trop sui vieus."

Puis a dit a ses homes que il chevauchent serreement.

"Et tu va devant, dist il a l'escuier, si me di au seneschal que, se il puet tant soffrir que ge viegne an la place, il ne me tandra mie por traïtre."

Et li vallez s'an revint a Qeu et dist les paroles Hervi. Et Kex s'an rist, si a messaise com il estoit, et puis demande au vallet qui[1] li Noirs Chevaliers est. Et cil respont que il n'an set rien.

"Por coi, fait il, li a dont envoié messires Gauvains ses chevax?"

Et li vallez respont qu'il n'en sot plus qu'il li a dit.

Lors remist Kex son hiaume que il avoit osté et revint a la meslee mout aïrieement.

Atant ez vos Hervi de Rivel atote sa banierre. Et qant il asanblerent, si s'escrierent si durement que par toz les prez n'oïst l'en se Hervi non. Et messires Gauvains s'an rist, si malades com il est. Et cil se fierent an la meslee, les lances afichiees desoz les aiseles. Iluec fu granz la meslee, si i avoit maint cheval estraier et ocis, et maint chevalier abatu et ocis et navrez,[2] si veïssiez chevax fuir estraiers de totes parz les uns, et les autres[3] sor cors de chevaliers, et maintes beles armeüres gisanz a terre, qu'il n'estoit qui les an levast. La comença Hervix de Rivel a faire d'armes par devant Keu lo seneschal por les paroles qu'il li avoit mandees, si an fist lo jor plus que mestiers ne li fust a son aage et il avoit bien quatre vinz anz passez.

Mout lo firent bien[4] les genz lo roi Artus, mais li Noirs Chevaliers lo par faisoit trop durement bien. Ne onques, puis que Hervis fu assemblez, ne tindrent place les genz Galehot se petit non, et si avoient plus de gent bien lo quart. Mais si tost comme li rois de Vadahan vit que lor genz an (f. 100b) avoient lo peior, si les secorrut atote sa baniere, et vindrent a desroi si com il porent plus aler. Et lors furent a meschief les genz lo roi Artu, que por un des lor estoient dui li Galehot. Et qant il orent un po esté folé, si les secorrut li rois Aguisçanz. Et lors furent auques parigas, si soffrirent auques li un les autres. Et ja estoit li solauz mout hauz. Lors asenbla li rois Clamados, et li rois Yons ancontre lui.

[1] vallet ou li
[2] ocis et mainz autres si
[3] parz les uns et les autres et les autres
[4] Mlt soffrirent les

Ensin furent assanblees quatre batailles d'une part, et quatre d'autre. Si estoient bien vint mile plus devers Galehot que devers lo Noir Chevalier. Mais mout se tenoient bien li suen, et mout i avoient perdu li Gualehot, car trop avoient fait d'armes les genz lo roi Artu as comançailles. Et qant vint androit midi, si se desconfistrent mout les genz Gualehot. Et si estoient bien vint mile plus des autres, et si avoient totes ores lo plus lait. Mes se ne fust [li] bienfaires del Noir Chevalier, ja cil devers lui ne se tenissent. Mais il les esbaïsoit, toz ses enemis, par son bienfaire, si que il ne lor estoit pas avis que nule planté de gent ne lor poïst avoir mestier. Tant s'espoe[n]terent des mervoilles que il faisoit que li plusor tornoient lo dos et s'an aloient tot droitement as tentes mout laidement. Et qant Galehoz les vit, si s'en merveilla que ce pooit estre, car ce savoit il bien que li suen estoient plus; si vint ancontre les fuianz et demanda que ce estoit.

"Qoi, sire? fait uns chevaliers qui de tornoier n'avoit talant; qui merveilles voudra veoir, si aille la don nos venons, et il verra les greignors qui onques fussient veües ne ja mais soient."

"Coment? fait Galehoz; quex merveilles sont ce donques?"

"Quex, sire? fait il. La aval a un chevalier [qui] tot vaint por son cors; ne nus cors d'ome ne puet a lui durer, ne nus ne puet soffrir ses cox. Ne onques cil d'antan as armes vermoilles ne valut ancontre cestui une maaille. Ne (f. 100c) riens ne le[1] porroit lasser, car il ne fina des hui matin, et si est autresi fiers et fres com se il n'aüst onques armes portees."

"En non Deu, fait Galehoz, ce verrai ge par tans."

Lors vient a son grant conroi, si an sevre dis mile homes, et trente mile an remest. Et dist au roi Baudemagu:

"Gardez si chier comme vos avez vostre honor et moi que mes conroiz ne se mueve, se ge meïsmes, mes cors, ne vos i veign querre. Et vos, fait il as dis mile, vos tenez tuit coi a une part, loig des autres, tant que ge vaigne a vos."

Atant s'en vient an la bataille a tex armes com il avoit, et fait avec lui retorner toz les fuianz. Et ja estoient li[2] suen tel conreé qu'il se desconfisoient tuit. Mais qant Clamadex li rois les vit venir, si an reprist cuer et escria s'enseigne mout hautement et recovra iluec ses genz, si laisse corre a ses anemis mout durement. Et Galehoz comanda a cels que il amenoit que il se ferissient an aus tot a desroi, si tost com il porroient a esperon. "Et n'aiez

[1] ne les porroit   [2] si suen

garde, fet se il, que vos seroiz bien secorruz a toz bessoinz." Et cil laissent corre au comandement del preudome, si fierent antr'aus. Et lors recovrent tuit li lor, et mout fu bien escriee l'anseigne Galehoz, car li un et li autre cuideront que granz genz les aüsient secorruz. Ses aüssient mout durement tornees arriers les genz lo roi, se li Noirs Chevaliers ne fust. Mais il seus en prant si tot lo fais sor lui que il recuevre a toz les[1] besoinz et a toz meschiés, apareilliez[2] de deffandre et d'anchaucier. Illuec fu ses chevaus ocis soz[3] lui, et il vint a pié; et ce ert li darreains de ses chevaus. Et la presse fu granz antor lui, [que l'en ne pot mie meintenant avenir a lui] por remonter. La ou il estoit a pié, lo faisoit il si q'en ne lo pooit veoir coart ne pareceus, ainz est a toz abandonez autresi com uns estandarz. (f. 100d) Et il feroit destre et senestre sanz repox; s'espee ne fust ja veüe sanz cox doner; il detranchoit hiaumes, il decopoit escuz, il fausoit hauberz sor espaules ou seur braz de chevaliers, il faisoit mervoilles a veüe.

Qant Galehoz vit ces mervoilles que il faisoit, si se merveilla coment li cors d'un chevalier pooit ce faire, et dit a soi meïsmes que il ne[4] voudroit mie avoir conquises totes les terres cui sont desouz lo trone, par covant que uns si preudons fust morz par ses corpes. Lors feri lo cheval des esperons et se mist an la presse, lo baston en la main, por departir la meslee desor celui qui a pié estoit; si fist ses genz arriere traire a mout grant poines. Puis apela lo chevalier et dist:

"Sire chevaliers, or n'aiez garde."

Et cil respont mout hardiement que non a il.

"Savez, fait Galehoz, que ge vos dirai. Ge vos voil aprandre une partie de mes costumes. Et sachiez[5] que ge deffant a toz mes homes qe nus ne mete main a vos tant comme vos iestes a pié, ne nus outre vos ne chast. Mais se vos meusiez et vos laissesiez a faire d'armes par coardisse, ge ne vos aseüreroie mie d'estre pris. Mais tant comme vos porteroiz armes, ne tro[v]eroiz vos ja qui vostre cors preigne. Ne ja se vostre chevaus est morz, por ce ne vos esmaiez, car ge vos donrai chevaus tant comme vos an porroiz hui mais huser, et ge serai vostre escuiers hui tote jor. Et se ge ne vos puis lasser, don ne vos lassera nus hom vivant."

Lors descent do cheval, si lo baille au chevalier. Et cil i est montez sanz arest et revint a la meslee autresi vistement come se

---

[1] toz ses besoinz   [2] apareillier   [3] ocis sor lui
[4] nel voudroit   [5] sachief

Galehot sends in More Troops

il n'i eüst hui mais cop feru. Et Galehoz remonte an un cheval qui li fu amenez et vint an haut a son conroi, si prant a soi les dis[1] mile et dist que cil aillent asanbler avant.

"Et vos, fet il au roi Bademagu, vanroiz aprés, si n'asanbleroiz[2] mie (*f. 101a*) si tost comme cil seront assenblé. [Mais quant li dairain de la seront venu, lors si asanbleroiz. Et cil de la cuideront que totes mes genz soient venues, quant cil dis mile seront assenblé.] Et ge meïsmes vos vandrai querre.

Atant s'an part atot les dis mile, si les fait chevauchier toz desconreez et espanduz, l'un loing de l'autre, por sanbler que plus i eüst genz. Et quant il sont pres de la bataille, si fait soner ses cors et ses buisines, don il i avoit tant que toz li païs an trembloit. Quant li chevaliers les ot venir, si li sanbla que grant effort de[3] genz avoit la, si se traist pres des suens et les apela antor lui. Si lor dist:

"Seignor, vos iestes tuit ami lo roi. Ge ne vos sai nomer, mes mout iestes tenuz a preuzdome. Or i parra qui ert a droit loez."

Atant vindrent cil tuit desconreé. Et messire Yvains, qui les vit venir, comanda ses conroiz tot soef aler, et dist a ses genz[4] que tuit fussient aseür que "nos ne perdrons hui mais riens[5] par effort de genz que ge aie[6] veües encor". [Ce disoit il,] por ce que il cuidoit que ce fussient totes les genz Galehot. Messires Gauvains sot bien, tantost que il les vit des la ou il gisoit, que ce n'estoient il mie tuit.

Et qant li dis mile assanblerent, si fu mout granz la noise. Et cil les recuillent au plus viguerosement[7] que il porent. Mes [si] durement vinrent li Gualehot que maint[8] an abatirent a lor venir. Mais qant messires Yvains vint, mout les conforta; et mout an avoient grant mestier, car ja guerpissoient par tot place; si recovrerent a l'asenbler de monseignor Yvain. Et Gualehoz s'en reva arrieres a son conroi et comanda que il chevauchast si durement que onques mes nules genz si durement ne venissent.

"Et de tel aleüre, fait il, les alez ferir que ja nus n'en remaigne a cheval, car vos iestes tuit frec et fort et sejorné, ne n'avez portees armes puis que vos fustes ci venu. Or i parra come vos lo feroiz durement."

---

[1] xx mile   [2] asanbleroit   [3] des genz
[4] v. comanda tot soef ses conroiz et de totes parz que tuit
[5] nos nes passisiens par   [6] aies veues
[7] uigueresement   [8] que cil an

Atant chevauchent li conroi tot lo pandant. Et lor gent avoient ja mout lo poior, car mout lo font durement li compaignon (*f. 101b*) monseignor Yvain, et ses cors lo fait bien sor aus toz. Mais nus biens de lui ne d'autrui ne se prant au bienfaire del Noir Chevalier, mais cil lo fait bien sor toz homes. Mais qant li conroiz Gualehot vint, si chanja mout li afaires, car trop i avoit grant fes de gent. Si fu an lor venir li boens chevaliers portez a terre et li sis compaignon qui tote jor avoient esté si pres de lui. Lors vint Gualehoz poignant et le remonta el cheval o il meïsmes seoit, car li suens n'estoit preuz a son hués. Si tost com il fu remontez, si revint autresi vistement an la meslee com il avoit fait autre feiee, si comança a faire d'armes au tesmoign Gualehot meïsmes plus que nus hon ne poïst faire, si que tuit s'an esbaïssoient. Ensi dura ses bienfaires jusque a la nuit, n'onqes ne fu ores que il et ses genz n'eüssient lo plus bel de la bataille.

Quant vint a l'anuitier, si comancerent a departir et d'une part et d'autre. Et il s'an parti au plus celeement que il pot et s'en torna tot amont les prez antre lo tertre et la riviere. Et Gualehot, qui mout se prenoit garde de lui, l'an vit aler, si fiert aprés des esperons et lo siut de loig par l'adrecement do tertre tant que il lo vint ateignant aval. Si s'acosta de lui au plus belement que il pot, et dist:

"Dex vos beneïe, sire."

Et cil lo regarde an travers, si li a randu son salu a mout grant paine.

"Sire, fait Gualehoz, qui estes vos?"

"Biaus sire, uns chevaliers suis, ce poez veoir."

"Certes, fait Gualehoz, chevaliers iestes vos, li miaudres qui soit. Et vos iestes li hom el monde cui ge miauz voudroie honorer,[1] si vos sui venuz requerre an toz guerredons que vos venoiz hui mais herbergier o moi."

Et li chevaliers li dist, autresin comme s'il ne l'eüst onques mais veü:

"Qui iestes vos, sire, qui me priez de herbergier?"

"Sire, fait il, ge suis Gualehoz, li filz a la Jaiande, li sires de totes ces genz deça, vers cui vos avez hui desfandu lo roi Artu et ses genz, que ge avoie (*f. 101c*) mout bien an mon pooir; et conquis l'eüse se vostre cors ne fust."

"Comment? fait li chevaliers; vos iestes anemis monseignor

---

[1] honorer et plus si

lo roi Artu et si me priez de herbergier? Vos ne me herbergeroiz ja, se Deu plaist, an cest point."

"Ha! sire, fait Galehoz, ge feroie plus por vos que vos ne quidiez, et si ne l'ai mie hore a comancier. Et ancor vos pri ge, por Deu, que vos herbergiez anuit a moi par covant que ferai a devise quant que vos m'oseroiz requiere."

Atant s'arestut li chevaliers, si regarde Galehot mout durement, et dist:

"Certes, sire, premeterres estes vos mout boens. Ce ne sai ge do randre, coment il est."

Et Galehoz li respont:

"Sire, sachiez por voir que ge suis li riches home o monde qui moins promet. Et ancor vos di ge bien que, se vos an venez herbergier a moi, ge vos donrai ce que vos me demanderoiz. Et si vos an ferrai si seür com vos deviseroiz de vostre boiche."

"Sire, fait li chevaliers, vos iestes tenuz por mout preudom, et il ne seroit mie vostre honors de chose prometre don vos ne vossisiez an la fin aquiter vostre creant."

"Sire, fait Galehoz, n'an dotez ja, car ge n'an mantiroie, fait Galehoz, por tot lo reiaume de Logres gaignier. Et ge lo vos fiancerai comme leiaus chevaliers, car rois ne suis ge mie ancores, que vos donrai ce que vos me demanderoiz por avoir anuit mais vostre conpaignie. Et se plus la puis avoir, plus la prandrai. Et se vos de ma fiance n'avez assez, ge vos an ferai si seür comme vos voudroiz."

"Sire, fait li chevaliers, moi semble que vos dessirrez mout ma compaignie, se vostre corages est tex comme la parole. Et ge me herbergerai o vos mais enuit, mais vos me fianceroiz que vos me donroiz ce que ge vos demanderai. Et ancor autre seürté m'an feroiz, (f. 101d) se vos requier."

Ensin ont antre aus deus establiees lor covenances, et Galeholz li fiance ses covenances a tenir. Lors s'en vont andui as tantes. Et les genz lo roi estoient ja repairié as tantes. Et messires Gauvains en ot bien veü aler lo chevalier, si estoit mout angoisseus de ce que il s'an aloit. Et se il fust haitiez, il i eüst mise mout grant paine an lui ramener. Si avoit mandé au roi qe il venist a lui, car il li voloit dire que il alast aprés lo chevalier tant que il lo retenist. La o il atandoit lo roi, il regarde contremont les prez et voit venir Galehot, son destre braz sus lo col au chevalier, si l'an menoit entre lo tertre et la riviere, que les genz lo roi Artus lo veïssient. Et qant messires Gauvains les vit, si sot bien que Galehoz l'avoit retenu, et dist a la reine, qui laianz estoit:

"Ha! dame, dame, or poez vos bien dire que nostre home sont desconfit et mort. Vez c'a conquis Galehoz par son savoir."

5 Et la reine esgarde, si voit lo chevalier que Galehoz en moine, si est tant anragiee que ele ne puet un mot dire de sa boiche. Et messires Gauvains refit tel duel que il s'est trois foiz pasmez an moins d'ore que l'an n'alast lo giet d'une menue pierre. Et li rois venoit laianz, si oï lo cri que chascuns disoit: "Morz est.
10 Morz est." Et si vint devant lui et l'anbraça am plorant, si lo comança mout doucement a apeler, si revint messires Gauvains de pasmoisons. Quant il vit lo roi, si lo comença mout durement a blasmer, et dist:

"Sire, or est venuz li termes que li clerc vos distrent. Esgardez
15 quel tressor vos avez perdu. Cil vos toudra terre qui hui tote jor la vos a garantie par son cors. Et se vos fussiez prodon, vos l'aüssiez retenu autresi com a fait li plus prodom qui vive, qui devant vos l'an moine, ne ne li fist onques se nuire non. Et vos l'avez laissié qui vos a rendue honor et terre. Ensi se (*f. 102a*)
20 mostrent bien li preudome, la ou il sont."

Lors voit li rois lo chevalier que Galehoz en menoit, s'an ot li rois tel duel que par un pou qu'il ne chaï, ne de plorer ne se pot tenir. Mais il fist [lo plus bel semblant qu'il pot] por son neveu reconforter; et si tost com il pot, s'an vint a son tref et si
25 fist grant duel a desmesure. Et autresi faissoient tuit li preudome, chascuns androit soi. Granz est li diaus an l'ost lo roi del boen chevalier que Galehoz an moine. Et il totesvoies chevauchent. Et qant il vienent pres de l'ost, si apele li chevaliers Galehot et li dist:

"Sire, ge m'en vois o vos. Mes ge vos requier, ainz que ge
30 antre an vostre ost, qe vos me façoiz parler as deus omes o monde o vos plus vos fiez."

Et il li otroie. Lors s'en part Galehoz et dit a deus de ses omes:

"Venez aprés moi, si verroiz encor anuit lo plus riche ome do monde."

35 Et cil li dient:

"Coment, sire? N'iestes vos donques li plus riches om do monde qui soit?"

"Nenil, fait il, mais gel serai ainz que ge dorme."

Cil dui furent li Rois des Cent Chevaliers et li Rois Premiers
40 Conquis, ce estoient li dui home o il plus se fioit. Et qant il virent

lo chevalier, si li firent mout grant joie, car il lo conurent bien par ses armes. Et il lor demanda qui il estoient, et il se nomerent, ensi com vos avez oï. Et il lor dist:

"Seignor, vostres sires vos fait grant enor, car il dit que vos iestes li dui ome que il plus croit. Et antre moi et lui avons une covenance que ge voil que vos oiez, car il a fiancié que por herbergier o lui enuit me donra ce que ge li demanderai. Et demandez li."

Et il dit que ce est voirs.

"Sire, dit li chevaliers, ge voil ancor avoir la seürté de ces deus prodomes."

Et Galehoz l'otroie.

"Et dites, fait il, coment."

"Il me fienceront que, se vos me failliez de cest covant, il guerpiront vos et s'an venront a moi, la ou ge voudrai; et seront an vostre nuissement et an m'aide, et a moi devront ce que il vos doivent (*f. 102b*) orandroit, et a vos devront ce que il me doivent ores come a lor anemi mortel."

Galehoz lor comande a fiancier. Et li Rois des Cent Chevaliers, qui ses seneschaus et ses cosins germains estoit, li dit:

"Sire, vos iestes si preudom et si sages que vos devez bien savoir que vos nos comandez, car ce est trop grant chose a faire."

"Ne vos antremetez ja, fait Galehoz, car ansi me plaist, et ge sai mout bien que ge faz. Mais fianciez li ansi comme ge li ai creanté."

Et il l'a devisé. Et il li fiancent andui. Lors apela Galehoz lo Roi Premier Conquis a une part et si li dit:

"Alez avant, et si dites a toz mes barons de par moi que il soient orendroit a m'encontre et veignent si annoreement com il porront plus. Et si lor dites combien j'ai annuit gaaignié. Et gardez que an mon tré soient tuit li deduit que l'an porra trover an tote l'ost."

Lors s'an va cil, ferant des esperons, et fist lo comandement son seignor. Et Galehoz retient lo chevalier grant piece[1] an paroles antre lui et son seneschal tant que ses comandemenz pot estre faiz. Si ne demora gaires que il lor vint a l'ancontre deus cenz chevaliers qui tuit estoient home Galehot, si en estoient roi li vint huit, et li autre estoient duc et conte. La fu li chevaliers annorez et conjoïz, que onques si grant joie ne fu faite par un home sol mesqueneü com an fist de lui a cele foiz. Et disoient tuit, grant et petit: "Bienveigne la flors des chevaliers do monde", si que li chevaliers en avoit grant honte. Ensi s'en vienent jusque au

---
[1] grant pience

tré Galehot, si ne porrient mies estre conté li deduit ne li esbatemenz qui laianz est.

    A tel joie fu receüz li chevaliers et annorez. Et qant il fu desarmez, Galehoz li fist aporter une robe mout bele et mout riche, et il la vesti mout efforciez. Qant il fu tans, si mangerent. Aprés fist faire Galehoz an sa chanbre quatre liz, un mout grant (*f. 102c*) et mout large et mout haut, et l'autres mains grant, et li autre dui qui furent d'un grant mout menor que li autre. Et qant li liz fu atornez de totes les richeces qui an lit porroient estre mises, et ce fu por lo cors au chevalier. Et qant vint au couchier, si li dist Galehoz:

    "Sire, vos gerroiz an ce lit laïsus."

    "Sire, dist li chevaliers, qui gerra donc an ces autres?"

    "Sire, fait il, mi serjant i gerront qui vos feront conpaignie. Et ge gerrai en une chanbre dela, por ce [que] vos seroiz ci plus an pais et plus a aise."

    "Ha! sire, por Deu, ne me faites mies plus haut gesir des autres chevaliers, car tant ne me devez vos mie avilener."

    "N'aiez garde, faisoit ce Galehoz; ja de chose que vos façoiz por moi ne seroiz[1] tenuz por vilains.[2]

    Atant s'an part Galehoz. Et li chevaliers commança a penser a la grant ennor que Galehoz li a fait, si lo prise tant an son cuer com il puet plus. Et qant il est couchiez, si s'andort mout tost, car trop iere las. Et qant Galehoz sot que il estoit andormiz, si se coucha delez lui au plus coiement que il pot, et deus de ses chevaliers es autres deus; ne laianz n'ot plus de totes genz. La nuit dormi li chevaliers mout durement et tote nuit se plaignoit an son dormant. Et Galehoz l'ooit bien, car il ne dormoit gaires, ainz pensa tote nuit a retenir lo chevalier. Au matin se leva li chevaliers et oï messe. Et ja estoit Galehoz levez coiement, car il ne voloit que li chevaliers s'aparceüst. Et quant il orent messe oïe, si demanda li chevaliers ses armes. Et Galehoz li demanda por quoi. Et il li dist que il s'an iroit. Et Galehoz li dist:

    "Biaus dolz amis, remenez encores. Et ne quidiez pas que ge vos voille decevoir, car vos ne savroiz ja rien demander que vos n'aiez por remanoir. Et sachiez que vos porriez bien compaignie avo(*f. 102d*)ir de plus riche home que ge ne sui; mais vos ne l'avroiz ja mais a home qui tant vos aint. Et puis que ge feroie plus por vostre compaignie avoir que toz li monz, bien la devroie donc avoir sor toz les autres."

[1] seroit   [2] vilains uilains

Galehot agrees to Surrender in Victory

"Sire, fait li chevaliers, ge remanrai, car meillor compaignie de la vostre ne porroie ge pas avoir. Et ge vos dirai orrandroit lo don par quoi ge remanrai. Et se ge ne l'ai, por noiant parleroiz de remanoir."

"Sire, dist Galehoz, dites seürement et vos l'avroiz, et se ce est chose don ge soie puissanz."

Et li chevaliers apele les deus qui ploige sont, et dit par devant aus:

"Sire, ge vos demant que si tost com vos seroiz au desseure[1] do roi Artu, que devers lui n'avra mais nul recovrier, si tost comme ge vos en semondrai, que vos li ailliez crier merci et vos metez outreement en sa menaie."

Quant Galehoz l'antant, si est toz esbahiz[2] et commence a penser. Et li dui roi li dient:

"Sire, a que pensez vos? Ci androit n'a pensers mestiers. Vos avez tant correü que il est neianz do retorner."

"Comment? dist il; cuidiez vos qe ge bee a repentir? Se toz li monz estoit miens, si li oseroie ge tot doner. Mais ge pensoie au riche mot que il a dit, que onques mais home ne dist si riche. Sire, dist il, ja ne m'aïst Dex, se vos ne l'avez, lo don, que ge ne porroie rien faire por vos o ge poïsse honte avoir. Mais ge vos pri que vos ne me tolez vostre conpaignie por autrui doner, des que ge feroie plus por vos avoir que nus."

Et li chevaliers li creante. Ensi remaint. Et li mangiers est toz prez por mangier. Et mout font grant joie an l'ost del chevalier qui remés est; et cil qui les covenances ne savoient en l'ost lou roi Artu en font grant duel.

Ensi passe celui jor. Et l'andemain Galehoz et ses compainz se sont levé, si vont oïr messe. Et Galehoz li dist:

"Sire, il est hui jorz d'asembler. Voudroiz vos armes porter?"

Et il respont que oïl.

"Donc vos pri (*f. 103a*) ge, fait Galehoz, que vos portez les moies armes por commancement de compaignie."

Et il respont:

"Mout volentiers, mais vos ne porterez pas armes comme serjanz."

"Non, vostre merci," fait Galehoz.

Lors firent aporter les armes, si an armerent lo chevalier de totes fors do hauberc et des chauces qui trop estoient granz et

---

[1] au desseurer   [2] toz esbohiz

lees. Lors s'armerent les genz Galehot comunement, et les lo roi Artu autresi. Et passerent la lice autresi de tex i ot. Et s'avoit deffandu li rois que nus d'aus ne pasast l'eive, que il avoit peor d'estre desconfiz, et tot por lo boen chevalier que il avoit perdu.
5 Mais nule deffanse ne pot tenir les legiers bachelers que il ne passisient l'eive, si i ot an po d'ore bones jostes par mainz leus et de dures meslees. Si commancierent ansi a asenbler et d'une part et d'autre, que qant les genz Galehot [virent] que li lor an avoient lo poior, si les secorroient; et autretel faisoient les genz lo roi
10 Artu. Si asanblerent ansi totes les genz or ansanble devant la lice, et commancerent a faire d'armes la gent lo roi Artu mout durement. Et li rois estoit a son estandart avec soi quatre chevaliers prisiez cui il avoit conmandé la reine a mener a sauveté, se il veoient que a desconfiture tornast.
15 Qant totes les genz lo roi Artu furent assenblees, lors vint asanbler li bons chevaliers, armez des armes Galehot, si cuida chascuns qui lo veoit que ce fust Galehoz. Et disoient tuit: "Veez Galehot, veez Galehot." Mais messires Gauvains lo conut et dit:
 "Ce n'est pas Galahot, ainz est li bons chevaliers qui avant
20 ier porta les noires armes. Jo conois bien."
 Et ansi dist messires Gauvains. Si tost com il fu asenblez, onques puis la gent lo roi ne se tint se petit non, car mout estoient desconforté do bon chevalier qui ancontre aus estoit; si furent an po d'ore mené jusque a la lice, car trop (*f. 103b*) grant gent
25 furent devers Galehot. Au passer de la lice se tinrent une grant piece de tex i ot, et mout soffrirent. Mais li soffrir n'i pot onques rien valoir, car trop sont a grant meschief. Granz fu l'angoisse as genz lo roi Artu [de sostenir la meslee au passer de la lice. Et dit li contes que li bons chevaliers n'ot mie mains de painne a
30 retenir les genz Galehot, qu'il ne passasent outre, qu'il avoit eü a l'enchaucier les genz lo roi Artu,] et neporqant mout les avoit deportees li bons chevaliers. Et qant outre les ot a force mis, il remest anmi lo pas por les autres retenir qui tuit desvoient d'aler outre. Lors esgarde entor lui, si commança a huchier Galehot a
35 haute voiz. Et il vint ferant des esperons et dist:
 "Biau douz amis, que volez vos?"
 "Qoi? fait il. Ge voi[l] mervoilles."
 "Dites, fait Galehoz, seürement."
 "Sire, dist li chevaliers, est assez?"
40 "Oïl, certes, fait Galehoz. Dites vostre plaisir."

"Sire, dist li chevaliers, covant me tenez, car or est leus."

"En non Deu, fait Galehoz, ce ne me grieve rien quant il vos plaist."

Donc hurte des esperons droit a l'estandart o li rois estoit, qui par un po ne crevoit de duel de ses genz que il veoit desconfites. Si estoit ja la reine montee, si l'an menoient li quatre chevalier au ferir des esperons, car il n'avoient mais nul[1] recovrier, et monseignor Gauvain en voloient il porter en litiere. Mais il dist[1] que il voloit miauz morir en cel leu que ensi veoir tote joie morte et tote enor honie. Si se pasmoit[2] si menuement que chascuns qui lo voit quidoit bien que il morist maintenant. Et quant li bons chevaliers an voit aler Galehot et faire si grant meschief por lui, si cuide bien et dit que nus si bons amis ne si veritable compaignon n'ot onques mais. Si an a si grant pitié que il an sospire do cuer aval et plore des iauz de sa teste soz lo hiaume, et dit entre ses danz:

"Biau sire Dex, qui porra ce deservir?"

Galehot chevauche jusque a l'estandart et demande lo roi Artu. Et cil vient avant toz esmaiez, comme cil qui tote enor terriene quidoit perdre outreement. Et quant Galehoz lo voit, si li dist:

"Venez avant, et n'aiez (*f. 103c*) garde, car ge voil a vos parler."

Lors commancierent tuit a dire: "C'est Galehoz". Et li rois se merveilla qui ce pooit estre, si vint avant. Et des si loin com Galehoz lo voit, si descent do cheval a terre, si s'agenoille et joint ses mains, et dit:

"Sire, ge vos vain faire droit de ce que ge vos ai meffait, si m'an repant et m'an met an vostre merci outreement."

Quant li rois l'antant, si an a grant joie et an tant vers lo ciel ses mains, et tant en est liez que il ne lo puet croire, et neporqant bele chiere fait et mout s'umilie vers Galehot. Et Galehoz se relieve de genoz ou il estoit encore. Et lors s'antrebaissent et s'antrefont mout grant joie. Et Galehoz li dist:

"Sire, faites vostre plaisir de moi et ne dotez mie, car ge metrai mon cors an vostre sais[i]ne, la o vos plaira. Et se vos volez, ge irai mes gent traire arriere et revenrai a vos."

"Alez donc, fait li rois, et par tens revenez, car ge voil mout a vos parler."

Atant vient Galehoz a ses genz, si les an fait aler arieres. Et li rois Artus anvoie tantost aprés la reine, qui mout s'an va grant

---

[1] nule esperance en monseignor G. ainz uoloient il aler issi an pais . et il dist
[2] se pansoit si

duel faisant, si la chacent tant li message que il l'ateignent et li content la grant joie qui avenue li est. Et ele ne lo puet croire tant que ele ot les anseignes que li rois li mande veraies, et lors s'an retorne a mout grant joie. Tant corrent les novelles de la
5 pais que messires Gauvains les set, car li rois meïsmes de sa boche li dist. Et il en a joie sor toz homes et dist:
"Sire, coment a ce esté?"
"Certes, fait li rois, ge ne sai. Tex a esté li plaisirs Nostre Seignor."
10 Mout est granz la joie lo roi, et se mervoille mout chascuns comment ce pot avenir. Et Galehoz an a ses genz anvoiees et dist a son compaignon:
"Biau dolz conpainz, que volez vos que ge face? Ge ai fait vostre comandement, et li rois m'a dit que ge retor a lui. Mais
15 ge vos convoierai jusque a noz tantes et vos ferai une piece conpaignie, car petit vos en (*f. 103d*) ai fait, et au roi recoverrai ge bien."
"Ha! fait li chevaliers, sire, vos an irez au roi et li portez totes les compaignies que vos porroiz, car por moi avez vos deservi et
20 fait [plus] que ge ne porroie deservir. Mais itant vos pri, por Deu, que nule riens vivanz ne saiche ou ge suis."
Et Galehoz li creante. Ensi s'en vienent parlant jusque a lor tantes. Si s'escria par tote l'ost que faite est la pais et coment, si an sont dolant li plusor, que miauz amassent la guerre. Atant des-
25 cendent li dui compaignon. Et quant il furent desarmé, si se vest Galehoz de ses meillors robes por aler a cort par lo congié de son conpaignon, et fait crier par tote s'ost que qui s'en[1] voura aler, si s'en aille, fors ces qui sont de son ostel. Aprés apele les deus rois a cui il se fioit tant, si lor baille son compaignon et lor
30 prie que il an facent autretant com il feroient de lui. Atant s'an vient a cort. Et li rois fu ja desarmez, si li vait ancontre et il et la reine, qui venue estoit, et la dame de Malohaut et dames et damoiselles assez. Aprés s'en vont an la bretesche ou messires Gauvains estoit malades. Et quant il set que Galehoz vient, si s'esforce
35 mout de bele chiere faire, por ce que il ne l'avoit onques mais veü de pres.[2] A l'asenbler salue li uns des deus l'autre. Si li dist messires Gauvains:
"Sire, bien soiez vos venuz, comme li hom do monde que ge dessirroie plus a avoir l'acointement ansi comme ge lo voi

[1] sen/san v. [2] mais ne de pres

orandroit. Et mout vos devez prisier, que vos iestes li hom el monde plus a droit loez et qui plus est amez de sa gent. Et ge cuit que nus ne set si bien conoistre prodome comme vos faites; et bien i a pareü."

Ensi parole messires Gauvains. Et Galehoz li demande coment il li esta. Et il dit:

"Sire, j'ai esté mout pres de mort, mais la granz joie de l'amor qui entre vos et monseignor lo roi est m'a tot gari, car nus ne deüst avoir santé ne joie, la o si grant haïne fust[1] antre les deus plus (*f. 104a*) preudeshomes do monde."

Mout font grant joie de Galehot antre lo roi et la reine et monseignor Gauvain, et mout ont lo jor parlé de plusor choses et d'acointemant. Mais do Noir Chevalier ne tienent nules paroles, por ce que trop seroit tost, ainz gastent lo jor an conjoïr li uns l'autre tant que vient a l'avesprir. Et lors demande Galehot congié de ses genz aler veoir. Et li rois li done. "Mais vos revenroiz ja," fait il. Et cil l'otroie, si s'en revient a son compaignon et li demande coment li a puis esté. Et il li respont: mout bien. Et Galehot li dit:

"Sire, que ferai ge? Li rois m'a mout proié qe ge retor a lui, et il me seroit mout grief de vos laissier an cest point."

"Ha! sire, fait li chevaliers, por Deu merci, vos feroiz ce que messires li rois voudra, car sachiez que onques plus prodome de lui n'acointastes. Mais ge vos voil un don requerre que vos lo me donez par vostre preu et por lo mien."

Galehoz li dist:

"Demandez qanque vos voudroiz et vos plaira, car ge ne vos escondirai ja mais. Plus vos ai ge anmé que terriene anor."

"Sire, fait il, granz merciz. Vos m'avez doné que vos ne me demanderoiz mon non devant que ge lo vos die, o ge ou autres por moi."

"Et ge m'an tanrai atant, fait Galehoz, puis que vos lo volez. Et si fust ce la premeraigne chose que ge vos demandasse, mais ge no quier savoir devant que vostre volentez i soit."

Lors li demande li chevaliers do contenement lo roi Artu et de sa conpaignie, mais il ne nome mies la reine. Et Galehoz li respont que mout est prodom li rois.

"Et mout me poise, fait il, que ge ne lo conois pieç'a autretant com ores faz, car mout me fusse amandez. Et madame la reine par

---

[1] haine saust antre

est si vaillanz que onques Dex ne fist (*f. 104b*) plus vaillant dame de li."

Et qant li chevaliers oï parler de la reine, si s'anbruncha et comance a penser si durement que toz s'an oblie. Et Galehoz lo regarda, si voit que les lermes li sont venues as iauz et a grant poine se tient que il ne plore. Et cil se mervoille mout et comança a parler d'autre chose. Et qant il ot parlé longuement, si li dist li chevaliers:

"Alez, sire, si faites a monseignor Gauvain et lo roi conpaignie, et si escotez se vos orroiz de moi nules novelles ne nules paroles. Et demain si me diroiz ce que l'an vos an avra conté de moi."

"Volentiers, sire," dist Galehoz.

Lors l'acole et baisse an la face et lo commande a Deu, et dit as deus rois qu'il lor baille comme lo cuer de son vantre.

Ensi[1] s'an va Galehoz. Et li chevaliers remaint an la garde as deus prodomes qui tant l'annorent com il plus puent. Cele nuit jut Galehoz ou tref lo roi, [et li rois] meïsmes [i] jut, et messires Gauvains, qui aporter s'i fist, et messires Yvains et autre chevaliers assez. Et la reine jut an la bretesche o messires Gauvains avoit jeü malades, et la dame de Malohaut, qui ne fait s'espier non et antandre coment les choses se prandront; et si i ot autres dames et damoiseles mout.

Et li chevaliers qui estoit remés en la garde des deus rois, ne fait mies a demander s'il fu annorez, car an faisoit assez plus de lui qu'il ne vousist, et mout an avoit grant amaance et grant angoisse. La nuit jurent li dui roi o tref Galehot por amor do chevalier, et li firent antandant que il gerroient autresi com Galehoz avoit fait la premiere nuit, qu'il ne s'aparceüst, car il n'i geüst por nule rien. Au comancement dormi li chevaliers mout durement. Et qant ce vint aprés lo premier some, si se comança a torner et a retorner. Et ne demora gaires que il commança un duel si grant que tuit cil s'en esvoillent qui devant lui gisoient. Et il ploroit si espessement comme l'aive li pooit plus espessement venir as iauz, mais au plus que il pooit se gardoit d'estre (*f. 104c*) oïz. Et an son plor disoit sovant: "Ha! las, chaitis! que porrai faire?" Mais ce disoit il mout bas. Tote nuit dura ses diaus et ceste angoisse. Et au matin, a l'ajorner, se leverent li dui roi au plus coiement que il porent; et mout se mervoillent durement que cil chevaliers pooit

---

[1] Cnsi san

avoir qui si grant duel a fait. Et d'autre part refu Galehoz mout matin levez et fu venuz a son tref veoir son compaignon, si trova les deus rois levez, si lor demanda que faisoit ses compainz. Et il li content lo grant duel que il avoit tote nuit mené. Et qant il l'ot, si an est mout durement esbahiz et mout dolanz. Lors va an la chanbre o il gisoit. Et cil l'oï venir, si tert[1] ses iauz, car il ploroit autresi durement com il avoit miauz ploré la nuit. Et quant Galehoz l'oï, qu'il ne disoit mot, si s'en issi fors, car il cuida que il dormist. Aprés ce ne demora gaires que li chevaliers se leva. Et quant il fu levez, si vient Galehoz devant lui, si vit que il ot les iauz roiges et anflez, et il meïsmes estoit si anroez que a poines pooit dire mot. Et li drap desoz lui estoient si moillié desoz son chief comme s'il fussient trait de l'aive, car mout avoit ploré. Et neporqant mout s'esforce de bele chiere faire et se lieve encontre Galehot. Et cil lo prant par la main, si lo trait sol a sol a une part et li dit:

"Biau compainz, por quoi vos ociez vos ensi? Dont vos vient cist diaus que vos avez tote nuit mené et fait?"

Et cil lo li nie mout et dist que ensi se plaint il sovant an son dormant.

"Certes, fait Galehoz, ainz pert mout bien a vostre cors et a voz iauz que vos avez mout grant diau mené. Mais por Deu vos pri que vos me dites l'achoison. Et bien sachiez que nule si granz mesestance n'est don ge ne vos aït a giter se nus hom consoil i puet metre."

Et qant il l'ot, si est si engoissos que il ne li puet mot dire, si s'aquiaut (f. 104d) a plorer si tres durement comme se il veïst la rien morte el monde que il plus amast, et fait tel duel que par un po que il ne se pasme. Et Galehoz lo cort panre entre ses braz, si li baise la boche et les iauz, et lo conforte mout durement, et li dit:

"Biau dolz amis, dites moi vostre mesestance, que il n'a el monde si haut home, se il vos a anui porchacié, que vos n'en aiez vanjance a vostre volenté." Et il dist que nus ne li a rien forfait.

"Biau dolz amis, por quoi menez vos donques si grant dolor? Poise vos il de ce que ge ai fait de vos mon seignor et mon compaignon?"

"Ha! sire, por Deu merci, vos m'avez plus fait assez que ge ne porroie deservir, ne rien ne me met a malaaise que mes cuers,

[1] si tuert ses

qui a totes paors que cuers mortex puisse avoir, si dot mout que vostre debonairetez m'ocie."

De ceste chose est Galehoz mout a malaise, si conforte son conpaignon a son pooir. Après alerent oïr messe. Et qant vint que li prestres ot faite les trois parties do cors Damedeu, Galehoz se trait avant et prist son compaignon par la main et li mostre les trois parties que li prestres tenoit entre ses mains, et li dit:

"Sire, donc ne creez vos que ce soit li cors Nostre Seignor?"

"Sire, fait li chevaliers, mout lo croi ge bien."

"Biaus amis, fait Galehoz, or ne me dotez donc mies,[1] que par ces trois parties que vos veez de char an sanblance de pain, ja ne ferai mais an ma vie chose qui vos poist, ne qui vos anuit. Mais totes les choses que ge savrai qui vos plairont, ges porquerrai a mon pooir."

"Sire, fait il, granz merciz; trop en avez fait. Ce poise moi, car lo pooir del deservir ne voi ge mie."[2]

Lors atandent jusq'après la messe. Et lors redemanda Galehoz a son conpaignon que il fera.

"Sire, fait il, vos ne lairoiz mies monseignor lo roi, ainz irez lui faire compaignie. Et se vos oez parler de moi, si me celez (*f. 105a*) ansi com ge vos ai prié."

"Sire, dist Galehoz, n'en dotez ja, que ja rien que vos voilliez celer ne sera par moi descoverte."

Atant s'an part de lui, si lo rebaille as deus prodomes, qui mout [l]'aimme[nt]. Et il s'an va an la cort lo roi Artu, si font tuit de lui si grant joie com il plus puent. Et qant vint aprés disner, si i furent antre Galehot et lo roi et la reine apoié a la couche o messires Gauvains gisoit, et tant que messires Gauvains dist a Galehot:

"Sire, sire, or ne vos poist mies d'une chose que ge vos demanderai."

"Certes, fait Galehoz, non fera il.

"Sire, cele pais qui est entre vos et mon seignor, par la rien que vos plus amez, par cui fu ele faite?"

"Certes, fait Galehoz, vos m'an avez tant conjuré que ge ne vos an mantirai mie. Uns chevaliers la fist."

"Et qui est il?" fait messires Gauvains.

"Si voirement m'aïst Dex, fait Galehoz, ge ne sai qui."

---

[1] donc mies donques que

[2] fait. et dex me doint lo pooir del deseruir . ne uoi ge mie que uos auez fet lors

"Fu ce cil, fait la reine, au noires armes?"

"Tant, fait messires Gauvains, an poez vos bien dire, s'aquiter vos volez."

"Sire, fait Galehaz, ge me suis aquitez de ce que vos me conjurastes, quant ge vos ai dit que ce fu uns chevaliers, ne plus ne vos an dirai ore. Ne ge ne vos en eüsse rien dit se vos ne m'aüsiez conjuré la rien el monde que ge plus amoie. Et sachiez que la riens que ge plus ain fist la paiz."

"Por Deu, ce dit la reine, ce fu li Chevaliers Noirs, mais faites lo nos veoir."

"Qui, dame? Certes, dame, ge lo vos puis si mostrer comme cil qui rien n'an sai."

"Taisiez, fait ele. Il remest a vos, et ier porta il voz armes."

"Dame, fait il, c'est voirs, mais ge ne lo vi onques, puis que ge parti a la premiere foiz de mon seignor."

"Coment? fait li rois; ne lo conoissiez vos mie, celui as armes noires? Et ge quidoie que il de vostre terre fust."

"Si m'aïst Dex, non est, sire," dist Galehoz.

"Sire, fait li rois, ne de la moie n'est il mie, car ge n'oï pieç'a parler de chevalier perdu[1] don l'an ne saüst anseignes.

(*f. 105b*) Mout tienent Galehot an grant antre lui et la reine de savoir lo non au Noir Chevalier, mais plus n'an puent traire. Et messires [Gauvains] crient que il ne li anuit, si dist au roi:

"Sire, or en laissiez ester la parole atant, que certes prodom est li chevaliers, qui que il soit. Ne an cest mont n'a chevalier [cui ge tant vousise resembler.]

Mout loe messires Gauvains lo chevalier.] Et qant tuit an ont la parole laisiee, si la reprant Galehoz et dit au roi:

"Sire, sire, veïstes vos onques plus prodome de celui au noir escu?"

"Certes, fait li rois, ge ne vi onques chevalier de cui j'anmasse tant la conoissance por chevalerie qui an lui fust."

"Non? fait Galehoz. Or me distes donc, par la foi que vos devez madame qui ci est ne monseignor Gauvain, combien voudriez vos avoir doné an sa compaignie [avoir] a tozjorz."

"Si voirement m'aïst Dex, fit il, ge li partiroie parmi qanque ge porroie avoir fors solement lo cors a ceste dame, don ge ne feroie nule part."

"Certes, fait Galehoz, assez i metriez. Et vos, fait il, messire

[1] chr preu

Gauvain, se Dex vos doint ja mais la santé que vos dessirrez, quel meschief feriez vos por avoir tozjorz mais un si prodome?"

Et messires Gauvains pansa un petit, comme cil qui ja mais ne cuidoit avoir santé.

5 "Se Dex, fait il, me doint la santé que ge desir, ge voudroie orendroit estre la plus bele damoisele do mont saine et haitiee, par covant que il m'amast sor tote rien, ausin bien com ge l'ameroie."

"Certes, fait Galehoz, assez i avez offert. Et vos, dame, fait il, par la rien que vos plus amez, que an feriez de meschief par covant 10 que uns tex chevaliers fust tozjorz an vostre servise?"

"Par Deu, fait ele, messires Gauvains i a mis toz les offres que dames i puent metre, ne dame ne puet plus offrir."

Et il comancent tuit a rire.

"Et vos, dist messires Gauvains, Galehot, qui toz nos en avez 15 anhastiz, [que i voldriez vos avoir mis,] par lo sairement que ge vos jurai gehui?"

"Et si m'aïst Dex, j'an voudroie avoir tornee ma grant honor a honte, par si que ge fusse a toz($f.$ $105c$)jorz ausi seürs de lui comme ge voudroie que il fust de moi."

20 "Se Dex me doint joie, fait messire Gauvains, plus i avez offert que nus de nos."

Et lors pensa messires Gauvains que c'estoit li Noirs Chevaliers qui la paiz avoit faite de aus deus, et que por lui avoit Galehoz s'anor tornee a honte, la o il vit que audeseure[1] estoit do tot; 25 sel conseilla a la reine que ansi estoit (et ce fu la chose dont Galehoz fu plus prisiez), ne nel[2] pooient antr'aus preu esgarder. Mout tinrent longuement parole do Noir Chevalier. Et la reine se drece au chief de piece et dit que ele s'an viaut aler an la bretesche monseignor Gauvain ou sa chanbre estoit. Et Galehoz la convoie. 30 Et qant il furent amont, si prant la reine Galehot a consoil, si li dist:

"Galehot, ge vos ain mout et se feroie plus por vos que vos ne cuidiez, espooir. Et il est voirs que vos avez lo bon chevalier an vostre compaignie et an vostre baillie, et par avanture il est 35 tex que gel conois bien. Si vos pri si chier comme vos avez m'amor, par covant que qanque ge porrai ja mais faire por vos metrai an abandon et an vostre baillie, que vos faites tant que ge lo voie."

"Dame, fait Galehoz, ge n'en ai encor nule saisine, que onques puis [ne lo vi] que la pais fu faite de moi et de monseignor lo roi."

[1] audeseurer   [2] ne les pooient

"Certes, fait la reine, ce ne puet mies estre que vos ne sachiez bien o il est."

["Dame, fait il, ce puet bien estre.] Et s'il estoit ores a mon tref, si covanroit il autre volenté que la vostre ne la moie, anteimmes ce que il n'i est mies orendroit en ceste terre."

"Et ou est il? fait la reine. Tant me poez vos bien dire."

"Dame, fait il, ge cuit qu'il soit an mon païs. Et bien sachiez que por ce que vos m'an avez proié et conjuré, que ge ferai tot mon pooir par qoi vos aiez aise de lui veoir."

"Tant sai ge bien, fait ele, que se vos an faites vostre pooir, ge lo verrai. Et ge m'an atant a vos, et vos an faites tant que ge an soie a tozjorz mais vostre, car c'est uns des homes o monde que ge verroie plus volentiers; et ne mie por (*f. 105d*) esperance que g'i aie de lui conoistre, mais[1] por ce que il n'et nus ne nule qui de prodome esgarder deüst estre anuiez."

"Dame, fait Galehoz, tant sai bien, et vos en soiez tote seüre que ge an ferai tot mon pooir."

"Granz merciz, fait la reine. Or alez et si porchaciez que jo voie au plus tost que vos porroiz. Et se il est an vostre païs, si l'anvoiez querre et par jor et par nuit, tant que il soit ci au plus tost que il porra."

Atant s'an part[2] Galehoz de laianz et s'en vient au roi et a monseignor Gauvain et as autres chevaliers qui laianz sont. Et li rois li dit:

"Galehot, nos somes delivré de noz oz, que nos n'avons mais ci que les genz privees de noz ostex. Car faites vos genz aprochier des noz, o ge ferai les moies genz aprochier des voz, si serons li uns plus pres de l'autre."

"Sire, fait Galehoz, ge ferai traire les moies pres ça, d'autre part cele riviere, si que mes tref sera androit lo vostre, si sera une nes apareilliee qui ira de ci la et de la ci. Et ge i vois orandroit."

"Certes, fait li rois, mout avez bien dit."

Lors s'an va Galehoz a sa tente et trove son conpaignon mout pansif, et li demande comment il lo fait. Et il li dit: "Mout bien, se paors no m'aterrast."

Et Galehoz li dit:

"Sire, por Deu, de qoi avez vos paor?"

"Sire, fait il, que ge ne soie queneüz."

[1] conoistre talant se bien non mais [2] Atant san uient galehoz

"Sire, dist Galehoz, or n'aiez garde, que par la foi que ge vos doi, vos n'i serez ja coneüz, se par vostre boene volenté n'est."

Lors li conte les offres que messires Gauvains et li rois orent offert por lui, et ce que la reine dist, et coment la reine l'a tenu en grant do bon Chevalier Noir, et coment il li avoit respondu. "Et sachiez bien, fait il, que ele n'a de nule rien si grant dessier com ele a de vos veoir. Et messires li rois m'a proié que ge face mes genz traire vers les soes, si que mes trez soit androit lo suen, car trop somes loign li uns de l'autre. Or me dites que vos volez que ge (*f. 106a*) an face, car il est an vostre volenté do tot."

"Sire, fait il, ge lo mout que vos faites ce que messires li rois vos prie, que mout an poez amander."

"Biax douz amis, dist Galehoz, et ma dame que respomdrai gié de ce que ge vos ai dit?"

"Certes, fait il, ge ne sai quoi."

Lors recomance a sospirer, et les lermes li vienent as iauz, et il se torne d'autre part, si est tex conreez que il ne set o il est. Et Galehoz li dit:

"Sire, ne vos esmaiez mie, mais dites moi outreement comment vos volez que il soit. Et bien sachiez que il sera ansi comme vos voudroiz, car ge voudroie miauz estre correciez a demi lo monde que a vos tot sol. Et par la vostre amor ont il la moie. Or si me dites qu'il vos en plaist."

"Sire, fait li chevaliers, ce que vos m'en loeroiz, car ge suis en vostre garde des ores mais."

"Si m'aïst Dex, de ma dame veoir ne voi ge mies commant vos an puissiez anpirier."

"Certes, fait li chevaliers, assez i avra anui et joie."

Lors s'aparçut auques Galehoz de son covine, si lo tient si cort que il li otroie ce qu'il li demande.

"Mais il covanra, fait il, qu'il soit fait si celeement que riens nel sache. Et dites bien a ma dame que vos m'avez envoié querre."

"Sor moi, fait Galehoz, en laisiez lo soreplus, car ge an cuit mout bien penser."

Lors apele son seneschal et li comande que si tost com il s'en sera ja alez a cort, face coillir son tref et ses tantes et ses roiz de fer et face tot porter endroit les genz lo roi, si face logier si pres que il n'ait antr'aus que la riviere.

Atant s'an revait arrieres a mout petit de compaignie. Et la reine fu ja repairiee de la breteschhe; et la ou ele voit venir

Galehot, si li saut a l'ancontre et li demande comment il a esploitié de sa besoigne.

"Dame, fait il, g'en ai tant fait que ge dot que vostre proiere ne me toille la rien o monde que ge plus ain."

"Si m'aïst Dex, fait ele, vos ne perdroiz ja rien por moi que ge ne vos rande a dobles. Mais [q']an poez vos perdre por ce?"

"Dame, fait il, celui meesmes que vos demandez, que ge dot que chose n'en aveigne par qoi il se corrout, (*f. 106b*) que gel perdroie a tozjorz mais."

"Certes, fait ele, ce ne porroie ge mies randre. Mais se Deu plaist, par moi ne lo perdroiz vos ja, ne il ne seroit mie cortois se noiant vos an faisoit par ma proiere. Mais neporhuec, qant vandra il?"

"Dame au plus tost que il porra, fait il, car ge l'ai envoié querre au ferir des esperons."

"Or i parra, fait ele, car il sera demain ci se vos volez."

"Dame, fait il, il ne seroit, se il movoit orandroit de la o il est, si voudroie ge que il i poïst estre ancor anuit."

Que que il parloient ansi antr'aus deus, si furent ja venues les genz Galehot de l'autre part de l'aive [et] commancierent son tref a tandre endroit lo tref lo roi. Si l'esgarde l'an a mout grant mervoille, car mout estoit biaus et riches. Et qant tuit furent logié, si furent tandues les roiz de fer, si s'en mervellierent trop la gent lo roi Artu, car onques mais si grant richece n'avoient veüe, et mout en i ot qui lo jor les venoient veoir de pres.

La nuit revint veoir Galehoz son compaignon et li conta ce que il avoit trové et que mout estoit angoissose la reine de lui veoir. Et cil en a an son cuer paor et joie. Et qant il ont grant piece parlé ansanble, si s'an vient Galehoz par son congié au roi. Et la reine lo reprant et li demande s'il a nules novelles oïes do chevalier. Et il dist que nenil ancores. Et cele li dist an riant:

"Biax douz amis, ne m'esloigniez vos mie ce que vos me poez haster."

"Dame, fait il, si m'aïst Dex, ge nel verroie mies mains volentiers de vos."

"C'est la chose, fait ele, par coi ge dot que vos ne faisiez greignor chiere. Et si est totjorz la costume que la dessirree chose est totjorz la plus veé, et si i a de tex genz qui a autrui font a enviz aaise de la chose que il plus aimment. Et neporqant n'aiez mies paor, que ja par moi ne perdroiz rien que vos i aiez aüe."

"Dame, fait Galehoz, granz merciz, car ge cuit que vos me porriez plus aidier que ge vos."

An tex paroles trespassent lo jor, et la nuit (*f. 106c*) revient Galehoz au tref lo roi, ne li rois ne voloit que il departist de lui. Au matin bien main revint Galehoz a son compaignon et li conta les paroles la reine. Si l'an dist tant que il se conforta mout des paors que il ot eües, et que il ne mena mais si male vie com il soloit; et li ramande li cors et li vis que il avoit aü pale et debatu, et li oil que il avoit aüz roiges et anflez, si revient auques an sa biauté. Galehoz en est mout liez, si li demande:

"Sire, ma dame me demandera ja de vos. Que l'an respondrai ge?"

"Sire, fait il, ce que miauz vos en sanblera, car an vos an est des ores mais."

"Je sai bien, fait Galehoz, que ele vos voudra demain veoir, et gel loeroie bien."

"Sire, fait li chevaliers, c'est uns jorz que ge voudroie ja avoir a anor et a joie trespassé."

Et lors li atandroie li cuers. Et Galehoz lo voit bien, si lait atant ester et s'an revient au tref lo roi. Et si tost comme la reine lo voit, si li demande novelles. Et il dit:

"Dame, trop est ancores tost, mais nos les avrons jusq'a demain."

"Que an diriez vos? fait ele. Il est an vos do haster et do daloier. Or m'an faites autel bonté[1] com vos vodriez que ge vos an feïsse, se ge l'avoie."

Galehoz commança a rire. Et la dame de Malohaut se tient mout pres, si espie et escoute lor sanblant et lor paroles, car ele cuide bien savoir quel chose il porchaçoient, si se tanra mout a honie se ansi lo pert que plus n'an saiche. Ensi aloit Galehoz a son compaignon au main et au soir, et a chascune foiz qu'il revenoit, lo demandoit la reine que il avoit trové.

La nuit jut Galehoz la o il soloit. Et l'andemain se lieve bien matin et vient a son compaignon, et si li dit qu'il n'i a plus.

"Hui, fait il, covient que la reine vos voie."

"Sire, por Deu, fait il, faites si que nus n'en saiche mot fors moi et li, car il [a] tex genz en la cort monseignor [lo roi] qui me conoistroient (*f. 106d*) bien se il me veoient."

"N'aiez garde, fait Galehoz, que ge an penserai bien."

[1] autel bontel com

Atant reprant a li congié, si apelle son seneschal.

"Gardez, fait il, se ge vos anvoi sanpres querre, que vos veigniez a moi et m'amenez avec vos mon compaignon, si que nules riens no sache par vos que ce soit il."

"Sire, fait il, vostre plaisir."

Lors revient Galehoz au tref lo roi. Et la reine li demande ques novelles.

"Dame, fait il, assez belles. Venue est la flors des chevaliers de tot lo monde."

"Dex! fait ele, comment lo verrai gié? Mais gel voil veoir an tel maniere que nus no sache que ce soit il fors moi et vos, car ge ne voil mie que autre genz an aient aise."

"An non Deu, dame, fait Galehoz, ansi iert il, car il dit que il ne voudroit por nule riem que genz de la maison [lo roi] lo coneüssient."

"Coment? fait ele, est il donc coneüz çaianz?"

"Dame, fait il, tex genz lo porroient veoir, espooir, qui bien lo conoistroient."

"Dex! fait ele, qui puet il estre?"

"Dame, fait Galehoz, si m'aïst Dex, ne sai, que onques ne me dist son non, ne qui il est."

"Non? fait ele. Si m'aïst Dex, mervoilles oi. Or m'est assez plus tart que ge lo voie."

"Dame, fait il, vos lo verroiz ancor ancui, et si vos dirai coment. Nos irons la aval deduire." Si li mostre un leu delez les prez, tot plains d'aubroisiaus. "Si avrons au moins de compaignie que nos porrons. La si lo verroiz un po devant ce que anuitier doie."

"Ha! fait ele, com avez bien dit, biaus dolz amis. Plaüst or au Sauveor do monde que il anuitast."

Lors commancent andui a rire. Et la reine l'acole et fait trop grant joie. Et la dame de Malohaut les voit, si se panse que or est la chose plus hastive[1] que ele ne siaut, si s'an prant mout garde. Et ne vient laianz chevaliers cui ele n'esgart anmi lo vis. Mout fait la reine grant joie do chevalier qui venuz est, et mout li tarde que la nuiz vaigne, si antant tant a parler et a ragier por lo jor oblier qui li annuie.

Ensi passent lo jor tant que vient aprés soper (*f. 107a*) que il fu avespri. La reine prant Galehot par la main, et si apelle la dame de Malohaut avoc li et damoisele Lore de Carduel et une

---

[1] plus haitie

soe damoiselle san plus qui a li estoit de totjor. Si s'an torne contraval les prez tot droit la ou Galohaz avoit dit. Et qant il orent un po alé, Galehoz regarde et voit un escuier, et si l'apelle et dit qu'il aille dire a son seneschal qu'il vaigne a lui, et si li
5 mostre en quel leu. Et qant la reine l'ot, si lo regarde et dit:
"Comment? fait ele, est il vostre seneschauz?"
"Nenil, dame, mais il vanra avoc lui."
Atant vienent soz les aubres, si s'asient antre Galehot et la reine loign des autres a une part, et les dames a autre, si se mer-
10 voillent mout de ce que eles sont si priveement. Et li vallez vient au seneschal, si li fist son[1] mesaige. Et cil prist tantost lo chevalier avec lui, si passerent outre l'aive et vindrent contraval les prez si comme li vallez lor mostra. Si furent andui si biau chevalier que por noiant queïst an plus biax chevaliers an lor païs. Qant il
15 aprochierent, et les dames les regarderent, si lo conut tantost la dame de Malohaut qui maint jor l'ot eü an sa prison. Et por ce qu'ele ne voloit qu'il la coneüst, si s'anbruncha et se traist pres de damoisele Lore. Et cil trespassent outre, si les salue li seneschax. Et Galehoz dit a la reine:
20 "Veez ci lo meillor chevalier do monde."
"Li quex est ce?" fait la reine.
"Dame, fait il, li qex vos senble ce estre?"
"Certes, fait ele, il sont andui biau chevalier, mais ge ne voi cors o il deüst avoir la moitié de proece que li Chevaliers Noirs
25 avoit."
"Dame, fait Galehoz, bien sachiez que ce est uns de ces deus."
Atant vienent devant la reine. Et li chevaliers tranble si durement que a poines puet la reine saluer, et a tote la color perdue, si que la reine s'an mervoille. Lors s'agenoillent anbedui. Et
30 li seneschauz la salue, et li autres, (*f. 107b*) mais c'est mout povrement, et fiche ses iauz an terre comme hontous. Et lors se panse la reine que ce est il. Et Galehoz dit au seneschal:
"Alez, si faites compaignie a ces dames la, qe trop sont soles."
Cil fait ce que ses sires li commande. Et la reine prant lo cheva-
35 lier par la main, la ou il est a genoz, et l'asiet devant li, si li fait mout bel sanblant et li dit an riant:
"Sire, mout vos avons dessirré tant que, Deu merci et Galehot qui ci est, or vos veons. Et neporqant encor ne sai ge mies se ce est li chevaliers que ge demant, mais Galehoz m'a dit que ce

[1] fist conme m.

iestes vos. Mais encorres voudroie ge bien savoir qui vos iestes par vostre boche se vostre plaisirs estoit."

Et cil respont qu'il ne set, qui onques une foiz ne la regarda anmi lo vis. Et la reine se mervoille mout que il puet avoir, et tant que ele sopece une partie de ce que il a. Et Galehoz, qui hontos lo voit et esbahi, panse que il diroit ançois a la reine son panser sol a sol. Si regarde et dit mout haut, que les dames l'oent:

"Certes, fait il, mout suis vilains, que totes ces dames n'ont que un chevalier an conpaignie, ainz sont si soules."

Lors se drece et vient la o les dames se seoient. Et eles saillent ancontre lui, et il les rasiet,[1] puis comancent a parler de mainte choses.

Et la reine met an paroles lo chevalier et si li dit:

"Biaus dolz sire, por quoi vos celez vos vers moi? Certes il n'i a mies por quoi. Et neporqant, tant me poez vos bien dire se vos iestes li chevaliers qui l'asenblee vainquié avant ier."

["Dame, fait il, naie."]

"Coment? fait ele; n'aviez vos mies unes armes noires?"

["Dame, fait il, oïl."]

"Donc n'estiez vos cil qui messire Gauvains anvoia les trois chevaus?"

"Dame, fait il, oie."

"Donc n'iestes vos ce qui[2] porta les armes Galehot au darien jor?"

"Dame, fait il, c'est veritez, oie."

"Donc n'iestes vos cil qui [l'asenblee] vainqui lo secont jor[3]?"

"Dame, fait il, no suis, voir."

Lors s'aperçut la reine que il ne voloit mies conoistre (*f. 107c*) que il [l']aüst vaincue, si l'an prise mout.

"Or me dites, fait ele, qui vos fist chevalier."

"Dame, fait il, vos."

"Ge? fait ele. Qant?"

"Dame, manbre vos il que uns chevaliers vint a monseignor lo roi Artu a Chamahalot, qui estoit navrez [de deus tronçons de lance] parmi lo cors et d'une espee parmi la teste, et que uns [vallez] vint a lui lo venredi a soir et se fu chevaliers lo diemenche?"

"De ce, fait ele, me sovient il bien. Et se Dex vos aït, fait ele, fustes vos ce que la damoisele amena au roi, vestu de la robe blanche?"

---

[1] rasient   [2] qui auant ier p.   [3] v. lo premerain jor et lo secont jor

"Dame, fait il, oie."

"Por quoi dites vos donc que ge vos fis chevalier?"

"Dame, por ce que il est voirs, car la costume estoit el roiaume de Logres que chevaliers ne pooit estre faiz sanz espee çaindre, et cil de cui il tient l'espee lo fait chevalier. Et de vos la tain gié, que li rois ne m'en dona mie. Por ce di ge que vos me feïstes chevalier."

"Certes, fait ele, de ce sui ge mout liee. Et ou alastes vos d'iluec?"

"Dame, ge m'en alai por un secors a la dame de Nohaut, si vint puis messire Quex qui se conbatié avoc moi."

"Et antredeus mandastes me vos nule rien?"

"Dame, oie, fait il, ge vos anvoié deus puceles."

"Par mon chief, il est voirs. Et qant vos repairastes de Nohaut, trovastes vos an vostre venue nul home qui se reclamast de par moi?"

"Dame, oïl, un chevalier qui gardoit un gué, si me dist que ge alasse jus de mon cheval. Et ge li demandai a cui il estoit, et il me dist que il estoit a vos. "Alez, fist il, tost jus." Et ge li demandai qui lo commandoit. Et il dist que il n'i avoit commandement se lo suen non. Et ge remis an l'estrier lo pié senestre que ge an avoie osté, et dis san faille que il n'an avroit hui mais point, si jostai a lui. Si sai bien qe ge fis outraige, dame, si vos an cri merci. Et vos an prenez l'amande tel com vos plaira."

Et la reine li respont, comme cele qui bien set que il ne puet ganchir que suens ne soit. "Certes, fait ele, moi ne meffeïstes vos rien, biaus dolz amis, que il n'estoit pas a moi; ainz l'an soi mout mauvais gré de ce que il lo vos avoit dit, car il an vint (*f. 107d*) a moi. Mais or me dites ou alastes vos d'iluec."

"A la Dolereuse Garde."

"Et qui la conquist?"

"Dame, g'i antrai."

"Et vos i vi ge onques?"

"Dame, oïl, plus d'une foiz."

"An quel leu?" fait ele.

"Dame, un jor que ge vos demandai se vos voudriez antrer, et vos deïstes que oïl, si estoiez mout esbahie par sanblant. Et ce vos dis ge par deus foiz."

"Quel escu portoiez vos?" fait ele.

"Dame, ge portai avant un escu blanc a une barre vermoille de bellic, et a l'autre foiz j'avoie deus bandes."

"Ces anseignes conois ge bien. Et vos i vi ge plus?"

"Dame, oïl. La nuit que vos cuidiez avoir perdu monseignor Gauvain, vostre neveu, et ses compaignons, et que les genz do chastel crioient: "Prenez lou. Prenez lou." Et ge m'an vign fors, un escu a mon col a trois bendes de bellic vermoilles, et messires li rois estoit a unes loges avoc vos. Et qant ge vin vers lui, si me crierent "Prant lo, roi. Prant lo, roi." Et il me laissa aler, soe merci."

"Certes, fait ele, ce poise moi, car s'il vos aüst pris, li anchantemenz do chastel fussient remés.[1] Mais or me dites, fustes vos ce qui gitastes monseignor Gauvain de la prison, et ses compaignons autresi?"

"Dame, g'i aidai a mon pooir."

"En[2] totes les choses, fait ele, que vos m'avez dites, n'ai ge encor trové se voir non. Mais or me dites, por Deu, qui estoit une damoisele qui jut la nuit[3] a une tornelle desor l'ostel monseignor lo roi, vestue d'un chainse blanc?"

"Certes, dame, ce fu la pucele do monde vers cui ge vilenasse onques plus, car ma Dame do Lac qui me norri la m'avoit envoiee. Et ele me trova an cele tornelle, si fu assez annoree por moi. Et qant ge oï les novelles de monseignor Gauvain qui pris estoit, si fui mout angoisos, si me parti de la damoisele qui avoc moi voloit venir. Et ge li priai, par cele foi que ele me devoit, qe ele ne se meüst devant que ele veïst mon message o[4] moi. Si fui sorpris de si granz afaires que ge l'an obliai et a li ne retornai puis. Et ele fu plus leiaus (*f. 108a*) vers moi que ge ne fui cortois anvers li, que ele ne se mut onques puis devant que ele oï novelles de moi, et ce fu grant piece après."

Et qant la roine l'oï parler de la damoisele, si sot bien tantost que ce estoit Lanceloz, si l'anquist de totes les choses que ele avoit oï de lui retraire, et de totes lo trova voir disant.

"Or me dites, fait ele, puis que vos fustes, chevaliers, partiz de Chamahalot, vi vos ge onques puis?"

"Dame, fait, oïl, tel hore que vos m'aüstes mout grant mestier, car ge aüse esté ocis se vos[5] ne fussiez, qui me feïstes fors de l'aigue traire a monseignor Yvain."

"Coment? fait ele; fustes vos ce cui Daguenez li coarz prist?"

"Dame, ge ne sai qui ce fu, mais pris fui gié san faille."

---

[1] remeseus mais   [2] et totes   [3] qui uint lan/nuit
[4] ueist mon seignor o   [5] se uos/se uos

"Et o aloiez vos?"

"Dame, ge sivoie un chevalier."

"Et qant vos fustes partiz de nos a la darriene foiz, o [a]lastes vos?"

5 "Dame, aprés un chevalier que ge sivoie."

"Et combatites i vos?"

"Dame, oïl."

"Et o alastes vos aprés?"

"Dame, ge trovai deus granz vilains qui m'ocistrent[1] mon cheval.
10 Mais messires Yvains, qui bone avanture ait, me dona le sien."

"Ha! fait ele, donc sai ge bien qui vos iestes. Vos avez non Lanceloz do Lac."

Et il se taist.

"Par Deu, [fait ele, por noiant lo celez;] pieç'a que an lo set a
15 cort.[2] Messire Gauvains aporta vostre non a cort premierement."

Lor li conte tot ansi com messires Gauvains avoit dit que c'estoit la tierce asamblee, qant messires Yvains dit que la pucele avoit dit que c'estoit la tierce.[3] Lors li demande por coi avoit soffert que li pires hom del mont l'avoit amené par lo frain.

20 "Comme cil qui n'avoie pooir ne de[4] mon cors ne de mon cuer."

"Or me dites, fait ele, fustes vos onques antan[5] a l'asemblee?"

"Dame, fait il, oie."

"Et quex armes portastes vos?"

"Dame, unes totes vermoilles."

25 "Par mon chief, fait ele, vos dites voir. Et avant ier, a l'asenbler, por qoi i feïstes vos tant d'armes?"

Et il comance a sospirer mout durement. Et la reine mout lo tient cort, comme cele qui bien set comment il est.

"Dites moi, fait ele, et tot seürement, que ge ne vos (*f. 108b*)
30 descoverrai ja. Et ge sai bien que por aucune dame ou por aucune damoisele avez vos ce fait. Et dites moi qui ele est, par cele foi que vos me devez."

"Ha! dame, fait il, bien voi que il lo me covient a dire. Dame, ce iestes vos."

35 "Ge?" fait ele.

"Voires, dame."

"Por moi ne peceiastes vos mie les trois glaives que ma pucele vos porta, car ge m'estoie bien mise hors del mandement."

---

[1] molcistrent [2] cort fait ele messire
[3] tierce assanblee lors [4] qui nauoit ne de mon [5] antant

"Dame, ge fis por aus, fait il, ce que ge dui, et por vos ce que ge poi."

"Or me dites, totes les chevaleries que vos avez faites, por cui les feïstes vos?"

"Dame, fait il, por vos."

"Commant? fait ele, amez me vos tant?"

"Dame, fait il, ge n'ain tant ne moi ne autrui."

"Et des qant, fait ele, m'amez vos tant?"

"Dame, fait il, des lo jor que ge sui apelez chevaliers et si ne l'estoie mie."

"Et par la foi que vos me devez, d'ou vint cele amors que vos avez an moi mise?"

A ces paroles que la reine disoit avint que la dame do Pui de Malohaut s'estosi tot a esciant et dreça la teste[1] que avoit anbrunchiee. Et cil l'antandié maintenant, que maintes foiz l'avoit oïe; et il l'esgarde, si la conut, si an ot tel paor et tel angoise an son cuer que il ne pot respondre a ce que la reine disoit; si commance a sospirer mout durement, et les lermes li corrent tot contraval les joes si espessement que li samiz dont il estoit vestuz an fu moilliez jusque sor les genoz. Et qant il plus esgardoit la dame de Malohaut, et ses cuers estoit plus a mesaise. De ceste chose se done la reine garde, si vit que il regarde mout piteusement la ou les dames estoient. Et ele l'araisone.

"Dites moi, fait ele, d'ou cest anmors mut dont ge vos demant?"

Il s'esforce mout de parler au plus que il puet, et dit:

"Dame, des lo jor que je vos ai dit."

"Comant fu ce donc?" fait ele.

"Dame, fait il, vos lo me feïstes faire, qui de moi feïstes vostre ami, se vostre boche ne me manti."

"Mon ami, fait ele, et comant?"

"Dame, fait il, ge ving devant vos qant ge oi pris congié de monseignor lo (*f. 108c*) roi, toz armez fors de mon chief et de mes mains, si vos commandai a Deu et dis que j'estoie vostre chevaliers an quel qe leu que ge fusse. Et vos deïstes que vostre chevaliers et vostre anmis voloiez vos que ge fusse. Et ge dis: "A Deu, dame." Et vos deïstes: "A Deu, biaus douz amis." Ne onques puis do cuer ne me pot issir. Ce fu li moz qui prodome me fera se gel suis. Ne onques puis ne vign an si grant meschief que de cest mot ne me manbrast. Cist moz m'a conforté an toz mes anuiz, cist

---

[1] et dreca la teste et dreca la teste

moz m'a de toz mes maus garantiz et m'a gari de toz periz; cist
moz m'a saolé an totes mes fains, cist moz m'a fait riche an totes
mes granz povretez."

"A foi, a foi, fist la reine, ci ot mot [dit] de mout bone ore, et
5 Dex an soit aorez qant il dire lo me fist. Mais ge nel pris pas si
a certes comme vos feïstes, et a mainz chevaliers l'ai ge dit ou
ge ne pansai onques fors lo dire. Et vostre pansez ne fu mie
vilains, ainz fu douz et debonaires; si vos en est bien venu, que
prodome vos ai fait. Et neporqant la costume est mais tele[1]
10 des chevaliers qui font granz sanblanz a maintes dames de tele chose
do mout lor est petit au cuer. Et vostre sanblanz me mostre que
vos amez ne sai la quele de ces dames la plus que vos ne faites
moi, car vos an avez ploré de paor, ne n'osez esgarder vers eles
de droite esgardeüre. Si m'aparçoif bien que vostre pensez n'est
15 pas si a moi com vos me faites lo sanblant. Et par la foi que vos
devez la riem que vos plus amez, dites moi la quel des trois vos
amez tant."

"Ha! dame, por Deu merci, si voirement m'aïst Dex, onques
nules d'eles n'ot mon cuer an sa baille."
20 "Ce n'a mestier, fait la reine, vos ne me poez rien anbler,
car j'ai veües maintes choses autreteles et ge voi bien que vostre
cuers est la, comant que li cors soit ci."

Et ce disoit ele[2] bien por veoir (*f. 108d*) coment ele [lo] porra
metre a malaise, car ele cuide bien que il ne pansast d'amors
25 s'a lui non, ja mar aüst il fait por li se la jornee non des noires
armes. Mais ele se delitoit durement an sa messaise veoir et escou-
ter. Et cil an fu si angoissos que par un po ne se pasma, mais la
paors des dames qu'il regardoit lo retint. Et la reine meïsmes lo
dota, qui lo vit muer et changier; si lou prist par la cheveçaille
30 que il ne chaïst, si apclle Galehot. Et il saut sus et vient devant
li poignant. Et il voit que ses compainz est ansi conreez, si an a
si grant angoisse an son cuer com il puet plus avoir, et dit:

"Ha! dame, dites moi, por Damedeu, que il a aü."
Et la reine li conte ce que ele li ot mis devant.
35 "Ha! dame, fait Galehot, por Deu merci, vos lo me porriez
bien tolir par itex corroz; et ce seroit trop granz domages."

"Certes, fait ele, ce seroit mon, mais savez vos por qoi il a
fait tant d'armes?"

"Certes, dame, naie."

---

[1] costume nest mies tele   [2] et de ce set ele

"Se il est voirs ce que il m'a dit, c'est por moi."

"Dame, fait il, si voirement m'aïst Dex, bien l'an poez croire, que autresi com il est plus preuz d'autres homes, autresi est ses cuers plus verais que tuit li autre."

"Voirement, fait ele, disiez vos bien que il estoit prodons, se vos saüsiez que il a puis faites d'armes que il fu chevaliers."

Lors li conte totes les chevaleries si com il meïsmes les li avoit dites, et que il li avoit coneü que il avoit portees les armes vermoilles antan a l'autre asanblee.

"Et sachiez, fait ele, que il a tot ce fait por un sol mot." Lors li devise si comme vos avez oï lo mot que ele avoit dit.

"Ha! dame, fait Galehoz, por Deu, aiez an merci et por ses granz desertes, autresi com je ai fait por vos ce que vos me demandastes."

"Quel merci, fait ele, volez vos que ge an aie?"

"Dame, vos savez que il vos aimme sor tote rien (*f. 109a*) et a fait plus por vos que onques chevaliers feïst. Et veez lo vos ci et sachiez que ja la pais de moi ne de monseignor lo roi ne fust, se il ses cors ne la feïst."

"Certes, fait ele, "ge sai[1] bien que il a fait plus por moi que ge ne porroie deservir, se il n'avoit plus fait que la pais porchaciee. Ne il ne me porroit nule chose requerre do je lo poïsse escondire bellemant; mais il ne me requiert nule rien, ainz est si dolanz et maz et ne fina onques puis de plorer que il commança a regarder vers ces dames. Neporqant ge ne lo mescroi mies d'amor qu'il ait vers nules d'elles, mais il dote, se devient, que aucune nel conoisse."

"Dame, ce dit Galehoz, de ce ne covient tenir nules paroles, mais aiez merci de lui, que plus vos aimme que soi meïsmes; [ne mie] por ce, si m'aïst Dex, que ge ne savoie, qant il i vint, de son covine fors tant que il cuidoit estre coneüz, ne onques plus ne m'en descovri."

"Ge an avrai, fait ele, tel merci com vos voudroiz, car vos avez fait ce que ge vos requis, si doi bien faire ce que vos voudroiz. Mais il ne me prie de rien."

"Dame, fait Galehoz, certes que il n'en a point de pooir, que l'an ne puet nule rien anmer que l'an ne dot. Mais ge vos an pri por lui. Se ge ne vos an prioie,[2] se vos an devriez vos porchacier, car plus riche tressor ne porriez vos mies conquerre."

[1] ge i sai   [2] an pooie aidier se

"Certes, fait ele, jo sai bien, et ge an ferai ce qe vos m'an demanderoiz."

"Dame, fait Galehoz, granz merciz. Et ge vos pri que vos li donoiz vostre anmor et que vos lo prenez a vostre chevalier a tozjorz et devenez sa leiaus dame a toz les jorz de vostre vie. Et puis si l'avrez fait plus riche que se vos li avoiez doné tot lo monde."

"Ansi, fait ele, l'otroi ge que il soit toz miens, et ge tote soe, et que par vos soient amandé li meffait et li trespas de covenanz."

"Dame, fait Galehoz, granz merciz. Mais or covient (*f. 109b*) comancement de seürté."

"Vos ne deviseroiz ja chose nule, fait la reine, que ge n'an face."

"Dame, fait Galehoz, granz merciz. Donc lo baissiez devant moi par comancement d'amors veraie."

"Do baisier ne voi ge ores mies ne leu ne tans, et n'an dotez pas que ge ausi volantiers n'an soie desirranz com il an soit. Mais ces dames sont iqui elueces, qui se mervoillent mout que nos avons tant fait, si ne porroit estre que eles ne lo veïssient. Et neporqant, se il lo velt, gel baiserai mout volentiers."

Et il an est si liez et si esbahiz que il ne puet respondre fors tant: "Dame, grant merciz."

"Ha! dame, fait Galehoz, n'an dotez vos pas do suen voloir, que il i est toz. Et sachiez que ja nus ne s'an aparcevra, car nos nos trairons tuit troi ansamble autresi come se nos conseilliens."

"De quoi me feroie ge or proier? fait ele. Plus lo voil ge que vos ne il."

Lors se traient tuit troi ansanble et font sanblant de conseillier. Et la reine voit que li chevaliers n'an ose plus faire, si lo prant ele par lo menton, si lo baise devant Galehot assez longuement, si que la dame de Malohaut sot que ele lo baisoit. Et lors comança a parler la reine qui mout estoit saige et vaillanz dame.

"Biaus douz anmis, fait ele au chevalier, ge suis vostre, tant avez fait; et mout an ai grant joie. Or gardez que la chose soit si celee com il est mestiers, car ge suis une des dames do monde don an a greignors biens oïz, et se mes los ampiroit par vos, ci avroit amor laide et vilaine. Et vos, Galehot, an pri gié, qui plus iestes sages; car se maus m'an avenoit, ce ne seroit se par vos non. Et se ge an ai ne bien ne joie, vos i avrez preu."

"Dame, fait Galehoz, il ne porroit pas vers vos mesprandre. Mais ge vos ai fait ce que vos me conmandastes; or si seroit bien mestiers que vos m'oïsiez d'une proiere, car ge vos dis des ier que vos me porriez par tens miauz aidier (*f. 109c*) que ge vos."

"Dites, fait ele, seürement, que il n'et riens que vos m'osisiez demander que ge ne feïse."

"Dame, fait il, donques m'avez vos otroié que vos me donroiz sa compaignie."

"Certes, fait ele, se vos i failliez, vos avroiez mal enploié lo grant meschief que vos avez fait por lui."

Lors prant lo chevalier par la main destre et dit:

"Galehot, ge vos doign cest chevalier a tozjorz, sauf ce que j'ai aü avant. Et vos lo creantez ansi," fait ele. Et li chevaliers lo creante. "Et savez vos, fait ele a Galehot, que ge vos ai doné?"

"Dame, fait il, naie."

"Ge vos ai doné Lancelot do Lac, lo fil au roi Ban de Benoyc."

Et ansi lo fait au chevalier conoistre, qui mout en a grant honte. Lors en a greignor joie Galehoz que il n'ot onques mais, car il avoit assez oï dire ansi com paroles vont que c'estoit Lanceloz do Lac et que ce estoit li miaudres chevaliers do monde, povres hom; et bien savoit que li rois Bans avoit esté mout jantils hom et mout puissanz d'amis et de terre. Ansi fu li premiers acointemanz faiz de la reine et de Lancelot do Lac par Galehot. Et Galehoz ne l'avoit onques conneü que de veoir, et por ce li avoit fait Lanceloz creanter que il ne li demanderoit son non tant que il li deïst, ou autres por lui.

Lors se leverent tuit troi. Et ja anuitoit durement, mais cler faisoit, que levee estoit la lune, si veoit l'an mout cler par tote la praerie[1] contraval. Atant s'an tornent tuit troi a une partie tot contramont les prez droit vers lo tref lo roi. Et li seneschauz Galehot vient aprés antre lui et les dames tant que il vienent androit les tantes Galehot. Et lors envoie Galehot son compaignon, et [il] prant congié a la reine, si s'an passent outre antre lui et lo seneschal, et Galehoz convoie la roine jusque au tref lo roi. Et qant li rois les voit venir, si demande dont[2] (*f. 109d*) vienent.

"Sire, fait Galehoz, nos venons de veoir ces prez a si poi de compaignie comme vos veez."

Lors s'asient et parolent de maintes choses, si sont antre la reine et Galehot mout a aise. Au chief de piece se lieve la reine et va couchier an la bretesche. Et Galehoz la convoie jusque la,

---

[1] praarie   [2] demandent doont

et Galehoz la comande a Deu et dit que il ira gesir avoc son conpaignon.

"Dame, fait il, si lo solacerai, [car or sai ge bien de quoi. Mais avant ier nel savoie ge mie de quoi solacier."]

"Ha! fait ele, com avez ores bien dit! Com il an sera ja plus a aise!"

Atant s'an va Galehoz et prant congié[1] au roi, et dit que il ne li poist mie que il ira gesir ou tref antre sa gent,[2] ou il ne jut pieç'a.

"Et il me covient, sire, mout faire lor volenté, car mout m'aimment."

"Certes, sire, fait messire Gauvains, vos avez mout bien dit, car an doit mout onorer ses prodegenz qui les a."

Lors s'an part Galehoz et vient a son compaignon, et se couchent anbedui an un lit et parolent de ce tote nuit don lor cuer sont tot a aise.

Mais or vos lairons la parole de Galehot et de son compaignon atant ester, si vos parlerons de la reine qui est revenue an la bretesche mout liee et mout est a aise. Si cuide avoir ovré plus celeement que ele n'a, car la dame de Malohaut a veü qanque ele a fait. Et qant Galehoz s'an fu partiz, et ele s'an fu alee a une fenestre et comança a panser a ce que plus li plaisoit. Et la dame de Malohaut se trait pres de li, la ou ele la voit plus seule, et dit au plus celeement que ele puet:

"Ha! dame, dame, com est bone conpaignie de quatre!"

Et la reine l'ot mout bien, si ne dit mot et fait sanblant que rien n'en aüst oï. Et ne demora gaires que la dame redist ceste parole meïsmes. Et la reine l'apela:

"Dites moi por coi vos avez ce dit?"

"Dame, fait ele, vostre grace, ge n'en dirai ores plus, car par avanture (*f. 110a*) plus an ai dit que moi ne covenist, car l'an ne se doit mies faire plus privee de sa dame ne de son seignor que l'an n'en est, que l'an n'an acoille sa haïne."

"Si m'aïst Dex, fait la reine, vos ne me porroiez rien dire don vos aüssiez ma haïne, car ge vos sai tant saige et cortoise que vos ne diriez rien qui fust contre ma volanté. Mais dites tot outreement, car ge lo voil et se vos pri."

"Dame, fait ele, don lo dirai ge. Ge[3] dis qu'il est mout bone compaignie de quatre, car j'ai veü un novel acointement que vos avez fait au chevalier qui parla a vos laïs ou vergier. Si sai bien qe

---

[1] congie et au [2] tref laianz . ou [3] dirai ge fa ge

Queen Learns of Lancelot's Imprisonment

vos iestes la rien o monde que il plus aimme. Ne vos n'avez mies tort se vos l'amez, car vos ne porriez vostre anmor miauz anploier."

"Coment? fait la reine, conoissiez lo vos?"

"Dame, fait ele, oie. Tex [jorz] a esté oan qe ge vos an poïsse autresi bien faire dongier comme vos fariez ja a moi, car ge l'ai tenu an et demi an ma prison. Et ce est cil qui vainqui l'asanblee, as armes[1] vermoilles, et celi devant ier, as armes noires, et les unes et les autres armes li baillié ge. Et quant il fu l'autrier sor la riviere pansis, et ge me hatisoie de lui mander que il feïst d'armes, ge nel faisoie se[2] por ce non, car ge sopeçoie bien que il vos amoit, et se cuidai ge tel ore fu ja qu'il amast moi. Mais il me mist tote fors de cuidier, tant me descovri de son penser."

Lors li commance a conter comment ele l'avoit tenu an et demi et por coi ele l'avoit pris et por coi ele estoit alee a la cort lo roi. Trestot li dit jusque a l'isue de sa prison.

"Or me dites, fait la reine, por coi dites vos que compaignie de quatre valoit miauz que de trois. Miauz est une chose celee par trois que par quatre."

"Dame, fait ele, il est voirs."

"Donc valt miauz la compaignie de trois que de quatre," dist la reine.

"Dame, fait ele, nol est ci androit, et si (*f. 110b*) vos dirai por coi. Il est voirs que li chevaliers vos aimme, si lo set [Galehoz,] et des or mais s'an deporteront li uns a l'autre an quel que terre que il soient, car ci ne seront il mies longuement. Et vos remanroiz tote seule, se no savra dame qe vos, si n'avroiz cui descovrir vostre penser, si porterez ansi tote sole lo fais. Mais s'il vos plaist que ge fusse qarte an la compaignie, si nos solacerions antre nos dames autresi com antr'aus deus feroient, si an fussiez plus a aise."

"Or me dites, fait la reine. Savez vos qui li chevaliers est?"

"Si m'aïst Dex, fait ele, naie, car vos avez bien oï comment il se crient vers moi."

"Certes, dame, fait la reine, trop iestes aparcevanz. Mout lo covenroit estre sage qui rien vos voudroit anbler. Et puis qu'il est ansi, que vos l'avez aparceü et que vos me requerez la conpaignie, vos l'avroiz. Mais ge voil que vos an portez autresi vostre fais com ge lo mien."

"Dame, fait ele, que diriez vos? Ge ferai qanque vos voudroiz outreement por si haute compaignie avoir."

[1] asanblee des armes   [2] nel laissoie se

"An non Deu, fait la reine, et vos l'avroiz, car meillor compaignie de vos ne porroie ge mies avoir, ancor fust ele plus riche. Mais ge ne me porrai ja mais consirrer de vos puis que ge vos avrai acointiee, car puis que je ancommanz a[1] amer, nule riens n'aimme plus de moi."

"Dame, fait ele, nos serons ansanble totes les foiz que vos plaira."

"Or m'an laissiez covenir, fait la reine, car nos afermerons demain la compaignie de nos quatre." Et lors li conte de Lancelot comment il avoit ploré quant il esgarda vers eles. "Et ge sai bien, fait la reine, qu'il vos conut. Et sachiez que ce est Lanceloz do Lac, li miaudres chevaliers dou monde."

Ensi parolent mout longuement antr'eles deus, si font mout grant joie de [lor] novel (*f. 110c*) acointement. La nuit ne soffri onques la reine que la dame de Malohaut geüst onques se avec lui non. Et cele i jut mout efforciee, car mout dotoit a gesir avec si haute dame. Et quant eles furent couchiees, si commancent a parler de ces noveles anmors. Et la roine[2] demande a celi de Malohaut se ele aimme par amors an nul leu. Et ele respont que nenil. "Et sachiez bien, fait ele, dame, que onques n'amai par amors que une foiz, ne de celi amor ne fis ge que lo penser." Et ce dist ele de Lancelot que ele avoit tant amé comme nus cuers puet plus amer autre. Mais ele n'an avoit onques autre joie aüe, et neporqant ne dist mie que ce aüst il esté. Et la reine se pense que ele fera les amors de Galehot et de li. Mais ele n'an viaut parler jusque tant que ele saiche se Galehoz a amie, car lor ne l'an requerroit ele mie.

A l'andemain se leverent matin antr'eles deus, si an alerent au tref lo roi, qui gisoit la por monseignor Gauvain et por les autres chevaliers faire compaignie. Si l'esveilla la reine et dit que mout estoit mauvais qant il a tel ore gisoit. Et lors s'an tornerent antre eles deus contraval les prez, et dames aveqes eles trois, et de lor damoiseles une partie, s'alerent ou leu ou li acointemanz fu faiz des amors. Et dit la reine a la dame de Malohaut que miauz an am[er]oit la place a tozjorz mais. Iluec conta a[3] la dame de Malohaut tote la cont[en]ance de Lancelot et lo sanblant, et commant il estoit esbahiz devant li. Ne rien nule n'i laissa a dire dom il li poïst remembrer. Lors recomance a loer Galehot mout et dist que ce estoit li plus sages chevaliers do monde et qui miauz savoit annorer chose vaillant.

[1] ancommanz an amer   [2] et la dame demande   [3] iluec conmanca la

"Et certes, fait ele, ge li conterai ja, qant il vanra, l'acointement de moi et de vos. Et sachiez que il n'an fera mie petite joie. Or an alons, que il ne demorra mais gaires que il ne veigne."

(*f. 110d*) Atant s'an tornent les dames. Et qant ele furent venues, si fu ja li rois levez et ot anvoié por Galehot. Et il i vint mout tost, et tantost li conta la reine l'acointemant de li et de la dame de Malohaut. Mais avant li dist:

"Galehoz, dites moi voir par la foi que vos me devez."

"Dame, fait il, si ferai gié, bien lo sachiez."

"Ge vos demant se vos amez par amors dame ne damoisele qui de vostre amor soit saisie."

"Dame, [n]aie, par lo jurement que vos m'an avez fait, ce vos creant."

"Savez vos, fait ele, por coi jo di? J'ai mes amors asises a vostre volenté, et ge voil que a la moie volenté faciez les voz amors. Et savez vos an quel leu? An bele dame et an saige et an cortoise, qui assez est haute fame et riche de granz annors."

"Dame, fait Galehoz, vos poez bien faire vostre plaisir et de mon cors et de mon cuer. Mais qui est ele o vos volez qui ge soie?"

"Certes, fait la reine, c'est la dame de Malohaut. Et veez la la."[1]

Si la li mostre a l'uel. Et lors li conte comment ele les avoit agaitiez, et de Lancelot que ele avoit aü an prison an et demi, et comment il avoit a li finé, et qanque ele li avoit dit, et comment Lanceloz avoit ploré, que ce estoit por li.

"Et por ce, fait la reine, que ge sai que ele est la plus vaillanz dame do monde, por ce voil ge que les amors soient par moi faites de vos et de li, car li plus vaillanz chevaliers do monde doit bien avoir la plus vaillant amie. Qant vos seroiz an estranges terres antre vos et mon chevalier, si se conplaindra li uns a l'autre, et nos deus dames nos reconforterons ansanble de noz annuis et ferons joie de noz biens. Et portera androit soi chascune son fais."

"Dame, fait Galehoz, veez ci lo cuer et lo cors, si an faites a vostre commandemant autresi com j'ai mis lo vostre la ou ge voloie."

Lors apele la reine la dame de Ma(*f. 111a*)lohaut, si li dist:

"Dame, vos iestes apareilliee de ce que je voudrai faire de vos?"

"Dame, fait ele, il est voirs."

[1] ueez ui la uos la

"An non Deu, fait la reine, ge vos voil doner et cuer et cors."

"Dame, fait ele comme saige, vos am poez faire comme de la vostre."

Et la reine la prant par la main et Galehot par l'autre, si dist:
5 "Galehot, sire chevaliers, ge vos doign a ceste dame com verai ami leial et anterin et de cuer et de cors. Et vos, dame, doin ge a cest chevalier com leiaus amie de totes veraies amors."

Et il l'otroient anmedui, si fait tant la reine que il s'antrebaissent. Aprés atornent que il parleront anquenuit tuit quatre ansanble.
10 "Et deviserons, fait la reine, comment ce porra estre."

Atant se lievent et vont lo roi semondre d'aler oïr messe. Et il dit que il n'atandoit se es non. Lors s'an vont tuit au mostier. Et qant il ont messe oïe, li mengiers est apareilliez, si asient. Et qant il ont mengié, si vont antre lo roi et la reine et Galehot seoir
15 devant monseignor Gauvain une grant piece, et puis[1] s'an revienent la ou li autre chevalier estoient, don grant partie i avoit des bleciez, si les aloient veoir tot a pié. Si tenoit li rois par la main la dame de Malohaut, et la reine Galehot. Ilueques fu establiz li parlemenz des quatre do parler a l'anuitier autresi com il avoient
20 fait la nuit devant, et an cel leu meïsmes.

"Mais nos lo ferons autremant, fait la reine, que nos i manrons[2] mon seignor, et vos avroiz apareillié vostre chevalier. Et n'ait ja garde, qe il n'iert ja nus qui lo conoisse, que il n'est mies legiere chose d'un home conoistre, puis que il se velt covrir et celer.
25 Et qant plus i avra gent, tant i avra mains mal pensé. Ensi lo porons toz les jorz mais faire que mes sires sejornera, car plus celeement ne porriens nos mies parler ansemble, car li leus n'i porroit estre."

An ceste (*f. 111b*) maniere atornerent lor parlement. Et qant
30 vint a vespres, si ala Galehot veoir ses genz et dist a son conpaignon ce que il avoient atorné, et il l'otroie. Et qant il fu ore de soper, si comanda Galehoz a son seneschal que, qant il lo verroit venir contraval les prez avec lo roi et la reine, si pasast outre antre lui et son compaignon. Atant s'an parti a grant conpaignie de cheva-
35 liers et vint au roi, qui l'atandoit au mengier. Aprés mengier dist la reine au roi:

"Sire, car nos alons esbatre contraval ces prez."

Et li rois l'otroie. Lors s'an part li rois et Galehoz et de lor compaignons mout grant partie. Et la reine i revint et la dame de

---

[1] G. et puis une piece grant et puis   [2] uos i manroiz mon

Malohaut, et dames et damoiseles mout. Et qant li seneschauz les vit, si passa outre, et Lanceloz avec, et se metent an la conpaignie lo roi. Et qant il orent assez alé, si s'asistrent et commencerent a parler. Et la o il parloient, si venoit li rois Yons au roi Artu parler, car li mesage sont venu de sa terre que aler l'an covenoit. Si apela lo roi a une part et conseilla a lui grant piece. Et lors se leverent antre la reine et Galehot et la dame de Malohaut, si apela Galehoz son compaignon et alerent antr'ax quatre parlant mout longuement tant que il vindrent au chief des aubroisiaus. Et lors si s'asistrent; et mostra la reine a Lancelot la dame qui maint jor l'avoit aü an sa prison; si an fu mout hontous; et li dist la reine tot an riant que cest larrecin li avoit il celé.[1] Illuec demorerent grant piece, ne onques ne tindrent plait ne parole fors de baisier et d'acoler, comme cil qui volantiers lo faisoient. Et qant il orent grant piece sis, si s'an retornerent la o li rois estoit, si an parvindrent a son tref amont. Li seneschauz an remena Lancelot a lor tantes. Et an tel maniere en parloient totes les nuiz ansanble antr'aus quatre sanz parole d'autre deduit.

Ensi demorerent illuec tant que messires Gauvains aleja mout et miauz se santi que il ne soloit; (f. IIIc) si li tardoit mout que il fust o païs o il amoit par amors tant com il pooit, si dist au roi que il s'an iroit mout volentiers. Et li rois li dist:

"Biax niés, ge ne demor ci se por vos non et por Galehot que ge mout ain."

"Sire, fait messires Gauvains, vos li prieroiz que il s'an veigne demain avoc vos, et aprés demain nos an irons. Et se il i vient, ce vos sera mout granz anors,[2] et se il n'i vient, vos lo reverrez par tans, se Deu plaist, et il vos."

Ensi l'otroie li rois. Et l'andemain prie Galehot que lo convoit jusque an sa terre. Mais Galehoz dit que ce ne puet estre:

"Car ge ai mout a faire an mon païs, sire, qui mout est lointiens, ne ge ne demoroie ci se por vos non, et vos por moi, ce sai ge bien."

"Certes, fait li rois, il est voirs. Mais ge vos pri, biau douz amis, que ge vos revoie au plus tost que vos porroiz."

Et Galehoz li otroie. La nuit repairerent li quatre ansemble. Et sachiez que mout ot grant angoisse au departir, si mistrent jor a parler ensemble a la premiere asanble[e] qui seroit el reiaume de Logres.[3]

Ensi departent li dui chevalier de lor dames, [dolent de la

[1] auoit ele cele　　[2] granz amors　　[3] de logres de logres

departie et lié de la joie qu'il atandent a avoir a la premiere asanblee. La nuit prant congié Galehoz au roi et a la roine et a la dame de Malohaut et a monseignor Gauvain et a touz les autres, si en sont tuit mout dolent,] car mout le prisoient.[1] Et Galehoz s'an vient a son compaignon, si lo trueve d'autre sanblant que il n'avoit esté la nuit devant, mais il lo conforte a son pooir. Et la reine est au roi venue, si li dit que il prit la dame de Malohaut que ele s'an vaigne aveques li et que des ores mais soit do tot an son ostel; "Car mout ain, fait ele, sa compaignie, et ge cuit que ele aimme tant la moie que ele i vanra sanz grant[2] proiere."

"Certes, fait li rois, ce m'est mout bel."

Il vint a la dame, si li prie tant que ele est remesse autresins comme efforciee. Au matin s'a[n] torne li rois d'une part et Galehoz d'autre, et s'an va chascuns an sa terre. Mais atant se taist do roi et de sa compaignie, que plus n'an parole, ainz retorne a Galehot et a son compaignon, mais gaires n'an parole ici androit.

(f. 111d) Ce dit li contes que antre Galehot et son conpaignon errerent par lor jornees, que il vint en la terre dom il estoit sires. Ce fu la terre de Sorolois[3] qui siet antre Gales et les Estranges Illes. Icele terre n'estoit mies Galehot d'ancesserie, ainz l'avoit gaaigniee par force sor lo roi Gloier, un neveu au roi [de] Northunberlande.[4] Et cil avoit esté ocis en la guerre, si estoit remesse une soe fille petite, mout bele, don la mere avoit esté morte au naistre. Celi faisoit Galehoz[5] garder mout anoreement tant que ele fu granz, si la devoit doner a fame a un sien neveu qui ores estoit mout petiz, si li avoit tote la terre de Sorelois otroiee a l'ore que il seroit chevaliers. Et cele estoit la plus delitable terre qui fust sor les illes de mer de Bretaigne, et la plus aaisiee de boenes rivieres et de bones forez et de planteureuses terres. Et si n'estoit mies granmant loingtiegne de la terre lo roi Artu, si i plaisoit mout Galehot a sejorner, car trop amoit lo deduit des chiens et des oisiax. Et plus i estoit alez, por ce que li reiaumes de Logres estoit plus pres d'iqui que des Estranges Illes, qui estoit s'autre terre.

Li reiaumes de Sorelois par devers la terre lo roi Artu estoit toz clos d'une sole aigue qui mout estoit roide et granz et parfonde, si estoit apelee Assurne.[6] Et d'autre part estoit tote avironee de la mer. Et aprés i avoit chastiaus et citez et forz et delitables et

---

[1] les prisoient [2] sanz granz [3] sororolois
[4] noirhunberlande [5] Galehoz Galehoz [6] assirieie

The Land of Sorelois

de murs et de bois et de montaignes, et d'autres aives avoit assez
en la terre, do li plus an cheoit an Assurne[1] et cele cheoit an mer,
si que de la terre lo roi Artu ne pooit nus antrer an Sorelois qui
par Assurne[1] ne passast avant. Ne ce n'estoit mie aive douce, car
li premiers chiés s'isoit de mer, (*f. 112a*) et a l'autre chief cheoit
an mer. Ansi estoit la terre de Sorlois close par devers lo reiaume
de Logre. Si n'i avoit au chevalier errant que deus passages, ne
plus n'en i ot tant com les aventures durerent el reiaume de Logres
et es illes d'anviron, qui durerent, ce dit la letre[2] mil et sis cenz
semaines et nonnante. Cil dui passage estoient assez felon et
orgoillos, car[3] chascuns [estoit] d'une chauciee estroite et haute
qui n'avoit mies plus de trois toises [de lé], et si avoit plus de
lonc de set mile et un, [et] desoz aive an avoit, an tex leus[4] i
avoit, plus de soisante dis. Itex estoient les chauciees anbedeus.
Et au chief de chascune devers So[ro]lois avoit une tor haute et
fort. Et an chascune avoit un chevalier, lo meillor que l'an pooit
trover, et dis serjanz a hache et a espees et a glaives. Cil estoient
ansis a chascune tor por pris et por los conquerre et por hautes
soudees que il an atandoient. Et se chevaliers estranges venoit a
la chauciee por passer outre, combatre lo covenoit au chevalier
et as dis serjanz. Et s'il pooit passer outre a force, si estoit[5] mis
ses nons an escrit laianz, si pooit tozjors mais passer sanz combatre.
Et se il estoit conquis, il remanoit an la merci au chevalier et as
dis serjanz qui gardoient la chauciee. Et ceste garde lor covenoit
faire un an antier. Et se dit li contes que, au tans [que] Merlins
profecia les aventures qui devoient avenir, fist faire ces deus
chauciees li rois Lohoz, li peres au roi Glohier, qui a cel tans estoit
sires de Sorolois, por ce que il dotoit la destrucion de sa terre.
Et neporqant, ançois que les avantures commançassent a avenir,
avoit sor cele aigue assez autres passages de fust et de nes passanz.
Mais si tost com eles commancerent,[6] [furent] tuit abatu, qe onques
puis chevaliers estranges ne passa se par ces deus chauciees non.

An cele terre qui si est forz et close s'an ala Galehoz sejorner
antre lui et son compaignon et les autres genz (*f. 112b*) de son
ostel; mais ce fu plus priveement que il ne soloit, car a son pooir
se covroit, que nus hom son covine n'aparceüst; ne nus ne savoit
lo non de son compaignon que solement li dui roi qui avoient
esté si ploige.

---

[1] assirne   [2] qui dure mlt la terre mm.   [3] orgoillos et car
[4] an ce leus   [5] force il estoit   [6] commanancerent

Ensi sejornerent grant piece an Sorelois, si orent assez deduit de rivierres et de bois. Mais nus deduiz ne plaisoit a Lancelot, que il ne pooit veoir cele cui il estoit toz, n'a autre chose ne pansoit. Et Galehoz, qui mout estoit angoissos de sa messaise, lo conforte mout et disoit que il ne s'esmai[a]st mie, car par tens orroient aucunes novelles des assanblees.

Dedanz lo mois qu'il i furent venu anvoia la Damoisele do Lac a Lancelot un vallet et li manda que il lo retenist tant qu'il voudroit estre chevaliers. Et Lanceloz lo retint volentiers et mout an fist grant joie et mout lo tint chier por sa damoisele qui li mandoit que autresi chier lo tenist comme son cors. Et il si faisoit, car autretant n'amoit nul vallet ne ne creoit,[1] et mout an fist [Galehoz] grant joie por lo[2] vallet qui mout estoit proz et biaus et coisins germains Lancelot, et filz au roi Bohort de Gaunes, qui oncles Lancelot avoit esté et freres au roi Ban. Et qant Lanceloz sot qui il estoit, si l'ama assez plus, car l'amitié de son charnel ami li fist granz parties de ses maus oblier, si an fu assez granz la joie que li uns cosins fist de l'autre.

Li vallez avoit non Lyoniaus por une grant mervoille qui avint a son naistre, car si tost qu'il issi del cors Evayne sa mere, si trova la mere une tache[3] vermoille enmi son piz qui estoit an forme d'un lion, et li anfes l'avoit anbracié a deus braz parmi lo col autresi comme por estrangler. Ceste chose fu esgardee a merveille. Et por ce fu apelez li anfes Lyoniaus, qui puis fist assez de hautes proeces si con li contes de sa vie lo tesmoigne; (*f. 112c*) et mout dura la tache anmi son piz, [jusqu'a un jor que il ocist le lion coroné de Libe en la cort lo roi Artu, qui estoit amenez au roi, por ce que en sa cort n'avoit onqes mes tel lion esté veüz. Et de celui lion porta messire Yvains la pel en son escu, car Lioneaus li dona quant il l'ot mort, einsi comme l'estoire de ses fez le devise. Ne onques puis la tache ne li parut enmi le piz.] Mout fist Lanceloz grant joie de son coisin. Mais or se taist atant li contes de Galehot, que plus n'an parole ci androit, ainz s'an retorne au roi Artu qui est repairiez en sa terre.

Ce dit li contes que mout se paine li rois Artus de sa gent annorer, si tient les granz festes et les riches corz, et done assez plus que il ne siaut, si va par totes les bones viles sejornant et fait les

---

[1] ne cremoit
[2] joie et mlt lo tint chier por sa damoisele et galehoz meismes por lo
[3] estache

anseignemenz de son maistre. Si moinent mout bone vie entre la reine et la dame de Malohaut, s'eles veïssent sovant les deus[1] por cui fine amors les tenoit si cortes que assez i pansoi[en]t plus que a tot lo remenant. Et se li dui resont a malaaise en lointien païs, de rien ne se doivent plaindre, car eles ne sont pas an repos, ne a rien ne se delitent que a parler de lor amors qant aise[2] les met ansanble et a panser qant l'une n'et[3] avoc l'autre.

Aprés ce que li rois fu repairiez, ne demora gaires que messires Gauvains fu gariz auques, si que il chevaucha et aloit em bois et an autres deduiz, et mout li fu sa force revenue et sa biautez. Et neporqant, onques puis ne fu an autresi grant vigor ne an santé com il avoit devant esté, et si fist il puis maint biau cop d'espee et de lance. Mout fu granz la joie an la cort lo roi Artu qant l'en[4] lo vit gari et respassé. Quant li rois ot esté a Logre et a Chamahalot et a Carlion et a maintes autres boenes viles, si li retrait li cuers vers Carduel,[5] car ce estoit la vile ou il plus volentiers sejornoit, car trop estoit bien seanz et aaisiez. Mais ençois que il i venist, fist savoir que il i eroit et qu'il i tanroit cort de plait, et comanda que tuit si grant afaire venissient la de par tot. Aprés ce vint li rois a mout grant compaignie et i demora quinze jorz antiers, et chascun [jor] (*f. 112d*) tint cort efforciee et riche, hui bien et demain miauz. Et ne fu onques puis jorz que il ne donast tant que toz li mondes se merveilloit o totes ces richeces estoient prises que il donoit; et chascun jor anforçoit[6] sa corz et de dons et de viandes. Ainz que li quinze jor fussient aconpli, furent auques si grant afaire trait a chief, car il avoit tex genz an sa compaignie qui volentiers traoient les droiz avant et botoient arrieres les torz. Si tost comme la parole estoit oïe, covenoit que li droiz fust porseüz.

Au chief de quinze jorz fu uns mardis, et dit li contes que antre la reine et la dame de Malohaut devoient lo jor porchacier, et movoir parole de une assanblee por parler a lor amis. Mais uns destorbiers lor corrut sus, car ce dit li contes que qant li rois se seoit au mangier, et il ot ja lo tierz mes aü, si chaï en un penser si grant que il an oblia et la feste et lo mengier et toz ces qui [i] estoient et soi[7] meïsmes, si commança a sospirer mout durement et a plorer des iauz de la teste, et fu apoiez sor un coutelet. Et en iceste maniere demora mout longuement, tant qe messires Kex

---

[1] si les ueissiez souant andeus   [2] aises les   [3] une uet
[4] qant il   [5] uers carlion   [6] anforçoiz   [7] estoient a soi

li seneschax s'an prist garde, sel mostra a monseignor Gauvain et a monseignor Yvain et a Lucan lo boteillier et a Sagremort lo Desreé et a Guiflet, lo fil Dué. Cil sis servoient tuit par lo palais, et qant il virent lo roi si pansif, si furent tuit esbahi. Et messires Gauvains dist que il an panseroit bien. Lors si apele un vallet et si li dist:

"Va tost a cele damoisele qui devant monseignor sert de la cope, si li di que ele vaigne a moi parler, et tu tien la cope tant que ele voist arriere."

A cel tans estoit venue a cort une damoisele qui avoit non Lore de Carduel, por ce que a Carduel avoit esté norrie, si estoit nee del roi de Norwague (*f. 113a*) et de la seror lo roi Artu, si avoit esté ses peres maistres boteilliers[1] de la terre de Lagre; et cele prist lo mestier si tost com ele vint a cort. Et cele estoit une des plus beles dame do mont. Li escuiers vint a la pucele et li dist la parole monseignor Gauvain, et ele li baille la cope, si s'en vient a monseignor Gauvain. Et il li dist:

"Bele coisine, alez a monseignor lo roi et si li dites que nos li mandons par la foi que il nos doit, qui nostre sires est et nos si home, que il nos die por coi il a si longuement pensé, et que il lo nos mant autresi com il velt savoir les noz panser[s]."

Et la damoisele vient devant lo roi, si s'agenoille, et ne set commant ele l'ost araisnier. Et il se fu apoiez sor lo coutelet si que tote la lemelle an fu ploiee. Si n'avoit laianz chevalier qui de son pensé ne fust toz esbahiz; li plusor an avoient laissié lo mengier. Lors prist la damoisele la nape, si traist a li, et li coutiax eschape, et la mains lo roi fiert sor la table. Et il laist son pensé, si regarde antor lui. Et la damoisele li dist:

"Sire, ça m'anvoie messires Gauvains, et cil cinc chevalier qui avoc lui sont, si vos mandent: car par la foi que vos lor devez que vos lor mandez a coi vos avez si longuement pensé, car il lo volent savoir, autresi com vos volez savoir la lor pensee."

Et li rois la regarde mout effreement:

"Or alez et si lor dites qu'i[l] m'an laisent ester atant, car se il savoient a coi j'ai pensé, il nel demanderoient ja."

La damoisele vient as chevaliers, si lor dist la parole lo roi; si an sont mout esbahi. Et messires Gauvains dit que ansi ne remanra il mie:

"Et bele coisine, alez arrieres et dites a monseignor lo roi que

---

[1] bateilliers

ancor lo requerons nos, sor la foi que il nos doit, que il nos mant a coi il a si durement pensé."

Et cele vint au roi, si li dit. Et li rois fist mout laide chiere, plus que il n'avoit fait devant, et dit que "puis que il ne me volent laissier ester, ge lor manderai. Alez, fait il, et si dites que ge pans a lor grant honte."

Et la pucele lor va dire. Et qant il l'oent, si an sont si esbahi qu'il ne (*f. 113b*) dient mot d'une grant piece. Et lor dit messires Yvains:

"Ansi nel devons nos pas sofrir, mais alons devant lui, si orrons comment il a si pensé a nostre grant honte."

Et il se tien[en]t tuit au consoil et vienent devant lo roi. [Et li dit mes]sire [Gauvains:]

"Sire, vos nos avez mandé que vos avez pansé a noz granz hontes. Et nos vos proions et requerons com a nostre seignor lige, sor la foi que vos nos devez, que vos nos dites commant ce est a nostre grant honte."

"Certes, fait li rois, [se vos m'en creez,] vos lairoiz ester atant, car la chose est si granz que vos nel porriez amander."

Et cil li respondent que ansi nel lairont il mies a lor pooir, et totevoie li requierent que il lor die.

"Et gel vos dirai, fait li rois, puis que vos no volez laisier ester. Il est voirs que ge pansoie a voz granz hontes. Don ne vos manbre il que vos fustes qarante des[1] meillors chevaliers de ma maison, tuit eslit par sairemanz por aler querre lo chevalier as armes vermoilles qui l'asanblee vainqui de moi et de Galehot et l'autre aprés, si com ge cuit? Vos jurastes tuit qarante[2] que vos n'an vandroiez sanz lo chevalier o sanz veraies enseignes de lui, si vos an venistes tuit qarante[2] que onques lo chevalier ne m'amenastes, ne anseignes veraies n'an aportastes; ne ancor n'an sai ge nule certaine chose. Si vos an apel toz failliz et recreanz et parjurs. Et ce est la honte a coi ge pansoie."

"Certes, fait messires Gauvains, vos avez droit et voir dites vos. Si n'est pas droiz que vos les soffrez an vostre compaignie, puis que nos somes honi. Mais androit moi ne vos ferai je plus honte."

Lors se trait a une fenestre et tant sa main a un mostier que il voit et dit si haut que l'oent par tote la sale:

"Ansi m'aïst Dex et li saint, ge n'anterrai mais an la maison

[1] fustes ja des   [2] tuit sis

monseignor lo roi a mon pooir devant que ge lo chevalier aie trové, se trovez puet estre. Et vos, seignor chevalier qui çaianz iestes, ge vos di bien a toz sor voz anors, [qui a parjurez se tanra,] si me sive, car ge (*f. 113c*) m'an vois."

Lors s'an part messires Gauvains et s'an va a son ostel, et tuit li cinc qui avec lui estoient venu s'an vont a lor ostex. Et la parole s'espant par laianz, si que par tote la sale sot an por coi messires Gauvains s'en ala. Si l'oïrent une partie des chevaliers qui an la qeste avoient esté et saillirent bien sus jusque a quatorze. Plus n'an avoit laianz, car li autre estoient an lor païs et an lor afaires. Cil quatorze se corrurent armer aprés les autres sis qui ja s'armoient. Et li rois fu remés mout esbahiz et s'aparçoit bien que il avoit folement parlé; si s'an repantit mout se il poïst, mais il set bien que par soi nes retanra il pas. Si a tel duel que par un po que il n'anrage. Si saut fors de la table, si vint a la reine grant aleüre. Si li conte et li dit que ele i mete paine an lui retenir. Et ele dit que ele lo retanra bien.

Lors se drece la reine et s'en vient a l'ostel monseignor Gauvain, si voit que il estoit ja toz armez fors que de ses mains et de sa teste. Et qant il la voit, si li cort ancontre a liee chiere comme cil qui nule foiz n'an est esbahiz. Et la reine li dit:

"Biax niés, vos en alez en cele queste?"

"Dame, fait il, voire."

"Or vos pri ge, fait ele, par la foi que vos avez a monseignor lo roi et a moi, que vos me donez un don que ge vos demanderai."

"Dame, fait messires Gauvains, il me sovient bien d'un dun que vos me demandastes lo jor que messires li rois creanta a la damoisele chaitive a garantir un an et un jor, si me demandastes que ge remansisse de l'ost,[1] et ge remex comme fox, si vi tel ore que ge vousise miauz estre morz et honiz. Mais bien sachiez que il n'est riens por cui ge remansise orandroit, car, par la foi que ge doi vos, se ge lo vos avoie creanté, se vos an faudroie ge toz."

Et qant la reine l'ot, si set bien que proiere n'i avroit mestier. Mais totevoie li dit:

"Biaus (*f. 113d*) niés, dist ele, ou irez vos? Vos alez querre, si ne savez cui. Et si laissiez vostre oncle lo roi si dolant et si esbahi que onques mais si dolanz ne fu. Ne tuit li chevalier qui furent an ceste queste n'i sont mie. Mais faites lo bien. Remanez tant que vostre compaignon i soient tuit, si metrez lo roi a aise."

[1] de lostel

"Dame, fait il, des chevaliers qui an la queste furent a il çaianz une partie, et chascuns doit estre por lui esleiauter, car messires li rois nos a toz tenuz[1] por traïtres et por recreanz. Et qui voudra, il i vandra. Mais par la foi que ge vos doi, morir puis ge an la queste, que ge n'anterrai ja mais an maison monseignor lo roi devant que j'aie trové lo chevalier, et que ge an porterrai tex anseignes que j'an devrai bien estre creüz. Et si ne sai ge qui il est ne an quel leu je le troverai."[2]

"Tant, fait la reine, faites por moi que vos venez devant lo roi ançois que vos aiez laciez vostre hiaume, si parlera a vos."

Et il li otroie. Et la reine apelle une soe pucele et si li dit que ele aille dire au roi que ele ne puet metre fin an monseignor Gauvain retenir, que il li face crier merci a tote la cort. Et ele li vait dire. Et li rois apele ses chevaliers, si lor conte son grant anui et que chascuns soit toz priez de monseignor Gauvain retenir par prieres et par losenges. Et cil vienent aprés lui fors de la sale et voient monseignor Gauvain armé fors de la teste et des mains. Et li rois li vient ancontre, si li prie de tot son pooir que remaigne tant viaus que tuit li autre soient laianz qui an la queste avoient esté, car il s'an failoit[3] bien la moitié. Mais messires Gauvains ne l'am puet de rien escouter. Et li rois regarde les chevaliers qui dariés lui venoient, et il se laissent maintenant cheoir tuit a terre (*f. 114a*) devant lui; qant il voit ce, si est si dolanz que par un po que il n'anrage; et autresi se furent mises les dames totes et les damoiseles, qui tuit et totes li crient merci et li proient que il remaigne. Et il dit que por noiant lo font, que nule riens ne lo tanroit que solement li deseretemenz et la honte son seignor lo roi:

"Por ces deus choses remanroie gié, mais ge n'i voi l'une ne l'autre."

Atant demande son hiaume, et l'an li baille et an li lace. Et illuec furent apareillié si conpaignon qui devoient movoir avoc lui. Et qant li rois voit que il s'an va si a certes, si a paor que il ne l'ait perdu a tozjorz mais, si li crie merci si durement com il plus puet et se velt a ses piez laissier cheoir. Et messires Gauvains lo prant antre ses braz et li crie:

"Por Deu merci, ne me retenez mies contre m'annor. Et se vos volez, ge remanrai. Mais, par les sainz de cele eglise," si tant sa main vers une chapelle lo roi, "ge m'ocirrai demain, tantost com

---

[1] toz uenuz
[2] ne an nelui mais gel querrai tant qel trouerai
[3] failoient

ge an porrai avoir aise. Et se vos m'an laisiez aler, ge revanrai si tost com ge porrai veraies anseignes aporter."

"Sire, sire, fait la reine, laissiez lo aler, puis que ses cuers i est. An maintes autres questes a il esté dom il est [re]venuz, Deu merci; si fera il de ceste, se Deu plaist."

"Dame, fait il, c'est voirs, mais li cuers me diaut si, qui me dit que ja mais ne lo verrai."

Et lors se fiert an une chambre, si se lait cheoir en un lit, si fait tel duel que riens ne lo puet conforter. Et la reine est ancor avoc monseignor Gauvain. Et qant ele voit qu'il s'an va a certes, si l'apelle a une part et dit:

"Biaus niés, vos an alez et si ne savez ou."

"Dame, fait il, vos dites voir."

"Or vos dirai comment vos troveroiz lo chevalier, mais vos me creanteroiz que vos n'an acointeroiz home ne fame, ne or ne autrefoiz." Et il li creante. "Vos an iroiz, fait ele, la ou vos cuideroiz trover Galehot. Et sachiez (*f. 114b*) que vos troveroiz an sa compaignie lo chevalier, se an nul leu lo devez trover. Et sachiez que ce est Lancelot do Lac."

Et qant il l'ot, si en a si grant joie que tart li est qu'il soit montez, et dit que Lancelot conoist il bien.

Atant s'an part de la reine et pant son escu a son col et prant sa lance de son escuier, si s'an torne lui vintoismes de chevaliers com vos orroiz. Il i fu messires Yvains li Granz et messires Brandeliz et Kex li seneschauz et Sagremors li Desreez [et Lucanz li boteilliers] et Gasoains d'Estrangot[1] et Girflez, li filz Dué, et Gladoains de Caermurzin et Galegantins li Galois et Caradués Briebraz et Caradigais et Yvains del Lionnel et Dux Taulax et Canuz de Caee et li Ros Chevaliers de Genez et Adains li Biaus et Galez li Chauz, et li Vallez de Norz, et li rois Yders. De toz les quarante qui an la queste avoient esté n'avoit a cele ore plus an la cort ne an l'ostel o roi, car li autre estoient tuit an lor terres, et an lor granz afaires de tex i avoit. Et la reine commande a Deu monseignor Gauvain avant et aprés les autres. Si sont li chevalier qui remainent tuit anious et tuit angoissos. Et messires Gauvains se porpense d'une chose dom il fu mout prisiez com cil qui toz les biens savoit, et dist a la reine et as chevaliers qui remainent:

"Dame, dame, et vos seignor chevalier qui remanez, ge voil que vos sachiez que nos [qui] alons a ceste afaire acoillons an nostre

---

[1] gasoains destrauz

The Companions Separate

queste ces qui i furent a l'autre foiz[1] avoc nos, que il n'i pueent or estre. Et se il avient que nos achevons de ceste chose, nos volons que il an aient eschevé, et se nos faillons, por ce ne remaigne que chascuns d'aus s'annor ne quiere. Et vos, seignor, l'otroiez qui estes compagnon[2] de ceste queste."

Et cil l'otroient.

Et lors si s'an partent et laissent lo roi et sa compaignie si dolant que il ne puent plus. Et qant il ont esloignié Carduel tant qu'il n'an voient mais point, si vienent a une pierre (*f. 114c*) qui a non li Perrons Merlin, la ou Merlins ocist les deus anchanteors. Lors parla messires Gauvains et dist:

"Seignor, nos en alons an une des greignors bessoignes que nos faisiens onques mais, et il nos an covient an tel maniere penser que nos ne soions plus hontos que nos avons esté. Si m'est avis que il seroit biens que nos alisiens chascuns par lui, si acheverons plus tost de la queste que se nos estiens tuit ansenble."

Et il l'otroient tuit. [Lors entrent tuit es voies que il trovent forchanz,] ansi com messires Gauvains lo dit et commande, que il tienent a seignor. Et il lor dit, si com il s'an partent, que an toz les leus dom il orront novelles d'un chevalier errant, qu'il se traient cele part.

"Car ansi, fait il, porrons [trover] li uns l'autre. Et gardez que a la premiere asenblee qui sera ou reiaume de Logre que vos veigniez tuit, et la savra li uns comment li autres avra esploitié.[3] Et quex ques armes que chascuns am port, ou nueves ou viez, au plus que vos porroiz vos covrez, que la maisnie monseignor lo roi ne vos conoissent. Et por ce que nos [ne] nos desconoissiens[4] li uns de l'autre, si gardez que chascuns ait pandu son escu a son col, ce dedanz defors. Ensi nos antreconoistrons."

Ensi s'en partent jusque a quinze d'aus, et cinc an chevalchent ancor ensemble, messires Gauvains et messires Yvains et Kex li seneschaux et Sagremorz li Desreez et Girflez li fiz Dué.[5] Icil chevauchent ensemble mout longuement, car mout s'antramoient, et totevoies se departent en la fin.

Si se taist d'aus toz li contes et [parole de] monseignor Gauvain por ce que il aquesta de ceste queste. Et neporqant chascuns de

---

[1] foiz furent auoc [2] estes seignor
[3] esploitie *is followed in the MS. by* Ensin sen partent... en la fin, *followed by* et quex ques armes... antre conoistrons, *followed by* si se taist *etc.*
[4] des n conoissiens [5] li fiz dues

ces vint[1] chevaliers a son conte tot antier, qui sont branches de monseignor Gauvain, car ce est li chiés et a cestui les covient an la fin toz ahurter, por ce que il issent de cestui.

    Ce dit li contes que or s'an va messires Gauvains seus et pensis, si chevauche deus jorz (f. 114d) antiers que il ne trova avanture dom a parler face. Et tant a alé que li langaiges li change si et anforce que a poines puet les genz antandre. Et dit li contes que au tierz jor fu mout main levez et chevauche tote la matinee tant que il vint a ore de prime. Et ce fu an esté, o mois de juin, et si faisoit mout bele matinee, si estoient li aubre vert et foillié et li pré covert d'erbe et de flors, et li chanp de plusors oisiaus retantissent de plusors chanz. Et dit [li contes] que messires Gauvains vint esperonant fors d'une forest et antra en une mout grant lande mout large et mout bele, si duroit bien demie lie gallesche de toz sanz.[2] Et qant il fu antrez an la lande, si chevaucha tote la droite voie breiee contramont.[3] Et qant il se regarde, si voit anz o chief de la lande quatre chevaliers toz armez, les escuz as cols, les hiaumes sor les testes, toz apareilliez de lor cors deffandre et d'autrui asaillir. Il virent lui ausi bien, sel conmança li uns a mostrer a l'autre. Et ne demora gaires que li uns s'an part des trois et vient ancontre monseignor Gauvain, les granz galoz, la lance droite. Et qant il aproiche, si met la lance soz l'aissele, et l'escu devant lo piz, et va si tost com li chevax lo pot porter, toz apareilliez de ferir. Et messires Gauvains s'aparoille de desfandre. Et qant li chevaliers en est toz acesmez de ferir, si sache il son frain si durement que par un po que il et li chevaus ne vole tot en un mont. Et messires Gauvains resache le suen. Si s'antreconoissent, et voit messires Gauvains que ce est Sagremors li Desreez. Et Sagremors en a mout grant honte de ce que il en a fait, si dist:

    "Ha! sire, merci. Certes, sire, ge ne vos conoissoie pas."

    "Ge sai bien," fait messires Gauvains.

    Lors s'antracolent et font mout grant joie. Et li troi qui aprés vienent si se mervoillent d'ou cele amors est ja venue, si s'en rient (f. 115a) et gabent li uns as autres. Et messires Gauvains demande qui sont cist chevalier la.

    "Sire, fait il, c'est messires Yvains et messires Kex et Guiflez."

    "Et comment, fait il, vos iestes vos entretrové?"

---

[1] cest .x. chrs   [2] toz sanz contramont et
[3] breiee de toz sanz contramont

Black and Silver Shield Hung on Tree 367

"Sire, fait il, la desus a un carefor de ces voies, si nos i amena orandroit avanture toz quatre ansanble. Et il seront ja mout lié qant il vos verront."

Atant vienent li troi les granz galoz, car mout lor estoit tart qu'il saüssient don si granz acointemenz estoit venuz de ces deus chevaliers. Que que il disoient ce, si esgardent, si conurent monseignor Gauvain, si li vinrent tuit, les braz tanduz, con a celui que il tenoient a seignor. Si font mout grant joie li uns de l'autre, si gabent assez antr'aus et rient des talanz que il avoient, qant il lo virent o chief de la lande, et de ce que il orent ore, car il n'i avoit celui nel vousist avoir abatu a cele ore. Et dit Kex li seneschauz que onques mais joste si[1] apareilliee ne vit remanoir sanz chaoir ou sanz faillir.

Ensi parolent tuit longuement et gabent. Et dit messires Yvains:

"Des que Dex nos a mis ensemble, nos ne nos departirons mais hui que tant que nos avrons trovee aucune avanture."

Et messires Gauvains l'otroie.

Atant s'an tornent tuit ensemble. Et qant il vinrent o chief de la lande, si puient un tertre et chevauchent tuit lo tertre contramont tant que il chois[is]ent desoz un grant val, clos de bois et[2] de tertres de trois parties. La valee estoit belle et granz et tote plaine d'erbe et de flors antremeslé, ne tant com ele duroit, n'i avoit aubre que un sol, et ce estoit uns des plus biax pins do monde. Cil pins estoit droitement anz anmi la valee, et desoz cel pin sordoit[3] u(*f. 115b*)ne fontaine granz et belle, si l'apeloient cil de la terre la Fontaine do Pin. De cele fontaine isoit uns ruisiax don tote cele valee estoit plus bele et plus plaisanz. Cele part chevauchent li cinc conpaignon. Et qant il orent avalé do tertre o val, si esgarde messires Gauvains, que premiers aloit entre lui et monseignor Yvain, son conpaignon et son cosin, si esgardent, si voient venir un escuier sor un roncin, si tost com li roncins lo puet porter, une grant liace[4] de lances a son col. Si s'an part de la forest et si s'en antre o val la droite voie, si vient au pin et descent do roncin mout tost et mout isnellement. Et puis [delie les lances, si les arenge tot environ le pin, les fers desus. Puis] oste de son col un escu qu'il i avoit pandu, si estoit li escuz noirs, d'argent gotez menuement. Et li vallez lo prant par la guige, sel pant a une branche do pin. Et qant il a ce fait, si s'an torne ferant a esperons,

---

[1] joste ne uit si   [2] val plain de bois clos et de
[3] desoz celui sordoit   [4] liaces de lances

si se fiert an la forest la o il la voit plus pres. Et qant messires Gauvains voit ce, si sache a lui son frain et se met arrieres el bois, si se covri del tertre et si conpaignon autresi et dit qu'il ne se movra tant qu'il voie ce que voudra estre. Et qant il ont iqui un po esté, si voient venir un chevalier tot armé, lo hiaume en la teste, sor un destrier grant et fort et tost alant, si vint tot droit au pin grant aleüre, si commance a regarder les lances. Et puis descent de son cheval et vient sor la fontaine, si deslace son hiaume et met les genoz a terre, si boit de la fontaine grant trait. Et qant il a beü, si se drece, si prant son hiaume an sa main. Et qant il lo volt metre an sa teste, si avint chose qu'il hurta au pié de l'escu qui au pin estoit panduz. Et li chevaliers regarde en haut, si voit l'escu pandre. Et lors commance un duel si grant com il plus puet (*f. 115c*) et plore et crie et fiert un poin an l'autre et maudit l'ore que il onques fu nez. Et qant il a grant piece tel duel fait, si se recomance a conforter et se blasme de ce qu'il a tant dolosé, et recomance a faire autresi grant joie com li diaus avoit esté, o plus grant. Et qant il a une piece fait joie, si recomance lo duel autresi grant com il avoit fait devant. Ne redemora gaires que il recomança a faire joie derechief. Et an ceste maniere fist bien set foiz o huit, une foiz lo duel et l'autre la joie. Et qant li cinc chevalier lo voient, si se merveillierent mout que ce pooit estre. Et Kex li seneschax a dit:

"An non Deu, s'i[l] n'a ci un fol chevalier, dons n'an a[1] il nul el monde, que une ore plore et autre rit."

"Certes, fait messires Gauvains, c'est une des plus granz mervoilles que ge veïsse mais pieç'a, et mout volentiers savroie por coi il plore et por coi il rit."

Et Kex dit que il l'ira demander. Et se il ne li velt dire, il se conbatra a lui.

"Or alez, fait messires Gauvains, si li dites que nos somes cinc chevalier errant, si li dites que nos li mandons par debonaireté por coi il fait si grant duel et si grant joie."

Et Kex dit que si fera il. "Et se il nel me dit, fait il, il lo comparra."

Lors s'an torne, et Sagremors li cort au frain et dit:

"Ostez, messires Kex. Vos n'i eroiz mies, car vos savez bien que li desroi de la cort lo roi Artu sont mien, et por ce ai ge non Desreez, si est droiz que ge aie cestui."

[1] nan na

Et li autre dient que il est droiz. Et Kex remaint, qui mais n'an puet, si s'an va Sagremors au chevalier, qui ancor se demaine desoz lo pin ansi com il avoit commancié. Et qant il vient devant lui, si li dit:

"Sire chevaliers, ça m'ont anvoié quatre chevalier qui laïsus sont an cele lande, si vos mandent que vos me dites qui vos iestes et por coi vos faites duel et joie."

Et li chevaliers lo regarde an travers et mout li anuie. Et dit a Sargremor:

"Biaus sire, de mon penser que ont il a faire, (*f. 115d*) ne qui ge soie? Certes, ge no diroie ne vos ne els. Mais laissiez moi ester, que de vostre conpaignie ne de la lor n'ai mestier an cest point."

"An non Deu, fait Sagremors, ansi nel lairai ge mies."

"Commant dont?" fait li chevaliers.

"An non Deu, fait il, a vos me covanra mesler, se vos nel me dites debonairement."

"Certes, fait li chevaliers, ce seroit outraiges se ge mon pensé disoie a force, ne onques mais n'oï que por tel querele fust bataille antre deus chevaliers. Mais encor ne voi ge chevalier por cui gel die."

"An non Deu, fait Sagremors, donc vos covient il combatre."

"A vos? fait li chevaliers. Ja de ce ne vos mesleroiz, se Deu plaist et vos. Et neporqant, ançois me conbatrai gié que gel vos deïsse."

Quant ce oï Sagremors, si s'esloigne anmi les prez et dit que il se gart, que il lo ferra des or mais. Et li chevaliers fait sanblant que mout petit l'an chaille. Mais son hiaume lace, et oste un escu blanc de son col a un cartier noir, sel pant au pin dejoste l'autre. Puis a pris l'autre, sel pant a son col parmi la guige, si durement plaignant[1] et plorant que il est avis que il doie de son san issir. Puis a pris un glaive, tot lo plus gros que il voit antor lo pin, si trestorne a Sagremor que il voit venir, tot apareillié de joster. Si s'antrefierent de si grant aleüre com li cheval les porent plus tost porter. Sagremors fiert avant, si peçoie son glaive. Et li chevaliers fiert lui si durement que il lo porte a terre sanz demorer. Puis a pris lo cheval, si lo moine jusque desoz lo pin. Lors li abat lo frain et fiert parmi la crope do frain meïsmes et lo chace an voie. Et il s'am fuit grant aleüre et fiert an la forest. Et li chevaliers giete lo frain desoz lo pin et recomance son duel et sa

[1] col si durement par l mi la guige plaignant

joie si com il siaut. Lors est Sagremors sailliz am piez. Et qant il voit que li chevaliers s'an est ansi partiz, si est (*f. 116a*) dolanz et hontous de sa mescheance.

Mais Kel lo seneschal n'em poise mie, ainz dit a monseignor Gauvain:

"Sire, por noiant se hastoit oreinz Sagremors si, que ancores i poïst il ores venir a tot tans."

Lors fiert lo cheval des esperons vers lo chevalier par delez Sagremort, si li dit que il s'an retort, que bien l'a fait. Et cil si fait toz hontous, si trove les trois compaignons dolanz de lui et correciez. Et dit messires Gauvains que mout se doit prodom garder d'estotie comancier, car il ne set a quel fin il am puet venir.

Atant vient Kex au chevalier, si li dit autresi comme Sagremors avoit dit. Et qant il vit que rien ne l'an diroit, si li redit que il se gardast de lui, que il lo ferroit. Et cil josta a lui autresi com il avoit fait Sagremort, et autresi chaça lo cheval en voie et mist lo frain desoz lo pin. Atant li vient Guiflez et li dit autresi com li dui avoient fait, et an la fin lo rabatié li chevaliers com il avoit fait les autres deus.

Lors fu messires Gauvains mout dolanz et dit que mout est prodom li chevaliers, que trois des conpaignons de la maison lo roi Artu a abatuz.

"Sire, fait messires Yvains, la chose fu comanciee folement, ne nos ne la poons mies atant laissier an nostre annor. Et ge i irai, car miauz voil ge que li chevaliers m'abate que ge n'i aille."

Lors s'an part et vient au chevalier, que ja ravoit son duel commancié sor la fontaine, si josterent an la fin antr'aus deus, et l'abatié li chevaliers autresi com il avoit fait les autres. Lors est messires Gauvains si correciez que plus ne puet, car trop aimme monseignor Yvain. Si en a tel duel que les lermes li chient contraval la face desoz lo hiaume, et dit que mout se puet vanter li chevaliers que quatre des plus prodomes do monde a abatuz.

"Or n'i a mais a abatre que moi, et se Deu plaist, devant moi n'avront il ja ne honte ne mal que ge n'i parte."

Atant s'an ist de la o il estoient ambu(*f. 116b*)chié, si s'an va tot lo pas, son glaive enpoignié par lo mileu. Et esgarde o chief do val et voit venir un nain gros et boçu an un grandisme cheval, a selle a or, et tint sor son col un gros bleteron de chasne, freschement copé. Li nains vint esperonant tot lo val droitement au chevalier qui son duel demenoit sor la fontaine. Et Guiflez, qui lo voit, cort panre monseignor Gauvain par lo frain et dist:

"Sire, por Deu, or atandez tant que vos verroiz que li nains fera."

Et il s'aresta por esgarder, et voit que li nains s'an vient au chevalier qui antant a son duel faire. Si s'areste delez lui, si se hauce sor les estriés et hauce a deus poinz lo bleteron et fiert lo chevalier parmi les espaules de son pooir. Et li chevaliers se regarde tantost, et li nains rehauce lo bleteron et fiert lo chevalier, au regarder qu'il fist, sor lo nasel do hiaume si que tot lo li anbarra et que li nes s'an sant et li visages, et fiert et refiert sor lo hiaume et ou col et es espaules tant com lui plot, c'onques li chevaliers ne se muet, ainz tient la teste ambrunchiee por les cos qu'il a aüz anmi lo vis. Et qant li nains l'a batu do bleteron tant que toz est las, si lo prant par lo frain, si l'an moine tote la voie que il estoit venuz, sanz contredit que li chevaliers i mete. Et qant ce voit messires Gauvains et si compaignon, si en sont trop esbahi.

"Par foi, fait messires Gauvains, c'est une des plus granz mervoilles que ge onques mais veïsse, c'onques mais si prodom com cist est par si vil fauture ne fu si laidangiez, ne onques contredit n'i mist. Mais tant creant ge Deu que ja mais ne finerai d'errer tant que ge sache qui li chevaliers est et por coi il a tant ploré et joie faite et por coi li nains lo batié et mena sanz contredit metre. Et se ge lo poïsse honoreement asaillir, il ne s'an alast mies qu'il ne m'abatist ou ge lui. Mais il est prisons, et qui prison asaut, bien a totes lois perdues."

"Ha! sire, fait Kex, car faites tant que vos (*f. 116c*) preignoiz un de noz chevax, car autrement remanrons nos ci a pié, et nos vos sivrons si tost com nos porrons estre tuit monté."

Et il li baille un des frains desoz lo pin. Et il chace tant par la forest que il prant lo monseignor Yvain, si li am moine et si li baille. Et maintenant les comande a Deu et lor dit que plus tost que il porront, lo si[v]ent. Et il dient que si feront il. Ansi remanent tuit quatre, mais or se taist atant li contes d'aus et parole de monseignor Gauvain.

Or dit li contes que messires Gauvains s'en va et seust les esclox au chevalier et au nain. Si ot tote[1] jor alé sanz avanture trover. La nuit jut an la forest, et au matin bien main se lieve et revint as esclox des chevax. Si chevauche tote la matinee

[1] orent tote

juque androit tierce, et lors ist de la forest et vient an une grant riviere et voit enmi la praarie tandu un paveillon mout bel et mout riche. Cele part chevauche messires Gauvains tant qu'il vint a l'uis del paveillon, si met anz sa teste, tot a cheval, et voit el mileu do paveillon une coche aornee de mout grant richece. An cele couche gisoit une damoisele de mout grant biauté, ses chevox parmi ses espaules, qui mout estoient bel, et darrieres li estoit une pucele qui la pignoit a un pigne d'ivoire d'or ovré, et par devant en avoit une qui li tenoit un mireor et un chapel.

Quant messires Gauvains voit la damoisele, si li dit que bon jor li doint Dex. Et ele li respont:

"Dex vos beneïe, sire chevaliers, se vos n'iestes des mauvais chevaliers et des recreanz qui virent lo bon chevalier batre et laidangier, que onques ne li aiderent."

Lors se fiert messires Gauvains dedanz lo paveillon tot a cheval et dit:

(*f. 116d*) "Ha! damoisele, qui que ge soie, por Deu vos pri que [vos me diez qui] li chevaliers est et por coi il faisoit et duel et joie."

"Fi! fait ele, taisiez, que ge sai bien que vos iestes des mauvais, des failliz."

"Damoisele, fait il, por la pitié Deu, dites moi, par covant que ge soie vostre chevaliers a mon vivant."

"Tant, fait ele, vos dirai ge que male honte vos doint Dex, ançois que vos remuoiz voz piez de ci."

Si tost com ele ot ce dit, si sant messires Gauvains son cheval [qui se degiete] soz lui et se detort, si que une de ses regnes ront. Et il regarde derriers lui, si voit lo nain qui avoit batu lo chevalier, si tenoit a deus poinz un espié tot sanglant dom il avoit feru lo cheval parmi les costez. Et il saut jus[1] si correciez que a po que il ne desve, si aert lo nain parmi les tamples et lo lieve en haut por ferir a l'estache do paveillon. Et li nains comance a crier et dit:

"Ha! or m'est avenu ce que ma mere me juja."

"Et que fu ce?" fait messires Gauvains.

"Certes, fait il, ele me dit que mauvaise merde me tueroit, et ge sai que li pires crestiens qui vive me tient a ses deus mains."

"Certes, fait messires Gauvains, morz iestes vos, se vos ne me dites orandroit qui li chevalier est qui ploroit et rioit sor la fontaine, et por coi il faisoit duel et joie, et por coi vos lo batiez et l'an menastes sanz deffanse que il i meïst."

[1] saut sus

"Gel te dirai, par covant que tu te combatras a lui [ou a un meillor chevalier de lui], et si avras ancor droit de la querrele."

Et messires Gauvains panse un petit et se pense que ci[l] a mout grant avantaige qui a son droit se conbat. Mais puis que il est venuz a cest offre, il se combatra ançois que il ne sache ce que il a tant chacié et dessirré, et creante au nain ce que il li a demandé.[1]

"Or te dirai, fait li nains, ce que tu demandes et si te mosterrai lo chevalier com un des plus biax et des meillors que onques veïsses de tes iauz."

Lors commande a la pucele qui tenoit lo mireor et lo chapel qe (*f. 117a*) l'aille querre. Et ele lieve lo pan do paveillon, si antre an une cave soz terre. Et maintenant vient fors li chevaliers, qui mout est biaus et genz et blondes et ancores est toz camoisiez des mailles do hauberc, et a sa cote a armer vestue et est par sanblant mout hontous et mout esbahiz.

Lors parole li nains a monseignor Gauvain et dit:

"Voiz tu cest chevalier? C'est cil a cui tu te conbatras ou a un meillor se ge voil. Et sachiez que c'est uns des miaudres do monde et a non Hetors. Et cele pucele que tu voiz la peignier, si est ma niece, fille d'un mien frere assez haut home et gentil, et s'est[oit] ainz nez de moi. Il avint que mes sires acoucha de la mort, que il avoit esté navrez an la guerre que la dame de cest païs a vers un des meillors chevaliers qui orandroit vive. Quant mes sires santi que il se moroit, qui mout estoit biax chevaliers et prouz, si m'anvoia querre, car il n'avoit plus de freres. Et qant ge vin devant lui, si me bailla cele damoisele la qui sa file estoit, ne n'avoit plus de toz anfanz. Et ce estoit la riens vivanz que il plus amoit, si me pria que si chier[2] com ge l'avoie aü, que ge la gardasse autresi com ge feroie mon anfant, et me saisi de tote la terre que il tenoit, qui mout estoit bele et riche. Mes freres ala maintenant de vie a mort. Et ma niece amoit cest chevalier sor tote riens et aimme ancores, et il li sor totes fames. Et qant gel soi, si deffandi a ma niece, si chier com ele avoit m'amor[3] et la son pere et s'annor, que plus ne feïst de ceste anmor se par moi non. Et se ele ne lo faisoit, ele ne seroit ja mais tenanz de chose que ses peres aüst tenue, et a tozjorz avoit perdu moi et m'aide. Et autresi lo deffendi au chevalier et lor dis que se il ansi lo faisoient, ge feroie avoir joie l'un de l'autre a lor vivant, et il ansi lo me creanterent anbedui.

---

[1] demande demande   [2] si schier   [3] auoit ma mort et

"Cele dame, de cui guerre ge t'ai dit que mes freres fu morz, estoit mal d'un sien voisin qui estoit (*f. 117b*) li miaudres chevaliers do monde et li plus hardiz et li plus dotez, et a non Segurades. Et ceste haïne mut par ce que il l'avoit fait requerre de panre a fame, et ele ne vost, car trop iere haute fame anvers lui et plus juene assez. Et qant cil vit que ele lo refusa, si an ot duel et honte et la comança a guerroier; ne mie par force de terre ne par paranté que il aüst, mais par ce que il est bons chevaliers et larges, si lo sivoient tuit li legier bacheler et laisoient ma dame por lui, neïs cil de sa terre, et mout vousisent que ele lo preïst. Et ele est orfenine de pere et de mere, et grant partie de ses charnex amis ont esté mort et navré, que de la soe guerre que de la guerre lo roi Artu cui fame ele est. Et mainte foiz li fu loé que ele lo preïst, mais ele nel pot onqes amer, ne onques ne fu si liee, se ele an oï parler, que ele ne fust dolante.

"Li chevaliers guerroia ma dame longuement, tant que par ses homes qui li sont failli li a destruit grant partie de sa terre et ocist mout de sa gent. Ne nus fors de forterece n'osoit issir, tant que la menue gent crierent a ma dame a une voiz que, se ele ne lo prenoit, il s'an fuiroient o se randroient a lui an sa merci. Et ele dist que ele s'an conseilleroit, come cele qui tant avoit duel que plus n'an pooit avoir. Quant ele ot asenblé tot son consoil, si dist que ele ne lo panroit por tot lo monde. Et uns siens oncles li dist, qui mout estoit de grant aage, que il la conseilleroit selonc ce que ele disoit outre ce que nuns ne la conseilleroit, se ele s'an voloit a lui tenir. Et ele li creanta que si feroit ele. "Niece, dist il, puis que li mariages ne vos plaist, il ne sera mies. Mais totesvoies manderoiz au chevalier que vos iestes conseilliee et que volantiers lo panroiz, par si que il vos donra respit juqe a un an. Et por ce que vos ne soiez blasmé de lui panre, qu'il n'est ne si hauz ne si puissanz com furent vostre ancessor, (*f. 117c*) si voudrez qu'il face tant por vostre amor qu'il se conbatra a toz les chevaliers qui dedanz lo terme vos osseront desraisnier ancontre lui. Et se il estoit outrez par chevalier, vos voudriez que il et sa terre fust a vostre merci. Et par avanture, il sera dedanz lo terme morz ou otrez d'armes, o vos serez morte d'autre part. Ansi serez delivres li uns de l'autre. Et se il outre toz les chevaliers jusque som terme, pis ne feroiz vos que de l'espouser ou de randre none an une abaïe."

"A cest consoil se tint la dame cui hom ge sui. Si furent ansi li covenant creanté et d'une part et d'autre. Et dist li chevaliers, se il l'avoit espousee, si feroit il ce por s'amor, se ele l'an requeroit. Ansi fu la pais establie de ma dame et de Segurades. Et neporqant, tuit si chevalier et si serjant gardent toz les pasages d'anviron la terre ma dame, que chevaliers esranz n'i antre. Qant ces covenances furent faites, ge vi ma niece et ce chevalier si angoisos li uns de l'autre qu'il n'osoient parler ensemble por moi, ne des boiches ne des mesages. Si vin a aus et lor dis que il soffrissent ambedui jusque au chief de l'an et lors saüsient de voir que ge feroie avoir joie l'un de l'autre. Si lor fu cil termes trop lointains, et ma niece demanda a Hestor se il se conbatra a Segurades, se ele voloit. Et il dit que il voloit avoir doné un des iauz de sa teste que il fust ja o champ encontre lui. Et ele li fist fiancier que il ne se conbatroit sanz son congié. Et neporqant, mout a demoré li termes et plus li greva de jor en jor, et sovant prioit ma niece que ele soffrist que il se conbatiest por sa joie avoir, tant que ele lo dota perdre. Si li fist faire un escu noir goté d'argent et li commanda, si chier com il avoit son cors, que la ou il seroit de li mesfaiz, gardast que ja mais autre escu ne portast tant que il fust a li racordez. Li noirs senefie duel et les gotes d'argent senefient lermes, car por duel plore l'an. (*f. 117d*) Qant cist chevaliers sot que il avroit s'amie a l'ore que Segurades seroit outrez, si li fu avis que tant se fioit an amor que, se il pooit venir an leu ou il fust, il l'outreroit bien d'armes. Et tant com il estoit an cest pensé, si avint une nuit que il sonja un songe que il estoit au pin de la fontaine, la ou ge lo pris ier[1], si i estoit venuz por une granz assanblee qui estre i devoit. Si i cuidoit trover Segurades, si estoit mout liez et mout joianz. Et qant il venoit desoz lo pin, si esgardoit en haut, si veoit une nue, plaine de menues estoilles, sanz clarté, si lo conreoit si cele nue que il ne veoit se petit non. Et neporqant il vaincoit l'asenblee tote. De cest songe fu mout liez, si lo dist a ma niece. Et ele respondi que ce n'estoit se folie non, et bien saüst il que ancor n'estoit mie li chevaliers nez par cui Securades seroit conquis. Et cil an ot mout grant duel, cui force d'amor donoit cuer et hardement, et dist a son cuer meïsmes que ce proveroit il par tens. L'andemain se leva bien matin, et ge fui ja alez au mostier. Et il prist ses armes, ses fist porter hors d'un mien chastel o nos estiens, si que ge n'an seüse rien. Mais ma niece lo sot, si vint a moi au mostier et me dist que ansin s'en aloit Hetors[2] a la Fontaine do Pin. Et ge ne voloie mies perdre

[1] pris gehuir   [2] hetorst

la messe, car ge ne la perdi onques do moi soveigne, si fis un de mes garçons monter sor un de[1] mes meillors chevaus et li fis porter les lances que tu veïs et l'escu noir, por ce que ge savoie bien que qant il verroit les lances, qu'il s'aresteroit; et qant il verroit l'escu, lors n'iroit il ja mais avant. Et li vallez vint a la fontaine ançois que Hetorz, car il s'armoit avant; si apoia les lances au pin et si i pendi l'escu. Et qant Hetors i fu venuz et il vit l'escu, si sot bien que il avoit mal esploitié. Et ce fu la noire nue que il avoit songiee, (*f. 118a*) car tantost fu si esbahiz que il ne sot o il estoit, si aparçoit bien que il avoit lo corroz s'amie et lo mien; et lors commança son duel a faire si grant com tu veïs. Et qant il ot longuement ploré, si se pansa qe mout estoit mauvais qui tel duel faisoit, car ce avroit il amandé si tost com il avroit trové Securades, que il ne dotoit nient que il no conqueïst bien par ses armes, et lors avroit il sa joie qui promise li estoit. Ansi li sanbloit il ja que il aüst conquis Securades, tant lo faisoit lié la joie qu'il atandoit. Et por ce faisoit la joie, tant qu'il li manbroit de s'amie qui estoit mal de lui et que l'escu noir li covenoit porter, si an avoit tel angoise que il recommançoit son duel. Et aprés repansoit que s'anmie estoit tant leiaus, et ge avoc, qu'il ne seroit ja fausez de sa promesse. Por ce refaisoit joie.

"Ensi refaisoit duel et joie, ansi con tu veïs. Et ge, qui mout aüse grant duel se ge perdise tel chevalier, montai aprés, si tost com j'oi messe oïe. Si lo trovai an tel maniere comme tu veïs et lo batié[2] comme celui don ge pooie faire ma volenté, car ge sai bien que il me dote sor toz homes. Et l'an amenai, que onques desfanse ne m'i mist. Or as oï commant li chevaliers a non et por coi il rist et plora, et por coi gel batié et amena sanz contredit et por coi il porta l'escu. Et tu m'as en covant que tu te conbatras ou a lui ou a meillor de lui, mais ge dot mout que tu ne t'an fuies, car ge sai bien que tu ies li pires hom do monde."

Et messires Gauvains ne dit mot, mais mout est dolanz de son cheval qui ocis est. Atant vient uns vallez fors de la cave et dit que toz est li mangiers apareilliez, si fait li nains monseignor Gauvain desarmer. Puis asient au mengier. Et qant il ont une piece mengié, si esgarde li nains tot aval les prez et voit venir une pucele mout tost sor un palefroi qui toz est tressuez. Et dit a sa (*f. 118b*) niece et a Hestor que par tans orront novelles. Maintenant descent la pucele. Assez fu qui la recoilli, et ele salue lo

---

[1] des   [2] labatie comme

nain et sa niece de par sa dame, et si li baille unes letres. [Li nains brise la cire et lut les lestres, qui bien les sot lire.] Et qant il les ot leües, si comnança a rire de felonie, et maudit corage de fame et qui nul an croit.

"Por coi dites vos ce, sire?" fait sa niece.

"Vos n'oez mies, fait il, que ma dame m'a mandé: que ses termes aproche et que je aille a la cort lo roi Artu ferant des esperons, si li amoign monseignor Gauvain por combatre a Securades. Si cuide bien que ausi legierement soit fait com ele lo comande. Se ge movoie orandroit, ne seroie ge mies s'a poines non a la cort au terme. Ne ce n'est mie legiere chose de monseignor Gauvain trover, car an cinc anz n'est il mies s'a poines non an la maison lo roi son oncle deus foiz o trois, ainz va cerchant totes les dures avantures comme li plus prodom do monde. Mais ge li manrai an eschange por monseignor Gauvain lo peior chevalier qui onqes portast escu. Ce est cist chevaliers qui ci est."

Et messires Gauvains ne dit mot, ne de rien ne li chaut que li nains dit, mais Hetor an poise mout.

Atant fait li nains aporter les armes Hector et les monseignor Gauvain, et comande sa niece que ele i voist et les puceles ausi. Et dit a monseignor Gauvain:

"Sire mauvais chevaliers, mout voudriez ores que vos remansisiez por cheval don vos n'avez point, mais nel feroiz, car ge vos baillerai meillor del vostre."

Ensi li fait amener un cheval, et il i monte, et Hectors et sa damoisele et li escuier et les puceles, si porte li uns l'escu Hector et li autres une liace de lances roides et forz. Si s'an partent tuit do paveillon, que nus n'i remaint par sanblant. Ansi chevauchent grant piece. Et la damoiselle apele Hector, si li dit:

"Hector, vos me fienceroiz leiaument comme chevaliers que vos ne vos combatroiz se par moi non. Et se vos lo faites, bien sachiez que a m'amor avez vos failli a tozjorz mais."

Et il li fiance.

Lors vint Hector a monseignor Gauvain, si li prie et requiert que ja ne li chaille de chose que (*f. 118c*) li nains li die. Et il respont que il ne l'an chaut. Lors apele li nains la pucele qui les letres avoit aportees, si li demande ou est sa dame. Et ele li dit que ele est a un sien chastel qui a non Roestoc.[1] "Dons gerrons nos, fait il a sa niece, as Plains." Ce estoit une forz maisons sa niece.

---

[1] non rotesci

Si chevauchent tote jor sanz avanture trover do li contes parole tant que il vienent a lor gistes. L'andemain sont mout main levé, et qant il ont messe oïe, si se metent a la voie et chevalchent tant que il est pres de tierce. Et lors aprochent des marches sa
5 dame antre li et Securades, si vienent a un trespas d'une haie.[1] Et li nains esgarde, si voit deus chevaliers et trois serjanz, si estoient li[2] chevalier armé de totes armes, mais que tant que il avoient chapiax an leu de[3] hiaumes. Et li serjant avoient haches et espees et hauberjons. Lors apele li nains Hector et li dist:
10 "Hector, cist sont de la gent Segurades. Or si vos deffandez, car il en est bien mestiers, car par cestui chevalier ne serons nos ja deffandu, car il ne valt pas une chamberie[re]."

"Or ne vos esmaiez, fait Hector, mais chevauchiez seüremant."
Puis dit a monseignor Gauvain: "Sire, ne vos correciez mies
15 de ses paroles, mais soffrez, que vos avez assez affaire."

Lors demande a sa damoisele congié, et ele li otroie. Et il demande son escu, et an li done. Et il lo pant a son col et prant un glaive de son escuier, si se met el chief de la haie devers les chevaliers qui vienent ferant a esperon, si peçoient andui lor
20 glaives sor son escu. Et il an fiert un si durement que il lo porte tot[4] anvers a terre et lui et lo cheval. Et ses glaives peçoie, et il met la main a l'espee, si cort as autres sus si vitemant qui tuit s'en esbaïsent et li guerpisent place. Et n'i a un sol qui ost contredit metre, ainz s'an fuient li quatre parmi les chans au travers. Et
25 il les anchauce une grant piece tant que il se flatisent an la forest. Et il s'en (f. 118d) torne, et cil qui chaoiz fu, si tost com il pot relever, si se traist ou bois a garison. Lors dit li nains que mout prodom a esté Hector, si li dist, qant il est revenuz:

"Hector, ne vos disoie ge bien, se vos ne fussiez, nos fussiens
30 ja mal venu, que cist chaitis chevaliers n'i meïst ja desfanse?"

Et messires Gauvains se taist, et Hector en est mout dolanz et mout hontous, si lo prise[5] mout de ce qu'il se taist si debonairement.

Ensi chevauchent longuement tant que il vienent a une chauciee
35 aprochant qui est antre un plaisiez et uns marois, si voit li nains o chief de la chauciee trois[6] chevaliers et cinc serjanz, si estoient li chevalier autresi armé comme li autre. Et il dist a Hector:

"Hector, se vos ne nos[7] deffandez, or somes nos tuit pris, car

---

[1] dune aigue [2] estoient arme li [3] an lor hiaumes
[4] il an porte un tot [5] lo prisent [6] iiii chrs [7] ne uos deffandez

cist sont de la gent Segurades, ne nostre chevaliers n'i ferra ja cop."

"Sire, dist il au nain, chevauchiez et n'aiez garde."

Puis revint a[1] monseignor Gauvain et li dit qu'il ne li chaille des paroles au nain, et il s'an rit. Lors redemande Hector son escu et prant un glaive de l'escuier qui les autres porte, et prant congié de s'amie. Puis se met toz premiers es destroiz de la chauciee et fiert lo cheval des esperons. Si va parmi aus toz ferir un chevalier tant qu'il lo porte a terre. Et li autres lo prant au frain, et li autres a traite l'espee, si l'an done granz cox amont el hiaume, et autresi font li serjant. Et il met tantost la main a l'espee [et fiert] celui qui tient son frain sor la main, si que il lo mehaigne. Puis avise lo tierz chevalier et fiert anmi lo vis, que il lo tranche tot jusque as oroilles, et il chiet a terre. Et lors se desconfisent li autre par cest cop, si s'an tornent fuiant, et il les chace une piece. Puis revient a son chemin, si oste son escu et son hiaume, car mout est chauz. Et messires Gauvains l'esgarde, sel prise mout an son cuer tant com il puet plus juene home prisier.

Ensi chevauchent tant qu'il fu none base. Et lors aprochent d'un poncel qui est sor une petite riviere par ou il les co- (*f. 119a*) vient aler. Et qant il sont pres, si voient el chief do pont un chevalier armé, lo hiaume en la teste, l'escu au col, lo glaive an sa main, et avec lui serjanz jusque a trente, armez de hauberjons et de glaives et d'espees comme vilain. Et li nains dist:

"Hector, or est il mestiers que vos nos delivroiz, ou nos somes tuit pris, car de cestui n'avons nos ja aide, que ce est li plus recreanz hom qui vive."

Et Hector respont que il n'ont garde. Lors dit a monseignor Gauvain que il ne li chaille de chose qu'il die: "Que se vos estiez messires Gauvains, s'avriez vos assez a faire. Mais ge vos pri que vos m'aidiez se vos veez que mestier an aie." Et messires Gauvains dit que si feroit il mout volentiers.

Lors prant Hector son hiaume et si lo lace, et met son escu a son col, et reprant un glaive tot lo plus fort. Et qant il est pres do poncel, si hurte si tost comme chevax li pot aler. Et li serjant qui devant sont apoierent les chiés des glaives a terre, si l'a[n] fierent tant sor son escu que tot lo cuevrent. Et il parmi aus toz[2] fiert lo cheval[ier] si durement qu il lo porte an l'aigue desoz lo pont. Mais li vilain l'ont si chargié de lor glaives que il portent que il

[1] reuint as   [2] aus tot

l'abatent an un mont et lui et lo cheval a terre. Et il resaut sus mout vistement, si lait[1] lo cheval tot estraier et met la main a l'espee, si lor cort sus si durement que il n'i sevent metre conroi fors del fuir. Et il les anchauce mout durement, si an blece maint et mahaigne. Et li chevaliers qui abatuz estoit avoit son cheval recovré et fu montez, si s'an fuioit, mout durement navrez el braz et an la memelle. Et Hector repaire, qant il les a chaciez, et trove monseignor Gauvain, qui li tient son cheval, si li dit: "Granz merciz."

"Comment, sire chevaliers? Que maudite soit l'ore que vos fustes nez, fait li nains. Gahaignent ansi li chevalier de vostre païs qui tienent les chevax as chevaliers qui font les proeces et les chevaleries?"

Et Hector li prie que ne l'an chaille.

(*f. 119b*) Atant chevauchent tot lo vespre tant que il vienent a un chastel a la dame que il aloient secorre. Si i herbergerent la nuit, et l'andemain resont matin levé por messe oïr, et puis se remetent a la voie et chevauchent jusque a ore de tierce. Lors trovent une fontaine mout bele, si tornent illuec por disner. Et qant il ont disné, si dist li nains a la pucele qui les letres aporta que ele s'an aille avant et die a sa dame que il vienent an tel maniere et si li amoine an leu de monseignor Gauvain lo peior chevalier qui onques fust. Aprés li a dit a consoil:

"Dites ma dame que ge li mant que ele veigne contre nos et prit a ma niece que ele laist a Hector combatre por li, car vos avez bien veü quex chevaliers il est."

Atant s'an part la damoisele et [chevauche] tant que ele vient a Roestoc, si trove lo seneschal devant la sale, si li demande de sa dame.

"Certes, ele ne manja onques puis que vos an alastes. Mais quex novelles de Grohadain lo nain?"

"Sire, fait ele, il vient ci et sa niece et Hectors et[2] uns chevaliers que li nains tient au plus mauvais chevalier dou siegle."

Atant l'an moigne li seneschauz a sa dame. Et qant ele la voit, si ne puet mot dire de paor de[3] mauvaise[s] novelles oïr.

"Dame, fait ele, Grohadains li nains vos salue, et sa niece, vostre coisine, et Hectors qui ci vient, et si vos amoigne un chevalier an leu de monseignor Gauvain, mais ge ne sai quex il est, mais vos lo verroiz bien."

---

[1] sus mout durement que il ni seuent metre consoil si lait
[2] et sa niece et hectors et sa niece et
[3] paor et de

"Ha! Lasse! fait ele, com suis morte!"
"Dame, fait ele, or vos mande priveement que vos alez ancontre els et que vos priez a vostre coisine q'e[le] laist Hector combatre por vos, car c'est uns des miaudres chevaliers do monde."

Et li seneschauz li loe. Lors fait la dame anseler son palefroi, si est montee, et li seneschauz et chevalier autre et serjant a grant planté, si sont issu de Roestoc ancontre cels qui vienent. Si les ancontrent loign del chastel bien deus liues anglesches. (*f. 119c*) Si ancontrent avant les escuiers et puis monseignor Gauvain, si trespassent tot, tant que il vienent au nain et a sa niece, si s'antrefont mout grant joie. Et li nains li dist:

"Dame, vos me mandastes que ge vos alasse querre monseignor Gauvain, mais ce n'estoit mie chose preste, car il n'est mie sovant a cort, et si estoit li termes trop pres. Mais ge vos amoign un chevalier tel com ge lo puis avoir, celui qui chevauche avec ces escuiers."

Lors dit la dame a sa coisine:
"Bele coisine, ge vos merci mout de ce que vos iestes ci venue, et j'ai an vos mout grant fiance que, se toz li mondes me failloit, si me devriez vos aidier."

"Certes, bele dame, fait ele, ge vos an aiderai de ce qe ge porrai. Mais por coi lo dites vos?"

"Por ce, fait ele, que ge vos pri, por Deu, que vos faites combatre Hector por moi."

"Dame, fait ele, de ce ne vos fiez vos ja an moi, que, si m'aïst Dex et ses verais cors, ge voudroie miauz avoir Deu renoié que gel feïsse combatre a Segurades, par covant que toz armez fust et Segurades desarmez."

A cest mot sache la dame son frain et fiert un poign an l'autre de duel et dit:

"Ha! lasse! com suis morte qant la riens ou ge plus me fioie m'est faillie."

Et li seneschauz la prant, si li dit:
"Dame, fait il, cil chevaliers la est venuz por vostre besoigne, et ge vos loeroie que vos alisiez a lui, sel merceisiez de ce qu'il s'est mis del tot an tot an vostre servise. Lors si orroiz qu'il vos dira."

Lors s'en vient la dame a monseignor Gauvain, si s'acoste lez lui et dit:

"Sire, bien soiez vos venuz."

Et il respont que Dex li doint bone avanture.

"Sire, ge vos merci de ce mout, que vos iestes venuz por ma bataille faire."

"Dame, fait il, or sachiez que ce et autre chose feroie ge por vos."

"Certes, sire, fait ele, vos mostrez bien que vos feroiez por moi, qant vos iestes venuz combatre au meillor chevalier do monde. Mais, por Deu, que vos an est avis?"

"Quoi, dame? fait il. Certes, dame, (*f. 119d*) ge ne sai quoi."

"Ne savez? Lasse!"

Si sache son frain et commance son duel [si grant] que plus ne puet. Et li seneschauz i est venuz poignant et li demande que ele a. Et ele respont que ele a assez duel et angoisse.

"Dame, fait il, que dit donc li chevaliers?"

"Quoi? fait ele. Il dit qu'il ne set combatre."

Et il li anquiert coment ce fu, et ele li conte commant ele li avoit dit que l'an estoit avis, et que il avoit dit que il ne savoit quoi.

"Commant, dame? fait li seneschauz, volez vos qu'il vos die que il lo vaintra? Il a dit que sages chevaliers et que vaillanz. Mais vos n'iestes mie sage qui por noiant vos ociez, que Nostre Sires est toz puissanz de vos aidier, ne il ne vos obliera ja."

Ensi la chastie et conforte li seneschauz, si chevauchent tant que il vienent a Roestoc, si descendent au pié de la sale, si se desarment [entre] Hector et monseignor Gauvain. Aprés revienent an la sale, qui fu jonchiee de fres jons, si trovent la dame, couchiee en une couche, si morte et si esbahie que mot ne dit. Et li seneschauz siet a ses piez et se poine mout de li conforter. D'autre part rest li nains et sa niece, si s'asient antre Hector et monseignor Gauvain. Et qant plus l'esgarde Hectors, et plus lo prise, que onques mais chevalier ne vit de si bel contenemant ne de si seür; mais de son covine ne li osse anquerre, que a vilenie ne lo tenist.

Ensi demorent illuec grant piece, tant que li mengiers est atornez, si metent les tables et asient la dame et sa compaignie; [mais ele n'i assiet mie por mengier, mais por ses genz faire compaignie.] La ou ele seoit au mangier, vint laianz uns escuiers granz et noirs et hiriciez sor un grant roncin, et vint tot a cheval jusque devant la table. Et qant la dame lo voit, si est tel conreé de paor que ele nel puet neïs esgarder. Et li escuiers parole et dit:

"(*f. 120a*) Dame, ci m'anvoie mes sires, et si vos mande que il a oï dire que vos avez un chevalier qui desraisnier[1] vos est

---

[1] desdesraisnier

venuz, si vos mande mes sires que il est toz apareilliez de sa bataille faire orandroit. Et si velt bien que vos sachiez, et cist chevalier qui ci sont, que d'ui an tierz jorz sera ses termes."

Lors prant li seneschauz la parole sor lui por sa dame: "Biau frere, ce poez dire a vostre seignor que nostre chevaliers est las et traveilliez de granz jornees et de dures bessoignes, si a mestier de reposer. Mais a son droit terme lo porra trover an la place, ne n'ait mie paor, que li chevaliers ne s'em fuira mie; ne ja por ce mar se[1] hastera, que, se Deu plaist, tot a tans[2] i porra il venir."

De ce que li seneschauz ot dit fu messires Gauvains mout liez et merveillous gré l'an sot. Et si an amast il autant la bataille a maintenant comme au tierz jor, mais li darriens moz lo mist a aise. Et li escuiers a dit au seneschal:

"Comant? fait[3] il, sire seneschauz, si est vostre chevaliers las et traveilliez? Ja n'est mie mes sires las de vaintre un de voz chevaliers ou de deus ou de trois."

"Biau frere, fait li seneschauz, ce poez dire vostre seignor que ansi li mande ma dame que ele sejorne son chevalier tot a aise, et anvoie querre toz ces que ele porra avoir por veoir la bataille, que bataille de si grant chose ne doit mie estre celee. Et par avanture, tex la dessirre qui ancor i porra venir tot a tens."

Atant s'an torne li escuiers, menaçant lo seneschal et lo chevalier, et cil manjue[nt] totesvoies. Et qant il ont mangié, si se lieve messires Gauvains et vient au chief de la sale, si voit bien soisante glaives et un an prant tot lo plus gros et lo plus fort que il i cuide, si torche et lo fer et la hante de chief an chief, veiant toz cels qui laianz sont, et puis lo reoigne deus granz piez. Atant vient a ses armes, si cerche par tot que riens n'i faille, ne corroie ne guiges ne [en]armes ne chose qui mestier ait a son harnois. Si (*f. 120b*) l'an prise mout Hectors et tuit li autre, et mout plaist et siet au seneschal ce que il fait.

Ensi passent celui jor et l'andemain. Et quant plus l'esgardent tuit, et plus lor siet. Ne onques rien de son covine[4] ne li anquierent, car il dotent que il ne li anuit. Et qant vint au tierz jor, si fu messires Gauvains main levez, et fu alez au mostier. Et qant la dame lo sot, si vint aprés, si lo trova devant lo crucefi a genoz, et lo vit de mout tres bel contenement, si li plaist assez plus que onques mais ne fist. Et li seneschauz li dit:

"Dame, dame, nos ne savons qui cist chevaliers est, mais mout

---

[1] por mal se   [2] toz tans   [3] comant sire fait   [4] couine rien ne

sanble bien prodome. Et ge vos loeroie que vos li donesiez de voz drueries, et, par avanture, cuers li croistroit, car dames ont aidié a faire mainz prodomes."

Et ele s'i acorde bien. Lors apele une soe pucele, si li commande a aporter un sien escrin, si an traist une corroie a manbres d'or mout bien ovrees et un fermail d'or arabe don les pierres estoient safir et esmeraudes. Puis vient a monseignor Gauvain, si li dit que Dex li donast hui bon jor.

"Dame, fait il, Dex vos face liee. Et que que soit des autres jorz, hui sai ge bien que vos lo voudriez, que biens m'avenist."

"Certes, et or et autre foiz lo voudroie ge bien, fait ele, car vos avez por moi anpris a faire plus que ge ne porroie deservir, si vos aport de mes drueries et vos pri que vos les portez por remanbrance de moi. Ce sachiez que ge suis tote vostre. Or si vos combatez por vostre amie durement."

Lors li baille la corroie et lo fermail. Et il la çaint et met lo fermail a son col. Et la dame li chiet an piez, si li prie mout de li. Et il cort, si l'an relieve et li dit que tote seüre soit, que ele n'a garde. Et qant li nains l'ot, si commança a rire et dit:

"An non Deu, se cist chevaliers n'est ivres ou fox naïs, donc ne conu ge onques ne fol ne yvre."

Atant est la messe comanciee, si la vont (*f. 120c*) oïr. Aprés la messe revienent a cort, si ancontrent deus chevaliers de grant aage sor deus palefroiz, si dient a la dame:

"Dame, mes sires vos atant la fors, des hui matin, et toz li pueples Deu qui est deça et dela."

Et li seneschauz qui mout est sages lor dit que il i eront orandroit. Lors s'en partent li dui,[1] et Hectors et li seneschauz vont armer monseignor Gauvain. Et qant il est armez fors do chief et des mains, si vest une chape a pluie par desus. Et l'an li amoine un parlefroi, et il i monte. Et vallet sont apareillié[2] qui li portent son escu et son glaive et moinent son cheval. Lors est montée la dame avoc lui, et chevalier et serjant et dames et damoiseles, si isent fors de la vile. Et messires Gauvains chevauche delez la dame; et li seneschauz ne se puet saoler de lui esgarder, car trop se contient seürement. Si s'acoste lez sa dame et dit:

"Dame, ge ne creroie mie que cist chevaliers ne fust mout prodom, et nos avons fait tuit mout grant mauvaitié que nos n'avons saü son non."

[1] li iii [2] apareilliee

Segurades Arrives

Ceste[1] parole antandié messires Gauvains, si chevauche un po avant et fist sanblant que rien n'en oïst. Et la dame dit que ele li demandera ainz qu'il ait lo hiaume an la teste. Atant chevauchent jusque en la place, si voient merveilles gent et d'une part et d'autre por la bataille veoir. Lors s'areste la dame et li suen. Et messires Gauvains vient a li, si li dit:

"Dame, ge suis ci apareilliez por vostre bessoigne faire a l'aide de Deu, si vos pri et requier por toz mes servises que vos me donez un don que ge vos demanderai sanz costement."

Et ele li creante.

"Dame, fait il, vos m'avez doné que mes nons ne me sera demandez a vostre pooir devant set jorz."

Et ele li otroie.

"Et sachiez, fait ele, que ce fust la premiere chose que ge vos demandasse."

Quant ce ot li seneschauz, si est mout dolanz, et la dame meïsmes s'an tient trop a deceüe. Atant voit venir trois homes a cheval, si orent li dui vestues chapes a aive. Et li tierz chevauche ou (f. 120d) mileu, si fu armez de chauces et de hauberc, sa vantaille abatue et ses manicles, si ot une cote a armer vestue, bandee d'or et d'azur, autant de l'un comme de l'autre. Li chevaliers fu granz et corsuz et bien tailliez, si ot les piez voutiz et les jambes longues et droites, si fu bien forniz de rains et par les flans et grailles et menuz. Si ot lo piz espaus et haut, et les braz gros et lons et forniz par lo tor des os, et les poinz bien carrez. Si ot les espaules anples et lees, et lo col[2] bien avenant au cors, et la teste grose et noire et antremeslee de chienes, et lo vis froncié et plains de plaies, et si est anchais. Li chevaliers chevauche la ou il voit la dame. Et chascuns dit: "C'est Segurades." Si s'an vient antor la dame, qui ainz ainz, qui plus plus, por oïr que il dira. Et il parole si haut que grant partie l'antandent, et dit:

"Dame, fait il, ge voil que vos sachiez, et tuit cil qui sont ci, que est la fins et li termes de noz covenances, et si tost com ge avrai vaincu vostre chevalier, me doivent estre mes covenances tenues."

Et la dame est si esbahie que ele ne puet parler, tant li anuie. Lors se traist avant messires Gauvains et dit au chevalier:

"Biaus sire, nos volons qe ces covenances soient recordees devant ma dame et devant ces qui a li sont."

[1] Eeste   [2] et color

Et Segurades respont:

"Certes, ge n'an suis mies ajornez de plait, ne ge nel vos dirai ores."

"Par foi, fait messires Gauvains, donc li feriez vos tort se vos recorder nel volez, sel savroient cil qui or no sevent mie."

"M'aïst Dex, sire, fait il, vos nel savroiz ja. A vos que tient?"

"Quoi? fait messires Gauvains. Ge di que bien avez terre trovee, se vos cuidiez avoir a force une des plus beles puceles do monde et des plus hautes fames."

"Certes, fait il, se vos l'aviez sor sainz juré et tuit cil de vostre païs, si avrai ge mes covenances."

"En non Deu, sire, fait messires Gauvains, an mon païs a de tex qui bien vos i porroient nuire."

"Et ge les an met toz an mon nuissement, nes Gauvain, lo fil lo roi Lot, se il i estoit ores."

(f. 121a) Et qant messires Gauvains ot que il lo met an ses hastines, si li eschaufe li vis, et li cuers li angroise. Si se drece sor les estriés et dit a Segurades, que mout l'ont oï, que ces covenances n'atandra il ja por pooir que il ait, que assez iert qui les deffandra. Quant Segurades l'ot, si s'an torne sanz plus dire, et li dui qui avoc lui vindrent, si menacent mout lo chevalier qui a parlé; mais a petit l'an est. Et lors prant la dame de monseignor Gauvain congié et li crie merci de sa terre et de sa vie, tot am plorant. Et il la prant antre ses braz et dit que ele n'ait paor, que ele ne perdra hui rien par home que ele aüst hui veü. Lors s'an torne la dame loig a une part avoc les autres dames. Et li nains dit:

"An non Deu, onques ne fu nus liez contre sa mort se cist chevaliers non."

Atant met messires Gauvains sa vantaille et ses manicles, et Hector li lace son hiaume, et li seneschauz li baille son cheval, et il est montez. Et Hector li porte son escu, et li seneschauz son glaive tant que il vienent as bones o la bataille devoit estre. Et quant il ont un po esté, si voi[en]t venir Segurades, lo hiaume lacié, l'escu pris par les anarmes, comme cil qui bien lo sot faire, et vint les granz galoz la lande, qui mout estoit bele et granz, comme cil qui ja n'i cuidoit estre a tans. Et quant il aproche, si baille Hectors monseignor Gauvain son escu, et li seneschauz son glaive. Et Hectors li dit:

"Sire, nos nos an irons, car nos n'i poons plus demorer. Veez ci Segurades, mais por Deu soveigne vos d'anor et qui vos iestes."

Gauvain and Segurades Fight

Et il lor respont:
"Alez, Alez. N'aiez garde."
Lors les acole andeus et puis les comande a Deu. Et cil se mervoillent mout andui qui cist hom puet estre qui si seürement se contient. [Lors] s'aproche Segurades, et messires Gauvains se joint et met l'escu devant lo piz et met lo glaive soz l'aselle et fiert cheval des esperons. Et autresi fait Segurades, si s'antrevien[en]t si tost comme cheval lor puent aler et s'antrefierent es escuz si durement que tuit li glaive volent (*f. 121b*) an pieces. Et qant il sont peçoié, si s'antrehurtent si durement des cors et des visages et des armes que tuit li oil lor estancelent et toz li plus forz se desconroie, si s'antreportent anmi lo chanp tuit estordi. Et il jurent tant a terre que de chascune partie cuidoient qu'il fussient mort, si lo vousist bien la dame por estre delivre de son annemi. Premierement sailli sus messires Gauvains et met la main a l'espee et cort sus a Segurades, la ou il lo cuide trover. Mais il gist ancor a la terre estordiz et bleciez de la dure ancontre que il a aüe et do fais des armes et do chaoir a la terre, car il estoit uns des greignors chevaliers do monde et des plus corsuz. Et qant il ot pooir de relever, si sailli sus, si mist la main a l'espee, si se covre de son escu, car bien lo sot faire, et cort sus a monseignor Gauvain, la ou il lo voit, et messires Gauvains a lui. Si se decopent les escuz as espees, et desor et desoz, et desmaillent les blans hauberz et lor fausent li hauberc et anbarrent li hiaume sovant et menu, la ou les espees fierent; si se font de plusors leus lo sanc voler aprés les cox des espees. Si est la meslee d'aus deus si dure et si felonesse que tuit cil qui la voient s'en esbaïsent.

Mout est felonesse la bataille, et mout sont andui de grant cuer et de granz pooirs; et se tienent andui si parigal que nus n'en set a droit jugier li quex an a lo plus mauvais, tant que vint grant piece aprés ore de tierce. Lors est a chascun sa force mout descreüe,[1] si lor lassent li braz et les espaules, si lor acorcent lor alaines, ne n'i a si fort qui n'aüst mestier de reposer. Et lor armes sont anpiriees que parmi les hauberz lor perent les charz maumises et plaiees, la ou l[es] espees ont hurtees. Et li hiaume sont si atorné que mout [petit] puent mais valoir, que an mainz leus sont maumis li pot et li cercle, et li nasel decopé et detranchié, que les espees i sont maintes foiz descendues jusque anz anz les cerveilieres. Si est mervoilles comment eles durent tant (*f.121c*) as fais des

---
[1] descreuee

granz cols qu'il s'antrepaient. Ne des escuz ne lor est tant remés
don il poïssent covrir lor visages, qui trop sont nu et descovert,
car il les ont fanduz et detailliez, et par desus et par desoz, a l'es-
cremie des espees, si que mout petit an i a mais antor les bocles.
Si reüsent[1] sovant et recourent li un sor l'autre si com il repranent
lor alaines et lor forces, si n'i a si hardi qui totes paors n'ait de
perdre l'annor et la vie.

En ceste maniere se continrent, li uns bien, li autres mal, tant
que ore de midi aproche. Et lors commance Segurades a panre
terre sor monseignor Gauvain, si est mout ampiriez, au sanblant
des genz, de si grant bonté com il a tozjorz aüe, si que tuit cil de
sa partie an ont et paor et pessance, car il ne fait mais se soffrir
non por cest mestier. Mais tex estoit sa costume que tozjorz am-
piroit sa force a ore de midi, et si tost comme midis tornoit, si
revenoit a doble et cuers et seürtez et force. Et lors i parut bien
que si tost com midis torna, lo virent tuit cil qui l'esgardoient
autresi frec et autresi viste com il avoit esté a l'ancommancement
de la meslee. Si an furent a aise cil qui l'esgardoient et celes qui
duel an avoient aü. Si recort sus a Segurades si que tuit s'an
esbaïssent, car il lo veoit tel conreé que il [lo] cuidoit bien mener
jusque a la mort ou jusque a outrance. Mais or lo retrove plus
fort et plus frec et plus seürs que il n'avoit fait qant il estoit sains
et antiers de cors et d'armes. Si ne li sanble pas que il se conbate a
home charnel mais a fantosme,[2] car ou monde n'avoit si puissant
chevalier que il ne[3] cuidast avoir conquis o mort an tant de terme.
Si ne voit mies commant il puise des ore mais avoir duree. Et
neporqant, tot met an abandon et cors et cuer, et durement se
deffant selonc ce que sa force puet soffrir, qui mout est afebloiee.
Se[l] tient mout an grant vertu li granz renons de bonoi que il
(f. 121d) avoit tozjorz aü, et la paors que il avoit de perdre la rien
que plus avoit dessirree—c'est la dame de Roestoc, et li granz
cuers dom il n'avoit onqes esté povres. Ces choses lo tinrent mout
longuement an sa vertu, tant que a force li failli et cors et manbres.
Si li greva trop li sans, dom il avoit perdu grant masse, et li
chauz do soloil, qui mout fu aspres, si commança a ganchir as cox
monseignor Gauvain et a guerpir place contre son gré. Et messires
Gauvains lo hastoit mout durement, si que il n'avoit pooir d'aleine
panre ne de terre recovrer. Et ja estoit ore de none bien aprochiee.
Et lors li cort messires Gauvains sores, si li paie grant cop de

---

[1] si fierent s.   [2] fontosme   [3] chr ou il nauoit ne c.

l'espee parmi lo hiaume. Si lo charge si de cox qu'i[l] ne se puet mais tenir sus ses piez, ainz chancele toz, si qu'il s'apoie a terre de l'une des paumes. Et qant il se volt relever, si li cort sus messires Gauvains et lo fiert el relever do cors et de l'escu et des manbres, si qu'il lo fait a terre cochier de tot lo cors. Et il se lait cheoir sor lui, si li ront sanz demorance les laz do hiaume et lo li sache de la teste et fiert o vis et ou front grant cop do poinau de l'espee, si que maintes des mailles li sont a force antrees an la teste. Et il a les iauz si plains de sanc que il ne voit gote, si voit bien que deffanse n'i a mestier, si crie a monseignor Gauvain merci. Et messires Gauvains li dit que il n'i a de merci rien se il ne se claimme conquis outreement, "Car ge nel puis, fait il, [autrement] laissier honoreement."

"Ha! gentils chevaliers, fait Segurades, ja iestes vos li plus prodom qui vive. Et qui avra donc merci se li plus prodome do monde ne l'a?[1] Ne soffrez que ge die mot qui me honise, mais faites por Deu et por pitié que vos priez ma dame de moi. Si m'avriez fait mout grant menaie."

Et il dit que mout volantiers. Lors fu la dame anvoiee querre. Et ele i vient si liee que plus ne puet, et la ou ele voit monseignor Gauvain, si se lait cheoir desoz ses james, si li baisse les mailles de la chauce mout doucement et les esperons des piez, et dit:

"Ha! sire, l'ore soit beneoite que vos fustes nez qui ma grant joie m'avez randue."

Et messires Gauvains (f. 122a) la fait avant venir et dit:

"Dame, cist chevaliers vos crie merci. Et vos veez bien comment il est."

"Sire, fait ele, vos an ferez vostre plaisir, que ja par moi rien n'en ferai."

"Dame, fait il, nel ferai, car la querelle n'est mies moie; mais ge suis vostre chevaliers, si vos pri de lui. Et bien sachiez que ce est uns des plus prodomes que ge onques mais veïsse, si vos an pri que vos ne lo soffrez a honir devant vos."

"Sire, fait ele, vos an devez estre sires, car vos l'avez desraisnié. Ne ja, se Deu plaist, ne m'en entremetrai sor vos, mais, que que vos an voudroiz faire, j'an tanrai."

"Dame, fait il, se il se met en vostre merci, ge vos lo bien que vos l'an prenez sanz plus dire."

[1] ne li a

Et ele dit que si fera ele volentiers.[1] Et Segurades s'i met del tot. Et messires Gauvains li dit:

"Dame, ne dites mies que ge n'aie fait de la bataille tant com ge doi, car se il n'est a vostre gré, ge suis prez que plus an face."

"Certes, sire, fait ele, plus mout an avez vos fait que ge ne porroie deservir, et ge m'an taign a bien paiee."

Atant s'an lieve messires Gauvains, et Hectors et li seneschauz prannent Segurades, si l'an moinent au chastel isnellement. Et la dame vait aprés corrant qui si est liee que de nul anui que ele ait aü ne li sovient. Et la grant partie do pueple cort aprés por veoir que l'an fera de Segurades, si an remaint mout petit an la place avoc monseignor Gauvain. Iloc estoit uns vallez do païs mout biax et mout preuz qui lo cheval monseignor Gauvain tenoit, si lo li amoine et li aide a monter. Et qant messires Gauvains voit que la dame et li autre s'an vont faissant joie, si sot bien que oblié l'ont, si s'an torne droit a la forest qui estoit a mains de deus archiees de la place. Et li vallez dit:

"Sire, ça sont li autre."

Et messires Gauvains li dit:

"Anmis, atandez[2] me ci, que j'ai afaire an cest bois, ne ge ne revandrai se par ci non."

(*f. 122b*) Lors s'an part. Et li vallez l'atant qui cuide que aille el bois por autre bessoigne qu'il n'i vait. Et quant il voit que il ne revient, si fiert aprés des esperons toz les esclos que il trueve, tant que il a bien alé demie liue galesche. Et lors esgarde ou fonz d'un val et voit monseignor Gauvain qui se combat a un chevalier armé, si l'a tant batu do hiaume au chevalier meïsmes que il estoit toz coverz de sanc et crie merci comme cil qui mais n'en puet. Et messires Gauvains li fait fiancier qu'il se metra de[3] par lui an la prison a la dame de Rocstoc et li contera comment il a esté conquis. Et il li fiance. Et puis a pris son hiaume et met s'espee an son fuerre, si s'an torne grant aleüre. Et quant li vallez lo voit venir, se se fiert el bois que il nel voie. Et li chevaliers conquis s'en passe outre et tient la droite voie a Roestoc. Et la dame, qui s'an aloit aprés son prison, ot atainz ces qui l'an menoient. Et Hectors l'a regardee, si li dit:

"Dame, ou est vostre chevaliers?"

Et ele se regarde, si n'an voit mie.

"Ha lasse! fait ele, com suis honie qui si prodome ai oblié!"

---

[1] ele uos uolentiers   [2] atandez c me   [3] metra an la merci de

Lors torne arriers grant aleüre, et serjanz et chevaliers assez avoques li. Et ele ancontre ces qui vienent aprés, si lor an demande novelles. Et il dient que il s'an est alez.

"Alez! Lasse, chaitive!"

Lors fiert un poign an l'autre et fait iqui si grant duel com ele puet greignor. Lors vient aprés Hectors et aprés cil qui Segurades amenoient. Si lor conte son grant anui et dit que ja mais n'avra joie devant que ele voie lo chevalier. Lors saut Hectors an un cheval, et serjant et chevalier avoques lui, por monseignor Gauvain aler querre. Et qant li chevaliers conquis antre an la cort, son hiaume an sa main, si bleciez com il estoit, si desçant et vient devant la dame, si s'agenoille et dit:

"Dame, ge suis vostre prisons de par lo chevalier qui conquist orainz mon oncle Segurades."

Et qant Segurades l'ot, si ovre les iauz et voit que c'est Tanagues, ses niés. Lors li demande Hectors commant il l'avoit conquis.

"Certes, fait il, (f. 122c) voirs[1] fu que qant ge vi qu'il ot conquis mon oncle, si me pansai que ge me metroie au devant an cele forest o il s'estoit mis, si lo conquerroie legierement, car mout estoit las et navrez. Si l'asailli et peceiai mon glaive sor lui, trais m'espee, si li corui sus. Et il ne deigna onques la soe traire, ainz m'aracha mon hiaume de ma teste, si me conrea tel com vos veez et me fist fiancier que ge de par lui an la prison ma dame me metroie."

Et qant la dame l'ot, si se saigne et dit:

"Ha lasse! Com suis morte, qui par ma grant mesaventure ai perdu celui qui joie et annor m'avoit randue."

Et Thanagues respont que il ne seroit mie legierement trovez, car mout s'an va grant aleüre. Et totesvoies point Hectors aprés et avoc lui plus de quarante.

Et li vallez qui monseignor Gauvain avoit seü chevauche tant que il l'ataint, si li dit:

"Sire, sire, bone nuit vos doint Dex, car hui an cest jor avez vos aü assez poine et plus honor."

Et messires Gauvains li rant son salu, si li demande qui il[2] est.

"Sire, ge suis li vallez qui orainz vos randié vostre cheval, si suis nez de cest païs d'un mien chastel qui est ça avant, que l'an apele Taningues, Si vos pri, por Deu et por vos aaisier, que vos herbergiez a moi annuit mais et tant, s'il vos plaist, que voz

[1] uo (f. 122c) voirs   [2] qui li est

plaies soient garies. Et il m'est avis que do retorner arriers, la don vos venez, n'avez vos talant. Et ge vos herbergerai ou plus aaisié leu et o plus celé que onques veïssiez, et vos avroiez de repos mout grant mestier."

"Amis, fait messires Gauvains, gran merciz, mais il n'est mies ancores tans de herbergier a home qui tant a afaire comme ge ai. Ne ge n'ai mies plaies sejornanz, et mes chevaus est, Deu merci, et forz et fres, si porrai chevauchier ancor anuit mout longuement."

"Sire, fait li vallez, li leus ou ge vos herbergeroie n'et mie pres de ci, ainz (*f. 122d*) sachiez que il iert ainz noire nuit que nos i soiom. Et ge vos i manrai si a droiture comme [se] la lingne i ere tandue, sanz tenir voie. Ne ja por home qui vos sive ne seroiz trovez ne an voie ne an ostel. Et ge vos pri, sire, que vos i veigniez, car mout i avrai grant honor se uns si prodom se herberge a moi."

Et messires Gauvains li otroie, se il vienent la de tel ore que il soit tans de herbergier. Et li vallez l'an moine parmi lo bois au travers d'unes gastines, comme cil qui la forest savoit miauz que nuns. Si chevauchent tant que il vienent grant piece de nuit a une soe maison fort qui estoit a deus liues de Thaningues sor la riviere de Saverne, si estoit une des miauz seanz maisons do monde et si forz que nule maisons puet plus estre de bois et d'aive. Et qant il aprochent, si li dit li vallez:

"Sire, ma maisons est ci pres qui mout est aaisiee et loign de gent. Et il est mais anuit tans de herbergier. Et sachiez que il n'est hom ne fame crestiene, tant com vos i voldroiz celer, qui ja vos [i] sache."

Et il respont que il lo cuide a tant sage et a tant cortois que il i remandra mes anuit. Et li vallez l'an mercie, qui trop en a grant joie.

Et Hectors et si compaignon chevauchent a esperon tant que il aprochent de la nuit et qe il ont toz les esclox perduz, si s'an retornent sanz anseignes aporter et trovent la dame si corrociee com ele doit. Et qant ele ot que nules novelles n'an aportent, si dit que ja mais joie n'avra qui cestui duel li face oblier tant que ele sache qui li chevaliers est. Et dit:

"Ha lasse! com suis angigniee, qui lo plus prodome do monde avoie, ne onques honor ne li fis ne compaignie. Biau sire Dex, qui puet il estre? Comme volantiers lo savroie!"

Mout se demante la dame do chevalier. Et li seneschauz li dit:

"Certes, dame, bien poez veoir que il estoit prodom, que onques de chose que il oïst ne s'esbaïst. Si li dist Grohadains li nains tant de vilenie que onques tant n'en fu dite a chevalier, si comme cil lo[1] m'ont dit qui an sa conpaignie vinrent. Et (*f. 123a*) puis que il fu hui matin levez, li oï ge dire assez annui."

"Ho! fait la dame, por ce l'ai ge perdu. Mais si m'aïst li verais cors Deu, ge l'an panrai assez cruel jostisse."

Maintenant commande que li nains soit pris, si lo baille au seneschal sor qanque il a. Et l'andemain fist Segurades son homage, et tuit cil qui de lui tenoient. Aprés dist la dame que ele ne porroit pas estre liee se ele ne savoit la verité de ce chevalier. Et dit que ele s'et porpensee et velt aler a la cort lo roi Artu por oïr de lui anseigne, car la repairent tuit li bon chevalier.

"Si i vanroiz vos, fait ele, Segurades, et vostre mires, car nos irons a petites jornees, et vos, fait ele, Hectors, et mes seneschauz et ma cosine et Grohadain li nains. Et si sache que por la honte qu'il dist au chevalier an panrai ge vanjance, qe a totes les genz que ge anconterrai et a l'antree de totes les viles ou ge vanrai, si li ferai alier un chevoitre o col et a la coe de mon palefroi, si lo trainerai aprés moi, ne ja por lui n'apetiserai m'aleüre. Et se ge n'an oi novelles a la cort lo roi Artu, ge lo querrai par totes terres tant que ge lo troverai. Et par tot vandra li nains si com j'ai dit."

Ensi parole la dame de son oirre. Et li nains a mout grant paor. Mais as autres n'en poise gaires, ainz tarde a tex i a que ele move, car mout lor tarde novelles a oïr dou prodome qu'il dessirrent. Et Segurades lo dessirre plus a veoir que tuit li autre. Et ele muet a l'endemain sanz plus atandre a grant compaignie de gent, et anquiert noveles do chevalier par toz les leus ou ele vient. Mais or se taist ci li contes de li et de sa conpaignie, que plus n'an parole ci androit, ainz retorne a monseignor Gauvain.

Or dit li contes que messires Gauvains et li vallez qui l'an moine sont a l'ostel venu. Et li vallez lo desarme et si lo aaise de totes les choses que il covient a chevalier las et navré. Li vallez avoit une seror mout belle qui pucele estoit, si savoit autretant de plai(*f. 123b*)es garir comme celes de tot lo monde. Si regarde les plaies monseignor Gauvain mout doucement et dit que il n'avoit plaie que mout legiere a garir ne fust. Si les atorne si bien et si bel que mout li asoage.

Quant vint aprés soper, li ostes araisone monseignor Gauvain et dit:

[1] lon

"Sire, ge suis mout liez de ce que Dex vos a doné çaianz herbergier, car vos iestes li plus prodom de toz les autres. Et ge vos prieroie por Deu que vos me conseilliez d'un mien afaire, car ge suis granz vallez et riches, si me blasme mes lignages de ce que ge ne suis chevaliers. Et ma dame meïsmes de Roestoc m'an blasme, cui hom ge suis. Et il m'avint plus a de doze anz que ge me gisoie an mon lit, si vint devant moi li plus biax chevaliers do monde, si m'estoit avis que il me tenist par lo nes. Et ge disoie: "Ha! sire chevaliers, com avez or fait grant vaselage qui vos prenez a un anfant!" Et il me prenoit, si me disoit: "Or ne vos chaut, que certes gel vos amanderai mout hautement, car ge vos ferai chevalier." Et ge disoie: "Qui iestes vos, sire, qui me feroiz chevalier?" "Ge suis, faisoit il, Gauvains, li niés lo roi Artu." "Ha! sire, faisoie gié, bien soiez vos venuz."[1] Atant m'esveillai, sel dis a ma mere, qui lors vivoit. Et ele an fu mout liee, si me fist creanter que ge ne seroie chevaliers s'i[l] nel me faisoit estre. Et j'ai bien puis esté cinc foiz a la cort lo roi; onques nel trovai. Et n'a pas tier jor que ge an revin, si me dist an que il queroit un merveillos chevalier, soi vintoismes de compaignons. Ne ge ne puis avoir respit de ma dame que ge ne soie chevaliers, si vos voudroie proier por Deu que vos chevalier me feïssiez, car a plus prodome ne m'en porroie ge pas complaindre."

Et messires Gauvains respont que si fera il mout volentiers.

"Mais, fait il, vos iestes riches hom, si cuit que vos ne seroiz mie chevaliers a si grant haste. Ge ne demorroie çaianz por nul plait tant que ge i fusse seüz, car j'ai trop grant afaire anpris, si me covient haster."

"Sire, fait cil, si m'aïst Dex, ge n'i demant (*f. 123c*) autre compaignie de vos, et nos avons ceianz qanque mestiers nos est, la chapelle et lou chapelain, et armes ai ge totes fresches. Si me sera plus granz conforz ce que vos m'avroiz fait chevalier que se ge l'estoie par un autre outre mon cuer, car de vostre main ne porroit nus panre colee qui prodom ne fust."

"Or soit dont, fait messires Gauvains, au non de Deu, lo matinet, que aillors m'an covandra aler."

Atant commande lo vallet aler veillier. Et cil si fist tote nuit, car mout avoit grant joie de l'annor que Dex li avoit anvoiee si prestement. La nuit fu messires Gauvains herbergiez com il li plot, car tant fu la vaillanz damoisele devant lui qu'il s'andormi.

[1] venuz venuz

Et qant vint au matin, si fu si asoagiez de ses plaies et de ses
bleceüres que nules n'an cuida avoir se il ne les veïst. Si se leva si
matin com il vit lo jor. Et la damoisele fu tote apareilliee, qui de
trop riche oignement li refreschi. Aprés alerent oïr messe, si çaint
messires Gauvains au vallet l'espee et¹ chauce lo destre esperon 5
si com il estoit costume. Mais ançois li demanda son non, et il li
dist qu'il avoit non Helains des Taningues.

Quant il li ot donee l'ordre de chevalier si com droiture lo re-
quiert, et il orent oï lo servise, si demande messires Gauvains ses
armes. Et li noviaus chevaliers li requiert que il remaigne tant 10
que il soit un po trespassez, mais il ne li volt otroier. Mais il li
prie tant que il lo retient a grant force jusque aprés mangier. Et
qant il ont mengié, si n'i a plus mestier proiere que il ne demant
ses armes por aler. Et li noviaus chevaliers vient a lui et si li dit:

"Sire, sire, vos an iroiz, et si me dites vostre plaisir que ge 15
dirai a ma dame, quant l'an savra que vos m'avroiz fait chevalier,
et as autres qui me demanderont. Se vostre plaisirs estoit, ge
voudroie bien savoir vostre non, si an seroit mes cuers plus a
aise."

"Tot seürement, fait il, dites a toz ces qui lo vos demanderont 20
que Gauvains, li niés lo roi Artu, vos a fait (f. 123d) chevalier."

Et quant Helains l'antant, si a tel joie qe greignor ne puet avoir;
et dit que toz ses desiers li a Dex donez a une foiz, ne or ne a il
mies paor que il prodom ne soit quant il est chevaliers de la
main au plus prodome do monde. Puis li a dit: 25

"Sire, ge sai bien que ge ne vos retanroie mies longuement,
ce poise moi; mais, por Dé, lo premier don que ge vos requier
aprés ma chevalerie me donez: que vos me laissiez les armes que
vos avez aportees de Roestoc et vos en portez les moies, qui mout
sont bones et belles. Si me tesmoigneront les voz que chevalier 30
m'avez fait. Ne vos [ne] me porriez [rien] doner que ge amasse
tant."

Messires Gauvains l'otroie. Lors furent aportees les armes
Heloin. Si estoit li haubers li uns des meillors que messires Gau-
vains aüst onques aü; et li escuz estoit toz blans comme nois, 35
si com a cel tans estoit costume que chevaliers noviaus portoit
escu d'un sol taint lo premier an que il esroit; et li hiaumes estoit
et bon et biaus. Si fu messires Gauvains mout bien armez des
armes, et mout li sistrent. Et il ot sa corroie ostee et son fermail

---
¹ caint lespee G. au uallet et

que la dame de Roestoc li avoit donee, [si apela la danmoisele qui de ces plaies l'ot aligié, si les li done,] et dit:

"Tenez, ma damoiselle, ce que ma dame de Roestoc me dona par bone druerie; et ge par bone druerie les vos doign."

Et cele les prant et mout l'an mercie. Lors a demandé son cheval, si monte et les commande toz a Deu. Et dist a la pucelle que bien saiche ele que il est ses chevaliers et sera tote sa vie. Et ele an a mout grant joie. Lors fu apareilliez uns chevaus, si monte Helains por monseignor Gauvain convoier. Et qant il l'ot grant piece convoié, si passa messires Gauvains Saverne por aler parmi la terre de Norgales, si com Helains li dit que sa droite voie si estoit a aler an la terre Galehot. Et lors se parti de lui Helains, si s'antrecomandent a Deu. Si s'an repaire Helains a son ostel et mande ses amis et ses voisins por faire joie de s'annor, si lor conte comment Dex li a totes ses joies anvoiees, et que c'est messires Gauvains. An tel joie et an tel feste demorerent deus jorz (*f. 124a*) ansanble. Au tierz jor s'an va Helains a Roestoc, mais il n'i trueve mies de la dame, ainz li dient que ele s'an va a la cort lo roi Artu et est meüe deus jorz a. Et qant il l'ot, si s'an retorne a Thaningues, son chastel. Mais or se taist un po li contes a parler de lui et retorne a la dame de Roestoc.

Or s'an va la dame a la cort antre li et sa compaignie, si chevauche tant que ele trove lo roi a Campercoranti. Si la reçoit li[1] rois et la reine a mout grant joie et mout se poinent de li anorer, car mout estoit haute fame. La nuit aprés sosper furent antre lo roi et la reine asis et la dame an une couche, si li demanderent qel bessoigne ele avoit aüe qui si loign estoit a cort venue. Et ele lor an dit la ver[i]té.

"Sire, fait ele, cil chevaliers que vos veez la me guerroia." Si li mostre Segurades et li devise ses covenances. "L'autrier fait ele, sire, si m'amena Grohadains li nains un chevalier, cil nains que vos veez la, cui il dist totes les hontes que l'an porroit[2] a home dire. Et cil chevaliers se combatié a Segurades por moi tant que il l'outra. Et par ce oi mes covenances. Quant ge lo vi conquis, si oi tel joie que tot an obliai lo chevalier qui conquis l'avoit. Et il s'an ala, si que ge ne nus de mes genz ne sot ou il ala, si sai bien que ce fu par la honte que li nains li dist. Si an estoie ça venue por oïr aucunes anseignes, car çaianz repairent tuit li prodome."

[1] si i aloit li   [2] porroiz

Lors li demande la reine[1] l'estre et la contenance do chevalier et son sanblant. Et qant ele li a devisé, si dit que ele ne set qui ce puet estre se ce n'est messires Gauvains, car il est de çaianz partiz mout grant piece a et quiert un des plus prodomes do monde, soi vintoime de chevaliers.

"Dex, dame, fait ele, se ce est messires Gauvains, donc suis ge honie, que onques honor ne li fis. Et ge voudroie ausi volentiers estre morte."

Ne li rois ne la reine ne l'an set plus asener, si an laissent la parole atant. Si s'an revint la dame et sa compaignie a son ostel por reposer, car mout iert lasse. Et (f. 124b) Grohadains li nains prie au seneschal a cui il est an garde que il li face compaignie tant que il ait parlé a la reine. Et il si fait, que mout estoit prodom[2] et sages. Atant vienent andui devant la reine, si li crie li nains merci et li dit:

"Ha! dame, secorrez moi, car an vos est toz li secors et li consauz."

Et la reine dit: "De coi?"

"Dame, fait il, ge suis li nains qui menai a ma dame de Roestoc lo chevalier qui sa bataille li vainquié. Si cuidai sanz faille que ce fust li uns des plus mauvais chevaliers do monde, si lo ranponai por lo sanblant qu'il faisoit de mauvaitié. Or si dit ma dame que ele l'a perdu por moi, si dit que ele meesmes l'ira tant querre par totes terres, et si dit que ele me manra avocques li et a toz cels que ele trovera me fera esgarder, que j'avrai un chevoistre el col lié et an la gole et a la coe de son palefroi, et autresi an totes les viles ou ele anterra. Et ansi m'a ele amené puis que ele mut de son païs. Et ge an seroie morz. Et ge vos an requier, dame, por Deu que vos i metez consoil, car totevoies suis ge jantils hom, comment que ge soie chaitis de cors."

Et la reine dit que si fera ele.

"Et n'aiez garde, fait ele, que se ge puis, vos seroiz delivres ainz que vostre dame s'an aille de cest païs."

"Dame, fait il, grant merciz de Deu."[3]

Atant s'an retorne a l'ostel antre lui et lo seneschal. Et l'andemain revient la dame veoir lo roi et la reine, si parolent ensemble longuement. Et la reine li demande un don, et ele li otroie.

"Vos m'avez doné, fait la reine, que vos pardonroiz au nain vostre maltalant."

[1] demande li rois lestre [2] prodom prodom [3] de deu de deu

"Dame, fait ele, ge ne hé mies lo nain por soi, mais il a une pucelle qui est sa niece et ma cosine. Si la priai a mout grant bessoign que ele laissast combatre por moi cest chevalier que vos veez la, qui ses amis est. Et ele dist que ele renieroit ançois Deu. Et ge la cuidoie tant esmaier que ele anvoiast son ami an la queste de cest chevalier por son oncle delivrer, car ge la correceroie volantiers de la (*f. 124c*) rien que ele plus ainme."

"An non Deu, fait la reine, se ele de ce faut a son oncle, don n'est il nus qui haïr ne la deüst."

Lors apele la reine lo nain, si li dit:

"Nains, j'ai porchaciee vostre delivrance, se vostre niece velt tant faire por vos que ele anvoit son ami querre lo chevalier qui vainqui la bataille, ne autre pais n'i puis trover."

"Certes, dame, fait li nains, ge ne cuit ja que ele lo face, mais totesvoies l'essaierai."

Lors vient li nains a sa niece et li dit:

"Bele niece, ge suis morz se vos ne me secorrez, se vos ne me prestez Hetors por aler querre lo chevalier qui Segurades conquist. Et se ce non ma dame me trainera aprés li si com ele a a costume."

Et ele dit que ja Dex ne li aïst se ja Hectors i va por son gré ne por son lox. Et qant li nains l'antant, si a tel paor que par un po qu'il ne se pasme, et vient a la reine et dit que nul consoil n'i puet trover.

"Dame, fait cele de Roestoc, gel savoie bien. C'est la plus desleiaus criature qui onques fust."

"Or ne vos chaut, fait la reine, que ge li ferai sa felenie comparer."

Lors li dit a consoil:

"Vos ne vos movroiz demain. Et anquenuit si dites a vostre maisniee que ge vos ai mout proice de remanoir, [mes vos ne remandriez por nule rien. Et demain, quant vos seroiz ci, si proierai a la damoisele que ele vos prit de remanoir,] et ge la decevrai si belement com vos orroiz."

Lors s'an revient la dame a son ostel, et dit la nuit a sa maisniee si com la reine li avoit dit. "Mais ge n'i remanrai mies," fait ele. L'andemain revint a cort, et la reine la prie de remanoir, oiant tote sa gent, mais ele dit qe ce ne puet estre.

Atant se lievent totes et vont lo roi veoir. Et li rois lor saut a l'ancontre, si prant la dame de Roestoc par la main. Et la reine prant l'amie Hectors, si li dit:

"Se vos ne m'aidiez vostre dame a anginier, ge ne vos amerai ja mais."

"Dame, fait ele, comant?"

"Ele m'a requis, fait la reine, que ge ne la pri pas por lo nain. Mais si ferai. Et ele cuidera que ge la pri de remanoir, et ele m'a dit que ele ne remanra pas se vos ne remenez. Et se ge vos demant un don, si lo m'otroiez. Et elle l'otroiera (*f. 124d*) aprés, qui cuidera que ge parol de remanoir. Mais ge ferai tant que li nains sera delivres, ce sachiez."

"Ha! dame, fait la pucele, com avez bien dit."

Atant se vont aseoir, et la reine dist a la dame que li doint un don. Et ele dist:

"Dame, ne me demandez mie outraige, que veez vos ci une damoisele qui a mout a faire an son païs."

"Ne vos esmaiez, fait la reine, que vos ne savez que ge vos voil demander."

Et la dame dit que ele l'otroiera se la damoisele l'otroie avant. Et la reine li fait otroier a la damoisele, et puis an prant la foi de l'une et de l'autre.

"Savez, fait elle a la dame, que vos m'avez otroié que li nains est delivres vers vos de mautalant et de haïne et de qanque vos li demandez por lo chevalier qui Segurades conquist. Et vos, fait ele a la damoisele, m'avez creanté que vos proieroiz Hectors qe il aille querre lo chevalier tant que il lo truisse. Et tant feroiz qu'il i era."

Quant ele l'ot, si est tant esbahie que ele ne puet parler d'une grant piece. Et tuit cil qui l'oent an sont lié, mais cele de Roestoc en est liee sor toz. Et qant la damoisele pot parler, si dit:

"Ha! dame reine, certes il n'a pas an vos tant de bien com l'an tesmoigne, et mout avez or po gaaignié a une pucele decevoir. Et neporqant deceüe ne m'avez vos mie, que au jor ne m'aïst ja Dex que ge li prierai que il i aille. Ne par les sainz de cele chapelle laianz, se il nus an i a, ja par moi priez n'en sera, ançois me lairoie trestote desmembrer."

"Certes, fait la reine, gel croi bien. Donc ne seriez vos mie niece au nain se vos n'esteiez plus felonesse d'autre fame. Et bien sachiez qe ou pooir monseignor lo roi ne a ceste dame qui ci est n'avroiz vos ja mais terre devant que cist covenanz soit aquitez."

"Dame, fait ele, ge n'am puis mais. Donc ne serai ge ja mais tenanz, que ce sera a faire au jor do juïse."

"Gardez, fait la reine, que vos n'an faites ja rien se par force non, que totevoies lo feroiz vos, mais que bien vos anuit et griet."

"Certes, fait ele, or i parra."

Atant se lieve. (*f. 125a*) Et la reine dit a la dame de Roestoc que, si chier com ele [a] son cors, que elle n'ait baillie de rien qui soit an son pooir sor lo sairement et sor la fiance qe ele doit lo roi Artu cui fame ele est. Et la dame li otroie an sanblant de correciee, mais liee en est. Et aprés lo redit la reine au nain, qui de tot est saisiz, et s'an prant lo sairement. Et dit que, se il s'an parjuroit, bien sache il que ele lo conreeroit tel que il ne li remanroit roie de terre.

Atant s'an ist la damoiselle de la chanbre mout correciee et mout plorant durement, et ancontre Hector an son venir, si li demande que ele a. Et elle no velt dire, fors tant que a soi meïsmes dist an alant:

"Ha! lasse! Com m'a deceüe cele qui tot deçoit!"

Ne plus n'an puet traire Hestors por nule proiere que il li face, si la seust an iceste guise jusque a l'ostel. Et ele s'est couchiee a[n] un lit et fait tel duel que nus n'an puet parole traire. Quant Hectors voit que ele ne li dira l'achoison de son duel, si vient au nain, si li demande ce qe est. Et li nains vient, si li conte la verité et lo sairement que ele a fait.

"Ha!" fait Hectors. Por Deu, fait il, venez a li et si li priez que ele soffre que g'i aille, car tot sanz commandemant i eroie gié, ançois que ele perdiest sa terre, se ge n'an cuidoie avoir sa haïgne. Et ge vos pri, et por vostre preu et por lo suen, que vos li priez, ansi com ge ferai, que ele soffre que g'i aille por sa proiere, por ce que la reine lo velt. Et ele m'an priera, puis que gel voudrai, si com ge cuit."

Et li nains dit que il est prez que il l'an chient andui as piez: "Mais ge la sai a si felonesse que a poines lo fera, puis que ele s'i est ahurtee."

"Ce essaierons nos," ce dit Hectors.

Atant vienent andui a l'ostel a la damoiselle, si s'agenoillent andui devant lo lit ou ele gisoit mout dolante, et li prient por Deu que ele voille que Hectors voist an ceste queste.

"Fi! fait ele au nain, avez me vos por ce faite decevoir a la reine? Certes, ja preu n'i avroiz, que au jor ne m'aïst Dex que ja Hectors an avra de moi ne proiere ne commandement. (*f. 125b*)

Arrival of Strange Shield

Et se il i aloit sanz mon congié, bien sache il que ja mais ne me verroit vive. Et se il me reveoit, ne me verroit il ja mais soe."

Et qant il l'oent, si an sont andui mout a malaise. Si s'an part li nains, si s'an vient ariés a sa dame devant la reine. Et lors conte lo duel que sa niece fait, et dit que ja a nul jor Hectors n'en avra son commandement ne sa proiere. Et se il i va sanz son congié, ja mais ne la reverra vive."

Et qant la reine l'ot, si l'an prant mout grant pitié an son cuer et que bien set que grant angoise a la damoisele[1] au suen. Si l'anvoie querre par la dame de Malohaut et par deus chevaliers, et prie a la dame de Malohaut que mout durement li met an consoil que ele an laist Hetors aler an la qeste, car il n'i demorra mie.

"Certes, dame, fait li nains, il i alast mout volentiers se ele ne li aüst deffandu, mais il l'aime et dote sor tote rien."

Lors va la dame de Malohaut parler a la damoisele, si l'amaine a la reine mout angoisose, et mout li amoneste et loe que ele face aler Hectors an la queste do chevalier qui conquist Segurades, car il ne demorra mies granment. Et ele ne li otroie, ne contredit, mais totevoies escote.

Ensi vienent jusque a la cort. Et qant la reine la voit, si la volt mout anorer, por ce que ele set bien grant partie de la messaise que ele a. Si la prant antre ses braz et dit:

"Damoiselle, or ne vos esmaiez mies, mais confortez vos, car, se Deu plaist, vos avroiz par tens miauz que li cuers ne vos dit."

Atant est la pucele asise, si li reprie la reine que ele die a Hectors por la delivrance de son oncle que il aille an ceste queste. Mais ele ne l'i puet metre. A ces paroles antra laianz uns chevaliers armez de totes armes, une damoisele avoc lui mout belle, si portoit un escu a son col, ce desoz desores, car li chevaliers no pooit porter, que il avoit lo braz brisié antre la main et lo code. Si l'avoit lié d'estelles au miauz que il pot, et parmi les estelles avoit tel dolor des os, qui hurtoient ansenble, que par un po que il ne se pasmoit. Li chevaliers descent anmi la cort, si fu assez qui li aida et (f. 125c) [la] damoisele. Et [qant] il furent descendu, si demanda li chevaliers o la reine estoit. Et il fu assez qui li anseigna, car chascuns corroit antor aus por veoir lo chevalier blecié et por veoir la damoisele a l'escu. Qant il fu devant la reine, si la salue tot premierement "de par un chevalier qui mout vos aimme plus que vos n'amez lui. Et si vos mande que vos li feïstes ja un servise demi que vos li

---

[1] la dame

poïsiez avoir fait antier. Et por ce si velt que vos sachiez que il ne vos an doit que demi guerredom, et il lo vos randra o premier leu o il vanra do guerredoner."

Lors commança la reine a panser, si demanda au chevalier qui cil estoit qui ce li mandoit. Et il respont qu'il ne set qui.

"Mais isi, fait il, me commanda que ge vos deïse, et que vos lo conoisiez bien."

Et qant la reine voit qu'il est si bleciez, si li demanda qui lo bleça si.

"Certes, dame, fait il, li chevaliers que ge vos dis m'abati si durement que ge chaï, si que ge me brisai lo braz ansi com vos veez."

Aprés parla la pucele qui l'escu portoit et dit a la reine:

"Dame, saluz vos mande la plus sage pucele qui orendroit vive et la plus belle que ge saiche au mien escient. Et si vos mande que vos gardez cest escu por amor de li et d'autrui que vos plus amez. Et si vos mande que ele est la pucele o monde qui plus set de voz pensez et plus s'i acorde, que ele aimme ce que vos amez. Et bien sachiez, se vos cest escu gardez, il vos getera[1] de la greignor dolor o vos fussiez onques et metra an la greignor joie que vos onques aüssiez."

"Si m'aïst Dex, fait la reine, li escuz fait bien a garder, et bone avanture ait la pucele qui lo m'anvoie. Et vos qui li aportastes soiez la bienvenue. Mais, por Deu, qui est la pucele? Dites lo moi, car mout volentiers la conoistroie."

"Dame, fait ele, ge la vos nomerai si com ge puis. Ele est apelee la Pucele del Lac."

Et qant la reine l'ot, si set bien maintenant qui la pucele est. Si saut ancontre la pucelle qui l'escu avoit aporté et li fait si grant joie com ele plus puet. Lors li oste ele meïsmes l'escu do col, si lo regarde mout et amont et aval et voit que il est toz fanduz des lo pié jusque an la panne amont; ne (*f. 125d*) ne tienent les deus pieces a nule rien que eles ne cheent fors au braz de la bocle qui mout est et riche et bele; et sont les deus moitiez si loim l'une de l'autre que l'am puet antredeus fichier sa main sanz tochier as deus moitiez. En l'une des parties de l'escu avoit un chevalier si richement armé com cil lo sot miauz faire qui lo fist, fors la teste. Et an l'autre moitié estoit portraite une si belle dame com an la pot plus belle portraire, si estoit par an haut si pres a pres que li uns tenoit les braz au col a l'autre et s'antrebaissasent, se ne

---

[1] uos gardera de

fust la fandeüre de l'escu. Mais par desoz estoient si loign a loign com plus pueent. Et la reine dist a la pucele:

"Certes, damoisele, cist escuz est mout cortois, se il ne fust si fanduz. Et dites moi par la rien que vos plus amez que ce senefie que il est si fanduz, car il pert estre toz fres, et do chevalier et de la dame qui i sont portrait me redites la verité."

Et la pucele li dit:

"Dame, cil est uns chevaliers, li miaudres qui orandroit soit, [qui pria une dame d'amors, la plus vaillant qui orandroit soit] au mien cuidier. Tant fist li chevaliers, que par amor, que par ovre, li dona sa dame s'amor,[1] mais plus n'i a ancor aü que de baisier et d'acoler, si comme vos veez an cest escu. Et qant il avanra que l'amors sera anterine, si sachiez que cist escuz que voz veez si desjoint se rajoindra et tanront ansenble ces deus parties. Et sachiez que vos seroiz lors delivree do greignor duel qui onques vos avenist et seroiz an la greignor joie que vos aüssiez onques. Mais ce n'avandra devant que li miaudres chevaliers qui soit hors de la cort lo roi Artu soit devenuz de sa maisniee. Et se ge disoie qu'il fust li miaudres et dedanz et dehors, ge n'an mentiroie mies, tant an ai oï retraire, car plus a fait d'armes an po de tens que nus."

De ces novelles fu mout liee la reine et retint la damoiselle a mout grant feste, et bien pansa en son cuer qui li chevaliers pooit estre. Aprés reparla li chevaliers et prist congié a la reine, car mout avoit ancorres a errer. Et ele li dit que il remanroit tant que il fust gariz de son braz, car de chevauchier n'avoit il mestier. Et il dist que a faire li covenoit, que li chevaliers qui (*f. 126a*) conquis l'avoit li fist fiancier, si com il estoit leiaus crestiens et chevaliers, que si tost com il avroit esté a la reine, qu'il iroit a la dame de Roestoc "et ge ne sai, dame, o ce est, ne onques n'i fui."

Quant la dame de Roestoc l'antant, si saut avant et li demande do chevalier novelles, et dit que ce est ele a cui il l'anvoie.

"Dame, fait li chevaliers, sauve vostre grace, ge no cuit mie. Mais se madame la reine lo tesmoigne, je l'an creroie bien."

Et la reine est mout tart que ele oie novelles do chevalier, si li tesmoigne que ce est la dame de Roestoc.

"Dame, fait il, vos est il bien droiz que ge vos an croie, et beneoiz soit Dex qui si pres la m'a amenee."

[1] dame sannor

Lors li dit:

"Dame, li chevaliers qui vostre bataille vos fist contre Segurades vos mande que, se il venoit an point de vostre bessoigne, il vos oblieroit ansi com vos feïstes lui; ne il ne voudroit que vos ne autres l'an blamast, car vos l'avez deservi. Et vostre seneschal verroie ge mout volentiers, et lui et Hectors."

Et il saillent avant andui et demande[nt] do chevalier nouvelles. Et il lor an dit tex com il les an volent oïr, et dit au seneschal:

"Sire, li chevaliers qui se combatié por cele dame la a Segurades vos salue comme celui cui il tient a seignor et a ami, et m'anvoie en vostre prison, et set bien que vos ne porriez faire ne mal ne vilenie."

Et li seneschauz lo reçoit a mout grant joie et dit que por amor de lui sera il mout bienvenuz.

"Sire, fait li chevaliers, et il vos mercie mout de ce que vos li portastes son glaive qant il ala an la bataille."

Aprés se fait li chevaliers desceindre une espee que il avoit ceinte avoc la soe, si la tant a Hector et dit que li chevaliers li anvoie, por ce que il la cuide mout bien avoir emploiee.

"Et sachiez, fait il, qu'il la vos anvoie por tel com il set qu'il a vos convient et comme cil qui esprovee l'a, car autremant ne la vos anvoiast il mie. Et si me commanda que ge vos deïsse que a prodome vavasor doit an anvoier prison et a preudebacheler errant doit l'an armes envoier."

Mout font antre lo seneschal et Hestor grant joie, li uns de son prison, li autres de s'espee, et ne sevent qui cil est qui lor anvoie.

"Commant? fait la reine au chevalier, a la dame de Rohestoc que anvoie il donques?"

"Par foi, dame, fait li chevaliers, il me (*f. 126b*) dit qu'il li avoit anvoié deus chevaliers, Segurades et son neveu, ansi com ele li dona deus dons, une çainture et un fermail. Et por ce que il ne volt mies que ele fust deceüe de lui, si li mande par moi que il ne tient mais ses drueries,ançois les a donees a une des plus vaillanz pucelles qu'il veïst onques, car il nes avoit prises[1] se por remanbrance de li non, et il li est avis que il ne se meffait de rien se il l'oblie, car ele l'oblia avant."

Et qant la dame l'antant, si se pasme, car ce estoit la riens an ces monde que ele avoit plus amee que lo chevalier, si savoit bien

---

[1] auoit prisons se

Hector allowed to undertake Quest

qe ores l'avoit ele a tozjorz perdu. Maintenant cort la reine et l'autre dame et damoiselles assez, si la traient an une chanbre que totes les genz ne la veïssent. Et qant ele fu revenue de pasmoisons, si l'araisne la reine priveement[1] et li demande, comme cele qui toz les biens savoit, que ele ne li mantist mies se ele amoit lo chevalier.

"Dame, fait ele, ge ne vos celeroie[2] pas. Mais onqes tant com gel vi, rien nel prisai. Et puis que gel perdi, si m'est o cuer nee une anmor si grant que dire nel vos savroie, et chascun jor croist et anforce. Et sachiez que ja mais an tote ma vie ne serai liee jusque gel voie. Et ge vos pri por Deu, comme ma dame, que vos metez force an ce que Hectors l'aille querre, se vos me volez ma vie sauver."

Et lors li est chaüe an piez tote plorant. La reine l'an relieve et vient ariés tote pansive hors de la chanbre. Si apele la niece au nain et dit que il covient que ele face aler Hector an cele queste et que ele l'an prit. Et ele dit que ja Dex ne li aïst au jor que ele l'am proiera, ne commandera. Et ele dist, por son sairement sauver que ele avoit fait, que ja ne l'an face proiere ne comandemant, mais que "tant solement soffrez que il i aille et otroiez". O se ce non, bien sache ele que ele en perdra sa terre outreement et ele meïsmes sera misse an tel leu que ele n'avra pooir de son cors. Et qant ele voit que faire l'estuet, si dit que, se Deu plaist, par sa proiere ne par son commandemant n'ira il ja an peril de mort. Mais s'il i velt (f. 126c) aler, ele l'otroie bien sanz malevoillance. Et Hectors en est mout liez et dit que il i era mout volentiers.

"Si m'aïst Dex, fait ele, Hector, dou tot ne serai ge mie an son lien. Et puis que vos avez la queste acreantee, j'an suis quite, ne suis dom, dame?" fait ele a la reine.

"Certes, oïl, fait la reine, quant il l'avra juree."

"M'aïst Dex, fait ele, por jurer ne remanra il mies. Et bien sache que il n'i era mie seus, que ge m'an irai avec lui."

De ce se rient totes les dames et l'an tienent por fole et l'an chastient. Mais chastiz n'i a mestier que totevoie n'an voille aler avec lui. Et la reine la trait a consoil antre li et la dame de Malohaut, et dient que do tot seroit honie s'une mescheance avenoit Hector. Ne ja mais n'avroit joie, "car se il avenoit or, fait la reine, que uns autres chevaliers conquist Hector, si vos panroit et feroit de vos sa volenté. Miauz vos vanroit il avoir vostre ami, o

---

[1] reine premierement   [2] uos o celeroie

sain o mehaignié, car maint preu chevalier ont esté mené jusque a outrance qui ancor sont prodome et anoré."

Et cele respont que aprés la mort son ami ne quiert ele plus vivre. Et neporqant tant li dient que ele se tient a la remenance, mout dolante et mout correciee. Et ja sont Hector ses armes aportees, si l'arment tot fors que de ses mains et de la teste. Lors fait la reine aporter les sainz, si va li afaires devant lo roi. Et la reine li conte tot de chief an chief et an quel maniere Hectors an va an la queste et commant et por qoi. Aprés, par lo comandement lo roi s'agenoille Hectors devant les sainz, si jure ce que li rois li devise, si con a cel tans estoit costume: que il querroit lo chevalier a son pooir tant comme queste devoit durer—c'estoit un an—et que il ne vanroit sanz lui o sanz veraies enseignes por coi an savroit de voir que il l'avroit trové; et que de chose qui li avenist an sa queste ne mantiroit a son pooir, ne por sa honte covrir, ne por s'anor avancier. Itel sairement juroient tuit cil qui an la queste aloient au tens que les mervoillouses avantures avenoient el reiaume et es fiez[1] de Logres, si com vos avez oï autrefoiz an cest conte.

(*f. 126d*) Quant Hectors ot juré, si arma son chief et ses mains et laça son hiaume. Et la pucelle qui s'amie est fait tel duel que riens ne la puet conforter. Si l'a la dame de Malohaut enserree an une chanbre que li communs des genz ne veïst lo duel que ele faisoit. Lors prant Hectors congié do roi, si s'an vient par la reine et la commande a Deu, toz armez de hiaume, que la reine ne les autres ne veïssent les lermes qui des iauz li cheoient. Si s'agenoille devant li et li crie, por Deu, merci de sa damoiselle. Et la reine lo voit angoisos, si li dit, por lui esleecier, que il ne s'esmait mies, que, se il lo fait bien an ceste queste, ele li promet la compaignie des pers de la maison lo roi. "Autretant, fait ele, vos retaign ge de ma maisniee." Itex estoit la costume de la maison lo roi Artu que nus chevaliers, tant fust proz, ne fust asanblez as conpaignons de sa maison devant que par les compaignons meïsmes o par lo roi fust sa proece queneüe. Et sovant avenoit que, qant uns chevaliers estoit tesmoigniez de proece par estranges genz et a la reine estoit bele la compaignie, que ele lo retenoit de sa maisniee tant que il fust esprovez de haute proece. En tel maniere fu retenuz messires Sagremors li Desreez qant il vint a cort.

Mout fu Hectors liez de la retenance[2] la reine. Et ele meesmes

[1] el fiez   [2] la remenance la

Hector goes in Search of Gauvain

lo mena au chevalier qui avoit lo braz brisié por savoir an qel leu il avoit trové lo chevalier. Et il dit que il l'avoit trové outre la riviere de Saverne es landes de Brequeham, ce est la forez qui est antre la duchie de Cambenic et lo reiaume de Norgales. Et qant Hectors l'ot, si set assez ou ce est, car mainte foiz en avoit oï parler, mais il n'i fu onques.

Atant s'an part de la cort au mardi, antre none et vespres, et va au plus droit que il set an la terre de Norgales. Ci se taist ores un petitet de lui et de ses ovres et retorne[1] a parler de la reine et de sa compaignie.

Ce dit li contes, qant Hectors se fu partiz de cort, si vint ariés la reine au chevalier blecié et lo fist desarmer a mout grant poine; et trop li grieve, (*f. 127a*) car il se pasma deus foiz ançois que ses haubers li fust traiz del dos hors. Et ele lo fist aaisier a son pooir. Et l'escu que la pucele avoit aporté fist pandre an sa chambre, si que ele lo veoit totjorz, car mout se delitoit an lui veoir. Ne onques puis n'ala nul leu que il ne fust aportez devant li et panduz an sa chanbre totjorz jusque a cele ore que il fu rejoinz par avanture que cist contes devisera ça avant.

Et lors s'an parti la pucele qui aporté l'avoit, que plus ne la pot la reine retenir. Anprés ala la reine veoir l'amie Hector por conforter. Et cele li dit, si tost com ele la vit, que si liee poïst ele estre de la rien que ele plus ainme et tenoit chiere, ainz que ele morist de mort, comme ele est[2] de celui que ele plus amoit que rien qui vive. Si an fu mout effree la reine. Et puis fu tel ore que ele no vousist avoir fait por nule rien, car ne demora mies granment que ele an fu autretant correciee o plus.

L'andemain que Hectors s'an fu alez androit tierce, fu apareilliee la dame de Roestoc por aler an son païs, si estoit venue panre congié au roi et a la reine. Et li seneschauz avoit laisié la reine ou lo chevalier blecié par sa priere tant que il fust gariz, par si que il iroit a lui qant il seroit gariz. Si avoit li rois et la reine mis [grant paine] an la dame retenir une piece ancores; mais ne pot estre, que trop avoit grant duel, si li anuioient a veoir li plus des genz. Ensi prist congié do roi et de la reine. Mais tant prierent la niece au nain antre la reine et la dame de Malohaut que ele remest[3] avoc eles por oïr novelles d'Estor, car tote jor venoient novelles et avantures a la cort, si i troverroit plus solaz et compaignie que aillors.

[1] retorner   [2] ele d est   [3] ele se mest

Au congié que la dame prenoit a la reine, si antra laianz uns vallez, un escu a son col qui n'estoit mies antiers, car il i avoit grant pertuis de lance[s] groses et desoz la bocle et desore, et si estoit de cols d'espee decopez et detranchiez (*f. 127b*) et amont et aval, et brisiez et eschantelez, tant com il an i avoit bien mains de la tierce part que il n'i avoit a l'ore qu'i[l] fu fres et noviaus: mais neporqant do taint i paroit tant que bien lo pooit en ancor conoistre, si estoit d'or li[1] chans, a lieon de sinople. Li vallez demande novelles de la dame de Roestoc, tant que avoc la reine li fu anseigniee. Et il vint tot droit as chanbres, si descendié. Et qant li nains et li seneschauz lo virent antrer, si distrent:

"Esgardez, dame. Par foi, veez ci l'escu a vostre chevalier que Hectors va querre."

Qant ele l'ot, si li fuit toz li sans et ele s'asiet, que plus ne se pot sostenir. Qant li vallez aproche, si n'i a nul de la maisniee qui bien nel conoisse, [si li corent encontre et li font grant joie. Et il demande la quele est la roine. Et l'en li mostre. Li vallez vient devant li, si oste l'escu de son col et s'agenoille. Et la roine dit:

"En non Deu, cest escu cuidasse ge bien conoistre] s'il ne fust si anpiriez."

"Dame, fait li vallez, ge vos aport novelles de monseignor Gauvain mout boenes, que il [est] sains et haitiez."

Et la reine ne li lait plus dire, ainz prant l'escu, si lo baise et anbrace[2] et en fait autretel joie com ele feïst do prodome qui lo portoit. Et li vallez dist a la dame de Roestoc:

"Dame, mes sires vos salue, Helains de Thaningues, et si vos mande que tant l'avez semos d'estre chevaliers que ores l'est par la main monseignor Gauvain. Et ce fu cil qui vostre bataille fist contre Segurades."

Et qant ele ot que ce fu messires Gauvains, si n'est nule granz dolors que ele ne sante. Puis dist, si li aïst, que ele n'avra ja mais joie. Puis demande au vallet comment ce fu. Et il lor conte la verité.

"Et vez ci, fait il, son escu, et totes ses armes sont mon seignor remeses et il an porta les mon seignor."

Tant est la chose alee que li rois lo sot. Puis acort il meesmes por les novelles oïr a[3] grant compaignie de chevaliers, si sachiez que li vallez est tant onorez com il plus puet. Et li rois li demande

---

[1] estoit toz li [2] anbrance [3] an

de son neveu, et il li mande que il est sains et haitiez des plaies que Segurades li fist.

"Car ma damoisele lo gari, fait il, qui trop an set. Et vos, fait il, dame de Roestoc, [verroiz] a iceles ansei(*f. 127c*)gnes les[1] drueries que vos li donastes, [car] il les a donees a ma damoiselle et devint ses chevaliers por ses plaies que ele li gari."

La dolor que la dame a en son cuer ne vos porroie mies dire, si prant congié trop angoissosement, et li vallez d'autre part. Et mout volentiers i feïst li rois et la reine tenir l'escu monseignor Gauvain. Mais li vallez dit que ses sires li avoit fait jurer qu'il lo raporteroit a son pooir, et se ce non, bien gardast que ja mais ne retornast vers lui, qu'il lo destruiroit. Por ce l'an laisa li rois porter, si s'an ala li vallez avoc la dame. Mais ele li fist l'escu tolir par force et dit que Helains meïsmes lo comparroit; qant il li avoit celé monseignor Gauvain, il nel deüst mies faire, car il estoit ses hom liges. Et por l'escu et por autre[s] choses murent tel contanz dom il furent puis maint mau fait. Mais ci ne parole plus li contes d'aus, ainz retorne a monseignor Gauvain dou grant piece est taüz.

Ci androit dit li contes que qant messires Gauvains fu partiz de Helin cui il ot fait chevalier, si erra tote jor sanz avanture trover dom a parler face. La nuit lo porta avanture a une maison de moines qui seoit sor une petite riviere an l'oroille d'une[s] petites broces, si estoit la maisons apelee li Bienfaiz. Cele maisons avoit esté hermitages mout anciens, si l'avoit li dus Esauz de Qanbenic tant escreüé et amandee que or i avoit covanz de randuz an abit reguler. Mais ce n'estoient mie moine noir, car a cel tans n'estoit mies ancor espandue la religions noire an la Grant Bretaigne, ançois estoient apelé a cel tans Astinant tuit cil qui vivoient an[2] rigle de religion.

En cele maison herberja messires Gauvains cele nuit et leva mout matin, tant que avanture lo porta an unes mout granz landes et mout beles. Et il esgarde (*f. 127d*) sor destre, si vit une mout riche vile et mout belle, si estoit apelee Qanbenic. Et devant lui a droiture vit la forest don li contes a parlé ça arrieres, qui avoit non Brequehan. Icele forez si avoit bien de lonc quarante liues englesches. Et la ou ele estoit mains lee, si an avoit bien plus de trante, si duroit quatre liues de Canbenic jusque a l'antree do reiaume de Norgales. Et an mileu de cele forest corroit une

---

[1] anseignes que les   [2] qui uenoient an

riviere mout petite et mout parfonde, et ce estoit cele sor qoi li Biensfaiz seoit. Si departoit cele aive deus seignories qui an cele forest estoient, c'estoit la seignorie au roi de Norgales et au duc de Canbenic. Si estoit la forez au roi de Norgales tote soe par devers sa terre jusque a l'aive, et par devers Canbenic restoit tote au duc jusque a cele aive meïsmes.

La ou messires Gauvains estoit an la lande et il chevauchoit son chemin pansis,[1] si oï un po desor destre une voiz de fame qui chantoit mout cler et mout haut.

Messires Gauvains torne cele part et voit en un val desoz lui une damoisele de mout grant biauté et portoit a son col pandue une espee don li fuerres estoit assez riches et biaus. Il la salue, et ele respont, tot an alant; "Et Dex vos beneïe, sire chevaliers, se vos l'avez deservi."

"Ge? fait il, damoisele, et ge comant?"

"Par foi, fait ele, que la pucele ne doit mie saluer chevalier se il n'a pucele conseilliee, se il en est venuz en leu ou an aise que ele an ait mestier aü."

"Damoisele, fait il, por ce ne perdrai ge mies vostre salut, car ge lo cuit avoir deservi."

"Por ce vos doint Dex, fait ele, bone avanture."

Atant se taist la pucele et por ce ne laissa son esrer. Et messires Gauvains la met en paroles au plus que il puet et la volt faire arester et dit:

"Avoi! damoiselle, atamdez moi, car ge voil a vos parler."

"Nel ferai (*f. 128a*) sire chevaliers, fait ele, car ce seroit ja mout granz outrages se ge m'arestoie o vos."

"Et por coi?" fait il.

"Certes, fait ele, por ce que ge vois au meillor chevalier qui soit, aprés un que ge conois. Et se ge m'arestoie o vos, tant me destorberoie de querre lo prodome por vos, qui ne sai que vos valez."

"Damoisele, fait il, par la foi que vos devez a la rien que vos plus amez, qui sont cil dui bon chevalier? Dites lo moi."

Et la damoisele lo tarde a dire.

"Dites lo moi, se Dex vos doint a bon chief venir de ce que vos querez."

"Trop durement, fait ele, m'an avez conjuree, et gel vos deviserai se vos osez."

[1] spansis

"Se ge os? fait il. Petit oseroie dons, se ge n'osoie oïr ce don ge suis dessirranz."
"An non Deu, fait ele, par tans sera seü. Sivez moi."
"Volentiers," fait il.
Et ele s'an ala avant, et il[1] aprés, Si s'an issent hors do grant chemin, si se metent en un estroit santier, si s'an antrent an une basse forest espesse et vont tote cele forest tant que il voient une grant tor, et ancoste une grant maison par terre. Si estoient et la torz et la maisons close d'un baille haut et espés. Et il demande a la pucele qant ele li dira qui li dui chevalier sont.
"Vos lo savroiz, fait ele, an cele maison la."
"Et cele espee, fait il, cui portez vos?"
"Ge la port, fait ele, au chevalier que ge quier."
Atant aprochent de la tor. Et qant il vienent a la porte, la pucele va avant et il aprés. Et qant il est dedanz la porte, si voit un chevalier armé anmi la cort qui l'escrie et dit que mar i enterra. Si lait corre a lui, et il refait autel, si s'entrefierent anmi les escuz. Et la lance au chevalier peçoie, et messires Gauvains fiert lui, si qu'il lo porte a terre. Et qant messires Gauvains s'an torne por sivre la pucele qui s'an va vers la sale, li chevaliers fu relevez et vient grant aleüre, l'espee an la main. Si se haste si de son cop giter qu'il ne pot pas avenir a monseignor Gauvain, ainz descendié li cox sor lo col del cheval, si li tranche tot, et de l'arçon de la selle un petit par devers senestre atot lo pié de l'escu. Li chevaus chiet, et messires Gauvains remest a terre toz droiz sus les (*f. 128b*) deus piez. Puis met la main a l'espee et cort sus au chevalier et dit a la pucele qui s'an vait:
"Ha! damoiselle, dites moi an quel leu ge vos sivrai, car ci ne remanrai ge mies."
"An la plus bele chanbre et an la plus riche me porroiz trover, fait ele, se vos m'osez sivre."
Et il s'adrece vers lo chevalier, si lo fiert de l'espee parmi lo conble do hiaume grant cop pessant, comme cil qui vertu ot grant et dolanz fu de son cheval qu'il vit ocis, si charge si lo chevalier de son cop qu'il fiert a terre d'une des paumes. Et qant il cuide relever, et messires Gauvains lo fiert del pon de l'espee tel cop an la tample qu'il le porte a terre tot estandu. Lors li arache lo hiaume de la teste et la li menace a coper, mar lo fist si dolant. Qant il li volst coper la teste, si ot une pucele

[1] et ele apres

qui s'escrie. Et il esgarde a une fenestre an haut, si voit une damoisele de mout grant biauté qui li dit:

"Sire chevaliers, jo conduis."

"Damoisele, fait il, donc n'a il garde, si m'a il mout forfait."

5 Atant laisse lo chevalier, si s'an va la o il a veüe la pucele aler. Et qant il fu anmi la sale, si voit un chevalier greignor que li autres n'avoit esté, armez de totes armes; et fu a pié, si tint lo glaive aloignié et vint si tost com il pot, et feri monseignor Gauvain sor son escu, si que do fer et do fust passe outre; mais li cox s'arestut 10 sor lo hauberc. Et messires Gauvains fiert de l'espee et colpe lo glaive et vient vers lo chevalier. Et cil ot osté la gu[i]che do col, si se cuevre au miauz que il puet. Et messires Gauvains fiert antre lo cors et l'escu sor lo braz senestre, si que il lo mehaigne et par po que il ne li a copé. Et cil laisse l'escu cheoir, si n'atant 15 mies l'autre cop, ainz s'an torne fuiant en une autre chanbre, son braz pandeillant qui estoit copez jusque o milieu. Et messires Gauvains no siust an avant, ançois s'an va atot lo tronçon an son escu outre en une autre chanbre o il ot parler, ce li est avis, (f. 128c) la damoisele a l'espee. [Et si tost com il antre anz, si 20 l'asaillent dui chevalier. Et il se regarde, si voit la damoisele a l'espee] et une autre damoiselle de trop grant biauté qui li crie:

"Ha! chevaliers, gaaigniez moi."

"Certes, fait il, damoisele, mout volentiers."

Et lor[1] laisse corre as deus qui l'asaillent et li randent mout 25 grant meslee. Et il fiert lo premier amont sus o hiaume, car mout a grant honte de ce qu'il se delaie tant. Si l'a si chargié de cop que la cervell[ier]e est rote, et li cox descent sor la coife, si que maintes mailles l'an sont entrees an la teste. Si est si estordiz et si vains que il va chancelant jusque a un mur. Et messires 30 Gauvains va droit a la damoisele qui siet an une chaiere, qui est de mout grant biauté. Et li autres chevaliers l'aloit totevoies ferant par derrieres. Et messires Gauvains ne se retorne ne tant ne qant, car la damoisele li plaist a esgarder. Et cil totevoies fiert tant que il lo blece. Et messires Gauvains lo regarde, si fiert de l'espee 35 arrieres main el nasel, si que tot li cope lo[2] nasel et do nes bien la moitié, si l'abat a terre tot estordi. Et dit a celi de la chierre:

"Damoisele, commant vos gahaignerai gié?"

[1] uolentiers et si tost com il antre anz si lasaillent dui chr et lor
[2] cop o lo

"Comant? fait ele. Si m'aïst Dex, vos m'avez auques gahaigniee si com ge cuit."

"N'i metez ja, fait il, cuidier, car se ge n'an ai preu fait, g'en ferai encorres la ou vos voudroiz; car a ces deus qui ci sont n'an feroie ge plus, car il n'ont mais mestier de m'espee.[1] Damoiselle, fait il a celi de l'espee, vos m'aüstes an covant que ge savroie an ceste chambre lo non del bon chevalier [que vos] qerez et de l'autre[2] qui est miaudres de lui."

"Par mon chief, fait ele, vos n'iestes mies an la plus bele chanbre de çaianz, et la lo vos doi ge dire."

"Damoiselle, fait il, donc alez avant, et ge aprés. Ja n'iroiz an leu o ge ne vos sive por savoir les nons as deus plus preudomes do monde. Mais ge voudroie mout savoir se j'ai gahaigniee ma damoisele qui ci est."

"Certes, fait cele a l'espee, nenil. Mais qant vos avroiz esté an la riche (*f. 128d*) chambre, si l'avroiz gahaigniee."

Lors s'an torne avant la damoisele et il aprés, et antrent an une grant salle bele et freschement jonchiee. En mileu de celle salle a droiture avoit un lit covert d'un mout riche covertor de totes parz. Si avoit agait anviron jusque a dis chevaliers toz armez sanz de lor chiés. Et si tost com il virent monseignor Gauvain, si lacerent tuit lor hiaumes et pristrent lor escuz et lor espees, si saillent tuit sus, car il se seoient. Et messires Gauvains s'aparoille de deffandre et seust la pucele qui s'an va droit au lit. Si s'asiet ele devant, a la terre. Et tuit li chevalier corrent monseignor Gauvain au devant, si li escrient:

"Estez, sire chevaliers. Vos n'i eroiz mies devant que vos savroiz comment."

"Coment, fait il, doi[3] ge aler?"

Et li plus granz d'aus toz li dit que se il se velt combatre [a] aus toz au revenir, il i era et porra veoir ce que il a desoz lo covertor. Et se ce non, il n'i portera les piez."

"Damoisele, fait messires Gauvains, o savrai ge ce que ge quier?"

"Vos lo savroiz, fait ele, qant vos serez partiz de ci a annor."

"Comant a annor?" fait il.

"Nus chevaliers, fait ele, erranz qui soit venuz ne s'an puet a henor partir, s'il ne voit avant ce qui est desoz ce covertor."

"Par foi, fait il, dons lo verrai gié."

Lors se traient li chevalier ariés. Et messires Gauvains va jusque

---

[1] de me/de mespee   [2] de lautres   [3] il dot

au lit et lieve lo covertor, si voit desoz un des plus biax chevaliers do monde et li miauz tailliez de manbres. Mais il avoit eü tant de mal que il ne parloit mais, ne ne pot gesir se anvers non, car il avoit lo braz senestre si plain de anfleüre et de pertuis, et la destre
5 jamme autresi, que il ne pooit ne tant ne qant remuer. Et si oloit si durement que a poines pooit an durer an la chanbre qant li covertors estoit reversez.

"Ha! Dex, fait messires Gauvains, com mar i fu si biaus chevaliers com cist est, que onques nul miauz taillié ne vi de totes
10 choses."

"Voirement, fait la damoisele, [diriez vos] que mar fu, se vos (*f. 129a*) saviez la grant proece que il avoit."

Lors lo recovre la damoisele do covertor. Et li granz chevaliers qui avoit deffandu a monseignor Gauvain qu'i[l][1] n'alast avant,
15 [li dist] que conbatre lo covenoit a toz dis.

"Ha! nel feriez, fait la pucele a l'espee. Mais prenez an lo paage que li autre paient."

"Quel paage, fait il, damoisele?"

"Plain son hiaume, fait ele, de vostre sanc."

20 "Maudehait, fait il, san chevalier o sanz damoisele qui lo demanda, que chevaliers ne doit mies paage. Ge me combatrai, par Deu, ançois a tex quatre tanz de chevaliers."

Atant laissent corre tuit li chevalier. Et il se desfant mout durement. Et li chevaliers do lit, qui dormoit, s'esvoille, si voit devant
25 lui la dame a l'espee, et dit:

"Hee! damoisele, ja vos[2] avoie ge tant proiee que vos alissiez la o ge vos avoie dit. Et vos iestes retornee."

"Voires, fait ele, que ge trovai la dehors un chevalier qui est mout prodom, si l'amenai çaianz si com il me fu anseignié.
30 Et veez lo, la ou il se combat."

Et cil se fait lever la teste tant com il lo pot soffrir, si voit que messires Gauvains rant as chevaliers mout grant meslee. Et il lo requierent mout, si an a il ja un mort et deus mehaigniez. Et qant il voit que il nos sofre mies aaiesieement, si se crient mout par
35 derrieres. Lors s'an torne reculant vers un huis d'une chambre qui iert fermez. Si se panse que, se il puet venir a l'uis et adosser,[3] par devant ne dotera il ne tant ne qant, se il estoient plus que il ne sont. Et qant il a l'uis adossé qui clox estoit, si se deffant si durement que cil qui estoit ou lit, qui mout petit pooit parler,

---

[1] G. li dit qui   [2] damoisele ge uos   [3] adesser

commança a rire. Et la damoisele a l'espee li demande por qoi il rit. Et il li respont:

"Don ne veez vos mervoilles de ces filz a putain failliz qui ne puent ce seu[l] chevalier comquerre? Haï! Dex, tant mar i fui!"

Lors se relait o lit cheoir ariés, si commence a plorer.

Qant messires Gauvains cuide estre aseür par derrieres, si ovre une damoisele l'uis, cele qu'il avoit veü an la chaiere. Et qant li chevalier la voient, si saillent tuit arieres. Et ele sai(*f. 129b*)sist monseignor Gauvain par lo poign destre, si li vot tolir l'espee de la[1] main. Et il dit:

"Ha! damoisele, laissiez m'espee, car vos veez que ge suis ci en avanture de mort."

"Laissiez, fait ele, l'espee, car ge la voil avoir."

Lors fait sanblant as chevaliers. Et il rasaillent monseignor Gauvain, se[l] fierent sor lo hiaume et sor les espaules, et se gardent de la damoisele ferir qui monseignor Gauvain tient par lo poign ne laisier ne lo volt por rien que il die, ne il ne la volt blecier. Et il sent que cil lo blecent, si lait il l'espee a la damoisele et s'escorse de tote sa vertu; si fiert l'un d'aus et des braz et do cors, que il lo porte a terre et l'espee li vole de la main; et il la prant, si cort sus a toz les autres. Si lor sanble estre plus forz et plus viguereus qu'il n'avoit esté au commencement. Et neporqant il l'avoient assez blecié et maumis. Et la damoisele revient, si lo[2] prant par lo braz por tolir l'espee. Et il dit:

"Ha! damoisele, certes, ge n'ai pas fait an vos boene gaahaigne si come ge cuidoie avoir fait."

Et totevoies li lait il l'espee et s'adrece as chevaliers et prant les anarmes a la destre main. Si en fiert lo plus grant et lo plus fort anmi lo vis, celui qui la plus bele espee tenoit, si lo reporte a terre. Et cil se pasme, car il li a tot escachié lo nasel et anbatu dedanz lo vis. Et il li arache l'espee de la main et dit a la damoisele:

"Ha! damoiselle, por Deu, ceste me laissiez, et ge vos donrai totes les lor se vos volez."

Et ele commance a rire.

"Estez, fait ele, vos iestes pris."

Lors lo reprant par lo poign et dit as chevaliers que se traient ansus.

"Ha! por Deu, [fait il], laisiez les moi.[3] Ja veez vos bien qu'i[l] ne s'an puent aidier que li quatre."

[1] de le   [2] si la prant   [3] deu laisiez lo moie

Et ele l'an moine totevoie en la chambre dom ele estoit venue, si li dit que reanbre lo covient. Et il dit:

"De qel reançon?"

"De celi, fait ele, que li chevalier vos demanderent."

5 "Do sanc?" fait il.

"Voire," fait ele.

"Ja ne m'aïst Dex, fait il, se ge ne voloie miauz morir, car il (*f. 129c*) ne seroit ja mais jorz qu'il ne me fust reprochié."

"Don n'istroiz vos, fait ele, ja mais de ma prison."

10 "Par foi, fait il, ge ne sai que ge ferai, mais par cele reançon n'an istrai ge ja mais."

"Si m'aïst Dex, fait ele, por ce ne vos i tanrai ge ja en prison, car vos iestes trop prodom. Mais ge vos an clain quite de ceste prison, et si vos dirai por coi il vos demandent lo sanc. Cil chevaliers 15 est si malades com vos avez veü, si ne garra ja mais devant que li miaudres chevaliers sanz un li avroit ointe [la janbe] de son sanc, [et] li autres qui miaudres est li ait oint lo braz. Et lors sera toz sains et toz haitiez. Et ce vos seroit mout granz annors, se il an garisoit de vostre sanc, car vos i avriez et anor et aumosne: 20 anor en ce que vos seriez li miaudres chevaliers do monde, et aumone de ce que il seroit gariz par vos, si ne seroit ja mais jorz que il ne vos deüst guerredon de sa vie."

"Ce, fait messires Gauvains, voudroie ge ja qu'il fust fait et que ce fust voirs. Mais certes ge sai bien que ge ne suis mies li 25 miaudres chevaliers do monde. Meillor i a. Et puis que a l'essai m'en avez mis, gel voil bien, car ja la santé au chevalier ne sera delaié par moi."

Lors se drece la dame, et vallet vienent et damoiseles, si li ostent son hiaume et li[1] deslacent de ses chauces l'une,[2] et ce fu la 30 destre,[3] si com la damoisele lor enseigna. Et la damoisele li baille l'espee, et il la fiert en la cuisse, que li sans an vole a grant planté tant que la dame dist assez est.

Lors vint laianz la pucele a l'espee, et [il] li demande son covant. Et ele dit que il lo savra par tens, mais que li chevaliers 35 soit oinz de son sanc. Aprés vient illuec uns vallez et jones enfes, si estoit mout biaus. Et qant il oï parler monseignor Gauvain, si li fu avis qu'il l'aüst autre foiz veü. Mais il nel conut mies, car il n'avoit an la chanbre que une sole fenestre overte, si estoit mout

---

[1] et lo deslacent
[2] chauces lune des damoiseles et   [3] destre auant si

annuble. Lors li cort li val(*f. 129d*)lez deffermer totes les autres. Et messires Gauvains esgarde, si voit que ce est la plus bele chanbre et la plus riche o il fust onqes, et que la pucele qui amené l'i avoit estoit de trop plus grant biauté que il ne cuidoit.

Lors fait la dame desarmer monseignor Gauvain de totes ses armes por ses plaies regarder, car il estoit mout bleciez. Et qant li vallez vit ses plaies, si s'an torne faisant tel duel que ja mais hom tel duel ne fera, tant qu'il vient devant lo chevalier qui gisoit o lit, cui an oignoit sa janbe do sanc. Et il se dormoit qant li vallez vint la, si li font signe qu'il s'an aille, car li chevaliers repose. Et il s'an va an une chambre, si se lait cheoir en un lit et plore et crie et fiert ses deus poinz ensemble et depiece tote sa robe. La damoisele de la chaiere regarde les plaies monseignor Gauvain mout doucement. Et a chief de piece s'esvoille li chevaliers et giete un mout grant sospir. Et qant il ot lo vallet qui crie an la chanbre, si s'esfroie et mervoille, si qu'il volt hors saillir do lit, et sant[1] que sa janme est tote garie et dit:

"Ha! Dex, toz suis gariz de la jambe."

Si se lieve et va an la chambre ou li vallez plore, son braz mis encontre son piz, si trove que li valez arache ses chevox et deront sa robe. Et qant il voit son seignor devant lui, si ne se muet. Ne por ce ne laisse son duel.

"Que est ce? fait li chevaliers; fiz a putain, bastarz, de coi faites vos duel? Donc ne veez vos que ge suis gariz?"

"Certes, sire, fait il, moi ne chaut, que por cestui preu voi greignor domage."

"Et qel?" fait li chevaliers.

"Jantils hom, fait il, çaianz ont ocis monseignor Gauvain, vostre frere et lo mien."

"Gauvain!" fait il.

Et qant il oï ce, si a tel duel que il se pasme. Et ses genz li corrent antor, sel redrecent. Et la damoisele de la chaiere fu venue corrant a lui, por ce que ele avoit oï dire que il iere gariz. Mais qant ele lo vit pasmé, si fu trop a malaise, car ele n'amoit tant nule rien, sel porprant antre ses braz. Et qant il revient de pasmoisons, si demande qui a son frere mort. Et ele demande: "Quel frere?"[2] (*f. 130a*) Et il dit: "Gauvain."

"Commant? fait ele, est il çaianz?"

"Oïl, fait il, ce dit Modrez."

[1] et saut. que   [2] demande qui est freres

"Ha! Lasse, fait ele, jo sopeçoie bien. Voirement est ce li plus prodom do monde, et par lui iestes vos gariz." Si li conte commant. "Mais il n'a, fait ele, nules plaies mortels, ainz garra bien."

"Menez moi tost la o il est." Lors lo volent sostenir si com il avoient a costume. "Laissiez moi, fait il, car ge suis toz gariz."

Lors s'an vait aprés aus an la chanbre, la o messires Gauvains estoit. Et qant il lo voit, si se lieve ancontre et voit que c'est li chevaliers do lit. Mais il ne conoist mies que ce soit Agrevains, car il ert maigres et anpaliz. Si li tant au col lou braz haitié et dit: "Ha! biau douz frere, vos soiez li bienvenuz çaianz, que de ma janbe m'avez gari."

Lors lo conut messires Gauvains a la parole, sel baisse et acole. Et font tel joie et tel duel li uns de l'autre que il se pasment ansenble, mais messires Gauvains s'ocit, car assez ot et duel et joie.

"Biau frere, fait messires Gauvains, o avez vos prise ceste anfermeté?"

"Gel vos dirai, fait Angrevains: il avint chose, qant nos fumes parti de la deriene asemblee o la pais fu faite de monseignor lo roi Artu et de Galehot, et ge vos oi laissié a Carduel malade, si m'esmui vers ces païs por veoir ceste damoisele ci." Et ce dist il de cele de la chaiere. "Car ge l'ain, fait il, plus que nule rien. Si com ge fui antrez an la voie, si ancontrai un mesage qui me venoit querre a mout grant bessoing, que ma damoisele me mandoit que si chier com ge avoie s'amor, que ge la venisse rescorre, car ses peres Tradelinanz, li rois de Norgales, l'avoit donee a un chevalier que ele ne voloit mies avoir. Et ge vin, si fis tant que ge l'oi devers moi.

"Aprés ce ne demora gaires que g'estoie ci delez an une forest et avoie chacié tote jor, (*f. 130b*) tant que vint anvers midi que ge mori mout de chaut. Et ge avoie pris deus granz chevriaus, si les en anveoie avant par mon frere Modret et par un de mes escuiers. Et ge fui an ma chemise cochiez soz l'ombre d'un sicamor, sor l'erbe vert qui ere sor une fontaine. Et aoulz estoit ja antrez o nos somes encor, si faisoit mout grant chaut. Ne avoc moi n'avoit de totes noz genz que un sol escuier, qui tenoit noz chevaus et s'estoit pres d'iluec couchiez an un boison. Je m'andormi por lo chaut et por la laseté. Et la ou ge dormoie, si vindrent deus damoiseles sor[1] deus palefroiz et tenoit chascune an sa main une boite, si com li vallez me conta qui les vit. Et il cuida que ce fust ma damoisele et une de ses puceles. Eles vindrent jusque a

---
[1] damoiseles la o ge dormoie sor

moi, si descendirent. Et l'une me mist desoz lo chief un[1] oreillié qui me tint endormi, si m'oint l'une [la] jambe de ne sai quoi, et l'autre lo senestre braz. Qant eles s'an alerent par delez lo boison o mes vallez estoit, [si distrent:]

"'Hé! or nos an somes nos trop criement venchiees qant nos ne li avons mis terme de sa garison." "M'aïst Dex, dist l'autre, et ge li metrai terme au braz au jor que il sera oinz do sanc au meillor chevalier qui orandroit soit." "Et ge li met, fait l'autre, [a la jambe] au jor qu'il l'avra lavee do sanc au meillor chevalier aprés celui. Et sachiez que mout a ores a atandre, que petit de gent a or o siegle qui saüsient les deus meillors chevaliers eslire." Atant se ferirent o bois, que plus n'an oï mes escuiers, si sot lors bien que eles estoient estranges. Si vint a moi mout esbahiz, si me cuida esveilier. Mais ge ne m'esveillase ja, tozjorz fust li oreillié desoz ma teste. Et cil ne s'en prenoit garde, si me bota tant que la teste me chaï de sor l'oreillié et ge m'esveillai, si me santi de la janbe et do braz autres[int comme] ge faisoie hui matin, ne ne soffrise por [tot] lo monde a monter sor mon cheval, si co[vint] (*f. 130c*) que mes escuiers venist ça et me porchaça une litiere sor coi ge m'an vin. Et qant je m'an venoie, l'oreillier desoz ma teste por reposer, si vint uns chevaliers toz armez, si s'acosta soz la litiere et m'aracha l'oreillier de soz ma teste si durement que mout me bleça.

"Ensi malades m'an vin. Or si vos ai conté tot mon malage."

"Sire, sire, fait la damoisele, ne vos disoie ge bien que vos anvoisiez querre monseignor Gauvain, vostre frere, car ce est li plus prodom do monde? Et vos deïstes que assez i avoit de plus preuz. Si n'est remés s'an vos non que vos n'aiez perdue la janbe, car vos cuidiez que ce fust mençonge que li vallez vos dist."

Et Engrevains se taist, qu'il ne dist mot, ainz a mout grant honte de son frere cui il avoit mesprisié.[2]

"Et ceste maisons, fait messires Gauvains, cui est?"

"Ele est, fait il, moie, si la me dona li dus de Canbenic, qui la conquist l'autre jor sor lo roi de Norvales, qui l'avoit a force fermee an ceste terre."

Et lors commança la damoiselle a sozrire. Et messires Gauvains li demande et conjure "la rien que vos plus anmez an cest siegle" que ele li die por coi ele rist.

"Ge? fait ele. Por les folies do siegle, que j'ai une moie seror

---

[1] une oreillie   [2] mesprisiee

plus jone de moi qui a voé que ele ne donra ja son pucelage se a
vos non. Et mes peres n'a plus de toz anfanz que nos deus, si la
garde si por paor de vos que riens ne la puet veoir."

"M'aï[t] Dex, fait messires Gauvains, il la garde de mout loing,
et j'ai mout autre chose a faire. Et neporqant, se je venoie[1] an leu,
ge la verroie s'il pooit estre. Damoiselle, fait il a la damoisele a
l'espee, dites moi qui sont li dui prodome que vos m'aüstes an
covant a nomer an ceste chanbre."

"Sire, fait ele, il i pert bien que vos an iestes li uns."

"Et li autres, dist messires Gauvains, qui est?"

Et ele dit que ce est cil qui vainqui [l']asanblee do roi Artu et de
Galehot.

"Mais (f. 130d) ge no sai veraiement nomer. Et l'espee que ge
portoie vos anveoit mes sires an chief, car ge aloie a vos a la cort
qant ge vos ancontrai, si vos amenai ça, et por ce que li cuers me
disoit que ge feroie que sage."

Lors li baille la damoisele l'espee, et il la prant, si la trait, si li
est mout bele. Et Angrevains li dit:

"Sire, se l'espee est tex com les letres tesmoignent, ele est
bone a bacheler qui n'est mies esprovez.[2] Mais ele ne seroit mies
si boene a un prodome, car ce dient les letres que ele ne fera ja
mais s'anpirier non, et cil sor cui ele sera amendera[3] totevoies.
Et qant ele me fu envoiee et ge soi que ele avoit tel costume, si
me pansai que nus ne l'anploieroit miauz de vos, si la vos anveoié."[4]

"Certes, fait messires Gauvains, et ge la cuit mout bien amploier
an un jone bacheler preu et hardi et de cui j'ameroie mout l'amande-
ment."

"Sire, fait l'amie Angrevain, an bon leu la metez, car ele vint
de si bon leu comme de ma seror qui vostre frere l'anvoia, por ce
qu'il l'amanteüst a vos."

"Certes, fait il, si ferai ge. Et do chevalier qui vainqui lo tornoie-
ment vos di ge por voir et sanz nule faille que[5] ce est li miaudres
que ge onques veïsse. Et ge suis meüz por lui querre plus a d'un
mois, moi vintoime de chevaliers." Si les nome Angrevain.

"Ha! sire, fait Angrevains, o cuidiez vos que il soit?"

"Ge sai bien ou, fait il, mais ge ne lo puis dire se ge ne me parjur.
Et se gel puis trover, ge l'amanrai ça. Et sachiez que c'est Lanceloz
do Lac, li fiz au roi Ban de Benoyc.

[1] si uenoit [2] qui est miauz esprouerz [3] sera mandee t.
[4] uos an ueoiee
faille uos di gie que

Granz fu la joie que li uns freres fist de l'autre, et huserent lo jor an paroles tant que il fu nuiz, et lors s'alerent couchier. Et au matin se leva messires Gauvains mout matin. Et qant il fu armez, si ala panre congié. Et lors li fist Angrevains amener un mout bon destrier por lo suen qui avoit esté ocis. Et li demanda messires Gauvains au partir por coi il estoit si (*f. 131a*) gardez et don cil chevalier estoient tuit. Et il dist que il estoient s'anmie, car qant ses peres la vost marier, si li devisa sa terre et fist as chevaliers que il li avoit devisé an sa terre faire omage. Et il s'an estoient a li venu por lor sairement aquiter.

"Si avoient anpensé, fait il, qu'il avroit une espie en ce grant chemin laïsus por amener ça les chevaliers, tant que aucuns prodom i venist par cui ge fusse gariz. Et il vos est si avenu que vos iestes li premiers qui onques i fust."

"Et celes, fait messires Gauvains, qui lo mal vos donerent, savez vos, ne ne sopeciez qui eles furent?"

"Certes, fait il, naie, fors tant que ge me conbatié a un chevalier, si l'afolai d'un des braz. Et une damoiselle sorvint, ce quit, qui estoit s'anmie, si me dist que se ge vivoie un an, que ge ne l'an galeroie ja. L'autre vos dirai qui ge cuit qui ce fu. G'erroie oan querant avanture an la Forest de Lande Belle, si trovai une damoisele de mout grant biauté. Et aprés li venoit uns chevaliers. Et ge la prain par lo frain, si l'an vos mener si tost com ge vi que ele avoit conduit. Et li chevaliers la me vost rescorre, si nos conbatimes ansanble, et l'otrai an la fin. Et lors pris la damoisele, si l'an menai grant piece, tant que ge vign en unes espesses broces. Si descendié et dis que ge li feroie, si la mis jus de son palefroi. Et ele se vost desfandre, et ge m'asis lez li, si ostai mon hiaume et li descovri la destre janbe a force jusque vers la cuise amont. Et ele faisoit trop grant duel et se desfandoit com ele pooit. Et qant ge li vos faire, si vi que ele avoit tele la jambe jusque au gros de la cuise que onques si roignose ne fu veüe au mien cuidier. Et ge li dis que an maleür feïst elle dongier, que se g'estoie contraiz, ne tocheroie ge a li ne que a une messelle. Et si m'an tornai atant et dis que honiz fust li chevaliers qui lo li feroit. Et ele me dist que se ge vivoie un an, que ge vouroie avoir doné qanque ge porroie avoir que la moie jambe ne fust plus laide que la soe ne plus roignose ne plus orde. Ne ge (*f. 131b*) ne cuit avoir prise par autrui l'anfermeté que par as deus."

Et messires Gauvains dit que ce puet bien estre, et que mout

laide chose est de prodome d'estre orgoillos et mesafaitié, car
tuit li mal en vienent. Et Angrevains estoit uns des chevaliers de
son tans qui plus fu orgoillos et mains pitos.

    Qant li chevaus fu amenez, messires Gauvains prist congié,
si monta et pandi l'espee a l'arçon de la selle que la damoiselle
li devoit porter, si s'an torne atant. Et la damoiselle qui laianz
l'avoit amené monta, si lo co[n]voia jusque la dom ele l'avoit amené.
Et puis l'a comandé a Deu, et il li.

    Or s'an va messires Gauvains et chevauche tote la matinee
jusque a tierce. Lors est antrez an la forest de Brecanhan ou plus
parfont et erre tot lo grant chemin tant que il vient an une mout
grant lande et mout large et voit devant lui o mileu de la lande
deus estaches novellement fichiees et cheviles d'amont jusque
aval menuement a guise de hantier, et sont totes chargiees de
groses lances. Et d'autre part pant uns escuz toz vermauz. Et
qant il aproche, si voit desoz l'une des estaches un chevalier
armé de totes armes fors do hiaume. Et qant il se regarde, si
voit desoz un aubre corner un cor. Et maintenant saut sus li
chevaliers et lace son hiaume et met a son col l'escu vermoil et
est montez sor un grant cheval et porte ses armes mout covenan-
ment et lait corre a monseignor Gauvain si tost com chevaus pot
aler. Et messires Gauvains refait autretel, si s'entrefierent de si
grant aleüre com chevaus lor porent corre sor les escuz, si que
totes les lances volent an pieces. Et messires Gauvains met la
main a l'espee, si vost corre sus au chevalier. Et li chevaliers li
dist:

    "Ha! sire chevaliers, as espees recoverrons nos assez a tot
tens; ne il ne fu onques si biaus comancemenz de chevalerie comme
joste. Et par la rien que vos plus amez, que nos jostons de ces
lances que vos veez (*f. 131c*) la tant que li uns de nos chiee o
que eles soient totes brisiees."

    Et messires Gauvains dit que il ne l'a a faire se bon ne li est,[1]
car aillors a a aler.

    "Par la foi que vos devez Deu, faites lo."

    Et il l'otroie.

    Lors vienent andui a l'estache et pranent andui lance tel com
il volt, si s'antrevienent et peçoient lor lances sanz cheoir. Si voit
bien messires Gauvains que mout joste apertement li chevaliers.
Lors repranent lances et les repeçoient sanz cheoir, et a chascun

---

[1] li cest

cop vise li chevaliers a ferir monseignor Gauvain soz la gole, et tant que il vienent al a quinte joste. Si s'esloigne messires Gauvains an la lande tant com an ruiast une menue pierre. Et lors fiert des esperons. Et li chevaus va si tost que il bruit toz, si s'antrefierent des granz cors des¹ chevaus et de lor grant force si durement que les lances peçoient et esclatent jusque as poinz. Et si qu'il s'en passent outre, si lo fiert si durement messires Gauvains do cors et de l'escu et do hiaume et si durement se hurte a lui de tot lo cors qu'i[l] li est avis que li oil li soient de la teste volé. Si l'arache des arçons et lo porte par desus la crope de son cheval a terre, si que les regnes anmedeus li remagnent o poign senestre. Et au parcheoir qu'il fait, si se peçoie lo braz dedanz l'escu, si se pasme. Lors descent messires Gauvains, si met la main a l'espee, si li cort sus. Mais cil ne met nul conroi an lui relever, ainz gist pasmez mout longuement, tant que il revient de pamoison. Si se plaint mout durement, si se lieve an son estant. Et messires Gauvains revient sor lui et dit que, se il ne se garde, il lo ferra. Et cil dit que bien lo puet faire, car de desfandre n'a il pooir.

"Ensi, fait messires Gauvains, n'an iroiz vos mies, que ge vos ocirrai se vos ne vos tenez por outrez."

Et cil s'i tient, qui miauz ne puet.

"Or fianciez, fait messires Gauvains, prison a tenir la ou ge voldrai."

Et il li fiance.

Et messires Gauvains li dit, par sa foi, que il aille a la cort lo roi Artu premierement, sanz nul leu sejorner. "Et saluez la reine de par un chevalier cui ele fist ja un servise demi, si li poïst bien (*f. 131d*) avoir fait tot antier se ele vousist. Et si li dites, fait il, se ge venoie an leu, ge li guerredoneroie demi guerredon. Et gardez, fait il au chevalier, sor vostre fiance que vos mon non n'anquerez, car ge ne voil que vos an sachiez plus. Mais qant vos avroiz fait mon message, si alez au seneschal de Roestoc tenir prison, et dites a la dame de Roestoc que, se ge l'oblioie au bessoign ensi com elle fist moi, ele ne autres ne m'an devroit rien demander. Et dites li que ge suis cil qui fist la bataille a Segurades."

Et lors prant l'espee qui a l'arçon de la selle pandoit, si la çaint au chevalier et dit que il la doint Hector de par lui et li die que il mercie mout lo seneschal et lui de ce qu'il furent si escuier an la bataille. Ce fu li chevaliers qui [a la roine] parla a Qanper-

¹ granz cox des

coranti et a la dame de Roestoc ansemble lo jor que Estors mut an la queste de monseignor Gauvain, si li ancharga tot ansi com li contes devisa, la o il parla a la reine. Aprés li fist messires Gauvains meesmes a l'espee estelles au braz lier, car ce estoit uns des chevaliers o monde qui plus an savoit, car il s'an estoit mainte foiz antremis,[1] que por soi, que por autrui. Si le lia et apareilla mout debonairement. Et qant il l'ot atorné, si li demanda por qoi il avoit iqui ces estaches mises et ces lances aportees.

Et il dit:

"Sire, ge ain une haute dame de cest païs, si l'avoie mainte foiz d'amor requise tant com ge fui vallez. Et ele dist que ja en sa vie escuier n'ameroit, car ele estoit dame, si seroit trop ampiriee. Et ge me fis maintenant faire chevalier, si n'a pas ancor un an. Et lors si la priai. Et ele me dist que ancor ne savoit ele mies que ge fusse chevaliers, mais qant ele en avroit oï parler de moi as chevaliers [que ge fusse prisiez chevaliers,] lors seroit bien droiz que ele m'amast. Et ge me penai mout de bien faire tant que ge li plaüse. Et fis tant que mout fu plus debonaire que ele n'avoit esté anvers moi et mout me fist bele chiere. Et lors la requis de s'amor. Et ele me dit que ele me donoit s'amor par covant que ge garderoie un mois la Lande des Set Voies, (*f. 132a*) ce est ceste lande, et que ge me conbatroie a toz les chevaliers qui i passeroient. Et qant ge l'avroie gardee un mois sanz outrer, si seroit moie a mon plaisir. Por ce avoie ces estaches ci levees et aportees ces lances, car l'an me tenoit[2] au meillor josteor de cest païs. Or avez oï lo porcoi."

"Comment? fait se[3] messires Gauvains, est ce don la Lande des Set Voies?"

"Oïl, sire, sanz faille. Veez ci l'antree de totes les mervoilles de ceste forest o chief de ceste lande."

"Et savroiez me vos, fait messires Gauvains, metre en la voie a aler an la terre de Norgales?"

"Oïl, sire, mout bien."

Lors li aide messires Gauvains a monter, si lo moigne au carrefor des Set Voies. Et qant il vinrent au carrefor, si ancontrerent la damoisele qui vient a la cort lo roi Artu atot l'escu fandu. Si li demande messires Gauvains ou ele aloit. Et ele dit que a la reine Guenievre.

"A li, damoiselle? fait li chevaliers bleciez. Ausis i vois ge,

[1] entre/antremis   [2] me netoit au   [3] se dom messires

si vos feroie compaignie se vos voliez. Et ge avroie grant mestier de conpaignie et de solaz."

Et ele li dit que ce li plaist mout. Lors demande messires Gauvains a la pucele que cil escuz senefie et por coi ele lo porte. Et ele dit que il ne li puet chaloir de chose de qoi il n'a a faire. "Car se vos avoiez a faire et a sivre l'aventure de l'escu, vos ne la sosferriez por tote Bretaigne."

"Damoisele, fait il, bien puet estre, mais totevoies lo savroie ge volentiers se vos lo me voliez dire."

"Vos no savroiz de semaine, fait ele, se vos ne venez a la cort lo roi Artu."

"La, fait il, ne retornerai ge mies legierement. A soffrir m'an covient."

Atant se met a la voie que li chevaliers li avoit mostree. Et li chevaliers retient sa voie o la damoiselle a l'escu. Mais or ne parole ci androit plus li contes de monseignor Gauvain ne d'els, ançois retorne a Hector qui est antrez an la qeste por monseignor Gauvain.

Ce dit li contes que Hectors chevauche sanz aventure trover don a parler face, tant que il vint outre la riviere de Saverne. Et chevauche tote la droite voie vers la Lande do Carrefor, car il i avoit esté escuiers a une mout grant (*f. 132b*) assamblee. Mais ançois que il la venist, li avint que il chevauchoit pansis parmi la forest. Si estoit ja antor tierce, si faisoit mout bele matinee. Et il totevoies pansoit, comme cil qui n'estoit mies sanz amor, tant que il vint sus une damoiselle qui estoit descendue de sor son palefroi desoz un chasne. Si se demantoit mout durement, et tenoit sor son giron un chevalier mout durement navré d'une espee parmi les deus cuises d'estoc, et an la teste un cop, et an la senestre espaule; et avoc aus estoit uns escuiers qui tenoit un tronçon de lance. Si faisoit la damoiselle duel mout grant, et li escuiers, car il cremoient que li chevaliers ne morist. Hectors chevauche totevoies pansis, et cil furent anmi lo chemin, si ala si chevaus si pres d'aus que par un po qu'il ne monte desor lo chevalier navré.[1]

"Hé! sire chevaliers, fait la damoiselle, vos n'iestes mies si cortois com vos deüssiez estre, que par un po que vos n'avez escachié un chevalier qui est espooir ausi gentils hom com vos iestes, o plus."

[1] chr arme

Mais Hectors ne l'antant mies. Et li escuiers dit: il dort, que ja Dex ne li aïst, et jure que, se ses sires ne fust malades, il lo meïst ja jus do cheval. Lors hauce lou tronçon de la lance, si an fiert si lo cheval Hector anmi lo vis que il lo fait voler an pieces. Et puis lo prant au frain, sel sache arieres, que par un po qu'il n'est a terre chaüz. Et lors a Hestors laisié son pensé, si voit l'escuier, qui bien sanble felon et dit, oiant lui meesmes, que il li poise qant il n'a lo col brisié.

"Et por coi, biaus frere?" fait Hectors.

"Por quoi?" si commance a jurer trop durement li escuiers derechief: "Li vif deiable vos avoient andormi, que par un po que vos n'avez ci escachié un chevalier qui est morz, autant se vaut, et celle damoisele qui lo tient. Et deables vos font aler comme chevalier, que vos ne faites se dormir non."

Qant il l'antant, si s'en tient mout a vilain et vient a la damoisele, si li prie mout que li pardoint: "que bien sachiez que je pen(*f. 132c*) soie a la rien o mont que ge plus ain, et mout m'est tart que je la revoie. Si vos pri qe vos lo me pardonez par covant que ge soie vostre chevaliers o premier leu ou ge vanrai o vos en avroiz mestier."

Et cele, qui ot ce que ele queroit, dit[1] que par ce covant li pardone ele bien, sauf son greante a tenir. Et il li creante a tenir comme chevaliers. Lors li demande la damoisele o il va. Et il dit que il voudroit estre en la lande do Carrefor de la Forest de Brecanhan.

"Mais ge n'i sai mies, fait il, la voie, que ge n'i fui onques que une foiz, si a grant tans que ce fu. Et il i a mout aniouse voie a tenir."

"Haï! fait la damoisele, com ge vos i savroie bien mener, se vos m'i osiez conduire, car ge i avroie mout a faire."

"Oseroie? fait il; sociel n'a leu o ge ne vos osasse mener an tel maniere que vos n'i avroiz nul mal sanz moi. Et an tel maniere vos conduira se vos volez."

"Granz merciz, fait la damoisele, donques i erai gié."

Lors fait venir l'escuier an son leu, si li met lo chevalier sor lui et lui consoille an l'oroille, mais il ne set quoi. Et Hectors li aide a monter an son palefroi et se monte il meesmes. Si s'an vont andui ansanble et chevauchent tote jor jusque a none. Et lors vienent sor la riviere qui depart la Forest de Brecanhan, si

[1] queroit d qui dit

com li contes a ça ariés devisé. Et lors se merveilla Hectors de ce qu'il iere ja si avant, et il cuidoit estre encor mout loign de l'aive. Ne ne cui[doi]t mies aler cele part. Si li est avis que la damoiselle l'a destorné[1] de son droit chemin. Et si avoit ele sanz faille. Et il li dit, et ele li nie mout durement. Et ele li dit que ele li manra mout bien, ne s'esmait ja.

"Damoiselle, fait il, ge ne sai que vos pensez. Mais ne me gitez ja hors de mon[2] grant chemin por avanture eschiver, car ge ne vos en savroie nul gré."

"No fais ge, fait ele, n'aiez garde."[3]

Atant s'en antrent an une praerie mout (*f. 132d*) belle. Et Hectors li demande do chevalier que ele tenoit, qui l'avoit isi navré. Et ele li conte.

"Sire, fait ele, il a ci pres un chevalier mout felon et mout cruel. Et cuide estre dus des merveillos chevaliers do monde, tant est outrecuidiez. Et li chevaliers que ge tenoie est ses coisins et mes amis, car ce est la riens o monde que ge plus ain. Un jor avint chose que cist chevaliers que ge vos di, qui si est fel, estoit alez o bois toz armez, car il n'i osoit[4] autrement aler, car il estoit de la guerre[5] au roi de Norvales et au duc de Cambenic. Et mes amis vint an un paveillon ou l'amie celui estoit, qui se dormoit an une chambre. Et il se coucha delez li si comme cil qui nus maus n'i antandoit. Ne demora gaires que ses amis vint et dit que an li avoit conté antrevoies que mes amis gisoit a s'amie. Et il n'i pansa onqes nul jor. Et qant il lo trova avoc s'amie, si lo navra, si com vos veïstes, sanz deffiance que il li feïst."

"Certes, fait Hectors, mauvaisement lo navra."

Ansi vienent chevauchant tant que antr'ax deus choisirent un paveillon mout bel. Et qant il aprochent do paveillon, si voient devant lo paveillon un chevalier qui fait lacier ses chauces de fer. Et dedanz lo paveillon crie une damoiselle a mout haut cri, si que bien loin la pooit an oïr. Si dist la damoisele a Hector:

"Sire, veez ci lou chevalier, dist ele, et ge sai bien que il me voudra ja faire anui, et ge m'an retornerai ançois, se vostre conduiz ne me puet garantir."

"Avez vos, fait Hectors, garde se de lui non?"

"Sire, dist la, naie, car ge sai bien que nus de sa compaignie darroisele ne me het."

---

[1] la destorne la destorne [2] de mlt grant
[3] naiez gardez [4] ni sosoit [5] de la terre au roi

"Or n'aiez, fait il, point de paor, car de son cors vos cuit ge bien garantir, a l'aide de Deu."

"Sire, fait ele, granz merciz."

"Or alez avant, fait il, car ge voudroie bien achoison trover por qoi ge me poïse panre a lui. Mais qui puet ce estre qui si durement crie?"

"Sire, ge cuit que ce soit s'amie, l'une des plus vaillanz damoiseles dou monde et des plus avenanz. Mais ge me mer(*f. 133a*)voil por qoi ele crie si."

Lors vient jusque devant lo chevalier qui armer se faisoit. Et Hectors li demande sanz saluer por qoi la damoiselle plore.

"Que an avez vos a faire?"

"Jo saüse volantiers."

"Vos n'an savroiz, dist il, rien."

"Ha! chevaliers, dist Hectors, dites lo moi par debonaireté."

"M'aït, or l'aveiz trovee![1] Certes, vos no savroiz hui por pooir que vos aiez hui entre vos et vostre putain que vos avez amenee."

"Avoi! sire chevaliers, fait Hectors, vos me dites honte et si ne vos faites mies annor, car puis que chevaliers mesdit a chevalier estrange qui sor lui s'anbat, il ampire plus soi que lo chevalier estrange. Et plus me poise de ceste damoisele cui vos dites honte."

"An non Deu, que ge me di voir."

"Certes, fait la damoisele, ainz mantez."

Et qant li chevaliers l'oï, si roigi et ot honte. Et sailli sor un faudestuel sor qoi il s'estoit et sailli a la damoisele. Mais Hectors se fiert entredeus et dit que la damoiselle est an son conduit.

"Et trop petit me priseriez, se vos devant moi l'abatiez, qui suis toz armez, et vos n'avez encor armé que voz jambes solement. Plus belement vos porriez vanchier com vos fussiez toz armez."

"Fi! fait il, por vos m'armeroie gié? Certes, se ge n'avoie que mon escu a mon col, si la giteroie gié an une longaigne et pandroie laïsus a un de ces chaisnes par les treces."

"Ancor, fait Hectors, n'a ele de vos garde; avez don damoiselle?"

"Certes, nenil. Ge no pris, ne ne ain, ainz voudroie que hontes li avenist, car il l'a bien deservi et vers Deu et vers tot lo monde, car c'est li plus traïstres chevaliers et li plus desleiaus que vos veïssiez onques."

Et qant li chevaliers l'ot, si an ot grant honte, si li lance tres parmi Hector por panre par les treces.

[1] laveiz trosee

"Avoi! fait la damoisele a Hector, ge cuit que vos me seroiz[1] ancui mauvais garanz."

Et Hectors hurte lo cheval des esperons et fiert lo chevalier do piz do cheval, si que il lo porte tot estandu a terre et li va par desus lo cors. Et dit que se il n'aüst honte, bien sache il de voir que il lo conreast ja tel que ja mais (*f. 133b*) a damoiselle ne meïst main que de ceste ne li sovenist, que[2] por son ami, que por li, don il l'a trop correciee. Quant li chevaliers se relieve, si a honte; et dit que mar lo se pansa Hectors, que ja mais ne gerra an lit tant com il ait o cors la vie, et la pucele pandra il.

"Or vos alez dom armer, fait Hectors. Et se la pucele vos a rien mesfait, si an venez panre vanjance, qe panre l'an poez se vers moi la poez conquerre."

"M'aïst Dex, ge ne me deigneroie mies armer por toi."

Lors commande a un suen escuier qe li doint son hiaume et il [li baille, quer plus le dotoit qu'il ne fesoit la mort. Et quant il] l'a lacié, si saut sor un cheval et met un suen escu a son col et çaint une espee. Puis a pris un glaive et s'esloigne anmi lo champ. Et si fait Hectors qui mout dessirre la joste. Si s'antrevienent si tost com li cheval lor puent corre,[3] et s'antrefierent sor les escuz. Si peçoie li chevaliers sa lance. Et Hectors lo fiert si durement que il fait tote sa lance arçoner sor les barres de la bocle, mais ele ne peçoie mies, ainz lo porte a terre. Et si fu ce devers de l'arestuel, car il n'i vost lo fer torner, por ce que desarmez estoit, si i cremist avoir honte, se il l'oceïst, ne bleçast. Et qant il vost relever, Hectors l'avise, si lo fiert an la teste do plat de l'espee, si que il lo rabat tot estandu, et fiert sus an la penne de l'escu, si que il li fant bien demi pié et par po ne li a tranchié lo braz senestre. Et cil oste lo braz des anarmes, sel lait tot anbroié an l'espee[4] et trait la[5] soe espee, si an fiert Hector a deus poinz. Et Hectors ne pot la soe avoir, si saut a terre. Et qant cil lo voit, si saut dedanz lo paveillon. Et Hectors arache s'espee de l'escu et saut aprés et dit, morz est. Et cil oste lo hiaume et l'espee avec, se gete laïs. Et Hectors dit que riens ne li vaut, que il l'ocirra se il ne se tient por outrez. Et cil qui est desarmez dit (qu'il a paor de mort):

"Ge l'otroi com hom desarmez, si i aies tel onor com tu i devras avoir. Mais se tu voloies otroier que ge m'armasse et que

---

[1] me seroit [2] qui [3] com cheuax lor porte tost et
[4] an lescu [5] le soe

tu m'atandieses et combatiesses contre moi, (*f. 133c*) lors diroie gié que tu seroies chevaliers. Et lors i avroies tu anor de ce que tu m'avroies conquis."

"Et ge lo ferai, fait Hectors, mais tu me diras avant por qoi celle damoiselle plore."

"Et ge lo te dirai, fait il: por ce que je n'anterrai ja mais en leu o elle soit des cest jor an avant, car ge l'ai esprovee de mauvaistié."

"Ho! fait Hectors, est ce por ce que tu as navré lo chevalier sanz deffier, qui tes coisins est germains et anmis a cele pucele la?"

"Ce est elle, sanz faille. Mais sanz desfiance no navrai ge mies, car la ou il me forfist, fu il deffiez. Et est il encorres vis?"

"Oïl," ce dit Hectors.

"Certes, ce poise moi, car il est mes traïstres."

Lors demande li chevaliers ses armes, et l'an les li aporte. Et Hectors vient a la pucele, qui mout est dolante de ce que il lo lait armer.

"Certes, fait ele, se il venist autresi au desus de vos come vos iestes au desus de lui, il vos oceïst, ja merci n'en aüst."

"Or n'aiez garde, que a l'aide de Deu an serai ge ancor annuit en autresi [boen] point come j'ai hui esté et an greignor annor, car ge no poïse ne ocirre ne conquerre se a ma honte non; [car il estoit desarmez,] et chevaliers armez qui chevalier desarmé ocist a totes lois perdues et est honiz an totes corz, se il nel fait sor soi desfandant."

Issi com Hectors et la pucele parloient, si vint fors li chevaliers toz armez, et ses chevaus li fu amenez. Et il fu de mout orgoillouse contenance, si menaça Hector et la dame. Et Hectors vint avant et dit que se il voloit amander la honte que il avoit fait au chevalier et a la pucele autresi que il avoit illueques amenee, il se sofferroit ancor de la bataille. Et il dit que se il s'an voloit soffrir, ne s'an sofferoit il mies, que ja mais an sa vie ne sera liez devant que il sera vengiez de lui. Or si gart bien qui a garder s'i avra, puis que il est armez.

Lors monte sor son cheval et a pris un glaive gros et roide, si resont ansenble venu a joste entre lui et Hectors, si lo porta Hectors a terre ausi legierement com il avoit fait avant. Et lors descent Hectors, qu'il li estoit[1] hontous de celui requerre a cheval

---

[1] hectors qui si estoit

Hector Defeats Guinas Again 431

qui (*f. 133d*) estoit a pié. Si sont andui venu[1] as escremies des espees et se combatent mout durement. Et la damoiselle qui Hector avoit amené s'an torne o bois, la ou ele plus espés lo voit, por ce que ele s'an poïst foïr se il mescheoit a Hector, et se il conquiert lo chevalier, ele sera tost arieres retornee. Et antre Hector et lo chevalier se conbatent mout durement grant piece, tant[2] que a la fin lo moine Hectors jusque a outrance, que plus ne se pot tenir. Et Hectors li arache lo hiaume de la teste et mout li menace a coper. Et la damoiselle vient lors, qui o bois estoit ferue, qanque ses palefroiz puet anbler. Et crie a Hector que il li traint la teste. Et cil li crie merci d'autre part. Et Hectors dit que il n'an avra ja merci autre que la damoisele voldra, cui chevaliers il[3] est.

"Ha! don seroi ge morz, que ele me het por son ami. Et ge cuit bien et croi que ge ai tort vers lui et que il n'ot corpes an ce do ge lo mescreoie por m'amie. Et ge cuit, por ce m'est il meschaü, si suis prez que ge m'an conteigne a vostre volenté do tot. Et vos cri merci, ne ge ne vos forfis onques por qoi vos n'an doiez merci avoir. Tenez m'espee."

Et cele li dit que il n'an praigne point. Et totevoies dist Hectors que il n'an fera se ce non que la damoiselle voudra. Et qant cil l'ot, si ot mout grant peor de mort et chiet Hector as piez. Et la damoiselle del paveillon, quant ele vit an tel peril son ami, si ne set que faire, car ele l'amoit sor toz homes. Et se ele a fait grant duel, or enforce. Et li chevaliers est totevoies devant Hector a genoz. Et Hectors demande a la damoiselle que il an fera. Et ele dit:

"Sire, vos en feroiz ce que vos plaira. Mais si com vos m'avez an covant, venchiez la honte mon ami."

Et lors dist Hectors que il li copera la teste.

"An non Deu, fait cil, copez."

Si abat la ventaille de sa teste. Et la damoiselle do paveillon saut fors, si se lait cheoir as piez Hector et li crie merci, que il ne l'ocie. Et Hectors lor dit que il aillent andui crier merci a la damoiselle. Et il si font andui. Et qant cele [les voit,] si commance a plorer por la damoisele que ele anmoit mout, si dist a Hector:

"Sire, fait ele, faites an vostre volenté, (*f. 134a*) et ge l'otroi, car mout l'avez fait bien."

Lors dist Hectors au chevalier[4] que il fiant prison a tenir la ou

[1] uenue   [2] tans   [3] chrs e il   [4] au chrs

il voudra [et a faire ce que il li comandera.] Et il l'otroie, si li fiance comme chevaliers. Et Hectors li dit que par sa foi s'an ira au chevalier cui il a navré et[1] fera outreement ce que il voudra, et s'amie pardonra son maltalant. [Et il dit que si fait il tout,] ne il n'aimme nule rien tant comme li.

Atant est montez Hectors, que il a ancor assez a faire; si dit au chevalier que remont ausi, car il volt que il lo convoit tant que il voie un mostier o une chapelle et que il li jurera a tenir ses covenanz. Et il monte, si va tant avoc Hector, il et la pucelle au chevalier navré et dui escuier, que il vienent par devant un hermitage. Et dist Hectors a la pucele que il avoit amenee que ele lo maint tot droit en la Lande do Carrefor.

"Par foi, fait li chevaliers, vos n'ietes mies droit venuz."

"Ne vos chaut, dist la damoiselle, ge vos i manrai mout bien."

Lors fait Hectors descendre lo chevalier a l'uis de la chapelle a l'ermite et li fait jurer sor sainz que il ne faura ne ne ganchira de tels covanz que il li avoit, ainz fera tot outreement son plaisir sanz angin. Et issi l'a juré. Lors l'ont mis en la droit[e] voie de la Lande do Carrefor. Et il lor dit que il s'an retornent tuit.

"Sire, dit li chevaliers, ainz m'an irai avoques vos jusque la, que an cest païs a trop gent, si porriez trover tel gent qui por voz armes ou por vostre cheval vos mehaignerient ou feroient grant anui."

"Vos n'i vendrez ja. Mais alez vos an, si vos acoisiez, et ge recheminerai la o Deu plaira."

"Sire, fait uns des escuiers a son seignor, car li dites que il soffre que jo convoi jusque au carrefor, et il gerra annuit en la maison mon pere."

"Ha! fait il, com as ores bien dit!"

Et il li dit Hector, et il l'otroie par les voies dom il i a mout, si crient desvoier. Lors li demande son non. Et il li dit que il a non Hectors.

"Et vos comant, sire?" fait il.

"J'ai non Guinas de Blashestam."

Atant s'antrecomandent a Deu, si s'en vont antre lo chevalier et la damoiselle et l'autre es(*f. 134b*)cuier. Et Hectors et li autres escuiers chevauchent, si li porte son escu et son glaive et son hiaume, que mout est penez. Si se refroide et refreschist a l'air et au serain. Et il traoit durement a la nuit. Lors vienent a un

---

[1] naure par sa foi et

grant val. Et qant il l'ont passé, si puient lo tertre. Et lors voient chevaliers devant aus, toz armez, et serjanz atornez comme de guerre. Si estoient bien que un que autre cent qarante. Et il demande son hiaume et sa lance et son escu, si lo met a son col. Et li vallez les conut, si dit:

"Il sont de noz genz. Ne vos n'avez, fait il, garde d'aus."

Totevoie ne se delaie mies Hectors de ses armes. Et li vallez cort vers aus, si les salue et il lui, car il i avoit assez de tex qui lo conoissoient. Si li demandent:

"Est ce tes sires?"

"Nenil, fait il, ainz est uns chevaliers estranges, mout preuz et mout hardiz."

Lors regarde li vallez, si voit bien que ce est li sires de la Falerne. C'est uns chastiaus qui est an la marche lo roi de Norgales et lo duc de Cambenic, si estoit sa forterece an la terre au duc et de son fié, et tote s'autre terre si estoit au roi de Norvales. Et il estoit hom liges au duc de Canbenic, et por ce estoit il ses cors devers lo duc et une partie de ses chevaliers devers lo roi de Norvales. Lors li anquierent dom il est.

"Certes, fait il, ge ne sai don, mais il a non Hectors."

Illuec avoit un juene bacheler mout preu et mout dessirrant de joster, si estoit niés au duc. Si apelle un escuier, et dit que il aille au chevalier et li die que joster lo covient a un d'aus. Et cil va, si li dit. Et Hectors dit que ançois jostera il que il li coveigne faire noauz. Et li escuiers vint ariés, si çaigne lo chevalier. Et il vient, si laisse corre, si tost com li chevaus pot aler. Et Hectors fait autel, qant il lo voit venir, si l'avise desoz la gole, si lo fiert mout bien, si lo porte a terre. Et cil se pasme, que par un po qu'il n'a la gorge rote. Et uns autres chevaliers, qui compainz a celui estoit, fiert des esperons por joster a lui, si s'antrefierent. Mais ausi lechierement l'abatié Hectors comme il fist l'autre. (f. 134c)

Lors muet uns autres, freres au seignor de la Falerne, por joster a lui. Et qant li sires lo vit, si jure son sairement que il n'i portera les piez, ne il ne autres hui mais, car bien s'est aquitez li chevaliers.

"Et ce est, fait il, granz joie, car il veoient bien que li chevaliers s'est combatuz, et bien pert a ses armes. Et se il lor an est mesavenu, c'est a bon droit et ge an suis liez."

Lors vient il meïsmes contre lo chevalier sanz glaive et sanz hiaume, so salue, et il lui. Et dit:

"Sire, fait il, vos n'avez hui mais garde."
"Sire, fait il, ce sai ge bien."
"Ge voil, fait li sires, que vos sachiez car il m'est bel, si voirement m'aïst Dex, que il vos an est anors avenue, que il sont fol et anfant."

Atant sont venu li autre au neveu lo duc, si l'ont trové pasmé. Et qant il fu venuz de pasmoisons, si pot il a poines parler, car mout estoit bleciez an la gorge. Si l'a[n] lievent et montent hontos. Et antre lo seignor de Falerne et Hestor chevauchent durement, si li demanda dom il iere. Et cil li dit qu'il est do reiaume de Logres et des chevaliers la reine Guenievre.

"Et ou alez vos?" fait il.

"Certes, fait il, ge quier un chevalier que onques ne conui, si voudroie estre an la Lande do Carrefor."

"Ainz vos an venroiz, fait li sires, mais hui avoc nos an une forterece ci pres, [si est a monseignor le duc de Canbenic, car vos ne troveriez mie ci pres] bon ostel a vos aaisier. Et vos an avez mestier, car il m'est avis que vos vos iestes combatuz."

"Sire, ge ne me suis mies combatuz jusque a sejorner, ainz me covanra a aler mout annuit, tant que ge oie novelles de ce que ge quier."

Et li sires li demande an qel terre il voudra aler aprés ce que il avra esté an la lande. Et il dit que il ne set ou, fors la o il porra oïr novelles do chevalier.

"Par foi, fait il, en ceste terre an a un aü novellement, et ge cuit que la an oroiz vos novelles, se vos i alez."

"Sire, fait il, ge sai bien que an la lande fu il." Si lo conte commant il lo sot.

Aprés lo commande a Deu, si (*f. 134d*) s'an va a destre antre lui et lo vallet. Et li sires de la Falerne s'an va antre lui et ses genz; et dient a lor seignor que cil vallez lor a conté que cil chevaliers a son seignor outré d'armes, si se mervoillent qui il est. Et lor poise mout qant il n'ont plus anquis de son covine.

Ensin s'an vont antre Hestor et son vallet tant que il est grant piece nuit. Et lors aprochent de la maison son pere. Et Hestors li demande s'il a ci pres nules viles ne nus repaire o il puissent herbergier. Et li vallez li dit que la maisons son pere est mout pres, o il seront mout bien herbergié et mout a aise. Et Hestors an est mout liez. Lors oirrent tant que il vienent a une bretesche[1] qui

---

[1] unes broçestestesche

estoit pres de la maison [son] pere. Si hurte li vallez et apelle un suen frere plus jone de lui, si l'antant li vallez mout tost et dit:

"Sire, ge oi mon¹ frere. Deu merci, a quel ore vient il!"

Lors saut a l'autre porte, si l'uevre. Et qant il voit lo chevalier, si li cort a l'estrier, si l'aide a descendre. Et ses freres vient a son pere, si li dit:

"Sire, il vient ci uns chevaliers, li miaudres que vos veïssiez pieç'a."

"Biau filz, est ce vostre sires?"

"En non Deu, nenil, ainz est un miaudres de lui. Or si an pansez si com vos savez que il en est mestiers."

Atant se lieve li sires, si commande a alumer mout grant planté de chandoilles, et vient au chevalier, si li fait mout grant joie. Puis lo moinent an une chanbre, si lo desarment. Et li sires vait par la maison, si fait apareillier et atorner totes les choses que il cuide que il li eüt mestier. Et qant il est desarmez, si lo moignent en une couche mout belle et mout bien atornee comme chiés vavasor.

Q'en vos deviseroie gié totes les choses? Mout fu bien herbergiez, et furent ses plaies et ses bleceüres bien esgardees, et firent laianz que que il cuiderent que a lui plaüst. Et qant il fu tens de couchier, si lo couchierent bien et bel. Et lors conta li vallez a son pere com(*f. 135a*)mant il avoit conquis son seignor par deus foiz. "Et bien sachiez que je quit que ce² soit li miaudres do monde, que, se il ne fust si hardiz, il n'aüst mies quis si longuement la Lande do Carrefor o maintes mervoilles avienent."

L'andemain se leva matin Hestors. Et li vallez fu apareilliez, si li aida a armer. Aprés prist congié do pere au vallet et de sa mere, qui mout est bele dame. Si s'an alerent issi com li vallez savoit la voie, qui maintes foiz l'avoit alee, et errent tant que il vienent en la lande a ore de tierce.

"Sire, fait li vallez, vez ci la lande."

"Biau frere, fait Hestors, or vos en alez, car assez m'avez fait compaignie. Et me saluez vostre pere, se vos par iqui en alez, et vostre mere que ge mout pris, et Guinas, vostre seignor."

"Sire, fait li vallez, por Deu, se ge venoie an leu ou ge aüse mestier de vos, ne me mesqueneüsiez vos mies."

"No feroie ge, fait Hestors, ce sachiez."

"Sire, a Deu. Et s'il vos plaisoit plus que ge alasse o vos, il me seroit mout bel."

¹ oi mlt frere   ² bien cuidiez ueraiement que ce

"Jo sai bien, fait cil, mais alez a Deu, que ge n'ai plus que faire de compaignie fors la Deu."

Lors s'an retorne li vallez. Et Hestors erre tot contraval la lande, et voit ancor les deus estaches an estant, et mout se mervoille de coi elles servent. Et qant il vient au carrefor, si voit un clerc qui aportoit pain et vin. Et Hestors li demande a cui il est. Et il dist que il est a un hermite qui est en ce bois ci alués an un hermitage que l'an apele Carrefor. Et il li demande por coi ces estaches sont an cele lande. Et il dist que uns chevaliers les i avoit faites fichier por metre lances. Et il li conte comment uns autres chevaliers l'avoit conquis l'autre jor, tant que Hestors antandié bien que ce fu li chevaliers qui avoit esté a la cort lo roi Artu, qui lo braz avoit brisié. Se li demande se il savoit nules novelles [del chevalier qui conquis l'avoit.] Et il dit nenil, fors tant que par devant l'ermitage s'en ala.

"Et ou va cele voie qui va par devant l'ermitage?"

(*f. 135b*) "Sire, fait il, a Norgales."

Lors se met Hectors a la voie et chevauche bien quatre granz liues, tant que il vient an un grant val. Et puis aprés a monté un grant tertre. Et qant il ot monté lo tertre, si voit grant plain et large, et voit devant lui un chastel mout bel et mout fort. Si n'i est pas loig deus liues anglesches. Et lors vient au chemin qui vait a ce chastel, si lo voit de chevaus novelement alé. Et qant il volt passer, si voit trois chevaliers qui an moinent une damoisele sor un palefroi. Et ele fiert un poign en l'autre, si sanble bien que ele ait grant duel a son cuer. Et Hestors broiche son cheval, si tost com il puet aler, cele part. Et li chevalier croisent lor aleüre, si chevauchent plus tost. Et la damoisele esgarde, la ou ele faisoit son duel, si vit venir lo chevalier, mais ele ne set qui il est, et crient que il nes puisse m[i]es ataindre. Si se[1] lait cheoir do palefroi et fuit tot contraval lo chanp tot droit au chevalier qui vient, et vait criant: "Sire Dex, que ferai?" Et li troi qui la menoient la si[v]ent, si l'ataignent et la volent monter. Et ele se couche a terre et crie merci au chevalier qui aprés vient. Et li troi dient et conoissent que il n'est mies de lor gent: "Mais que nos chaut, que nos somes troi et il est seus?" [La ou li dui tienent la damoisele por monter devant l'un des deus,] et li tierz vient devant lo chevalier et li demande qui il est. Et il li dit que il se gart, et cil qui la damoisele tienent. Et il i vient poignant

---

[1] si set lait

et fiert celui qui la damoiselle avoit montee devant lui, desoz la destre aisselle, si li brise lo braz et fause lo hauberc, qui clers estoit, si que il li met el cors lo fer dou glaive et do fust une partie. Et puis lo giete mort. Et sache lo glaive del cors et fiert des esperons encontre l'autre qui poignant li vient, so fiert de tote sa force, qu'il lo porte a terre. Et li chevaus sus lo cors li chiet [sor] une pierre en travers, si li peçoie la jambe senestre. Et li glaives li peçoie, et il a mise la main a l'espee, si cort sus a celui qui la damoiselle an porte, et dit (*f. 135c*) que mar la bailla. Et cil se regarde, si voit que si compaignon sont mort, si mist jus la dame; et ot trop grant paor, si torne an fuie si tost com li chevaus pot aler. Et Hestors ne l'anchauce gaires, si revient a la damoiselle et la monte sus lo palefroi dom ele s'estoit laissié cheoir. Et ele li crie, por Deu merci, que il ne la laisast tant que ele soit a sauveté. Et il dit que no fera il. Et qant il s'an vont vers lo chastel, et uns escuiers armez comme serjanz lor vient au devant, navrez el cors mout durement. Et la damoisele lo conoist, si l'apele. Et il fait trop grant duel, si vient a li, si li dit:

"Ha! dame, nos somes mort qant nos n'avons nostre gent, que trop demorent."

Et ele dit:

"Ou est mes sires?"

"Il est ça desoz o il se combat, li jantis chevaliers, li prouz, a vint chevaliers. Et s'il aüst aide, il les meïst ja toz a la voie. Mais il n'est que soi tierz, et il sont plus de dis set."

"Ha! sire, fait la damoiselle a Hestors, laissiez moi et si li aidiez, que plus avroiz vos fait por moi, que que ge deveigne, que vos n'avroiez se vos m'aviez cent foiz rescose, et il fust pris et morz; car se il eschape sains, ge ne puis estre se garie non an qel que leu que ge soie, et s'il est morz o pris, ge suis alee."

"Damoiselle, ce dit Hestors, ge n'ai garde se de vos non. Mais tu la garde, biau frere, et conduis an maison. Et se nus destorbiers vos vient, si vien por moi. Mais avant me mostre lou chevalier."

Et qant cil l'ot, si se mervoille qui cil puet estre qui si hardiement parole, si lo moine bien une archiee loign, tant que il li mostre an une grant valee une grant meslee de chevaliers.[1] Et il dit:

"Sire, c'est cil qui porte cel escu d'or a ce chief vermoil."

Et Hestors fiert cheval des esperons; et ot pris de l'escuier un glaive qu'il an portoit, si se fiert an la meslee, si entalantez et

[1] valee les chrs

volenteïs com il pooit plus estre, et avise lo plus riche, qui si ert
arestez sor un des chevaliers a celui cui il aidoit, si lo tenoit par
lo nasel do hiaume. Et Hestors lo fiert sor l'arçon de la selle darriés,
si com il iert anbronchiez. Et li glaives fu forz et roides, et li fers
bien tranchanz; (*f. 135d*) et li haubers fause et li fers li cole jusque
an la boele. Et il s'an va outre par desus l'arçon devant, et il
chiet morz a terre par devant lo chevalier que il tenoit ores par
lo nasel. Et cil, qui a pié fu, saut sor lo cheval. Et cil qui estoient de
la partie au chevalier qui chaï furent si esbahi, comme cil qui
lor seignor avoient perdu, si lieve antr'aus li diaus trop granz.
Et Hestors s'eslance anmi lo chanp et revient arieres, lo glaive
an la main, si porte chevaus et chevaliers a terre. Et les fait si
fremir et departir que nus ne l'ose a cop atandre, ainz se descon-
fissent tuit por lor seignor qui morz est. Et li chevaliers meïsmes
cui Hestors servoit s'an mervoille plus que nus, car il ne conoissoit
mies ses armes. Si lo refait mout bien, que por lo bienfaire au
chevalier, que por ce que li afaires estoit suens; et androit soi
estoit il mout bons chevaliers et mout seürs et mout jones. Et si
troi compaignon se refforçoient mout de bien faire et ont plus cuer
que il n'orent mes hui, car il voient bien que il ne puent vers
aus durer, car an po d'ore les en a Hestors trois [tels] conreez
qui mais n'ont mies grant pooir d'aus nuire ne grever, estre lo
seignor qui ocis estoit sanz recovrier. Et li autres chevaliers en
avoit un navré et deus morz, et chascuns des compaignons a
lo suen abatu, si que or ne sont mais que huit, et or estoient
dis set.[1] Si ont duel trop grant et paor merveillose, ne n'i ossent
plus arester, si s'en tornent a garison, fuiant la o il pueent. Et
cil les anchaucent qui mout sont dolant de ce qu'il nes ataignent.
Et ce n'estoit mies mervoilles, car li chevaus Estors avoit tote
jor erré, et cil au chevalier que il secorroit et a ses compaignons
avoient correü assez. Et cil a lor anemi estoient plus frec, car
il estoient tantost monté com il l'avoient veü venir aprés aus. Et
qant il voient que ataindre nes porroient, si s'an tornerent vers
lo chastel que Hestors avoit veü; si ancontrent les chevaliers qui
secorre les venoient, mais il nes sevent ou querre. Si les conurent
mout de loign; (*f. 136a*) et dist li chevaliers qu'il ne lor savoit
gré de sa vie, que tote jor l'avoient laisié sol.

"Et se ne fust, fait il, cist chevaliers que ge ne conois mies, vos
ne me veïssiez ja mais."

[1] et or ni a mais que ii

Et cil li conte[nt] que bien estoient vint chevalier que il avoient trové de lor anemis tant que il estoient pres a tanqan. Si se melerent a aus, si que mainte foiz an ont aü et lo peior et lo meillor, tant que uns chevaliers vint poignant qui d'aus estoit, si lor dist que la damoiselle[1] que il amenoient [avoient] perdue et que tant i avoit aüz chevaliers que tuit estoient pris se il i demoroient. Et cil tornent maintenant les dos. "Et nos les anchauçames, font[2] il, tant que nos en avons que morz que pris jusque a huit, et des noz i a trois morz." Si li nome[nt].[3] Et cil commencent mout durement a plorer, et li sires plus que tuit li autre, car li uns des trois estoit ses coisins germains, jones anfes, et mout fust prodom se il vesquit. Se dient li chevalier que il ne fu morz se par sa tres grant proece non, que nus tant ne s'abandona. "Et nos, font il, aüsiens tot perdu se il ne fust, seus."

"Or n'i a plus, dist li chevaliers, Dex an ait l'arme, que plus ont nostre anemi perdu que nos ne avons. Et ancor m'est il mout bel qant ge m'en suis eschapez vis, et ge an merci Deu avant, et ce seignor qui ci est aprés moi," fait il de Hestor.[4]

Atant ez vos l'escuier qui la dame en avoit amenee. Et qant li sires lo voit, si li demande dom il vient. Et il dit: "De ma dame."

"Et ou est ele?" fait il.

"Ele est au chastel, si m'a mout bien ma plaie bandee et apareilliee, et m'anveoit savoir comment vos lo faisiez."

"Et comment fu ele rescouse?" fait il.

"An non Deu, cist chevaliers qui ci est la rescout."

Et qant il l'antant, si saut jus, si vost Hestor lo pié baissier, et dit que cent tanz li set de gré de la damoiselle que de lui.

Et Hestors resaut jus, qant il lo voit a terre, si ne li sofre mies ce que il volt faire. Lors lo commande Hestors a Deu, car mout a a errer, si ne li covient mies que il demort.

"Ha! sire, fait li chevaliers, ge ne voudroie mies por un autel chastel comme cil la est que vos en alessiez issi, se vos an nule maniere voliez remanoir. Et vos ne (*f. 136b*) feriez mies bien se vos ansi vos an aloiez, ainz savroiz, se vos plaist, qui ge suis, et la damoiselle que vos avez rescouse, qui mout volentiers vos verra. Et se ge vos pooie de rien asener de vostre afaire, ge lo feroie volentiers, et vos n'an vaudriez mies nohauz."

Tant[5] prient Hestor et il et si chevalier que il dit que il remanra

---

[1] que la damoiselle que la damoiselle   [2] fort il
[3] si lor nome   [4] il a hestor   [5] Atant

hui mais; et il an sont mout lié. Si li demande li sires o il aloit. Et il dit que il ne savoit gaires ou aler, mais il quiert un chevalier mout preu, mais il ne set qui il est, ne comant a non; si li conte l'aventure. Et il li demande dom il est. Et il dit que il est do reiaume de Logres et des chevaliers a la reine Guenievre. Et il li demande son non, et il se nome a aus. Et qant li chevaliers l'esgarde plus, plus lo prise, et tuit li autre. Et lors li demande Hestors, de la damoiselle que il avoit rescouse, qui ele est, et[1] il dit que ele estoit sa fame.

"Et por coi l'an menoient li chevalier?"

"Sire, gel vos dirai. Tote ceste terre est orandroit tote plaine de guerre, ne onques mais autretant guerres ne vi an cest païs com orrandroit i a, car ge ne sai haut home ne puissant qui ne gerroit son voisin. Et ge meïsmes ai guerre a ces qui mi ami deüssient estre, ce sont li parant ma fame, et si vos dirai comment.

"Il avint chose que qant li peres ma fame jut au lit de la mort, et il cuida bien que de garison n'i aüst rien, si apela sa fille et li fist jurer sor sainz et par la foi que ele li devoit que ele ne se marieroit par consoil de paranz que ele aüst, se ses hom liges n'estoit. Et qant ele se marieroit, ele panroit lo meillor bacheler que ele savroit d'armes, ne que ele porroit avoir, de que que povreté que il fust. Ensi lo jura la damoiselle. Et li peres refist jurer a toz ses homes qe il leiaument s'acorder[oi]ent au meillor sanz engien. Longuement demora la damoiselle a marier. Et ele m'ama, et ge li. Et ele oï dire par aventure plus de bien[2] de moi que il n'en i avoit, si atorna son cuer a moi. Et ge me penai de bien faire por amor de li, tant que si parant la vostrent (*f. 136c*) marier et l'an voudrent efforcier. Et ele respondi tot an travers que ele ja mariee ne seroit par els. Et il an furent mout correcié, si l'an menacerent et li tornerent sa terre mout a mal et prenoient tote jor del suen. J'estoie sovant an sa compaignie, et ele m'avoit s'amor donee sanz autre pansee que je i aüse. Si avint un jor qu'il acoillirent la proie de cest chastel. Et li criz leva, si sailli au cri [et ge] et li chevalier qui laianz estoient, car li chastiax a encor cent quarante chevaliers de son fié, si plot Deu que nos rescosimes la proie par la proece de tex i ot. Et s'estoient mout plus icil ancontre nos que nos n'estions, si fu mout granz la joie par lo chastel. Et com nos fumes revenu, si m'an donerent plus de[3] los que ge n'i avoie deservi,

---

[1] hestors a la damoiselle qui ele est que il auoit rescouse et
[2] de bien dire de
[3] plus do los

si distrent li prodome et qui miauz l'avoient fait que ge, que tot fust perdu se ge ne fusse. Si parlerent a ma dame do mariaige, si li loerent que ele me preïst. Et ele, cui mout an fu bel, respondi ausi com s'il l'an pesast et dist que ele ne cuideroit pas bien faire. Et lor demanda a toz sor lor sairement que il deïssent la verité de ce que il lor an sanbloit. Et il, la lor merci, distrent que il s'i acordoient tuit. Et ele me prist autresi comme se il l'an eüssient efforciee.

"Qant si ami l'oïrent, si la tindrent a honie[1] et a deceüe, et li manderent que ja mais ne l'ameroient. Et moi deffierent il, mais, Deu merci, ge m'en suis auques secoreüz et garantiz d'aus par l'aide de ces par cui ge ai la dame et la terre, car m'ont mout de cuer aidié. Tant qu'il avint jehui qu'il avoient lor agait dehors cest chastel. Et ge me baignoie, por ce [qe] ge m'estoie bleciez l'autre jor a un cheval qui chaï sor moi. Et ma dame est acostumee que ele va chascun jor au mostier a la grant messe et i dit ses ores. Et il l'orent espiee et la pristrent si tost com ele issi do mostier. Si se pensoient bien que puis qu'il avoient li, que do remanant vendroient il bien a chief. Et si cuit que il lo faisoient plus, por ce qu'il savoient bien que ge ne me tandroie mies que ge n'alasse aprés, si me troveroient a meschief et lors m'ocirroient o panroient vif. (*f. 136d*) Et qant j'oï les novelles que il l'an portoient, si sailli hors do baig et fui ançois armez que nus de mes chevaliers fors que troi qui estoient avoc moi qant vos i so[r]venistes. Et tantost com ge poi asembler a els, et il vinrent antor moi por forclore. Et lors en anvoierent la damoiselle par trois d'aus. Et vos la rescoisistes comme li plus prodom que ge onques veïsse. Et beneoiz soit Dex qui vos i amena. Et vos soiez beneoiz sor toz chevaliers, que cil cui vos feristes premiers estoit li plus prodom et li plus puissanz de cest païs et par sa mort sera mout la guerre efforciee. Et si estoit il coisins ma damoiselle. Mais puis que ansins est avenu, n'i a que do bel contenir; car por avanture qui aveigne ne se doit prodom esmaier ne aparecir, ne por belle cheance anorgoillir ne desdaigner."

Lors li demande Hectors comment il avoit non. Et il li dit que il avoit non Synados, et ses chastiaus Windessores. Issi vienent parlant jusque au chastel, si voit Hestors que il siet trop bien de totes parz, si bien comme chastiaus puet miauz seoir fors tant que riviere i a petite. Mais de totes autres choses est il mout [bien] seanz et mout aaisiez et mout planteuros comme

---

[1] honiee

sanz vignoble, dom il n'a gaires en la Grant Bretaigne. Et li
sires ot envoié avant por faire joie ou chastel et por la dame apareil-
lier. Si set an ja par tote la vile comment uns chevaliers a secorreüe
lor dame et lor seignor, si li vont tuit criant a l'ancontre: "Bien-
5 veignant li bons chevaliers qui a secorreü mon seignor et ma dame
de lor anemis." Si lo convoient li home jusque au palais au seignor.
Et lors vint la dame hors, mout acesmee, et prant Hestor tot
armé antre ses braz, si li dit:

"Sire, vez ci un tel chastel et un tel chevalier com mes sires
10 est et une tel dame com ge suis, que vos poez tot tenir por vostre.
Et il est bien droiz, que assez l'avez deservi."

Et Hestors l'an mercie mout.

Atant s'an vont li chevalier desarmer. Et si i a dames et damoi-
selles a grant planté a Synados et a Hestor desarmer.[1] Et Synados
15 a commandé que an ne s'antremete se de Hestor non, (*f. 137a*)
ne la dame ne les puceles. Et eles font mout bien son commande-
ment, que eles n'antandent que a lui obeïr et annorer, tant que
il li est avis que trop an font. Et qant il sont desarmé, si est basse
ore. Et li mangiers est hastez, si asient au mengier, et manjuent
20 entre la dame do chastel [et] Hestor. Et conta la dame, oiant toz,
comment Hestors l'avoit rescose et la grant paor que[2] ele avoit
de ce que il estoit seus.

Mout fu granz la joie o chastel la nuit d'Estor, et mout fu la nuit
regardez de damoiseles et de chevaliers et de dames. Et Synados
25 disoit c'onques n'avoit veü de son aage nul si bon chevalier. La
nuit lo pria mout Synados et la dame de remanoir, mais proiere n'i
ot mestier. Si laissierent atant la parole ester, si s'alerent couchier.

Au matin prist Hestors congié [a la dame] tot avant. Et puis
monterent Synadoc et si chevalier, si lo convoierent et lo mistrent
30 o chemin a aler en la terre de Norgales. Et lor les comanda a
Deu, et il lui. Si li pria mout Synados que il li manbrast de lui
se avanture lo menoit a la cort lo roi Artu [et il i estoit, car c'estoit
la meson del monde dom il plus volentiers s'acointeroit s'il
avoit aucune fin mise en sa guerre. Et puis fu il compainz de la
35 maison lo roi Artu.] Et Hestors li dit que an toz les leus o il lo
troveroit porroit il venir a lui comme a son ami leial. Et cil l'an
mercie mout, si s'an part li uns de l'autre.

Et Hestors chevauche tant que il fust avespri. Et il esgarde, si
vit devant lui un chastel mout fort et mout bien seant. Mais

[1] plante et synados a hestor desarme   [2] paor de ce que

dehors les murs ne valoit un sol denier de toz herberjages fors solement murs de maisons arses, toz roges, et li mur do chastel tot autretel. Mais li chastiaus siet si an fort leu que il n'est riens que il dot fors afamer, car il siet toz sor une[1] grant roiche naïve d'une part, et d'autre part el coign d'une grant aive lee et parfonde et corant; et d'autre part l'aive si est li plaiseiz granz et espés et anciens, et li maraus (*f. 137b*) tels que nus antrer n'i ose. De ce[le] part ou Hestors venoit estoit la roiche haute et anniose. Et si voit Hestors que par illuec est ses chemins. Et qant il vint au pié de la roche, si descent et monte la roiche a pié et moine son cheval aprés lui. Si est mout chauz et mout las ançois que il venist o mileu de la roiche, tant que il ne puet en avant aler a pié. Si remonte en son cheval a quel que poine et chevauche tant que il vient a la porte do chastel, si antre anz et vient chevauchant totes les rues. Et si tost com les genz lo voient, si ferment lor huis. Et il s'an mervoille mout que ce puet estre, si va jusque a l'autre porte do pont. Et qant il vost issir hors, si la trova bien fermee, si hurte et apele mout durement. Mais nus ne li respont. Et il maudit et les genz et lo chastel comme les plus escomeniees genz que il onques veïst. Et dit que maus feus puisse ardoir la vile par dedanz comme ele est arse par defors, et que tant la haïst[2] ores Dex comme il la het,[3] ele seroit ancor anuit fondue. Lors vient a la porte, si apelle mout durement. Et nus ne li respont, si est trop esbahiz. An ce que il s'an retorne vers l'autre porte comme cil qui ne savoit que faire, si voit un vilain qui venoit de busche coper, si iere antrez an une fause posterne et avoit une coigniee a son col. Et si tost com il vit Hestor, si torne fuiant droit a une maison qui est pres de la porte a main senestre. Et Hestors hurte aprés lui, si aconsiut lo vilain ançois que il fust en la maison, car li huis estoit fermez. Et il l'aert parmi les tanples, et li dit[4] que morz est se il ne li anseigne commant il porra issir de cest chastel. Et il dit que il n'an istra mais annuit, nes li rois Artus se il i estoit.

"Et por coi ne volent ces genz parler a moi?"

"Por ce, fait il, que il dotent que voilliez herbergier. Et nus n'est si hardiz an cest chastel qui osast herbergier chevalier errant, ainz les covient trestoz herbergier en cele grant tor an ce palais."

"Comment? fait Hestors, si me covanra herbergier annuit en (*f. 137c*) ceste vile maugré moi?"

[1] car issi est toz dune   [2] lo haist   [3] le het   [4] et il dit

"Certes, dist il, voires, que vos n'an porriez issir."

"Ge cuit, fait Hestors, que si ferai par tens, ou ge i troverai autre deffense."

Lors li arache la coigniee do col et vient a la porte. Et li vilains vient aprés, si li demande sa coigniee. Et cil dit que se il ne s'en va, il lo fandra ja tot de sa coigniee meaumes, car d'autres armes ne doit vilains morir. Et li vilains a paor, si s'en torne. Et Hestors descent de son cheval, si l'aresgne a un croc devant une maison pres de la voie.[1] Puis vient au braz de la porte atote la coigniee, si commance a ferir granz cox a deus mains. Et dit que or an istra il, maugrez as felons sers qui lor huis li cloient ores. Lors est venuz uns vallez a lui, si li dit que il ne fait mies bien qui cope la porte, car de l'isir est il hui mais noianz. "Mais venez au seignor do chastel, car a lui vos covient anquenuit herbergier."

Et Hestors, qui mout se crient de traïson, dit que il n'i portera les piez, ne ancor ne herbergera a piece. Et qant li vallez voit ce, si s'an vient par lo cheval et est sailliz es arçons et dit que lo cheval en manra il au mains. Et com Hestors lo voit, si cort aprés, mais li chevaus s'en va si tost que il no puet ataindre. Si est si dolanz que il ne puet plus, et dit que ja por ce ne laira que il ne face a la vile tant de mal com il porra. Si s'an revient au braz de la porte, si ancommance a coper. Et lors escoute, si ot desor lui une mout grant noise, si se regarde et voit que l'an destache une grant porte coleïce qui dedanz estoit. Et il se tient a anginié, si se trait arieres et dit que deiable aient part an tantes portes, car il n'avoit pas apris a veoir portes coleïces dedanz chastel se dehors non. Lors giete[2] la coigniee an voie par mautalant,[3] si s'an torne vers lo palais que li vilains li ot mostré. Et qant il a[4] monté lo degré, si voit laianz assez chevaliers, toz canmoisiez de lor armes, et vit an mileu seoir un viel home qui mout sanbloit bien prodome et mout avoit esté biaus chevaliers. Hestors salue lo prodome et sa compaignie, mais il ne li rant mies son salut.

"Ha! sire, sont tel li chevalier de vostre païs, fait li viauz, qui estiez de (f. 137d) venuz charpentiers por ma porte coper? Que dahaz ait la terre o vos l'apreïstes! Autresin sage com vos iestes avons nos fait sa folie comparer, si ferons nos a vos[5] ainz que vos nos eschapoiz."

"Sire, fait Hestors, ge suis uns chevaliers esranz. Et sachiez

---

[1] deuant lui a une maison en mi la uoie [2] lors gitie
[3] mauitalant [4] il la [5] nos a uons

bien que ge ai mout grant bessoign, si voudroie que vos me feïssiez randre mon cheval que uns vallez en amena çaianz."

"Si ferai ge, fait li sires, qant vos m'avroiz amandé ce qe vos m'avez depeciee ma porte sanz moi mostrer vostre bessoign."

"Certes, il est voirs, fait Hestors, ge la copasse, se ge aüsse loisir, que il a en cest chastel la plus desleial gent que ge onques veïsse, car il n'ont cure de nul franc home conseillier. Ne ge ne poi onques mais autant vilaigne gent haïr."

Et li sires commança a rire, si li demanda dom il est. Et il li dist que il estoit des chevaliers la reine.

"A la qel reine?" dist li sires do chastel.

Et il dist: a la fame lo roi de Logres.

Lors se dreça li sires ancontre lui et li dit que bien soit il venuz. Sel prant tot armé antre ses braz et li dit: or li soit pardoné que ait meffait, sauve l'anor et la droiture de cest chastel, "[Car vos devez bien en ceste vile avoir pooir de fere une force qui a moi apartiengne; ne ge ne vos efforceroie mie, car ge sui hom liges lo roi Artu de cest chastel] et de qanque il li apant." Lors commande li sires que il soit desarmez. Et il dit que il iroit ancor annuit aillors, se il avoit son cheval. Mais li sires li dit que il n'an avra or mie, car se li rois Artus i venoit, si lo covenroit il çaianz gesir une nuit se il ne voloit aler ancontre la droiture do chastel et ancontre les costumes.

"Et quex sont les costumes et les droitures?" fait Hestors.

"Vos seroiz ançois desarmez, fait li sires, que jo die. Et seiez autresin aseür comme se vos estiez en la maison vostre dame la[1] reine, et la moie."

Lors saillent avant vallet, si lo desarment. Et com li sires lo vit desarmé, si lo prisa mout, car a merveilles estoit biaus et bien tailliez, et a mervoilles sanbloit preu et hardi chevalier. Sel trova li sires de mout belles paroles et de mout sages et de mout biaus respons. Et Hestors li dit et requiert qu'il li die la costume do chastel. Et il li dit que avant li die son non. Et il li dit que il est apelez Hestors.

"Hestors, fait li sires, il est voirs que cist chastiax est miens. Et il est si forz com vos poez avoir veü, et por la grant force que il a, en ont aü anvie maint (*f. 138a*) prodome, car il marchist a trois barons[2] assez puissanz et felons.[3] Li uns est li rois Benianz

---

[1] uostre dame et la [2] marchist au rois bretons
[3] et p felons

de Norgales, et li autres Malauguins, li Rois des Cent Chevaliers,[1] uns rois mout fiers et mout puissanz et mout bons chevaliers et coisins Galehot, lo fil a la Jaiande. Et li tierz est li dus Esçauz de Cambenic. Cist troi ont tozjorz cest chastel encovi[2] et tozjorz m'ont guerroié, mais, Deu merci, ancor n'en ont il[3] mies. Et neporqant ai perdu tant que ores est montee une tançons et une guerre antre lo roi de Norgales et lo duc de Cambenic, si ne me guerroierent passé a trois anz. Ne ge n'ai orandroit guerre fors dou Roi des Cent Chevaliers, et non mies de lui, car il est grant pieç'a en la terre Galehot, son cosin. Mais uns suens seneschauz me fait mout mal, qui est mout preuz et mout guerroianz, si a non Marcanors. Si n'est nus jorz que il ne veigne ci devant et vient a la porte devers lo pont por peçoier lor lances et por hurter; mais il ne troveront ja do mien hors vaillant une maaille. Ne il ne[l] font se por ce non que tant me cuident annuier que ge face vers aus aucun plait mauvais. Mais, se Deu plaist, ge no ferai ja mais, puis que tant ai demoré a faire.

"An tel angoise ai esté des que ge vig an terre, tant que ge suis mais viauz. Ne ge n'ai o monde si grant duel com ge ai de ce qu'i[l] n'iert aprés moi qui cest chastel mai[n]tiegne aprés moi si bien com ge l'ai maintenu, car ge n'ai de toz anfanz que une file mout belle et mout sage, qui poïst ja avoir trois anfanz par aage. Ne ge ne la voil marier jusque tant que ge truisse un chevalier de si grant richece o de si grant proece ou ele fust bien anploiee et qui aprés moi maintenist cest chastel a annor, car se ge la vousise avoir mariee o lingnage a mes anemis, ele fust mariee bien et hautement. Mais mes cuers ne les porroit amer, car trop m'ont tué de mon lignage et de mes charnés amis. Et a mon seignor lo roi Artu an ai envoié maintes foiz por ce que il i meïst consoil, mais il a tant a faire de ses granz anuiz que il a au cuer que il n'i puet con(*f. 138b*)soil metre. Et ge ne l'an blasme mies, car ge sai assez de ses granz paines et des tribouz ou[4] il a esté. Et ge puis assez atandre, Deu merci, car cist chastiax ne crient siege, puis que nos aiens a mengier. Mais mout ai perdu de mes homes. Et por ce que ge n'avoie çaianz mais gaires chevaliers, si vindrent a moi li borjois de ceste vile, or[5] a trois anz, et me distrent que trop demoroie a ma fille marier. Et ge lor dis que ge ne veoie lo leu. Et il distrent que se ge ne m'en maintenoie a lor consoil,

---

[1] rois a ces chrs.   [2] chastel enhermi   [3] ancor nen nont il
[4] des bretons ou   [5] vile et or

il me guerpiroient la vile et iroient an autre[s] terres, car trop
avoient sofferte ceste male aventure. Et ge dis que si feroie gié,
mais que ce ne fust contre m'anor. Et il me distrent que il me
donroient bon consoil et laial et sanz honte, mais que ge lor jurasse
a tenir ce qu'els diroient. Et ge lor jurai. Et il me distrent que
ja mais chevaliers n'antrast an cest chastel qui ne geüst une nuit
an[ma] maison[et] qui ne d[em]orast l'andemain anjusque au midi
an l'aide de la vile. Et lo jor qu'il s'an devroit aler, ainz qu'il aüst
les armes, li covanroit jurer sor sainz que a tozjorz seroit nuisanz
et annemis a toz ces qui guerroieroient lo Chastel de l'Estroite Voie
—issi a non li chastiaus—se il n'estoit hom a celui qui lo guerrieroit.
Ne ja hors do chastel n'isisient se par celui sairement non."

"Certes, dist Hestors, ci a mauvaise costume, car li estrange ne
deüssient mies comparer autrui guerre de autrui chastel qui rien
n'i ont mesfait."

"Par foi, sire, il lo firent issi, por ce que nos ne poons avoir
secors do roi Artu qui mes sires liges est. Si distrent que il porroit
tex venir çaianz por cui li rois secorroit lo chastel, por ce que
il orroit les granz maus qui an avienent et qui an sont avenu, car
ce est li chastiax de tote Bretaigne qui est tozjorz an greignor
trespas. Et si distrent que par ce porroie marier ma fille an aucun
preu bacheler cui ses chemins aporteroit çaianz. Ensi si ne morroie
mies sanz oir. Et ancor n'a mies set jorz que li rois Artus i a perduz
deus de ses chevaliers de sa maison. Ce poise moi et mout an suis
dolanz por lui que onques tel costume i fu mise. Mais ge lor
(f. 138c) jurai, si me covient tenir lo sairement."

Qant Hestors ot des chevaliers lo roi que deus en i a pris, si li
demande qui il sont et comment il furent pris.

"Ge lo vos dirai, fait il: li uns a non Yvains et li autres Sagre-
mors, qui jurent çaianz et me distrent que il queroient lo meillor
chevalier qui onques l'escu portast, et si ne savoient ou, ne il no
conoissoient, et que messires Gauvains estoit compainz de ceste
queste. Et qant ce vint l'andemain, qu'il orent juré a qel que
poine, car Sagremors disoit q'il nel jureroit, ja por ce porroit
çaianz am prison morir. Ne onques n'en vost rien faire por rien
que messires Yvains li deïst, qui li looit mout a faire, por ce que
ge et li chastiaus somes lo roi Artu. Mais il n'an vost rien faire, tant
que il oï noz anemis qui estoient la fors a cele porte. Et messires
Yvains les oï, si jura. Et Sagremors dist, puis que li guerroior[1]

[1] guerrioor

estoient si pres, donc jureroit il. Et il jura, et ge li fis aporter ses
armes, si s'arma. Et vindrent andui avoc mes chevaliers a la
porte et me proierent mout que ge [les] lessasse fors issir comme
cil qui volenters font d'armes et prodome sont. Et ge ne vos,
5 car ge les savioe a volenteïs d'asenbler, si cremoie que il perdissent,
[car nos avions çaienz po de chevaliers,] et cil dehors estoient assez
et mout chevaleros. Tant que ge lor dis, s'il me voloient fiancier
que il ne passeroient un petit poncel qui est la aval el chief de
cele chauciee de ça,[1] ge les an laroie issir, et que chascuns d'aus
10 deus ne josteroit a plus d'un chevalier; et se plus en venoient
sor aus, il se trairoient çaianz arrieres. Et il lo me fiancierent, et il
an issirent hors sanz plus de gent et demanderent de la a aus
deus chevaliers por joster. Et Marganors lor en anvoia deus, dont
li uns estoit li miaudres josteres que ge onqes veïsse et li plus
15 adroiz. Si josterent aseüroment tuit quatre. Et josta Yvains a
l'un, si l'abati tot au premier cop. Et Sagremors josta de quatre
lances au bon josteor, et que an la fin fu Saigremors portez a
terre, et il et ses chevaus. Et ge les fis andeus semondre de lor
fiances, si s'en revinrent, et dist messires Yvains que onques an sa
20 vie n'avoit veü (f. 138d) si apert josteors fors solement lo chevalier
que il avoient trové au nain batant sor une fontaine, qui avoit
abatu devant[2] monseignor Gauvain quatre des meillors chevaliers
que l'an saüst ne deüst nomer."

Et qant Hestors l'ot, si en est toz rogiz de honte. Et totevoies li
25 demande comant il avoient esté pris.

"Il me tinrent si an grant, fait li sires, comme cil qui mout pro-
dome sont, que se ge nes an laissoie issir, que Saigremors istroit
de son san, por ce que il estoit an reclus, si s'en voloit mesler a
mes chevaliers et combatre veiant mes iauz. Et issi les[3] an laissai
30 issir et baillai a chascun un glaive grant. Si asanblerent a toz cels
qui estoient sor lo poncel. Et abati Sagremors lo bon josteor au
premerain cop, et son cheval sus lui. Et Yvains an ravoit un autre
abatu. Si mistrent les mains as espees. Et vos di que il i firent assez
d'armes se il se fusient mené par messure. Mais il s'abandonoient
35 trop, car il se fioient an lor fiance[s] qui sont[4] trop granz. Et
neporqant, ja rien n'i perdisent se ne fust Sagremors, qui bien
doit avoir non Desreez, car il ne metoit nule raison a son afaire.
Ne onques an[5] tote ma vie ne vi autant d'armes faire a un sol

---

[1] chauciee ca aual de ca   [2] deuant deuant
[3] et an issi les   [4] qui hui sont   [5] onques autretant an

chevalier com il fist tres desus lo poncel, tant que ge meïsmes i oi domage, que ge i anvoia de mes chevaliers, et toz, an aide, et ge meïsmes an issi. Et com il nos virent aprés els, si laisserent corre a cels de la; si commança la meslee des juque [sus] lo poncel, tant que an la fin i perdi gié trois de mes chevaliers, et il furent pris. Mais plus me poisse d'aus que des morz, car il n'i a nul recovrier, et cil estoient trop prodome, si an istront a poignes."

Quant Hestors a oïes ces novelles, si commança a sospirer mout durement por les conpaignons lo roi. Et neporqant il nes conoissoit mies, mais il avoit maintes foiz oï parler de monseignor Yvain et de Sagremor; mais il n'avoit onques esté lor acointes, (*f. 139a*) si metroit volentiers an aus consoil s'il pooit. En tels paroles se deduient tote jor, tant que li mengiers fu apareilliez. Si asistrent, et mout fist li sires d'Estor mout grant feste, car mout li sanbloit estre de grant valor et prodom. Et qant fu ore d'aler cochier, si se cochierent. Cele nuit ne dormi pas Hestor tote, ainz pansa a la delivrance monseignor Yvain et a la Sagremor, se uns seus chevaliers i peüst metre consoil. Mais trop i a grant meschief, que il est toz seus et si anemi sont mout [et] bon chevalier.

Au matin se leva si main com il pot lo jor veoir. Si fu ja levez li criz par la vile, et cil saillent as armes qui n'orent mies gaitié.[1] Li sires s'arma. Et Hestors lo voit, si demande ses armes. Et li sires li dit que avant lo covient jurer. Et il dit que prez est, des que il n'an puet autre estre. Et mout li est tart que il vaigne au poigneïz. Et li sires ot faite messe apareillier, si l'i maigne et la li fait oïr. Et lors si jura. Et ses armes furent apareilliees, si s'arma. Et vindrent tuit a la porte devers lo pont, si fu overte, et desoz o val, au chief do pont, avoit une barbacane fermee, si avoit dedanz serjanz qui la gardoient. Si venoient tote jor cil d'aval juque a cele barbacane, mais cil dedanz n'an osoient mais issir, car trop se dotoient. Et cil dehors commancerent a venir tot a desroi, comme jone bacheler et prodome qui quierent, li un lo gaaign, et li autres de joster. Et Marganors, li sires, qui mout estoit bons chevaliers et seürs, chevauchoit sovant derrieres, car il n'estoit mies avoc les premerains. Quant Hestors les vit venir si a desroi, si dist au seignor:

"Sire, nos poons bien aler jusque a ce pont, car jusque [la] ne dotons nos rien, et plus i poons nos gaaignier que perdre. Et esgardez quex genz ce sont ci. Et se ge onques soi rien, tuit

---

[1] mies garie

cist ne sont se povre home non et bacheler dessirranz de joster.
Se vos me creiez, nos istrons ancontre aus la hors. Et si esgardez
tot lo meschief qui avenir i puet. Et qanz chevaliers avez vos
çaianz?"

5 Et li sires li dit:
"Trente trois sanz plus. Et vos iestes, fait il, par desoures."
"Sire, fait Hestors, nos somes donc plus que cil qui la vienent
a desroi, (*f. 139b*) et se il estoient plus de nos lo tierz, si devrient
il avoir tot perdu, par coi nos [ne] passisiens ce petit poncel dela,
10 car la chauciee deça est si estroite que il ne vandront mies a lor
bandons, et nos avons noz serjanz et noz chevaliers qui nos
secorront."

Et li sires dit qu'il dote mout la maisniee Marganor.
"Et veez lo la a cele grant anseigne."
15 "Certes, fait Hestors, se il estoient li plus prodome do monde,
si porroient bien cil de ça perdre, ainz qu'il aüssient secors."

Tant[1] li dit Hestors que li sires li otroie l'isir hors, par covant
que Hestors li fiancera leiaument que il ne passera lo petit poncel
dela sanz son congié.
20 "Non, sire, fait Hestors, se force ne m'i moigne."[2]

"Non, fait li sires, force qui soit ancontre vostre volenté; mais
se vos par vostre volenté [i alez,] sachiez que vos seriez parjurs."

Issi li fiance Hestors. Et lors vient jusque a la barbacane, si la
fait ovrir. Et cil de la se commancent a desreer tres devant, car
25 il cuidoient que nus n'osast issir hors.

"Sire, fait Hestors, se nos issons ancontre els, il s'an torneront
ja, si les avrons perduz. Mais ge m'an istrai, et si tost com il
passeront lo poncel, ge lor corrai sore. Et se il an chiet nus, si ne
seiez mie lanz do retenir."
30 "Gardez bien, fait li sires, que vos ne passez lo poncel, car
bien sachiez que se mes sires li rois Artus i estoit et il meïsmes,
ses cors, i aloit outre ma deffanse, ne lo secorroie ge mies, car ge
l'ai juré."

Atant passe lo poncel uns de ces de la et vient poignant a effroi.
35 Et aprés i revient uns autres lo lonc a vint toisses, et aprés celui
revient li tierz. Et Hestors s'estoit retraiz ariers dariés la bar-
bacane et fist monter les siens qui a pié estoient. Et li premiers
de la vint juque a la barbacane por ferir ou tas. Et si com il aproche,
Hestors lait corre tres parmi la barre si tost com il puet aler, si

---
[1] Qant   [2] mi uoigne

Three of Marganor's Knights Captured

l'avise mout bien tres desoz la gole, si lo porte a terre. Et de meïsmes celui poindre fiert l'autre aprés, si qu'il lo porte a terre, lo cheval sor lo cors. Et ses glaives brise. (*f. 139c*) Il met la main a l'espee et laisse corre au tierz, si l'ancontre tres desoz lo poncel, si peçoie sor Hestor son glaive. Et Hestors s'an vient par lui, si li done grant cop de l'espee sus lo hiaume, si qu'il li peçoie et fant, et fust cheoiz, se il ne se tenist sor lo col de son cheval. Et li chevalier de la barbacane laissent corre as deus chevaliers qui estoient chaü, si les retienent a force. Et li uns d'aus hurte lo cheval ancontre celui qui a cheval estoit, sel fiert d'une lance, si que il va a terre. Et lor force faut, si les retienent toz trois. Et Hestors est retornez ariés por panre un glaive, qu'il vost laissier corre droit au poncel contre les autres qui venoient mout durement. Si l'aert li sires par lo frain et jure son sairement que il n'i portera ses piez.

"Nos avons ores, fait il, assez gaaignié au joster. Qant nos porrons, si gaagnerons en autre maniere. Mais li josters[1] ne seroit ores preuz, car Marganors i est ja venuz. Et beneoite soit l'ore que vos venistes çaianz, et qui lance vos aprist a menoier."

Lors resont descendu et resont anbrunchié an l'antree de la barbacane, et dient que ci les atandroient. Et Marganors a oïes les novelles des chevaliers qui sont pris, si an est mout dolanz. Et l'an li a conté que laianz a lo meillor chevalier qui onques fust, que toz trois les abati. Et Marganors dit que se il velt joster, que il l'avra ainz que il s'an parte, nes s'il estoient dis autresi boens com il est. Lors covre tote la chauciee de ces dehors. Et li sires do chastel commande as archiers de la barbacane que il traient, et il si font, car il ne traioient mies tant que il lor aüst commandé. Et qant li sires do chastel vit la grant force de cels de la, dom tote la chauciee iert ja coverte, si fait clore la barre de la barbacane que Hestors ne s'en issist, que trop lo sent volenteïf. Et cil de la ne laissent onques por les archiers que il ne veignent juque a la barbacane, car tuit li plus de lor chevaus estoient tuit covert de fer.[2] Et com il sont venu juque a la barbacane, si lor lancent cil dedanz granz pex tranchanz et aguz et groses pierres. Mais il ne s'osent mies abandoner do tot, car mout ravoit archiers (*f. 139d*) dehors. Et qant cil dehors voient que il ne porroient plus ores faire, si se retraient ariés jusque dela lo poncel. Et Marganors les anvoie a desroi si com li troi estoient venu avant, or un, or deus,[3] or trois. Et lors redesfant li sires que li archier ne traient or plus, si refait

[1] mais li iosters/mais li iosters   [2] covert de fert   [3] auant or vii or ii

la porte ovrir. Et Hestors s'an revielt issir. Et li sires li otroie sor sa fiance que il li avoit faite do petit poncel, et il li otroie. Lors ist hors. Et uns chevaliers de la li laisse corre, et il a lui. Si lo fiert Hestors si durement que il li perce l'escu et lo hauberc et lo braz senestre,
5 et lo point parmi outre lo braz an la mamelle, et li sans an vole. Et cil chiet et cil de la barbacane lo pranent. Et il garde, si voit un chevalier outre[1] lo poncel qui estoit apareilliez de joster par sanblant et ne voloit lo poncel passer, que Marganor li avoit desfandu, qui a grant duel de ses chevaliers que il avoit perduz, que par un
10 po que il n'anrage. Et cuide que li chevaliers past lo poncel, car se il estoit de la, il n'i ranterroit ja mais. Et con Hestors lo voit, si broiche cele part, que ancorres estoit ses glaives toz antiers. Et li chevaliers qui l'atandoit se trait ariés petit a petit vers lor gent, qui estoient un petit loign. Et li sires do chastel cria a Hestor qu'il
15 li manbre de sa fiance. Et Hestors estoit ja sor lo poncel et crie au seignor qu'il li doint congié por aler anjusque au chevalier. Et li sires[2] li dit que se il passe lo pont un sol pas, il avra sa foi mentie. Et com Hestors l'antant, si en est mout angoiseus et dit au chevalier que il veigne outre lo poncel, et il l'aseüre de toz ses
20 homes fors de lui. Et il dit que il n'an fera neiant.

"Mais vos, fait il, venez de ça, et ge vos aseür de toz ces de ça fors, fors que de mon cors solement."

Et Hestors li dit que volentiers i alast se il poïst sanz soi mesfaire.

"M'aïst Dex, fait li autres chevaliers, ce n'est se co[a]rdisse non."

25 Et Hestors an a grant honte et par un po qu'il n'i passe se a desleiauté ne li fust tenu.

"Mais atandez moi, sire chevaliers, et ge irai panre congié."

Et il dit que si fera il, mais que "vos meïsmes lo me revenez dire."

Lors retorne Hestors et prie au seignor do chastel que a ce seul
30 chevalier lo laist joster. "Et ge vos di que, sor ma fiance, sanz plus faire m'an revenrai (*f. 140a*) çaianz, car il m'aseüre de toz homes fors lui."

Et li sire li dit que il n'i era hui mais par son congié. Et Hestors li prie mout, mais li sires ne li viaut otroier.

35 "Sire, fait il, donc li vois ge dire, que ge li a creanté."

"Certes, fait uns des chevaliers, i[l] passera ja outre, car il en est trop angoiseus. Mais se Marganors creante que il n'ait garde de toz les suens, [si le lessiez aler] par covant que, se il an vient au desores, il s'an revanra."

---

[1] et il uoit si garde un chr un outre   [2] sisires

Et li sires li otroie, si anvoie avoques lui un chevalier a Marganor parler, qui avoit porparlé un des greignors baraz do monde, car il avoit porparlé et commandé que si tost comme [li] dui chevalier josteroient, et si home verroient lor point,[1] que il se meïssent au pont depecier, mais que il au chevalier n'adessasent. Et il anvoieroit quatre vinz chevaliers que ilueques estoient an un recoi por lui panre, com il ne porroit ariers passer, car li marés estoit tex que nus hom n'i antrast qui ja mais en issist. Por ce si voloit faire lo poncel depecier.

Lors vint li chevaliers avoc Hestor sor lo pont et demande Marganor. Et il vient et dit que se il aseüre toz ses homes fors de lui, il avra la bataille se il velt. Et Marganors creante que ja hom de toz cels qui ci sont n'i metra main. Et cil, qui garde ne s'en[2] prant do barat, li otroie, si s'an revient li chevaliers a la barbacane. Et tuit montent en haut por veoir la joste. Lors s'antresloignent li dui chevalier et laissent corre les chevaus si tost com il plus puent, et s'antrefierent des glaives, qui mout furent fort, si durement que a la force des braz [et] des lances se[3] portent a terre, les chevaus sor les cors. Et cil dehors estoit[4] li miaudre josteor do monde. A ce qu'il furent chaü, si corrurent trestuit li home Marganor lo poncel depecier, qui de fust estoit. Et Hestors releva plus tost que ses conpainz, car il estoit plus vistes et ses chevaus plus forz. Et com il fu relevez, si oï la noise do poncel depecier darriers lui, si saut el cheval et vient au poncel et fiert do tranchant de l'espee grant cop, si que il en ocit et mahaigne de ces qui a cop l'atandent. Et il s'an fuient tuit, car il ne l'osoient tochier por lo creant de lor seignor. (*f. 140b*) Si remaint toz li ponciaus toz estraiers. Et neporqant anpirié l'ont de ne sai qantes planches qui an estoient ostees. Et Marganors i vint poignant, toz sanz hiaume, et dit a Hestor qu'il li fait tort qui ses genz li ocit.

"Mais vos, fait Hestors, faites mal et desleiauté qui a voz genz me voliez faire retenir."

"Ja n'a nus d'aus a vos mise main, ne tort ne vos ont il mies fait se il depeçoient lo pont, car il n'estoit mies vostres, ainz estoit a noz anemis."

"Biaus sire, fait Hestors, laisiez moi ma bataille. Et de qanque vos me savroiz demander, ge suis prez de droit faire."

[1] uerroient lo poige
[2] garde nen ne sen
[3] se/se
[4] dehors estoient

"Mout volentiers, fait Marganors, se vos me creantez a faire droit de qanque ge vos savrai que demander."

Et Hestors li otroie, par tel covant que nulles de ses genz ne li feront rien, ne a lui, ne au seignor do chastel. Et se il conquiert
5 lo chevalier, il l'an manra ou chastel sanz contredit et sanz tançon. Et Marganors lo fiance comme cil qui cuide que ses chevaliers lo conquiere.

Lors revienent as jostes antre Hestors et lo chevalier, si lo porte Hestors a terre mout durement do cheval, qui trop iere bons
10 et hardiz. Et Hestors l'avoit bien coneü a bon, si lo prant par les regnes et lo mist outre lo pont et lo feri parmi la crope de son glaive qui ancore iere antiers. Et il s'en fuit tote la chauciee, so pranent cil dedanz. Et li chevaliers estoit durement bleciez qui deus foiz estoit chaüz, si se relevoit au miauz que il pooit. Et Hestors s'an
15 revient par lui, qui ot laissié cheoir lo glaive, si l'aert par lo hiaume a la destre main, si sache si durement a lui qu'il li ront toz les laz, [si li esrache si durement de la teste qu'il l'abat a terre tot adenz,] si que par po qu'il n'a totes les danz brisiees an la gole. Et tot lo nes a escorchié, si saigne mout tres durement. Et Hestors descendist
20 mout volentiers por lui conquerre, mais il se dotoit de traïson. Si ne descendié mies, ainz giete lo hiaume tant com il pot loign et met la main a l'espee[1] [si vient au chevalier, qui se levoit,] et lo fiert do plat de l'espee par deus foiz, si qu'il l'abat a terre. Et il[1] saigne autresi durement comme s'il fust navrez a mort. Et
25 Hestors torne lo dos vers lo poncel (*f. 140c*) et jure que, se il ne se rant por outrez, il li copera la teste. Et cil ne puet mot dire qui an pasmoisons est. Lors descent Hestors a terre tant qu'il li abat la vantaille et avale juque sus les espaules, et fait sanblant qu'il li voille la teste coper. Et Marganors i est venuz poignant toz sanz
30 hiaume, que il n'i voloit mies venir armez que l'an n'i pansast traïson; et dit que assez en a fait. Mais Hestors no voloit atandre a pié, ainz saut o cheval, espee traite. Et Marganors li crie que il n'ocie mies lo chevalier. Et il dit que si fera, o il se randra por outrez. Et il dit que il li fera tenir.

35 Lors relieve li chevaliers de pasmoisons et saut sus, la ou Marganors parloit a Hestor, et met la main a l'espee trop viguereusement et covre la teste de son escu et s'aparoille d'asaillir et de deffandre.

"Commant? fait Hestors, sire chevaliers, si volez ancor conbatre?"

[1] espee si quil lo rabat a terre par ·ii· foiz et lo fiert do plat de lespee et il s.

Et il dist: voires, car ancor est il toz forz.

"A lui, fait Marganorz, ne vos conbatroiz vos plus, car vos iestes ses prisons, o se ce non, ge li feroie tort, que ge li creantai que ge vos feroie tenir prison."

"Prison! fait il, an non Deu, ses prisons ne serai ge ja, tant com ge me puisse deffandre."

"Si seroiz, dist Marganorz, car ge l'ai plevi."

"Puis que vos lo volez, fait li chevaliers, il ne m'est mies honte de vostre volanté otroier, car vos iestes mes sires liges."

Lors vient avant, si tant a Hestor s'espee. Et il l'an moine devant lui o chastel. Et Marganors li dist que il ne s'an vont devant que il li ait fait droit. Et il dit que no fera il, "Ainz suis, dist il, orandroit toz prez se vos me volez de rien acheisoner."

Et cil li met sus que il li a navré ses homes an droites trives, car il li avoit creanté que il n'avoient de lui garde.

Et Hestors li dit que il no creanta onques et s'il li aüst creanté, ne l'an aüst il mies fait tort, car il se menoient desleiaument a lui. "Mais ge ne cuit mies, fait Hestors, que il lo feïssent par vos, que, se Dex m'aïst, ge vos taig a leial chevalier, por ce que vos avez fait tenir au chevalier la covenance que vos m'aüstes."

(f. 140d) Et totesvoies dist Marganorz que il s'an veigne en sa prison comme anchaüz, o il se deffande que il ne l'ait mauvaissement fait. Et totesvoie l'apelle cil de foimantie et de desleiauté, et prez est dou mostrer contre son cors. Et Hestors[1] li dit que il n'est corz ou monde ou il ne s'an osast bien deffandre. Et li sires de l'Estroite Marche dist que, se il l'an croit, ja illueques ne s'an deffandra, car la force estoit Marganor. "Et n'aiez garde, fait il a Hestor, que nos avons bien veü que vos n'an avez faite nule desleiauté. Il n'est corz o monde o nos ne vos an portesiens tesmoign, et s'il vos an viaut apeler, si vos en apiaut an la maison lo roi Artu." Et Marganors li dist, se il ne s'an deffant ci, il n'est corz el mont o il ne l'an alast apeler et de fauseté et de desleiauté, et lors si avra plus honte. Et Hestors dit que ja Damedex ne li aïst qant il ja an autre leu l'an ira apeler: il est prez que il s'en deffande ci.

"Se vos m'an creez, dist li sires de l'Estroite Marche, vos ne lo feroiz mies issi, car vos avez hui fait assez d'armes. Mais demain soit apareilliez de sa bataille, et vos ausi, puis que par bataille vos an volez escuser."

[1] ihestors

"Non ferai, dist Hestors. Il n'an devisera ja rien que ge n'an face, ne ge n'ai rien fait d'armes qui me griet."

"Certes, dit li sires, ge me criem mout de traïson, et il seroit mout granz domage se il vos avoient an prison. Et se vos acoint que se vos vos conbatez la fors, il vos porra si par ses genz o panre o vaintre se il velt."

"Ostez, sire, fait Hestors. Il nel feroit mies."

"Donc ne veïstes vos, fait li sires, qu'il fist depecier lo pont por vos retenir? An la fin ai ge paor d'autre angin, car de nos ne porriez vos avoir secors, car il a trop grant gent. Mais ge vos anseignerai a conbatre an tel maniere que vos n'avroiz garde de lui. Et si est il uns des meillors chevaliers do monde et qui plus set d'armes. Mais se il fait tote sa gent desarmer et il vos afit que ja nus ne se movra por lui secorre ne por vos encombrer, et puis vos combatez en ceste chauciee antre ce grant pont et ce poncel, et com il sera deça, (f. 141a) si soit li ponciaus toz depeciez que nus n'i poïst passer tant que li uns an soit outrez, issi porroit estre la bataille. Mais autrement ne lo vos loeroie ge mies se vos lo voliez por moi laissier."

Et Hestors dit que ansi sera ele s'il l'ose faire. Lors vint arriers armez juque au poncel et devise[1] a Marganors les covenances. Et il demande comment il seroit seürs do seignor de l'Estroite Marche et de ses genz. Et Hestors dit qu'il li fera jurer et fiancier. Et Marganors l'otroie, cui il mout tarde de la bataille avoir.

Lors vienent antre lui et Hestors desor lo poncel. Et il dit a ses genz, si chier com il ont lor annors, que nus ne s'an move devant que Hestors soit conquis ou que il an maint lui dedanz lo chastel. Et ansi lo fait fiancier a son conestable, qui estoit ses hom liges, et a toz les autres, qui si home estoient. Puis lace son hiaume et vient a la bretesche, la ou li sires do chastel estoit. Et Hestors li fait fiancier au seignor et a ses genz que il n'a garde ne de lui ne de[2] ses genz, se avant ne se muevent les soes genz. Et avoc lui fiancent tuit[3] li chevalier par la proiere d'Estor. [Lors] ont lo poncel depecié. Et li marés estoit si granz antor et desoz que nule riens n'i antrast qui ja mais an isist.

Si tost com li ponciaus fu depeciez et que nule rien n'i peüst passer, si mut Marganors do poncel et Hestors de vers la bretesche, si s'an[t]revienent, les escuz as cox, si tost comme cheval lor porent corre. Et chascuns d'aus ot assez cuer et vertu grant. Et

---

[1] devisez   [2] garde de nelui ne de   [3] auoc la fiance tuit

li uns fu chauz d'ire et de mautalant, et li autres angoisos et
volenteïs d'anor conquerre. Si orent glaives forz et roides, a fers
granz et tranchanz. Et Hestors fu montez sor lo cheval au chevalier
que il avoit conquis dehors lo poncel, qui mout estoit de grant bonté.
Si s'antrevienent de grant aleüre et s'antrefierent sus les escuz. 5
Si peçoie Marganors son glaive sus Hestor. Et Hestors fiert lui,
qui tot i met lo cuer et la vertu, que il lo ploie tot desus l'arçon
darrieres et l'ampoint, si que il fait voler an un mont et (*f. 141b*)
Marganor et lo cheval. Et au parcheoir peçoie Hestors son glaive.
Et Hestors ne se pot retenir, si durement venoit. Et cil gisoit au 10
travers de la chauciee, qui gaires n'estoit lee, et Hestors s'an
va par desus lui. Et ses chevaus se fiert en l'autre de toz les quatre
piez, si vole outre, et il et Hestors desus. Mais gaires ne demorerent
illuec, car de mout grant force et de mout grant bonté estoit li
chevaus, si resaut sus atot son seignor. Lors met Hestors la main 15
a l'espee et fait son poindre jusque a la bretesche. Et revient ariés,
l'espee an la main. Et voit que Marganors fu relevez et que ses
chevaus s'an fuit ja la chauciee et vient au poncel de si grant aleüre
com il puet. D'autre part si chiet o marec des deus piez derriers,
et de ces devant se tient a soiche terre; si fust perduz se a force 20
ne l'an traississent les genz Marganor. Et com Hestors vit que il est
a pié, si nel vost a cheval requerre, qu'il crient qu'il ne li oceïst
son destrier; si descent et lo baille a deus serjanz de la bretesche,
et oste l'escu do col et vient mout viguereusement, et mout li
siet. Si prient cil de la bretesche por lui, si plorent cil do chastel et 25
de paor et de pitié. Et com Marganors lo voit issi venir, si fait
autretel et dit a soi meïsmes que tel josteor ne vit il onques mais
meillor. Mais il ne cuide mies que il a l'espee lo poisse conquerre,
car il cuidoit estre uns des miaudres chevaliers do monde; et sanz
faille il estoit de mout grant proece. 30

Atant sont venu a la meslee, si giete sovant [et menu] li uns
[a] l'autre et[1] se cuevrent des escuz au miauz que il puent. Et
Marganors savoit mout de l'escremie, car de loign l'avoit apris,
si li aida mout. Si se covri et garanti tant com escuz li dura, si ne se
lassa mies, ne ne hasta de gitier se il ne vit mout bien son col[p] 35
enploié. Et Hestors totevoies les gita comme cil qui ne se santoit
mies an sa vertu qu'i[l] poïst ja estre lassez ne conquis, tant que
il li cope si l'escu (*f. 141c*) et detranche et achantelle que mout an i
a petit remex, si estoit fanduz et amont et aval jusque an la bocle.

[1] autre menu et

Et la place estoit jonchiee des pieces qui an volent, car l'espee que il portoit estoit de trop grant bonté et chascun jor amandoit. Et les armes Hestor n'estoient onques gaires anpiriees, ne mais que sor la destre espaule avoit aü un cop qui mout l'avoit anpiriee; si li estoit illuec fausez li haubers, et la charz tranchiee jusque a l'os, si seignoit mout durement. Si faisoit mout grant chaut, car il estoit sestambres, et li braz li afeblist mout, si ne feroit mies si granz cox ne si vigueros com il avoit fait devant. Et qant Marganors lo voit, si an fu mout liez, car ancor estoit auques fres, si li cort sus et mout lo haste. Et Hestors se covre mout bien, que ses escuz estoit ancor auques antiers, et si que a grant poines lo fiert Marganors se sor l'escu non.

Ensi se contient tant que midis fu passez. Et lors ot Hestors si s'aleine reprise, si recovre et ot mout grant honte de ce que tant s'iere soferz sanz gaires grant proece faire. Si recort sus a Marganor mout viguereusement, si lo fiert mout a bandon, si lo blece mout et ampire, tant que ja a mout grant paor. Si ne fait mais gaires Marganors que sosfrir, que mout a perdu de sanc. Et li sanble estre Hestors plus forz et plus vistes que il n'avoit esté au comancement, si l'an poise mout an son cuer et voudroit avoir fait de son chief greignor meschief que il n'a encores, par covant que il n'aüst onques la bataille amprise. Et mout anpiroit ja. Si li dit:

"Sires chevaliers, vos iestes mout bons chevaliers et mout vos pris. Et la bataille de nos deus est commanciee por noient, et granz domages seroit se li uns de nos i moroit. Et ge ne vos an fais nule honte se ge vos an quit. Ge la vos lais, car ge voil miauz avoir perdu de la moie gent que ge vos en aüsse mort an bataille. Et mout savroie volentiers vostre non."

Et Hestors li respont que la bataille ne laira il pas atant, car il i avroit honte, "se vos ne vos (*f. 141d*) teniez por outrez."

"Certes, dist Marganors, por outrez ne me tanrai ge ja, se Deu plaist. Et puis que vos avez refusee l'annor que ge vos faisoie, je m'an irai par la bataille. Et cui Dex an donra l'annor, si la praigne."

Lors s'antrecorent sus,[1] si dura la bataille mout longuement, tant que mout an a Hestor grant honte et grant duel de ce que la bataille a tant duré, que mout cuidoit avoir plus a faire an sa queste que il n'avoit fait. Si li est avis que mauvaissement lo parfera. Lors li cort sus mout vistement et fiert de l'espee granz cox la o il lo

---

[1] san retorne sus

voit plus anpirié, si lo blece mout. Et cil se covre de tant d'escu com il a, et totevoies ganchist as cox et vait la o il trove place. Et Hestors lo moine la ou il velt, et bien voit li uns et li autres que mout an a lo poior[1] Marganors. Et Hestors lo haste mout, si fiert grant cop sus lo hiaume et recovre et fiert de tote sa force, si que il li fant et met l'espee pres de demie. Si l'estone, si que il l'estuet venir a un genoil. Et il sache l'espee si durement que par un po que Marganors ne feri des paumes a terre, si que mout demore a redrecier. Et Hestors li cort au hiaume, si lo li cuide sachier a terre. Et li hiaumes li remaint an la main, et il hauce la main, si lo giete au plus que puet loign o marés. Et lors saut sus Marganors, si se covre au miauz que il puet. Et Hestors li dit que il se taigne por outrez, car or cuide il bien avoir lo meillor de lui conquerre, ja si ne se savra deffandre. Et cil dit que ja a outré ne se tanra il ja por lui. "Que ge suis plus forz que ge ne fui mais pieç'a, ne mes hiaumes ne me faisoit se nuire non, car trop avoie grant chaut."

Lors li cort sus Hestors mout durement. Et la veüe est celui refreschie[2] por l'air que il a veü, si se desfant mout durement tant com il s'a de coi covrir; mais mout dote de la teste que il a descoverte et desarmee de hiaume, si lo covient an la fin ganchir. Et totesvoies lo moine Hestors la ou il velt. Et cil se retorne tant qu'il est a force menez jusque a la faute do poncel, (*f. 142a*) et a po qu'il ne chiet anz. Et com Hestors lo voit, si li escrie:

"Ha! Marganor, tu charas ja ou marés. Trai toi ça."

Lors saut arriers Hestors, et cil se regarde et vit que, se cil lo chaçast un po plus, morz fust. Lors se retorne Hestors devers lo poncel, si lo met antre lui et la bretesche, si li dit que il se taigne por outrez. Et cil dit que il voudroit miauz estre morz orandroit.

"En non Deu, fait Hestors, donc i morroiz vos toz."

Lors li cort sus, si lo haste mout, tant que il ne set o il va. Et com Hestors se regarde, si voit que Marganorz est sus lo bort de la chauciee et par un po que il ne chiet anz. Et Hestors li escrie:

"Marganor, Marganor, tu seras ja morz."

Et cil se regarde, si voit que par un po que il n'est chaüz o marec, si an prise mout Hestor de ce qu'il li a deus foiz garantie sa vie. Si se panse que mout est plus de boene maniere vers lui que il ne fust. Et Hestors li dit que il se taigne por outrez, que il voit bien comant il est. Et cil dit que ce n'avandra ja. Et lors se

---

[1] lo pooir   [2] refreschiee

corroce Hestors et dit que il ne l'an priera mais hui. Lors li cort sus et lo fiert mout durement par la o il lo puet ataindre et mout lo blece, et si que a droite force lo remaine juque au bort de la chauciee. Et cil ne s'en prant garde, que il ne bee se a lui deffandre non. Et Hestors se haste[1] si durement sor lui que il ne voit mies qui il soit si pres de cheoir. Lors li giete un cop parmi la teste, et cil saut arriers, qui de la teste crient mout, si chiet o marés tot droit juque a la çainture. Et com Hestors lo voit, si crie un cri et dit: "Sainte Marie." Lors aert Marganor, sel sache par lo poing a lui. Et dit, ja se Deu plaist, ja si bons chevaliers com il est si vilment ne morra. Lors lo sache hors a mout grant poine. Et se il ne fust, toz fust Marganors effondrez ou marés. Et com il est hors, si li demande comment[2] il li estait. Et cil dit que bien, "Deu merci et vos. Et ge voi et sai que vos iestes li plus vaillanz chevaliers do monde. Et se ge pooie autant sor vos com vos sor moi, ne me combatroie ge a vos hui mais, ainz me met en vostre merci. Et tenez m'espee. Ge la vos rant, et ferai qanque vos me demanderoiz."

Et Hestors la reçoit. Et puis gietent a terre lor escuz, tant com il lor (*f. 142b*) an estoit remés, si se pranent main a main, si s'an vienent a la bretesche droit. Et cil de laianz saillent ancontre, qui mout sont lié de l'aventure, ses recoillent a grant joie et s'an vont ou chastel. Et toz [li] siegles acort, que por veoir Hestor, que por veoir celui cui il a conquis, car il cuidoient que il n'aüst o siegle meillor chevalier de lui. Si est mout granz joie. Et la fille au seignor s'an vient a l'ancontre, mout belle et mout acesmee, si comme li peres li ot mandé. Si deslace ele meïsmes a Hestor son hiaume, si lo baisse, voiant toz ces qui veoir lou vostrent, et dit que bien soit il venuz comme li chevaliers o monde que ele plus aimme et que ele doit plus amer. Issi s'an vont jusque au palais, et la pucele moigne Hestor an sa chanbre, si lo fait desarmer desus une mout bele coutepointe. Et ele meïsmes lo desarme d'une part et ne vost soffrir que nus i tochast se pucelles non. Et com il est desarmez, l'aive est apareilliee, si leve ses mains et son vis et son col. Et lors fu si biaus que por noient covenist il a querre nul plus biau chevalier de lui. Si li aporte la pucele un cort mantel, si li met au col. Et qant[3] ele plus l'esgarde, plus li plaist et dist a soi meïsmes que vers lui fu Dex mout debonaires, qui an lui mist totes les biautez do monde et tote la valor.

[1] hestors lo haste   [2] si li demande si li dem comment   [3] et pant

Yvain and Sagremor Freed

Lors lo vient veoir li sires do chastel, si li regarde il meïsmes ses plaies, que assez an avoit, et dit que miauz li esta que il ne cuidoit, que il n'a nules plaies perilleuses.[1] Et qant il les a regardees et atornees, si s'an vont veoir[2] Marganor, qui desarmez est et mout se diaut, car mout estoit durement navrez. Mais il n'avoit nules plaies mortels, si en est mout liez Hestors et li sires meïsmes. Et ja estoit pres de nuit, si manjuent un petit por vies sostenir.

Atant dist Hestors a Marganor que il covient que il anvoit querre les deus compaignons lo roi Artu, car il les velt veoir. (*f. 142c*) Et Marganors dit que il fera qanque il voudra a devise, si mande son conestable, qui ancor estoit dela lo pont, et ses genz, qui mout faisoient grant duel. Et li conestable an anvoie totes ses genz, et cil do chastel refirent lo poncel. Si passa li conestables outre, toz seus, et vint a son seignor. Si fait mout grant duel qant il lo voit. Et ses sires dit que il s'an aille et amaint toz les prisons isnellement. "Et seiez, dit il, tuit seür de moi, car ge suis toz haitiez." Lors s'an va li conestables, si amoine Yvain et Sagremor et lor conte la mescheance de son seignor, que ansi l'a outré uns chevaliers, car onques si bons ne fu nez com il est. Et il cuident tantost que ce soit messires Gauvains, si lor tarde mout que il soient la.

Ensi s'an vont, et avoc aus bien cent autres prisons, et vienent au chastel o an demaine grant joie d'aus. Si lor vienent tuit a l'ancontre, nes li sires meïsmes, et Hestors et tuit li autre. Et qant messires Yvains et Sagremor sont desarmé, si demandent a veoir celui qui les requiert. Et li sires lor amoine Hestor. Et il saillent ancontre lui, si se mervoillent mout qui il est, car il nel conoissoient mies, ne il els se d'oïr dire non. Et qant il s'est a aus nomez, si s'an mervoillent ancor plus, car il cuidoient que tuit li bon chevalier fussient a la cort lo roi Artu. Et qant il lor a nomee sa terre, si sevent bien que il est d'iluec antor[3] o li bons chevaliers abatié as deus et Guiflet et Keu, si s'an comancent a rire andui. Et Hestors lor conjure par la foi que il doivent lo roi, se il a dire fait, que il li dient por coi il ont ris. Et il dient que il ont ris, por ce que uns chevaliers abatié a cele fontaine quatre des conpaignons lo roi Artus, et si lo bati uns nains tant qe a po que il nel tua. Et messires Gauvains aloit a lui joster. Et Hestors dit que miauz vaut que li nains lo batist que messires Gauvains aüst a lui josté, (*f. 142d*) que bien i poïst perdre li chevaliers. Et il dient andui que onques

---

[1] perilleuseus   [2] si san uost uenir   [3] est a celui et antor

ne virent si biau josteor. Et Hestors se taist. Et il li anquierent mout ancores, por ce que il avoient oï dire au seignor que il estoit des chevaliers a la reine Guenievre, et li demandent qant il remest a la reine. Et lor conte que il n'a gaires, et lor conte comment il va an
5 la queste do chevalier que il ne conoist mies. Et il li demandent quel escu il porte. Et il lor devise tant que il sevent bien que ce est messires Gauvains, si li dient. Et il dit que il ne vouroit por set de ses doiz que ce fust il, "por ce que po de compaignie li portai."
 La nuit atorna Hestors la pais de Marganor et do seignor de
10 l'Estroite Marche. Si li jura Marguenors que il li feroit son chastel a tozjorz mais ester an pais do Roi des Cent Chevaliers; et se il nel voloit faire, il et si home s'an vendroient au seignor do chastel et li bailleroient totes les fortereces, ne¹ ja mais a nul jor n'i avroit gent qui i voillent mal faire, que il ne lor nuise a son pooir. Et de
15 ce lor livre boens² ostages aprés ce que il³ li a juré et tuit si ami. Mout est granz la joie ou chastel, et vienent tuit veoir Hestor, car de lui veoir ne se puent saoler.
 La nuit, qant Hestors se seoit au mengier et tuit li autre, vint uns vallez devant lo seignor, si lo salue et li demande s'il a laianz
20 un chevalier estrange.
 Et il dit:
 "Oï, biau frere, Q'en ves tu faire?"
 "Sire, fait il, an i a il nul qui ait non Hestors?"
 Et li sires li dit oïl. Et il li demande li quex est ce. Et il li mostre.
25 Et il li dit:
 "Sire, uns chevaliers vos salue, Synados de Vindesores, et si vos mande que vos li mandez commant il vos esta, car il avoit oï dire que vos estiez pris de la gent au seignor de cest chastel et au Roi des Cent Chevaliers. Si m'i anvoie poignant, car il mandast
30 por vos qanque il poïst mander, et il lo deüst bien faire, car vos li randistes et terre et honor."
 Et qant li (f. 143a) sires do chastel l'ot, si li demande o il l'avoit veü. Et li vallez li conte comment il l'avoit sa dame rescose devant lui et son seignor, si que Hestors en a grant honte de ce
35 que il lor conte. Et lors lo prisent tuit plus qu'il n'avoient fait onques mais, tant que la novelle en vint a la fille au seignor, qui mout l'anmoit, et mout an est liee et mout voudroit, se il pooit estre, que ele l'aüst a mari. Tant que li sires vient a li, si li demande se ele lo voloit, se il l'i pooit atraire. Et ele dit que ce est li chevaliers

---

¹ fortereces et ne ² liure bones ³ apres ce m qant il

o monde que ele plus volentiers panroit. Lors an parole li sires a Hestor. Et il respont:

"Certes, sire, vos me volez mout grant annor faire qui me volez doner vostre fille. Mais an cest point ne panroie ge fame, ne nule annor an cest siegle ne tanroie, car j'ai mout a faire et mout me covanra espoir a cerchier ainz que ge aie trové ce que ge quier. Ne ge ne refus mie, car ge ne vi pieç'a dame ne damoiselle que ge si volentiers preïsse. Mais ge ne suis mies a moi, et vos veez assez comment il est."

Et li sires ne l'an osse plus proier, si s'en revient a sa fille et li conte comment Hestors a respondu. Et elle dit que elle n'a or cure de mari, puis que ele a failli a cestui. Et ses peres dit que ce ne puet estre, car il a trop grant essoigne. Et ele dit que ele l'atandroit assez, s'il pooit estre, que ele l'ameroit miauz, por ce que il est prodom, que ele ne feroit un plus riche home mains preu et sage. Si l'en prise[1] mout [ses peres.] Et li sires revient a Hestor et si l'essaie an totes les guises que il puet veoir se il l'i porroit metre, mais nenil.

Et qant il fu tans de couchier, si fait faire la damoisele un lit por Hestor couchier. Et por ce qu'il estoit lassez, jut an une chambre par lui, que nul lit autre n'i ot que a un tot seul chevalier loign de celui. Et qant totes les dames furent couchiees, la damoiselle vint au lit devant Hestor, si s'agenoilla devant lui. Et il ne la vit mies tant que ele ot esté grant piece a genouz, [car il pansoit. Et une autre damoisele tint plain poing de chandeilles loing.] Et qant Hestor la vit, si la prant antre ses braz et dit que bien fust ele venue. Et puis li dist:

"Bele damoiselle, (*f. 143b*) quex bessoinz vos amena ça?"

La damoiselle ot ses treces par ses espaules et fu tote desliee et desçainte,[2] si li dit tot am plorant:

"Ha! sire, ne pansez nule vilenie, por ce que ge suis ci venue si priveement, car ge n'i pens se annor non. Mais ge me vaign plaindre de vos a vos meïsmes, car a autrui ne m'en sai clamer; car nus ne m'en puet si bien faire droit comme vos meïsmes, se por ce non, espooir, que vos n'iestes mies sires de vos."

Et il dit que vilenie n'i panse il nules: "Mais bien soiez vos venue, damoiselle. Et se ge vos ai rien mesfait, jel vos amanderai volentiers. Mais dites de coi."

"Sire, ge me plaign de ce que ge vos fis proier a mon pere

[1] sel prise   [2] et descuite

que vos me preïssiez a fame et vos ne vossistes escouter ne sa proiere ne la moie, ainz m'avez refusee. Si savroie volentiers por coi se vos lo me voliez dire."

"Et il dit:

"Si m'aïst Dex, ce n'est mie por ce que vos ne seiez assez belle et assez vaillanz a un des plus hauz chevaliers do monde, et assez haute fame et riche iestes vos. Mais li meschiés i est si granz, con ge ai dit a vostre pere et vos meïsmes lo dirai ge, que ge ne puis fame panre tant que ge aie ma queste achevee. Et se ge lo pooie ores bien faire et ge vos avoie esposee et ge moroie an ceste queste, donc ne seroit il granz domages?"

"Sire, de la mort vos deffande Dex. Miauz fusse ge tozjorz sanz mari. Mais se vos plaisoit, ge vos atandroie, mais que vos me creantesiez que vos ne vos marieriez que vos ne mo deïssiez avant."

Et Hestors dit, ne li poist mies, que, s'il i avoit tel covant, il crienbroit qu'il aüst tel essoigne que il li esteüst mantir a force.

"Certes, dist ele, lo mantir ne voudroie ge mies. Mais or faites une chose que ge vos dirai. Puis que ge ai a vos failli a tozjorz, creantez moi que ja mais ne panrez fame nul jor se cele non que vos plus ameroiz que totes les autres, ne por terre ne por heritage ne li fauseroiz."

"Si m'aïst Dex, fait Hestors, cestui covant tanrai ge bien. (*f. 143c*) Et tenez, que ge vos fianz comme leiaus chevaliers que ge ansi lo ferai. Ne au jor ne m'aïst Dex que ge fame panrai se celle non que ge amerai plus."

Lors s'en va la pucelle mout liee et mout riant, et dit a la pucelle qui avoc li estoit que mout a [bien] faite sa bessoigne. Puis vint a son pere, si li dit que ce li a creanté et fiancié. "Et ge croi que ainz lo chief d'un an m'amera il plus que fame qui soit o monde, tant ferai gié."

Et li peres dist que il ne fu onques si liez se ce pooit avenir.

Issi remest juque au matin. Et lors vint la damoiselle au lever Hestor, et li dit que bon jor li doint hui Dex.

"Et vos, fait il, si face, ma douce amie."

"Sire, fait la damoiselle, ge voil que vos an portez de mes drueries. Tenez cest annel, si l'an portez avoc vos. Et plus am porteroiz vos que ce ne monte, que vos avez tot mon cuer."

Et il prant l'annel, si l'an mercie mout, si lo met an son doi. Et il est mout aaisiez a porter, car il est petiz.

Hector Leaves Estroite Marche

"Sire, fait ele, gel vos doin par tel covant que [vos nel donrez mie, mais gardez le tant com vos poez."
Et il lo prent par tel covant que] mal n'i pense.[1]
Lors demande ses armes, et eles li sont aportees, car plus nel puet li sires retenir por proiere qu'il face. Et d'autre part s'arme messires Yvains et Sagremors. Et Hestors prant congié de la damoiselle. [Et cele,] qui est mout iriee et mout liee, [lo commande a Deu, iriee de ce que il s'en vet et liee] de la joie que ele atant de la pierre de l'annel que Hestors an porte;[2] car la pierre a tel force que, se fenme lo done a home, des lo jor qe ele li avra doné, croistra et enforcera tozjorz l'amor tant come il lo portera, por ce que il li ait avant s'amor donee; et ses peres l'avoit porté maint jor, et il avoit[2] trop la soe fame amee.
Aprés prant congié a Marganor et mout lo prise, et il lui. Et li sires do chastel est montez et une partie de ses chevaliers, ses convoient, et o lui li dui qui s'an vont. Et Yvains et Sagremors et Hestors demandent la droite voie a aler a Norgales. Et li sires la lor mostre. Et lors dit Hestors qu'il s'an retort. Et li sires s'an part atant, si lo (f. 143d) mercie mout comme cil qui mout l'amoit. Ansi lo conmande Hestors a Deu et li dui chevalier, et il aus. Et li sires s'an part et retorne a son ostel. Et cil chevauchent ansamble tant que il antrent an une haute forest et anciene, mais n'estoit mie granz. Et com il ont une grant piece alé, si antrent an un plain et esgardent devant aus, si voient un chevalier qui an menoit une pucelle a force par lo frain, et d'autre part, un autre chevalier qui se combatoit a deus autres, toz seus, et lor rant mout grant asaut. Et qant il s'est grant piece conbatuz, si s'an torne fuiant qanque li chevaus li puet corre. Et il refierent aprés des esperons. Et cant il voit que auques ne l'aproche que li uns, si se retorne. Et qant li autres aproche, si ne l'ose atandre, ainz torne au plus tost que il puet cele part ou Hestors et si compaignon vienent. Et il l'ont tant blecié que ce n'est mies mervoilles se il ne les osse atandre. Et an ce qu'il regardent ces deus choses,[3] si dist Sagremors li Desreez:

"Ha! Dex, por qoi n'est ores ci la tierce avanture, que chascuns aüst la soe."

---
[1] ni pensez

[2] anporte et de la force que se a fame lo done. ne a home. des lo ior que il laura done. croistra et anforcera toz iorz lanmor. que il laura done. tant com il lo portera si li auoit done samor com ele li a proiee que ele feist por samor. et ses peres li auoit por ce maint ior garde s̩e̩s̩ p̩e̩r̩e̩s̩ . et il auoit

[3] deus chascuns

Et com il ot ce dit, si ot dariés aus les greignors criz do monde, et sanble bien que il i aüst plus de cent gent.

"An non Deu, fait Hestors, Sagremor, Deu vos a oï, que la tierce avanture n'est mies loign. Or praigne chascuns la soe, que nos n'avons que demorer."

"An non Deu, fait Sagremors, ge secorrai cest chevalier, que grant mestier en a."

"Et ge, fait messires Yvains, celle pucelle se ge puis."

"Donc irai ge, fait Hestors, querre lo duel que ge ai oï."

Atant s'antrecommandent a Deu tuit. Si laisse corre Hestors la o il avoit oï les granz criz, et chevauche mout longuement do lonc de cele forest que il avoit auques trespassee de travers. Et totevoies ot lo cri devant lui, et li[1] est avis que mout soit pres, tant que bien a chevauchié deus liues anglesches et que il est venuz a l'autre plain. Et lors vit mout grant planté de gent qui portoient une biere et crioient et ploroient mout durement. Et il oirre aprés tant que il ataint (*f. 144a*) un nain, qui estoit sor un maigre roncin, si ne pooit aler que lo pas. Et Hestors l'atant, si li demande que ces genz ont. Et li nains ne li dit mot, ainz fait mout laide chiere et mout dolante. Et Hestors li redemande por coi ces genz plorent. Et il ne li velt mot dire. Et il li demande ancor tierce foiz. Et cil ne li dit mot.

"Mout ies ores, fait Hestors, fel et anflez, qui ne me vels dire ce que ge te demant. Par un poi ge ne te doign un flat."

"Si t'aïst Dex, fait li nains, fier moi, et ge te dirai por coi ces genz plorent, ne ge nel te dirai autrement."

"Deiables te fierent, fait Hestors, que ge n'ai cure de toi ferir. Di lo moi, si feras que sages."

"Male honte me doint Dex, fait li nains, qant ge lo te dirai por noiant."

"Et ge te donrai ce que tu voudras, fait Hestors, si lo me di."

"Jo te dirai, fait li nains, par covant que tu me ferras avant."

"Ge n'ai cure, fait Hestors, de toi ferir. Ge voldroie miauz avoir faite une chevalerie, que de toi batre avroie ge honte, comment que ge te ferisse."

"Ja ne m'aïst[2] Dex, [fait] li nains, qant tu ja i avras honte; mais por lo laissier, se tu viz jusque a tierz jor, i avras tant de la honte que onques chevaliers tant n'en ot. Et ge la te porchacerai a mon pooir."

[1] et si   [2] maist ist

"Et por coi?" fait Hestors.

"Por ce, fait li nains, que tu ies mauvais traïstres renoiez."

Lors giete les mains, si aert Hestor au frain et li volt crachier anmi lo vis, et fiert son cheval d'un baston qu'il tient parmi la teste, si que il l'abat a genouz. Et lors fu Hestors mout dolanz, car il amoit mout lo cheval, et ce estoit cil qui avoit esté au chevalier a cui il avoit josté an l'Estroite Marche outre lo poncel, et il estoit mout bons. Lors dist au nain:

"Nains, ge te ferrai ja, se Dex m'aïst, se tu fierz hui mais mon cheval."

Et li nains recovre, si fiert. Et Hestors hauce la jame tote armee, si fiert si lo nain do pié que il lo porte a terre et lui et lo roncin. Et con il fu a terre, si li dit:

"Va outre, que maleoite soit l'ore que ge onques te vi, car ge n'oi onques tant blasme com ge ai aüe par nains."

Et li nains li dit que ancor en avra il plus par lui que il n'ot onques. "Et saches que tu ne puez vivre tierz jor, (*f. 144b*) por coi ge vive."

Et lors descent Hestors et dit:

"Moi ne chaut de qanque tu puez faire, mais totevoies t'aiderai ge a monter." Si lo monte il meïsmes.

"Si m'aïst Dex, fait li nains, se tu aimmes ta vie, il te venist miauz que tu m'aüsses mort, que par la moie perdras tu la toe."

"Moi ne chaut, fait Hestors, de tes menaces. Mais di moi por coi ces genz plorent et crient."

"Or lo te dirai ge, fait il: il portent en une bierre un chevalier mort qui mout estoit hauz hom et jantis hom et por cui maint mal seront ancor fait."

"Et fu il morz par armes?" fait Hestors.

"Oïl," fait li nains.

"Et qui l'ocist, fait Hestors, et comment?"

Et il li conte, tant que il antant et set que ce est li chevaliers qu'il ocist qant il rescout Synadoc de Vindesores, qui estoit cosins sa fame. Si pense mout durement que il fera, car il set bien que il avra la meslee se il s'an vient par lo cors. Et s'il s'an retorne, il li covanra a dire par son sairement qant il vanra a la cort lo roi Artu. [Si en crient estre honiz et qu'il em perde a estre compainz de la meson lo roi Artu.] Si dit a la parfin que ja Dex ne li aïst au jor que il s'an guanchira. Si se part atant do nain et s'an va avant par devant la biere et les salue. Et il ne dient mot. Et an ce que il passa outre, et les plaies au mort, qui ja puoient, s'escrievent a seignier. Et li nains commance a crier: "Prenez lo murtrier. Prenez lo murtrier." Et antor la biere avoit chevaliers juque a vint, s'an i avoit de tex qui n'estoient mies armé et de tex qui estoient armé fors les chiés. Et li uns esgarde, si conut Hestor a ses armes, et dit: "An non Deu, cist ocist mon seignor." Et il recomancent tuit a crier, si demandent lor armes cil qui armé n'estoient, et li armé demandent lor hiaumes et dient que morz est. Et il se lance loig anmi lo chanp et s'adrece au premier qui li vient et fiert, si qu'il lo porte a terre, si an abati trois ançois que ses glaives li brisast. Et com il est brisiez, si met la main a l'espee et se mesle a els mout durement. Et il siet sor un tel (*f. 144c*) cheval que il lo trove tel con il viaut trover meillor. Lors fu venuz li nains jusque a aus, si lor escrie que mar lor eschapera. Et il li corrent tuit sus, sel fierent amont et aval tant que mout l'ont navré. Et lors venoit tot lo chemin uns chevaliers erranz, et ancoste de lui si venoit une pucele. Et ce estoit li chevaliers que Hestors avoit vengié de la honte que Guinas de Blaqestan li avoit faite, et la damoiselle que Hestors conduit au paveillom Guinas. Et tantost comme la damoiselle vit Hestor antre ses anemis, si dist a son ami qui a[1] l'ancontre lor venoit:

"Ha! sire, fait ele, ce est li chevaliers qui se combatié por vos a Guinas et se mist en aventure de mort por vengier vostre honte. Et il l'avront ja mort se vos ne li aidiez."

"Comment? Ce est il?"

"Sire, fait ele, voires, sanz faille."

"Certes, fait il, don n'a il garde."

Lors vient avant et commande que tuit li chevalier se traient arieres. Et com il l'oent, si dient:

"Sire, font il, ce est cil qui vostre frere a mort."

Et il se pasme tantost. Et li chevalier revienent a Hestor sus. Et la damoiselle se fiert antre aus et dit que ele les fera toz destruire, que ses amis l'a aseüré. Et lors revint ses amis de pasmoisons. Et ele dit que se il ne secort Hestor, il fera traïson. Et il lor commande, si chier com il ont[2] lor cors, que il ne lo tochent plus. Ne il no font. Et il li dit:

"Sire chevaliers, comment avez vos non?"

Et il li dit:

"J'ai non Hestor."

[1] qui an   [2] lont

"Hestor, fait il, vos oceïstes mon frere, et ge sai bien comment. Et d'autre part, vos avez tant fait por moi que ge ne puis estre fel ne desleiaus vers vos. Mais or vos an alez, car ci n'avez vos garde, mais an autre leu ne vos conduiroie ge mies."

Et Hestors dit:

"Granz merciz, sire."

Et Hestors s'an part. Et li nains dit, qui estoit[1] plus maus que nus, que li chevalier sont mort se il ne volent faire ce que il lor anseignera. Et il li dient qu'il lo feront. Et il lor demande un escuier, et il l'an baillent un. Et il l'anvoie a un trespas que il sot, et dit que li chevaliers va par la sanz faille, et illuec soit au devant, ce gart, et li demant o il voudroit aler. Et il li dira qe (*f. 144d*) an la terre de Norgales, que la va il. Et il li dira que il li manra mout bien. "Si lo menez jusque a la Fontainne a l'Ermite." Et cil set bien ou ce est. "Et lors li dites que ce est la miaudre fontaine do siegle, et nus n'en puet boivre qui ne soit autresin fres et autresin sains comme s'il n'avoit onques aü mal ne dolor. Et il descendra. Si tost com il sera descenduz, et tu montes an son cheval et t'an va mout tost au Marés. Et il te sivra sanz faille, car il est mout preuz chevaliers. Et nos lo panrons, car Ladomas[2] ne l'aseüre an nul leu o il aut mais." Issi avoit non li chevaliers, et ses freres qui fu ocis avoit non Matraliez. "Mais porte, fait li nains, un pain o toi, si feras des sopes an la fontaine, que espooir li chevaliers ne manja hui, si mangeroit volentiers."

Issi s'an part li escuiers, si com li nains li avoit dit, et ataint lo chevalier. Si li demande o il va. Et il dit que il voudroit estre en la terre de Norvales.

"Ha! sire, vos n'alez mies bien," fait li vallez.

"Et par ou i erai ge donc bien?" fait Hestors qui de la traïson ne se gardoit.

"Ge vos i manrai mout bien, sire," fait li traïtres.

Lors s'an vait avant et cil aprés. Issi ist hors de son chemin ferré et vont une viez voie herbue ne gaires antee. Et Hestors dit que il ne cuide mie que il aille bien, que ceste voie est trop viez.

"Sire, dist li escuiers, quele que ele soit, ele moine tot droit au grant chemin ferré. Mais vos l'avez mout loig laissiee. Et ge vos manrai, si qe vos i seroiz ja."

Cil s'an va avant et Hestors aprés et chevauchent tant qu'il voient la Fontaine a l'Ermite. Cele fontaine avoit issi non, por ce

---

[1] nains li dit que il estoit   [2] car laydoines

que an une montaigne desus avoit un hermite qui d'autre aive ne bevoit. Et com il vienent a la fontaine, si li demande li escuiers:

"Sire, manjastes vos hui?"

"Nenil voir," ce dit Hestors.

"Sire, fait il, j'ai un pain et ge muir mout de fain. Et ja mar aüssiez vos[1] que mengier, si devriez vos boivre, car c'est la plus saine fontaine et la plus merveilleuse qui soit an tote la Grant Bretaigne, que il n'est nus chevaliers (*f. 145a*) si malades ne si bleciez, se il an boit, que il ne reçoive santé por tot lo cors. Et por ce que vos ne manjates hui, si descendez, si mangerez deus sospes ou trois, que ge ne puis plus geüner."

Tant[2] dist li escuiers a Hestor que il descent. Et il li fait sospes an la fontaine. Et Hestors oste son hiaume et son escu por pandre a un chasne. Et li escuiers prant son destrier, si l'atache pres de la fontaine. Et Hestors muert de fain, si manjue mout volentiers. Et an ce que il manjue, li escuiers prant l'escu, si lo met a son col et prant lo hiaume et monte o bom cheval et s'an va atot. Et com Hestors lo voit, si set bien que il est traïz, et vient grant aleüre au roncin a l'escuier et saut sus et fiert après des esperons tant comme li roncins pot aler. Et cil s'an va tot lo troton tant que Hestors l'aproche. Et qant il est pres, si hurte des esperons, si l'esloigne grant piece.

Ensi s'an vont longuement tant que il vienent aprochant do chastel. Et ce est li chastiaus que li nains avoit dit a l'escuier que il [i] menast Hestor, si l'apeloit an les Marés por ce que il seoit an marés de totes parz. Li escuiers entre an la porte, et Hestors après, et il se fiert atot lo cheval an une maison et s'an va outre, que Hestors ne set qu'il est devenuz. Et Hestors descent, si va après l'escuier a pié an la maison. Mais il ne trueve nule rien vivant. Et il monte tot contramont uns degrez an une tor et voit illuec seoir un viel home d'aage et chenu et blanc, et vient devant lui, si lo salue. Et cil li rant ses saluz. Et cil li dit:

"Sire, faites moi randre mon cheval que uns vallez a amené çaianz, et mon escu et mon hiaume que il an a aporté autresin."

Et li prodom li demande qui il est. Et il dit que il est uns chevaliers de la maison lo roi Artu. Et a ces paroles entra laianz li escuiers et avoc lui serjant et chevalier pres de cinc, toz armez. Et il dit au seignor:

[1] aussiez que uos   [2] Atant dist

Hector Imprisoned at Les Marés

"Sire, vez ci lo vallet qui mon cheval an a amené en lar(*f. 145b*) recin et mauvaisement comme desleiaus."

"Ainz l'an ai amené, fait li escuiers, tot a droit, que l'an ne doit a murtrier porter nule foi ne nule leiauté, et tex iestes vos." Puis dit au seignor: "Sire, ce est cil qui ocist Mataliz, vostre fil, an murtre et desleiaument."

Et con Hestors l'ot, si ot grant duel et grant honte. Et met la main a l'espee et laise corre a l'escuier, sel fiert parmi la teste, si qu'il lo fant jusque a l'espaule. Et com il a ce fait, si saut arieres et voit o chief de la tor pandre un escu a un croc, si fiert de l'espee et cope la guige. Et li escuz chiet, et il lo prant, si se desfant durement vers aus qui l'asaillent. Et li sires, qui viauz hom estoit, en avoit mout grant pitié, car il estoit mout navrez nes ançois que il antrast laianz. Si saut sus de la chaiere ou il estoit, si vient a Hestor et commande que il se rande, et dit a ses genz que il se traient arrieres. Et il si font. Et Hestors li dit:

"Sire, commant me randrai gié?"

"An ma merci," fait li sires.

"An non Deu, fait Hestors, ce ne ferai ge mies, car ge ne sai quele vostre merci seroit. Mais ge me randrai par covant que il me laise a eslaiauter[1] vers cels qui me voudront prover que ge vostre fil ocis an murtre ne an traïson."

A ces paroles hurtent cil as portes qui lo cors aportoient, si vient avant Ladamas.[2] Et com il fu montez[3] an la tor et il vit Hestor, si fu mout a malaise, car il cuidoit qu'il nel poïst mie bien garantir a sa volenté.

"Haï! fait il, Hestor, por coi venistes vos ci?"

"Sire, ce me fist uns traïstres qui mon cheval m'anbla."

Lors cort li sires a Ladomas, son fil, si a mout grant joie[4] de ce que il lo trove vif.

"Ha! sire, [fait] Ladomas, n'ociez pas ce chevalier, car ge fusse morz pieç'a s'il ne fust."

Et la damoisele commance a plorer. Et li sires dit que il se rande, et il ne volt.

"Randez vos, Hestor, a (*f. 145c*) mon seignor," fait Ladamas.

Et Hestor dit que il ne li loeroit rien que il ne feïst, si rant au seignor s'espee. Et il la prant. Et lors s'an vont tuit li chevalier et li serjant. Et an couche Ladomas an une couche. Et an fait

---

[1] a els laiauter   [2] si uienent auant o ladamas
[3] fu aportez   [4] grant duel

Hestor desarmer, si lo fait Ladomas enserrer an une chambre, que ses genz ne lo voient ne il ne ses peres, car il i porroit avoir aucun fol vers cui no porroit mies garantir. Sel metent an la chanbre par sa fiance que il ne se movra sanz lo congié au seignor.

Atant est descendue la biere an la cort, si recommance li diaus trop granz. Et fu aportez li cors anmi la sale, si furent mandé li clerc et li prevoire por faire son servise si com an doit faire a cors, car li sires l'avoit fait aporter de deus jornees loig, por ce que il voloit que il ne fust anterrez s'an ce chastel non. Et se il ne fust si viauz hom com il estoit, riens ne poïst garantir Hestor que il ne l'oceïst. Mais il ne beoit mais que a s'ame sauver. Si lo reconfortoit mout ce que Hestors avoit fait por Ladomas, son fil, car il s'estoit combatuz por lui a Guinas.

Ensi est Hestors an la chambre, si a qanque mestiers li est. Et la damoiselle por cui il se conbati a Guinas li fait compaignie qant ele i puet eschaper. Et l'andemain metent Mataliz an terre. Si ne porroit nus si grant duel deviser de tant de gent com il ont fait de lui. Et Hestors meesmes en a ploré. Or est Mataliz an terre. Si se taist ci li contes et de lui et d'Estors, que plus n'an parole a ceste foiz, ainz retorne a Galehot et a son compaignon qui mout menoient belle vie se il aüssient avoc aus les riens que il plus amassent. Mais ce ne puet mies estre, car trop sont esloignié li uns des autres. Ne celles n'ont mies mains mal que il ont.

Ci androit dit li contes que Lanceloz est si malades que il ne boit, ne ne menjue se petit non, ne ne dort. Et mout en est Galehoz (*f. 145d*) a malaise de lui, que trop lo voit au desoz. Si li demande que il a. Et il dit que il set de voir qu'il se muert. Et cil li dit:

"Biau dolz compainz, se vos pooiez ma dame veoir, don ne seriez vos plus a aise?"

"Sire, fait il, ge cuit que oïl."

"An non Deu, fait Galehoz, ge porchacerai que vos la verroiz."

"Sire, fait Lanceloz, et comment porroit ce estre?"

"Jel vos dirai bien, fait Galehoz. Nos manderons a ma dame que ele nos oblie trop, car nos ne la veïmes des l'antree de mai et nos somes ja an yver, et que ele face tel chose par coi nos la puissiens veoir."

"Ha! sire, fait Lanceloz, por Deu, merci. Ge cuit ma dame a si leial et a si vaillant que, se il poïst estre, mout volontiers nos veïst, mais ele ne puet. Ge ai mout grant paor qu'il [l]i annuist, et ge voudroie miauz estre morz. Et assez miauz ameroie soffrir mon mal tant com ge porroie durer, car ge ne dur se par li non, ne ge n'i perdroie mies[1] tant com ele feroit se ge moroie. Et neporqant, ansin comme vos l'atorneroiz, si sera."

"Or ne vos esmaiez mies, dist Galehoz, car de son corroz vos aseür ge tot."

"Sire, dist Lanceloz, comment lo savra ele?"

"Nos i anvoierons Lyonel, vostre cosin, et ge li savrai bien enchargier vostre message."

Lors apele Lyonel, si li dist:

"Lyonel, tu t'an iras a madame [la roine et si li diras a conseill, qe il ne l'oie que toi et ele. Et sez tu qe tu feras. Tu enqerras ou li rois Artus est, et si demanderas la dame] de Malohaut [et li diras que cil qui est toz suens, Galehoz des Lointaignes Illes, la salue, et que ge li envoi a enseignes cest anelet qe ele me dona l'endemain qe ele m'ot s'amor donee, et ge a li la moie, et qe ele a cez enseignes te croie de ce que tu li diras de par moi."

Lors li conte Galehoz grant partie de plusors choses qui avoient esté entre Lancelot et la reine, et l'acointement de lor amors.

"A cez enseignes diras a la dame de Malohaut] que ele te[2] face parler a tote[3] la flor de dames qui sont, et si fera ele mout volentiers. Or si garde que tu soies mout preuz et mout saiges et mout bien afaitiez, car tu iras devant la rose et devant la valor des dames do monde. Et se ele te demande qui tu ies, tu li diras que tu ies filz lo roi Bohort de Gaunes et coisins Lancelot jermains. Et se ele te demande que fait ses amis, si li di que il ne puet mies bien faire qant il ne la voit. Et li di que ele nos a plus oblié que nos n'avons deservi, et que ele preigne conroi hastif comment nos la puissiens veoir, se ele velt avoir merci des deus plus mesaaisiez qui soient."

Totes les paroles que Galehoz pot panser de bien charja Lyonin. Et il dit[4] que il li dira mout (*f. 146a*) bien qanque il li avoit anjoint sanz rien entrelaissier. Lors prist congié.

"Or t'an va, fait Galehoz, et garde sor les iauz que tu no dies a[5] nul home crestien a cui tu ies, ne o tu vas, car tu nos avroies morz, et toi honi."

Et cil dit que ja mar en avront garde, car il se lairoit ançois les iauz sachier. Atant s'an va Lyoniaus et aquiaut la voie droit a la cort lo roi Artu. Mais or se taist li contes de Galehot et de Lancelot et del vallet et revient a monseignor Gauvain.

---

[1] ne porroie mies [2] M. et li diras que ele te
[3] a totes [4] et li dit [5] no dire a

Or dit li conte que qant messires Gauvains se fu partiz do chevalier a cui il ot lo braz brisié, et il l'ot laissié an la Lande do Carrefor avoc la damoiselle qui portoit l'escu a la cort lo roi Artu, si esra tote jor tant que il vint an la riviere do chief qui la forest departoit. Et chevauche sor la riviere tant que il avespri mout durement. Et il esgarde sor la riviere un home a destre, vestu de robe blanche, et s'en aloit mout grant aleüre. Et messires Gauvains voit que la nuiz aproche, et il ne manja hui, et la forez est granz et perilleuse et plaine de desleiauté, si fiert aprés l'ome blanc des esperons. Et cil l'ot venir,[1] si l'esgarde et voit que il est chevaliers. Si l'atant et oste lo chaperon blanc de sa teste que il i avoit, si l'ancline et dit: "Bienveigniez." Et messires Gauvains cuide qu'il soit prestres o hermites, si descent et li demande se il est hermites. Et il dit que nenil, mais il est clers.[2]

"Et ou alez vos?" fait messires Gauvains.

"Sire, fait il, ge vois a un hermite ci pres, [car je sui clers a l'ermite, si m'envoia ci pres] a un chastel que l'an apelle Leverzerp. Et ge me hast mout, car il ne chantera vespres jusque g'i soie."

"Comment? fait messires Gauvains; ge cuidoie que an ceste forest n'aüst que un hermitage."

"Sire, fait il, si a trois: l'Ermitage do Carrefor; et celui que l'an claimme l'Ermitage Repost, por ce que il est ou plus sauvage leu que vos onques veïssiez; [li tierz ermitage] apelle[3] l'an l'Ermitage de la Croiz, car la o il est, ce dient li encien home, fu asise la premiere croiz qui onques fust (*f. 146b*) an la Grant Bretaigne ne an totes les contrees deça la grant mer."

"Et li chastiaus, fait messires Gauvains, don vos venez, est il auques pres?"

"Sire, fait li clers, certes, il i a bien deus liues anglesches."

"Et quel part est il?" fait messires Gauvains.

"Sire, fait il, ça." Si li mostre sor senestre.

"Se ge la, fait messires Gauvains, aloie, ge me tordroie trop. Et ci pres a il nul recest?"

"Nenil, dist li clers, sire, car ceste terre est tote destruite de la guerre[4] au roi de Norgales et au duc de Cambenic. Ancor atendent il or au chastel do ge vaign la gent au roi de Norgales a lo matin. Mais se vos me volez croire, vos en venrez avoc moi a l'ermitage et vos i serez bien herbergiez annuit."

---

[1] cil louoit venir [2] est prestres
[3] veissiez si lapelle [4] de la terre

Gauvain at Hermitage

"Certes, fait messires Gauvains, donc i erai ge, puis que vos lo me loez. Mais or montez derriés moi, si irons plus tost."

"Sire, fait il, ge n'i monteroie an nule fin, car ge irai autresi tost com vostre chevaus porra aler onques plus tost l'anbleüre."

Et lors remonte messires Gauvains, et li clers va avant mout grant aleüre, et messires Gauvains aprés, tant que il vient a l'ermitage. Si apelle li clers. Et li ermites li ovre l'uis. Et qant il voit lo chevalier, si li fait mout grant joie et lo moine dedanz sa maison. Et li autres prant lo cheval, si l'estable mout bien. Puis vint arrieres, si desarme monseignor Gauvain. Et qant il est desarmez, si va li hermites chanter vespres, et messires Gauvains les va oïr. Et qant il revindrent de vespres, si fist li hermites atorner a mengier ce que il pot avoir comme chiés hermite a mout grant haste. Et ce fu a un venredi, ce dit li contes. La nuit, aprés soper, demanda li hermites a monseignor Gauvain qui il estoit. Et il li dit que il estoit do reiaume de Logres.

"Sire, fait il, iestes vos de la maisnie lo roi Artu?"

"Oïl," fait il.

"Sire, fait il, dont cuit ge bien que li rois vos envoia ça por lo descort qui est entre mon seignor lo duc de Cambenic et lo roi de Norgales."

"Certes,[1] fait messires Gauvains, onques por ce n'i vin, ainz quier un chevalier que onques n'oï nomer. (*f. 146c*) Ne vos n'en mantiroie ge mies."

"Sire, fait li hermites, fustes vos onques acointes do duc, mon seignor?"

"Ge nel vi onques," fait messires Gauvains.

Et li hermites lo commance a regarder, si li senble estre de mout grant proece, si li dit:

"Sire, puis que vos iestes de la maisnie lo roi Artu, si me dites vostre non, car j'ai oï dire que tozjorz sont li plus prodome do monde an maison lo roi Artu."

"Et qui lo vos dist?" fait messires Gauvains.

"Sire, ge ai aü ceianz un mien seignor, un mien compaignon, un chevalier. Et lo vi de mout grant religion, tant que grant angoisse do siegle l'an fist issir; car il avoit un suen fil que uns suens voisins desheritoit, et li avoit tote sa terre tolue fors une sole tor que il avoit, mout fort. Illuec se t[en]oit ancor ses genz.

---

[1] entre mon seignor de norgales et lo duc de cambenic . Certes

Et cil qui lo guerroioit[1] estoit trop fiers chevaliers, qui estoit apelez Segurades, an cele issue de Bretaigne delez Roestoc pres de la riviere de Saverne. Qant li fiz vit que il ot tot perdu, si ne sot que faire se il ne s'an fuioit, car il vit que tuit si ome li estoient
5 failli por la dote de ce merveillox chevalier. Si vint çaianz a son pere, qui avoit non Aliers, si avoit esté, ce dient les genz, de merveilleusse vertu et mout bons chevaliers. Et li filz dit a son pere que il s'an fuiroit. Et il avoit non Marez. Comme li peres lo vit an tel angoisse, si l'an tranbla li cuers, car totevoies iere il hom
10 charnex. Si s'an conseilla a moi que il an feroit. Et ge li dis que ge ne l'an savroie conseillier. Et il me dist: "Maistre, donc n'est cil qui destruit ceste vie sanz forfait pers a Sarazins?" Et ge dis que nus n'estoit an ceste vie pires que Sarrazins, et se ge aloie outremer sor les destruieors de la crestienté, il me seroit a bien
15 jugié, car puis que ge suis crestiens ge doi estre vangierres[2] a mon pooir de la mort Jhesu Crit. "Donc irai ge mon fil vangier, qui crestiens est, si li aiderai ancontre ces qui sont an leu de mescreanz." Si me mostra ceste raison. Issi parti de çaianz atote la robe de religion et dit que la robe ne lairoit il pas. Et il parloit
20 mout de la maison lo (*f. 146d*) roi Artu et disoit que il en avoit esté lonc tans."

"An non Deu, fait messires Gauvains, il disoit voir. Et qant ce fu, fait il, que il s'an ala?"

"Sire, fait li hermites, aprés Pasques droit, si an ai puis assez
25 oï novelles, car il a puis sa guerre traite a fin, si doit par tans revenir. Si m'anseigna que ja chevalier n'acointasse, ne çaianz ne aillors, cui ge ne demandasse son non se ge an avoie loissir. Et le leisir an ai ge bien, si vos requier lo vostre non, que vos lo me nomez."

Et messires Gauvains li dit que ses nons ne fu onques celez.
30 "Ne a vos ne lo celerai ge mies, cui que ge lo celasse. Ge ai non Gauvains, li niés au roi Artu."

"Ha! sire, fait li hermites, sor toz les autres chevaliers soiez vos bienvenuz, car si devez vos bien estre. Et mout me poise qant nos ne vos poons plus faire d'anor.[3] Mais Dex vos an face, car
35 toz li siegles dit bien de vos. An quel terre iroiz vos et par ou?"

"Ge voudroie estre, fait Gauvains, an la terre Galehot, lo fil a la Jaiande."

"Et savez vos bien que il i est?"[4]

---

[1] guerreoient [2] estre iugi uangierres
[3] faire damor [4] bien qui il est

"Certes, fait messires Gauvains, nenil."

"Et, biaus sire, la que feroiz vos?"

"Gel vos dirai, fait messires Gauvains: ge quier tot lo meillor chevalier do monde que l'an sache, jone bacheler, que l'an cuide que il soit avoc lui."

"Et coment a il non?" fait li hermites.

"Sire, fait messires Gauvains, il a non Lanceloz do Lac."

Et li hermites se taist une piece, et puis si dit:

"Sire, or vos an doint Dex bien esploitier."

Et lors commance [li clers] a parler de la guerre[1] lo duc de Canbenic et do roi de Norgales, si dit a l'ermite que au chastel de Leverzep devoit lo matin venir les genz lo roi. Et li dus i estoit atot son effort. Mais mout a, ce dient, de la plus chevaliers. Et lors demande messires Gauvains li quex a tort de ceste guerre. Et li hermites dit: "Li rois, car il ferma, ce dit, an la terre lo duc un chastel mout fort, tant con messires li dus fu ou servise lo roi Artu, tant que il l'a perdu. Et messires li dus l'a doné a un mout bon chevalier por ce que il avoit tolue au roi sa fille." Et lors set bien messires Gauvains que c'est li chastiaus Angrevain. Et lors demande messires Gauvains li qex (*f. 147a*) a lo meillor de la guerre. Et il dit que li dus en a lo plus bel, se ne fust uns suens filz, mout biaus valez, qui an a esté morz, don li diaus a esté mout granz an cest païs. "Onques tel ne veïstes. Et li vallez estoit mout biaus et mout vaillanz. Et se ce ne fust, li dus aüst trop belle guerre et trop anorable. Et vos ne veïstes onques nul plus bel chevalier de lui, ne qui plus amast Sainte Eglise."

Longuement ont parlé antre l'ermite et monseignor Gauvain, tant que il fu tans de aler reposer. Si cochierent monseignor Gauvain mout bien. Et au matin, qant li hermites ot ses matines chantees, si trova monseignor Gauvain levé, si li dit que bon jor li doint hui Dex. Et messires Gauvains li dit que Dex lo beneïe. Et li hermites li dit:

"Sire, ge vos loeroie que vos oïsiez messe, puis que il est jorz."

"Certes, fait il, ge l'oroie mout volentiers, car ge ne l'oi mies si sovant com ge vousise."

Lors s'an va li hermites revestir, si chante. Et messires Gauvains l'escote mout de cuer. Et puis s'an va armer et va panre congié a l'ermite ainz qu'il fust montez. Et li hermites lo trait a une part, si li dit:

[1] de la terre lo duc

"Sire, vos iestes mout prodom et mout annorez, et se vos me disiez por coi vos querez ce chevalier que vos apelez Lancelot, par avanture que ge vos anseigneroie tel leu o vos an seriez asenez."

"Sire, fait messires Gauvains, ge vos creant, sor lo servise que vos avez fait, que ge ne lo quier se por bien non. Et ce est li chevaliers o monde do ge ne fui onques acointes que ge plus ain." Lors li conte comment estoient meü de la maison lo roi Artu vint chevalier por lui querre.

"Sire, dist li hermites, or vos dirai ge donc commant vos an orroiz novelles. Il jut l'autre jor çaianz une damoiselle qui est ma niece. Si an va a la cort lo roi Artu, si me dit que Lanceloz si estoit avoc Galehot an la terre de Sorelois."

Et messires Gauvains dit qu'il l'ancontra, que ele portoit un escu.

"Voir avez dit, fait li ermites, et sachiez que ele est coisine Lancelot, et ge meïsmes bien pres."

"Et o est Sorelois?" fait messires Gauvains.

"Sire, fait li hermites, an la fin de Norgales, devers solau cochant. Mais bien sachiez qu'il i est si pri(*f. 147b*)veement que nus qui voist cele part ne lo puet veoir. Et ge ne lo deïsse mies a un autre, tex poïst il estre. Mais vos ne doit an rien celer, car trop iestes prodom et leiaus."

"Sire, fait messires Gauvains, ge m'an alasse mout volentiers par lo chastel o li dus de Cambenic est."

"Ge vos dirai avant, fait li converz, toz les poinz de vostre asenement, puis que ge l'ai ancomencié. Vos en iroiz par la terre de Norgales tot droit a l'aive d'Asurne, et d'iluec an avant si demanderoiz la voie a Sorelois, et vos troveroiz assez qui la vos anseignera. Et comme vos avroiz alé une grant piece de la riviere, si verroiz un mout haut tertre, si l'apellent les genz do païs la Montaigne Reonde, si est sor destre. Et vos iroiz lo droit chemin tant que vos verroiz une aive qui cort vers la montaigne. Et d'illuec vos tornez, si iroiz ou[1] tertre an haut et troveroiz un hermite qui mes sires est et s'est prestres. Et si lo me saluez et si li dites que ge li mant, a icelles anseignes que il m'aprist ce que ge sai, que il vos die novelle, se nules an set, et vos an avoit de ce que il porra. Et si vos pri et lo que vos remenez une nuit o lui, et il vos an amera mout miauz, car totes genz vos dessirrent mout a veoir qui veü ne vos ont, por les biens que l'an an dit. Et por ce que

[1] iroiz do

vos m'avez dit que vos iroiz volentiers par lo chastel de Lovezerp, vos sai ge mout bon gré. Mais ge no vos osoie dire, que vos ne cuidissiez que ge lo deïsse por autre chose. Et ge vos ferai mener a mon clerc tant que vos lo verroiz a voz iauz."

"Granz merciz," fait il.

Atant prant congié. Et li hermites envoie son clerc avoc lui tant que il voient Loverzerp. Et li clers se met a la voie, et messires Gauvains aprés, tant que il vienent an la Forest de Brequelande. Et qant il voient lo chastel, et messires Gauvains demande au clerc:

"Quex chastiax ce est la?"

"Sire, fait il, c'est Laverzerp."

Et li clers se met a la voie, et messires Gauvains aprés.

"Clers, fait il, est ce la voie?"

(*f. 147c*) "Oïl, voir, sire," fait il.

"Or vos an alez, fait il, car assez m'avez amené."

"Sire, fait li clers, se vos plaisoit, ancor iroie ge plus."

"No feroiz, feit messires Gauvains. Alez a Deu."

Lors s'an torne li clers. Et messires Gauvains li dit que il li salut son seignor.

Atant se met messires Gauvains a la voie, que il crient avoir trop demoré. Et qant il vint au chastel, si fu haute prime, que li jor estoient ja apetisiez com an yver. Et lors esgarde messires Gauvains, si vit [en] une place devant lo chastel, autresi pres comme l'an traissist a trois foiz, mout grant asanblee de chevaliers. Et c'estoient les genz do chastel, qui estoient ja issu hors, si n'an avoient pas lo meillor. Et messires Gauvains esgarde, si voit un chevalier, tot seul anmi les prez, qui ne s'an mesle ne d'une part ne d'autre. Et messires Gauvains s'areste, car il ne set[1] se il sont a tanqan, ne an quel maniere il se combatent. Se ne s'an volt entremetre, car il crient que il ne li fust a mal torné.

Et li clers a l'ermite se fu porpansez que mout seroit anginiez se il ne veoit ce bon poigneïz, si s'an fu venuz au chastel par un adrecement et fu montez sor lo mur an haut. Et com il vit que messires Gauvains ne se movoit, si an fu mout dolanz, car mout volentiers lo veïst joster. Si panse que il fera tant, se il puet, que il li fera commencier. Si desvale des murs et vient an la place, si trove un frere lo duc, qui venoit hors de la presse o il avoit esté toz destroiz, si voloit changier hiaume. Et il l'avoit mout bien fait.

[1] ne seuent se

"Ha! sire, fait li clers, mar i alez. Et ge vos enseigneré comment vostre anemi seront ja tuit desconfit.

"Comment?" fait il.

"Si m'aïst Dex, fait li clers, veez la lo meillor chevalier qui onques fust, ne portast escu. Et se vos lo poiez avoir, vos avriez tot gahaignié."

"Comment a non?" fait li chevaliers.

"En non Deu, fait li clers, ce est messires Gauvains, li niés lo roi Artu."

Et com il l'ot, si en est trop liez.

"Li quex est ce? fait il, car ge an voi deus."

"Ce est, dist li clers, cil a ce blanc escu."

Lors sache li chevaliers son frain et dit au clerc que bien gart que autres (*f. 147d*) ne lo sache. Et cil dit que no fera il. Puis vient a monseignor Gauvain toz les galoz, si le salue de si loign com il lo pot oïr, et messires Gauvains lui.

"Ha! sire chevaliers, fait il, car nos venez aidier. Si ferez bien et cortoisie. Ja veez vos que nos an avons si grant mestier, et nos deffandons nostre droit ancontre celui de qui[1] nos somes asailli, et lo droit an nostre heritage meïsmes."

"Certes, fait messires Gauvains, ge ne savoie comment il estoit, car ge voi la un chevalier qui ne se muet. Por ce si m'estoit avis que vos tornoiez a tanqanz."

"Certes, sire, fait li chevaliers, no faisons, car nos somes mout mains."

"Et g'i erai mout volantiers, fait messires Gauvains. Mais alez a ce chevalier, si li priez que il vos aïst, car uns prodom valt mout."

Et li chevaliers i va, si l'am prie.

"Avez vos, fait li chevaliers, prié celui la?"

Et il dit que oïl.

"Et avroiz lo vos?"

"Sire, fait il, oïl."

"Et savez vos qui il est?" fait li chevaliers.

"Sire, fait il, ge ne sai de verité, mais se vos ne m'an descovriez, ge vos an diroie ce que ge an ai oï dire."

"Ge! fait il; si m'aïst Dex, n'an parlerai ja."

"C'est, fait il, messires Gauvains."

Et li chevaliers commance a rire et cuide bien que ce soit mençonge, car il panse et croit que ce soit aucuns chevaliers qui se

[1] de q̄

Guiflet Unhorsed by Gauvain

face apeler Gauvains. Et li chevaliers li prie que il veigne devers
aus. Et il dit que puis que il a Gauvain, il a assez, ne devers lui
ne sera il ja.
  "Or soit, fait il, Gauvains devers vos, et ge serai de ça. Ce li
poez dire que ge li mant."
  Lors s'an torne li freres lo duc. Et li chevaliers estoit Guiflez,
li filz Do, mais il n'avoit mies ses armes, car messires Gauvains
l'aüst bien coneü, ainz les avoit perdues a un poigneïz o il avoit
esté pris, lo jor que messires[1] Gauvains les laissa, la o Hestors les
avoit abatuz toz quatre. Et ce fu de la guerre do li hermites avoit
parlé a monseignor Gauvain, de Maret, lo fil Alier, et de Helahin
d'Athingue, lo neveu Securades. Et ce fu cil Helains que messires
Gauvains conquist a son hiaume meïsmes. Lors vint li freres lo
duc a monseignor Gauvain, si li dit que li chevaliers n'i vandroit
mies, por ce que il i est. Mais il ne li dist mies qu'il l'aüst nomé
au chevalier, ne qu'il[2] (f. 148a) saüst son non.
  Lors s'an vont antr'aus deus. Et li freres au duc se tient a tel
hiaume com il a tant que il voie que messires Gauvains fera.
Et Guiflez se torne d'autre part. Et messires Gauvains ne va mies
la o il voit la greignor meslee, ainz voit une bataille qui estoit
retraite, et ravoient afaitiees lor armes et lor guiges de lor escuz,
si voloient venir a la meslee. Et messires Gauvains lor lait corre.
Et qant Guiflez lo voit, si dit que il sera mout dolanz se il ne lo
fiert premiers, car il ne cuide mies que ce messires Gauvains soit.
Et se ce est il, si soit, car totevoies n'i puet il avoir se annor non
s'il joste a lui. Et mainte foiz avoit dessirré que il i poïst joster,
que il ne fust coneüz. Lors fiert lo cheval des esperons et hurte l'escu
do code et broiche contre monseignor Gauvain si tost com chevaus
li pot aler. Et messires Gauvains lo voit venir, si voit que ce est
li chevaliers que il avoit veü es prez seul, si s'adrece a lui. Et
s'antreferierent des granz aleüres des chevaus sor les escuz si dure-
ment que il n'i a celui dont les ais ne fendent. Et la lance Guiflet
peçoie et vole an pieces. Et messires Gauvains lo point mout bien,
si lo porte a terre mout durement. Et lors peçoie la lance monseignor
Gauvain. Et il esgarde, si voit que cil a cui il voloit asenbler s'an
vont a la meslee. Et il fiert lo cheval des esperons au plus tost que
il puet o plus espés que il voit. Et met la main a l'espee, si se
plunge antr'aus et commance a faire d'armes tant que tuit cil s'an
mervoillent qui lo voient. Et li freres lo duc est tozjorz avoc

[1] pris la ou messires   [2] ne quil (f. 148a) ne que il

lui, qui mout se travaille de bien faire, et si l'avoit il mout bien fait avant.

Quant Guiflez fu remontez, si vint a la meslee, la ou messires Gauvains estoit, et voit les mervoilles que il fait. Si s'aparçoit tot maintenant que ce est il voirement, si l'esgarde mout volentiers. Et com il voit que il est un po a meschief, si no puet sofrir, ainz li aide de son pooir. Et messires Gauvains lo voit mout bien, si s'en mervoille mout qui il puet estre.

Et lors vint li freres lo duc a son frere, si li dit:
"Esgardez, sire, fait il, comment il vos esta de la bataille. Ce (*f. 148b*) vos a fait uns seus chevaliers."

Et li dus[1] l'avoit bien veü, mais il ne savoit qui il estoit, [si lo demande a son frere.] Et il dit que il est de la maison lo roi Artu.

"Et comment a il non?" fait li dus.

"Certes, fait ses f[re]res, c'est messires Gauvains."

"Ostez, fait li sires, alons lo veoir de plus pres et seiens plus pres de lui totesvoies."

Lors vont veoir monseignor Gauvain qui les moine et retorne par totes les places, qu'il ne se puent contretenir an leu ou il vaigne. Si s'esforcent tuit de bien faire les genz lo duc, que il done cuer as plus coarz. Et li freres lo duc se mervoile mout de Guiflet, qui jehui estoit contre lui et or aide a desconbrer monseignor Gauvain.

Mout lo font bien cil devers monseignor Gauvain, ses moinent tant que cil de la se desconfisent, ancores soient il plus, et la chace commance. Et cil de ça les acoillent au ferir des esperons. Et messires Gauvains et Guiflez les sivent de mout pres. Et mout se mervoille messires Gauvains qui il puet estre. Lors vient messires Gauvains a un fossé, et il sant son cheval volenteïf, so lait aler outre. Et aprés si voit un autre, si lo redote et tire si durement que l'une de ses regnes ront. Et Guiflez prant lo cheval as regnes, si l'areste et si renoe les regnes. Et dit a monseignor Gauvain:

"Sire, ge serf et si ne sai cui. Et ge ne suis de ça se por vos non. Or si vos conjur la rien que vos plus amez que vos me dites qui vos iestes."

Et messires Gauvains se nome. Et Guiflez an est trop liez.

"Haï! sire, fait il, sor toz homes soiez vos bienvenuz, car ja ne m'aïst Dex se onques puis que vos m'abatites fu oure que ge no sopeçasse bien."

[1] la dus

"Et qui iestes vos donc?" fait messires Gauvains.
"Sire, ge suis Guiflez."
Et qant messires Gauvains l'ot, si li met au col ses braz, si armez com il estoit, si fait mout grant joie. Et la ou antr'aus deus s'antracointoient, entretant si avoient ja recovré les genz de Norgales sor les genz lo duc, si revenoient ja amont mout durement. Et Guiflez les vit, si dist a monseignor Gauvain:
"Ostez, sire! Con as noz esta ja malement, (*f. 148c*) por ce que vos n'i estes! Mais si tost com vos i venroiz, seront desconfit cil qui ont recovré. Et plaüst a Deu que il n'aüssient recest o il se poïssient fichier, que ja n'en eschaperoit piez, que tuit ne fussient pris."

Lors revienent a la meslee andui, ferant des esperons, les espees traites, assez plus antalantez de bien faire que il n'avoient hui mais esté. Si poez dire que il n'ataignent chevalier an lor venir que sofrir les puisse. Et chascuns d'aus avoit espee si bone que nule armeüre n'i duroit, si font andui illuec tant d'armes que tuit cil s'an mervoillent qui les voient, si prannent tant li lor cuer et hardement qui orendroit estoient rusé. Si les redotent tant les genz lo roi que il n'i osent plus demorer. Si tornent les dos et laschent les frains, si s'en commancent a aler mout durement. Et cil les sivent au ferir des esperons, si chaï uns niés lo roi an la chace. Et li dux vient sor lui, si l'ocit. Et dit li dus:
"Ce est por mon fil que il m'avoient mort."

Lors furent si desconfit que onques n'i ot pris conroi de retorner, si fuit chascuns a garison la o il puet. Et les genz lo duc en ont mout retenuz des navrez et des morz et des prisons. Mais mout an aüssient plus aü se ne fust la nuiz qui les destorna, si s'an revienent.

Et antre monseignor Gauvain et Guiflet s'an vont au plus coiement que il plus puent. Si oirrent ansi com par aventure grant piece de la nuit, tant que il vinrent an l'oroille d'une forest. Et lors encommance la lune a luire mout clerement. Et Guiflez esgarde, si voit a l'antree de la forest, a la clarté de la lune, deus damoiselles [qui trop belles] li sanbloient estre. Lors dit a monseignor Gauvain:
"Sire, veez vos ce que ge voi?"
"Ge voi, fait messires Gauvains, deus damoiseles soz ces aubres laianz o elles se sient."
"Sire, dist Guiflez, c'est assez belle avanture comme a ceste oure."

Lors s'adrecent as damoiselles. Et la plus belle se drece, si vient droit a els et lor dit:

"Seignor, (*f. 148d*) bien soiez vos venu. Et mout vos aviez demoré."

Et il lor dient que Dex lor doint bone aventure.

"Comment, fait messires Gauvains, saviez vos, belle dolce amie, que nos deüssiens ci venir?"

"Nos lo seümes bien, font elles, tres gehui."

Lors descendent andui avoques elles et ostent lor armes. Si prant messires Gauvains la plus belle et l'an moine a une part, et Guiflez la plus laide; et neporqant il n'an i avoit nulles laides, ainz estoient amedeus de si grant biauté que il disoient andui que il n'avoient onques veües nules plus belles. Quant il se sont alaschié de lor armes, si alaschent lor chevaus. Et puis s'asient a la terre et prie chascuns la soe d'amors. Et la monseignor Gauvain respont:

"Sire, mar seroit vostre amors, se ge l'avoie, car trop seroit perdue; car trop iestes prodom, et ge suis une pucelle povre et po belle. Mais ge vos donrai anmie la plus belle que vos veïssiez onques de voz iauz, et la plus gentil fame de moi."

Et messires Gauvains respont que plus belle de li ne puet ele mies estre.

"Si voirement m'aïst Dex, fait ele, si est. Et sachiez, fait ele, que elle a ancor mes cenz biautez. Et qant vos la verroiz, vos ne vouriez por nule rien avoir faite de moi voz volentez. Mais ge ne l'oseroie ja mais veoir, que ele est ma dame, si voudroie miauz estre morte que vos lo m'aüssiez fait."

"Et qui est ele?" fait messires Gauvains.

"An non Deu, fait ele, vos ne lo savroiz dessi la que vos la tanroiz antre voz braz, se tenir li ossez, que elle ne dessirre tant rien de trestot lo siegle com elle fait vos."

"Et savez vos, fait il, qui ge sui?"

"Oïl, an non Deu, fait elle, vos iestes messires Gauvains et cil chevaliers qui est la est[1] Guiflez."

Et messire Gauvains commance a rire, si la prant antre ses braz, si l'an commence a baisier au plus doucement qu'il puet, et la met entre lui et la terre, si li volt faire. Et elle dit que ce est por noiant, que ce ne puet avenir.

"Mais ge vos afi que ge vos baillerai plus belle an(*f. 149a*)tre ci et tierz jor, se vos m'osez sivre, ne ja mais plus belle ne verroiz.

[1] est ia est

Guiflet Follows his Damsel

Si voirement vos pri, comme vos voudriez avoir joie de la rien el mont que vos plus dessirrez, que vos ne me metez a plus, car vos vos an repanteriez."

Et messires Gauvains li otroie. Et Guiflez a tant fait vers la soe que ele li a s'amor donee a faire de li que que lui an vandra a cuer, et que elle lo sivra[1] la ou il la voudra mener. Et elle li otroie et creante. Lors s'an vont an un leu trop delitable, un po loign de monseignor Gauvain, si fait li uns de l'autre sa volenté. Si l'acoilli Guiflez an tel anmor que il n'amoit nule rien tant. Et la damoiselle monseignor Gauvain lo semont que il la sive.[2] Et il dit que il est toz prez. Puis apele Guiflet, si li demande se il s'en ira.

"Oïl, sire, dist il, la ou ceste damoiselle voudra a cui ge suis."

"Sire, fait la damoiselle a monseignor Gauvain, alez vos an, car Guiflez ne vos sivra mies."

Et messires Gauvains demande a Guiflet se il lo fera ansis. Et il dit que oïl et que il la sivra la ou elle lo voudra mener.

"Or vos an consaut Dex, fait messires Gauvains, et alez a Deu, car ge sivrai cesti la ou ele me menra."[3]

"Si voirement m'aïst Dex, fait ele, vos n'i avez garde. Ge ne vos manrai ja an leu o vos aiez s'anor non, et don ge ne quit que vos i soiez bien et bel receüz si con a dessirrier."

Atant se partent de Guiflet et de s'amie. Si chevauchent tote nuit la o la damoiselle va, qui bien set la voie, tant que il voient dedanz la forest un mout biau feu. Et la damoiselle va cele part, si trove une damoiselle et deus escuiers toz armez comme serjanz. Et li feus estoit mout granz et mout biaus, car iverz estoit ja antrez, et estoit la fins de setanbre, que les nois et les gelees aprochent, et les matinees et les series[4] refroidisent. Et la damoiselle vint tot droit au feu, et messires Gauvains aprés. Et com cil do feu lo voient, si li saillent a l'encontre et dient que bien soit elle venue. Et li demandent qui est cil chevaliers. Et elle dit que ce est li chevaliers o monde que ele plus aimme et prise. Et il corrent tantost tuit, (*f. 149b*) si li font mout grant joie. Si lo descendent et atornent son cheval mout bien, car il avoient assez de coi. Puis prannent son hiaume et son escu, si lo pendent a une branche d'un haut aubre et puis lo desarment par lo comandement a la damoiselle. Et qant il est desarmez, si li met une autre damoiselle

---

[1] elle li siura   [2] que il an uelt et
[3] car ge uos siurai la ou uos iroiz   [4] seriees

um mantel au col que ele a trait d'un grant cofre qui estoit[1] o paveillon, si sanbloit de l'apareillment qui illuec estoit que il fust faiz por un haut home. Lors fait la damoiselle panre de la brese et porter dedanz lo paveillon, et antre l'autre et monseignor
5 Gauvain vont aprés. Et messires Gauvains esgarde, si voit un des plus biax liz que il onques veïst, si se mervoille mout por coi cil liz a esté faiz si riches et si biaus. Li siege sont apareillié antor le feu et la nape est estandue, si asient au mengier qui mout estoit biaus apareilliez. Et mout se mervoille messires Gauvains de la
10 richece et des vins et des mengiers, et com an tel leu et si a point. Et com il orent mengié tot a lor volenté et par loisir, si leverent[2] antre la damoiselle et monseignor Gauvain et s'alerent esbenoier parmi lo bois. Si ne demorerent mies granment. Au revenir demande messires Gauvains don tex paveillons estoit venuz et
15 por coi si biaus liz avoit esté faiz. Et ele li dit que tot ce est por lui, et li lit et li grant ator. "Et neporqant nus ne set qui vos iestes ne[3] commant vos avez non fors moi." Et de ce li est mout bel.

"Et cele, fait elle, qui plus vos aimme que tot lo mont m'anvoia ci por ce que ge feïsse de vos si grant feste comme ge porra faire
20 greignor. Mais vos ne savrez ja qui ele est devant que ele lo vos die. Et sachiez que ele vos cuide plus a cointe que vos n'iestes, car ele cuide que il n'ait dame ne damoiselle o monde de cui vos deignisiez faire vostre amie se de trop haute ligniee n'estoit et de trop desmesuree biauté. Ne ge ne li voudroie (f. 149c)
25 mies avoir descovert ce que vos lo me voliez faire, por rien. Et se vos plus m'an araisniez, ge ne vos ameroie ja mais. Et vos vos gardez bien do faire et por vostre gentilece et por mon grant domage."

"N'an aiez ja, fait il, garde. Mais or me dites ou va Guiflez et sa
30 damoiselle."

"Gel vos dirai, fait elle. Il avint chose que ele ama un chevalier grant pieç'a, et il li mout, tant que an la fin la laisa et ama une mains vaillant de li et li dona toz les joiaus cesti et un des plus vaillanz chapiaus que onques damoiselle aüst. Et ele ala demander
35 ses joiaus. Et li chevaliers dist que ele ne les avroit ja mais. Et elle trova que l'amie celui avoit son chapiau en son chief. Et ele li dit que o premier leu ou ele troveroit s'amie, ele li touroit son chapiau et ses autres joiaus. Et li chevaliers li demanda qui les li fera avoir. "An non Deu, dist ele, uns chevaliers miaudres

---

[1] cofre que ele qui estoit   [2] si lauerent antre   [3] iestes et ne

de vos et de la maisnie lo roi Artu, qui me conduira, et jo manrai la ou vos seroiz. Et verroiz que ge porrai faire et de vos et de vostre amie, que il fera qanque ge commandera." "Ha! pute, fist il, por ce que vos en iestes vantee, ne sera il mais jorz devant un mois que ge soie se ci non." Ge sai bien, fait ele, que ele lo moine la.[1] Et qant nos veniens ier tote une forest, si encontrasmes une damoiselle, ge ne sai qui ele est. Et ele nos conjura que nos li deïssiens qel avanture nos aliens querant et ele nos an avoieroit[2] se ele savoit. Et nos li deïsmes que nos alions querant, l'une monseignor Gauvain, et l'autre un autre chevalier de la maison lo roi Artu. Et ele nos respondié que onques n'estoit si bien avenu a nules fames. "Car vos troveroiz, fist ele, annuit o chief de la Forest des Combes monseignor Gauvain et Girflet, lo fil Do, se vos i alez cele partie que l'an apele lo Grant Plain et vanroiz tot lo chemin qui vient de Mavesches en Huignessores, et a celles anseignes que messires Gauvains porte un escu blanc, et Girflez porte l'escu de sinople a une fesce[3] d'or mout lee." Ensi nos dist la damoiselle, et sachiez que mout nos feïsmes liees de ces no-(f. 149d)velles, tant que onques ne saümes qui ele fu."

Et messires Gauvains se mervoille mout qui ele puet estre.

Ensi s'an vienent parlant jusque au pavellon et trovent si riches liz aparoilliez comme de cochier. Et la damoiselle fist deschaucier monseignor Gauvain et puis cochier o lit meïsmes. Et ele est devant lui tant que il s'est andormiz. Et puis se recochent entre li et l'a[utre] damoiselle tres as piez de celui lit. Au matin sont mout matin levees. Et qant messires Gauvains se fu esveilliez, si se leva, et an li aporte ses armes. Et qant il est armez, la dame apele les deus escuiers, si lor dit que il atornent tot lor harnois et puis s'an aillent. Et [a]prés trait l'autre damoiselle a consoil:

"Dites ma dame que ge ai mout bien fait ce que ele me conmanda et que ge serai juque a tierz jor a li et li amanrai ce que ele set. Mais gardez que vos n'an parlez se a li non."

Et ele dit que no fera ele ja.

Atant s'an partent antre li et monseignor Gauvain. Et ele li dit:

"Sire, ge vos manrai[4] au plus celeement que ge porrai, car por nul plait ge ne voudroie que vos fussiez aparceüz ne d'ome ne de fame. Et anquenuit si gerrons chiés une moie tante, la meillor dame que ge onques veïsse de sa richece. Et demain a soir

[1] moine ja   [2] nos anuoieroit   [3] feste   [4] ge uos aurai

si serons la ou ge vos cuit mener, ou plus biau leu o vos fussiez onques jor de vostre vie."

Issi chevauchent tote jor jusque as granz destroiz que celle set, tant que il vienent de haut vespres chiés la tante a la damoisele.
5 Et ele les reçoit a mout grant joie, car mout lo savoit bien faire. Et fait apareillier qanque ele set que bon soit, si mengierent ainz qu'il porent, car tote jor avoient geüné. Et an la fin do mengier antrerent laianz dui vallet, dom li uns estoit fiz a la dame, et li autres ses niés. Et qant la dame les voit, si demande quex novelles.
10 Et il li dient, mout mauvaises.

"Commant?" fait ele.

"Certes, dame, fait ses fiz, tot an plorant, mes peres vos mande que il ne vos verra ja mais et que por Deu vos manbre de l'ame (*f. 150a*) de lui."
15 "Qu'est ce donc?" fait ele.

"Dame, fait il, li dus a commandé que il soit demain destruiz, que autrement ne puet estre."

Et qant la dame l'ot, si saut fors de la table et fait tel duel que nule fame crestiene ne porroit tel faire. Et messires Gauvains
20 la conforte mout et li demande ce que est.

"Sire, fait la dame, j'avoie un mien seignor vavasor, mout prodome auques d'aage, si a esté mout sires do duc de Canbenic et de sa terre. Or est avenu an ceste guerre que messire li dus [i a perdu] un suen fil, mout biau vallet et mout preu. Et cil de la
25 l'ocistrent ci desus, a l'antree de ceste forest. Et mes sires estoit çaianz qui mout an ot grant duel. Si fist au duc antandre uns suens seneschauz que mes sires l'avoit traï. Et li dux demanda commant il lo savoit. Et il dist que il lo savoit par ces de la qui s'en estoient vanté an la guerre, et dist que il estoit prez que il lo mostrast.
30 Et li dux an fu mout angoiseus, car il amoit mout mon seignor comme cil qui totjorz l'avoit mout servi tote sa vie. Mais tant ot grant duel de son fil qu'il ne l'osa muer que il ne feïst mon seignor panre, si dist que il covenoit que il an feïst jostise, s'il ne s'an deffandoit."
35 Et messires Gauvains dit:

"Si n'et or qui lo deffande?"

"Sire, il ne trova onques chevalier, fait la dame, tant fust ses amis, qui contre celui en osast armes porter, por ce qu'il est seneschauz lo duc et de mout grant proece et chevaliers mout bons.
40 Or si est tant alee la chose que li seneschauz a porchaciee la

mort mon seignor, por ce que li dus l'avoit mout amé et creü.
Et si aïst Dex a la moie ame, com il l'a servi leiaument et com il
vousist miauz, au mien escient, que ses fiz et li miens, qui la est,
fust morz que li fiz monseignor lo duc."

Lors l'apelle messires Gauvains, si li demande comment ç'a
esté que il est jugiez a demain.

"Certes, sire, fait li vallez, ier, qant les genz au roi de Norgales
furent desconfites,[1] si vint li seneschauz au duc et dit que se il ne
[li] faisoit raison, il ne seroit ja mais an sa maison. Et il dist que si
feroit il mout volentiers; et puis li demanda de coi. Et il dist de
son traïtor, qu'il avoit en sa prison[2] por son fil, qu'il avoit deservi
que il fust panduz comme traïstres. Or si est ajornez (f. 150b) a lo
matin."

"Et se il avoit, fait messires Gauvains, chevalier qui por lui
se combatist, avroit li il ancor mestier?"

"M'aïst Dex, fait li vallez, ansi li dist li dus que se il n'avoit an-
tre ci et lo matin un home qui lo deffandist, que il seroit a mort
livrez. Et mes sires n'an puet nul[3] avoir, et il ne puet mais porter
armes por sa veillece."

Et messires Gauvains esgarde la pucelle qui laianz l'avoit amené,
qui mout durement plore, si l'an poise mout durement, que espoir
elle voudroit mout, ce panse, que il anpreïst ceste bataille, mais
espoir que prier ne l'an ose; et crient que elle lo taigne a mauvaitié
et a recreance s'i[l] s'en est retraiz. Si vient au vallet et dit que
il s'an aile a son pere et li die que toz soit seürs, que il a trové
un chevalier qui sa bataille li fera. "Et se Deu plaist, ge ferai tant
que il sera delivres."

Et qant li vallez l'ot, si est si liez que plus ne puet. Si saillent as
chevax entre lui et son coisin et montent et vienent au vavasor et
li content la greignor joie que il onques aüst. Et messires Gauvains
conforte la dame et aseüre, et li dit que autre escu li quiere que
lo suen, car les genz lo duc lo conoistroient bien a celui escu.
Et la dame ne lo set conseillier fors d'un viez escu qui pant an la
maison, laiz et destainz. Et il le manoie,[4] si li est avis que il soit
mout forz, et dit que il ne portera ja autre, et si estoit il mout
laiz, mais totes ses autres armes portera il. Et si li estoit bien avenu
de cheval, selonc ce que il ne voloit mies estre coneüz, car il
n'avoit mies celui sor cui il avoit tote jor porté armes devant

---

[1] furent ier desconfites   [2] sa maison por
[3] puet nus   [4] et elle li moine

Leverzerp. Mais ce estoit cil de cui il avoit abatu lo neveu au roi de Norgales que li dus ocist. Si dist a la dame que ja plus ne li quiert, que il a qanque mestiers li est.

Et la dame dist:

"Sire, se vos lo loiez, ge iroie a monseignor lo duc, si li diroie que mes sires est apareilliez vers lui deffandre, Deu merci, par un sol chevalier de ceste chose se nus avant l'ose metre."

"Dame, fait il, jo lo bien. Et est ce bien loign?" fait il.

"Nenil, sire, fait ele, il n'i a mies plus de cinc liues (*f. 150c*) jusque la ou ce est."

Lors fait la dame um cheval hors traire, si monte es arçons et moigne avoc li de ses serjanz. Et messires Gauvains la chastie bien que ele ne die ja do chevalier novelles a nul home, fors tant que uns chevaliers est. "Et lo matin, si tost com vos savroiz que la bataille devra estre, si me faites venir querre au ferir des esperons, car ge i voudrai aler au plus isnellement que ge porrai."

Atant la dame s'an part. Et sa niece vient a li et li dit que tote soit ele seüre, que ce est li miaudres chevaliers qui onques portast escu. Et ele se conforte mout, si vient jusque au chastel et fait tant que ele parole a son seignor, si li dit. Et puis dist au partir, oiant lo duc:

"Ha! biau sire Dex, aidiez nos si voirement com nos n'i avons corpes."

Au matin sot li dus que Manessés ot trové chevalier qui por lui se combatroit. Et il an fu mout liez. Et lors vient la dame devant lui, la o il se gisoit en son lit, si li dist que li chevaliers son seignor est apareilliez de sa bataille. Et li dus anvoie por lo seneschal, si li dist. Et li seneschauz respont que il ne fu onques si liez et dit que il est toz prez.

"Certes, fait la dame, se Deu plaist, vos en avroiz encor ancui toz les braz chargiez."

Puis demande au duc o sera la bataille. Et il dit: defors la vile an une grant plaine qui estoit novellement close de fosez por esforcement do chastel. Et li chastiaus avoit non Cincaverne, si estoit mout biaus.

Lors anvoie la dame grant aleüre querre monseignor Gauvain. Et il estoit ja mout bien armez, car il ne savoit l'ore que l'an l'anvoieroit querre. Et li seneschauz avoit fait anquerre o li chevaliers estoit qui a lui se devoit combatre, si li fu dit que il estoit au chastel Manessel, car se il saüst que il fust an la maison

a la dame, il aüst anvoié au devant por lui ocirre, car il estoit
plains de totes granz traïsons. Ansins est li seneschauz destornez
de ce qu'il voloit faire. Et messires Gauvains (*f. 150d*) chevauche
tant que il vient an Cincaverne. Si ot pris an la maison o il ot
geü un glaive viez et anfumé, a une mout grosse hante de fraisne, 5
et li fers si est toz viez et anreulliez, mais il estoit aguz et bien
tranchanz. Li seneschauz fu ja devant lo duc, toz apareilliez
de sa bataille. Et messires Gauvains dit a la dame que il velt messe
oïr, et an li fait apareillier. Et il i va, si prie Nostre Seignor de
mout bon cuer que il li doint anor hui an cest jor, si com il se 10
conbat por droit et por pitié. Lors ist hors do mostier, et ses chevaus
li fu amenez. Et qant il met lo pié en l'estrier, si lo fiert une saiete o
pan do hauberc tot parmi, si que ele s'an vola outre et fiert lo
cheval parmi les flans. Et neporqant mout li poisse de son cheval
qui navrez est. Totevoies monte et s'an va sor son cheval parmi 15
la vile, si a mis son escu dela ou li cox li estoit venuz. Si vint devant
lo duc, et ses chevaus seignoit mout durement. Si demanda li
dus a ces qui avoc lui sont qui son cheval avoit ansi navré. Et il
li content.

Lors descent messires Gauvains devant lo duc, si le salue et dit: 20
"Sire, ge cuidoie estre toz seürs, car an mon païs est costume,
qant uns chevaliers se doit combatre, que il est aseürs de toz
homes fors que de celui a cui il se doit combatre. Et an m'a mon
cheval ocis an vostre conduit, car en vostre conduit devoie ge
bien estre, puis que ge avoie bataille anprise devant vos. Et bien 25
sachiez que il an sera ci et aillors parlé. Ne ge [ne] me plain se
de vos non, des que an vostre conduit m'est maus avenuz."

Et li dux en est mout hontous et dit que, se il savoit qui ce
a fait, il ne lairoit por tote sa terre, tant fust ses amis, que il ne
fust panduz parmi la goule. "Et ge vos jurerai, sire chevaliers, 30
que ge rien n'en soi; et plus m'an poisse que bel ne m'en est,
car trop an ai honte; et ge la prain sor moi."

Lors fait aporter les sainz et jure tot premierement ansi com
il l'avoit devisé. Et aprés lo fist jurer au seneschal et a toz ces
qui o lui estoient. Si ot de tex qui conurent[1] que uns freres 35
(*f. 151a*) au seneschal avoit ce fait, qui estoit vallez. Et li dus lo
fait panre et dit que il n'en sera ja parjurs et lo fist maintenant
pandre. Puis fist a monseignor Gauvain amener lo plus bel et
lo meillor cheval que il aüst, et li dit que il i mont. Et messires

[1] qui coniurent que

Gauvains i monte toz efforciez, si lo trove mout a son talant, puis redescent. Si revienent as sairemenz, [et li vavasors fu amenez] el champ por lo sairement faire. Si jura li seneschauz avant que il savoit bien que li vavasors estoit vers son seignor traïtres. Et il jura aprés que se Dex li aidast et li sainz, que il estoit parjurs de cest sairement.

"Ansi m'aïst Dex, fait messires Gauvains, com il parjurez s'est, et il bien lo semble, et vos lo m'avez dit."

Lors montent andui sor les chevaus et vont juque an la place ou la bataille devoit estre. Si les met an dedanz par une porte, et puis la ferme l'an mout bien de totes parz, qant il sont dedanz. Et totes les genz sont venues defors sor les fosez qui mout sont parfont, et esgardent de totes parz les deus chevaliers qui laianz sont anclos. Et la fame au vavasor et sa niece sont andeus an une chapelle a genouz devant l'autel et prient Deu que il doint a lor chevalier l'annor de la bataille. Et li dui chevalier laissent corre, si s'antrefierent de si grant aleüre comme li cheval les portent qui vont qanque il puent plus aler. Et si fierent si granz cox que li glaive, qui mout estoient fort, peçoient et esclatent jusque es poinz. Mais ne li uns ne li autres n'est cheoiz, ainz s'an passent outre mout gentement, si gitierent an voie les tronçons des lances. Puis metent les mains as bones espees tranchanz. Si n'i a nes un des chevaliers qui mout grant mervoilles n'ait de la joste, car mout a esté et fiere et dure. Lors vient arrieres messires Gauvains, si prise mout lo chevalier an son cuer et dit a soi meïsmes que mout est granz dolors se il est traïstres, ne il ne cuideroit mies que cuers traïstres aüst tel proece, si dist:

"Requenuis ta desleiauté, et ge metrai poine (*f. 151b*) an toi acorder au duc et au vavasor por cui ge me combat. Et ge ferai tant, o par moi o par autrui, que tu n'i perdras ne vie ne membre ne annor, car anvie fait a maint home[1] maintes mauvaises choses comancier."

"Mais tu, dit li seneschauz, te claimme vaincu, car il n'a sociel si preu chevalier, se il estoit an ton leu, que ge ne lo randise ancui o mort o vaincu. Et saches que tu te conbaz por la plus desleial rien qui onques nasquist de fame."

"Certes, fait messires Gauvains, la traïson que tes freres fist jehui la me fait prandre sor toi. Et cil an jure trop que tu an ies parjurs."

---

[1] maint mauuais homes

Et li seneschauz l'an desment hardiement et broiche lo cheval et vient vers lui, l'espee traite, et fiert sor son hiaume grant cop et pessant, si que durement s'en sant messires Gauvains. Et voit messires Gauvains que mout est li chevaliers de grant deffanse, si li va sus mout hardiement et fiert de l'espee tel cop que tuit cil qui lo voient s'an esbahissent, si detranchent les hiaumes et decopent les escuz amont et aval et maumetent les hauberz an plussors leus, si que li sans an saut hors aprés les cox de l'espee. Si trove messires Gauvains o seneschal trop grant deffanse, et mout longuement dura la bataille d'es deus tot a cheval; et tant ont perdu del sanc[1] que a poines se puent mais granment forfaire, et mout afebloie la force a l'un et a l'autre.

Et an la place avoit mout gent qui vousisient bien que messires Gauvains vainquist, car mout estoit li vavasors tenuz a prodome. Si an ala tant la novelle que an la chapelle fu oïe. Et la damoiselle qui monsegnor Gauvain avoit amené oï que les genz disoient que messires Gauvains n'an avoit mies lo meillor et que mout bien se contenoit li seneschauz. Et ele an fu mout dolante, si saut fors de la chapelle mout angoisouse et monte an un des plus hauz leus que elle trove por veoir comment messires Gauvains se contenoit. Si voit que il a mout perdu de sanc. Et li seneschauz rest mout (*f. 151c*) angoiseus, si voit que mout an ravoit perdu. Et qant ele voit lo sanc, si ne se pot an tenir an piez, ainz se pasme et chiet a terre.

Or si se destorne li contes une piece de la bataille por conter une avanture de Lyonel, lo cosin Lancelot, qui a la cort s'an aloit. Si lo porta aventure par la ou messires Gauvains se conbatoit, si voit les genz qui aloient a la bataille. Et qant il ot enquis que ce estoit, si i ala il meïsmes por veoir la bataille et vient la ou la damoiselle estoit relevee de pasmoisons, si la tenoient chevalier do paranté au vavasor. Et li vallez vient tot a cheval por esgarder, car il n'avoit onques veüe bataille de deus chevaliers, si fu si angoisous do veoir que il se mist tot a cheval sor ces qui tenoient la damoiselle. Et li uns d'aus li dist que il se traisist ariés. Et il antandi tant a regarder que il ne sot que cil li dist. Et uns chevaliers prant lo roncin par lo frain, si lo sache arieres si durement qu'il l'abat a po. Et Lyoniaus lo regarde, si li demande que il li[2] voloit.

"Ge voil, fait li chevaliers, tant que par un po ge ne vos doig de cest baston parmi la teste, car trop ies fox garz et mesafaitiez."

[1] perdu des sans que   [2] il lo

Et Lyoniax sache l'espee qui li pant au flanc, si li cort sus.
Et la pucelle li escrie que mar lo face, car c'est uns chevaliers.
Et li vallez met l'espee arriés et dit que il ne lo tochera, mais par
Sainte Croiz, se il ne fust chevaliers, il lo comparast. "Et maudahaz
5 ait, fait il, chevaliers vilains et maufaisanz, qui que il soit." Lors
s'an torne loign et dit: "Sire chevalier, or soit vostre la bataille
a veoir et ge la vos quit. Et certes, mout meillor chevalier que nus
d'aus deus n'et voi ge mout sovant et verrai qant ge voudrai."

Et messires Gauvains oï la tançon, si esgarde cele part et vit
10 lo vallet que toz est montez, si se mervoille mout qui il puet estre.
Et li chevaliers a cui il tançoit lo tient por fol, si li demande tot
an riant:

"Biau frere, si t'aïst Dex, di moi qui est li bons chevaliers que
tu [v]oiz si sovant?"

15 "Ne vos chaut, fait li vallez, car, si m'aïst Dex, il vaudroit mout
noauz se vos lo saviez. Mais s'il vos tenoit an cest chanp (*f. 151d*)
et ces deus qui se combatent, et il fust as testes tranchier, chascuns
de vos n'i vodroit estre por la terre Galehot."

Et ce dist il por ce qu'il cuidoit que nus ne fust si riches comme
20 Galehoz. Et qant [il s'aparsut, si se tint por fol de ce qu'il l'avoit
nomé. Et qant] messires Gauvains ot parler de Galehot, si tressaut
toz de joie et regarde lo vallet. Ne ne set que faire, car il dote que
li vallez s'en aille, et li cuers li dit que il an set aucune chose.
Et la pucelle qui l'ot amené ne se pot plus tenir, ainz crie an
25 haut, si que toz li pueples l'ot:

"Gauvains, Gauvains, ja vos tient an au meillor chevalier do
monde, et vos sosfrez que uns seus chevaliers vos met si au desoz."

Et li vallez la regarde, si dit:

"Pucelle, dites vos que ce est messires Gauvains? Ja Dex ne
30 m'aïst, que ce fu onques icil Gauvains que l'an tient a si preu,
car il ne demorast mies devant si grant pueple comme il a ci,
por un sol chevalier conquerre, et il meïsmes est conquis, autant
se vaut."

Et qant la damoiselle l'ot, si rechiet pamee. Et qant li dus ot que
35 ce est messires Gauvains, si s'an mervoille mout. Mais il voit bien
que il n'est mies si au desoz comme l'an cuidoit, car il savoit auques
de son pooir, qex il estoit, a ce que il li avoit veü faire devant en
la bataille de Leverzerp, car ses freres li avoit dit que ce fu messires
Gauvains. Mais il voit bien qu'il muse et panse a que que soit,
40 et si ne set a coi. Si l'an poisse mout, car il crient mout que

ce li[1] nuise. Et qant messires Gauvains ot ce que la pucele li ot reprochié, si l'an poise mout. Si cort sus au seneschal et est si prouz et si vistes que tuit cil qui l'esgardent s'en mervoillent. [Si nel resuefre mie li seneschaus, car s'il l'a bien mené la ou il veut,] or lo remoine messires Gauvains deus tanz a sa volenté, mais mout est dolanz de ce que il a oï son non nonmer.

A ces paroles vient une pucele sor son palefroi, tote tressuanz, par devant lo fossé, et fu si anmuselee que n'an paroient que sol li oil. Et qant elle voit lo vallet qui la bataille esgardoit a cheval, si li demanda a cui il est. Et il li dit que il est a un chevalier. Et ele lo prant par lo frain, si li dit que il li nont.

"Ja certes, fait il, damoiselle, no ferai."

"Si feras, fait ele, car ge vos praign."

(*f. 152a*) "Prenez. De vos serai ge bien delivres qant ge voudrai."

"Dites le," fait ele.

"No ferai," fait il.

"Si ferez, fait ele, par la foi que vos devez a celi qui vos garanti qant vos aviez l'espee sor la teste."

Et qant il l'ot, si ot tel angoise que il ne sot que faire. Et la damoiselle s'an torne. Et qant ele fu un po loig, si li dit:

"Vallez, vallez, tu ne me diras mies ce de quoi ge te conjur, et sor la rien o mont que tu deüsses plus amer?"

"Ha! damoiselle, fait il, jo vos dirai par un covant que si liee soiez vos de l'oïr comme ge serai do dire, car vos me feroiz desleiauter. Mais por Deu, clamez m'an quite."

"Si m'aïst Dex, se tu no diz orandroit, il sera ancor tel ore que tu no me voudroies avoir celé por un de tes membres."

"Jel vos dirai, fait il, mais ja Deu ne place que gel voie. Ge suis a Lancelot do Lac."

Et qant il l'a dit, si a tel dolor que par un po qu'il ne se pasme, et fait si grant duel que trop. Et elle li dit:

"Lyonnel, Lyonnel, tu as tant fait que tu lo comparas, car tu m'as maldite et tu me deüsses plus amer que toi meïsmes."

Et qant il l'ot, si fiert lo roncin des esperons et dit que il savra ja qui elle estoit.

"Desvelopez vos," fait il.

"No ferai," fait elle.

"Si feroiz, fait il, par la rien que vos plus amez, ou ge vos desvelopera ja."

[1] que ge li

"Ançois, fait ele, me desveloperai ge."

Et ele se desvelope. Et qant il la voit, si est si esbahiz que il ne puet parler, car ce estoit la riens o monde que il onqes plus avoit amee.[1] Et il li a dit:

"Bele tres douce amie, qant[2] vos maudis ge don?"

"Qant tu deïs, dist ele, que ausi liee fusse ge de l'oïr com tu seroies do dire."

Et il est si angoisous que par un po qu'il n'anrage.

"Va t'ant, fait ele, la ou tu ies meüz."

Et il ne dit mot. Et la damoiselle, por ce que ele volt que il s'en aille, si crie[3] an haut et dit a monseignor Gauvain:

"Gauvain, Gauvain, voi toi ci celui qui te puet asener de ce que tu quierz. Et se il eschape, s'esloigne ta queste."

Et qant Lyonins ot que ce est messires Gauvains, si a greignor duel, si fiert lo cheval des esperons, si s'an torne fuiant tot contramont lo chemin tant comme li roncins li puet aler. Si a tel duel que greignor (*f. 152b*) ne puet avoir, et maudit l'ore que il onques fu nez, et que Dex li doint la mort par tens. Et ce estoit la damoiselle qui lo garanti qant l'espee li fu sor la teste por ocirre, si avoit non Celice, et la dame avoit non Ninienne. Et icele Ninienne fu ce qui Lancelot norri au lac. Et qant cele voit qu'il s'an va d'une part, et ele s'an va d'autre. Et messires Gauvains est si angoisous de la damoiselle qui s'an va san plus dire, que do vallet que il repert par cui il cuidoit estre asenez. Si cort sus au seneschal, si lo fiert de l'espee parmi lo hiaume et fiert et refiert tant que il li tranche la coife do hauberc, la ou il l'ataint, et de la teste tant que li sans li covre lo piz et les espaules, si l'estordi, si que par un po que il n'et cheoiz, mais il fiert au col do cheval et l'anbrace. Et messires Gauvains fiert de l'espee que il tenoit ou hiaume et es braz, si pert li seneschauz les arçons et vient a terre, la teste contraval, si que par un po que il n'ot lo col peçoié. Si li saut li sans par la boiche et par lo nes hors et parmi amedeus les oroilles. Lors descent messires Gauvains, si li cope tot maintenant les laz do hiaume et li cope la vantaille tote sanglante. Si li dit que il se claint vaincuz, o il l'ocirra ja et li copera la teste, car il a mout grant bessoing. Et cil ne pot mot dire. Et qant il vit que il ne dit mot, si est mout angoisous, car il ne l'oceïst mie volentiers, et li bessoinz que il a d'autre part lo haste. Totesvoie set il bien que il est livrez a la mort, si lait venir et hauce l'espee, si li a la teste copee. Puis

---

[1] auoit amenee   [2] qant gi vos   [3] si li crie

monte en son cheval, si vient au duc, si li baille la teste et li dit qu'il face tel jostise do cors com an doit faire de traïtor. Et li dus li a dit que si fera il. Puis li prie mout de remanor. Et il dit que ce ne puet estre, car ses bessoinz est trop granz. Lors li est li vavasors chaüz an piez, et sa fame et si anfant, et se poroffrent tuit an son servise a lor pooir. Et la pucele qui amené l'avoit est montee por aler o lui, mais il dit que (*f. 152c*) l'escuier li covient sivre tant que il lo truist.

Or a li dus grant joie et li vavasors, et mout se travaillent totes les genz de lui retenir. Si s'an va, et la damoisele o lui. Et qant ele voit que il s'an va si tost, si li dit:

"Comment? fait ele, messires Gauvains, lairoiz me vos ansin?"

"Ha! damoisele, fait il, li bessoinz i est trop granz, car ge ne serai ja mais liez se ge n'ataig cel escuier qe vos avez veü. Mais or le faites bien. Atandez moi an quel que leu que vos voudroiz, et ge vos creant leiaument que ge revanrai por vos."

"Creantez me vos, fait ele, que vos an vandroiz par moi sanz autre bessoigne anprandre?"

"Oïl, fait il, se ce n'estoit afaires dom ge fusse honiz se ge l'eschivoie."

"Et ge vos atandrai a ce chastel laianz, ou an ferai mout grant joie de vos. Et vos iestes mout navrez, si avroiz bien mestier anquenuit de herbergier an tel leu o vos soiez a aise por voz plaies remirer."

"Si com vos lo volez, fait il, si soit. Et faites an cest escu porter au chastel, que ge no lairoie por rien qui soit ou monde."

Lors s'an vait. Et la damoiselle s'en retorne au chastel, si an porte l'escu. Et lors fait faire mout grant ator, car mout se volt li dus et li vavasors pener de lui annorer et servir. Et li dus a fait[1] pandre lo seneschal delez son frere, car il n'avoit adonques seignor terrien el monde qui miauz tenist jostise que li dux Esçauz de Canbenic.

Et messires Gauvains chevauche tant que il vient an une haute forest. Et qant il a grant piece alé, si esgarde devant lui et voit un home a pié et tient an sa main destre une espee tote nue et lo fuerre an la senestre, et va disant a soi meïsmes: "Ha! Dex, Dex, por coi ne me fis ge avant ocirre, car autresins n'ain ge gaires ma vie?"

Et qant messires Gauvains l'ot, si va cele part. Et cil se regarde, si l'aperçoit et voit que ce est messires Gauvains, si se fiert el

---

[1] a fait a fait

bois et va fuiant qanque pié lo puent (*f. 152d*) porter, car paor a d'estre coneüz. Et messires Gauvains aparçoit que ce est li vallez qu'il chace, si hurte aprés des esperons et li crie:

"Vallez, mar i fui, que tu n'as garde. Ne nus ne t'avra ja rien
5 forfait, se gel sai, que ge ne li face comparer, car tu ies a un des homes o monde que ge plus ain."

Cil bote l'espee o fuerre. Et el boter li demande:

"Sire, que savez vos a cui ge suis?"

"Ge sai bien, fait messires Gauvains, que tu ies a Lancelot
10 do Lac. Et gel conois autresi bien com tu meïsmes. [Mais di moi por quoi tu te dementes si]."

"Ha! sire, dites moi avant sor vostre leiauté qui vos iestes et comment vos avez non."

"Certes, dit il, ge ai non Gauvains, li niés lo roi Artu."

15 "Ha! sire, fait il, donc lo vos dirai ge. Qant ge me parti orainz de la bataille que vos avez vaincue, si com ge antrai an ceste forest et ge venoie tot lo chemin, si ancontrai ça ariés un chevalier a pié, tot armé, si m'a mon roncin tolu. Et ge ne me vos a lui mesler, por ce que chevaliers estoit et armez de totes armes. Et si me venist
20 il miauz que ge[1] fusse ocis, fors por ce que ce fust desleiautez a escuier de metre a chevalier main."

"Et quel part s'an va il?" dist messires Gauvains.

"Sire, veez ci les esclos do roncin, car ge les conois bien."

"Or vien, fait il, aprés moi tot bellement, car se ge lo roncin ne
25 te ran, ge te donrai cest cheval."

"Ha! sire, fait il, granz merciz."

Lors hurte messires Gauvains lo cheval des esperons et va les granz galoz grant piece, tant que il s'an antre an un valet et vit desoz lui une mout belle lande. Et il torne cele part, si trove
30 deus chevaliers a pié qui se combatent, et si ont lor chevaus aresnez delez aus. Si conut messires Gauvains lo roncin a l'escuier et dit a ces qui se combatent:

"Estez, seignor chevalier. Ne vos conbatez plus devant ce que vos m'aiez dit li qex de vos amena ci cest roncin."

35 "Ge l'i amenai, fait li uns d'aus. Que an volez vos faire?"

"Ge di, fait messires Gauvains, que vos l'i amenastes comme desleiaus et comme recreanz, car vos lo tossistes a un escuier seul et desarmé, si covient (*f. 153a*) que vos an veigniez por amander en sa prison."

[1] ge me fusse

"Ancor ne m'avez vos mies mené jusque la," fait li chevaliers.
"Si m'aïst Dex, fait messires Gauvains, jusque la n'a gaires."
"Or sire, fait li autres chevaliers, donc venez combatre a moi."
Tantost messires Gauvains descent et met la main a l'espee,
si li volt corre sus. Et li autres chevaliers li dit:

"Avoi! sire chevaliers, dist il, ce ne ferez vos mie, que vos me toilliez ma bataille. Mais laisiez moi a lui conbatre tant que il m'ait outré, o ge lui."

"Voires, fait il, et s'il est otrez, si covanra que il aille en vostre prison. Ce ne ferai ge mies. Mais se il venoit amender a l'escuier ce que il li a forfait, tant que il soit a son gré, si li ament. Ou se ce non, il covient que vos vos combatiez andui a moi. Et se vos me conquerez, vos feroiz de moi vostre plaisir, et se ge vos conquier, il covanra que vos faciez mon plaisir."

"Et qui iestes vos?" fait li chevaliers qui se combat a celui qui lo cheval avoit tolu a l'escuier.

"Certes, fait li chevaliers qui a lui se conbat, c'est li miaudres chevaliers que vos veïssiez onques. Il s'est hui conbatuz au seneschal de Canbenic, Gloadain."

"Et l'a il outré?" fait li autres.

"Ce poez vos bien savoir, fait il. Sire, fait il lors a monseignor Gauvain, ge ne me combatrai mies a vos, ainz me met outreement an vostre merci et an vostre volenté. Et faites de moi qanque vos voudroiz et li escuiers avoc, car ge pris lo cheval, et ce fu par mon grant bessoin. Et tenez m'espee; ge la vos ran[t]."

Et li autres s'en mervoille mout.

"Venez an donc," fait messires Gauvains.

"Sire, dist li chevaliers, or me dites vostre non, puis que vos ma bataille me tolez."

"Ne dites mies, fait messires Gauvains, que ge vos toille vostre bataille, mais combatez vos a lui par covant que vos respondez de son forfait et do vostre, se il i est, se vos lo conquerez."

"No ferai, sire, fait il. Mais totevoies me dites comment vos avez non."

"Si m'aïst Dex, fait messires Gauvains, ge ne vi onques home por cui ge celasse mon non. No ferai ge por vos. Ge ai non Gauvains, li niés lo roi Artu."

"Ha! sire, (*f. 153b*) fait il, merci. Certes, vos iestes si prodom que si grant outrage ne feriez vos mies. Mais ge m'an sofferai mout volantiers, puis que il vos plaist, de la bataille."

Gauvain Asks for News of Galehot

Atant montent tuit troi. Et li chevaliers qui lo roncin avoit pris s'an va devant, si encontre l'escuier venant a pié. Et messires Gauvains li dit:

"Biau frere, voiz ci lo chevalier qui ton roncin te toli. Or si an 5 fai qanque tu voudras por l'amende."

"Sire, fait il a monseignor Gauvain, granz merciz. Or croi ge bien que vos iestes ce."

Lors descent li chevaliers et vient au vallet a pié, si li crie merci a genouz. Et li vallez l'an lieve. Et messires Gauvains li dit que il an 10 praigne tel droit comme il voudra.

"Sire, fait li vallez, ge lo clain tot quite, mais que il vos fiancera comme leiaus chevaliers que il ja mais ne metra main sor home desarmé, puis que il soit armez, se sor soi deffandant nel faisoit; et se autres armez li metoit, il li aideroit a son pooir."

15 Et messires Gauvains en prant la foi.

"Or me dites, seignor chevalier, por coi estoit ceste bataille de vos deus."

"Certes, sire, fait li uns, antre moi et cest chevalier, nos estiens venté ansanble de chevalerie, tant que il dist que il iere miaudres 20 chevaliers de moi. Et ge l'an desdis, tant que il dist que ge no sivroie[1] mies an ceste forest. Et ge dis que si feroie. Tant lo sivié que a l'antree de ceste forest jostames, si l'abati. Aprés ving[2] a son cheval qui s'an fuioit, si lo saisi. Et il ancontra, ce croi, cest escuier et lo mist jus de son cheval, si me s[i]vié et 25 ataint, si nos combatismes ansanble si com vos veïstes."

"Comment? fait messires Gauvains, si vos combatiez sanz autre querele? Or remaigne dons l'ahastine et soiez bon ami ensanble, car ge lo vos pri."

Et il l'otroient. Et messires Gauvains prie celui qui est a cheval 30 que il port celui qui est a pié, et il si fait. Atant pranent congié de monseignor Gauvain, et il d'aus, si lo commandent a Deu. Et messires Gauvains convoie (f. 153c) l'escuier une grant piece, si li prie que il li die novelles de Galehot.

"Certes, sire, fait il, ge ne sui mies a lui."

35 "Ce puet estre, fait messires Gauvains, mais tu an sez bien anseignes veraies."

"Sire, fait li vallez, se ges sai, ge nes puis dire. Outre ce ne me devez vos mies mener."

"Certes, fait messires Gauvains, ge ne voudroie que tu aüses

[1] no sauroie   [2] apres uint

faites nules desleiautez por moi. Mais tant me puez tu bien dire se il est an Sorelois o se il n'i est mies."

"Sire, fait li vallez, se il i estoit, n'i eriez vos mies legierement jusque la, car trop i a de felons pasages, car il i a deus chauciees longues et hautes que nus chevaliers ne puet passer qui ne se combate avant a un chevalier, qui est mout preuz, et a dis serjanz qui o lui sont. Itex trespas a an chascune chauciee, et autrement n'i puet passer nus chevaliers erranz. Et sachiez bien que plus ne vos an puis dire."

Atant lo commande messires Gauvains a Deu et il lui, car plus n'an puet avoir. Mais totevoies aparçoit il bien qu'en Sorelois[1] est Galehot par les paroles au vallet. Si s'an retorne arieres vers lo chastel o il s'estoit combatuz. Si est bas vespres qant il i est venuz. Et lors li va encontre et li dus et li vavasors et la pucelle qui amené l'avoit. Si ont de lui si grant joie faite com il plus puent, si font ses plaies et ses bleceüres regarder et apareillier. Et mout lo mercie li dus de ce qu'il s'estoit si bien antremis de son afaire qant il vainqui lo poigneïz devant Loverzerp.

Mout font grant joie el chastel, si rest li vavasors an autresi grant hautesce com il avoit onques plus esté, car messires Gauvains an prie mout lo duc. Et il dit que il velt que il soit autresin sires de sa terre com il avoit onques miauz esté plus. "Et bien sachiez que vos ne porriez rien demander que ge ne feïsse sanz essoigne."

Messires Gauvains l'an mercie mout durement. Mout fu la nuit annorez et conjoïz messires Gauvains de totes et de toz. Et il mercia mout lo duc de son frere Angrevain que mout se looit de lui.

"Sire, fait li dus, (f. 153d) Angrevains a fait mout plus por moi que ge por lui. Et c'est li om crestiens don ge seroie plus liez s'il estoit gariz, car ge ne fusse mies si au desoz com j'ai esté de ma guerre se ne fust sa maladie, car il est uns des bons chevaliers do monde et des plus fiers et des plus seürs."

Et de toz les bons servises que chevaliers puet avoir an bone ville, las et navrez, fu messires Gauvains [serviz,] si s'ala resposer auques par tans. Mais serviz fu auques noblement cele nuit et furent ses[2] plaies et ses bleceüres mout bien medecinees. Et au matin se leva mout matin et s'arma, que plus ne pot estre retenuz. Et li dux li dist que il an menast avoc lui ses mires por ses plaies garir, mais il dit que no feroit, car il ne cuidoit avoir nulles plaies perilleuses. Si lo demanda as mires, qi li[3] distrent que nenil.

[1] bien q̄ sorelois   [2] et firent ses   [3] qil li

Lors s'an part au matin messires Gauvains antre lui et sa damoiselle, se ne set nus o elle lo moine se il non, car dire ne lo volt. Et qant il l'ont une piece convoié, si lo commandent a Deu, et il els, et s'an vont entre lui et la pucelle et errent tote jor ajornee. Mais la pucele no moigne mies droitevoies an la terre de Norgales, ainz l'an destorne por lui aaisier. Si jurent cele nuit sanz avanture trover don li contes parolt. Si herbergent chiés lo pere a la damoiselle, qui mout lor fait grant joie. Et au matin, qant il li orent ses plaies atornees, si prant congié et s'an part antre lui et la damoiselle, et chevauchent jusque a midi. Lors sont entré en la plus sauvage forest del monde, qui avoit non Bleue, si estoit au roi de Norgales. Si n'avoit en tote la forest que une maison, si estoit la forez mout granz et mout longue. Ne anviron n'avoit vile a mais de cinq liues de toz sanz, car la terre estoit si chaitive, si deserte, que beste n'i pooit vivre.

Qant il orent tote jor chevauchié jusque aprés midi un po, si vinrent en une grant lande et virent an mileu de la lande un chevalier a mout grant meschief, car il se deffandoit si durement contre trois chevaliers que mout lo prise messires Gauvains (*f. 154a*) et si ne set ancor qui il est. Et si i a serjanz, que navrez, que sains, jusque a cinc a cheval, mais il n'i osent tochier, car il les a si estoutoiez que il ne s'osent avant traire. Et la damoiselle dit a monseignor Gauvain:

"Sire, ge croi que cil chevalier la sont de la gent lo roi de Norgale. Et s'il an sont, il me conoistront bien. Tornons an, si les esgardons un petit."

"Ostez, damoiselle, fait il, si n'aideroie mie a ce chevalier seul et cui il ont si mal mené?"

"Si m'aïst Dex, fait ele, ge ne sai qui est li chevaliers; mais il n'est nus ne nulle qui a son pooir ne li deüst aidier, car il l'a trop bien fait, car ge voi qu'il sont ancor huit, et il est toz seus. Et qui que il soit, ge li doign m'amor des ci. Ne onques mais rien ne deïstes don ge vos saüsse si bon gré."

Lors hurte messires Gauvains lo cheval des esperons. Et qant il l'aproiche, si conoist que ce est Sagremors li Desreez. Et il laisse corre a toz, si volenteïs com il plus puet. Si aloigne lo glaive et fiert un des trois si durement que il porte a terre et lui et lo cheval. Puis giete lo glaive la jus et met la main a l'espee, si cort sus as autres deus. Et qant Sagremors vit qu'il ot secors, si reprant cuer et force, si ne conoist il monseignor Gauvain. Et qant li serjant, qui devant ne s'osoient antremetre d'asaillir, por ce que Sagremors les avoit si estoutoiez, voient que messires Gauvains lo fait si bien, si n'i ossent plus arester, ainz s'an tornent fuiant. Et li autre dui se metent aprés a la voie. Et messires Gauvains et Sagremors les anchaucent mout durement. Si ataint messires Gauvains le dareain, si l'aert par lo col et lo cuide jus porter do cheval. Et la mains s'an vient par lo hiaume, si li arache hors de la teste. Et Sagremors an vient par lui, so fiert si durement de l'espee, a [la] force et a la volenté que il ot, qu'il lo fant tot desci que es danz, et cil chiet. Et qant messires Gauvains voit qu'il est morz, si l'an poise, car il l'amast miauz a retenir vif. Si prant Sagremor par lo frain, si dit:

"Sire chevaliers, alons an, que assez en avez fait. Et vos veez bien que cil qui la s'en vont nos sont eschapé."

(*f. 154b*) "An non Deu, fait Sagremors, cil qui gist ça a la terre ne nos est mies eschapez, ne il n'i perdront ja mains de cestui."[1]

"Vos n'an ferez or plus, fait messires Gauvains, par la foi que ge doi Sagremor lo Desreé."

Et qant il l'ot, si pansa bien que il lo conoissoit.

"Sire, fait il, qui iestes vos donques?"

"Sire, fait messires Gauvains, ge suis uns chevaliers, ce poez veoir."

"Ha! sire, par la rien que vos plus amez, fait Sagremors, dites moi qui vos iestes."

"Ge suis, fait il, Gauvains."

"Ha! sire, vos soiez or li bienvenuz, et si iestes a mon ues."

Lors lo cort acoler, et il lui, si s'antrefont mout grant joie.

"Sagremor, fait messires Gauvains, comment venistes vos an cest païs?"

"Certes, sire, par enseignes que j'ai de vos aprises an plusors leus. Jehui si m'ancontrerent cist chevalier an ceste lande, si m'avoient asailli por gaaignier mes armes et mon cheval. Et veïstes vos pieç'a nus de noz compaignons?" fait Sagremors.

"Oïl, fait il, Guiflet, a un poigneïz o nos fumes devers lo duc de Cambenic."

"Et conta vos il comment il avoit puis esté am prison?"

"N'an parla onques, fait messires Gauvains.[2] A il puis esté pris?"

---

[1] perdra ja mais de cestui   [2] onques fait il . comment fait messires G.

"Oïl, sire, fait Sagremors, au partir de la lande o nos vos laissastes, qant li nains bati lo chevalier qui faisoit lo duel et la joie sor[1] la Fontaine do Pin."

"Il ne fu onques, fait messires Gauvains, hom si sovant pris comme Guiflez. Et ce ne li vient mies de mauvaitié, car il est, si m'aïst Dex, et preuz et anprenanz et hardiz durement."

"Par Deu, fait Sagremors, antre moi et monseignor Yvain avons puis esté an prison an tel leu o nos ne cuidasmes mais a piece issir."

"Et o fu ce, sire?" fait messires Gauvains.

"Sire, an la prison au Roi des Cent Chevaliers."

"Et comment en issistes vos?" fait messires Gauvains.

"Si m'aïst Dex, fait Sagremors, par un mout preudebacheler qui mout i fist d'armes et mout sagement en ovra, si comme j'ai oï dire, car ge no vi mies."

Si li conte, tot ansi com il avoit oï conter, que il avoit si durement (*f. 154c*) josté que nus miauz ne josta, et se combatié trop hardiement au seneschal lo roi.

"Et comment a il non?" fait messires Gauvains.

"Il a non Hestor, fait Sagremors, et si est chevaliers la reine et de sa maisniee."

Et qant messires Gauvains l'ot, si set bien qui il est.

"Et cui quiert il, sire?"

"Sire, il quiert un chevalier qui fist une bataille por une soe dame. Et ge cuidai assez que ce fussiez vos."

"Ho! fait messires Gauvains, dire lo poez qu'il est bons chevaliers. Savez vos qui il est? C'est cil qui vos abatié et monseignor Yvain et Kel lo seneschal et Girflet a la Fontaine do Pin, qant li nains lo bati."

"Comment? fait Sagremors. Dites vos voir?"

"De verité lo sachiez," fait messires Gauvains.

"An non Deu, fait Sagremors, que il dist un mot don ge lo regardai mout et mout i pansai, qu'il dist que miauz valt au chevalier que li nains l'aüst batu que il aüst josté a monseignor Gauvain, que tost i poïst avoir domage. Et iestes vos ce, sire, cui il quiert?"

"Si m'aïst Dex, oïl, fait il. Et plaüst or a Deu que ge lo trovasse, car trop me lo de sa compaignie."

Ensin parolent an chevauchant tant que Sagremors et messires

---

[1] soz

Gauvains vinrent a la pucelle. Qant Sagremors l'aproche, si li demande qui cele est.

"An non Deu, fait messires Gauvains, une damoiselle qui vos a s'amor donee, por ce que ele vos vit si bien deffandre de trois chevaliers. Et sachiez que ele est belle a grant planté."

"Et bien soit ele venue," fait Sagremors.

Lors vient a la damoiselle, qui les atandoit o covert do bois por ce que li chevaliers ne la coneüst. Si la salue Sagremors toz premerains. Et ele dit que bien soit il venuz. Et messires Gauvains li dit:

"Damoiselle, don n'avez vos donee vostre amor a cest chevalier?"

"Certes, sire, fait ele, oïl."

"Damoiselle, fait Sagremors, donc vos desvelopez avant."

"Comment, sire? fait la damoiselle; vos ne m'avez pas vostre amor donee?"

"Ge vos voil avant veoir, car chevaliers (*f. 154d*) ne doit mies s'amor doner se il ne set an quel leu."

"Sire, fait ele, or sachiez que ge vos taign a miauz vaillant que vos moi, car ge vos donai m'amor si tost com ge vos vi, et vos ne me volez doner la vostre se vos ne me veez do tot avant. Et ge me desveloperai. Et lors, se ge vos plais, si lo direz. Et ge vos revoldrai veoir, et se vos ne me seez, quite quite."

Et Sagremors commança a rire. Et la pucelle se desvelope, si commance a rire. Et qant Sagremors la voit, si li dit:

"Ha! dame, si m'aïst Dex, vostres voil ge bien estre et ge me taign a bien paié."

"En non Deu, fait ele, ausi preudechevalier com vos iestes me pria d'amors, n'a pas huit jorz. Mais il fera miauz se Deu plaist."

"Damoiselle, fait il, lait et noir et camoisié me verroiz."

Et il oste son hiaume. Et ele voit que il a lo vis mout bel et mout seant, et tot l'autre cors mout avenant. Et messires Gauvains li dit:

"Que vos em sanble?"

"Sire, fait ele, miauz que devant."

Et Sagremors an est mout liez, si la baisse devant monsegnor Gauvain, et ele lui mout volantiers.

"Damoiselle, fait messires Gauvains, par la foi que ge vos doi, vos n'avez mies trop mespris d'amors, car vos avez a ami chevalier de la maison lo roi Artu et compaignon de [la] Table Reonde, et a non Sagremors li Desreez."

Et de ce est ele mout liee, si s'antresgardent sovant antre li et

Sagremor. Et qant il plus s'entresgardent, et il plus s'entraimment. Et vont ansi chevauchant tant qu'il lor anuite. Et Sagremors n'avoit mengié de tot lo jor, ne lo jor devant se petit non. Et il avoit une costume qu'il [en]prenoit[1] mout volentiers totes les armes, mais il ne fust ja bons chevaliers ne bien seürs tant que il fust bien eschaufez. Et qant il estoit bien eschaufez, si ne dotoit rien, ne de lui ne li chaloit. Mais aprés ce que il an estoit partiz, si refredisoit et devenoit vains. Si li montoit une dolors an la teste dom il cuidoit bien morir, car il anragoit (*f. 155a*) toz vis de fain. Et por la grant proece que il avoit qant il estoit eschaufez, ot il non Sagremors li Desreez. Si li mist non la reine tres devant Estreberes, lo jor que li trente chevalier desconfirent l'ost des Saisnes et des Irois et chacerent juque a l'aive de Varganice, la ou Sagremors trancha la teste Brandnague, lo roi des Saisnes, et Magant, lo roi d'Irlande. Et por la maladie qui si sovant li avenoit, li mist non Kex li seneschauz Sagremor lo Mort Geüm.

Cele maladie prist Sagremor si durement que il cuidai bien morir sanz confession avoir. Et qant messires Gauvains lo voit, si an fu mout a malaisse, si li dit:

"Sire, vos iestes mout malades."

"Sire, fait il, ge me muir. Mais, por Deu, se vos onques m'amastes, si me querez a mengier o le prevoire."

Et la damoiselle dit que il ne s'esmait mies, que il seront par tens a recet. Et qant il voit qu'il ne se puet mais tenir o cheval, si monte messires Gauvains derriés lui, si lo sostient. Et por ce les covient aler mout soef. Si ont tant chevauchié que il [est] ja do premier some, et la lune luisoit mout cler. Lors ont tant alé qu'il sont venu a une riviere estroite, s'a trové sor la riviere une planche mout fort, si avoit bien deus piez de lé, si estoit desor la riviere. La damoiselle monte desor la planche atot son palefroi et trait aprés li lo cheval monseignor Gauvain, que ele menoit an destre, si lo passe outre, et autretel font li dui chevalier. Et qant il sont outre, si est Sagremors si atornez qu'il ne parole mais se mout petit non. Et la damoiselle, qui mout l'amoit, lo conforte mout a son pooir et dit que mout est pres li recez, et que il avra ja a mangier que que il savra deviser de boche.

Lors esgarde messires Gauvains devant lui, si vit une mout riche maison, don li porpris estoit mout granz et mout bien herbergiez.[2] Si demande a la damoiselle cui est cele maisons.

[1] qui li prenoit [2] herbergiee

"Jel vos dirai, fait ele, qant nos serons dedanz."

Tant ont chevauchié que il sont venu a un grant plaiseiz dariés la maison. Et la damoiselle se devalle par une tranchiee (*f. 155b*) jusqu'a une fause posterne, si descent et la desferme. Puis trait anz son palefroi et lo cheval que ele menoit, et messires Gauvains et Sagremors antrant laianz tot a cheval.

"Sire, fait la pucele, descendez."

Et il descendent et establent lor chevaus mout bien. Aprés les en moine par desoz terre an la grant sale an haut. Et qant il i sont venu, si n'i troverent nule rien. Lors demande messires Gauvains comment Sagremors avra a mengier.

"An [non] Deu, fait la pucele, il avra assez."

Lors les en moine en une chanbre devers destre, et la sale iere si clere que la lune i feroit par plus de vint fenestres. Qant il sont an la chanbre a la pucele, si s'asient. Et la pucele les laisse un petit, si va hors. Et tantost revient et aporte a mengier a grant planté, et aprés, vin mout bon, si efforce mout Sagremor de mangier. Et il manjue mout mauvaisement de premiers, mais aprés manjue mout bien. Et qant il ont[1] mangié tuit troi, la pucele va hors et demore mout grant piece. Et puis revient arieres et dit a monseignor Gauvain:

"Sire, laissiez moi Sagremor, car ge am panserai mout bien, se Deu plaist. Et vos venez veoir vostre amie comme la plus belle fame que vos onques veïsiez. Et si vos dirai cui ceste maisons est, car ge le vos ai an covant. Ele est au roi de Norgales, et vostre amie est sa fille. Et sachiez que ele ne desirre rien tant comme vos, mais, par foi, ele est mout bien gardee."

Lors prant plain son poig de chandoilles ardanz, si lo moine en une estable. Et il voit an cele estable jusque a vint palefroiz des plus biax do monde, toz noirs. Et de ce[le] estable entrent an une chanbre et voient oisiaus et ostors jusque a vint, les plus biax do monde, seanz a perches. Et d'iluec vienent en une autre chanbre et voient bien jusque a vint chevaus les plus biax qu'il covenist a querre. Et messires Gauvains demande (*f. 155c*) a la damoiselle cui sont cil cheval et cil oisiau.

"Certes, fait la damoiselle, il sont a vint chevaliers qui çaianz gisent an une chanbre la devant, et gisent totes les nuiz des ore mais armé, car messires li rois a sa trive prise au duc de Canbenic, si n'a dote de nul home que de vos, si ne velt que ceste maisons

[1] il lont

soit autrement gardee, que se vos i veniez, que vos troveissiez la sale tote delivre et sanz gent. Et il a oï dire que se vos i veniez, vos ne lariez ja por chevalier qui i fust que vos n'aillisiez a ma damoisele sa fille, o vos i moroiez; que puis que il est anuitié,
5 ne va nule riens la ou elle gist, ne nus n'i puet antrer se par ces vint chevaliers non. Et ma dame set mout bien la parole que vos deïstes chiés Angrevain, que se vos veniez an leu, vos la verriez se il pooit estre. Et ele me fist jurer que se ge vos pooie trover, que ge vos amanroie ça."

10 Et ele estaint les chandoilles que ele tient et viennent en une autre chanbre, si voient dedanz mout grant clarté.

"Messires Gauvains, fait la damoisele, li chevalier sont en ceste chanbre, et si ne font plus de bessoignes totes les nuiz que solement la pucele gaitier, et lo jor s'an vont deduire et joer la o il
15 volent. Et ge quit que il dorment. Et an cele autre chambre aprés gist la plus bele riens do siegle. Ne ge n'oseroie avant aler, que ge ne fusse veüe, mais ge m'an vois a Sagremor en la chambre o nos avons mangié."

Atant s'an va la pucele. Et messires Gauvains antre an la
20 chanbre, et tint l'espee tote nue et met lo hiaume en la teste, et oroille et escote se il orroit nus des chevaliers movoir ne parler, mais il n'ot nule rien. Puis met la teste dedanz et vit anmi la chanbre un cierge grant et gros. Et la chanbre estoit faite an escarrie, car elle estoit autresi lee comme longue et tote a vote;
25 et an chascune des quatre parties si a cinc[1] coches, et gist an chascune uns chevaliers toz armez de hauberc et de chauces.[2] (*f. 155d*) Et a lor chevez sont lor espees et lor escuz et lor hiaumes.[3] Messires Gauvains estut grant piece a l'uis, et li est avis que nus d'aus toz ne voille. Et voit de la chanbre aprés l'uis tot overt, et
30 voit mout grant clarté. Lors met avant l'un des piez et vit que nus ne se mut. Puis vient avant et fist granz pas jusque au cierge. Et qant il i est venuz, si l'estaint, et vient a l'uis de la chambre et lo clos[t] aprés lui. Et voit an mileu de la chanbre un des plus biax liz que il onques aüst veü, covert d'un covertor d'ermines,
35 et voit desoz lo covertoir gesir une des plus belles damoiseles, de si tres grant biauté que nule si belle ne covient a querre. Laïs aval estoient qatre cierge espris. Messire Gauvains oste son hiaume,

---

[1] vi
[2] toz armez de hiaume et ... (*Ms illegible*—armee *added in margin*)
[3] escuz et lor armes

si avale la vantaille et vient au lit o la damoiselle dor[t] mout durement. Et il la commance a baissier mout doucement. Et ele s'esvoille et se plaint comme fame qui se desdort.[1] Et qant ele lo voit, si dist:

"Ha! Sainte Marie, qui est ce?"

"Taisiez, fait il, ma douce amie. C'est la riens o monde qui plus vos aimme."

"Iestes vos des chevaliers mon pere?"

"Certes, nenil."

"Et qui iestes vos donc? fait ele tot an tranblant. Dites moi vostre non, car vos m'avez faite la greignor paor que ge onques aüse, et vos poez estre tex que vos ne feroiz ja mais paor a pucelle."

"Belle douce amie, ge suis Gauvains, li niés lo roi Artu."

"Alumez, fait ele. Ce verrai ge bien."

Et messires Gauvains alume un des cierges. Et ele lo regarde o vis, et puis esgarde un anelet que ele avoit an son[2] doi. Lors si an commance a rire, si saut an[3] son seant, et dit que il soit li bienvenuz. Si l'ambrace tot armé et lo baisse si doucement com ele plus puet.

"Ostez, fait ele, ceste robe, que trop est froide, et ralumez ces cierges, car or ai ge ce que j'ai tozjorz dessirré."

Et il si fait. Et qant il fu toz desarmez, si vient au lit et se couche avoc la pucele. Et ele fait de lui si grant joie com ele plus puet, et fait li uns de l'autre tot son delit sanz contredit. Et messires Gauvains li conte comment il estoit venuz laianz, que nus ne l'avoit veü. Si parolent (*f. 156a*) et joent tant que il est pres de la mienuit. Et ne demora gaires que messires Gauvains s'andormi a mout grant paine, que mout i a luitié ançois que dormirs lo vainquist. Et qant il se fu andormiz, la damoisele, qui fu jone et grasse, se randormi de la doçor de son ami que ele tient antre ses braz. Et ansi dormirent grant piece, braz a braz et boche a boche.

De l'autre part, an une chanbre, gisoit li peres a la pucele, qui rois estoit de Norgales. Et li rois[4] se leva por aler as chanbres. Et qant il[5] revenoit, si ovri une fenestre qui estoit androit lo lit a la pucele (si antroit an d'une chanbre an autre). Et quant il l'ot overte, si mist sa teste anz et vit sa fille qui tient lo chevalier estroit antre ses braz et il li. Et qant il a ce veü, si dist:

---

[1] qui se destort   [2] an soi   [3] si haut an
[4] le roy *in later hand and different ink over erasure*   [5] qant ele reuenoit

"Ha! Las! Que ai ge tozjorz gardé!"
Si chanberlain, qui o lui furent levé, li demandent:
"Sire, que avez vos?"
"Ne vos chaut, fait il, alez couchier."
Et il si font. Et il reclost la fenestre, puis vient a la reine, si li
conte. Et ele commance trop grant duel a faire.
"Or vos taisiez, fait li rois. Se vos dites mot, ge vos ocirrai de
m'espee, car ge an cuit bien venir a chief. Et esgardez que ge ferai,
ne ja ne dites mot."
Lors apele un sien chanbellain que il avoit de tozjorz norri,
et avoc lui un autre, si lor dit que il les fera tozjorz seignors de
sa terre et de lui se il font ce que il lor commandera. Et il dient que
il n'est riens ou siegle que il ne feïssent por lui. Et il lor conte ce
que il a veü.
"Et j'ai pensé, fait il, comment j'ocirrai lo chevalier, que ja ne
sera saü fors de vos deus. Li uns de vos portera son espié, et li
autres portera un mail grant et pessant, si apoiez tot droit au cuer
par desus lo covertoir, que il nel[1] sente. Et quant il sera bien
apoiez, si ferra li autres. Et il morra lors si delivrement que ja
un mot ne dira de la boche. Ensi sera ma honte celee, que ja ne
sera saüe se par nos trois non."
A ce s'acordent li dui felon. Et va li uns saisir[2] un espié, et li
autres (f. 156b) un mail gros et pessant, et vienent a un huis
qui devers la chanbre lo roi ovroit.[3] Si l'ovrirent et vienent devant
lo lit et voient que il se dormoient anmedui. Et voient que il sont
andui de merveillouse biauté, si les plaignent[4] mout li dui cheva-
lier. Si apoie li uns[5] l'espié au costé par desus lo covertor, et li
autre antessa son cop. Et messires Gauvains avoit mis hors son
braz, si avint chose que li aciers hurta au braz, qui froiz fu.
Et il s'esvoille et giete ses braz par desor l'espié. Et cil qui lo
mail ot antessé fiert si durement que li espiez vole autre part et
fiert en l'esponde do lit, si que li fuz vole em pieces et est feruz ou
mur[6] plus de demi[7] pié. Si fait mout grant escrois au ferir. Si
messires Gauvains s'esvoille de la freor et voit celui qui l'espié
tient, si se lance fors do lit, toz nuz, et arache l'espié do mur et an
fiert parmi les costez celui qui apoié l'avoit sor lui, si lo giete mort.
Et puis vient ataignant celui qui tenoit lo mail, qui ja estoit a
l'uis, [si lo fiert si durement que tot l'escervele a l'issue de l'uis.]

---

[1] il nes   [2] saisist   [3] chanbre uenoit et ouroit
[4] si se plaignent   [5] si lieue li uns   [6] ou lit   [7] demie

Gauvain Repels Attacks on Bedchamber 511

Et la reine se fu ja levee, si ne se pot tenir de crier, ainz a levé lo cri. Et messires Gauvains a gité hors lo premier qu'il avoit ocis et ot mout bien l'uis fermé. Puis vient a ses armes, si s'arme. Et la pucele saut do lit et li dit que il ne s'esmait mies, si li aide a lui armer ansi com il li anseigne.

Li criz anforce totevoies, tant que li vint chevalier saillent sus et voient lo cierge estaint. Si vienent a l'uis a la pucele, si li dient que ele lor ovre l'uis. Et ele[1] dit que il n'i metront les piez. Et il dient que donc briseront il l'uis. Et la pucele dit que ele n'an a mies grant paor, que trop par est forz li huis et espaus. Si laissent assez hurter et apeler. Et ele lor redit que il n'i anterront tant que ele ait fait tot par loisir. Et la reine crie d'autre part:

"Que faites vos, fil a putain, failli? Que n'ociez vos ce traïtor qui laianz est?"

Si crie ansi comme fame desvee qui ne puet sa honte celer. Et il n'i ont pooir de l'antrer tant que messires Gauvains est armez tot par loisir. Et lors (*f. 156c*) prant l'espié et dit a la damoisele que ele ovre l'uis tot seürement.

"An non Deu, fait ele, par les chevaliers ne vos en iroiz vos mies, ainz vos an iroiz par la chambre mon pere; si ne troveroiz mies si grant deffanse com vos feroiz par deça."

"Ja ne m'aïst Dex, fait il, com ja me sera reprochié que ge m'an soie issuz par paor se par la non ou ge antrai, car j'ai[2] assez aide, puis que Sagremors est çaianz."

"Or vos dirai donc que vos feroiz. Ge irai avant outre ces huis dela et s'estaindra ces cierges. Et vos seroiz dela cel a[r]c volu, et il cuideront que vos an ailliez par la chambre mon pere. Et ge overrai l'uis devers aus et il corront tuit a la chanbre dela. Et vos an issiez tantost, car se vos estiez la ou il sont, et il fussient an ceste chanbre, il n'avroient ja mais bailie de vos, car li huis sont estroit, si n'i puet que uns seus hom antrer."

Ensi lo fait la damoiselle. Et qant cil devers lo roi virent l'uis overt, si fuient en l'autre chanbre. Et lieve li criz trop granz. Et la pucele ovre l'uis devers les chevaliers et dit qe or puent avant venir. Et il se flatissent anz tuit a brive, et se fierent an la haute chanbre. Et qant li darreniers vost clore l'uis, que nus ne s'an issist, et messires Gauvains lo fiert parmi lo cors, si lo giete mort. Cil giete un brait, et cil qui devant aloient l'antandent, si corrent arrieres as chandoilles et a bastons, si voient monseignor Gauvain

[1] et G. dit   [2] car c iai

qui ja avoit passé lo suel. Et il escrient: "Veez lo ci. Veez lo ci." Si s'escorsent tuit a lui. Et il fu anmi la chambre toz a pié atot l'espié. Si fiert celui qui fors issoit premiers si durement que nulle arme n'i a mestier, ainz lo ruie mort a terre. Et li autre sont si esbahi que nus fors issir n'an ose. Si li lancent espiez poignanz parmi l'uis. Et qant il les voit corre a l'uis ou il estoit anbunchiez, si les refaisoit toz reflatir ariés. Et qant il an pooit (f. (*f. 156d*) un ataindre, il n'aüst ja si fort armé que il ne li bot s'espié[1] anz el cors, si lo redotent mout a ancontrer. Et qant il voit que nus ne s'en osse issir hors de l'uis, si laisse cele chambre et vient an celi o li cheval estoient, [et voit Sagremor et la damoisele qui s'amie estoit] atot un cierge an sa main, si metoit Sagremors la sele o plus biau cheval qui laianz fust et an tot lo meillor par sanblant. Et qant la selle est mise, si fait monseignor Gauvain monter sus.

"Et alez, fait il, jusque an la grant salle. Et ge vois metre mon hiaume."

Et messires Gauvains est montez et vient an la grant sale. Et si tost com nus d'aus li mostre l'uel, il lor laisse corre, et cil ansellent[2] laianz lor chevaus tot lo plus. Et qant messires Gauvains se regarde, si voit venir Sagremor tot armé sor um grant cheval, si estoit gariz, car il avoit[3] dormi.

"Sire, fait Sagremors, ou sont il?"

"Veez les ci, fait messires Gauvains, mas il n'ossent fors issir."

"An non Deu, fait Sagremors, l'isue lor est trop male. Mais traiez vos ça ou chief de ceste sale, si les laissiez fors issir, car fors de çaianz somes nos qant nos voudrons. Ne ja Deus ne m'aïst qant ge m'an irai devant que ge savrai quel chevalier il sont."

Et messires Gauvains sosrit desoz son hiaume, puis se retraient andui el chief de la sale. Et Sagremors voit que il ne font nul sanblant de fors issir, si les escrie et messaame:

"Failliz et vaincuz, por coi n'isiez vos fors. Don ne veez vos que nos an menons voz chevaus devant voz iauz, et vos n'an faites plus."

Et quant il a ce dit, si an voit venir par d'une part de la sale jusq'a dis toz montez.

"An non Deu, fait il, ge criem qu'il ne nos forcloent. Et se nos estiens çaianz anserré, nos en seriens au desoz, car nos ne savons les fuies[4] ne les trespas ne les destorz. Mais traions nos ça an

---

[1] sespee   [2] et quil anselle laianz   [3] il lauoit   [4] les forez

ceste cort. Lors si ne porront les genz issir de nule part que nos nes voions."

"Volantiers, sire, fait Sagremors, mais que j'aie feru un de cels qui la vienent."

"Alons donc, fait messires Gauvains, puis que vos lo volez."

Lors laisent (*f. 157a*) corre as dis qui lor venoient, et cil a aus, si abatent antr'aus deus les deus premiers que il ancontrent. Si ocist messires Gauvains lo suen de l'espié,[1] et la lance Sagremors peçoie que s'amie li avoit donee. Lors met Sagremors la main a l'espee, si li cort sus. Et cil de la chanbre commencent a issir hors. Et messires Gauvains les voit, si s'adrece vers aus atot l'espié[2] et fiert si durement lo premier que il porte a terre et lui et son cheval. Et li espiez brise, et il met la main a Escalibor, si lor laisse corre, ses refait a force flatir an la chanbre arieres, la dom il issirent. Puis cort arieres aidier a Sagremor qui mout durement se deffant. Et messires Gauvains commança a faire d'armes, tant que tuit s'an esbahissent. Si lor ont ja antre lui et Sagremor trois chevaus ocis. Mais il ne demorent gaires a pié, car tost recovrent chevax comme cil qui s'antraident bien et mout sont preu. Et messires Gauvains voit que il puent bien trop demorer, si crient estre sopris. Si les an moinent par grant force arieres jusque anmi la cort do chastel. Et voient bien que la grant porte do porpris estoit overte et oent que la noisse est laianz levee; et sont ja bien armé, que un, que autre, jusque a cent.

Et l'amie Sagremor est montee sor un mur et escrie as deus que il s'en aillent, ou il sont tuit mort, "et sachiez que vos [n'avez] garde se vos iestes fors."

Et il s'an commancent a aler. Et qant il sont hors de la porte, si voient que li rois est aprés aus issuz et escrie a ses genz que mar an iront; si sont bien antor lui, que un, que autre, plus de cent chevaliers et serjanz et archiers. Et li dui s'en vont tot lo pas, tant que il sont fors de la porte. Et tote la gent lo roi hurtent aprés. Et l'amie Sagremor fu sor la porte montee par un aleor, que nus ne la pooit veoir. Si antroit celle lice jusque an la chanbre o ele gisoit. Et qant ele vit que il furent hors, si cope une corde qui sostenoit une porte coleïce. Et ele chiet, si tua un chevalier et un an forclost an son cheoir avoc les deus qui s'an aloient. Et qant ele a ce fait, si s'en torne arriers an sa chanbre, que onques de nelui (*f. 157b*) ne fu veüe. Et Sagremors lait corre au chevalier

---

[1] de lespee [2] atot lespee

qui fors estoit remés, so fiert de l'espee par lo hiaume, si li arache de la teste et vient sor lui por lui coper la teste. Et cil li baille s'espee, et il la prant, por ce que cil li crie merci. Puis fiance li chevaliers a tenir prison la o lui plaira. Et il li dit par sa fiance
5 que il aille laianz a la fille au roi et se mete an sa prison de par monseignor Gauvain.

"Avez vos non, fait il, Gauvains?"

"Nenil, ainz j'ai non Sagremors li Desreez. Et ce diras au roi, que il n'a fame de son lignage si hautement mariee com est sa
10 fille, si ne li poist mies."

"Sire, ce dit li chevaliers, ge suis vostre fianciez, si vos sauverai a mon pooir. Venez aprés moi, si vos metrai hors de ces destroiz."

Lors vient avant li chevaliers, et li dui aprés, tant que il vienent
15 a la planche. Et il passent outre, si les commande li chevaliers a Deu, et il lui. Il s'arestent une grant piece a la planche por savoir se nus d'aus les sivroit. Et dit Sagremors qu'i[l] se mervoille mout de ce que s'amie tant demore. Et qant il a ce dit, si voit que ele vient. Et la damoiselle meïsmes passe outre sor un palefroi
20 tost alant.

"Que est ce? fait messires Gauvains. Que vos soiez la bienvenue. Ou sera ceste voie?"

"Ou? fait ele. Par foi, fait ele, il covient que vos et Sagremors me metez a garison, car ge seroie honnie, se ge çaianz remenoie,
25 et alee a tozjorz. Toz li ors do monde ne me seroit garanz."

"Si m'aïst Dex, fait messires Gauvains, mauvais servise avroiez fait se vos a nostre conduit failliez. Mais dites moi novelles de m'amie."

"Si m'aïst Dex, fait ele, vostre amie n'a garde de ce que ele a
30 fait, car messires li rois et la reine l'aimment plus que as meïsmes. Ne il n'ont plus d'anfanz, ce lor est avis, car l'autre tienent il a perdue. Mais ge fusse morte se ge fusse trovee."

Ensi chevauchent tuit troi ansenble. Et qant il ont un po alé, si voient chevaus venir aprés aus mout durement.
35 "Sagremor, dist messires Gauvains, j'espoir que jes oï (*f. 157c*) venir."

"N'aiez garde, fait la pucele, que ge cuit que ce sont vostre cheval que ge faz amener aprés nos."

Et il s'arestent, si les atendent et voient que ce sont il. Et mes-
40 sires Gauvains li demande commant ele s'estoit de ce apansee.

Et elle dist que "se l'an oceïst voz chevaus, se poïssiez a ces recovrer." Et messires Gauvains l'an prise mout.

Tant ont chevauchié que il est toz clers. Et la damoisele dist a Sagremor:

"Vos me conduirez, et messires Gauvains ira a son afaire."

"Bele douce amie, fait messires Gauvains, ainz vos conduirons andui, car ge ne vouroie an nule maniere que vos aüssiez mal sanz moi."

"Sire, fait la damoiselle, j'ai assez de Sagremor, car ge lo manrai par tel leu o ja ne serons trové par home qui nos quiere."

"Et o iroiz vos?" fait il.

"Tot droit chiés mon pere, sire, fait ele, et d'iluec, chiés vostre frere Angrevain, car ge ne porroie aillors garir."

Et Sagremors dit que Angrevain verroit il mout volantiers. Et messires Gauvains dit que il est trop malades. "Et ceste damoiselle lo vos contera bien."

"Et ou iroiz vos?" fait ele.

"Ge voudroie estre en la terre de Sorelois."

"Cuidiez vos trover, fait Sagremors, ce que nos querons an ceste terre?"

"Certes, fait messires Gauvains, ge ne sai ancor que ge ferai, mais ge oï dire que ce est une mout avanturos[e] terre."

"Sire, fait la damoiselle, il n'a gaires jusque an Sorelois, et ge vos baillerai un de ces vallez qui vos i manra si droit comme linne."

Lors apele celui qui a pié estoit, so fait monter sor lo cheval monseignor Gauvain et li dit que il lo maint au plus droit que il porra an la terre de Sorelois. Et li vallez est montez, si s'an torne entre Sagremor et s'amie si com elle lo moine. Et li vallez et messires Gauvains s'an vont vers Sorelois au plus droit que il li set mener. Mais or se taist li contes ci androit de monseignor Gauvain et de Sagremor, si retorne a Hestor, qui est an la prison au seignor des Marés, au pere Ladomas, celui cui Guinas de Blasquestam avoit navré o paveillon por s'anmie, (*f. 157d*) et peres Matalez que Hestors avoit ocis qant il secorrut Signados de Vindesores.

Or dit li contes que qant il fu aresté au Chastel des Marés, si vinrent les novelles au Chastel de l'Estroite Marche. Et qant la fille au seignor l'oï, qui mout l'amoit, si vint a son pere et li dit que il lo secorre. Et il dit que si fera il a qanque il porra avoir de

gent. Et la pucelle prant un message, si l'anvoie a Synados de Vindesores. Et li mande que cil est am prison qui lo gita des mains a ses anemis, et que il lo secorre, car ausi lo secorra ses sires de l'Estroite Marche [a tant de gent comme il porra avoir.
5 Et cil maintenant i vient a son pooir, si asanblent lor genz au chastel de l'Estroite Marche.] Et Marganors meïsmes, qui estoit a l'Estroite Marche, manda totes ses genz que il i alassent por lui delivrer. Si furent bien, qant il partirent de l'Estroite Marche, deus mile, que chevalier, que serjant. Et Hestors est an prison,
10 mais cil qui lo tienent n'ont mies talant de lui ocirre ne de faire morir, car mout l'aimme la dame, por ce que il l'avoit vangiee de Guinas de Blasqestant. Et li peres meïsmes dit que no porroit mies faire ocirre des or an avant, que que il li aüst forfait, "car ge lo sauvai qant il antra çaianz."
15 A ces consauz que il tenoient, vint une damoiselle qui mout estoit laianz amee, si estoit niece au seignor des Marés, cosine Ladomas, son fil. Et qant elle oï parler que Hestors estoit si bons chevaliers et que il avoit toz les maus pais passez, si vint a son oncle et a son cosin, si lor dit:
20 "Seignor, dist elle, car me donez la prison de cest chevalier, car il m'est avis que sa mort ne volez vos mies, si l'an manrai delivrer ma seror qui est an tel prison com vos savez."
Et li peres s'i acorde.
"Voire, fait Ladomas, se li chevaliers lo velt otroier, car autre-
25 ment no donrons nos ja a home ne a fame."
"Certes, fait li sires, vos dites voir."
"Sire, fait elle, granz merciz. Et ge irai savoir se il lo voudra."
Et lors va la damoiselle a Hestor, et avoc li l'amie Ladomas, qui mout amoit Hestor an bone foi. Et la damoiselle li dit:[1]
30 "Hestor, ge ai porchacié que ge avrai vostre prison. Ne vos an venroiz vos volantiers la ou ge vos voudrai am prison metre?"
"Qui estes vos, ma damoiselle?" fait (*f. 158a*) Hestors.
"Ge suis, fait ele, une damoiselle qui de la mort vos ai rescous, se vos volez venir an ma prison."
35 "Et quex seroit, fait il, vostre prisons?"
"Gel vos dirai, fait l'amie Ladomas. Biaus amis, fait ele, ele vos manra combatre au meillor[2] chevalier do monde. Se vos lo poez conquerre,[3] si estes quites. S'il vos plaist, alez i; mais se

---
[1] damoiselle si dit
[2] fait ele ge uos manrai combatre a un meillor   [3] conbquerre

Hector Released to Help Damsel

vos n'i volez aler, n'avez garde çaianz de mort. Et vos nel feroiz mies, se vos ne volez."[1]

"Qui est, fait Hestors, li chevaliers? Est il de la maison lo roi Artu?"

"Nenil, fait l'amie Ladomas, ainz est de cest païs."

"Certes, fait Hestors, donc i erai ge mout volentiers."

"Granz merciz, fait la damoiselle qui demandé l'avoit.

Lors revient arriés et dit que Hestors l'otroie bien.

"Faites lo fors amener, fait Ladomas, se il li plaist aler, et si oromes sa volanté."

Lors est fors amenez Hestors, si li demande Ladomas se il li plaist aler avoc la damoiselle.

"Sire, fait Hestors, il n'a sociel damoiselle, se elle avoit de moi mestier, que ge n'alasse an son bessoign, se jo savoie. Mais ge vos di bien que ge n'i erai par non de reançon, car donc sanbleroit il que ge fusse de mauvaitié atainz, car li vasaus lo me metroit sus qui mon cheval m'anbla. Ne an ceste maniere n'an irai ge ja. Mais qant il sera avant venuz qui de ce me voudra esprover, et ge me serai esleiautez a l'aide de Deu, lors an irai ge aprés la pucelle an sa bessoigne et la ferai volentiers."

"Si m'aïst Dex, fait Ladomas, vos avez dit que prodom, et miauz vos en doit an amer. Sire, fait il a son pere, clamez lo quite."

Et il si fait.[2]

"Granz merciz, sire," fait Hestors.

Lors li sont aportees ses armes, et il arme son cors. Et qant il est bien armez, si li chiet la pucele an piez et li prie que il li face sa bessoigne.

"Elle est, fait li sires del Marés, ma niece. Mais por ce n'an faites vos rien, car ja ne m'aïst Dex se ge ne voloie miauz que ele fust morte que vos, car plus pert an en la mort a un prodome que an la mort a totes les puceles d'une terre."

"Certes, fait Hestors, ainz i erai mout volentiers la ou ele me voudra mener, et por ce que ele est damoiselle, et por vos qui m'avez plus anoré que ge n'avoie deservi."

Et la pu(*f. 158b*)celle l'an mercie mout.

Atant vienent hors, si est amenez li chevaus Hestors. Et il i[3] monte, et la pucele monte en son palefroi. Si a Hestor pris congié

---
[1] se uos ne uos uolez
[2] amer et il si fait . sire fait il a son pere clamez lo quite granz
[3] il li m.

de son seignor des Marés et Ladomas et la damoisele [qui s'amie estoit, si s'en vont entre lui et la damoisele] qui l'an moine la o il ne set. Et qant il ont esloignié lo chastel bien une liue, si voit sor senestre Hestors et la damoiselle les genz que Synados li amoine,
5 que des suens, que des lo seignor de l'Estroite Marche, et que des Marganors lo seneschal, bien jusque a deus mile. Si s'en mervoille mout quex genz ce sont, si chevauche totevoies sanz ganchir.

Et Synadox, qui mout fu vaillanz, dist a ses genz qu'i[l] chevau-
10 chesient bellement, "¹car je vois, fait il, veoir qui est ciz chevaliers¹ que je vois la seus cheminer."

Lors s'an part et vient grant aleüre vers Hestor, toz sanz hiaume. Et qant Hestors lo voit, si lo conoist bien, et il lui. Si dist a Hestor: "Sire, Dex an soit aorez que vos iestes hors de prison, car maintes
15 genz en estoient dolant."

Hestors l'acole et dit que bien fust il venuz.

"Et que saviez vos, fait il, que ge fusse an prison?"

"Certes, sire, fait il, li sires de l'Estroite Marche lo me manda. Et ge venoie a tant de gent com ge pooie, si avoie grant paor por
20 Mataliz que vos avoiez mort."

"En non Deu, fait Hestors, morz i fusse ge se ne fust uns siens freres qui a non Ladomas, qui me sauva a son pooir. Et ge me lo mout de lui et jo serviroie, se ge venoie en leu o il aüst mestier de moi, et s'amie, qui mout est vaillanz et cortoise. Et ces genz la,
25 sont il a vos?"

"Sire, fait Synadox, ge an i ai une partie, et li autre sont au seignor de l'Estroite Marche et a Marganor. Chascuns i avoit son pooir com an si grant haste. Et sachiez que il aüst ancui lo greignor asaut que vos onques veïssiez a chastel de tant de gent, car vos
30 avez an cest païs plus d'amis que vos ne cuidiez."

Et Hestors l'an mercie mout.

"Sire, fait Synadox, ou an iroiz vos?"

"Ge vois, fait Hestors, avoc ceste damoisele en une soe bes-soigne ou ele (*f. 158c*) me moine. Mais² alez vos an et ne corez
35 plus avant. Si me saluez lo seignor de l'Estroite Marche et sa fille, que ge mout pris, et li dites que ge la verroie plus volentiers que ge ne fis avant ier, se ge an venoie en aise et an loisir, car mout me lo de sa compaignie. Aprés me saluez Marganor lo seneschal, et, sor totes les dames que ge onques veïsse puis que

¹ bellement qui conoist ce chr   ² moine et mais

ge parti de la reine Guenievre, me saluez et vostre fame, car onques de sa richece ne vi si vaillant."

Atant s'entrecomandent a Deu, si oste Hestors son hiaume, si lo baisse, et il lui. Et mout li prie Synadox que se il avenoit que il venist en leu ou il fust arestez, que il li feïst savoir. Et il dist que si feroit il. Atant se departent, si an moine Synadox ses genz ariés. Et Hestors seust totevoies la damoiselle tant que il avesprist durement. Et Hestors li demande quel bessoign ele a a faire et de coi. Et ele li dist:

"Gel vos dirai. Ge ai une moie suer, la plus belle dame que ge onques veïsse, et totes les autres dient que eles ne virent onques si belle. Quant ele estoit pucelle, si l'anma uns chevaliers par amors qui cuidoit estre uns des miaudres chevaliers do monde, et li miaudres cuide il ancor estre. Et si est il assez plus hauz hom et plus jantis hom que ma suer. Il prist ma seror a force, si l'an blasmerent mout si parant et si ami et mout an furent dolant. Et mout longuement dura la rancune d'aus et de ma seror, tant que un jor avint que li chevaliers et ma seror gisoient[1] an un prael delez une fontaine, comme genz qui mout s'antramoient. Et li chevaliers estoit ja mout apereciz et antrelaisoit mout les armes. Si antra laianz uns oncles au chevalier, de grant aage, si comança lo chevalier a ranponer. Et dit que mout estoit honiz qui si estoit sorpris de sa fame qu'i[l] ne pooit estre san li et que totes compaignies an avoit perdues et que toz li mondes s'en escharnisoit.[2] Et ma suer lo tint a despit, si parla un po plus que mestiers ne li fust, car puis (*f. 158d*) l'a mainte foiz comparé. Si dist: "Por coi, sire, est il don si honiz por moi? S'il est jantis hom, ge ne suis mies de trop bas lignage. Et se il a perdue la compaignie des genz por moi, et ge autresi por lui, car maintes genz me venissent veoir chascun jor. Et certes, plus suis ge belle fame que il n'est biaus chevaliers ne bons, et plus a esté ma biautez looe que sa chevalerie."

"Quant ses sires l'ot, si lo tint a despit et jura son sairement que ja mais n'istroit de sa grant tor nul jor devant ce que li uns en avroit l'annor, ou que ele seroit plus bele dame, o il seroit miaudres chevaliers. "Et sachiez, fait il, biax oncles, se plus belle dame de li vient ci, que ja mais ne gerrai o li a mon pooir. Et se miaudres chevaliers de moi vient, si soit quite de sa prison." Ensi a bien ma suer esté an prison cinc anz, et si parant i ont amenees totes [les] beles dames que il porent avoir, et onques nulle n'an i vint

[1] chrs se gisoit   [2] sen esacharnisoit

qui[1] a li s'apareillast. Et des chevaliers i est il assez venuz, et ancor a il esté li miaudres. Or vos an ai dite la verité. Et ge ai esté an la maison lo roi Artu, puis cinc anz an ça, plus de vint foiz, ne onques monseignor Gauvain n'i poi trovér, car ge li amenasse mout volentiers, se ge lo poïsse avoir."

Ensi s'an vont parlant, si est mout tart Hestor que il voie la dame qui est de tel biauté. Tant ont chevauchié que il vienent chiés une suer a la damoisele, si lor fist ele laianz mout grant joie, car bien savoient que li chevaliers aloit por la dame delivrer. Si fu mout onorez[2] et conjoïz Hestors an la maison quant la damoisele ot dit quex il estoit, si furent la nuit mout bien herbergié. Et au matin se leverent bien matin, si s'an tornent lor oire et vont tant que il vienent a un mout bel chastiau. Et ce est li chastiaus o la pucele lo menoit por combatre, si avoit non Gazewilté, et li sires avoit non Persides. Et la dame qui de si grant biauté estoit avoit non Helyenne san Per. Li chastiaus fu biaus et (*f. 159a*) bien asis. Et la damoisele va avant, et Hestors aprés, et chascuns dist:

"Cist se vient combatre por ma dame. Maleoite soit sa biautez que tant a esté chier comparee."[3]

Et antre Hestor et la damoisele vienent jusque a la forterece o la dame estoit am prison. Si descent la damoisele, et il aprés, et puis montent andui les degrez. Et cil qui la dame gardoient vienent avant et demandent a Hestor que il viaut. Et il dit que il verroit volentiers une dame qui laianz est am prison. Et il lo moinent avant. Et la dame s'acesmoit an une chanbre, qui bien avoit oïe la novele qu'ici venoit uns chevaliers. Et qant ele fu apareilliee, si vint fors. Et ele fu de si grant biauté que toz an fu Hestors esbahiz. Et il osta son hiaume por li miauz veoir, car ele estoit anserree an un pronel de fer, si n'i avoit que une fenestre par o an poïst sa teste boter et un autre huis par ou li chevaliers i antroit qant il voloit a li parler, si am portoit il meïsmes la clef. Parmi la fenestre bota Hestors sa teste. Et la dame dist que bien soit il venuz. Et il dit que grant bone avanture ait ele, "comme la plus bele dame que ge onques veïsse, ne qui soit o mont au mien escient."

"Dame, fait il, ge suis venuz por vostre bessoigne. Mais ge ne la cuidai pas avoir amprise si a droit com ge ai. Mais or sai de verité

---

[1] onques nulles nan i uint nulles qui
[2] furent mout onore   [3] chier combatree

que il n'est nus chevaliers si preuz que vos ne soiez ancor plus belle. Et se quit que messires Gauvains, qui est li mieldres chevaliers do monde, s'i acorderoit bien, et si feroit Dex."

A ces paroles vient uns chevaliers qui dist a Hestor s'il lo voroit prover que sa dame est plus belle qe ses sires n'est bons chevaliers.

"Moutrer? fait Hestor. Si m'aïst Dex, oïl. Ge ne quit qu'il soit hom terriens qui l'aüst veüe qui volantiers et seürement ne la desraisnast."

"Or an venez don, fait il, sire chevaliers, car li sires do chastel vos atant la fors por deffandre."

"Est il armez?" fait Hestors.

"Oïl, de totes armes," fait il.

"Certes, fait Hestors, ce poise moi qant il se haste, car mout volentiers esgardasse la biauté de ceste dame, car ge an suis si amandez que ge an vail orran(*f. 159b*)droit tex deus com ge estoie qant ge vig çaianz. Dame, fait il, por ce que ge soie a tozjorz vostre chevaliers, faites tant por ma proiere que vos atoichiez a moi de vostre main nue. Certes, se ge avoie perdu mon hiaume, si seroie ge plus seürs que atot lo hiaume se vos ne m'aviez atochié."

Et la dame l'anbrace a deus mains par lo col[1] et dit que Dex, qui de la Virge nasqui, li otroit que il la puisse giter fors de cest leu o ele estoit liee. Lors prant Hestors de li congié et relace son hiaume et vient au pié do degré de la tor aval. Si est montez en son cheval. Puis lo moinent li chevalier la ou la bataille devoit estre. Et qant il vient la, si li demande li sires del chastel s'il velt desraisnier que sa fame soit plus belle dame que il n'est bons chevaliers.

"Dex! fait Hestor, se vos estiez cortois, il n'i avroit ja bataille, car se la dame[2] estoit fame monseignor Gauvain, qui est li miaudres chevaliers do monde, si seroit il voirs que ele est plus bele dame que il n'est bons chevaliers, car il n'est nulle belle chose qui an belle dame doie estre que an vostre fame ne soit des[3] choses qui aperent. Mais il sont deus choses an bon chevalier que vos n'avez mies, car au mains ne puet estre tres bons chevaliers sanz cortoisie. Et la ne fustes vos mies cortois o vos vos correçastes de ce que ele se tint a plus belle. Mais laissiez la bataille et prenez vostre fame comme la plus belle riens qui vive."

Et il dit que ce ne puet estre.

[1] par lo cors   [2] se la fame   [3] soit deus

"En non Deu, fait Hestor, se ge ce ne puis mostrer, ge ne quier ja plus vivre jor."

Lors s'entresloignent andui et vienent a la joste de si grant aleüre comme chevaus lor porrent corre, et s'antrefierent les greignors cox que il porent. Si peçoie Persides sa lance, et Hestors fiert lui si durement que il lo porte do cheval anmi lo champ.

"Sire chevaliers," fait Hestor, "ge ne sai comment vos lo ferez a la meslee, mais au joster en avez aü lo pis. Mais car lo faites (*f. 159c*) bien. Car vos reconoissiez de vostre folie et laissiez issir vostre fame de prison, que hui covendra que ele s'an isse, et s'avrez greignor honte que vos n'avroiez ja."

Et il dit que ce ne puet estre.

"Non? fait Hestor. Si sera, qant vos ne porroiz en avant."

Lors lait corre lo cheval et fait senblant que il lo voille ferir do glaive parmi le cors. Et cil met la main a l'espee, si li cope lo glaive et lo fait voler em pieces. Et lors trait Hestor l'espee, si li cort sus a cheval. Et cil se cuevre de son escu et fiert lo cheval parmi la teste, si lo giete mort.

"Dahaz ait, fait Hestors, qui au meillor chevalier do monde vos tint, car ci avez vos fait un po de mauvaistié qant vos mon cheval avez ocis, et ce n'est pas costume de tres bon chevalier. Et vos i avez plus perdu que ge n'ai, car ge m'an irai sor lo vostre qui la est, o sor meillor se vos l'avez. Mais se vos m'en creez, ancor ferez vos ce que ge vos prie, que vos prenoiz vostre fame ançois que greignor honte lo vos covaigne faire."

Et il dit que ancor n'est pas nez li chevaliers por cui il li covoigne faire. "Et an face ores chascuns au miauz que il porra, car nos somes assez parigal."

Lors li cort sus Hestors mout vistement, si le haste mout et fiert a destre et a senestre an toz les leus ou il lo cuide domagier, tant que il l'a an plussors leus navré. Et totesvoies se deffant au miauz que il puet cil. Et Hestors lo moine par tot la o il velt, et depiece l'escu et lo decope, si que les pieces an volent anmi lo champ. Et il va rusant et guerpisant place. Et Hestors l'avise si com il va ganchisant, si li giete un cop d'escremie[1] et fiert sor la main destre, si qu'il li fait voler l'espee de la main, et cuide bien estre afolez. Et Hestors li tost place plus et plus, et il met tot o soffrir, que plus ne puet faire. Et Hestors li a tot detranchié son escu et lui blecié en maint leu el cors, et ancor li prie Hestors

---

[1] escremiee

que il ost sa fame de prison. Et il dit que no fera. Et Hestors dit que il l'ocirra. (*f. 159d*)

"Oi vos, fait li chevaliers, qant vos an avroiz lo pooir."

Et Hestor li recort sus. Et cil li ganchist et ruse tant que il chiet. Et Hestors li saut sor lo cors tant que il li arache lo hiaume de la teste et dit que il li corpera.

"Copez," fait il.

Et Hestors li abat la vantaille desus les espaules et hauce l'espee por ferir. Et cil voit venir l'espee, si a peor, si crie merci.

"Ja Dex ne m'aïst, fait Hestors, se vos ja merci i avez, se vos ne me fianciez de vostre main nue, comme chevaliers, que vos feroiz tot outreement ce que ge vos dirai."

Et il li fiance. Et Hestors se lieve, et toz li pueples vient antor. Et Hestors li demande se totes ces genz sont a lui. Et il dit que oïl.

"Ai ge garde donc?" fait Hestors.

"Nenil, sire, il l'ont tuit juré que ja chevaliers qui a moi se combate n'avra garde fors de moi. Autrement ne poïst durer la costume que j'avoie mise en cest chastel, car li chevalier n'i venisient mies se il ne fussient aseüré." Et il disoit voir.[1]

"Or vos di ge dons, fait Hestors, par vostre fiance, devant aus, que vostre fame est plus belle dame que vos n'iestes bons chevaliers."

Et il li otroie.

"Aprés, fait Hestors, si vos comment que vos movez devant tierz jor a aler a la cort lo roi Artu, et dites madame la reine que ge vos anvoi en sa prison. Et si menez vostre fame o vos, et si li contez combien et commant vos l'avez tenue an prison sanz rien celer. Et demandez une damoiselle qui est m'amie, si la me saluez et li dites que ge suis sains et haitiez, mais ge n'ai encor rien esploitié de ma queste."

"Sire, fait li chevaliers, comment avez vos non?"

"Ge ai non, fait il, Hestors. Et vos, comment?"

"Sire, an m'apelle Persides."

Et Hestors dit que il li maint veoir la belle dame. Et il s'an vont, et toz li pueples aprés. Et qant il sont an haut an la tor, si lieve lo pan do hauberc, si li baille la clef don les prones ou la dame estoit estoient fermees.

"Tenez, fait Persides a Hestor, si la gitiez vos meïsmes de prison."

disoit voir voir

Et Hestors lieve son hiaume, si va ovrir l'uiselet, (*f. 160a*) et dit:

"Dame, venez hors, que si m'aïst Dex, vos ne devez mies estre anserree, car vos faites bien a veoir."

Et qant la dame est hors, si la prant antre ses braz, et ele lui, et dit que bien soit il venuz. Puis la baisse, et ele lui.

"Dame, fait il, or puis ge bien dire que la plus belle dame do mont m'a baissié."

"Sire, fait ele, ge ne cuit que vos eüsiez pieç'a baisier que vos achetesiez si chier."

Lors li devise Hestors lo covenant. Et ele an est mout liee. Puis prie ele tant Hestor, et Persides, que il remaint la nuit. Et Hestors li demande son non. Et ele dit que ele est apellee Helienne an son droit non, et por ce que an la tenoit a si belle, li avoit an mis an sornon, qant elle estoit pucelle, Helienne sanz Per.

La nuit remest Hestors par la proiere d'Elienne et de son seignor. Et la damoisele qui amené l'avoit est si liee que plus ne puet. Et totes les genz do chastel an avoient joie de ce que Hestors avoit vaincue la bataille et por ce que la dame est desprisonee.

Mout fu la nuit Hestors annorez et serviz do seignor et de la dame et de toz ces do chastel. Et l'andemain, qant li jorz aparut, se leva et ala messe oïr. Puis s'arma. Et Persides li dona un mout bon cheval, celui meïsmes sor coi il seoit qant il fu abatuz. Lors prist d'aus congié, et la pucele monte, si la convoie tant[1] que elle vient a un recet. Si dit la pucele que il li die quel part il velt aler.

"Si m'aïst Dex, fait il, ge ne sai ou, car ge quier un chevalier, si ne sai o il est ne commant il a non. Mais ge irai an avanture tant que Dex m'en doint asenement."

"Or vos loeroie gié, fait la pucele, que vos aleissiez la o vos oïsiez ançois novelles de chevalier errant, car vos porroiz tost esserrer et desvoier an ces forez." Et il s'i acorde bien. Et ele dit que "ci a une voie qui bien vos manra an la terre de Norgale, si la tanrez tozjorz a destre. Et qant vos vanroiz an la terre, si an porroiz aucune novele miauz oïr que an cez forez. Et si i a guerre trop grant, si i porroit tost estre li (*f. 160b*) chevaliers que vos querez por lo roi aidier."

Et il li dit que il i era. Lors commande a Deu la pucele, et ele lui. Si s'an torne au chastel ariers, et Hestors antre an sa queste.

---

[1] la tant convoie tant

Mais or ne parole plus ci androit li contes de lui, ainz retorne a
Lionnel, lo cosin Lancelot do Lac, qui an vait a la reine.

Ce dit li contes que il trova la reine sejornant a Logres, la
maistre cité lo roi Artu, car ce estoit li chiés de son regne. Et il
meïsmes i estoit. Si ne fu onques si granz joie[1] que la dame de
Malohaut et la reine ne feïssent greignor de lui, et ancor fu la
joie plus granz qant eles sorent que il fu coisins Lancelot et niés
lo roi Ban de Benoyc. Et il lor dist novelles de monseignor Gauvain
que il avoit trové combatant de traïson a un seneschal lo duc de
Canbenic, et que il l'avoit vaincu. Et la reine li demande commant
il lo faisoit. Et il dit que bien. "Et mon roncin me randi il, fait
il, que uns chevaliers m'avoit tolu; et me suï mout grant piece
por savoir o ge aloie, et rien ne l'an dis."

Quant li vallez ot dit a la reine et a la dame de Malohaut qanque
an lor manda, si pranent antre elles consoil commant elles poïssent
lor amis veoir, quant une novelle vient a cort que li Saisne et li
[I]rois estoient antré en Escoce et destruioient tote la terre et
ocioient totes les genz, et ja an avoient pris grant partie et seoient a
siege devant Arebech.

A ces novelles fu li rois esbahiz, et fait mander tote sa gent,
et pres et loing, qe a la quinzaine soient tuit apareillié de lor armes
por a mostrer es prez desoz Carduel. Et la reine mande Lancelot
que il i soit sanz nul essoigne et Galehoz, que elle i era; et celeement
se contaigne tant que elle lor face (f. 160c) savoir sa volenté;
et si port Lanceloz sor son hiaume un penoncel que ele li anvoie
a[2] une languete de soie vermoille, et si port l'escu que il porta a
la derriene assanblee, mais que il i ait une bande blanche de
bellic. Et si li anvoie la reine lo fermail de son col [et un annelet de
son doit] et un paigne mout riche, don totes les danz sont plaines
de ses chevox, et la çainture que ele avoit çainte et l'aumosniere.[3]
Et mande la reine a Lancelot que si chier com il a s'anmor,
que il face qanque messires Gauvains voldra, que trop a poine
aüe por lui, fors que tant que il n'aillent pas ansemble a l'asemblee.

Atant s'an va li vallez et antre an son chemin. Et li rois prant
consoil a la reine se il mandera Galehot que il i vaigne, mais elle
ne lo loe[4] mies devant que il sache quel bessoign il avra. "Car
il li sanbleroit ja, fait ele, que vos fussiez trop effraez." Or se
taist ci li contes do roi et de la reine, qu'il ont mandees lor oz
qu'il soient desoz Carduel a la quinzaine por mostrer lor armes,

[1] granz joies   [2] anuoie an   [3] laumoire   [4] lo lee

et retorne a monseignor Gauvain qui s'est partiz de la pucele et de Sagremor, qui lo mena a la fille lo roi de Norgales issi comme li contes vos a devisé.

Ce dit li contes que messires Gauvains chevauche tant, sanz avanture trover dom a parler face, que il est venuz chiés l'ermite de la Roige Montaigne, qui mout grant honor li fist qant il se fu nomez et l'avoia de qanque il pot por les novelles que il li aporta de son frere. Et dit que Lyenniax estoit ses ostes, et dit que il avoit esté an sa maison qant il parti de Sorlois et que il dit que Galehoz et Lanceloz estoient a Sorlois, mais il convanra poine a passer an la terre.

"Sire, fait messires Gauvains, quel?"

Lor li conte li hermites lo felon trespas de la chauciee qui est sor l'aive de Assurne,[1] ensi comme li contes l'a autre foiz conté.

Au matin s'en parti messires Gauvains qant il ot messe oïe, et ses vallez o lui que son cheval li amenoit. Et esra tant que il vint a la chauciee a ore de tierce. Si la vit haute et espesse de bois et perileuse, et l'apeloit (*f. 160d*) an lo Pont Norgalois. Issi avoit non li premiers ponz, icil o messires Gauvains vint. Li ponz de l'autre chauciee, don li contes vos avoit dit, avoit non li Ponz Irois. Si voit messires Gauvains une tor haute et grant d'un chastel qui siet devers Sorlois o chief de la chauciee. Et qant il a tant chevauchié que il est pres de la chauciee, si descent do cheval sor coi il seoit et monte an celui que li vallez menoit, et li dit que il s'an aille et que li chevaus soit suens, que il a des ore mais assez de celui. Et li vallez l'am mercie mout, si prant de lui congié. Mais il ne s'esloignera mies devant que il voit comment il li panra de la chauciee passer.

Lors s'an va un po ariere et monte an un tertre por veoir, et messires Gauvains vient a la chauciee et voit un chevalier qui ancontre lui venoit toz armez et li demande s'i[l] velt outre passer. Et il dit que oïl.

"Comment? fait il, sire chevaliers, cuidiez vos outre passer? Il vos covient combatre a moi."

"Ançois m'i combatrai ge, fait il, que ge n'i passe."

"Ancor i a, fait li chevaliers, autre meschief, que il vos covanra ja delivrer de dis serjanz, nes se vos m'aviez conquis."

"Qant n'an puis mais, fait messires Gauvains, a combatre m'i covanra, car deça ne remanrai ge mies que ge puisse."

[1] de sauerne

"Par foi, fait li chevaliers, et vos avroiz la bataille."

"Ge voil estre seürs, fait messires Gauvains, que ge n'i avrai garde fors que de vos et des dis serjanz que vos m'avez nomez."

Et li chevaliers les apelle. Il vienent tuit apareillié comme vilain et de haches et des espees et de hauberjons, si fiancent que il n'a garde de plus et que il passera si tost com il porra avoir conquis lo chevalier et els, mais que il se nomera[1] avant.

"Et si i a, fait li chevaliers, une autre chose que l'an vos doit bien dire. S'il avenoit chose que vos conqueïssiez moi et aus, nos an seriens en vostre merci, et vos covenroit garder cest païs tant que uns messages seroit venuz, et feriez autel garde comme ge i faz. Et ansi lo vos covient fiancier."

Et il li fiance mout dolanz et dit que plus li anuio[i]t li garders que la paors de combatre.

Lors sont tuit li dis (f. 161a) anbrunchié an la chauciee, et les jostes commencent do chevalier do pont et de monseignor Gauvain. Si perdi li chevaliers son escu a la premiere joste et ot failli. Et li glaives monseignor Gauvain ne fu mies brisiez, si li relaisse corre si tost comme li chevaus li cort; et l'avise mout bien, si lo fiert tot droit tres de desoz lo piz androit la forcelle, si que li haubers li fausa et que do fer et do fust li cola parmi lo cors d'otre en outre, si lo porte a terre. Et il se pasme, car mout est bleciez. Et messires Gauvains voit que tote la terre est jonchiee do sanc antor lui, si ne set que faire, car se il descent de son cheval, il crient que il ne l'ait ja mais autel et que li ribaut l'asaillent si tost comme il verront celui conquis. Si met la main a l'espee et va celui requerre tot a cheval, et dit que morz est se il ne se tient a outré. Et il revient de pasmoisons, si voit que li sans li saut do cors a grant ruissel, si crient estre a mort navrez et a paor de morir desconfés. Si crie a monseignor Gauvain merci sanz autre conroi metre. Et messires Gauvains dit que il se taigne por outrez.

"Sire, fait il, ge me met an vostre merci del tot."

Si li rant s'espee, [et il] la prant, et [cil] li fiance prison.

Et lors laissent corre li dis, si fierent destre et senestre de haches et des espees. Si li ocient son cheval soz lui, mais de lui mehaignier se gardent il a lor pooir. Et li vallez qui o lui estoit venuz hurte lo cheval des esperons de si grant aleüre com il lo puet faire aler, droit a aus, et prant lo glaive au chevalier navré, car encor estoit il toz antiers, et pant l'escu a son col; si crie as serjanz:

[1] il satornera

"Fil a putain, vilain larron, n'ociez pas lo meillor chevalier do monde, car ce est messires Gauvains, li niés lo roi Artu, que s'il i muert, vos an seroiz destruit et pandu as forches."

Lors an fiert un soz la gole si durement qu'il l'abat mort.
5 Et qant li vilain oent que ce est messires Gauvains, si se partent, li un vers la tor a garison, et li autre contremont la riviere. [L]ors descent li vallez et baille a monseignor Gauvain lo cheval. Et il i monte. Et li vallez prant (*f. 161b*) lo cheval au chevalier navré, si monte et seust monseignor Gauvain qui les chace et moine
10 mout malement. Et qant li chevaliers navré set que c'est messires Gauvains, si an a mout grant confort. Et uns des serjanz vient ancontre monseignor Gauvain, si li rant les clex do chastel et dit:

"Sire, vos soiez li bienvenuz. Vos n'avez garde de nos des or
15 mais, puis que vos iestes messires Gauvains."

Et li autre vienent avant, si ostent lor chapiax et lor armes. Si en i avoit trois mout bleciez et un mort, cui li vallez avoit la gole rote. Lors lo moinent laianz et lo chevalier navré avoc. Et li vallez prant congié a lui, et il li baille son cheval, si l'an
20 envoie—celui meïsmes que il li avoit devant doné—et an porte lo glaive et l'escu au chevalier navré. Et messires Gauvains li dit et conjure, se il velt que ja mais biens li vaigne de lui, que ses nons ne soit seüz a nelui qui li anquiere, s'il ne li creante avant qu'il soit de la Table Reonde o chevaliers la reine Guenievre. Et ce
25 dit il, por ce que il volsist bien que Hestors lo trovast.

Ensi remest messires Gauvains an la maison, o an li fait mout grant annor. Et est mis ses nons an escrit an une table de pierre, si disoient les letres: "Ci passa premierement Gauvains, li niés lo roi Artu, par armes aprés la pais Galehot et lo roi Artu."
30 Et trove messires Gauvains que devant i avoit antré li rois Ydiers.[1] [Et li premiers qui i estoit passez a force, ce fu li rois Artus. Et autresi i estoient en escrit li chevalier qui conquis i estoient et cis qui les avoit conquis. Si avoit non Elinans li chevaliers que messires Gauvains avoit conquis, uns des millors chevaliers
35 que l'en contast en la terre Galehot. Et disoient les lestres que puis que la chauciee avoit esté faite, n'i avoit passé qe cinc chevaliers: li rois Artus et li rois Ydiers] et Dodiniaus li sauvages et Melianz de Liz [et messires Gauvains.]

Et messires Gauvains est remés an la tor au chief de la chauciee

---

[1] *In Ao* aprés la pais Galehot et lo roi Artu *comes after* li rois Ydiers

ensis com vos avez oï. Ci se taist li contes de lui une piece et parole de Hestor, qui est partiz de Gazewilté,[1] o il se combat[i] por la belle dame.

Ce dit li contes que avanture lo mena vers la fin de Norgales, et oï novelles que uns chevaliers erranz an aloit vers Sorlois. Et il antra o chemin et esra tant que il encontre lo vallet qui chevauchoit lo cheval monseignor Gauvain. Si lo salue, et il lui.

"Biax frere, fait (*f. 161c*) Hestors, savriez me vos novelles d'un chevalier errant qui va an Sorelois?"

"Qui estes vos?" fait li vallez.

"Ge suis, fait il, uns chevaliers de la maisnie lo roi Artu."

"Bien soiez vos venuz, fait li vallez. Ge vos dirai novelles d'un chevalier qui a passee la chauciee de Norgales la plus male que vos onques veïssiez, qui se combati, voiant moi, a un chevalier et a dis serjanz. Et jo laisai ancor arsoir a la chauciee un po devant none."

"Et commant a il non?" fait Hestors.

"Certes, fait il, c'est messires Gauvains."

Atant lo commande Hestors a Deu, et il lui, qu'il li tarde mout de venir a la chauciee por estre acointes de monseignor Gauvain que il ne cuide onques avoir veü. La nuit jut Hestors chiés l'ermite o messires Gauvains avoit geü, si li fist mout grant joie et li conta que messires Gauvains avoit laianz geü et an aloit an la terre de Sorelois, [et avoit oïes novelles] par un vallet qui i ot jeü que il avoit conquis cels de la chauciee. Et Hestors li demande se ce estoit bien loig. Et il li dist que il i seroit devant ore de midi au plus tart.

Au matin se leva Hestors bien matin et mut a aler la voie de la chauciee si comme li hermites li anseigna. Et qant il vint a la chauciee, si li anvoia messires Gauvains[2] un serjant a l'ancontree por savoir se il i voudra passer par lo covenant qui i estoit. [Et il dit que oïl.] Lors i vint messires Gauvains outre la chauciee, toz armez, sor lo cheval au chevalier qui navrez estoit, et tint un glaive gros et fort, que an la tor an avoit assez de bons. Si vient au chevalier, si li demande qui il est. Et il dist que il est uns chevaliers estranges.

"Et iestes vos des compaignons lo roi Artu?"

Et il dist que nenil.

"Volez passer ansi com ge vos ai mandé par lo serjant?"

[1] gazewinte   [2] si li anuoia messires G. li anuoia un s.

"Oïl," fait il.

Lors s'entresloignent et hurtent andui les escuz de coudes, si s'antrefierent de grant aleüre des chevaus si durement que tuit li glaive volent em pieces et esmient, que li uns ne li autres ne chaï, ainz s'an passent outre. Et metent les mains as espees, si s'entredonent tex cols sor les escuz que il les detranchent et decopent. Si s'antrehastent si durement que il n'i a (*f. 161d*) un seul qui ait loisir de reposer, et a chascuns perdu do sanc an plusor leus, et tant que midis aproche. Lors sont lor aleines si acorciees et lor forces si apetisiees que petit valent mais lor cox. Et uns des laz ou hiaume Hestor est roz, si li torne ses hiaumes. Et il saut un po arrieres, si l'adrece. Et messires Gauvains s'areste por repanre s'alaine et voit que midis sera par tens, si s'apoie a un des pilers de la chauciee, tot a cheval, et essuie Escaliborc, s'espee, qui estoit soilliee de sanc. Et Hestors fait ensi la soe. Et messires Gauvains la regarde, si la conut au ponz et a l'audeüre et as letres. Et vient avant et demande a Hestor commant il a non.

"Que an avez vos, fait il, a faire?"

"Ge lo savroie, fait il, mout volantiers."

"Ge ai non, fait il, Hestors."

"Hestor, fait messires Gauvains, vos soiez li bienvenuz."

Lors bote l'espee ou fuerre et oste son hiaume. Et qant Hestors lo voit, si lo conoist bien.

"Ha! sire, fait il, que est ce que ge fasoie? Pardonez lo moi."

"En non Deu, fait messires Gauvains, vos avez mout grant droit, et ge tort, car ge deüsse pieç'a avoir demandé vostre non, car ge savoie bien que vos estiez en ceste terre. Et de ce me taig por outré."

"Ha! sire, fait il, merci. Ce n'avanra ja, car nuns si prodom n'est comme vos."

"Si m'aïst Dex, fait messires Gauvains, vos iestes li chevaliers o monde de vostre aage a cui ge plus a anviz me combatroie jusque a outrance, et por ce que vos m'avez servi, et por ce que il a an vos assez que l'an doit redoter."

Lors lo prant par la main, si s'an vont andui jusque as serjanz, qui mout se mervoillent qui cil puet estre cui messires Gauvains fait si grant onor, si lor dit que il se tient por outré et que ja plus ne se combatra. Et Hestor lo nie[1] mout durement et dit que ainz est il outrez.

---

[1] hestor aimme

"Sire, font li serjant a monseignor Gauvain, annor l'an avez faite qant vos ostates vostre hiaume avant, et soe en doit estre l'annors."

Et Hestors an est mout angoisseus, si fait a force metre messires Gauvains an escrit son non. Or est Hestors mout annorez laianz. Et messi(*f. 162a*)res Gauvains fait de lui mout grant joie. Et il li conte comment il l'avoit anpris a querre et mout le mercia de l'espee que il li avoit anvoiee.

Or dit li contes que a l'ore que messires Gauvains se combatié au chevalier de la chauciee que il avoit navré, et il se tint por outré, et il avoit les serjanz par sa proece si conquis que plus ne s'oserent movoir, si s'an ala droit uns vallez en Sorhaut, ou Galehoz estoit antre lui et son compaignon defors la vile ou ses maisons estoient. Si lor conta [que] uns chevaliers avoit conquise la Chauciee Norgaloise (mais il nel sot[1] nomer) et toz les serjanz ausi. Et qant Galehoz l'oï, si s'en merveilla mout et dit a son compaignon que ansins a uns chevaliers erranz outré un des meillors chevaliers de sa terre et dis serjanz. Et Lanceloz dit que Dex doint que il vaigne cele part.

"Por coi?" fait Galehoz.

"Por ce, sire, que nos somes ci an prison, et a mout grant piece, ne ne veïsmes pieç'a joster ne chevaleries, si perdons noz tans et noz aages. Si voirement m'aïst Dex, s'il vient, ge me combatrai a lui."

Et Galehoz commance a rire, et cil qui l'oent dient que il n'a gaires grant talant de reposer. Lors se panse Galehoz que, se il puet, do combatre lo deffandra il mout bien et mout bel. Si avoit un suen herberjage trop bel et trop boen an une isle dedanz Assurne, si estoit de toz sans dedanz aive bien demie liue, si l'apeloit l'an l'Isle Perdue, por ce que si estoit an aive et fors de gent. Et il s'apense que la manra il Lancelot. La nuit demande un suens chevaliers la garde de la chauciee, si avoit non Helies de Ragres et estoit mout bons chevaliers et mout hardiz. Si l'otria Galehoz et la nuit meïsmes an mena son compaignon an l'Ille Perdue. Et Heliens s'en ala a la chauciee garder, si i trova monseignor Gauvain. S'en fist Heliens mout grant feste qant il sot que ce fu messires Gauvains. Et messires Gauvains li demande, Galehoz, o estoit. Et il dit que il n'an savoit nulles novelles.

"Non? fait il. N'est il mies a Sorhaut?"

[1] il nosoit nomer

"Certes, fait Helies, il s'an ala (*f. 162b*) arsoir de mienuit, nos ne savons quel part."

Lors est messires Gauvains mout dolanz, car il crient que sa queste soit esloigniee.

Au matin prist congié messires Gauvains et s'an ala antre lui et Hestor, puis que garde avoit au pont. Et dist au chevalier navré, qui ancor estoit laianz, que par sa fiance alast a la cort lo roi Artu et que il se rande a la reine Guenievre et li die que il a trové Hestor, et Hestors lui, et que au plus tost que il porra, ira a cort, et que Hestors s'an fust alez se il ne l'aüst retenu por aler ansanble. "Et vostre non, fait il, me dites, car le mien savez vos bien." Et il dit que il a non Elinans des Illes.

Atant s'an va Elynanz a la cort lo roi a grant messaise et conta les novelles. Si an fu li rois mout liez, et la reine li fist garir ses plaies. Et puis fu il de la maisniee lo roi Artu, car mout estoit preuzdechevaliers. Et qant la reine sot que Hestors ot trové monseignor Gauvain, si en est mout liee. Et lors lo conte a s'amie, qui mout en est liee et mout s'an conforte, ne onques puis ne l'avoit nus fait rire ne joer. Mais au roi poise sor toz homes que messires Gauvains n'a achevee sa queste, por sa grant bessoigne que il avoit a faire, car il ne savoit rien sanz lui tozjorz.

Or revient li contes a Lancelot, qui estoit an la tor de l'Ile Perdue, mout angoiseus et mout pansis, et mout dessirre a oïr novelles de sa dame que ele li voudra mander. Si a tot laissié lo rire et lo joer et lo boivre et lo mangier, ne rien ne lo conforte fors solement a penser. Si est tote jor sor la tor an haut et esgarde amont et aval mout esbahiz.

Et avint, l'andemain que messires Gauvains se fu partiz de la chauciee entre lui et Hestors, qu'il chevauchent par avanture, ne ne puent de Galehot oïr novelles, tant que il ancontre une damoiselle sor un palefroi. Messires Gauvains la salue, et ele lui, si li demande o il vont. Et il dient que il ne sevent ou trover ce que il quierent.

"Et que est ce?" fait elle.

(*f. 162c*) "Nos querons Galehot, damoiselle, font il, lo seignor de cest païs, mais trover ne lo poons."

"Gel vos anseignerai, fait ele, se vos me donez lo[1] premier don que ge vos demanderai." Et il lo creantent. "Fianciez lo moi," fait ele. Et il li fiancent. "Venez an," fait ele.

---

[1] donez fait ele lo

Lors s'an vont jusque sor une montaigne mout haute, et d'iluec lor mostre l'Ile Perdue. "Et sachiez que il est laianz au plus priveement que il puet." Lors s'an part la damoisele et commande les deus chevaliers a Deu, et il li. Si s'am vienent tot droit vers l'ile et voient, qant il[1] sont pres, que ele est tote plaine de haute forez espesse et que rien nule n'i pert fors que solement les batailles et la coverture de la tor qui mout est haute.

"Ha! Dex, fait messires Gauvains, com a ci riche forterece et orgoilleuse qui est laianz anclose an ceste aive roide et lee et bruiant. Ne il n'i a que une antree par ou en i puisse[2] antrer, car ge voi que cist ponz tornoiz est levez. Ne ge ne sai ne l'art ne l'angin comment nos i puissiens lo pié metre, car cil de laianz se reponent et destornent au plus que il puent."

Ensi sont au chief do pont remex et atendant en ceste maniere savoir se nus vanroit fors. Et Lanceloz est an la tor en haut, pansis, et voit au chief do pont les deus chevaliers toz armez. Et apelle Galehot et les li mostre. Et Galehoz anvoie savoir un suen escuier qui il sont, ne que il quierent. "Mais garde, fait il, que tu ne dies que ge soie çaianz." Et il va, si lor demande. Et messires Gauvains dit qu'il sont dui chevalier estrange, si parlesient mout volentiers a Galehot.

"Sire, dist li vallez, il n'i est mies."

"Ge sai bien, fait messires Gauvains, que il i est. Mais itant li di que, se il velt, nos parlerons a lui, et s'il ne velt, nos n'i parlerons mies. Et s'il ne velt parler a nos, nos serons ci assez. Et sachiez bien que il n'i[st]ra ja mais rien nulle [de] laianz que il n'ait perdue. Et li puez dire que ce est (*f. 162d*) granz vilenie a son ués com il por deus chevaliers s'est anserrez."

Et li vallez s'an revait et conte a son seignor ce que an li a dit. Et Galehoz lo tient a mout grant orgoil, et dit que ce verra il par tens se il la soe chose panront si a delivre. Lors fait monter deus de ses meillors chevaliers, toz les miaudres que il avoit sanz trois, et si les anvoie as deus chevaliers. "Et se il volent, fait il, chevalerie, gardez que ne s'an aillent escondit."

Et qant messires Gauvains les voit venir, si dist a Hestor:

"Combatre nos estuet, or i parra, car nos somes anbatu et an l'orgoil et an la meillor chevalerie do monde. Et sachiez que li cors do meillor chevalier de Bretaigne est apareillié an ceste ille, et por sa proece ont li chevalier de la maison lo roi Artu et

---

[1] uoient q̄ il   [2] ou il puisse

maintes paines et maintes hontes andurees. Et ce est il que ge quier, et ge savoie bien que par mon bel parler n'i anterroie ge mies se ge ne mandoie aucun outrage, que miauz voil ge outrage mander que faire."

5 Atant vienent li dui chevalier. Et si tost com li ponz est avallez, et il vienent outre a monseignor Gauvain et a Hestor. Et il lor dient que il se randent pris, o il se combatent a els.

"Ge voudroie miauz estre pris, por coi ge fusse laianz."

"Laianz, dient li chevalier, ne vanroiz vos ja, ainz vos metrons 10 am prison en autre leu."

"Par tel covant, fait messires Gauvains, ne me ramdrai ge pas ancores. Et neporqant, se il n'avoit que vos deus au pont garder, ge i anterroie amcui."

"Or i parra," font il.

15 Lors laissent corre li dui as deus de si grant aleüre comme li cheval porrent aler, et s'entrefierent desor les escuz. Si porte messires Gauvains le suen a terre, et lui et son cheval, et Hestors porte le sien par desus la crope do cheval a terre, si que Galehoz et si compaignon dient que mout jostent bel li dui chevalier. Lors des-
20 cendent et messires Gauvains et Hestors, si corrent sus as chevaliers, l[es] espees traites, mais cil cui messires Gauvains abati ne se puet aidier, car ses chevaus gist sor lui, si que a po ne li a lo cuer crevé ou vantre. Si l'aert messires Gauvains, si li arache (*f. 163a*) lo hiaume de la teste et avale la vantaille et dit que la 25 teste li copera se il ne se tient por outrez. Et cil si fait. Et Hestors recort sus au suen mout vistement, si lo trove mout blecié, [qu'il li avoit parmi l'escu et parmi le hauberc brisié une des costes,] et li estoit antrez do fer et do fust assez. Et totevoies se leva li chevaliers au miauz qu'il pot. Et Hestors li vient[1] au relever, si lo 30 fiert tres parmi la teste, si que tot l'estone, si lo rabat. Si lo conquiert en mout poi d'ore, si crie merci et se tient a outré et a prison fianciee et rant s'espee. Et il demandent as deus sor lor fiances quel compaignie Galehoz a laianz. Et il dient, an quel que leu que Galehoz soit, a laianz des meillors chevaliers do monde, 35 mais Galehoz n'i est mies. Et messires Gauvains ne lor an demande plus. Et Galehoz est mout dolanz de ses compaignons que il voit pris devant lui, si demande ses armes. Et Lanceloz saut avant et dit que ja par aus deus chevaliers ne s'armera. "Ainz i erai ge," fait il.

---

[1] hestors si uient

"Et qui ira o vos?" fait Galehoz.

"Nuns, fait il, tant que ge voie comment il ert."

"Par mon chief, fait Galehoz, si fera li Rois des Cent Chevaliers, que seus n'i eroiz vos mies."

Lors demandent armes, et an lor aporte. Et qant il sont armé, si met Lanceloz l'escu Galehot a son col et s'an vient fors de l'ile par lo pont. Et messires Gauvains dist as chevaliers outrez que il s'an aillent la o il cuideront estre plus a aise. "Et d'ui an tierz jor revenez ci an ma prison."

"Nos n'an irons ja, font il, car nos ne seromes mies tant an vostre prison. Par tens serons rescous."

Lors set bien messires Gauvains que ce est Lanceloz qui vient as armes Galehot, si lo dit a Hestor.

"Ahi! fait il a Hestor, veez ci lo meillor chevalier do monde. Et vos josteroiz a celui qui porte cel escu d'or a ce leoncel de sinople, et ge a icelui qui porte l'escu d'or a corones[1] d'azur. Et por Deu, tote la proece qe vos aüstes onques soit orandroit ici, que onques mais ne fu si granz mestiers."

Et Hestors se contient mout viguereusement, si l'am prise messires Gauvains mout. Et li chevalier vienent outre, si laissent corre tantost li dui as deus. Si avint que antre mon(f. 163b) seignor Gauvain et Lancelot se porterent a terre, [les chevaus sor lor cors. Et Hestors josta mout durement, si abati le Roi des Cent Chevaliers a terre.] Et il gete la lance an voie. Et qant li rois saili sus, si ne pot mies Hestors retenir son cheval, si a hurté au roi. Et li rois fu mout forz, mais totesvoies lo recovint cheoir derechief a terre. Et li chevaus fu anconbrez de lui, si chiet par desus lui outre. Et Hestors saut en piez, si met la main a l'espee. Et li rois fait autretel, si se depiecent les escuz mout durement. Autresi sont relevé antre monseignor Gauvain et Lancelot, si s'entredonent de mout bons cox. Et dure la bataille mout longuement, tant que messires Gauvains an a mout lo poior, et si estoit il ja antre midi et none. Et Hestors a de la soe bataille lo plus bel et moine lo roi auques a sa volanté. Et por la peor que Galehoz ot de lui, est il venuz hors, car mout volentiers les departist s'il saüst commant. Et qant il i est venuz, si voit que messires Gauvains est mout anpiriez, et il et ses armes, et li rois assez plus. Et messires Gauvains n'i atant se la mort non, car onques mais ne fu il si angoisseus, car an plusors leus de son hauberc poïst an ses poinz boter, ne

[1] a coroneus

de son escu n'i a il gaires. Ne Lanceloz ne rest mies toz sains, car mout l'a ampirié la bone espee monseignor Gauvain. Et lors va Hestors a monseignor Gauvain et dit:

"Sire, tenez cestui, si me randez celui ci, car ge me tanrai bien a cestui, mais li miens me grieve. Mais il ne se tanra ja a vos."

"Mais laisiez lo vostre, fait Lanceloz, et ge me combatrai a vos deus."

"Mais faites lo bien, fait Hestors. Combatons nos tuit quatre ansanble."

"Li qarz, fait Lanceloz, n'iert ja, mais andui vos combatez a moi."

Lors se pansa Hestors que an lo tanroit a mauvaistié s'il ne conqueroit avant le suen chevalier. Si li lait corre et mout lo haste et fiert la o il volt. Et l'espee lo roi est brisiee par lo mileu, si cort sus a Hestor as braz, car il estoit trop forz, si a gité Hestor soz lui. Mais tost se fu relevez, (*f. 163c*) que trop estoit forz et vistes. Et messires Gauvains a soffert mout longuement, que l'ore fu passee ou il soloit ampirier, si a s'aleine reprise un po, et sa force li commance a dobler. Et dit, puis que autrement ne puet estre et que il a ce que il quiert ne se porra acointier se par outrance non de la bataille, si soit; et des or mais soit au pis faire. Si li remanbre des paroles que il ot oïes, si ot et duel et honte. Et lors cort si aprement sus a Lancelot que toz an est Galehoz espoantez, car or voit il bien que ses compainz an a de trop lo poior. Et set bien que, se il se combatent longuement, il ne puet estre que li uns n'am muire, car messires Gauvains se combat orandroit si durement que tuit s'an mervoillent. Et Hestors en est mout liez, si s'an rit de joie; et dit que ne puet se a ennor non estre la bataille, que or voit il bien que il an ont lo meillor.[1]

A ces paroles vint, si comme Dex plot, Lieoniax. Et qant [il] vit Lancelot combatre, si no conut mies, mais[2] il conut bien monseignor Gauvain a ses armes, et si estoient elles mout ampiriees. Et il demande a Galehot, que an la place estoit, qui ce est qui se combat an ses armes. Et il dit toz dolanz que ce est ses compainz.

"Mar fu la bataille commanciee, fait il, car il lo comparra."

Lors vient avant, et Lanceloz lo[3] voit, si an a mout[4] grant honte de ce que il n'a lo chevalier conquis pieç'a. Et li est avis, qant il lo voit, que la reine l'ait veü, si li cort sus mout vistement, et il lui autresin et miauz, cui la force est doblee et croist adés.

---

[1] meoillor   [2] mies et nais   [3] lanceloz la uoit   [4] mlt/mlt

Et Lyonniaus li escrie, si chier com il a sa vie, que plus n'an face tant que il ait a lui parlé. Et Lanceloz retint son cop et se traist arrieres. Et Lyeonniaus li dit que ce est messires Gauvains, et la reine li mande que il face qanque il voudra, et que por lui a toz les maus aüz. Et qant il l'ot, si a duel et honte, et giete s'espee jus et dit:

"Ha! Las! Que ferai?"

Si s'an torne sanz plus dire, tot droit a son cheval. Et messires Gauvains (*f. 163d*) ne regarda onques lo suen, ainz met l'espee o fuerre et s'escorse aprés lo chevalier et dit:

"Ha! sire chevaliers, dites moi vostre non."

Et il plore si durement que ne li puet respondre. Et qant messires Gauvains voit qu'il ne li respondra, si s'eslaisse et saut derriers lui sor son cheval, toz armez, si l'anbrace parmi les flans et dit:

"Par Sainte Croiz, vos ne m'eschaperoiz tant que ge savrai vostre non, por a morir, o moi o vos."

Et antre Hestor et lo roi sont departi, et au roi estoit bien mestiers, car il estoit vaincuz. Et Galehoz estoit mout esbahiz de Lancelot, si demande a Lyonel que ce est. Et il li dit tot. Et qant il l'ot, si ne set que dire ne que faire, si ne set se Lanceloz voudra que cil lo conoisse, ne il ne lo descoverroit por nulle rien, [ne il ne feroit vilenie vers monseignor Gauvain por nulle rien,] que tant a aü mal por lui. Si s'an vient a Hestor, si li demande qui il est. Et il dit que il est de la terre de Logres et chevaliers la reine et si a non Hestors.

"Et cil chevaliers, fait il, qui est?"

Et il dit que ce est messires Gauvains.

"Si m'aïst Dex, fait Galehoz, ce quit ge bien, et mout est prodom."

Ensi s'an vont parlant antr'aus deus tot lo pont. Et uns vallez amoine aprés aus lo cheval monseignor Gauvain tant qu'il vienent an l'ille. Et lors vient Galehoz a monseignor Gauvain, si l'anbrace et dit:

"Sire, bien soiez vos venuz. Ge ne vos conoissoie mies. Et sauve vostre grace, vos avez trop mespris, que par un po que vos n'avez fait morir deus des plus prodomes do monde, et por noiant, car vos vos deüsiez estre nomez."

"Sire, fait il, la paors de perdre cest seignor qe j'ai tant quis ne me laissa nomer. Si savoie bien que vostre grant san ne porroie decevoir se par outrage faire non. Et pardonez lo moi, sire."

"Certes, si fais ge tot, et nos vos avons plus forfait que vos nos. Mais que savez vos qui cil est que vos tenez?"

"Ge sai bien, fait messires Gauvains, que ce est cil que ge quier."

5 Atant vienent jusque an la tor, si [ne] volt Lanceloz descendre. Si descendent ansanble andui, et adés lo tient messires Gauvains.

"Sire, fait Galehoz, (*f. 164a*) or lo me laissiez, et ge vos creant que ge vos en revestirai autresin com vos iestes."

"Sire, fait il, volantiers. Mais bien sachiez que ce est sor ma vie."

10 Lors lo moine Galehoz an une chanbre. Et puis revient hors, si commande que messires Gauvains et Hestors soient si annoré com il plus puent, et les fait desarmer. Lors revient an la chanbre et trove Lancelot grant duel faisant, si li demande que il a. Et il dit que il a perdue l'anmor de la reine par monseignor Gau-
15 vain a cui il s'et combatuz. "Ne ja mais fait il, escuz ne me pandra au col des ores an avant."

"Or n'aiez garde, fait Galehoz, que de tot ce vos deliverai ge bien."

"Ha! sire, donc m'avez vos randue la vie."

20 Lors lo fait Galehoz desarmer et laver son vis de aive chaude. Lors dit:

"Ge vos ferai venir monseignor Gauvain, et vos li crieroiz merci autresin com a Damedeu meïsmes, et il an sera plus liez que se vos li donoiez une cité. Lors sera la pais de vos deus. Si li
25 dites que vos iestes apareilliez de faire tot son plaisir."

Lors s'an revient Galehoz a monseignor Gauvain, si li dit; et si lo prant par la main, qu'i[l] vaigne avoques lui, et commande que li autre chevalier facent Hestor compaignie. Lors s'an vont antr'aus deus an la chanbre. Et Galehoz li demande cui il cuide
30 qui ce soit.

"Ge sai, fait il, de voir que ce est Lanceloz do Lac, li filz lo roi Ban de Benoyc, cil qui fist la pais de monseignor lo roi Artu et de vos."

Et Galehoz commance a rire.

35 "Certes, fait il, onques nul si grant duel n'ot onques nuns hom com il a eü de vos ne si grant honte. Or verroiz ja ques il a les iauz de plorer, car trop l'avez deservi."

Lors vienent an la chanbre. Et qant Galehoz a dit: "Veez ci monseignor Gauvain", et il se met a genoz et crie merci. Et
40 messires Gauvains l'an lieve et dit:

"Gel vos pardoin, sire, que certes vos avez çan[t] tanz fait por moi que ge por vos. Mais por Deu, vostre non me dites."

"C'est, fait Galehoz, cil que vos m'avez dit."

"Gel voudroie, fait il, mout savoir de sa boche."

"Dites li, sire," fait Galehoz.

Et il an a mout grant honte, si rogist. Et totevoies li dit que il est Lanceloz. Lors est la joie mout granz, si parolent mout de maintes choses et d'Estor. Et Galehoz dit que il ne vit onques plus preu chevalier (*f. 164b*) de son aage ne miaudre chevalier, a son escient. Lors lo vait querre Galehoz meïsmes et l'amoine. Et li Rois des Cent Chevaliers est couchiez an une chanbre, que mout est bleciez. Et Galehoz fait regarder les plaies monseignor Gauvain et les Hestor avoc, si lor baille[1] mires.

Au tierz jor vient laianz une pucelle a monseignor Gauvain, si lo trait a consoil.

"Sire, fait ele, a vos m'anvoie vostre freres Angrevains et vos mande que li rois Artus s'an va en la terre d'Escoce, o l[i] Irois et li Saisne sont antré, et que vos [ne laissiez mie que vos] n'i ailliez. Et mandez li commant vos avez esploitié de vostre queste."

"Bien, fait il, la Deu merci. Or vos remenez."

Et la nuit prie messires Gauvains Lancelot de sa compaignie avoir. Et il li otroie volantiers et qanque il voudra a devise. Et Hestors meïsmes est devenuz de cele conpaignie, par foi fianciee tuit troi, por ce que il estoit uns chevalier la reine et preuz assez. Aprés dit messires Gauvains que il velt demorer tote la semaine.

"Et nos nos ferons lo matin seignier chascuns do destre braz."

Et Lanceloz dit que il ne fu onques seigniez, mais por amor de lui lo sera il.

L'andemain se seignerent, si anvoia messires Gauvains lo sanc Lancelot a Engrevain, son frere, par la damoiselle. Et fu toz gariz si tost com il an fu oinz. Et Galehoz fait faire Lancelot tel escu comme la reine li manda. Et il porta l'escu a un de ses chevaliers. Et messires Gauvains lor dit de l'ost qui va sor les Saisnes, qu'il quida que rien n'an saüsient; et dit a Galehot et a Lancelot qu'il i vaignent. Et il l'otroient.

"Mais alons, fait Galehoz, an tel maniere que nos ne soiens coneü, si prenons tuit estranges armes."

Et il l'otroient.

Laianz demorent tote la semaigne antiere. Et lors s'esmuevent

[1] bailles

por venir a l'asenblee, si alerent tant anquerant novelles que il ancontrerent la pucelle que messires Gauvains et Hestors avoient encontree qant ele lor enseigna[1] l'Ille Perdue. Si la saluent antr'aus. Et ele dit que Dex les beneïe.

"Damoiselle, fait Galehoz, savez (*f. 164c*) vos novelles do roi Artu?"

"Oïl, fait ele, totes veraies. Et sachiez que vos n'an orroiz hui ne demain novelles se par moi non. Mais ge nes dirai mies por noiant."

"Certes, fait Lanceloz, nos vos an donrons ce que vos voudroiz."

"Se vos me fianciez, fait ele, de quel que ore que ge vos semondrai, me randrez ce que ge vos demanderai jusque a une liue de terre a voz pooirs."

"De ce, fait il, ne vos faudrons nos ja."

Se li fiancerent tuit quatre.

"Li rois, fait la damoiselle, est a Resteil an Escoce. Et si tost com vos i vanroiz, vos lo troveroiz seant a la Roiche as Saisnes, si com ge cuit."

Atant s'an part, si la commandent tuit a Deu, et ele aus. Si esrerent tant par lor jornees qu'il vinrent a Restel et trovent lo roi seant a la roiche, si com la damoiselle lor avoit dit. Et ele estoit si forz que nule rien ne dotoit fors estre afamee. Celeement avoit esté fermee au tans que Vortigier prist la fille Hanguist lo Saisne. Et d'iluec a Restel avoit bien doze liues escotoisses, si estoit destruit qanque il avoit antredeus fors un chastel ou avoit une damoiselle qui avoit non Gartissiee. Si savoit plus d'anchantement que damoiselle do païs et mout estoit belle et estoit do linage as Saisnes. Et ele amoit tant lo roi Artu com ele pooit plus rien amer, et li rois n'em savoit rien.

Quant li quatre chevalier furent venu an l'ost, si dist messires Gauvains a Lancelot que il feroient, qu'il n'oseroient antrer an la cort lo roi Artu devant qu'il aüst aportees veraies anseignes de lui, et juré l'avoit.

"Sire, fait Galehoz, s'il vos plaist, si laisons jusque aprés l'ost, et vos vos poez biem soffrir d'antrer an la maison lo roi Artu jusque lors. Et lors s'an ira Lanceloz la o vos plaira."

Et messires Gauvains l'otroie. Et il dit que il a ancor vint chevaliers en ceste queste.

"Et creanterent, fait messires Gauvains, que an la premiere

[1] lor enseigne

asanblee lo roi Artu seriens tuit, se nos estiens en nostre pooir, et meïmes enseignes comment nos nos antreconoistriens. Et ge (*f. 164d*) i erai savoir se nulles an troveroie. Et puis revenrai a vos."

"Et nos vos atandrons, fait Lanceloz. Et alez, Hestor, avoques lui.[1]"

"Voire, fait Galehoz, et nos ferons tandre nostre tante ça defors, antre l'ost et Arestel, que nos ne soiens coneü. Et tozjorz, qant nos irons de l'ost, nos an istrons par nuit, que ja nuns rien n'an savra qui nos soions."

Ensi lo loent tuit.

Lors s'an vient antre monseignor Gauvain et Hestor an l'ost. Si les esgardent a mervoilles les genz, car il portent lor escuz ce defors dedanz. Et trove messires Gauvains ses compaignons, fors solement Sagremor cui s'amie avoit retenu, qui tant l'amoit que ele ne s'an pooit consirrer. Et neporqant il vintançois que l'asa[m]blee fausist. Lors li demandent si compaignon s'il a rien esploitié. Et il dit que il a qanque il queroit. "Mais ge ne me ferai, fait il, conoistre devant que l'asemblee depart."

Lors dist a monseignor Yvain que il s'aillent herbergier dui et dui, o troi et troi, que il ne soient aparceü. "Et ge ferai autresin antre moi et cest chevalier cui ge ne puis faillir."

Lors li demande Kex qui il est.

"Certes, fait il, c'est uns chevaliers qui vos abati toz quatre a la Fontaigne do Pin."

Et il s'an mervoillent trop, si dit messires Yvains que bons chevaliers sera s'il vit. Atant se departent, et messires Gauvains lor dit que demain a l'asemblee soient tuit ansanble. Puis s'an va messires Gauvains la ou Galehoz avoit dit que sa tente seroit. Et estoit an l'oroille d'um bois en un mout biau leu qui estoit clox de haut paliz de totes parz, si antroit an par un potiz, car c'estoit li cortis a un borjois de Restel. Laianz fu tandue la tente com a tel home, si i furent bien dis escuier, don li uns estoit Lyonniaus, qui mout fu preuz et sages.

Et li rois Artus toz les jorz parloit a la damoiselle do chastel et la prioit d'amors. Et ele n'an avoit cure, et si l'avoit tel conreé que il l'amoit outre messure.

L'andemain que messires Gauvains fu venuz, fu l'asenblee. Si porta Lanceloz l'escu noir a la bande blanche de bellic; et

[1] auoques a lui

Galehoz porta l'escu au Roi des Cent Chevaliers, et messires Gauvains porta l'escu parti de blanc et d'azur, c'estoit (*f. 165a*) li escuz au meillor chevalier de la maison Galehot, si avoit non Galains, li dus de Ronnes; et Hestors porta l'escu blanc a la fesce¹ de sinople, c'estoit li escuz a Guinier, un compaignon monseignor Galehot. Li rois meïsmes porta armes, si assenblerent as Saisnes et as Yrois; mais li rois n'avoit mies granment gent, si covenoit que il lo feïst bien. Et si fist il miauz que onques n'avoit fait, et plus lo fist il por la pucelle qui lo veïst qui estoit a la roche.

Quant li cors lo roi fu assenblez, si s'an ala messires Gauvains et si vint compaignon asenbler.² Si furent remex antre Galehot et Lancelot arrieres que l'an nes aparceüst. Et lors vinrent andui par devant la maison o la reine estoit. Et ele fu montee entre li et cele de Malohaut as³ creniaus de la tor an haut. Et qant la reine vit Lancelot, si dist a cele de Malohaut:

"Conoissiez vos ces chevaliers?"

Et cele commança a rire, qui bien les conoist et a l'escu Lancelot et au penoncel que ele avoit mis sor son hiaume. Et ce fu la premiere conoissance que onques fust portee au tans lo roi Artu sor hiaume. Lors esgardent andui an haut et voient ce que tant amoient. Si est Lanceloz si esbahiz que par un po qu'il n'est chaüz a terre et se tient au col de son cheval. Et Lyonniaus chevauche delez lui, armez de chapel et de hauberjon comme serjanz, si se tenoit anbruns, que nuns nel coneüst. Et qant il regarde an haut, si conut la reine, et la reine lui, si lo fist apeler par un damoisel. Et cil descent, si apoie a la tor ses lances que il portoit, et monte contramont. Si ancontre la reine el degré, qui li dist:

"Gardez que li tornoiemenz soit ci devant."

Lors s'an reva an haut. Et il remonte an son cheval et fiert des esperons aprés son seignor atotes les lances, si li dit ce que la reine li avoit dit. Mais il est si pensis que il ne puet plus, et respont itant: "Si soit comme ma dame plaira." Lors vienent a l'asemblee, si virent la place coverte de mellee. Et il se fierent anz. Et lors lo commance a faire Lanceloz si durement que tuit s'en esbahissent. Et ne (*f. 165b*) demora gaires que messires Gauvains lo sot, qui se combatoit mout loign. Et li dist l'an que uns chevaliers faisoit mareveilles ça devant. Et il i vient antre lui et

¹ feste de sinople
² compaignon complaigners asenbler
³ mahlohaut au c.

ses compaignons, si anchacent tot maintenant toz ces de la juque a lor lices, si an sont assez perdu. Et qant Lyonniaus voit ce, si dist a Lancelot que il s'atorne bien a faire ce que an li avoit dit.
[Et il saiche lo frain, si dit:]
"Va, si di ma dame que ce ne puet estre, se ge ne me met de la. Mais se ele lo velt issi, ge les i manrai toz ci devant la tor."

Et cil li va dire. Et si tost com ele lo voit, si descent. Et qant il li[1] a [ce] dit, ele remonte et dit que ele lo velt.

"Mais bien gart il, fait ele, si tost com il verra mon mantel pandu a ces creniaus, la penne defors, si revaigne de ça. Et se li rois[2] a domache an la chace, si gart que bien li soit amandé."

Et cil s'an va, si li dit. Et Galehoz apele monseignor Gauvain, si li dit:

"Messire Gauvains, ge sai bien, fait il, comment li rois avroit des plus riches homes de la en sa prison. Se nos nos torniens de la et menisiens les genz lo roi desi sor l'aive, que n'i aresterions ja, et lors si nos retornerions, si ne porrions faillir que il ne fussient tuit pris o mort."

Et messires Gauvains dit que il fera qanque il voudra.

"Mais commant, fait il, porrai ge aler contre mon oncle et mon seignor lige?"

"An non Deu, fait Galehoz, por son preu."

"Por ce, fait messires Gauvains, lo feroie ge."

Lors s'an tornent devers les Saisnes, si furent vint troi chevalier, et tuit mout preu, et Galehoz. Et tantost convint les genz lo roi place a guerpir, puis que li autre chevalier sont ancontr'aus. Si ne s'areste[nt] onques jusque sor l'aive—la seoit la torz; mais belement s'an venoient, ne n'i ont gaires perdu, car cil de la n'antandoient que au chacier, car tot cuidoient avoir gahaignié. Si ne prenoient rien, mais an l'aive les firent a force flatir. Si an a li rois si grant duel que par un po que il n'anrage, si regrate durement (*f. 165c*) monseignor Gauvain et ses compaignons.

Lors esgarde Lanceloz vers la tor[3] et voit lo mantel la reine pandeillier, la penne defors, et dit qe or ont il assez soffert. "Or a aus," fait il. Lors se retornent tuit et laissent corre as Saisnes par derriers a la forclose, si les estoutoient mout durement et les escrient. Et cil s'estormisent, si cuident estre tuit forclos,[4] si revienent les genz lo roi et les acoillent. Mais Lanceloz et sa

---

[1] qant ele li [2] et se li rois et se li rois
[3] uers la cite [4] forclose

conpaignie est o chief derriere qui mervoilles fait, si que la reine en est tote esbahie, car trop soffre por aus tenir pres de la tor. Et Lanceloz et li suen sont o pas de la voie ou li guez estoit, car toz les covenoit par illuec revenir, si an ont tant, que ocis, que
5 abatuz, ou gué que l'aive an est tote esclusee. Et dit la reine que tote la paine que il ot a l'autre asenblee fu neianz anvers que il a ci sofferte. Mais mout se mervoille qui cil chevalier avoc lui sont qui si bien lo font. Mais messires Gauvains fait mervoilles et Hestors et tuit li autre autresin, ne nuns ne se puet metre antre
10 aus que il ne soit ou morz o abatuz, car il se poinent tuit li uns por l'autre de bien faire, si que ce n'est a esgarder se mervoille non. Et por ce que il ont tant chevaliers morz o gué, fu il puis apelez et sera totjorz li Guez dou Sanc.[1]

Tant sofri Lanceloz ou gué il et sa compaignie que ses hiaumes
15 fu toz fanduz et anbarrez, et li cercles an pandoit aval. Et la reine apele une damoiselle, si li anvoie un hiaume trop riche qui fu lo roi: "Si li dites que ge ne puis mais veoir ceste ocision; qu'i[l] face la chace commancier, car ge lo voil." Et cele i va et li baille lo hiaume et li dit ansi comme la reine li mande. Et il dit que
20 granz merciz. Lors a lo hiaume lacié et lo suen osté. Puis se trait un po arriers et li suen, et li Saisne passent au gué et s'an tornent fuiant, que mout ont grant paor et trop i ont perdu, si s'an fuient. Et Lanceloz et li sien les anchaucent; si prannent les genz lou roi en la chace un chevalier qui avoit non Atramont, si estoit freres
25 Agleot, lo roi des Saisnes, et uns des (f. 165d) meillors chevaliers estoit il. Et si orent pris des autres Saisnes et des Yrois bien deus cenz qui tuit estoient puissant home, et des morz i avoit mervoilles. Et an la chace monta Lanceloz lo roi Artu trois foiz, il ses cors, car dui des chevaus li furent ocis soz lui et li tierz chaï, si que il se
30 brisa lo col. Et fu li rois mout malmenez se il ne fust, car il estoit seus, si antandoient si home a la chace, qui trop estoit bone.

Cel jor furent mout malmené li anemi lo roi et furent chacié jusque a lor lices. Et fu a jornee la meslee si granz que trop, tant que il commança a avesprir. Lors vient Galehoz a monseignor
35 Gauvain, si li consoille que il soit illuec tant que les genz se departent. "Et nos nos an irons." Et messires Gauvains l'otroie. Lors s'an vienent andui tres par devant la tor. Et la reine est jus avalee, si la saluent andui, et ele els; et voit que Lanceloz a tot lo braz sanglant jusque an l'espaule, si crient que il soit morz.

[1] guez doou sanc . dou sanc

Guinevere Arranges Meeting with Lancelot

Si lor demande comment il lo font. Et il dient bien. "Et cil braz a il point de mal?"

"Dame, nenil."

"Gel voil, fait ele, veoir."

Et ele anbrace Lancelot tot armé, et cele de Malohaut Galehot. Et dit la reine a Lancelot an l'oroille que ele lo garra tot, ainz demain, se il n'a plaie mortel. Et il dit que il n'a dote de morir tant com ele voille. Atant les fait monter, que plus nes ose la reine retenir, et dit a Lyonniau que ele velt a lui parler. Et cil s'an vont a lor tantes, si se desarment. Et ja conmançoit a anuitier.

Au departir de la meslee s'an venoit li rois par desoz la roiche. Et la damoisele dit que ele velt a lui parler. Et il an est mout liez, si l'atant. Et ele descent, si vient a lui et li dit:

"Sires, vos iestes li plus prodom qui vive. Et vos me feïstes antandant que vos m'amez sor totes fames, et ge voil esprover se vos l'osiez faire d'une chose."

"Il n'est, fait il, nule chose que ge ne feïsse por vos."

"Or i parra, fait ele. Ge voil que vos vaigniez anquenuit gesir o moi an celle tor."

"Ce n'est mies, (*f. 166a*) fait il, essoignes, se vos me creantez que ge face de vos ce que chevaliers doit faire de s'amie."

Et ele li creante. Et il dit que il vanra si tost com il avra ses chevaliers veüz et mangié avoc els.

"Et vos troveroiz, fait ele, mon message a la porte qui vos ira querre."

Lors s'an part li rois mout joianz et vient a ses chevaliers. Si lo virent plus bel et plus lié que il n'avoient onques mais fait. Et mande a la reine que ele ne l'avra mais annuit, et soit tote liee, que il li esta mout bien de sa bataille. Et ele n'an est mies dolante. La nuit vint Lyonniaus en la maison la reine, si li dit la reine que antre Galehot et Lancelot veignent anquenuit a li par iqui, si li mostre par ou.

"Dame, fait il, messires Gauvains et Hestors sont avoc aus. Comment s'an partiront il?"

Et qant lo reine l'ot, si en est liee de ce qu'il se sont antretrové.

"Mais ja por aus, ce dit ele, ne remanra que il n'i vaignent. Et si te dirai, fait ele, commant. Il se coucheront voiant monseignor Gauvain. Et qant il savront que il sera andormiz, si se leveront. Et lors vanroiz antre vos trois par illuec." Si li mostre un jardin qui tenoit au baille[1] de la tor. "Et nos serons issues do baille, mais vaignent tuit armé et a cheval."

Atant s'an va Lyonniaus et conte que il a trové, et cil an sont mout lié. La nuit, qant o tref lo roi furent couchié, si se lieve li rois au plus soef que il puet.[2] Et s'arment antre lui et Guerrehés, son neveu, cui il avoit dit son pensé, et s'an vont a la porte do chastel, si trovent lo mesage s'amie. Et il s'an vont tant que il vienent a la grant forterece, si trovent la pucele, qui les atant et mout biau sanblant lor fait et fait lo roi desarmer[3] et Guerrehés. Si se couche li rois an un mout biau lit avoc li. Et Guerrehés jut avoc une damoisele mout bele an[3] une autre chanbre. Et qant li rois ot geü avoc s'amie une grant piece et faite sa volenté, si vienent laianz chevalier plus de quarante, tuit ar(*f. 166b*)mé, et tinent tuit les espees nues, si ovrent l'uis de la chanbre tot a force. Et li rois saut sus si[4] com il puet, que il n'avoit que les braies, et cort a l'espee, qu'il se voloit deffandre. Et il aportent planté de chandoilles ardanz, si voit an mout cler. Et il dient qu'il ne se deffande[5] mies. Et il nel fait, car il est desarmez, si voit bien que deffanse n'i avroit mestier, si se lait panre. Et il corrent an l'autre chanbre, si pranent Guerrehés. Lors les vestent amedeus et les metent an prison en une chanbre mout fort ou il n'avoit antree ne issue que un seul huis et cil estoit de fer.

Ensi est an prison li rois et Guerrehés. Et Galehoz et Lanceloz se sont levé de lor lit et avoient devant aus deus escuiers, cui il deffandent que il ne se muevent, que se cil s'esveillassent, que il cuidassent que ce fussient il, des escuiers. Lors s'en vienent tuit armé jusque au jardin, et li escuier se coucherent an lor lit. Et cil troverent la porte do jardin deffermee, si antrent anz. Ne l'an ne gardoit l'ost se par devant non, car par derrieres, [devers] lo jardin, batoit l'aive qui estoit si parfonde que nuns ne s'i meïst por lo fanc ne por lo maresc. Quant il sont ou jardin, si ont fermee la porte et vienent au baille, si descendent et trovent [les] deus dames qui les atandent et moinent lor chevaus an un apantiz qui tenoit au baille. Ne an tot lo baille n'avoit que la reine et les pucelles. Mais delez, an une grant maison, estoient les autres genz, car ele l'avoit delivré tot a escient.

---

[1] tenoit as batailles   [2] il puent
[3] desarmer et guerrehes uit une damoiselle mlt bele si couchent lo roi an un mlt biau lit auoc li . et guerrehes iut auoc la bele damoiselle an une
[4] saut si est si com   [5] se deffandent

Lancelot Spends Night with Queen

Quant li dui furent desarmé, si furent mené en deus chanbres et jut chascuns avoc s'amie, que mout s'antramoient, et orent totes les joies que amant puent avoir. Et androit la mienuit se lieve la reine et vient a l'escu que la damoiselle do lac li avoit aporté, si taste sanz alumer, si lo trove sanz fandeüre, tot antier, si en est mout liee, car or set ele bien que ele (*f. 166c*) est miauz amee d'une autre.

Au matin, un po devant lo jor, se lievent et arment li dui chevalier an la chanbre la reine. Et la dame de Malohaut, qui mout fu sage, esgarde a l'escu et voit a la clarté des chandoilles que li escuz est toz rejoinz, et dit a la reine:

"Dame, or veons nos bien que l'amors est anterine."

Puis vient a Lancelot et lo prant par lo menton, [et li dit:

"Sire chevaliers, or n'i faut que la corone que vos ne soiez rois.]

Et il a grant honte de li, car maint jor avoit esté an son dongier et tozjorz estoit vers li celez. Et la reine dit por li rescoure:

"Dame, se ge suis fille de roi, et il autresi; que se ge suis vaillanz et belle, et il plus."

Et Galehoz demande que ce est. Et ele li conte de l'escu commant il li fu aportez, et que cele do lac li anvoia, et que il avoit tozjorz esté fanduz jusque a ores. Si l'ont a mervoilles esgardé longuement. Et la dame de Malohaut dit que il ne faut que une chose que li escuz ne soit tex com l'an dit: ce que Lancelozn'est mies [de] la[1] maisniee, ce que cil doit estre. Et la reine li commande que se messires Gauvains li prie, que il remaigne, que ele est si sorprise de s'amor que ele ne voit mies comment ele s'an puisse consirrer de lui veoir. Mais ce dit ele si bas que Galehoz ne l'ot mies, car trop an fust dolanz. Atant s'an partent et prennent terme[2] de revenir a l'autre nuit.

Au matin, qant il fu ajorné, si pendirent cil de la roiche l'escu lo roi et lo Guerrehés as creniaus et menoient laianz si grant joie com il puent faire greignor. Et lors commancent par l'ost si grant dolor. Et qant la reine lo sot, qui ancor se dormoit—et qant ele s'esveilla, si li fu dit an son lit—si an fu mout esbahie, et trop grant duel an fist. Et mout li tardoit que ele poïst parler a Lancelot que il i meïst consoil. Mais messires Gauvains an par est trop angoisseus, et Lanceloz lo conforte et dit qu'il ne s'esmait mies, "car nos serons, fait il, tuit prison, ou nos lo ravrons."

[1] lanceloz not mies la   [2] prennent de terme

La nuit vint Lyonniaus a la reine. Et ele li dit que il amenast Lancelot et Galehot, car mout a (*f. 166d*) d'aus grant besoing. Et il s'an vient por faire son mesage. Et tandis com il estoit a la reine, si vint une damoiselle a lor tante et dit as quatre chevaliers que ele les semonoit de lor fiances. Et ce estoit cele qui lor avoit anseignié lo roi a Restel.

"Damoiselle, fait Galehoz, o volez vos que nos vos conduisiens? Por Deu, ne nos travailliez mies, car trop avons nos anui."

"De cestui annui serez vos par tens fors, se vos me volez sivre, car en velt[1] lo roi Artu gitier de laianz et mener an Illande[2] priveement. Et se vos me volez sivre, vos lo porroiz ja rescoure priveemant, car il n'an set mot que cil[3] [qui] l'an doivent ja mener."

Et qant il l'oent, si saillent sus les chevaus, toz armez, et sivent la damoisele qui les maine tant que ele vient a une cave. Si antre anz, et il aprés. Si estoit ja nuiz qant il[4] vinrent et n'i veoient mais gaires. Et ele lor dit que par illuec an sera li rois menez. Et vient a Hestor tot avant.

"Gardez moi, fait ele, ceste issue, car çaianz an a encor trois.[5] Et s'il vienent par ci, si escriez les autres."

Et il remaint. Et ele va un po avant, si dit a monseignor Gauvain que il remaigne, et il remaint. Puis vient a un autre, si l'a passé et i lait Galehot. Et qant ele est venue a un autre, si i laisse Lancelot, et dit:

"Atandez moi ci, que ge vos quit [j]a randre lo roi et Guerrehés."

Lors demore grant piece et vient criant "Aïe! Aïe!" Et Lanceloz saut, et ele dit: "Veez lo ci." Et il saut, si voit deus chevaliers armez, li uns des armes lo roi, et li autres des armes Guerrehés. Si cuide que ce soient il, mais no sont, ainz les a cele traïz. Et voit que cil dui se combatent a autres et deffandent, que il sont plus de vint. Et il lor cort aidier mout vistement. Et li dui cui il aidoit l'anbracent par les flans, si ruient a terre et lui et aus. Et li autre saillent, si li tolent l'espee a force et li aragent lo hiaume de la teste et dient que lo chief li coperont. Et il dit que se Dex li aïst, que ce li est bel, ne ne lor velt fiancier prison. Et il lo prannent, si lo moinent an prison a une part. Et vont a Galehot (*f. 167a*) et font un chevalier armer des armes Lancelot. Et Galehot lo voit combatre, si escrie les autres. Et il acorent, mais il trovent les portes mout bien fermees, si ne puent chascuns passer la soe.

---

[1] car ele uelt   [2] an leu priueement
[3] mot car cil   [4] nuiz q̄ il   [5] encor iiii

Yvain Takes Command

Et il ont pris Galehot, et puis redesferment la poterne, si pranent monseignor Gauvain. Mais mout i ot grant bataille ançois, car il ne faisoit se mervoilles non. Et puis repristrent Hestor, si les an moinent toz quatre en prison. Si ne volt Lanceloz por nelui fiancier la prison. Et il dient, donc lo giteront il an une chartre dom il n'istra ja mais. Et s'il velt, il sera desliez par sa foi. Et il dit que il ne dessirre que la mort, mais li autre li dient que fiant; si sont ansi remex an une chanbre, tuit deslié.[1]

Cele nuit fu mout la reine a malaise d'atandre. Et quant Lyonniaus voit que il ne vanront,[2] si va dire la reine que ansi les an a menez une damoiselle. Et li conte ansi com il l'avoit oï[3] conter. Et qant ele l'ot, si sopire et dit: "Il sont traï." Si commance mout grant duel a faire. Au matin pandirent cil [del chastel] les quatre escuz as creniaus avoc les autres deus. Et qant la reine les vit, sachiez que ele ot assez dolor et miauz amast sa mort que sa vie. Et il estoit jorz d'asenbler.

Qant la novelle vint as compaignons monseignor Gauvain, si n'i ot[4] que correcier. Lors dit messires Yvains que il covenoit la reine conseillier, car or a ele trop grant duel, si va a li par lo congié des dis set et la fait apeler au degré. Et ele vient mout liee qant ele set que ce est il.

"Dame, fait il, ge vos alasse veoir laianz, mais ge ne puis antrer an nulles des maisons lo roi Artu devant que nostre queste soit achevee do tot. Mais ge vos vaign conforter. Et ne soiez trop esmaiee, que, se Deu plaist, vos avroiz consoil. Mais savez vos novelles de monseignor Gauvain?"

"Nenil," fait ele.

"Il est, fait il, an ce chastel, et troi des meillors chevaliers do monde, si ne sait qui il sont."

Lors chiet la reine a monseignor Yvain as piez et li prie que il ait pitié de l'annor lo roi et de li. Et il l'an lieve contramont et plore il meïsmes, por ce que (f. 167b) il la vit plorer, car nulle dame ne fu onqes si amee des genz son seignor comme la reine Guenievre fu.

Ce jor fu messires Yvains an leu do roi Artu, car ce que il commande est fait. Et Quex li seneschauz porta la grant anseigne, si comme ses droiz estoit. Et furent ordonees les batailles. Et lors asanblerent li Yrois et li Saisne as genz lo roi de Bretaine, comme cil qui tot cuidoient avoir gahaignié por lo roi et por ses

---

[1] tuit deslice   [2] ne uanroit   [3] auoit oir   [4] G. sen i ot

conpaignons qui estoient an prison. Ce jor sist li rois Ydiers sor un cheval, qu'i[l] ne cuidoit meillor o monde, et por ce que il l'amoit tant, lo fist il tot avant covrir de fer. Et aprés fist une chose don an parla avant an mal, mais puis li fu do tot a bien tenu;
5 ne onques mais n'avoit esté avant veü, ne ja mais ne remanra; car il fist une baniere de ses armes et dit qu'il la baoit a porter[1] la o baniere ne porroit aler; et savoit son cheval tant a[2] bon que il voloit que tuit recovrassent[3] a lui li desconfit. Et la baniere estoit mout bele, car li chans estoit blans a grandimes
10 roes vermoilles, si fu li chans de cordoan, et les roes d'escarlate d'un drap vermoil d'Angleterre. Ne tant com an porta a ce tans ces covertures n'estoient eles[4] se de cuir non ou de drap, ce tesmoignent li droit conte, por ce que plus anduroient.

Cel jor lo firent bien li compaignon lo roi par l'amonestement
15 monseignor Yvain, c'onques si bien la bataille ne fu faite sanz lo cors lo roi Artu, ne onques n'i ot un sol qui assez n'i feïst d'armes. Mais que que il firent ne fu riens aprés les proeces lo roi Ydier. Cil vainqui tot, et d'une part et d'autre. Et por ce que il avoit dit que tuit recovrassent a son conroi, sofri il tant lo
20 jor que il ne vesquié onques puis jor que il n'an fust mehaigniez, car onques puis que il antra an la bataille, n'ot lo hiaume fors de la teste, ne ne rusa de la o il tenoit ses piez, ne ne foï. Et li chevax estoit si bons que miaudres ne pooit estre. Si sofri (*f. 167c*) tant li bons chevaus soz lui que il ot trois plaies o cors et que tote la
25 coverture fu depeciee, si fu si coverz, que de son sanc, que de l'autrui, que toz estoit vermoil et chevalier et cheval. Et crioient et amont et aval li Yrois que tot avoit vaincu Ydiers. Et il disoit, desor lo cheval o il seoit, que Dex lo tenist an ce que il avoit ampris sanz fauser[5] et sanz ruser, et au partir[6] li donast Dex la mort, car
30 ja mais n'avra si bone jornee ne si belle.

Tant sofri lo jor li rois Ydiers et tant i fist d'armes et il et li compaignon lo roi Artu que li Saisne se desconfirent et tornerent les dos. Et la chace commance trop granz, si ont assez perdu. Et les genz lo roi Artu les anchaucerent mout durement. Et toz
35 li mondes regardoit lo cheval Ydier a mervoilles, car nule beste qui a jornee[7] aüst a corre ne corut onques si tost ne si delivrement com il corroit an la chace. Et elle dura[8] mout, et mout i chaï

[1] quil la bailleroit porter   [2] cheual santi a bon
[3] tuit retornassent a   [4] ne tienent eles   [5] sanz sauuer
[6] et sanz partir   [7] qui atornee aust   [8] elle anra mlt.

et des uns et des autres. Si avint chose que li rois Ydiers s'an vint par desus un Saisne qui chaüz estoit, et cil tenoit l'espee tote nue, si feri lo cheval au roi Ydier parmi lo vantre, si que toz fu fanduz jusque anz es annes. Et puis corut il mout, et totevoies chaï desoz lo roi Ydier. Et il avoit mout perdu de sanc, et tote la chace li ala par desus lo cors, si remest pasmez a la terre. Et la reine Guenievre i corut antre li et les dames et an aporterent a lor [cous lo] cors lo roi. Et cuidoit toz li mondes que il fust alez sanz recovre. Si [fu] portez an la chambre la reine, si lo plaignent et regratent les plus hautes dames do monde. Et les genz lo roi orent chacié jusque a Malaguiene, un mout fort chastel qui ert as Saisnes. Et si an retornerent a mout grant planté de prisons, et mout en ont ocis. Et lors s'areste li hoz plus pres de la roiche. Mais durement n'an pooient il mies estre pres, car la roiche estoit haute, si ne pooi[en]t pas sosfrir les carriaus ne les saietes qui d'amont venoient, ne de totes parz ne la pooient il mies (*f. 167d*) aseoir, car de l'autre part estoit li maraus si granz que riens nulle n'i antrast.

Ensi fu l'oz devant la roiche mout longuement, ne onques puis n'oserent asaillir li Saisne as genz lo roi de mout grant piece, ainz se penerent d'anvoier querre genz par tot lor pooir. Et les genz lo roi revenoient de totes parz, car l'an savoit par tot ja que li rois estoit pris. Ansin est l'oz logiee devant la roiche, et eschargaitent nuit et jor, et sont chascun jor et chascune nuit deus cenz chevaliers armez desoz la porte devers l'aigue por gaitier que l'an n'an maint lo roi ne ses compaignons.

Or si dit li contes que Lanceloz est laianz tex conreez que il ne boit ne ne manjue por nul confort que l'an li face, et fait tel duel a jornee que nuns ne lo puet conforter. Et il a la teste voide, si li est montee une folie et une raige o chief si durement que riens ne puet a lui durer. Ne n'i a nuns de ses compaignons cui il n'ait faites deus plaies ou trois. Si lo prant li jaoliers, si lo met an une chanbre par soi et voit bien que il est anragiez sanz guille, si an a il meïsmes mout grant pitié. Et Galehoz si prie au jaollier que il lo mete avoc; et cil ne velt, car il dit que cil lo tueroit.

"Ne vos chaut, biaus amis, fait il, car miauz voudroie ge que il me tuast que il se departist de moi."

Et cil est fel, si n'an vost rien faire. Et tant vait la parole que la dame de la roiche l'ot dire, se lo vait ele meïsmes veoir et demande au jaolier qui il est. Et il dit que li autre dient que il n'a danree de terre.

"Ostez, fait ele, ce seroit don pechiez mortex se l'an [ne] lo laisoit aler. Mais ovrez li la porte desoz."

Et c'estoit la porte qui estoit devers les genz lo roi Artu, si estoit o pandant de la roiche et tres desus l'aive. Si an i avoit une qui marveillosement estoit close, que il n'i avoit fermeüre fors de l'air, et fu avis a toz cels qui[1] la veoient que l'an i poïst antrer tot sanz arest, mais nule (*f. 168a*) riens n'i pooit antrer que cil dedanz solement. Et sil s'an isoient et antroient totes les foiz que il voloient par la force qui estoit faite des anchantemenz. Par cele posterne issoient les genz de laianz por asaillir sovant et menu, et si tost com il pooient metre lor piez dedanz, si n'avoient garde de l'ost.

Quant Lanceloz fu hors mis et Galehoz sot la novelle, si en ot si grant duel que par un po il n'anrajoit vis, et est a ce atornez que il ne boit ne ne menjue.[2] Et Lanceloz est an l'ost, si lo dotent tuit et fuient por les mervoilles que il fait. Et vient tant que il est venuz devant l'ostel la reine, qui estoit as fenestres. Et qant ele lo voit, si se pasme, car toz li mondes lo seüst comme celui qui est hors do san. Et qant ele revient de pasmoison, si dist a la dame de Malohaut, qui antre ses braz la tient, que ele morra ja.

"Dame, fait ele, que avez vos aü?"

Et ele li conte.

"Ha! dame, fait ele, por Deu merci, or n'i a que do celer, car se devient il se fait fox por vos veoir, et se il [est] hors de son sen, nos lo tanrons tant que il sera gariz."

Et la reine l'i anvoie. Et puis s'est ferue an une chanbre, car ele se cremoit pasmer por lui. Et qant ele i est, si n'i puet durer, ainz revient hors por lui veoir. Et la dame de Malohaut vient a lui, si lo volt panre par la main; et il cort as pierres por li tuer. Et ele commance a crier comme fame, et la reine l'escrie. Et si tost com il l'ot, si s'asiet et met ses deus mains devant ses iauz com hom hontous, ne ne s'an volt lever por rien nule. Ne cele de Malohaut n'ose aler avant. Et la reine Guenievre vient hors, si lo prant par la main et li commande que il se liet. Et il se lieve maintenant, et ele l'an moine an haut an une chanbre. Et ces dames demandent qui il est, si i a de tex qui dient que ce est uns des meillors chevaliers do monde. Ne nuns no puet faire ester am pais que la reine solement. Et si tost com ele li commande a ester am pais, ja puis ne se movra. Si an (*f. 168b*) fait la reine tant que toz li siegles s'an mervoille. Et ele anvoie querre Lyonnel, et il vient; mais il ne

---

[1] auis que tuit cil qui   [2] ne boit ne boit ne ne menjue

puet rien faire, car qant il toche a lui, et Lanceloz li cort sus. Si ne se muet la reine de delez lui.

Ensins est Lanceloz laianz et gist devant la reine. Et ele fait totes les nuiz estaindre cierges et tortiz, que la clartez, ce dit, l'ocit. Puis lo couche aveques li et fait tote nuit tel duel que mervoilles est comment ele dure. Mais chascuns cuide que ce soit proprement por lo roi.

Ensi dure longuement li diaus la reine et la forsenerie Lancelot, tant que un jor avint que li Saisne furent venu sor l'ost et i ot ja de granz meslees assez et d'une part et d'autre. Et Lanceloz dormoit, si n'avoit mais dormi de onze jorz, et la reine an ot grant joie mout. Et qant ele oï lo cri, si se lieve sus plus coiement que ele puet, si voit tot lo monde qui asaut d'une part et d'autre, et ele se pasme maintenant. Et la dame de Malohaut la reprant antre ses braz. Et qant ele est revenue de pasmoisons, si l'an blasme mout et dit:

"Dame, por coi vos ociez vos?"

"M'aï[t] Dex, fait ele, que ge ai droit, car ge voi tot lo monde mort, si doi bien morir aprés."

Lors fait tel duel que nuns ne la puet conforter ne chastier. Puis revient a Lancelot. Et si tost com ele lo voit, si se pasme; et qant ele est revenue, si dit:

"Ha! la flors des chevaliers do monde, com est granz domages que vos n'iestes autresin sains com vos estiez[1] n'a gaires! Com fust ores a chief menee ceste mortex bataille!"

Et qant il antant que ele regrate ses faiz et son joster et son ferir, si saut sus et voit au chief de la chanbre pandre l'escu que la Pucelle do Lac avoit anvoié la reine. Et il giete les poinz, si l'aert et met la guige a son col et les anarmes an son poign. Et il voit un glaive an un hantier, qui estoit viez et anfumez, et il cort, si lo prant. Puis s'adrece a un piler de pierre reont et fiert do glaive si durement (*f. 168c*) que trestoz li fers an vole en pieces. Et qant il a ce fait, si est si vains que il ne se puet sostenir, ainz chiet jus, si se pasme. Et qant il revient de pasmoisons, si demande ou il est. Et il li dient que il est an l'ostel a la reine Guenievre. Et qant il l'ot, si se repame; et qant il revient de pameisons, si demande la reine comment il li a hui esté. Et il li redemande tantost o est ses sires et messires Gauvains. Et eles li dient que il sont an la roiche an prison.

[1] uos nestiez

"Hé! Dex, fait il, que n'i suis ge donc! Mout fust or miauz que ge morise avoques els que ci, puis que ma dame n'est[1] ci."
Et lors s'aparçoit la reine que il est an son san, si lo prant antre ses braz et dit:
5 "Biaus dolz amis, veez me ci."
Et tantost ovre cil les iauz, si la conoist et dit:
"Dame, or vaigne qant ele voldra, puis que vos iestes ci."
Et totes les dames se mervoillent de coi il dit, et il dit de la mort. Et lors li demande la reine:
10 "Biaus dolz amis, conoissiez me vos?"
"Oïl, dame, fait il, mout miauz de moi."
"Et savez vos, fait ele, comment vos fustes an la roche am prison?"
"Dame, fait il, la prisons de la roche m'a mort, car ge n'i
15 manja onques, ne n'i bui, tant comme ge i fui."
Et les dames commancent totes a plorer.
"Biaus dolz amis, fait la dame de Malohaut, conoissiez me vos?"
"Dame, fait il, mout vos conois ge bien, car vos m'avez fait
20 mainz maus et maintes honors."
Lors sevent totes de voir que il est gariz, si li demandent comment il li estoit et quel mal il a aü. Et il dit que il ne set qel mal il a aü, mais il ne se sostanroit sor ses piez por tot lo monde. Et lors esgarde, si voit l'escu a son col, et dit:
25 "Ha! Dex, cest escu qui me mist a mon col? Ostez lo moi, car il m'ocit."
Et elles li ostent. Et si tost com elles li ont osté, si saut sus et est autresin forsenez comme devant, si s'an torne fuiant aval la sale. Et com la reine lo voit, si se pasme.
30 En ce que la reine gist pasmee, antra laianz une damoiselle mout granz et mout belle et mout gente, vestue d'un drap de soie, blanc comme nois. Et aprés li vinrent damoiseles jusque (*f. 168d*) a trois et trois chevaliers et valez jusque a dis. Si monta la damoisele et les trois pucelles es chanbres la reine amont.
35 Et ele fu revenue de pasmoisons, si oï la noise que l'an dit: "Bienvaignant, dame." Si tert ses iauz et li vait a l'ancontre et la prant antre ses braz et dit que bien soit ele venue. Si s'asient an une couche et commancent a parler ansenble. Et li huis de la maistre chanbre furent fermé sor Lancelot, et il commance a forsener

[1] dame ne nest

et a peçoier les huis. Or n'estoit nus si hardiz qui l'osast ovrir. Et la damoiselle li demande qui ce est. Et la reine li dist an sopirant, ne ne puet muer que les lermes ne li vienent as iauz; et dit que ce est uns chevaliers dom il est trop granz dolors, car ce estoit uns des meillors do monde. Or si est chaüz an une forsenerie si grant que riens n'i puet a lui durer.

"Ha! dame, ovrez l'uis et faites lo moi veoir."

"Ha! dame, fait la reine, il est oramdroit plus crueus que il ne fu onques mais."

Si li conte coment il ere orandroit gariz, et comment il refu forsenez si tost comme li escuz li fu ostez do col.

"Dame, fait ele, si feroiz. Ovrez l'uis, car ge lo verroie volantiers."

Lors fait la reine l'uis ovrir, et Lanceloz velt saillir fors. Et la damoiselle lo prant par lo poig et lo nome par un non que ele lo soloit nomer qant ele lo norrisoit ou lac, car c'estoit cele qui au lac l'avoit norri et si li avoit mis non li Biaus Trovez. Et si tost com ele lo noma, si s'areste et mout est hontous. Et ele dit que l'an li aport l'escu, et l'an li aporte.

"Ha! fait ele, biaus dolz amis, tant m'avez travailliee que por vostre delivrance suis venue de mout lointaignes terres."

Puis li met l'escu au col. Et il soffre qanque ele li velt faire. Et si tost com ele li a mis, si rest an son san; et ele lo prant, so me an une couche gesir. Et il la conoist, si commance a plorer mout durement. Et la reine se mervoille mout qui ele puet estre. Et qant il est revenuz an son san, si voit l'escu a son col, si dit:

"Ha! dame, ostez moi cest escu, car il m'ocit."

"No ferai, fait ele. Il ne vos sera ostez devant que ge voudrai."

Puis apelle une soe pucele, (*f. 169a*) si li fait traire d'un escrin un oignement mout riche. Et ele lo prant, si l'an oint les deus pous des braz et les tamples anmedeus et lo front et la fontenelle. Et si tost com ele a ce fait, si s'andort. Et la damoiselle revient a la reine, si li dit:

"Dame, ge m'an irai, se vos commandera a Deu. Mais gardez que cist chevaliers ne soit esveilliez tant com il voudra dormir; et qant il s'esveillera de son gré, si soit si bainz apareilliez et lo faites antrer dedanz. Et lors sera toz gariz. Et gardez que il ne port se cet escu non tant com il porra durer an bataille."

"Ha! dame, fait la reine, dites moi qui vos iestes, car il m'est avis que lo chevalier conoissiez vos bien, puis que vos dites que vos iestes venue de lointiegnes terres por sa garison, a granz jornees."

"Certes, dame, fait ele, jo doi bien conoistre, car jo norri an ses granz povretez, la o il perdi son pere et sa mere; et fis tant a l'aide de Deu que il fu biaus vallez et granz. Et puis l'amenai a cort et fis tant vers lo roi Artu que il lo fist chevalier."

Et qant la reine l'ot, si li cort au col et dit:

"Ha! dame, vos soiez la bienvenue. Or cuit ge bien savoir qui vos iestes. Vos iestes la Damoiselle do Lac."

Et cele dit que ce est voirs.

"Bele douce dame, fait ele, or vos pri ge por Deu que vos remanez çaianz une piece, por ma proiere et por la garison a vostre chevalier, car ge vos doi mout anmer, et vos iestes la dame o monde que ge devroie plus annorrer. Et bien sachiez que je vos ain tant que ge ne porroie rien plus amer, car vos m'avez fait des greignors servises qui onques fussient fait, que vos m'anvoiastes cel escu la, que j'ai si bien esprové, que onques ne m'an mandastes rien de l'escu que ge n'aie trové."

"Dame, dame, fait cele do lac, bien sachiez que vos verroiz ancor greignors mervoilles de l'escu que n'en avez veües. Que que il an est avenu savoie ge bien, et por ce lo vos anvoié ge; car ge veoie bien que ge no porroie en nul leu anvoier[1] o il fust tant amez. Et sachiez bien que, por la grant proece que an lui devoit estre, lo norri ge tant que il fust (*f. 169b*) si granz et si biaus comme vos lo veïstes a cort. Ne onques ne sot qui il[2] estoit, ainz lo celoie ge por un chevalier que ge amoie par amors plus que nul home qui vive, car ge dotoie que se il lo saüst, que il i pansast autre chose. Si faisoie dire que il fust mes niés. Et ancor dirai ge, qant ge serai arrieres, que ge suis venue do roi Artu giter de prison. Et il an sera gitiez hors dedanz nuef jorz, et sachiez que cist lo gitera. Mais gardez bien que il ne port se cest escu non, car vos i troveroiz qanque ma pucelle vos dist qant ele lo vos porta a Qanpercoranti.[3] Et si vos mandai par li une chose don ge fui mout dolante aprés, et si dotai que vos fussiez a malaisse; car ge vos mandai que ge estoie la dame o monde qui plus savoit de voz pensee[s] et qui miauz s'i acordoit, car ge amoie ce que vos amez. Et sachiez que ge ne l'ain fors por pitié de norreture, et por lui vos ain ge. Mais au partir vos anseignerai ge une chose, que ge vos ain, et m'an vois. Et ge vos pri que vos lo retenez et gardez, et amez sor totes riens celui qui sor tote rien vos aimme, et metez jus tot orgoil anvers lui, que rien ne valt: nulle rien

---

[1] porroie nulle anuoier   [2] il i estoit   [3] qanpercortain

ne prise anvers vos. Ne li pechié do siegle ne puent estre mené sanz folie, mais mout a grant raison de sa folie qui raison i trove et annor. Et se vos poez folie trover an voz amors, ceste folie est desor totes les autres annoree, car vos amez la seignorie et la flor de tot cest monde. Se vos poez de ce vanter que onques mais dame no pot faire, car vos iestes compaigne au plus preud[ome] do monde et dame au meillor chevalier do monde. Et an la seignorie novelle que vos avez n'avez vos mies po gahaignié, car vos i avez gahaignié lui avant, qui est la flors de toz les chevaliers, et moi aprés, qanque ge porroie faire. Mais atant m'an covient aler, car ge ne puis plus demorer. (*f. 169c*) Et sachiez que la greignor force qui soit m'an maine, c'est la force d'amors, car j'ain un chevalier qui ne set orandroit o ge suis. Mais uns suens freres est ci venuz aveques moi. Et neporqant ge n'ai mie garde qu'il se correçast a moi tant comme ge voldrai. Mais an doit autresin bien garder de correcier ce que l'an aimme comme soi meïsmes, car il n'est mies amez veraiement qui sor totes riens terrienes n'est amez. Et qui aimme par amor, il ne puet mies avoir joie se de ce non que il aimme; don doit an amer la rien dont totes joies vien[en]t.

Mout ont parlé longuement jusque au vespre antre aus deus et mout se sont antracointiees et s'entrofrirent lor servises l'une a l'autre, tant que a ce est amenee la chose que la reine ne puet an nulle maniere retenir la damoiselle. Et qant la reine voit que ansins est, si ne l'an ose plus proier. Si s'antrecommandent a Deu, si monte la Damoiselle do Lac et s'an va entre li et sa compaignie. Et la reine remaint assez plus liee que ele ne fu mais pieç'a, si est venue devant Lancelot et ne se remue de la place devant que il s'esvoille. Et qant il est esveilliez, si se plaint mout. Et ele dit comment il li esta. Et il dit que bien, "mais trop suis foibles et si ne sai de coi." Et ele ne li volt dire comment il a esté malades devant que il sera bien a garison tornez. Et li bainz est apareilliez, si lo moinent anz et an font tant com nulles dames puent faire d'un chevalier malade, tant que il respasse durement, que que il revient an sa biauté et an sa force. Et lors li content comment il a esté hors do san, et que nulle riens ne pooit a lui durer fors la reine solement.

"Et vostre Dame, qui vos norri, del Lac, fait la reine, fu çaianz. Et se ele ne fust, vos ne fussiez ja mais gariz."

Et il dit que ce sopeçoit il bien qu'il l'avoit veüe, "mais jo

cuidoie avoir songié." Et ele commança a rire mout durement. Et il an est mout estahis[1] et avileniz de ce que or set il bien que or ont veü son mauvais contenement, si crient que la riens o monde que il plus aimme l'an ait moins chier. Mais il ne (f. 169d)
5 li estoit mies mestiers que il an aüst paor,[2] car ele n'an avoit ne pooir ne volanté. Et qant il se demante a li, ele lo conforte et aseüre et dit:

"N'an aiez ja garde, biaus dolz amis, que si voirement m'aïst Dex, vos iestes plus sires et plus seürs de moi que ge ne suis de
10 vos. Et si ne l'ai pas ampris a or solement, mais a toz les jorz que l'ame me sera el cors."

Or est Lanceloz tornez a garison, si a qanque il devise de boiche. Ne il n'et nulle granz joie que nuns amanz puisse avoir dont il n'ait sa part. Ne plus ne vos an descovre li contes, mais que tel
15 vie mena juque au novoime jor. Et lors fu si biaus que c'estoit mervoille a veoir. Et la reine an ce sejor l'anama tant que ele ne voit mies comment ele se poïst consirrer de lui veoir. Et li poise de ce qu'ele lo[3] set et lo voit a si volenteïf et a si corageus, car ele ne voit mies comment sa vie poïst durer sanz la soe, s'il s'an
20 aloit ja mais de cort. Si voudroit bien que il aüst un po mains de hardement et de proece.

Au novoime jor avint que li Yrois et li Saisne vinrent sor ces de l'ost, si leva li criz par tot. Et les genz lo roi avoient fait la semaine mout d'armes et mout se contenoient bien comme gent
25 qui n'avoient point de chief de seignor. Et celui jor se deffandirent mout durement. Et les meslees refurent ja espandues, si an oï l'an par tot lo cri, car li Saisne baoient tant a venir sor tote l'ost et que il les firent resortir tant arieres que il poïssent lo roi et ses compaignons giter hors de laianz, tant que il l'an aüsent mené
30 plus an parfont an lor pooir.

Qant tuit furent assemblé d'une part et d'autre, si an oï Lanceloz lo cri, qui estoit avoc la reine an sa chanbre, si saillent tuit as fenestres et as creniaus. Et qant Lanceloz les vit, si ne fu pas a aise de ce qu'il n'i estoit, si vient a la reine, si li crie merci que
35 ele soffre que il aille a cele asenblee. Et ele ne s'an sot autrement covrir, si li dit que ancores n'est il mies bien gariz. "Ne li nostre, (f. 170a) fait ele, n'an ont il mies ancor lo poior."

"Dame, otroiez moi que se il ont lo peior, que ge i aille."

Et ele li otroie a mout grant paine. Et il est mout liez, si prie

[1] anstais et   [2] aust pooir   [3] ce quil lo

Deu mout docement que cil de ça en aient lo peior, et ne demort mies.

"Dame, dist il a la reine, nos ne savons que est a avenir, mais faites moi aporter armes."

Et l'an li aporte mout belles et mout bones qui estoient au cors lo[1] roi Artu meïsmes. Et qant il fu armez, si par fu trop biaus; ne nuns chevaliers n'estoit cui miauz armes seïssent de Lancelot. La o Lanceloz estoit armez fors do chief et des mains, vient laianz uns chevaliers qui venoit de la bataille, s'avoit perdu son hiaume et estoit durement navrez o chief. Et qant il est descenduz, si vient amont devant la reine. Et qant la reine voit que il est toz sanglanz, les espaules et lo piz, si en esfroie mout. Et il s'agenoille devant li, si li dit:

"Dame, messires Yvains vos salue et si vos mande que l'an li a fait antandant que tuit li chevalier ne sont mies an la bataille. Si sachiez bien que il an ont grant mestier de secors, car nos somes mout decreü des chevaliers qui hui matin furent anvoié a Arestel." (Et messires Yvains i avoit anvoié au matin deus cenz chevaliers, car les novelles estoient venues an l'ost la nuit devant que li Saisne devoient corre a Arestel.) "Dame, fait il, si vos mande que vos i anvoiez ce que vos i porroiz anvoier."

"Comment? fait ele; an ont il si lo poior?[2]"

"Dame, fait cil, il perdent tot. Et li dui cent chevalier qui gardent la porte de l'aive, que li rois n'an soit menez, ont tot lo fais de la bataille. Si sachiez que il ont grant mestier de secors, car il se desfandent par de derrieres et se gardent par devant. Et sont ja li plusor a pié, car lor cheval sont ocis."

"Ha! dame, fait Lanceloz, sofrez moi que ge i aille, car or est venuz li bessoinz."

Et la reine l'apelle an une chanbre, si li demande que il cuide faire a tant de gent.

"Dame, fait il, demandez au chevalier de combien il sont descreü des chevaliers qui furent anvoié[3] a Arestel."

Et ele li demande. Et il dient que de deus cenz. Puis lo redit (f. 170b) a Lancelot.

"Dame, fait il, or li demandez, se li dui cent estoient venu, avroient an il lo meillor."

Et ele li demande. Et il li dit que il se deffandroient assez.

"Dame, fait il, or mandez monseignor Yvain que vos lor

[1] estoient ancor lo   [2] lo pooir   [3] furent aune

anvoieroiz tant de chevaliers que bien tanront lo leu a ces dom il sont descreü. Et puis que vostres penons i sera venuz d'iluec an avant, lor restoreriez vos tot lo domage qu'il feront."

Et la reine lo dit au chevalier. Et puis fait aporter un hiaume, si li done por lo suen que il avoit perdu. Et cil s'an va a mout grant joie et dit a monseignor Yvain les novelles que ele li mande. Et messires Yvains en est mout dolanz de ses chevaliers, qui si sont angoisos, et voit bien que il sont desconforté et rusé de bien faire. Si dit:

"Ha! Dex, qant vanra li penons ma dame?"

Ensin parole messires Yvains et amoneste ses chevaliers, comme cil qui mout soffre et qui bien lo set faire; car trop soffroit messires Yvains, la o il estoit durement angoisseus, ne ja autrement ne fust bons chevaliers.

Et Lanceloz ot anvoié querre Lyonnel, si lo fist armer comme serjant au miauz que il puet. Puis furent amené dui cheval lo roi, si fu et li uns et li autres coverz de fer. Si monta Lanceloz sor celui que l'an li anseigna a meillor et a plus hardi et de greignor paine, et Lyonniax sor l'autre. Et qant Lanceloz doit lacier son hiaume, la reine lo prant antre ses braz, si lo baisse au plus doucement que ele puet. Et puis li lace ele meïsmes son hiaume, si lo commande a celui qui an la Croiz fu mis, que il de mort et de prison lo deffande. Et ele ot fait an un glaive fermer un de ses penons, si l'avoit baillié a Lyonel. Et li chans do penon estoit d'azur a trois corones d'or et a une seule langue, [et en toz les penons lo roi avoit trois langues] et des corones tant con l'an i poïst plus metre. Et par ce conoissoit l'an l'un de l'autre.

Atant sont monté antre Lancelot et Lyonnel, si porte Lyonniax lo penon, et Lanceloz porte un glaive gros et cort, don li fers est tranchanz et clers, et la hante roide (*f. 170c*) et fort. Si s'an partent atant et vienent ferant des esperons a l'asenblee. Et messires Yvains voit venir lo penon, si reconforte sa gent et dit:

"Seignor, or soiez tuit seür. Veez ci lo penon ma dame. Or i parra qui chevaliers est, que venuz est li secors."

Et li dui se fierent la o il voient la greignor presse des Saines, si commancent a crier hautement "Clarance", l'anseigne lo roi Artu qui isi estoit apellee. Clarance iert une citez mout bone qui marchist au roiame de Sowales, qui fu au roi Tahalais qui fu aiax Uter Pandragon. Cil fu chiés do lignage lo roi Artu,[1] et

---

[1] artu a lasaillir que lanceloz fist des saisnes et puis uindrent il et lyonniaus nonques

de cele cité criȩ il et tuit si oïr "Clarance" a toz besoinz o il puis vindrent; n'onques[1] por hautece qu'il aüsent, lor premiere anseigne [ne] vostrent laissier.

Mout fu bien escrieȩ l'anseigne lo roi Artu a l'asaillir que Lanceloz fist des Saisnes et des Yrois, si feri o plus espés del glaive.[2] Et qant la lance li brisa, si sot bien metre la main a la bone espee tranchant qui avoit non Secace. C'estoit une espee que li rois ne portoit s'en bataille mortel non. Lors furent esprovees les proeces Lancelot, que il copoit Saisnes et Yrois et chevaus et testes et escuz et hanches et braz. Il vole destre et senestre sor lo cheval que il a tel com il lo devisast meillor. Il ne s'areste an nul leu, il se lance amont et aval, que riens ne li eschape ne derriers ne devant. Il sanble lo lion correcié qui se fiert antre les biches, qui ocist destre et senestre, ne mie por fain que il est, mais por mener sa grant fierté et sa justece. Ansin fait Lanceloz qui estoit estandarz: ses escuz est a toz abandonez, ses hiaumes est pareüz a chascun leu, s'espee est a chascun privee. Si est avis a toz ses anemis que autretel soient tuit li autre qui lo sivent, car il lor semble que il ne voient se lui non, que orandroit lo voient ci, et or est la, or est destre, or est[3] senestre. Si lo dotent tant que il ne l'osent atandre, ja si grant planté des Saisnes ne seront, ainz li font voie li plus prisie[4] qui orandroit cuidoient estre au desus de la guerre lo roi Artu.

Et (f. 170d) messires[5] Yvains lo siust a esperons, qui est si liez des mervoilles que il fait qu'il li est avis que il soit rois coronez de tot lo monde. Et dit que or ne doit nus armes porter se cist non qui an set venir a chief. Et aprés lui si esperonerent li autre tuit, qui orandroit estoient desconfit, autan se valoit. Si ne se tienent mais li Saisne ne ly Irois qui lor metent gaires an la place[6] chalonge, et voient bien que petit a mais an aus desfanse. Si an prenoient tuit cuer et hardement, nes li plus coart sont tel chevalier que il font plus d'armes que devant ne[7] faisoient li plus prisié. Et Lance-loz va avant qui fait les mervoilles, si adrece il lo cheval vers lo plus haut home et vers lo plus puissant d'aus toz et au plus preu. Si avoit non Hargadabranz, si estoit graindres d'autre chevalier demi pié et plaine paume, et paroit autresin par desor tote la bataille li coinz de son hiaume com feïst une anseigne. Si

---

[1] see p. 560.   [2] espes des saisnes   [3] ce est destre ce est
[4] plus priue qui   [5] smessires
[6] an lor place   [7] que li autre ne

recovroient tuit a lui. Si estoit freres a la damoiselle de la roiche et par lui avoit ele faite la traïson do roi Artu et de ses compaignons, car il baoit a panre tote Bretaigne, puis que il avoit lo cors lo roi et lo cors monseignor Gauvain. Et Lanceloz s'an vient par lui, l'espee an la main, et li Saisnes qui ot[1] veües les mervoilles que il faisoit ne l'ose[2] atandre, ainz s'an fuit[3] au plus que il puet.[4] Mais li chevaus Lancelot iert plus isniaus do suen, si l'a ataint a la montee d'un larriz et hauce l'espee por ferir parmi la teste. Et li Saisnes s'anbrunche sor lo col de son cheval et giete l'escu ancontre. Et Lanceloz fiert sor l'escu, si an prant la moitié par desoz, so fait voler anmi lo chanp. Et li cox descent sor la destre cuisse, si li[5] cope d'outre en outre et tote l'anfautreüre do cheval jusque es flans, si abat et lo Saisne et lo cheval tot an un mont. Et il s'eslance outre, que plus no regarde, si laisse corre la o il cuide trover meslee. Mais il n'en trove point, car tuit se sont mis a la voie et Saisne et Yrois, si tost com il ont veü cheoir (f. 171a) Hargadabraz,[6] car ce estoit toz lor secors. Et messires Yvains fu venuz sor lui, la ou il l'ot veü cheoir, si conut bien que ce estoit il, mais il ne cuida mies que il fust si anpiriez, si s'areste sor lui et lo prist a po de deffanse, car il ne se pooit mais deffandre. Et tuit l'avoient guerpi si home, si s'an fuioient. Et qant il l'ot levé an haut, si vit que il ere mout mahaigniez comme de la cuisse copee et voit bien do cheval copé la moitié, si s'ancommance a seignier et dit que il n'est mies sage qui atant tel home qui tels cox done; car il n'est mies hom, ainz est une jostise et une vanjance de Damedeu.

Ensi fu pris Hargadabraz, si l'an anvoie messires Yvains as tantes; mais il ne vesqui gaires, car il s'ocist a un coutel, si grant duel avoit de ce que il estoit afolez. Et Lanceloz ot chacié les Saisnes a po de gent, car tuit se remanoient antor monseignor Yvain. Et qant li Saisne orent foï jusque as destroiz de Godelonte, si ne fu onques si granz mervoilles comme Lanceloz fist, car il an decopa tant que li ruisiaus qui corroit par desoz la chauciee an perdi sa color. Ne gaires ne trova qui a cop l'atandist, si s'an foïrent es marés plus de deus mile qui i furent peri. Et cil qui furent avant entasé se mistrent outre parmi la chauciee. Mais trop an i ot de morz a l'antasser. Et tant en ocist Lanceloz que toz est coverz de sanc, que do suen, que de l'autrui, et li escuz

[1] qui ont   [2] losent   [3] sanfuient
[4] il puent   [5] si lo cope   [6] hardarbraz

et li hauberz et li chevaus. Et qant li Saisne et ly Irois furent outre, si s'abocherent an la chauciee por garder lo pas, si virent que il n'i avoit de toz les chevaliers lo roi Artu ne de sa gent qui chaçast que solement Lanceloz, car il n'an virent plus devant la chauciee. Si an furent tuit si hontous que il n'osoient parler li uns a l'autre. Et Lanceloz fu o chief de la chauciee, l'espee nue en sa main, dom li branz estoit toz vermauz si comme de sanc. Et qant il les vit[1] toz abochiez[2] an la chauciee, si lor volt laissier corre. Et Lyonniaus lo prant au frain et dit:

"Par Sainte Croiz, vos n'i eroiz. Vole[z] vos vos faire ocirre an leu o ne poez faire nulle proece. Et se vos la faisiez, (*f. 171b*) ne seroit ele ja saüe. Dom n'an avez vos assez fait qant vos avez ce mené a chief que tote[s] les genz lo roi Artu ne porroien[t] faire?"

Et Lanceloz dit que totesvoies i era il. Et cil lo tient.

"Fui, fait Lanceloz. Laisse moi aler."

"No ferai," fait cil.

Et il jure qanque il puet jurer que ja mais ne l'amera. "Et se te blecerai, se tu ne me laisses."

"Et ge vos lairai," fait Lyonniaus.

Lors lo laisse. Et Lanceloz s'eslaisse desus la chauciee, et Lyonniaus hurte aprés, si li dit:

"Ge vos di de par ma dame que vos n'alez avant, ne par la foi que vos li devez."

Et qant il l'ot, si sache son frain et commance mout durement a sopirer. Et li Saisne li faisoient ja voie, que il ne l'osoient a cop atandre.

"Ha! fait Lanceloz a Lyonnel, por coi as si tost parlé?[3] Ja voiz tu que il sont si desconfit que il ne m'atandesient ja."

Lors s'an retorne. Et qant il se regarde, si voit venir monseignor Yvain. Messires Yvains si dist:

"Sire, bien puissoiz vos venir."

"Certes, sire, fait il, ainz vaign mout mauvaisement, car ge retor a ma grant honte."

"Comment a vostre honte?" fait messires Yvains.

"N'est ce bien, fait il, a ma grant honte qant ge n'os avant aler, et si i alasse volantiers se ge osase."

"Si m'aïst Dex, fait messires Yvains, li alers ne fust mie hardemenz, ainz fust folie. Et neporqant, tant vos conois ge bien que por coardise n'an laissesiez vos rien a faire."

[1] les siust toz   [2] abochieez   [3] parler ja

Et Lanceloz ne s'areste mies an ces paroles, ainz se corroce si sovant que par un po que il ne desve, ne ne dit nul mot de sa boche.

Issi s'an revient jusque a l'ost. Et messires Yvains no met plus
5 an paroles, car il voit bien que il ne li plaist mies. Et qant li Saisne orent veü monseignor Yvain, si s'an furent arrieres mis[1] an la chauciee que il n'osoient[2] or tenir qant Lanceloz i poignoit sus, si li faisoient tuit voie. Or ne se muevent por monseignor Yvain ne por sa gent, por ce que Lanceloz s'an vait. Et messires Yvains
10 vit que li pasers outre la chauciee ne seroit mies savoirs, si s'en retorne (*f. 171c*) il et les soes genz. Et qant li Saisne les an voient aler, si corrent aprés. Et cil lor corrent sus, et il se retraient an lor chauciee. Et qant messires Yvains s'an retorne, et il se relaissent[3] corre. Et issi dura li chaplemenz des deus genz jusque a l'avesprir,
15 que d'ambedeus parz se retraient por la nuit. Et Lanceloz s'an fu venuz par la porte desus l'aive ou li enchantemenz[4] estoit, qui estoit close de l'air. Et ses escuz avoit tel force que nuns anchantemenz no pooit tenir. Et il esgarde devant la porte, si voit les deus cenz chevaliers qui gardoient nuit et jor que li rois n'an
20 fust menez. Et qant cil lo voient venir, so conoissent et dit chascuns: "Vez ci lo bon chevalier." Et li saillent et li vienent a l'ancontre de loig com il lo conoissent, so saluent, et il els. Puis s'an revont a la porte si pres com il an pooient estre, car il covenoit que il an fussient loig por les carriaus et por les saietes qui voloient espause-
25 ment. Et lors issi uns chevaliers armez de totes armes de laianz, si avoit a son col un escu noir a une bande de bellic, et c'estoit li escuz que Lanceloz avoit porté o chastel qant il fu pris. Et li chevaliers demande joste. Et Lanceloz li dist:

"Sire chevaliers, se vos me doniez trives tant q'aüsse a vos parlé,
30 ge m'an trairoie plus pres, car ge parleroie volentiers a vos."

Et cil l'aseüre tant que il ait a lui parlé. Lors se traist Lanceloz pres de lui, si li demande o il prist cel escu. Et il dit que il fu au meillor chevalier de la maison lo roi Artu, qui lasus est en prison.

"Et comment a il non?" fait Lanceloz.
35 "C'est, fait il, Gauvains, li niés lo roi Artu."

"Certes, fait Lanceloz, vos i mantez. Il ne pandié onques monseignor Gauvain au col. Ne celui cui il fu n'avez vos mies an prison. Mar lo laisastes eschaper."

---

[1] arrieres foi et mis [2] il ne soient or
[3] se ralaissent [4] ou li anchauceiz

"Commant? fait li chevaliers, si m'as desmanti? Or te garde, que ge ne t'aseür plus."

Et Lanceloz esgarde Lyonnel, si prant an sa main lo glaive o li penons ere fermez, si lo met soz l'aisselle et hurte lo cheval des esperons contre lo chevalier do chastel. Et cil regarde an haut et dit as archiers et as arbelestiers don li murs ere coverz que il traient, et il si font. Si (*f. 171d*) ont lo cheval Lancelot navré et lui meïsmes an mainz leus, mais il n'a plaie don a gaires li soit. Si avise il lo chevalier et fiert tres desoz la gole si durement que parmi la gole li passe li fers outre, si lo porte a tere.[1] Si li laise lo glaive atot lo penon dedanz la gole et fiert des esperons parmi la porte, si s'an vait outre sanz arest et chevauche tot contramont lo chastel et trove totes les portes et totes les poternes aovertes. Si ne fine tant que il vient an la grant sale et trove chevaliers a grant planté qui s'armoient por lo cri que cil defors les murs avoient levé por lo chevalier qui abatuz estoit. Et Lanceloz lor laisse corre, si lor tranche braz et eschines et costez, si les fant an deus pieces et escervelle que que il ataint. Et li autre s'an fuient a garant an la maistre forterece. Et Lanceloz met lo pié a terre, si va la ou il sot que la dame converse, si l'a trovee an une couche et son ami lez li, qui avoit non Gadraselains, si estoit chevaliers et jones et mout biax et de mout grant proece. Si estoit illuec toz desarmez, car il ne cuidoit rien doter, et avoc lui chevalier tuit desarmé, et si estoient assez. Et Lanceloz hauce l'espee, si fiert Gadrasalain parmi la teste, si que tot lo fant jusque [es] espaules. Puis laisse corre as autres, si les decope toz, la o il les ataint. Et il s'adrecent a l'uis por foïr, mais il lor est alez au devant, si lor clost l'uis anmi les iauz et ferme mout bien a la barre. Et puis lor laisse corre. Et il fuient es chanbres et amont et aval. Et il les chace,[2] et li plusor se lancent a terre parmi les fenestres. Et qant il n'an trove nuns, si revient an la cort, l'espee traite, et va vers lo jaolier qu'il vit, qui monseignor Gauvain gardoit et les autres; et dit que morz est se il ne li anseigne les armeüres de laianz et les prisons. Et cil dit que il li manra. Lors lo moine an une tornelle sus la chambre o li rois Artus estoit et Guerrehés an prison. Et il li fait deffermer et puis fait traire Guerrehés hors de prison et lo roi Artu. Et li rois ne lo conut mies, si se mervoille (*f. 172a*) qui il[3] puet estre. Lors les an moine Lanceloz et li

---

[1] porte outre   [2] il eschape
[3] meruoille qui il est & qant il lesgarde et qui il

chartriers as armeüres, et il s'arment isnellement. Et Lanceloz voit une hache grant et clere et bien tranchant qui pant a une cheville, si la prant et bote l'espee o fuerre. Puis revient antre lui et lo jaoillier la o Galehoz et si compaignon estoient an prison,
5 si les giete hors. Si les moine Lanceloz la o li rois et Guerrehés s'armoient, si font mout grant joie li uns des autres. Et qant Galehoz s'est ancommanciez[1] a armer, si dist:

"Ha! las! por coi m'arme gié, puis que nos avons perdu la flor des chevaliers de tot lo monde et la rien que ge plus amoie?
10 Ja ne m'aïst Dex qant ge sanz lui quier vivre, ne qant ge ja mais avrai hiaume an teste, puis que ge l'ai perdu."

Lors commance duel trop grant. Et Lanceloz oste son hiaume, si li dit:

"Biaus dolz sire, ne soiez mies esbahiz, car ce suis ge."
15 Et cil saut, si lo cort baissier. Lors relace Lanceloz son hiaume. Et qant messires Gauvains l'a veü, si saut et dist au roi:

"Sire, veez ci celui que nos avons tant quis. Ge l'ai trové, si m'an aquit."

"Et Dex! fait li rois, qui est il?"
20 "C'est, fait messires Gauvains, Lanceloz do Lac, cil qui vainqui les deus asanblees de vos et de Galehot qui ci est."

Et li rois an fait mout grant joie. Et qant il furent tuit armé, si chiet li rois Lancelot as piez et dit:

"Biau sire, ge me met an vostre merci, et moi et m'anor et
25 ma terre, car vos m'avez randu et l'un et l'autre."

Et cil l'an lieve maintenant et plore il meïsmes des iauz mout durement de ce que li rois s'umelie si vers lui.

Ensi sont armé tuit. Et li jaoliers, qui mout a grant paor, lor aide tant que tuit sont apareillié, et les garnist de lor espees la ou
30 il savoit que l'an les avoit mises qant il furent pris. Lors sont venu a la grant tor qui siet an la grant roiche, mais il n'i puent antrer, car il a chevaliers dedanz qui bien ont les huis fermez. Et ele est de vitaille mout bien garnie, ne lo baille ne poïst nuns tenir sanz tenir la tor. Et qant Lanceloz voit que il n'i anterront an ceste
35 maniere, (f. 172b) si prant lo jaolier et li dit que il l'aseüre, mais que il li mostre la dame de laianz. Et cil l'i moine la o il avoit[2] trové Gradezelain, son ami, si lo moigne outre an une chanbre [et la li mostre.] Et Lanceloz l'aert par les treces et dit que il li fera la teste voler.

[1] ancommancier   [2] il lauoit

"Ha! fait ele, jantils chevaliers, merci. Ja m'avez vos mon ami mort."

"Si m'aïst Dex, fait il, vos iestes morte se vos ne me faites delivrer cele grant tor."

Et ele dit que ele viaut miauz que il li cop la teste, si avra ce fait que onques mais chevaliers ne fist. Et il hauce l'espee et fait sanblant que il li voille tranchier. Et ele crie merci et dit que ele fera la tor delivrer. Lors s'an vient devant la tor et dit as chevaliers qui sont laïsus que il ovrent la tor. Et cil dient que no feront. Et Lanceloz jure que il li copera la teste se il ne li ovrent tost. Et qant cil voient l'angoisse, si sont mout a malaisse et dient que il l'overront, mais que li rois les an laist aler. Et il lor creante. Puis les fait atant toz desarmer, et il vienent hors. Et li rois commande monseignor Gauvain que il se mete anz. Et cil dit:

"Sire, commant? Vos laisserai ge?"

"Si feroiz," fait il.

Si li commande a antrer, ne il n'estoit nulle riens que ele criensist.

Atant s'an vienent an la tor arieres, et archier et arbelestier commancent a traire des creniaus et des fenestres. Et Lanceloz vient a la porte desus, si se mostre. Et cil commancent tuit a rire et crient l'anseigne lo roi Artu, "Clarance! Clarance!" Et cil de l'ost[1] estoient mout a malaise, car il cremoient Lancelot avoir perdu. Si an avoit la reine oïes les novelles que Lyonniaus li avoit aportees qant il ne pot antrer aprés lui ou chastel; si an fist la reine si grant duel que par un po que ele ne s'ocioit. Et qant ele oï dire que li chastiaus estoit pris, si ot tant de joie con nulle dame an puet plus avoir. Et li chastiaus fu tantost si plains que l'an n'i pooit son pié torner. Et qant vint au cerchier les chanbres et les sosterrins, si fu Kex li seneschauz (*f. 172c*) antrez an une chambre, si trova une damoiselle an aniaus. Et ele avoit esté amie Gadresalain, si l'avoit Canile tenue[2] em prison trois anz, por ce que il l'avoit anmee. Et disoit que iqi alueques l'estovroit morir. Et qant Kex li seneschauz l'ot gitiee hors de prison et hors des aniaus, si li demande o estoient tuit li prison. Et ele li demande que ce estoit an cele ville. Et il dit que li rois Artus avoit pris lo chastel. Et celle an tant ses mains vers Deu.

"Sire, fait ele, est vos eschapee la dame de çaianz?"

"Nenil, fait il, ele i est ancorres."

[1] cil des ost   [2] auoit ia tenue

"Sire, fait ele, se ele amporte ses livres et ses boites, tot avez perduz, car, par les livres que ele a, feroit ele corre un[e] aive ci contramont."

"O sont il?" fait Kex.

Et ele li mostre un grant tronc[1] mout fort. Et Kex i mist tantost lo feu, si l'ardié et mist an poudre. Et qant Canile lo sot, si an ot tel duel que ele s'eslança de la roche laïs aval, si fu mout durement bleciee. Si an fu li rois mout dolanz, car mout l'amoit. Et ele vousist miauz avoir perduz tex quatre chastiaus, se ele les aüst, que ele ne vousist ses bons livres ne ses boites.

Ensi est prise la roche, si est li rois dedanz et de sa gent grant partie. Si vient messires Gauvains hors de la tor et dit au roi:

"Sire, vos avez perdu Lancelot, se vos ne vos en prenez garde."[2]

"Comant?" fait li rois.

"Certes, fait il, Galehoz l'an menra ja au plus tost que il porra, car il an est plus jalous que n'est uns chevaliers de belle dame jone, qant il l'a. Mais ge vos dirai que vos feroiz. Vos commanderoiz que la porte soit fermee, [que riens n'i entre, n'en isse se par moi non, et le me feroiz fiancier, et a Keu le seneschal autresi, et a monseignor Yvain et a Guerrehés mon frere.] Et vos i avroiz tel compaignie que [nus] n'i anterra se par vos non, ne n'an istra."

Atant vient li rois an la grant sale, si prant Galehot par la main et Lancelot par l'autre, si les an moigne an la grant tor, si s'asient an une couche et se font desarmer. Lors apelle li rois monseignor Gauvain, si li fait faire la fiance, et puis a monseignor Yvain qui estoit ja venuz, (*f. 172d*) et a Keu et a Guerrehés.[3] Et quant[4] Galehoz l'ot, si set bien et voit que ce est, si an sopire mout durement et mout angoisosement an parfont, car li cuers li dit une partie de ce qui avanra. Et il l'a dit a Lancelot.

"Biaus compainz, fait il, nos somes venu la o ge vos perdra."

"Comment, sire?" fait il.

"Ge sai por voir, fait Galehoz, que li rois vos proiera de remanoir de sa maisniee. Et que ferai ge qui tot ai mis an vos et cuer et cors?"

"Certes, sire, fait Lanceloz, ge vos doi plus amer que toz les homes do monde, et si fais gié. Ne ja de la maisniee lo roi Artu ne remanrai se force ne m'i fait remanoir. Mais comment veerai ge rien que ma dame me commande?"

---

[1] grant crot   [2] prenez gardez   [3] guerrehel   [4] et q̄ Gal.

Queen Thanks Lancelot in King's Presence

"Jusque la, fait Galehoz, ne vos esforceroie ge mies. Certes, se ele lo velt, il lo covanra a estre."

Issi parolent antr'aus deus. Et li rois les reprant, si refont plus grant joie que li cuers ne conporte a tel i a. Et lors anvoie li rois querre la reine. Et ele vient, si li saut chascuns a l'ancontre an la tor. Et ele laisse toz les autres, si giete les braz a Lancelot au col, si lo baise voiant toz cels qui laianz estoient, por ce que toz les an voloit decevoir et que nuns n'i pansast ce qu'i est. Ne nuns ne la voit qui miauz[1] ne l'an ait prisiee, mais il an est trop hontous. Et ele li dit:

"Sire chevaliers, ge ne sai qui vos iestes, ce poise moi; ne ge ne vos sai que offrir por l'annor mon seignor avant et por la moie aprés, que vos avez hui maintenue. Mais por lui avant et por moi aprés vos otroi ge moi et m'amor,[2] si comme leiaus dame doit doner a leial chevalier."

Et qant li rois l'ot, si l'am prise mout de ce que ele l'a fait sanz estre anseigniee.

Mout fu la joie granz de Lancelot laianz. Et puis refist la reine joie a monseignor Gauvain et a Galehot et as autres compaignons lo roi qui avoc lui avoient esté an ceste queste, car tuit estoient venu fors Saigremor. Si fu mout demandez que il fu devenuz. Et messires Gauvains conta comment il l'avoit laissié avoc une damoiselle (*f. 173a*) que il amoit. Aprés conta la reine de Lancelot comment il avoit esté gariz an ses chanbres de la grant forsenerie que il avoit prise el chastel, et comment une damoiselle l'avoit gari qui se nomoit la Dame do Lac.

"Dame, fait li rois, savez vos qui il est, li chevaliers?"

Et ele dit que nenil.

"Or sachiez donc que ce est Lanceloz do Lac, cil qui vainqui les deus assenblees de moi et de Galehot."

Et qant ele l'ot, si fait sanblant que a grant merveilles li viegne, et se seigne trop sovant. Et aprés conte messires Yvains[3] la mervoille d'armes que il avoit faite hui tote jor.

"Sire, sire, fait messires Yvains, nos envoiasmes a ma dame, car nos cuidiens que tuit si chevalier n'i fussient mies a la bataille. Et ele lo nos anvoia tot sol, si nos manda que ele nos an anvoieroit tant que bien tanroient lo leu a deus cenz chevaliers qui estoient alé a Arestel, que ge i avoie deus cenz anvoiez. Et de ce dist ma dame voir, que, si m'aïst Dex, se li dui cent i fussient et il

---

[1] qui mains   [2] et mannor   [3] messires G.

n'i fust, nos n'an venissiens ja nul jor a ce que nos an somes venu orandroit. Ne ja li Saisne ne fussient pris por les deus cenz si com il furent por lui."

"Par foi, fait li rois, plus a il fait d'armes a moi rescorre[1] que an totes les autres proeces,[2] car il a pris un tel chastel com cist est, que il me faisoit plus mal que tuit li chastel do monde. Et jo doi bien amer sor toz homes."

Aprés vint Hestors devant la reine et dist:

"Dame, vez ci ma queste."

Si li mostre monseignor Gauvain. Et la reine li fait mout grant joie. Et messires Yvains li fait mout grant annor, car il conte comment il l'avoit delivré, et lui et Sagremor, de la prison au Roi des Cent Chevaliers et comment il avoit lo seneschal conquis. Et messires Gauvains conta comment il abatié Sagremor et Keu et Girflet et[3] monseignor Yvain a la Fontainne del Pin. Et lors fu assez qui lo regarda, car mout estoit loez. Et s'amie en ot sor toz autres et sor totes joie.

Atant fu li mengiers apareilliez, si asistrent. Et qant il orent mengié, li rois apela la reine et li dist a consoil:

"Dame, ge voil prier Lancelot de remanor a moi et d'estre compainz de la Table Reonde, (*f. 173b*) car bien sont ses granz proeces esprovees. Et s'il ne voloit por moi remanoir, si l'an cheïssiez tantost as piez."

"Sire, fait la reine, il est a Galehot et ses compainz, si est biens que vos an priez Galehot qu'il lo sueffre."

Lors vient li rois a Galehot, si li prie en toz servises qu'il voille que Lanceloz soit de sa maisniee et qu'il remaigne a lui comme ses maistres et ses compainz.

"Ha! sire, fait Galehoz, ge sui venuz en vostre besoigne atot mon pooir, car c'est qancque ge puis. Ne ja ne m'aïst Dex, se ge savoie vivre sanz lui. Et comment me toudriez vos ma vie?"

Et ce disoit il, por ce que il ne cuidoit mies que la reine lo vousist. Et li rois regarde la reine maintenant, si li dist:

"Priez l'an, dame."

Et ele se laisse tantost cheoir a genolz devant Lancelot. Et qant Lanceloz la voit a genolz, si li fait trop grant[4] mal au cuer; si n'atant mie tant que Galehoz lo regart, ainz saut sus et dist a la reine:

---

[1] moi rescoreure
[2] autres pieces de terre car
[3] girflet a m.
[4] trop granp grant

"Ha! dame, ge remaign a mon seignor a son plaisir et au vostre."
Et lors s'an lieve.
"Sire, fait ele, granz merciz."
"Sire, fait Galehoz, issi ne l'avroiz vos mie, car miauz ain ge estre povres [a] aise que riches a malaise. Retenez moi avoc lui, se ge onques fis chose qui vos plaüst. Et bien lo devez faire, et por lui et por moi, car bien sachiez que tote l'amor que j'ai a vos, i ai ge par lui."

Et li rois saut sus, si l'an mercie et dist qu'il nes retient mie com a ses chevaliers, ainz les retient a compaignons et a seignors de lui."

Issi retient li rois Lancelot et Galehot, et puis aprés, Hestor por[1] compaignie et por onor d'es deus. Si fu la joie si granz an la maison lo roi que greignor ne la vos porroit an mie deviser. Et l'andemain dist li rois qu'il tandroit cort mout efforciee an la roche meïsme[2] por la joie de Lancelot, si l'a mout haute et riche. Et ce fu lou seïme jor devant la Toz Sainz, ne onques ne fu jorz qu'il ne portast querone de toz les set jorz et qu'il n'aüst chascun jor cort efforciee de miauz en miauz.[3] Celui jor furent assis li troi (*f. 173c*) chevalier an la Table Reonde. Et furent mandé li clerc qui metoient an escrit les proeces as conpaignons de la maison lo roi. Si estoient quatre, si avoit non li uns Arodiens de Coloigne, et li secons Tontamidez de Vernax, et li tierz Thomas de Tolete, et li quarz Sapiens de Baudas. Cil quatre mestoient en escrit qanque li compaignon lo roi faisoient d'armes, si mistrent en escrit les avantures monseignor Gauvain tot avant, por ce que c'estoit li commancemenz de la queste, et puis les Estor, por ce que do conte meïsmes estoient branche, et puis les avantures a toz les dis huit compaignons. Et tot ce fu del conte Lancelot, et tuit cist autre furent branches de cestuit. Et li contes Lancelot fu meïsmes branche del Greal, si qu'il i fu ajostez.

En tel joie sejorna li rois et si compaignon a la roche toz les jorz jusq'au tierz jor de la Toz Sainz, [et lors s'en parti] et laisa an la roche ses gardes. Et puis s'en revint an Bretaigne a petites jornees. Et qant il est venuz a Camaheu, si prant Galehoz de lui congié et li prie qu'il li laist Lancelot avoc lui mener en son païs. Mais li rois l'otroie a mout grant poine. Et la reine lo velt issi et dit au roi que li Avant anterront par tens. Si fait tant que li rois l'otroie par covant qu'i[l] li coventent leiaument par covant

---

[1] apres li por [2] roche et meismes [3] de mois en mois

qu'il seront a cel jor de Noel a lui. Et si lor dist qu'il sera en la cité ou il fist Lancelot chevalier. Et il li creantent. Si s'an partent atant antre Galehot et Lancelot, [si] s'an vont an lor païs, et li rois et sa compaignie s'en vont en Bretaigne.

5 Or s'en[1] vont entre Galehot et Lancelot qui mout amast miauz lo remanoir, mais sanblant n'en osse faire por Galehot, qu'il lo crient et dote sor toz homes. Et d'autre part rest Galehoz mout angoiseus de la dame de Malohaut qu'il avoit tant aamee qu'il ne li estoit pas avis que nuns autretant poïst amer. Si est mout a
10 malaise de ce qu'il l'a laissiee si hastivement aprés la premiere joie qu'il en a eüe. Et il s'an conforte au plus qu'il puet, por ce que mout av[r]oit grant honte se nus son covigne (*f. 173d*) aparceüst. Et se panse, se Deu plaist, qu'il la reverra par tens, et ele lui, car li termes n'est mie lons qu'il a mis au roi de sa
15 revenue. Et ancor, ce dist, l'acorcera il a son pooir.

Atant vient a Lancelot, si lo met an parole de la reine, por ce qu'il velt qu'il li ramentoive les soes amors. Si chevalchent an ceste maniere et parolent totesvoies de ce dont lor cuer sont a ase, tant que bien pot estre none de jor. Et lors chaï Galehoz en un
20 pensé dont ses cuers fu mout a malaise, si chevauche plus soef, et commança a penser a Lancelot, son conpaignon, qui remés est de la maisnie lo roi Artu. Si en a mout grant angoisse et dist a soi meïsmes que or a il perdu tote anor et tote joie par celui de cui il la cuidoit avoir recovree a toz les jorz de son vivant.

25 "Si sai, fait il, veraiement que a la premiere foiz q'entre moi et lui vanrons a cort qu'il covandra que nostre compaignie departe, car la reine voudra que il remaigne, n'il n'oseroit contredire chose que ele vousist. S'ai ansi perdue l'amor que j'avoie en lui mise, et lo grant meschief que ge fis por sa conpaignie avoir, la ou g'estoie
30 au desus de conquerre tot lo pris et tote l'anor del monde."

Totes ces choses met Galehoz devant ses iauz, et si l'an toiche au cuer si grant angoisse que a force lo covint pasmer et chaoir a terre si durement comme cil qui n'avoit pooir ne de son cors ne de son cuer. Et Lanceloz, qui chevauchoit devant, si se regarde.
35 Et qant il lo vit gesir a terre en tel maniere, si ot grant paor qu'il ne fust morz. Si feri cheval des esperons et vient arrieres grant aleüre, si descent et prant Galehot antre ses braz. Et qant il revint de pasmoisons, si li demande:

"Sire, por Deu, que avez vos?"

[1] quil sen

"Si m'aïst Dex, fait Galehoz, ge ai assez duel et angoisse, car il m'est mescheoit plus que a nul home mais ne meschaï, et bien sai qu'il me mescharra assez des ores mais."

Et qant Lanceloz antant ces moz, si cuide bien que Galehoz ne l'ait dit se por lui non. Et pense qu'il li demandera si tost com il sera montez. Atant vait querre son palefroi, si li amain(*f. 174a*)gne. Et il monte a mout grant poine, car mout s'est bleciez au chaoir. Et lors se remetent a la voie aprés les escuiers qui devant s'an vont. Et Lanceloz li demande et conjure la rien que il plus aimme qu'il li die de quoi il li est si durement meschaoit.

"Car il m'est avis, fait il, que vos n'avez ce dit se por moi non. Et ge sai bien que puis que ge vos acointai premierement, ne vos avint chose que vos deüssiez tenir a mescheance qui par moi ne vos avenist. Or si sai bien que vos n'amez pas ma compaignie autant com vos soliez et que vos vos repantez de ce que vos avez fait por moi ça en arrieres."

"Ha! fait Galehoz, biaus dolz amis, por Deu merci, ne pansez pas tel vilenie que, si voirement m'aïst Dex, onques ne me repanti de chose que ge feïsse por vos. Mais ge pensoie a ce que la compaignie de moi et de vos ne puet mie longuement durer."

"Por quoi, sire?" fait Lanceloz.

"Por ce, fait Galehoz, que la reine ne se porroit de vos consirrer. Si sai bien que ele voudra que del tot remanoiz en la maison lo roi, ne vos n'oserez mie veer chose que ele vos commandast. Se ge poïse demorer avoc vos, ge le feïsse volentiers; mais ne puet estre, car il covandra que ge m'an aille en mon païs, por ce que maintes genz lo me tandroient a mauvaitié se ge demoroie tot adés en la maison lo roi Artu. Si sachiez certainnement que mout me fera grant mal au cuer qant il me covandra consirrer de la rien que ge plus amoie."

"Certes, sire, fait Lanceloz, vos avez plus fait por moi que onques hom ne fist por autre. Ne ja ne m'aïst Dex qant ge ferai ja chose a mon pooir dont ge cuit que vos seiez a malaise. Mais se ma dame me commande que ge remaigne, il covandra que il soit, car escondire ne l'an oseroie."

Atant laissent ceste parole, mais onques puis Galehoz bele chiere ne pot faire. Et la nuit jurent en une maison de religion qui estoit en l'oroille d'une forest, ou l'an lor fist mout grant anor. Et au matin se leverent bien main et oïrent messe. Et qant il orent messe oïe, si se remistrent au chemin. Et dist Galehoz

a Lancelot qu'il (*f. 174b*) iront an sa terre dont il est sires d'ancesserie. Et Lanceloz respont que ce li plaist mout. Lors prant Galehoz un escuier et mande a toz ses barons de Sorelois qu'il s'an vait en la Terre des Loigtaignes Isles. Et cil s'an vait
5 au ferir des esperons.

Et antre Galehot et Lancelot s'an vont d'autre part, parlant d'amors et de chevalerie,[1] si chevauchent tant par lor jornees qu'il vienent en l'antree de la terre Galehot. Et lors esgarde Lanceloz del Lac devant lui a droiture, si voit un chastel de merveilleuse
10 biauté. Cil chastiaus seoit en un mout haut tertre dont l'an pooit sorveoir tot lo païs. Si estoit tote la forterece assisse sor roche naïve, tranchiee a cisel; et par desoz, a mains que l'an ne traissist d'un arc, corroit une riviere qui assez est granz et parfonde et planteüreuse d'oisiaus et d'autres deduiz, si i avoit praerie grant
15 et bele. Et d'autre part estoit la forez granz et haute, dont li chastiaus estoit plus atalantables et plaissanz.

"Ahi! Dex, fait Lanceloz, com a ci riche forteresce et orgoillose, et com fu fermee de grant cuer."

"Certes, dist Galehoz, voirement diriez vos qu'ele fu fermee de
20 haut cuer, se vos saviez que ge pensoie au jor que ge la fis faire, car j'avoie trente reiaumes conquis et mis en ma seignorie, si dis a moi meïsmes que g'estoie li plus viguerex hom del siegle et li plus redotez et que ge n'oseroie nulle chose anprandre dont ge ne venisse bien a chief, por ce que toz avoie mes anemis mis
25 au desoz. Si me pansai que ge feroie tant que j'avroie lo reiaume de Logres. Alors si seroie coronez et porteroie corone en cest chastel si richement c'onques nuns rois si richement ne l'i porta, car ge avoie fait trente et une corone, si avoie enpensé que tuit mi roi seroient a ceste feste et que por l'anor de mon coronement
30 porteroit chascuns d'aus corone. Et sor chascun[e][2] des tornéles avroit un soztenal d'argent del grant a un home, si avroit sor chascun un cierge. Et desus cele grant tor qui siet en mileu de cest chastel se-(*f. 174c*)roit uns soztenaus d'or assez greignor qe nuns des autres, et desus reseroit uns cierges, [si seroient] tuit
35 li [ci]erge si grant que il ardroient tote nuit, que ja por tens que il poïst faire ne porroient estaindre. En ceste maniere, fait Galehoz, avoie an talant que ge seroie coronez qant j'avroie lo roi Artus conquis. Et ge gerroie anuit el chastel com el plus bel et el plus delitable que vos onques veïssiez de voz iauz."

[1] de chaualerie si   [2] et soz chascun

Atant s'an vont droit au chastel grant aleüre. Et qant il l'aprochent a mains que l'an ne traissist d'une arbeleste, si esgardent et voient que bien la moitié des murs del chastel versent contre terre de cele part o Galehoz venoit. Et qant il voit ce, si est mout esbahiz et dist a Lancelot que c'est une des granz mervoilles que il onques mais veïst:

"Car ge ne cuidoie en tot lo monde nul si fort chastel. Et por la grant force que ge savoie que il avoit, li avoie ge non mis l'Orgueilleusse Angarde. Et neporqant ge sai bien qu'il n'est mie chaüz par foiblece qui an lui fust, mais c'est aucune senefiance."

De ceste aventure est Galehoz mout espoantez et dist que an nule maniere il n'anterroit dedanz lo chastel, "Ainz nos logerons, fait il, la desouz en cele praerie." Lors s'an vont desor la riviere, si font tandre un tref. Et manda Galehoz des chevaliers do païs que il venissient a lui. Et il vindrent volantiers et a grant joie; et mout se merveillerent de ce que il estoit venuz si priveement, car il n'avoient pas a costume qu'il venist si seus. Mout fu granz la joie cele nuit en la tente Galehot et mout fu Lanceloz ennorez et conjoïz, car Galehoz lor commande que il ne facent feste se de lui non. Et il an font tant com il plus pueent, si que Lanceloz en est mout honteus et esbahiz.

La nuit demenerent grant joie entre Galehot et ses genz; et qant il fu tans de couchier, si se couchierent. Et l'andemain se leverent si tost com il porent lo jor aparcevoir. Et qant il furent (*f. 174d*) atorné, si monterent et se mistrent a la voie a aler a un chastel qui estoit a dis liues galesches pres de celui ou il avoient eü geü. Mais ançois qu'il i venissient, fu mout granz la presse antor Galehot, car tost fu la novelle espandue parmi lo païs que venuz estoit. Si li vindrent a l'ancontre chevalier et vallet, et dames et damoiselles, et clerc et borjois, si li prese[n]terent maint biau joel et donerent maint riche don. Ensin errerent tant que il vindrent au chastel et troverent que tuit li mur restoient chaoit, si an furent mout esbahi. Et lors conterent a Galehot que maint autre de ses chastiaus estoient ansin fondu. Et qant il l'ot, si an est mout espoentez et dist que c'est une des greignors mervoilles et des plus estranges que il onqes mais veïst.

"Certes, sire, fait Lanceloz, il n'est nuns qui a mervoille nel tenist. Mais por avanture qui aveigne ne se doit nus desconforter ne esmaier, car tot est an aventure de Nostre Seignor, et nos poons bien aparcevoir que c'est aucune demostrance que Dex fait."

"Si voirement m'aïst Dex, biaus dolz amis, fait Galehoz, ge ne m'an desconforterai ja, que plus ai ge perdu que tant. Mais mout savroie volentiers que ce senefie, se ge puis trover nul home qui verité m'en saiche dire."

Atant remest la parole, que plus ne volt Galehoz que parole en fust plus tenue; ainz commande a toz ses homes, si com il l'aimment, qu'il n'i ait celui qui face mauvais sanblant, car ja mais jor ne l'ameroit. Et il sont mout lié de ce q'il lor commande ce affaire, car mout avoient grant paor de son corroz. Et il lor dist qu'il ne s'antremetent ja se de Lancelot non, "Car bien sachiez, fait il, que ja mais plus preudome ne troveroiz." Et il demandent qui il est. Et il dist qe c'est li miaudres chevaliers do monde et si a non Lancelot del Lac.

La nuit fu mout granz la joie el chastel et mout se penerent tuit et totes de Lancelot servir et honorer. Si antandent a conjoïr li um l'autre tant que li mengiers est prelz, si assient. (*f. 175a*) Et qant il ont mengié, si recommencent a parler de maintes choses. Et demandent a Galehot cil qui la verité n'an savoient comment il avoient esploitié de sa guerre et an quel maniere la pais avoit esté faite de lui et del roi Artu. Et il conte tot ansi com Lanceloz l'avoit porchacié et la mervoille d'armes qu'il avoit faites es asanblees. Et lors fu mout esgardez de dames et de chevaliers et de toz cels qui laianz estoient, et li presenta mainte dame s'amor par ses[1] ielz et de volenté qui pas ne l'an escondeïst se il fust an leu et an point que il l'an vousist requerre sinplement l'un a l'autre.[2] Et dient entr'eles que mout porroit estre liee la dame qui tel chevalier avroit acointié, ne il n'est meschiés qu'ele ne deüst faire por avoir an son dongier lo pris et la flor de tot lo monde.

Ensi antandent a parler tant qu'il fu grant piece de nuit. Et lors furent li lit fait, si se couchierent. Mais Lanceloz ne dormi gaires, car mout estoit a malaise de ce que si avoit esloignié la rien el monde qu'il plus amoit, si li est mout tart que il la revoie. Et qant vint a l'endemain,[3] si se leverent et alerent oïr messe. Et qant il l'orent oïe, si monterent et se mistrent au chemin. Et dist Galehoz qu'il iroit a une soe cité mout riche, qui estoit chiés de son regne et avoit non Caellus. Si envoia Galehoz avant et fist savoir a[n] la vile com il vandroit. Mais ançois qu'il venist li vint a l'ancontre uns suens oncles qui de grant aage estoit, si li

---

[1] par cels ielz   [2] sinplement lune et lautre
[3] qant il el demain se leuerent et

avoit Galehoz tote sa terre commandee quant il s'an parti. Et si tost com il lo voit, si li demande qex novelles. Et cil respont que mout malvaisses.

"Comment?" fait Galehoz.

"Certes, sire, fait cil, totes voz fortereces sont abatues, que vos n'avez chastel en tot lo monde qui fonduz ne soit."

"M'aï[t] Dex, fait Galehoz, de ce ne me chaut, car nuns cuers ne se doit esmaier de chose qui puist estre restoree si legierement. Et bien gardez que vos ne faciez chiere ne sanblant par la foi que vos me devez, car dont avriez vos m'amor perdue. Mais confortez vos et faites joie, car autrement me seroit il avis que vos seriez correciez de ma venue."

Et cil respont que mout volantiers.

En ceste maniere che(*f. 175b*)vauchent tant qu'il sont pres venu de la cité. Et lors li vindrent a l'ancontre si roi et si baron qui estoient venu de par tot son pooir. Si fu si granz la joie qu'il firent de lui que greignor ne la vos porroit nuls deviser, et de Lancelot refirent grant feste, que il conoisoient. Atant s'an vint jusq'au palais, si descendent. Et qant il sont descendu, si prant Galehoz Lancelot par la main, si l'an maine veoir son herbergement. Et qant il li a mostré tot, si li demande que lui en senble.

"Certes, sire, fait Lanceloz, mout est li herbergemenz biax et riches, et la corz delitable et aaisiee.

Lors s'an revienent el palais arriere, qui mout estoit plains de joie et de deduiz, car laianz estoient tuit li esbatement[1] que l'an savroit deviser de boiche. Et qant il fu tans de mangier, si asistrent. Et qant il fu aprés mengier, si recommence la joie et li deduiz par lo palais ensi grant com il avoit devant esté, car mout avoient lor cuer lié de la venue lor seignor; mais an la fin se departirent. Et lors se couchierent li chevalier parmi lo palais. Et antre Galehot et Lancelot jurent par aus an une couche por avoir loisir de parler.

La nuit sonja Galehoz un songe, dont il fu mout effreez, car il li fu avis qu'il estoit en une praerie entre un bois et une riviere. Et veoit devant lui grant bataille de deus lieons, la plus fiere et la plus orgueilleuse dont il onques oïst parler do cors a deus lieons. Li uns estoit coronez, et li autres sanz corone. Si s'an mervoille mout Galehoz, por ce que lieon coroné n'avoit il onques mais veü. Et lors esgarde d'autre part sor senestre, si voit venir un

[1] tuit li estagement

liepart, plain de si grant fierté que onques mais si fierete beste n'avoit veüe. Et qant il estoit pres des deus lieons qui se conbatoient, si les esgardoit mout durement, ne ne se movoit de son estal. Et li dui lieon se combatent mout durement. Mais an la fin n'i puet durer li coronez, car trop est li autres de grant force et de grant[1] (*f. 175c*) pooir, si lo moinne a sa volenté. Et qant li lieparz voit que cil est si au desouz, si nel puet soffrir, ainz li vait aidier et cort a l'autre si fierement que cil ne l'ose atandre, ainz li fait voie. Et qant cil cui li lieparz secorroit voit que li autres s'en vait, si li recort sus. Et li lieparz se trait arrieres, si recommance la meslee des deus lieons et dure mout longuement, tant que mout se blecent et ampirent. Mais totesvoies se redesconfist li coronez. Et lors revient li lieparz, si se met entredeus. Et si tost com li autres lo voit, si se tient toz coiz, qu'il ne se muet. Et li lieparz s'en vait vers lui grant aleüre. Et qant cil lo voit venir, si li vient a l'ancontre et li fait joie. Et li lieparz lo prant, si l'an mainne au lieon coroné et fait tant que il s'agenoille devant lui autresin com por crier merci. Si est ansin faite la paiz des deus bestes, qui or se haoient mortelment, si refont or grant joie li un a l'autre et s'an vont ansanble en une compaignie. Si en est Galehoz mout esbahiz de ce que par lo liepart se sont ensin acordé li dui lieon.

Et atant s'est esveilliez, mout espoantez de ce qu'il ot veü, n'onques puis la nuit ne pot estre a eise, si soffri ensin jusq'au jor. Et quant il furent levé, si vient a Lancelot, si li conte la mervoille qu'il ot veüe, si dit que ja mais ne sera a eise devant qu'il sache la senefiance de son songe, et por quoi si chastel erent cheoit.

"Et savez vos, fait il a Lancelot, que ge en ai ampensé a faire, se vos lo me loez? J'ai an talant que ge envoierai au roi Artu et li manderai, par la foi que il me doit, que il m'anvoit cels qui son songe li espeillurent, car mout an ai grant mestier. Et si orrons ensin novelles de madame la reine et de cele de Malohaut."

Et Lanceloz lo loe que issi lo face, por ce que mout li est tart que il oie novelles de la reine.

"Sire, fait Galehoz, et nos i envoierons Lyonel, vostre coisin, car ma dame li dira ançois sa volenté qu'ele ne feroit a un autre."

Lors apele Lyonel et dist:

"Lyonel, tu t'an iras a la cort lo roi Artu, si (*f. 175d*) lo salueras de par moi et li diras que, par icele foi que il me doit, se il ja mais velt que ge face rien que il voille, qu'il m'anvoit les clers qui

---

[1] de grant (f. 175c) de grant

li distrent la senefiance de son songe. Et si diras a madame la
reine et la dame de Malohaut que mout somes a malaise de ce
que tant les avons esloigniees, et que eles nos mandent comment
il lor estait."

"Sor moi, fait Lyoniaus, an laissiez lo sorplus, car ge ferai miauz
vostre bessoigne que vos meïsmes ne me savriez enchargier."

Atant prant congié de Galehot, maintenant vient a son roncin,
si monte et se met au chemin. Si vait tant par ses jornees qu'il
vient an Bretaigne et trueve lo roi a Camahalot, ou il sejornoit
volantiers por ce que c'estoit la plus aeisiee vile de son regne.
Et avoques lui ert la reine et la dame de Malohaut, car tant
s'entramoient entr'eles deus que l'une ne savoit estre sanz l'autre.
Et qant eles sorent que Lyoniaus estoit venuz, si en furent mout
liees por oïr novelles de lor amis. Et il vint tot premierement
devant lo roi, si lo salue de par Galehot et fait son message tot
issi com il li avoit estez enjoinz. Et li rois respont qu'il les i
anvoiera mout volantiers. Et puis demande a Lyonel comment il
lo font antre lui et Lancelot.

"Sire, fait li vallez, il sont sain et haitié, et vos mandent qu'il
vos verront au plus tost que il porront, et mout ainment vostre
compaignie."

"Certes, fait li rois, il m'ont assez mostré combien il m'aimment,
car il ont fait por moi plus que ge ne porroie deservir, n'il n'est
nule riens qu'il me vousissent comander que ge ne feïsse outreement,
quel honte que j'en deüsse avoir. Et ge sai bien que ma
honte ne voudroient il mie."

Atant s'an part Lyoniaus devant lo roi et demande la reine.
Et il fu assez qui li enseigna, que mout l'amoient tuit et totes
por l'amor de Lancelot. Et il s'an vient grant aleüre an la chanbre.
Et si tost com la reine lo voit, si li saut (f. 176a) a l'ancontre, si l'acole
et baise mout doucement. Si li demande comment lo fait ses amis,
et cele de Malohaut[1] autresi. Et il dit qu'il lo font mout mauvaisement,
que trop sont a malaise, por ce qu'il ne les voient.

"Ne onques puis, fait il, qu'il partirent de cest païs, ne porent
bele chiere faire. Mais il se cuevrent au plus qu'il puent, por
ce que trop a gent en lor compaignie, et font sovant plus bele
chiere que li cuer ne lor aportent."

Mout fu cele nuit Lyoniaus anorez del roi et de la reine et de
monseignor Gauvain et de toz les autres. Et l'andemain anvia

---

[1] maha/lot

li rois querre les clers. Et qant furent venu, si lor dist comment Galehoz les avoit envié querre.

"Et ge voil, fait il, que vos i ailliez et lo conseilliez a voz pooirs de ce dont il vos demandera consoil, car ge voil que vos faciez
5 autretant por lui com vos fariez por mon cors."

"Sire, font il, vostre plaisir."

Atant prant Lyoniaus congié del roi et de la reine et de la dame de Malohaut et de monseignor Gauvain, si s'an part de la cort entre lui et sa compaignie et errerent a granz jornees, tant qu'il
10 vindrent en la terre de Galehot. Et qant il oï dire qu'il venoient, si monterent antre lui et Lancelot et alerent encontre a grant compaignie de chevaliers. Si les reçurent a mout grant joie, et dist Galehoz qu'il velt qu'il soient tuit seignor de lui et de sa terre tant com il voudront demorer en sa conpaignie, "car vos
15 iestes, fait il, a l'ome del monde que ge plus voudroie servir."

"Sire, font il, grant merci."

Lors vienent entre Galehot et Lancelot a Lyonel, si li demandent qex novelles de lor deus dames. Et il dit qu'eles les saluent. "Et si dient qu'eles vos verroient mout volentiers, si vos mandent
20 que par tans vanra li termes." Et il s'an rient durement entr'aus deus. Puis revienent as clers porter compaignie, si chevauchent tant qu'il vienent a Kaelluz et descendent a la cort, car Galehoz ne velt soffrir qu'il voissent a ostel s'en sa maison non por aus plus servir et anorer.

25 La nuiz fu mout granz la feste que l'an fist des clers lo roi Artu, si est Galehoz plus liez qu'il ne fu mais puis qu'il (*f. 176b*) antra an sa terre, car or set il bien qu'il a tex genz avoc lui qui bien li savront dire la verité de ce dont il estoit a malaise. Mais il nes en velt encor metre a raison, por ce que trop est tost, et
30 crient que il l'an tenissent por vilain. Si suefre ansi tant que vint aprés mengier. Et qant les tables furent ostees, Galehoz se lieve et prant Lancelot par la main. Puis apele les clers toz, si les en maine an sa chambre et dit:

"Seignor, ge vos ai mandez, por ce que ge vos savoie esprovez
35 de grant sen. Si vos pri et requier, sor la foi que vos devez lo roi Artu, que vos me conseilliez d'une chose que ge vos dirai."

Et il dient que si feront il mout volentiers s'il sevent comment. Lors lor conte Galehoz comment tuit li chastel estoient cheoit si tost com il mist lo pié dedanz sa terre. Et aprés lor devise son
40 songe tot ansi com il l'avoit songié.

"Et sachiez, fait il, une chose que ge ne doi mie celer, car qant la pais fu faite des deus lions, si m'en parti de la place et m'en venoie vers une genz qui gaires n'estoient loign d'iluec. Si ne demora gaires que ge trovai en ma voie lo lion sanz corone, qui [m]or[z] estoit, et si l'avoit li lieparz ocis.

Qant li clerc oïrent ceste avision, si an furent mout esbahi et la tinrent a mout grant mervoille. Et dient que mout i covenroit grant sen qui la verité en voudroit dire, car trop est diverse la senefiance. Et Galehoz dist que por ce les enveia il querre qu'il savoit bien qu'il an diroient la verité se nuns la li devoit dire.

"Et sachiez, fait il, que ja mais ne serai liez devant que ge an sache aucune chose. Si vos pri por Deu que vos i metez hastif consoil."

Et il dient que si feront il a lor pooir. Mais il dient qu'il lor doint respit. Et il dit que mout volantiers, et les metra en tel leu o il ne troveront ja qui lor nuisse.

Ensin remest cest affaires, que plus n'en parolent cele nuit. Et lors furent li lit apareillié, si se couchierent, et jurent li clerc tuit par els en une chanbre por estre plus a eise. Et (*f. 176c*) qant il furent couchié, si commencierent a parler de cest songe; et dient que mout seront honni s'il s'an vont arrieres sanz plus dire, qar ja mais n'avroient honor. Quant vint a l'andemain, si se leverent et alerent oïr messe. Et lors commande Galehoz que les seles soient mises, et dit qu'il velt aler jusqu'a un suen herbergement qui pres d'iluec estoit dedanz une forest en trop biau leu. Si dit a Lancelot qu'il i metra ses clers. "Et il i seront, fait il, plus priveement qu'il ne seroient en leu de ma terre." Atant est montez, si s'en vait a grant conpaignie jusque la. Et qant il est venuz, si commande a atorner a mengier, car il mengera ainz qu'il s'an mueve. Puis apele ses clers a une part, si lor dit qu'il remaindront laianz.

"Et vos avroiz, fait il, quancque vos savroiz deviser de boche, ne ja n'i enterra ne huem ne fame se par vos non."

Et il dient que ce lor plaist mout.

Lors sont assis au disner. Et qant il orent mengié, si s'an parti Galehoz de laianz et tuit cil qui a lui estoient, qu'il n'i remest que les clers seulement. Et il s'asemblerent en une chambre et commencierent a parler de ce dont Galehoz lor avoit consoil demandé. Mais mout se descordent[1] li un des autres, si demorerent

---

[1] mout se descondent li

ensins deus jorz c'onques li uns ne s'acorda a chose que li autres deïst, tant que li plus sages d'els toz dist qu'il lor en feroit bien conoistre la verité. Lors vient en la chanbre Galehot et fist figures del songe selonc ce que il entendoit. Et qant il ot ce fait, si lor
5 mostra et dist que par ce lor feroit il savoir totes les senefiances del songe. Si lor devise ce qu'il l'an samble, tant qu'il sevent an la fin qu'il dit bien et raison.

Au tierz jor enveia Galehoz savoir comment il avoient esploitié, et il respondirent qu'il estoient prest del dire ce qu'il avoient
10 trové. Et qant Galehoz l'oï, si fu mout liez et monta, si vint au plus priveement qu'il pot et s'an antra la ou li clerc estoient, et avoques lui fu Lanceloz. Et lors vindrent cil avant, si par-(*f. 176d*) la li maistres d'els avant qui avoit non Bademaguz, [et] dist:

"Sire, vos nos avez demandé consoil de ceste chose, et nos
15 vos en dirons volentiers ce que nos en savons. Mais vos nos creanteroiz leiaument que vos ne nos en savroiz mauvais gré."

"Si voirement m'aïst Dex, fait il, nel ferai gié, ainz vos pri et requier, par la rien que vos plus amez, que vos m'en dites lo voir outreement, car se vos m'en celiez rien, et gel pooie
20 savoir, bien sachiez que ja mais ne vos ameroie."

"Sire, fait cil, il nos est avis que des deus lieons que vos veïstes combatre estiez vos li uns et li rois Artus li autres, et li lieparz qui aidoit au lion coroné et qui an la fin fist la pais d'els, ce fu Lanceloz, vostres compainz, car nos savons bien qe, s'il ne fust,
25 vos eüssiez mis lo roi au desoz, et que par lui fu la pais faite par que la guerre remest de vos et del roi. Et si voil bien, fait il, que vos sachiez que ce que vos veïstes que li lieparz avoit lo lieon sanz corone ocis, ce seroiz vos qui an la fin morroiz par Lancelot. Et ce que voz forterece fondirent si tost com vos meïstes lo pié
30 dedanz vostre terre, fu por ce que Dex voloit que vos aparceüssiez que force estoit et ancontre sa volenté, et qu'il avoit l'orgoil abatu par quoi vos aviez anpris a guerroier lo plus prodome do monde."

"Certes, fait Galehoz, ge m'acort bien a ce que vos dites, mais mout regart a grant mervoille ce que vos m'avez dit que ge morrai
35 par Lancelot, car ge ne cuideroie pas qu'il feïst a son pooir chose dont max m'avenist. Si vos conjur la foi que vos devez lo roi Artu que vos me dites s'il m'ocirra, o en quel maniere ge morrai, et se nule riens m'en porroit estre garanz."

Et il dit que nenil: "Car vos amez, fait il, Lancelot plus que
40 nul home, et vos en verroiz tel chose avenir dont vos avroiz si grant

duel qu'il covandra que vos en perdoiz la vie. Et lors morroiz par lui, que garantiz n'an poez estre."

Et qant Lanceloz entandi ceste parole, si s'an issi hors de la chambre et commença a faire trop grant duel. Et Galehoz vint aprés lui, si lo conforte a son pooir et dit que ne s'esmait il mie. "Que bien sachiez, fait il, (*f. 177a*) que ge ne vos an sai nul mal gré, ne ja[1] mains ne vos en amerai, car vos ne l'avez pas deservi que ge vos doie haïr."

"Certes, sire, fait Lanceloz, j'ai deservi que totes genz me devroient haïr qant par moi recevra [mort] li hom qui onques plus me porchaça joie et honor."

"Voire, fait Galehoz, se ce fust a voz corpes, mais, par avanture, il avandra en tel maniere que vos nel porroiz destorner. Si vos doit estre mout granz conforz ce que nus nel vos puet a mal jugier. Et ge vos pri, par la foi que vos me devez, que vos n'an façoiz nul sanblant, car ge ne voil pas que les genz lo saichent."

"Sire, fait Lanceloz, ge ferai quancqu'il vos plaira, que vos avez fait por moi mainz[2] granz servises qui mauvaisement vos seront guerredoné."

Atant s'en revient Galehoz arrieres an la chanbre et demande a Bademagu qu'il li die lo terme de sa mort se il lo set.

"Certes, sire, fait cil, nos avons trové que dedanz trois anz vos covient morir, que vos n'an poez estre resqueus."

Et il respont que de par Deu. Lors s'en est issuz de la chanbre, et aprés lui s'an issent li clerc, si vienent jusqu'en la sale. Et lor cheval sont amené, si montent tuit et s'an partent de la maison. Si s'an vont contramont une riviere qui parmi la forest corroit, si chevauchent tant qu'il vienent a un chastel qui pres d'iluec estoit en l'isue de la forest, si i herbergierent cele nuit. Et mout fait Galohoz plus bele chiere que li cuers ne li aporte. Et la nuit vindrent li clerc a lui, si demanderent congié d'aler arrieres an Bretaigne. Mais il dit qu'il ne lor donra pas encores, ainz iront avoc lui joer et deduire parmi sa terre, car il n'on[t] gaires esté a eise puis qu'il vindrent.

"Et lors, fait il, si nos en irons tuit ansanble, car ausin nos covient il estre entre moi et Lancelot au Noel la ou li rois (*f. 177b*) sera."

Et cil dient qu'il remaindront, puis qu'il lou velt. Ansi sont remés li clerc avoc Galehot, qui mout les fait honorer par tot la ou il vient. Mais or se taist atant li contes de Galehot et de sa

---

[1] gre et dit que ne sesmait il mie que ja   [2] fait por moi fait mainz

compaignie, que plus n'an parole et retorne[1] a parler del roi Artu.

Li contes dit que li rois Artus s'an fu venuz a Cardueil an Gales et avoques lui grant partie des barons de par son regne. Et si i fu messires Gauvains et si autre compaignon, car li rois ne voloit que nus ne se departist de lui por lo Noel qui pres estoit, car il i baoit a tenir cort mout esforciee et mout riche.

Un jor fu li rois assis au disner. Et qant vint an la fin del mengier, si antra laianz une damoiselle de mout grant biauté, et avoc li vint uns chevaliers de grant aage, viauz et chenuz. Si vienent andui devant lo roi. Et parole li chevaliers si haut que par tote la sale l'ont oï, et dist au roi:

"Sire, ça nos envoie la riens del monde que vos deüssiez plus amer, ce est Ganievre, la fille lo roi Leodagan de Camelide, qui reine coronee deüst estre de Bretaigne se Dex li vousist avoir s'anor gardee; car vos l'esposates bien et leiaument et creantates a Deu, come rois sacrez et anoinz, que vos la tandriez si honoreement comme rois doit tenir reine. Si vos en iestes mout mesfaiz et vers Deu et vers lo siegle, tant que se totes genz lo savoient autresin bien comme ge lo sai, ja mais ne troveriez prodome qui de cuer vos amast, car il n'est pas prozdom qui honore et tient chier celui qui vers son Criator est desleiautez. Et tex iestes vos qant vos avez guerpie et laissiee la loi qui donee vos fu en Sainte Eglise, par quoi nos devons conquerre la grant joie de paradis. Et neporqant ge vos ai oï tesmoignier a si preudome que ge cuit veraiement que, se vos seüssiez la verité de ceste chose, vos n'eüssiez pas tant demoré a l'amander."

"Certes, fait li rois, se ge me savoie a tel com vos m'avez ci mis devant, ge meïsmes (*f. 177c*) me harroie de tot mon cuer."

"Sire, fait li chevaliers, et ge vos ferai savoir que vos iestes antechiez de totes ces choses, et si vos dirai comment. Il est voirs que qant vos esposates la fille lo roi de Camelide, qu'ele ert juesne damoiselle, si con vos meïsmes lo savez. N'il n'est nus ne nulle, tant soit hauz hom ne haute fame, qu'il n'ait mout de gent el siegle qui ne l'aimment pas de cuer et qui mout voldroient son anui et son domage. Et issi avint a ma dame, car qant vos fustes couchiez avoc li la premiere nuit que vos i geüstes, si avint chose que vos relevastes. Et lors vindrent li anemi ma dame, si la pristrent et l'osterent hors del lit ou ele s'estoit couchiee avoques vos.

[1] retorner

Et ele cuida que ce fust par vostre commandement, si ne l'osa contredire. Et lors fu prise cele damoiselle la, fait il de la reine, qui se fait apeler Guenievre, si la couchierent el leu ma dame cil qui la traïson orent porparlee. Et puis vindrent arrieres a Guenievre, si l'an porterent hors de la terre et la mistrent em prison en une abaïe ou ele a esté jusque ci mout a malaise, car si l'avoient enserree li traïtor que de li n'estoit nulle seüe. Mais, Deu merci, or est desprisonee, si velt que vos sachiez que cele Guenievre qui ci est n'a droit en tenir corone, ainz a deservi a morir honteusement. Et s'il a çaianz chevalier qui voille contredire que ce veritez ne soit que j'ai dit, ge sui prelz que ge lo mostre contre son cors, ou orandroit o a tel jor con vos plaira."

Et qant la reine oï ceste parole, si fu mout angoisseuse et regarda entor li. Et lors saut avant messires Gauvains et dit que il deffandra sa dame la reine de ceste traïson que li chevaliers li met sus.

"M'aïst Dex, fait Dodyniaus li Sauvages, messires Gauvains, se Deu plaist, vos ne vos avilleroiz ja tant que vos vos conbatoiz a lui. Mais messires li rois envoiera querre Do de Cardueil, qui est autresin viauz comme cist, si se combatront entr'aus deus, car il ne seroit pas vostre honors de combatre a tel veilart."

(f. 177d) Et Berthelais respont que il n'a el monde si preudechevalier vers cui il ne se conbatist hardiement, que ja por leiauté maintenir ne sera preuzdom honiz. Lors reparole la damoiselle qui avec lui estoit venue, si baille au roi unes letres et dit que sa dame les li anvoie. Et li rois les prant, si les baille a un suen clerc et li comande qu'il les lise. Et il commance a lire et dit:

"Sire, saluz vos mande Guenievre la reine, fille lo roi de Camelide, et velt que vos sachiez que [par vos] premierement fu ele gitee de son regne, et aprés, par les traïteurs que vos tenez en vostre ostel a esté longuement deseritee de son droit. Mais or vos prie et requiert que vos amandez ce que vos avez forfait ça en arrieres. Por ce qu'ele ne pot pas tot escrire qanqu'ele vos voloit mander, si velt que vos creoiz ceste damoiselle de ce qu'ele vos dira de boche."

Et lors reprant la damoiselle sa parole et dist:

"Sire, ma dame vos mande, com a celui qu'ele tient a seignor par assenblement de mariage, que vos la repreigniez si com vos devez faire. Et se vos prendre ne la volez, que vos li anvoiz la Table Reonde ausin garnie de bons chevaliers com vos la

preïtes an li an¹ mariage, car au jor que vos receüstes ma dame de la main lo roi Leodegan, qui ses peres fu, il n'avoit an tot lo monde Table Reonde que cele seulement, ne plus n'en i doit avoir. Si est ma dame mout angoisseusse qant ele est deseritee de la
5 flor de chevalerie qui deüst estre en son dongier par raison. Por ce si vos requiert ma dame que vos li randoiz son heritage, o vos la reprenez. Et se vos ne volez faire ne l'un ne l'autre, ma dame est apareilliee qu'ele face mostrer par cest chevalier qui ci est qu'il est ensin com ele mande. Et bien sachiez que,
10 se ele n'eüst droit, ele n'i eüst pas envoié home de tel aage, car assez trovast juesnes chevaliers qui volentiers empreïssent ceste bessoigne, s'ele lor vousist commander. Et si vos envoie, fait ele, a enseignes l'anel dont vos l'esposates."

Lors traist de s'aumosniere un anel mout riche, si lo baille
15 lo roi. Et il lo prant, si l'esgarde mout longuement. Et puis lo mostre a la reine et dit qu'il li est bien avis que ce soit icil (*f. 178a*) aniaus dont il l'avoit esposee. Mais ele set bien que ce n'est il mie, si se lieve et vait querre lo suen anel. Et qant ele l'a aporté, si l'esgardent tuit li chevalier a grant mervoille, car endui sont
20 d'une oevre et d'une sanblance. Et la damoiselle reprant son anel et dist au roi qu'ele s'en velt aler, et qu'assez s'est li chevaliers sa dame offerz par devant lui de sa droiture desraisnier.

"Et encor, fait ele, vos di ge de par ma dame que vos gardez qu'ele ne soit forsjugiee en vostre cort, que vos li donez un jor
25 en vostre cort d'avoir sa bataille ou tant com jugemenz l'an donra."

Et li rois dit que si fera il mout volentiers, et qu'il ne velt pas que ceste chose remaigne atant. Si lor done jor a Camahalot a l'andemain de Noel, "car la seront, fait il, tuit li baron de ma
30 terre, si voil que par devant aus soit cist afaires traiz a fin."

"Sire, fait Berthelais, et ge vos di veraiement que ge vandrai au jor por conquerre l'onor ma dame. Et voil bien que vos sachiez que se lors n'est apareilliez qui contre moi la voille desfandre, que nos volons que ma dame ait sa querelle gaaigniee."

35 Et li rois dit que c'est raisons, si li creante en ceste maniere. Et lors pranent congié entre lo chevalier et la damoiselle, si se partent de la cort et laissent lo roi mout esbahi des novelles qu'il li ont portees. Mais la reine en est dolante sor toz les autres, et messires Gauvains et li autre chevalier la confortent a lor pooirs

¹ an li et an

et dient que ne s'esmait ele pas, car assez avra qui la desfandra de la desleiauté q'en li a sus mise.

Ensin parolent de ceste chose an la maison lo roi Artu. Et antre Berthelai et la damoiselle oirrent tant par lor jornees qu'il vienent en Camelide. Et qant la [da]me les voit, si lor demande quex novelles et comment il ont esploitié de sa besoigne. Et il respondent que bien, si li content comment il ont pris jor d'esprover ce qu'il demandoient.

"Et bien sachiez, fait Berthelais, que, se vos volez errer a mon consoil, ge ferai tant que vos avroiz lo roi en vostre baillie. Mais il covandra, ançois que ge plus m'en entremete, que vos me juroiz sor sainz que vos feroiz ce que ge loerai et que vos ne m'en descoverroiz."

Et ele dit que ele est preste (*f. 178b*) del jurer.

"Et sachiez, fait ele, que se vos tant poez faire que li rois Artus me voille prandre, ge vos ferai haut home et honoré a toz les jorz de vostre vie."

Lors li fait son sairement issi com il li devise. Et qant ele a ce fait, il prant congié a li et s'an part de laianz. Si s'an vient as barons del païs, si lor conte ceste avanture et fait tant qu'il les assanble au parlement. Et qant il furent tuit assenblé, si parla Berthelais et dist que mout les avoit li rois Artus avilliez et que[1] tant s'estoit vers els mesfaiz que ja mais amer nel devroient. Car s'il fust preuzdom, il n'eüst pas enprisonee sa fame, qui assez est gentis dame et de haut parage, ainz la tenist honoreement comme reine. "Et il l'a, fait il, enserree en tel leu ou ele a assez eü duel et messaise." Qant il lor ot ceste raison mostree, si lor demanda qu'il en feroient. Si ot de tex qui distrent qu'il s'an conseilleroient, ançois que plus an feïssent, et anquerroient la verité, car il ne cuideroient pas que li rois Artus, qui est li plus prozdom qui vive, eüst faite tel felenie. Mais s'il pooient aprandre qu'il eüst tant vers aus mespris, lors metroient il an abandon et cuer et cors por vanchier la honte qu'il lor avroit faite.

"Par foi, fait il, qant vos plus n'an volez faire, ge m'en irai arrieres et dirai a ma dame que des ores mais face lo miauz qu'ele porra, car ele a failli a vostre secors."

Lors s'an part de lainz. Et aprés lui s'en issent chevalier jusqu'a vint et dient qu'il s'en iront avoques lui la o lui plaira et feront outreement son commandement. Et il les en mercie et dit que

[1] et qui

bien se mostrent li preudome la ou il sont. "Mais se Dex, fait il, velt consantir que ja mais ma dame vaigne au desus de ceste dolor ou ele est, il en avront lor guerredon mout asprement de ce qu'il li sont failli a cest bessoig."

5 Ensi chevauchent entre lui et sa compaignie tant qu'il vienent a la damoiselle [la ou ele estoit, si li conte conment si home li sont failli a ceste foiz. "Mais ja por ce, fet il, mar vos esmaieroiz, car, se Deu plest, vos seroiz encores en autresi grant honor com ont esté vostre antecessor."

10 La nuit remestrent li chevalier avoc la damoisele.] Et qant vint aprés soper, si les apela Berthelais et lor demanda s'il se porroit en els fier de dire son consoil. Et il respondent que segurement lor puet dire sa volenté, car ja par aus ne sera descoverz en leu (*f. 178c*) ou il cuident que maus li vaigne.

15 "Or vos dirai donc, fait il, que j'ai enpensé a faire de ceste chose. Il est voirs que nos n'avons pas la force ne lo pooir de guerroier lo roi Artu, si nos covandroit errer en tel maniere que plus i vausist engins que force. Et ge cuit, fait il, que ge metrai bien lo roi an tel point que nos lo prandrons sanz grant meslee. Et puis
20 l'an amanrons en ceste terre, que ja ne sera seüz par nul home de son ostel. Et lors, qant nos lo tanrons en nostre prison, il n[e] sera ja tex qu'il contredie la pais de ma dame ne de lui. Or si me dites, fait il, que vos en senble, car ge [n'en] voldroie des ores mais rien faire sanz voz consauz, puis que vos amez l'anor ma dame
25 autretant comme ge faz."

Et il dient qu'il loent bien que il ensin lo face.

"Et anprenez, font il, tot segurement qancque vos plaira, car nos ne vos faudrons ja jusqu'a la mort."

Atant remest ceste parole jusqu'a l'amdemain. Et lors dist
30 Berthelais a la damoiselle qu'ele s'aparest: "Car vos vandroiz, fait il, avocques nos."

"Volantiers," fait ele.

Lors a fait amener un palefroi, si est montee avocques lui la damoiselle qui les letres porta a la cort. Et autresin sont monté
35 li chevalier, si s'an partent de laianz et se metent a la voie aprés Berthelais la ou il les velt conduire. Si oirrent tant par lor jornees qu'il sont venu pres de Cardueil, et anquierent novelles del roi Artu. Si lor fu dit qu'il estoit ancor en la vile. Et qant Berthelai l'oï, si an fu mout liez et dist qu'il ne poïssient lo roi trover en
40 leu ou il poïssient faire lor bessoigne plus aiesieement.

Cele nuit jurent en une maison de religion qui an l'oroille de la forest estoit. Mout se cuevrent a lor pooir que nus lor covine n'aparçoive. Et au matin se leverent[1] si tost com il porent lo jor veoir et s'an vont droit en la forest si com Berthelais lor commende. Si ont tant erré qu'il sont venu en un des plus sauvages leus qui fust encores[2] en la terre. Et lors les fait illuec descendre et dit qu'il envoiera (f. 178d) a Cardueil un message. "Et li anchargerai tex paroles par coi il lor amanra lo roi tot seul, sanz point de compaignie. Et vos seiez, fait il as chevaliers, garniz de voz armeüres, si lo prenez si tost com il s'anbatra sor vos."

Et cil dient que il n'ont paor se de ce non qu'il ne vaigne pas.

"Certes, fait il, ge sai veraiement qu'il vandra si tost com il orra ce que ge li voil mander."

Lors apele un escuier, si li dist qu'il s'an aille a grant aleüre a la cort lo roi Artu. "Et si li di, fait il, que an ceste forest est uns pors li graindres del monde, et que tant est fiers et redotez que nuns cele part n'ose aler, car assez a ja homes afolez et ocis. Et s'il i demore longuement, toz sera destruiz cist ramages. Por ce si anvoient a lui tuit cist de cest païs et li crient merci qu'il les vaigne delivrer de cele beste, o il s'an fuiront hors de la terre. Et ge sai bien, fait il, qu'il i vandra si tost com il orra ceste novele. Et tu l'amanras tot droit a nos et li diras, qant vos seroiz pres, que li pors gist en ceste valee et que tu li mosterras. Mais il covandra, s'il lo velt veoir, qu'il i vaigne toz seus, car li pors n'atandroit mie plus de deus homes ansanble."

"Sire, fait li vallez, volantiers."

Atant vient a son roncin, si monte et s'an vait au ferir des esperons tant qu'il est venuz a Cardueil; et trueve lo roi, qui avoit messe oïe, si lo salue et dist:

"Rois Artus, ge vaig a toi a mout grant bessoig et por querre secors d'une chose dont tu ne me doiz pas escondire."

"Quex est?" fait li rois.

"Ja est, fait li vallez, en cele forest uns pors sauvages, li graindres qui onques mais fust veüz. Si a la terre si destruite par la antor o il repaire que nus n'i ose converser. Et por ce, fait cil, m'anvoient a vos cil do païs, si vos crient por Deu merci, que vos i metez consoil, car nos avons tant fait que nos savons le leu o li pors gist. Et se vos i volez venir avoques moi, ge vos manrai jusque la o nos l'avons laissié gisant."

[1] leuelerent   [2] encorest en

"Certes, fait li rois, g'irai mout volantiers."

(*f. 179a*) Lors apele monseignor Gauvain et monseignor Yvain et Kel lo seneschal et Bedui[e]r lo conestable et des autres tant com lui plot, si lor dist qu'il velt aler am bois et qu'il iront aveques lui. Et il respondent que ce lor est bel.

Atant sont assis au disner. Et qant il ont mengié, si se met li rois a la voie et avoques lui chevaliers assez. Et devant aus vait li vallez qui les conduist la ou il cuident lo porc trover. Si ont tant alé qu'il sont venu a mains de trois archiees pres de cels qui an la forest les atandoient. Et lors dist li vallez au roi:

"Sire, il n'a mais gaires jusque la o li pors est. Et sachiez certainement que c'est li plus merveilleux que vos veïssiez onques de voz iauz. Et se vos lo volez veoir, il covient que vos laissiez vostre compaignie, car il n'atandroit pas tant de gent ansemble."

Et li rois dist que bien puet estre. Lors prant son arc et ses saietes, si s'an vet avoc lo vallet et commande a ses chevaliers que nus ne se mueve d'iluec devant qu'il lo revoient. Et il dient que nel feront il. Mais mout i seront longuement, s'il vuelent atandre sa revenue, car li escuiers l'an moine tant qu'il vienent en la valee o Berthelais et si compaignon sont anbuschié. Et qant il les voient venir en tel maniere, s'en ont grant joie, car or sevent il bien qu'il ne puet eschaper que pris ne soit. Et il totesvoies siust l'escuier comme cil qui mot ne set de l'aventure tant qu'il s'est antr'aus enbatuz. Et lors li saillent de totes parz, si l'ont ançois pris qu'il se puisse estre regardez. Et qant il voit ce, si est mout esbahiz et lor prie, por Deu, qu'il ne l'ocient pas. Et il dient que dont lor fiancera il prison. Et il lor fiance. Et cil montent tantost en lor chevaus et se metent a la voie arierres por aler en lor païs, car bien ont achevé ce por quoi il furent venu. Et li chevalier lo roi l'atandirent tant que il fu bas vespres. Et lors se mervoillent mout qu'il est devenuz et dotent que cil l'ait traï qui l'an mena. Lors s'an vont por lui querre cele part o il l'orent veü aler, et cerchent par tot amont et aval. Et qant il voient que il nel troverent, (*f. 179b*) si s'an retornent mout angoisseux. Et la nuit fu li diaus mout granz en l'ostel lo roi Artus de dames et de chevaliers. Mais la damoiselle qui lo roi en maine n'est mie dolante, ainz est liee sor totes cels qui onques eüssient joie, car or cuide ele bien tant porchacier que ele soit reine coronee de Bretaigne, puis que ele a lo roi an baillie.[1]

[1] an bailliee

En ceste maniere chevauchent tant qu'il sont venu an l'abaïe dont la damoiselle ert issue. Si ne fait pas a demander se li rois fu honorez cele nuit, car tuit firent outreement qancqu'il cuiderent que bon li fust. Et qant il fu tans de mengier, si asistrent. Mais li rois menja mout mauvaisement, car trop ert desconfortez de ce q'ansin li est avenu. Et antre la damoiselle et Berthelai orent faite une poison dont li rois but au mengier. Et si tost com il en ot beü, si li refroidi toz li cors de l'ire dont il ert devant eschaufez, et devint[1] ausin anvoisiez con toz li plus liez de laianz. Si en ot la damoiselle mout grant joie et dist a soi meïsme qu'assez avra conquis s'ele puet tant faire que li rois l'acoille en amor. Et qant il orent mengié et il fu tans de couchier, si menerent lo roi en une chanbre ou il orent fait son lit si riche com a tel home covenoit. Et lors vint la damoiselle devant lui, qui mout fu de grant biauté, si li dist que en cel lit gerront il entr'es deus. Et li rois, qui ja l'avoit amee par lo bevrage qu'ele li avoit doné, respont que ce li plaist mout.

"Certes, sire, fait ele, se vos estiez prozdom, il vos devroit bien plaire. Et mout avriez grant joie en vostre cuer de ce que Dex nos a mis ensenble qui si longuement avez esté en avoutire. Mais, se Deu plaist, encor en avra cele son guerredon qui porchaça par quoi nos fumes departi. Et s'ele ne lo compere en cest siegle, si lo comparra ele en l'autre, se Dex rant les desertes si com l'Escripture nos promet, car puis que li hom depiece a son pooir ce que Dex a establi en Sainte Eglise, il est anemis Jhesu Crist et doit avoir perdu tant (f. 179c) d'anor con nos atandons a avoir en la grant joie."

Et li rois dit que s'il en puet aprandre la verité, il an prandra si grant vanjance qu'il en sera parlé a tozjorz mais.

Atant sont couchié entr'aus deus, si menerent mout boene vie cele nuit. Et ançois que il fust jorz, ot la damoiselle lo roi tel atorné qu'il l'aimme plus que rien qui vive. Mais il ne li velt encores descovrir son corage, que trop est tost; si çoille ensin son pensé tant que vint a l'andemain. Et lors se leverent, si alerent messe oïr. Et qant ele fu chantee, si s'an revindrent arrieres an la chanbre a la damoiselle et s'asistrent entre li et lo roi en la couche ou il orent la nuit geü. Si l'esgarda li rois mout volantiers. Et qant plus l'esgarde, et miauz li siet, car mout estoit de grant biauté. Mais totevoies li remembre de celi qui longuement a esté en

[1] deuant

sa compaignie et qui tant est cortoise et vaillanz, et de monseignor Gauvain et des autres chevaliers de son ostel que ja mais ne cuide veoir, si en a mout lo cuer dolant et ne puet muer que aucune foiz n'an face plus laide chiere. Mais la damoiselle lo reconforte
5 et dit que n'ait il mie paor d'estre deshonorez ne abaissiez, "car, se Deu plest, fait ele, vos seroiz encorres plus honorez et vers Deu et vers lo siegle que vos ne fustes onques."

Ensi demora li rois laianz quinze jorz avoc la damoiselle, et mout fu serviz et honorez de toz et de totes. Et toz les jorz li
10 donoit la damoisele a boivre de la poison que antre li et Berthelai avoient faite, si l'an conrea tel que, ançois que li quinze jor fussient passé, l'ama il plus que rien vivant. Et dist que par la grant amor qu'il avoit an li, que voirement l'avoit il esposee et que des ores mais voloit il que ele fust clamee reine de Bretaigne, "car
15 trop a esté, fait il, la corone en grant desleiauté lon tans, qant cele l'a portee qui par murtre et par traïson en conquist la seignorie."

"Certes, sire, fait la damoiselle, ce poez vos bien savoir, que mout ai esté longuement en grant dolor qant ge savoie de voir
20 que g'estoie desheritee de la greignor (*f. 179d*) hautesce del siegle, et autre i mostroit sa seignorie qui n'i avoit droit ne raison. Mais onques jusqu'a ceste hore d'ores ne trovai qui tant vousist faire por Deu ne por pitié qu'il en alast faire clamor devant vos, car ge savoie bien que vos estiez si prozdom que volentiers l'amendis-
25 siez se vos en seüssiez la verité."

Et li rois respont qu'il n'eüst pas esté si longuement en si vil pechié s'il en seüst autretant com il en set orandroit.

"Mais bien sachiez, fait il, que ge ne cuidoie mie que nule dame del monde poïst valoir cele qui si m'a honi en terre par son
30 engin et fait desleiauter vers mon Criator, dont j'ai au cuer grant angoisse. Car nule dame, fait il, ne fu onques de si grant sen com ele est, ne de si grant cortoisie, ne si douce, ne si deboennaire. Et a sa largesce estoient totes celes [noienz] qui onqes fussient, si ert si entechiee de boenes teches qe par sa grant valor a si
35 gaaigniez les cuers des riches et des povres de par tot le reiaume de Bretaigne qu'il dient que c'est l'esmeraude de totes les dames qui soient. Mais ge cuit, fait il, que tot ce a ele fait por decevoir moi et les autres, si que nus n'aparceüst sa felenie ne sa desleiauté."

"Sire, fait la damoiselle, il est tozjorz costume que cil qui beent
40 a mauvaitié sont plus decevant que autres genz."

"Certes, fait li rois, il puet bien estre. Mais mout me mervoil qant cuers desleiaus puet estre si entechiez de totes boenes valors com li suens est. Et neporqant, fait il, ge nel di mie por amor que j'aie a li, ainz la hé orandroit de si grant haïne que ja mais ne serai liez tant com ele ait el cors la vie, car il n'est pas remés en li que ge n'aie perdu et cors et ame."

Ensi parole li rois de la reine et la loe de sa bonté devant cele qui a son pooir li porchace anui et honte. Si demora en tel maniere avoques li tant que bien s'aparçoit la damoiselle que il l'aimme de boene amor, si en est ses cuers mout liez, et tuit cil qui a li se tienent en ont joie. Et lors vint Berthelais devant lo roi, si li dist:

"Sire, fait il, mout est granz joie qant il plaist (*f. 180a*) a Nostre Seignor qu'i[l] vos met en corage a vos repantir de vostre pechié et a laissier la mauvaise vie que vos avez menee. Et se vostre volantez est, ma dame manderoit ses chevaliers de par sa terre et lor feroit a savoir la paiz et l'amor qui est antre vos et li, car trop li tarde qu'il sachent l'anor qui li est avenue."

Et li rois dist que ce li plaist mout et que des ores en avant velt il qu'ele soit dame et honoree en toz les leus o il avra point de pooir. Atant prant Berthelai congié del roi et de sa damoiselle, si s'an vait as plus hauz barons del reiaume de Camelide et lor conte comment li rois s'est a lor dame acordez, si fait tant qu'il an amaine une partie avoque lui la o li rois et la damoiselle estoient. Et qant il lo virent, si li firent mout grant joie et mout se penerent de lui servir et honorer, car onques mais ne l'avoient veü an la terre puis que il esposa la reine Guenievre. Si li dient qu'il ne se deüst pas estre tant celez, mais il dit qu'il a eü tant a faire qu'il ne l'an blasmeroient ja s'il savoient lo grant anui qu'il a eü puis qu'il parti de Bretaigne.

Granz fu la joie que li baron de Camelide orent del roi Artu. Et il se parti de la ou il avoit sejorné. Et il s'an ala parmi la terre chevalchant a grant compaignie de chevaliers, et avoc lui fu la damoiselle, car consirrer ne s'en pooit. Si li vienent encontre totes les dames do païs et cuident savoir veraiement que ce soit lor dame, qant li rois Artus meïsmes s'i acorde. Si fu assez honoree en totes les boenes viles ou ele vint, et li donerent maint riche don cil qui la vuelent honorer.

Quant li rois ot esté parmi lo reiaume en mainz leus, si s'en revint sejorner la ou la damoiselle l'ot premierement mené, car

mout estoit la maisons aeisiee et delitable. Et dit as chevaliers qui avoques lui sont qu'il velt envoier querre monseignor Gauvain, son neveu, et les autres compaignons de sa maison. "Car ge sai bien, fait il, que mout sont a malaise de ce qu'il me cuident avoir
5 (*f. 180b*) perdu." Lors apele Berthelais, si li demande cui il porra anvoier en son païs. Et cil li amaine un escuier. Et li rois li ancharge son message et fait escrire tex enseignes par quoi il sera bien creüz de ce que il d[i]ra. Et qant il li ot dite sa volanté, si s'an parti li escuiers et se mist a la voie. Et li rois remest en
10 grant joie et an grant solaz de dames et de chevaliers.

Mais la reine qu'il ot laissiee an Bretaigne n'a nul talant de joie faire, ainz fait si grant duel toz les jorz que mervoille est comment ele dure. Et tuit li chevalier de l'ostel lo roi sont trop desconforté et dient que ja mais n'avront joie devant qu'il en oient
15 aucunes novelles. Si lo quierent en maintes parties et sovant revienent a cort por savoir se la reine en avroit encores rien oï.

Et li vallez qui del roi s'est partiz oire tant par ses jornees qu'il est venuz en Bretaigne et anquiert novelles de la reine. Si li fu enseigniee a Camahalot, car ele s'en estoit la alee por
20 lo Noel qui pres estoit. Si voloit randre as chevaliers de par les estranges contrees les promesses que li rois lor avoit faites, car il devoit sa cort tenir et avoit commendé que la venissient a lui de par totes les terres. Si dist la reine que totesvoies honorera ele les prodomes a son pooir et tandra cort en leu de son seignor,
25 dont ele a au cuer mout grant pesance, et por maintenir l'anor de Bretaigne, car mout avra grant duel se ele la voit a son tans decheoir.

Et qant li escuiers qui les novelles portoit del roi sot que ele estoit en la ville, si vint la au plus tost qu'il pot et trova monseignor
30 Gauvain avoques li, qui celui jor meïsmes ert repairiez de sa queste. Et si i fu Kex li seneschax et des autres chevaliers assez. Et qant messires Gauvains voit lo vallet venir, si dit a la reine que par tans orront novelles. Et cil vient devant aus, mais il ne salue pas la reine, ainz la regarde mout felonessement et dit a
35 monseignor Gauvain:

"Sire, saluz vos mande li rois, vostre oncles."

Et si tost com il a ce dit, si saut sus messires Gauvains et lo baise et acole mout durement, et puis li demande o est ses oncles.

"Certes, fait il, il est en Camelide entre lui et madame la
40 reine, et si vos mande, par la foi que vos li devez qui ses hom liges

iestes et ses (*f. 180c*) niés, que vos veigniez a lui et que vos li menez toz les barons del reiaume de Logres, car il portera corone a cest Noel en la terre ma dame et tandra cort mout efforciee. Si velt que par devant toz ses barons soit ma dame enointe et sacree et reçoive l'anor de la corone de Bretaigne."

"Comment? fait messires Gauvains. Est ce la damoiselle qui l'autre jor envoia ça lo viel chevalier a monseignor lo roi por lui requerre qu'il la preïst?"

"Sire, fait cil, c'est ele, sanz faille, si a tant quis et porchacié que par la volenté de Deu l'a li rois reconeü et set veraiement que c'est cele que il esposa et par cui il doit tenir la Table Reonde et l'anor de tote la terre qui fu au roi Leodegan. Et si menez avocques vos, fait li vallez, que li rois vostre oncles lo vos mande, cele dame qui la est, qui tant a maus quis et porchaciez. Si li sera sa deserte randue de la traïson qu'ele fist de ma dame, par quoi ele a esté jusque ci en grant anor."

Quant messires Gauvains vit les enseignes que li rois li envoie et qu'il est sains et haitiez, il ne fait pas a demander s'il ot grant joie, car onques mais ne fu si liez de chose qui li avenist. Et tuit li autre en orent joie si grant com il porroient greignor avoir. Mais se la reine en a duel, or enforce, car mout a grant pa[or] que por aucun pechié que ele ait fait ça en arrieres voille Nostres Sires que soit honie et deshonoree en terre. Si fait si grant duel que nus ne la puet conforter ne chastier. Et li vallez prant congié de monseignor Gauvain et dit qu'il s'en velt aler. Et messires Gauvains dit qu'il ne s'an ira pas encore, "ainz, fait il, remanroiz avoques moi tant que li baron de cest païs soient ci venu. Et lors nos conduiras toz ansenble jusque la ou tu sez que messires li rois est."

"Sire, fait cil, ge remandrai tant com vos plaira, car ge sai bien que ge ne serai ja blasmez de chose que ge face por vos."

Ensin remest li messages avoc monseignor Gauvain. Et il enveia par toz[1] les barons del reiaume (*f. 180d*) et lor manda que tuit venissient a lui au plus esforcieement que il porroient, et qu'il avoit del roi veraies novelles oïes. Si en furent liees maintes genz qui grant duel en orent eü. Et la reine, qui grant duel a a son cuer, se pense que ele envoiera querre Galehot et Lancelot, car bien set veraiement qu'il la conseilleront de son anui se nus hom consoil i doit metre. Lors prant une soe damoisele, si lor

[1] par tot

envoie et mout la proie de tost aler. Et ele s'an vait au plus isnellement que ele puet, et oirre tant par ses jornees que ele[1] vient la ou Galehoz et Lanceloz estoient, si lor conte son message de chief an chief.

5 "Et sachiez, fait ele, que se vos atandez a venir jusqu'au Noel, que ja mais ma dame ne verroiz. Or si vos prie et requiert que vos la secorrez a cest bessoig, se ele fist onques chose qui vos plaüst, car mout a grant mestier que or li soient tuit si servise guerredoné. Et vos, sire chevaliers, fait ele a Lancelot, i devriez metre poine
10 et travail sor toz homes en l'anor madame la reine garantir; car se ele est deshonoree devant vos, por que vos l'en puissiez deffandre, dont avez vos par droit honor perdue."

"Certes, fait il, ele ne sera ja deshonoree a mon vivant, que ge n'i perde ançois la vie, se ge puis venir en leu ou ele doie estre
15 delivree par lo cors d'un seul chevalier. Ne ja mais ne gerrai en une vile que une nuit devant que ge soie la ou ele est."

"Sire, fait la damoisele, ele a en vos mout grant fiance, car se toz li mondes li failloit, si set ele bien que vos li aideriez jusqu'a la mort."

20 "M'aïst Dex, fait il, ce ferai mon, et gel doi bien faire, car ge n'oi onques joie que de li ne me venist."

Mout sont entre Galehot et Lancelot dolant de cels novelles et mout lor tarde qu'il soient avoques la reine por miauz savoir la verité. Si s'esmurent au matin, (*f. 181a*) si tost com il porent
25 lo jor aparcevoir, et s'an vont a granz jornees tant qu'il sont venu a Camahalot. Et qant la reine les vit, si fu plus a eise que devant, et messires Gauvains et tuit li autre lor font grant joie. Et la reine les an moigne an sa chanbre, por ce que ele se velt a els conplaindre de son anui, si lor conte tot premierement comment la damoisele
30 avoit envoié Bertelai a la cort et comment il s'en estoit partiz et par quel traïson li rois avoit esté pris.

"Or si a, fait ele, la damoisele aamee, et a mandé a monseignor Gauvain, son neveu, et a toz les barons de son regne qu'il s'an aille[nt] a lui, car il velt a cest Noel tenir cort en Camelide[2] et
35 coroner la damoisele qui ensin l'a deceü par son savoir. Et a commandé que ge soie prise et amenee a cele grant feste por estre destruite devant totes les genz par lo jugement as traïtors qui ceste chose ont porchaciee. Por ce, fait ele, si vos ai mandez, et cri merci que vos me conseilliez que ge porrai faire, car mout sui espoentee."

---

[1] que il [2] en tamelide

"Dame, fait Galehoz, or ne vos desconfortez pas, mais segurement vos contenez, car dons sanbleroit il que vos fussiez corpable de la desleiauté dont cele vos apele. Mais ge vos dirai, fait il, que vos feroiz. Vos en iroiz avoques monseignor Gauvain, vostre neveu, et avoques les autres preudomes qui mout vos aimment et qui a enviz sofferront que vos soiez a tort menee. Et nos en irons avoques vos entre moi et Lancelot, et sachiez que ge i manrai tot mon pooir. Et se il lors esgardent que bataille i doie avoir, il est toz apareilliez qui por vos se conbatra. Et s'il autrement vos vuelent faire morir, nos i avrons tel compaignie qui bien vos i porrons[1] rescorre et tolir a force, ja ne seront tel qu'il l'osent contredire. Et puis, fait Galehoz, si vos en menrai en mon païs et donrai a vos et a mon conpaignon lo reiaume de Sorelois qui assez est riches et biaus, (f. 181b) si sera rois, et vos reine, et manroiz boenne vie ansanble comme genz qui mout s'antraimment."

"Sire, fait ele, granz merciz de vostre promesse. Ne ge ne la refus pas, car vos iestes li hom del monde en cui j'ai greignor fiance de sauver m'anor et ma vie aprés Lancelot qui ci est."

"Dame, fait Galehot, bien sachiez que ge vos garderai a mon pooir et serai devers vos contre toz homes, neïs se ge m'en devoie bien meffaire vers lo roi Artus cui hom ge sui."

Atant s'an issent hors de la chanbre antr'aus trois, et avoc aus s'an issi la dame de Malohaut. Si vindrent en la sale ou messires Gauvains et maint autre chevalier les atandoient. Et Galehoz lor demande qu'il lor est avis de ce que li rois a demandee la reine. Et il dient que il ne sevent encores quoi, mais n'ait ele mie paor, car il li aideront a lor pooir contre toz cels qui a tort la voudront mener ne grever. Ensi se hastisent tuit de li secorre et garantir.

Si demorerent a Camahalot tant que tuit furent venu li baron que messires Gauvains avoit mandez, et lors se mistrent a la voie por aler en Camelide. Si i ot assez dames et damoiselles qui font conpaignie la reine, et mout font grant duel celes qui remainnent, por ce que ja mais ne la cuident veoir. Et Galehoz ot envoié en sa terre et mandé a toz ses chevaliers qu'il vaignent a lui si efforcieement com il porront plus et soient au Noel la ou li rois Artus tandra sa cort, car mout a d'els grant besoing.

Et d'autre part s'an vont avoc la reine entre lui et Lancelot, si menassent mout boenne vie se ne fust li diaus que la reine a.

---

[1] uos i porront

Tant ont erré a petites jornees qu'il vienent en la terre de Camelide. Et qant li rois lo sot, si an fu mout liez et lor vint a l'ancontre a grant compaignie de chevaliers et mout fist grant joie a monseignor Gauvain et a monseignor Yvain et a toz les autres. Mais il ne regarda onques la reine. Et qant toz les ot conjoïz, si s'an revint a Galehot et a Lancelot, cui il mout aimme, si met a Lancelot lo braz au col et dist:

"Sire chevaliers, sor toz les autres chevaliers soiez vos li bien-(*f. 181c*)venuz."

Mais Lanceloz ne l'acole mies de bon cuer, car il lo het orandroit plus que nul home et volantiers li eüst son homage randu sanz plus atandre. Mais il crient que a vilenie li fust tenu, si çoille ensin son pensé, por ce qu'il ne velt que nus son covine aparçoive. Si fait assez plus bele chierre que li cuers ne li aporte, mais totesvoies se tienent pres de la reine entre lui et Galehot. Si chevauchent en tel maniere tant qu'il vienent au giste, la ou li rois avoit sejorné puis que[1] il vint en la terre. Si i troverent grant planté de chevaliers et de dames et de damoiselles et de borjois et d'autres genz, car tuit estoient venu de par le païs por veoir que l'an feroit de la reine. Si furent mout honorees totes les genz lo roi Artu fors la reine seulement; mais ele ne trova onques de toz cels qui laianz estoient qui bele chiere li feïst, car tuit la heent de si grant haïne qu'il n'i a celui qui la mort ne li porchaçast a son pooir. N'onques li rois ne vost soffrir qu'ele descendist a son ostel. Et ele en fu mout dolante, si herberja en une sale qui pres de l'ostel lo roi estoit. Et sachiez que avoc li se herbergierent tuit li plus haut home del reiaume de Logres. N'onques por proiere que li rois lor seüst faire sa compaignie ne vostrent laissier, ainz dient que mout lor a fait grant honte qant il an lor conduit l'a refusee, et si n'est encores esprovee de nul forfait.

"Certes, fait li rois, ge l'an ai si atainte que se vos la verité en saviez autresin bien com ge la sai, vos la harriez de toz voz cuers, car c'est la plus desleiaus riens qui vive."

Et il dient que tex li porra desleiauté sus metre qui an la fin s'an repantira mout chierement. Et qant li rois antandi ceste parole, si an fu mout correciez, car bien voit que par lor esgart covandra que la reine soit jugiee. Et il set de voir qu'ele a tex genz en sa compaignie qui bien oseront contredire, o soit veritez ou mençonge, ce dont il la velt esprover. Mais s'il puet, il lo fera

[1] sejorne plus que

en tel maniere que ja n'i avra si prodome que toz ne s'an ran-
(*f. 181d*)de anconbrez de l'anchargier."
   Atant se departent del roi cil qui a la reine se tenoient. Mais il
prie mout Galehot et Lancelot de remenoir avocques lui, mais il
n'ont talant de sa conpaignie, car il cuident estre en un autre leu
mout plus a eise. Si dient qu'il ne remaindront pas, que tuit li
autre s'an vont. Et lors s'an partent de laianz. Et li rois remaint
mout esbahiz, por ce que ansin l'avoient laissié tuit li preudome.
Mout fu granz la joie en l'ostel la reine Gueníevre et mout menerent
boenne vie entre Galehot et Lancelot, car tant furent avoc lor deus
dames que bien pot estre mienuit. Et lors s'alerent les dames
couchier en une chanbre, et li chevalier jurent en la sale.
   Et qant vint a l'andemain, si se leva li rois si matin com il
pot lo jor veoir. Et lors manda Galehot et Lancelot et des autres
preudomes une partie, si lor dist qu'il voloit que cist afaires fust
porseüz hastivement, "car mout i avroie grant honte se por ce
remanoit ma corz que j'ai en talant a tenir si riche." Et il respondent
que tote est apareilliee la reine de soi contenir au jugement des
barons de son ostel.
   "Et ge voil, fait li rois, que li jugemenz soit faiz d'ui en tierz
jor en la cité de Camelide, qui est li chiés de cest regne. Et si i
porterai, fait il, corone au jor de Noel et tandrai cort mout efforciee,
et an la vile sera coronee cele qui par heritage d'anor doit avoir
la terre et l'anor."
   Et il dient que dont n'ont il mie paor que cele en soit desheritee
qui dusque ci l'a tenue a grant hautesce, car au jor qu'ele sera
deseritee devra bien tote joie remanoir. "Et ce seroit, font il,
granz dolors a tot lo monde."
   Atant remest ceste parole, si ala li rois messe oïr. Et cil alerent
querre la reine, si la menerent au mostier. Et qant la messe fu
dite, si s'an revindrent as ostex et mengierent a disner, car li jor
estoient cort con en yver. Et lors furent les seles mises, si mon-
(*f. 182a*)terent et se mistrent au chemin tuit et errerent tant que
l'andemain vindrent en Camelide. Si firent cil de la vile mout grant
feste et ancortinerent totes les rues mout richement et por amor
del roi et de la reine. Et neporqant il ne savoient encores la quex
estoit reine, mais li plus s'acorde a cele que li rois a en sa compaignie.
Si fu assez plus honoree des genz de la terre que la reine Gueníevre
ne fu, mais li n'an chaut, car ele a avoqes li la flor de tote la che-
valerie do monde.

La nuit fu la joie mout granz en l'ostel lou roi Artu, car tuit i furent li baron del reiaume de Camelide, qui mout se penerent de lui honorer et de la damoiselle autresi, dont il cuident veraiement que ce soit lor dame. Et ce n'est mie mervoilles qant li rois meïsmes s'i acorde. Mais la damoiselle n'est mie a eise, ainz est mout a maleise dedanz son cuer, car mout a grant paor que il ne li meschiee, por ce qu'ele s'est antremise de porchacier si grant traïson. Si fait assez plus bele chiere que li cuers ne li aporte. Et qant ele se demante a Berthelai, il la conforte et asseüre et dit que ne s'esmait ele pas, car il fera tant qu'ele sera coronee voiant toz cels qui or lo vuelent contredire. Ensi conforte Bertelais la damoiselle.

Et d'autre part est la reine a son ostel, qui mout a grant joie de ce que ensi se tienent a li tuit li prodome. Et qant il furent la nuit assis au mengier, si entra laianz uns vallez et dist a Galehot que li Rois des Cent Chevaliers lo salue. Et il demande tantost o il est.

"Certes, sire, fait li vallez, il vos mande qu'il sera lo matin en ceste vile ainz qu'il soit prime de jor, car jusque la ou gel laissai n'a mie plus de deus liues. Et avoques lui vienent vostre chevalier ensin com vos lo mandastes."

Et qant Galehoz l'ot, si en est mout liez et dit a la reine que des ores en avant n'a ele garde, puis que si chevalier sont venu; car bien la cuide garantir vers toz ses anemis, s'il estoient encor plus que il ne sont. Et ele l'an mercie mout et dit que plus (*f. 182b*) a fait por li a cest besoign qu'ele ne porroit ja mais deservir.

"Dame, fait il, vos avez tant fait por moi ça en arrieres que por l'amor que j'ai en vos, metroie mon cors en aventure jusqu'a la mort, et moi et toz cels que ge porroie justisier."

"Sire, fait ele, vos mostrez bien que assez feriez vos por moi, qant vos avez vostre pooir semons et amené en ceste terre por moi rescorre et delivrer des mains a mes anemis."

Atant sont les tables ostees. Et lors vindrent avant tuit li chevalier et s'asistrent antor la reine et commancierent a parler de maintes choses. Et dient tuit que or li seront guerredoné li servise que ele lor a tozjorz faiz, car il n'i a celui d'aus toz qui miauz ne voille perdre la vie qu'ele soit par lor defaut honie ne deshonoree. Et ele les en mercie toz et dit que ensi la face Dex liee com ele onques n'ot corpes en ce dont ele est mescreüe. Ensi parolent longuement, tant qu'il fu tans de couchier, si se coucha la reine. et li chevalier se couchent en la sale une partie, et li autre s'en alerent a lor ostex. Et l'andemain se leverent bien matin, si ala la reine oïr messe en la chapelle meïsmes ou li rois Artus l'avoit esposee. Si preia Nostre Seignor mout de bon cuer que il la desfande de honte hui en cest jor, issi veraiement con li rois la reçut a fame en cele chapele meesmes ou ele est. Et qant la messe fu chantee, si apela lo chapelain a une part et se fist a lui confesse de toz les pechiez dont ele cuidoit estre maumise. Et puis s'an issi hors de la chapele, si an ala a grant conpaignie de prodomes es maisons qui furent son pere, ou li rois Artus ert a ostel; mais n'i vint pas trop povrement, ne come fame qui a mort doie estre jugiee, car avoques li vindrent tuit li plus preudome do monde.

Et li rois fu ja venuz del mostier entre lui et sa damoisele et estoient en la sale amont, qui mout ert plaine de chevaliers et d'autres genz. Et qant la reine entra laianz, si fu assez regardee de maintes genz qui mout la heent voirement. Et sachiez que mout li angroissa li cuers quant ele vit (*f. 182c*) lez son seignor cele seoir qui par sa felonie li a cest anui porchacié. Et la damoiselle ne fu pas a eise qant ele la vit si honoreement venir, car mout a grant paor de comparer la traïson que ele a faite, si se repentist volentiers, s'ele poïst, de ce que onques crut lo consoil Bertelai. Et la reine vient avant, si salue lo roi. Mais il ne li randi mie son salu, ainz la regarde mout felonessement comme cil qui pas ne l'aimme de bon cuer. Et ele s'asist a une part entre li et Galehot, et avoc aus fu Lanceloz et messires Gauvains et autre chevalier assez. Et a cele hore meïsmes entrerent en la cité les genz Galehot, si leva si granz li bruiz que mout an furent esbahi les genz de la vile. Et li rois meïsmes an fu mout effreez, si demanda quex genz c'estoient. Et Galehoz dist qu'il sont a lui, "car j'avoie, fait il, oï dire que vos estiez en ceste terre em prison, si avoie mes genz mendees por vos secorre et aidier." Et li rois l'an mercie et commande que l'an lor face mout grant honor et que tot lor soit abandoné et ostex et autres choses. Et il descendirent la ou il vostrent. Et qant il furent descendu, si s'an vindrent a cort au plus isnellement qu'il porent. Et mout furent les sales plaines qant tuit li chevalier i furent venu.

Lors vint Galehoz devant lo roi et parla por la reine si haut que bien l'oent une partie des chevaliers de laianz, et dist:

"Sire, ma dame vos requiert, oiant toz voz barons, que vos la teigniez a droit par devant aus toz en tel maniere que vostre honors i soit sauvee, car de cort reial ne doit jugemenz nus issir o l'an puisse nule desleiauté aparcevoir. Por ce si vos requiert ma dame que vos li façoiz droiture en vostre cort, car ele est tote preste de soi esleiauter de la traïson que cele damoisele qui la est li a sus mise, issi com vos et vostre baron oseroiz par droit jugier."

Et li rois respont qu'ele[1] en avra jugement mout volantiers.

Lors prant Bertelai par la main et apele une partie des barons del reiaume de Camelide et dit que par aus velt que la reine soit jugiee. Si les (*f. 182d*) an moigne loig des autres en une chambre, et demorent illueques longuement. [Et quant il orent tant esté que tuit s'acorderent ensamble, si s'en issirent et vindrent enmi la sale ou maint boen chevalier les atendoient. Si fu mout grant la presse entor ax, car chascuns voloit oïr ce qu'il avoient jugié. Et li rois meemes recorde lo jugement] et dist:

"Seignors, vos avez bien oï comment ceste damoisele me manda que ge la repreïsse comme cele que j'avoie esposee. Et ge voil que vos sachiez que ge l'ai reconeüe et sai veraiement que ce est cele qui par la main Leodagan me fu donee. Or si avons, fait il, jugié que cele Guanievre qui la est doit avoir les treces colpees atot lo cuir, por ce qu'ele se fist reine et porta corone desus son chief qu'ele n'i deüst pas porter. Et aprés, fait il, si avra les mains escorchiees par dedanz, por ce que eles furent sacrees et enointes, que nules mains de fames ne doivent estre se rois ne l'a esposee bien et leiaument en Sainte Eglise. Et puis, fait il, si sera trainee parmi ceste vile, qui est li chiés del reiaume, por ce que par murtre et par traïson a esté en si grant honor. Et aprés tot ce, sera arse et la poudre vantee, si que la novelle corre par totes terres de la justise qui faite en sera, et que nule ja mais ne soit si hardie qui de si grant chose s'entremete.[2] Et por ce, fait il, que nos savons de voir que ele en est corpable et que nus ne l'an devroit estre garanz, si avons esgardé et jugié qu'il covandra que cil qui deffandre[3] la voudra de ceste desleiauté s'an conbatra toz seus a trois chevaliers, les meillors que ceste dame ci porra trover en tote sa terre."

Et lors saut avant messires Gauvains et dit qu'il est toz apareilliez de deffandre sa dame qu'ele n'a deservi a morir an tel maniere, et provera a desleiaus cels qui furent a ce jugier. Et autresin fait Quex li seneschaus et se poroffre de la bataille mout durement. Mais Lancelloz, qui an la place estoit, qui ot oï lo jugier celi a

---

[1] respont quil   [2] entremetre   [3] deffandrre

mort que il amoit de tot son cuer, sofferroit mout a enviz que
autres s'armast por li delivrer. Et tant l'esprant ire et amors que
bien li est avis orrandroit que bien porroit ses cors achever qancque
ses (*f. 183a*) cuers oseroit anprandre. Si vient avant et dit a Keu
qu'il se traie arrieres, "car ceste bataille, fait il, ne feroiz vos pas.
Autre vos covient porchacier."

"Comment? fait Keus; si avez en talant a combatre por ma
dame encontre[1] trois chevaliers?"

"Certes, fait il, voires. Ge m'i combatrai segurement. Et sagiez
que ge voudroie avoir fait mout grant meschief par covant que
tel roi a il en ceste place fust li quarz. Et issi voirement m'aïst
Dex, il ne porteroit ja mais corone."

Et ce dist il por lo roi Artu, que il n'aimme pas orandroit de
grant amor.

Ensin est li afaires remés sor Lancelot, que onques puis n'i
ot nul si hardi qui sor lui l'osast amprandre. Et d'autre part vienent
avant troi chevalier et dient qu'il sont apareillié de mostrer que
la reine fist la traïson dont lor dame l'a apelee et que ele doit estre des-
truite ensin com ele est jugiee par lo roi et par les barons. Si
donent lor gaiges en la main lo roi de ce prover. Et Lanceloz
done lo suem au roi del contredire. Et lors commande li rois qu'il
saillent orandroit armer sanz plus atandre, et velt que ceste
bataille soit traite a fin. Et Lanceloz se part de devant lui et s'an
vait a son ostel por lui armer. Si fait lacier ses chauces et vest son
hauberc mout tost et mout isnellement, car mout li est tart qu'il
soit a la meslee. Et qant il est toz armez fors de son chief et de
ses mains, si monte sor un palefroi et s'en vait a la cort grant aleüre.
Et avoques lui fu Galehoz et li Rois des Cent Chevaliers et messires
Gauvains et autres chevaliers a grant planté. Si fu Lyonyaus ses
coisins delez lui, qui li porte son escu et son hiaume, et uns autres
escuiers li porte son glaive et maine son cheval en destre. Et qant
il est en la cort, si descent et monte en la sale en haut. Mais encor
n'estoient pas venu li autre, car il ne se furent pas si hasté com
il estoit. Et il s'an vait la ou il voit la reine, si li dit que ele soit
tote seüre. Et ele respont (*f. 183b*) que si est ele, et dit qu'ele
n'a pas paor que ele ne soit delivree hui en cest jor, au droit que
ele a et a la grant proesce que ele set qui en lui est.

Que que il parloient ensi entr'aus deus, vindrent li troi chevalier
devant lo roi. Et furent armé fors de lor chiés et de lor mains,

---

[1] si auez talant por ma dame a combatre encontre

si estoient tuit mout biau chevalier et mout grant. Et qant Lanceloz les vit, si vint avant et se contint mout seürement comme cil cui force d'amors done cuer et seürté. Et li rois fait aporter les sainz, si jurerent li chevalier tot premierement que il savoient que la reine avoit faite cele traïson. Et Lanceloz jura aprés que issi li aïst Dex et li saint com il sont parjuré de ce sairement. Et lors vait prandre congié a la reine. Et ele lo prant entre ses braz, sel baise voiant toz cels qui veoir lo vuelent, et lo comande a celui qui de la Virge nasqui, qu'il de mort lo desfande et li doint force et pooir que il la puisse delivrer de ce peril ou ele est. Et lors commance a plorer mout tanrement. Et il se part de li mout angoisseus et vient en la cort aval, si atire son chief et ses mains et lace son hiaume. Puis prant son escu a son col et monte en son cheval, qui coverz fu mout richement, et prant son glaive de l'escuier qui lo portoit. Et lors fu a mervoilles biaus et plaisanz.

Et qant li autre chevalier furent armé, si fu la corz delivree, et monterent tuit as fenestres, et as creniaus et sus les maisons an haut cil qui es sales ne porrent antrer. Et tantost est montez li uns des chevaliers. Et qant Lanceloz lo voit, si met l'espié desoz l'esseille et s'esloigne et joint l'escu devant lo piz; et autretel fait li autres. Puis hurte lo cheval des esperons, et s'antrevienent de si granz aleüres com il lor puent corre et se fierent sor les escuz si granz cox com il pueent greignors. Et li chevaliers qui por la damoiselle se combatoit brise son glaive. Et Lanceloz fiert lui si durement qu'il lo porte par desus la crope del cheval a terre. Si s'an passe outre, et puis vient arrieres grant aleüre. Si descent et met la main a l'espee, si li cort sus. Et li chevaliers qui relevez fu ra la soe espee traite (f. 183c), si se deffant mout durement et rant a La[n]celot mout grant meslee. Mais longuement nel pot mie soffrir, si commance a guerpir place qant il voit que li pires en est suens. Et cil lo tient si cort qu'il n'a pooir d'alainne recovrer ne terre reprandre, si reüse tant que il chiet. Et Lanceloz li saut sor lo cors, si li ront sanz demorer les laz del hiaume et li abat la vantaille sor les espaules. Et cil li crie merci, que il ne l'ocie pas. Mais il dit que ja Dex ne li aït qant il merci avra ne de lui ne[1] des autres, se il les puet conquerre, "Car l'an ne doit pas, fait il, merci avoir de traïtor." Lors hauce l'espee et fiert parmi la teste, si que tot lo fant jusqu'anz es danz. Et qant il voit qu'il est morz, si remet l'espee el fuerre et prant son glaive, qui encor

---

[1] aura de nelui ne

estoit toz antiers, et vient a son cheval, si remonte et s'apareille de la joste.

 Et lors li relaisse corre li autres chevaliers, et il a lui, si tost com il puent esperoner. Et s'entrefierent des glaives, qui mout furent fort, si durement qu'il volent em pieces. Mais li compaignz a celui qui morz estoit voide les arçons et chiet a terre, toz estordiz de la dure encontre qu'il ot eüe. Et neporqant il n'i jut gaires, ainz sailli sus ainz qu'il pot et met la main a l'espee et fait grant sanblant de soi desfandre. Et Lanceloz redescent de son cheval et trait son escu avant, si li cort mout hardiement sus, l'espee en la main, et s'antredonent granz cox par tot la o il se cuident empirier. Si se fierent parmi les hiaumes et parmi les escuz et sor les braz et sor les espaules et la o il se pueent ataindre. Et dure la meslee d'aus deus mout longuement, tant que Lanceloz en a grant honte. Et lors li cort sus, iriez et chauz, et lo fiert grant cop amont[1] desus lo hiaume, et fiert et refiert. Si lo charge si de ses cox que li chevaliers nel puet soffrir, si guerpist place plus et plus. Et cil prant terre sor lui. Et li chevaliers ganchist tant com il puet, mais ganchirs n'i vaut neiant, car cil lo haste mout. Et bien voient tuit que mout en a lo peior et que trop est au desouz. Et il se desfandist volantiers, se il poïst, mais sa deffense n'i vaut preu, car tant lo haste (f. 183d) Lanceloz qu'il fiert a terre d'une des paumes. Et qant il se velt relever, cil li cort sus el relever que il faisoit et se hurte a lui si durement que il lo fait a terre cheoir de tot lo cors. Et il se lait cheoir sor lui, si li arache hors lo hiaume de sa teste et fiert el vis et el front et an la teste granz cox del pon de l'espee, si que maintes des mailles li sont entrees a force dedanz la char. Et il a les iauz si plains de sanc que il ne voit gote, et bien voit que sa desfanse ne li a mestier. Si crie a Lancelot merci. Et il dit que il en avra autretele merci com il ot de son compaignon, si lo fiert de l'espee parmi les iauz, si que toz les li colpe jusq'en la cervelle. Et puis revient a son cheval, si est montez.

 Et lors esgarde an haut as fenestres et dit a Keu lo seneschal, qui as fenestres do palais estoit apoiez:

 "Messire Kex, fait il, encores cuit ge que vos ne voudriez pas estre li quarz por lo reiaume de Logres gaaignier."

 Et atant se resmuet li tierz chevaliers, qui mout a grant dotance lo vait requerre. Et s'il saüst l'art ne l'angin comment il se poïst garir, il lo feïst mout volentiers. Mais il set tot de voir que il n'an

[1] cop a mlt

puet eschaper sanz mort, si velt miauz morir par la main d'un prodome que soi tenir por recreant sanz estre empiriez ne maumis, et aprés seroit laidement destruiz par devant lo commun del pueple. Si fiert lo cheval des esperons et s'an vait vers lui si tost
5 com il puet corre. Et Lanceloz li vient encontre, l'espee en la main. Et cil peçoie son glaive sor lui et s'an passe outre. Et puis revient arrieres grant aleüre, si a traite s'espee. Et lors commence la meslee d'aus deus tot a cheval. Et mout s'abandone li chevaliers comme cil cui il ne chaut de sa vie, car bien voit que il ne la puet
10 sauver ne garantir. Et an la fin l'ocist Lanceloz autresin com il avoit fait les deus autres.

Et lors descendirent en la cort li chevalier qui amont estoient, et la reine vient a Lancelot comme cele qui tant (*f. 184a*) est liee que plus ne puet, si li deslace ele meïsmes son hiaume et lo
15 baise mout doucement. Et dit :

"Sire, l'ore soit beneoite que vos fustes nez, comme li plus prodom do monde. Et vos iestes li chevaliers el siegle que ge devroie plus amer, car vos m'avez randue honor et joie."

Ensin a Lanceloz sa[1] dame delivree. Si en ont mout grant joie
20 tuit li preudome. Et lors vienent devant lo roi, si li quierent qu'il li face droit de la damoiselle comme cele qui est encheoite et provee de son forfait. Et li rois, qui plus n'en ose faire, respont que si fera il volentiers. Maintenant mande que l'an la preigne entre li et Bertelai et soient amené avant, car il velt orandroit
25 sanz plus atandre que il soient jugié entr'aus deus et reçoivent lor deserte tele com il l'ont deservie. Lors furent endui amené devant lo roi, si plore la damoiselle mout tandrement, car bien voit que plus ne puet sa[2] mauvaitiez estre celee. Si vient devant la reine, jointes mains, et li conoist sa desleiauté, oiant toz. Et
30 qant li rois l'ot, si est mout esbahiz et regarde Berthelay, si li demande comment il s'osa entremetre de porchacier tel felonie. Et Berthelais respont que il l'an conoistra la verité de chief en chief.

"Il est voirs, fait il, que ge trovai ceste damoiselle en une maison
35 de religion. Et por la grant biauté dont ge la vi, si enquis et demandai qui ele estoit, car mout sanbloit estre de hautes genz. Mais onques ne trovai qui verité m'en seüst dire. Ne ele meïsmes n'en savoit rien fors tant que an la maison avoit esté mout longuement. Et ge en oi mout grant pitié, por ce que de si grant biauté estoit.

[1] la dame   [2] puet sau mauuaitiez

Et li dis sanz faille que, se ele voloit errer a mon consoil et faire ce que ge li conseilleroie, ge feroie tant que ele seroit la plus haute fame del monde. Et ele me demanda comment. Et ge dis que porchaceroie tant que vos la prendriez a fame et departeriez de la reine qui ci est. Et qant ele oï ce, si dist que, se gel pooie faire, ele feroit ma volenté outreement. Et me jura sor sainz que a toz (*f. 184b*) les jorz de ma vie seroie sires de son pooir."

Ensin conoist Berthelais tote la traïson devant lo roi, et comment il porta lo mesage et fist l'anel contrefaire que la damoiselle porta a cort, et comment il fist lo roi prandre et li dona la poison boivre par quoi il anama la damoiselle. Tot li conoist son errement de chief en chief sanz rien celer. Et li rois est mout honteus et iriez de ce que issi a esté deceüz par tel barat. Si dit a Berthelay que il an avra son guerredon comme traïtres et desleiaus, car hom de son aage ne se deüst pas estre entremis de porchacier si grant desleiauté com il a par devant lui coneüe et regeïe. Maintenant[1] fu Berthelais pris par lo commandement lo roi et trainez par tote la cité. Et la damoisele est encores devant la reine, si li crie merci, que ele li pardoint lo pechié de son forfait, et non pas por sa vie sauver, car, se Dex li aït, ele ne velt pas c'on la laist vivre des ores en avant; car ja mais a nul jor joie n'avroit, ainz velt qu'ele soit destruite honteusement comme cele qui bien l'a deservi. Et li rois en a si grant pitié qu'il ne la puet esgarder, ainz se fiert an une chambre. Et li baron vont aprés, si li demandent que il feront de la damoiselle. Et il dit que il an facent a lor volenté selonc ce que il esgarderont que l'an en doie faire. Et il dient que donc l'ocirront il par lo jugement meïsmes qui de la reine fu faiz, car il lor est avis que ele doit d'autretel mort morir, puis que de ce forfait est atainte, si com Bertelais et ele l'ont de lor boiche reconneü. Et li rois dit que ce li sembleroit estre droiz et raisons.

Ensin est la damoiselle jugiee par l'esgart des barons lo roi, si fu tantost menee hors de la vile. Et li feus est apareilliez por li ardoir. Et ele estoit de si tres grant biauté qu'il dient tuit c'onques mais si bele fame n'avoient veüe. Si poez savoir que maintes lermes i ot plorees et assez i ot de tex genz qui mout a enviz soffrisient[2] (*f. 184c*) sa mort s'il eüssient pooir del contredire. Mais ne puet estre, si fu mise dedanz lo feu si tost com ele fu confesse. Et avoques li fu Bertelais qui la traïson ot porchaciee. Si dient tuit que mout est granz dolors qant par lo consoil d'un tel veillart

---

[1] maintemant   [2] soffrisisient

est si bele fame honie. Et mout i ot de cels qui s'an partirent de la placeançois que li feus fust alumez, car il ne pooient avoir cuer de li esgarder a morir. Mout fu la damoiselle plainte et regretee de maintes genz.

⁵ Et qant la justise fu faite de li et de Bertelai, si s'an revindrent li chevalier an la cort arrieres. Et fu la joie mout granz en l'ostel lo roi de totes et de toz, car trop avoient premierement eü grant duel del roi que il cuidoient avoir perdu, et aprés del cors la reine, car nul[e] dame ne fu onques tant amee des genz son seignor
¹⁰ com ele estoit. Si ne vos porroit l'an dire nule greignor joie com il orent cele nuit. Et ce fu tierz jor devant Noel; si desfandié li rois que nus des chevaliers ne se meüst, car il sejornera, ce dit, en la vile jusqu'au jor, et il tandra sa cort mout efforciee, si velt que tuit soient a sa grant feste. Et la reine est tant liee que
¹⁵ de nul anui qu'ele ait eü ça en arrieres ne li sovient. Et dit a Lancelot, oiant lo roi, que des ores en avant la puet il tenir por soe.

"Certes, fait li rois, il est li chevaliers del monde que ge devroie plus amer et qui plus m'a servi, car il fist la paiz de moi et de Galehot qui ci est et me gita de la prison de la roche, dont ge ja
²⁰ mais ne fusse delivrez se il ses cors ne fust. Et or me ra delivré d'une des greignors hontes qui onques mais m'avenist. Ne des ore mais n'ai ge cure qu'il se departe de ma compaignie, ainz voil qu'il soit del tot en tot de mon ostel et toz sires de moi et de ma terre, car ge ne puis neier que il ne la m'ait randue et garantie."

²⁵ Ensi est la paiz faite del roi et de la reine, si sejornerent en la vile toz les trois jorz a grant joie et a grant deduit. Et fist la reine mander totes les dames et les damoiselles de par la terre por venir a cele (*f. 184d*) grant cort. Et eles i vindrent volentiers et esforcieement car mout la dessirrent a veoir celes qui veües
³⁰ ne l'ont por les biens que l'an an dit. Mout fu granz la feste que li rois tint au jor de Noel en Camelide, car onques mais ne la tint si riche puis que il fu coronez premierement. Et mout i fist chevaliers noviaus et dona robes et autres dons tant que toz li siegles s'en mervoille. Et autresin fist la reine et as dames
³⁵ et as damoiseles si porterent andui corone et la voille de la feste et lo jor, et tint chascuns sa cort grant et merveilleuse. Et qant vint l'andemain, si pristrent les genz Galehot congié et s'an alerent an son païs.

Si departi atant la corz, et li rois se remist a la voie a aler en
⁴⁰ Bretaigne, si en maigne Galehot et Lancelot avoques lui et s'an

vont a petites jornees. Si mainnent mout boenne vie entre la reine et la dame de Malohaut qant aise les met en leu de parler a lor chevaliers.

Tant ont erré qu'il sont venu a Campercorantin. Et lors demande Galehoz congié au roi, mais li rois dit que il ne s'en ira pas encor- res: "ainz sejorneroiz avoques moi tot cest yver, car ge sai bien que vos n'avez[1] or pas granment a faire en vostre païs." Et la reine meïsmes li prie que il remaigne, si fait tant que il otroie au roi sa volenté.

Ensin sont remex a cort entre Galehot et Lancelot, si furent servi et honoré de toz et de totes, car mout an ont grant joie li conpaignon lo roi. Mais sor toz les autres en est liee la reine et la dame de Malohaut, por ce que de lor compaignie ne se savroient consirrer des ores en avant. Et se la reine aanma Lancelot ça an arrieres, or l'aimme plus que onques mais ne l'ama. Et dit que ele ne porra ja avoir honte des ores mais en chose que ele feïst por lui, car se toz li mondes savoit l'amor entr'aus deus, si li (f. 185a) devroit l'an a bien jugier, tant l'a deservi en pluseurs leus.

En tel maniere sejornerent avoques lo roi entre Galehot et Lancelot des lo Noel jusqu'a la Pasque, si orent totes les joies qui d'amors puent venir, car maintes foiz parlerent a lor dames sanz compaignies d'autres genz. Mais la dame de Malohaut n'est pas a eise de ce que Galeholz s'em ira aprés la Pasque, et dit que mout est la dame fole qui si riche home aimme par amors, car ja ne fera sa volenté. Si tient mout la reine a sage qant ele a son cuer asis en celui dont ele puet faire son plaisir sanz contredit.

Au jor de la Pasque s'an vint li rois a Camahalot por sa cort tenir, car mout ert la vile aeisiee et delitable. Et quant il furent venu la voille devant, si vient Lyoniaus a Lancelot et li requiert qu'il die au roi que il lo face chevalier.

"Car bien est, fait il, des ores mais tans et raisons que ge soie chevaliers, et bien lo requiert mes aages. Et sachiez que ge n'eüsse pas si longuement estez escuiers, se ne fust por vostre amor, car onques n'oi si grant talant[2] de nule chose comme ge ai eü de recevoir la haute hordre de chevalerie."

Et Lanceloz, qui mout en est liez, respont qu'il em priera lo roi mout volentiers. Atant ala li rois vespres[3] oïr. Et qant eles furent chantees, si s'an revint an haut es sales. Et lors prant

---

[1] uos ne uos nauez   [2] grant amor talant   [3] vesprer

Lanceloz Lyonel par la main, si lo mainne devant lo roi et li requiert que il lo face chevalier. Et li rois, qui mout lo voit apert et viste, respont que si fera il volentiers. Et mout en a grant joie, car bien set qu'il ne puet faillir a estre preuzdom s'il retrait au boen
5 lignage dont il issi. Ensin a li rois otroié a Lyonel que il sera chevaliers. Et il en a si grant joie que greignor ne porroit avoir, et dit que or n'a il nule paor que il prozdom ne soit qant il a si haut jor iert chevaliers et de la main a celui dont tuit li prodome do m[ond]e ont chevalerie receüe. Atant furent les tables mises,
10 si asistrent au mengier; et orent lor table tot par els cil qui noviau chevalier devoient (*f. 185b*) estre, et tot ce fu por l'onor de Lyonel.

Et qant il orent lo tierz mes eü, si antra laianz une damoiselle de mout grant biauté et tint en sa main destre un lieon qui mout estoit de grant fierté, lié par lo col en une chaainne, mais tant
15 cremoit la damoisele que ja ne fust si hardiz qu'il se meüst tant com ele fust an sa compaignie. Cil lieons fu esgardez a grant mervoille par laianz, car il avoit une corone desus son chief qui de meïsmes la teste li est creüe.[1] Si s'an merveillierent mout tuit li chevalier qui en la sale estoient, por ce que onques mais
20 lyeon coroné n'avoient veü. Et la damoisele qui lo maigne s'an vient devant lo roi, si lo salue et dist:

"Rois Artus, a toi m'anvoie la plus vaillant pucele qui soit, au mien escient, et si est la nonpers de biauté de totes celes del monde. Et por la grant valor qui en li est l'ont requise d'amors
25 maint preudechevalier de son païs et de maintes autres terres. Mais ele dit que ja a nul jor ne s[er]a s'amors donee a chevalier se il n'est de ta maison. Et si covandra que cil qui l'amor ma dame voldra avoir se conbate a cest lyeon qui ci est tant qu'il l'ocie par proesce de cors et de cuer, car ma dame a voé que ja s'amor
30 ne donra se a celui non qui par la mort del lyeon la conquerra. Ne ja ne savras, fait ele, qui ma dame est devant que cil meïsmes t'en die la verité qui lo lyeon ocirra."

Et li rois respont que de ceste requeste ne s'en[2] ira ele pas escondite de son ostel, car assez i a chevaliers qui volentiers
35 enprandront lo lyeon a ocirre por gaaignier l'amor de la plus bele rien qui vive.

Atant remest ceste parole jusqu'a l'andemain. Atant[3] furent les tables ostees, si s'an alerent li chevalier a lor ostel. Et quant il dut anuitier, si menerent entre Galehot et Lancelot Lyonel

---

[1] creuee   [2] nen sen   [3] landemain & tant

en un mostier ou il veilla tote nuit jusq'au jor. N'onques de tote la nuit nel laissierent, et au matin l'an menerent a son ostel, sel firent dormir jusqu'a la grant messe. Et lors lo menerent au mostier avoc lo roi. Et la reine li ot au matin envoié cote et mantel [d'un sa]mit porpre. Si fu li mantiax forrez [d'un hermine] (*f. 185c*) qui mout li sist bien. Et il estoit si biaus et si bien tailliez de totes choses que mout seoit a veoir a toz cels qui l'esgardoient. Maisançois qu'il antrassent el mostier, furent aportees les armes[1] a toz cels qui chevalier devoient estre, et s'armerent si con a cel tans lo faisoient. Et lor chauça li rois lo destre esperon si com il estoit costume, mais les espees ne lor ceint pas devant qu'il revenissent del mostier. Quant il orent les colees receües,[2] si alerent oïr messe et tuit armé, car issi lo devoient faire. Et si tost com la messe fu dite, si lor ceint li rois les espees. Et après s'an vindrent an la sale. Et si tost com il i furent venu, si s'an vint Lyoniaus devant lo roi, toz armez, et li requiert que la premiere avanture qui est aprés sa chevalerie a cort venue li otroit a achever: ce est la bataille del lyeon. Et li rois dit que il li donra mout volentiers, "mais il est, fait il, si hauz jorz que ge ne vos lo mie hui a combatre, ançois metrai la bataille en respit jusqu'a demain se vos m'en volez croire."

Et Lyoniax dit que ja mais n'en sera arirez,[3] puis que Dex li a amenee si prestement. Lors fist li rois avant venir la damoiselle qui lo lyeon avoit amené et li commanda que ele lo menast an la cort aval. Et ele si fist, et puis li osta la chainne del col et s'an monta arrieres an la sale. Et li rois monta an haut as fenestres, et chevalier et dames et damoiselles, por veoir la bataille del lieon et de Lyonel. Et Lyoniaus s'an vint aval, lo hiaume en la teste, l'espee en la main, si s'adrece droit au lieon, comme cil qui assez a cuer, et l'asailli mout viguereusement. Et li lyeons se desfandié mout durement et mout li ampira ses armes et li trancha la char parmi lo hauberc en pluseurs leus, ançois que la meslee remansist. Mais an la fin lo prist Lioniax parmi la gorge as poinz que il avoit et durs et forz, si l'estrangla veiant toz cels qui l'esgardoient. Et [de] celui lyeon porta messires Yvains, li filz au [roi U]rien, la pel en son escu, et por ce fu il ape[lez li Chevalier]s au Lyeon.

(*f. 185d*) Quant Lyoniaus ot lo lyeon ocis si com vos avez oï, si s'en monta en la sale en haut et se fist desarmer. Et lors furent mandé li clerc qui les proesces as chevaliers de la maison lo roi

---

[1] armees   [2] receuees   [3] armez

Artu metoient en escrit, si com li contes l'a autrefoiz conté. Et fu Lyoniaus aconpaigniez as conpaignons de la Table[1] Reonde por la proesce qui en lui estoit et por l'amor de Lancelot, son coisin. Aprés furent les tables mises, si asistrent au mengier. Et qant il orent mengié et les tables furent ostees, si vint la damoiselle devant lo roi, cele qui lo lyeon amena a cort, et prist congié de lui et de la reine et de toz les autres. Et s'an partirent celui jor meesmes de cort entre li et Lyonel, et errerent tant par lor jornees que il vindrent la ou la dame ert qui s'amor li avoit donee. Si fist mout grant joie del chevalier qant ele sot qu'il estoit de la Table Reonde.

Ensi remest Lyoniaus avoc sa dame, ne plus ne parole cist contes de lui ne d'aventure qui li avenist, car il a son conte tot entier. Ençois retorne a parler del roi et de sa compaignie, et dit que qant vint l'amdemain de la feste, si prist Galehoz del roi congié et de la reine et de Lancelot, son compaignon, et de la dame de Malohaut et de totes les autres. Et erre tant que il vint en la terre des Lointaignes Illes. Mais ne demora gaires aprés ce qu'il s'en fu alez, que une damoiselle vint a lui et li aporta unes novelles dont granz dolors avint en la terre dont il ert sires et en maintes autres contrees por la renommee de sa valor.[2] Car ele li dist que Lanceloz del Lac, cui il avoit tote s'amor donee, estoit ocis en la Forest des Aventures, et que ele avoit veü a ses iauz que l'an li avoit la teste colpee. Et qant Galehoz l'oï, si en ot si grant duel que nus hom ne porroit greignor avoir. Et il avoit esté seigniez lo jor devant, si sanmesla por l'angoise [(*At, f. 189a*) de ces novelles si durement que il ne vesquit qu'a tierz jor aprés. Issi fu Galehoz morz por Lancelot, issi com li clercs[3] lo distrent qui li expelerent son so[n]je si [com li] contez l'a autre foiz devisé. Et quant la nouvelle de sa mort vint en l'ostel lo roi Artu, si [fu] li diax si granz de toz et de totes qe l'en ne vos poroit greignor deviser. Et la dame de Malehaut en par fist duel trop angoiseus, car ele l'amoit de si grant amor com nus cuers pot plus amer autre. Mais quant Lanceloz sot que por lui avoit mort receüe cil par cui il avoit toz les biens et totes les joies, si fist si grant duel qe totes genz qui lo veoient en on[t] grant pitié. Et se ne fust li cors la reine, ja mes par autre ne fust confortez; mes ce l'asoaje

---

[1] L. autrefoiz (*deleted*) as conpaigniez lo roi aconpaigniez . a cels de la table reonde

[2] de sa folor

[3] li chr

Lancelot Remains at Arthur's Court

molt et done[1] granz confort de totes ires et de totes angoisses oblier qu'il est en la compai(*At, f. 189b*)gnie de la plus vaillant dame dou monde et de la rien que il plus aime.

 Ensi est remés avoc lo roi. Si tast atant li contes de lui, que plus n'en parole, car bien [a] a chief menees totes les avantures qi l[i] avindrent puis qe la reine Helaine, qui sa mere fu, lo perdié par l'aventure que cist livres conta el comencement. Ne li contes ne viaut amentevoir dont il corronpist la matire. Por ce si a racontees totes les avantures q'il mena a fin jusq'a ceste ore ensi com eles furent contees en l'ostel lo roi Artu et l'estoire[2] de ses faiz lo nos tesmoigne.]

    [1] & done & done   [2] & le setroire